일본 행정학의 12가지 기초개념

도서출판 윤성사 146
일본 행정학의 12가지 기초개념

초판 1쇄   2022년 6월 30일

지 은 이   니시오 마사루
옮 긴 이   강광수
펴 낸 이   정재훈
디 자 인   안미숙

펴 낸 곳   도서출판 윤성사
주　　소   서울특별시 서대문구 서소문로 27, 충정리시온 제지층 제비116호
전　　화   대표번호_02)313-3814 / 영업부_02)313-3813 / 팩스_02)313-3812
전자우편   yspublish@daum.net
등　　록   2017. 1. 23

ISBN 979-11-91503-57-9 (93350)
값 26,000원

Translation ⓒ 강광수, 2022

옮긴이와의 협의에 따라 인지를 생략합니다.

GYOSEIGAKU NO KISOGAINEN
By Masaru Nishio
First published by University of Tokyo Press in 1990
Korean translation rights arranged with University of Tokyo Press
through Japan UNI Agency, Inc., Tokyo

이 책은 도서출판 윤성사가 원저작권자와 정식 저작권 계약에 의해
출판한 책으로서 이 책의 전부 또는 일부 내용을 재사용하려면 반드시
사전에 저작권자와 도서출판 윤성사의 동의를 받아야 합니다.

잘못 만들어진 책은 구입하신 서점에서 교환 가능합니다.

行政学の基礎概念

일본 행정학의
12가지
기초개념

니시오 마사루 지음
강광수 옮김

윤성사

역자 서문

이 책은 일본의 행정학자 니시오 마사루(西尾勝)가 1990년에 처음 펴낸 『행정학의 기초개념』(『行政学の基礎概念』, 東京大学出版会)의 완역이다. 저자는 로야마 마사미치(蠟山政道), 쓰지 기요아키(辻清明)를 잇는 일본 행정학계의 대표적인 제3세대 행정학자이며, 이 책에 수록된 논고 대부분은 저자의 젊은 시절인 30~40대에 집필한 일본의 행정과 행정학에 관한 치열한 고민의 흔적이자 성과이다.

이 책의 지향점은 일본 행정학의 「학으로서의 자립」에 있다. 저자는 행정「학으로서의 자립」을 「연구대상」의 독자성에서가 아니라 「연구방법」의 독자성에서 찾고 있다. 그리고 이를 위해 여타 인접 학문과는 다른 행정 독자적 현상을 식별하는데 유효한 개념장치를 재구성하고 있다. 개념의 재구성은 그 어느 것이나 행정학의 독자적 관점의 확립을 지향하면서 인접 학문과의 활발한 교류나 일본의 행정실태에 더 근접한 행정이론의 구축을 의도한 것이다. 이러한 일본 행정학의 12가지 기초개념의 집필배경이나 경위 그리고 의도 등을 이해하기 위해서는 이 책의 맨 마지막에 실려 있는 저자의 「후기」를 먼저 살펴보기를 바란다.

온갖 오해와 비난을 무릅쓰고 이 책이 담고 있는 의미와 내용에 대해 역자 나름의 이해를 서술해 두고 싶다.

첫째, 행정학의 일본화, 즉 일본 국산의 행정학을 지향하고 있다.

현대 행정학의 발상지는 미국이다. 그렇지만, 미국 행정학이 세계 보편적인 행정학이라는 것은 절대 아니다. 왜냐하면 미국 행정학은 미국 특유의 행정현상을 고찰 대상으로 하여 발전해 온 특수 미국산 행정학이기 때문이다. 따라서 각 나라에서는 미국 행정학의 성과를 수용하면서 자국의 행정제도와 운영실태를 더 잘 이해하고 설명할 수 있는 자국산 행정이론의 구축이 절실한 과제가 되고 있다. 이 책 속의 12가지 기초개념은 일본산 행정학 구축을 위한 출발점이 되고 있다. 저자는 이 연구의 토대 위에 일본 동경대학 법학부 교수 퇴임을 몇 년 앞둔 1993년에 일본의 행정 현실에 걸맞은 일본산 행정학 교과서를 출판했다. 국제 비교의 목적은 나라 간에 나타나는 특수성과 보편성의 관찰이다. 행정학의 한국화에 노력하는 우리나라 행정학계에 얼마간 시사점이 있지는 않을까 추측해 본다.

둘째, 행정을 파악하는 2가지 관점과 행정의 3가지 구성요소를 담고 있다.

행정을 파악하는 2가지 관점이란 「사회관리」의 관점과 「정치·행정관계」의 관점이다. 사회관리로서의 행정은 우리 사회를 안전하고 건전한 상태로 유지하기 위해 적절히 관리하는 활동을 말하며, 이에 필요한 행정의 목적, 기술, 방법 등에 대해 고찰하는 것이다. 정치·행정관계로서의 행정은 법치행정의 원리에 따라 국민의 대표기관인 의회가 제정한 법률이나 예산에 의해 구속되는 것을 말한다. 즉, 근대 민주주의의 원리에 따라 정치와 행정, 정치가와 행정관 또는 정당과 행정조직 간의 관계에 주목하는 것이 정치·행정관계의 관점이다. 저자는 이 책 전체를 통해서 이 2가지 관점의 교착점, 즉 정치와 사회관리기술의 교착점, 민주주의와 사회관리기술의 교착점에서 행정을 파악하고 있다.

이 2가지 관점에서 행정 또는 행정학의 3가지 구성요소가 도출된다. 첫째는 행정의 「활동」, 즉 「정책」이다. 이것은 사회관리를 위한 구체적인 활동이다. 둘째는 행정활동을 실시하는 주체인 「조직」, 즉 「관리」이다. 이것은 흔히 관료제라 불리는 행정조직의 성격, 메커니즘, 병리현상, 관리방법 등에 관한 것이다. 셋째는 행정 「조직」이나 행정 「활동」을 규정하고 있는 기본적인 틀인 「제도」, 즉 「민주주의」이다. 이것은 법치행정의 원리, 삼권분립의 문제, 중앙과 지방 간의 정부간 관계 등에 관한 것이다. 이 책은 전체를 통해 「활동」=「정책」, 「조직」=「관리」, 「제도」=「민주주의」라는 3가지 구성요소의 각각에 대해 또는 이 3가지 구성요소가 교착하는 지점에 대해 논의하고 있다.

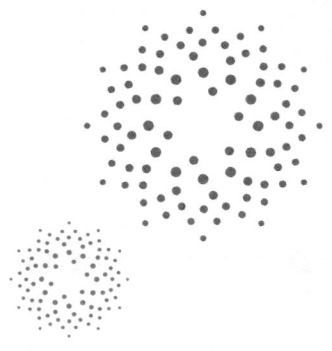

셋째, 법치행정원리와 행정실무 간의 딜레마 현상에 주목하고 있다.

행정활동은 민주주의제도 아래서 법치행정의 원리에 따라 의회가 제정한 법률에 구속되어 있다. 이러한 행정에 대한 입법통제는 근대국가의 기본 원리이다. 그런데 행정활동이 양적으로 팽창하고 질적으로 고도화되는 현대국가에서는 행정활동에 관한 모든 사항을 법령으로 규정할 수도 없고, 또한 그렇게 하는 것이 바람직하지도 않다. 특히 복지국가의 주요 행정활동이 행정대상의 개별적 사정을 세심하게 고려해야 하는 대인서비스임을 생각하면 행정활동에 재량의 영역이 확대될 수밖에 없다. 그러나 행정재량의 범위가 넓어질수록 법률에 따른 행정의 원리는 근저에서 흔들리게 된다. 이처럼 법령에 따른 행정활동의 민주적이고 획일적인 통제 요청과 개별 행정대상의 사정과 급격한 행정변화에 대응한 유연한 행정활동의 요청, 이것은 모든 행정활동에 따르는 기본적인 딜레마이다. 이 딜레마를 어떻게 해결할 것인가. 저자는 이 문제의 해결을 행정학의 과제로 삼고 있다.

이 책은 역자 개인에게 특별히 의미 있는 책이다. 동경대학대학원 법학정치학연구과 입학시험을 준비할 당시 처음 접한 이래, 특히 박사학위 논문을 집필할 때 늘 곁에 두고 있었다. 기존 연구의 통설을 뒤집어엎든지 아니면 기존 연구의 공백을 메우라는 불문(不文)의 박사학위논문 조건은 나의 일상을 짓눌렀다. 논문 방향을 잃어버리고 잡념이 많아지면 무작정 이 책을 펼쳐 놓고 그냥 읽었다. 나의 지향점이자 바이블이었다.

우리나라에 꼭 소개하고 싶었다. 하지만 너무 많은 시간이 지체되었다. 나의 게으름을 한탄할 뿐이다. 책의 하드커버가 헤질 정도로 곁에 두고 읽었지만, 우리 말로 옮기자니 너무 어려웠다. 부질없는 핑계를 대자면 책 내용이 너무 다양하고 또 난해한 내용이었다는 점도 있지만, 특히 행간에 숨어 있는 저자 특유의 뉘앙스를 표현하는 것이 매우 어려웠다. 여하튼

行政学の基礎概念
일본 행정학의 **12가지 기초개념**

번역에 따르는 모든 오역의 책임은 전적으로 옮긴이에게 있음을 미리 밝혀 둔다.

  이 책의 번역출판 제의를 흔쾌히 수락해 준 도서출판 윤성사 정재훈 대표와 일본 동경대학 출판회 관계자분께 먼저 감사의 말씀을 드린다. 우리나라 행정학 관련 출판 사정을 고려하면 이처럼 무겁고 딱딱한 주제의 외국 학술서적을 번역출판하는 데는 실로 대단한 용기와 모험이 필요하리라 생각된다. 이 고마움을 어떻게 갚아야 할지 걱정이 앞선다. 또 정식 출판되기도 전에 대학원 수업에서 이 책과 함께해 준 영남대학교 행정학과 대학원생 여러분에게도 이 자리를 빌려 감사의 마음을 전한다.

  흔히 외국 학술서적을 출판할 경우, 저자의 한국어판 서문을 맨 앞에 싣는 것이 일반적인 모습이다. 하지만 저자의 건강이 한국어판 서문 작성을 허락하지 않았다. 쓸데없이 역자의 글이 길어지는 까닭이다. 이 책의 저자인 니시오 선생으로부터 받은 학은(學恩)은 넓고 깊었다. 보답할 길이 없다. 마냥 자신의 본령을 헤아리고 살펴 부끄럽지 않은 제자가 되도록 힘쓸 뿐이다.

  이 역서를 니시오 마사루 선생께 바친다.

봄꽃 피우고 벌 날지 않는 4월 어느 날

옮긴이 **강 광 수**

· 역자 서문 ·

차 례

역자 서문 ·· p.4

제1장 행정의 개념 ··· p.13

1. 머리말 … 13
2. 3가지 유형의 행정개념 … 15
3. 행정개념의 발전 … 22
4. 정치기능과 행정기능의 교착 … 32
5. 보론: 미국 행정학의 정치·행정개념 … 48
6. 맺음말 … 60

제2장 행정과 조직 ··· p.63

1. 회고: 미국 행정학의 계보 … 63
2. 조직관: 폐쇄계와 개방계 … 71
3. 조직 내 역학 … 78
4. 분쟁과 조정 … 86
5. 전망: 조직이론 수용의 전제와 방법 … 94

제3장 행정과 관리 ··· p.98

1. 관리기술과 행정기술 … 98
2. 관리기술의 발전 … 99
3. 정책입안과 정책평가 … 101
4. 정책실현의 한계 … 103
5. 관리기술과 행정기술의 접합 … 105

行政学の基礎概念　　일본 행정학의 12가지 기초개념

제4장 **행정수요의 개념** ······················ **p.107**

1. 행정수요개념의 생성　　　　　　　　　　107
2. 행정수요개념의 재구성　　　　　　　　　　116
3. 행정수요의 변환과정　　　　　　　　　　127
4. 정책의 평가과정　　　　　　　　　　138
5. 맺음말: 행정수요개념의 한계　　　　　　　147

제5장 **정책의 작성과 형성** ·················· **p.150**

1. 머리말: 〈결정작성〉과 〈정책형성〉　　　　　150
2. 사고활동으로서의 〈결정작성〉　　　　　　152
3. 사회과정으로서의 〈정책형성〉　　　　　　155
4. 〈정책형성〉과정에서의 조정　　　　　　　158
5. 피드백 회로의 설정　　　　　　　　　　162
6. 맺음말: 관리화와 정치화　　　　　　　　165

제6장 **행정과 계획** ························· **p.167**

1. 머리말　　　　　　　　　　　　　　　　167
2. 계획과 조정　　　　　　　　　　　　　　173
3. 입법구상과 행정계획과 예산　　　　　　　186
4. 종합계획과 지역계획　　　　　　　　　　203
5. 맺음말　　　　　　　　　　　　　　　　217

차례

제7장 효율과 능률 p.220

1. 머리말   220
2. 능률개념의 변천   221
3. 관련 제 개념의 정의와 해설   233
4. 정책효과와 사업능률의 평가   244
5. 맺음말   259

제8장 행정재량 p.263

1. 시각의 설정   263
2. 행정법학에서의 재량론   265
3. 행정학에서의 책임론   273
4. 조직론에서의 재량론   283
5. 준칙의 정립과 공개   289

제9장 행정책임 p.295

1. 머리말   295
2. 관료제 조직에서의 책임   296
3. 민주제와 행정책임   303
4. 행정책임의 딜레마   310
5. 맺음말   317

行政学の基礎概念 　　**일본 행정학의 12가지 기초개념**

제10장 **자치** ···································· p.318

1. 자율과 자기 통치	318
2. 완전 자치와 완전 통치	320
3. 주권과 자치	322
4. 지방자치의 유형	325
5. 직접입법제와 직능대표제	329
6. 다원적 정치이론	330
7. 관료제와 자치	332

제11장 **정부간 관계의 개념** ················ p.335

1. 들어가며	335
2. 개념의 유래	335
3. 개념의 구성	337
4. 개념의 의의	341

제12장 **집권과 분권** ·························· p.343

1. 상대비교로서의 집권·분권	343
2. 전통적인 집권·분권 개념의 판정 축	349
3. 집권·분권과 분리·융합: 아마가와(天川) 모델의 수용과 전개	358
4. 복지국가의 정부간 관계와 상호의존모델	366

후 기 ·· p.374

참고 문헌 / 찾아 보기 ························ p.380

行政学の基礎概念　　　일본 행정학의 12가지 기초개념

제1장
행정의 개념

1. 머리말 行政学の基礎概念

    행정이란 무엇인가, 무엇이어야 하는가? 이것은 행정을 연구대상으로 하는 행정학에 있어 가장 근원적인 물음이다. 행정학이 하나의 학문으로 자립할 수 있을지 어떨지는 이 물음에 적확(的確)하게 대답할 수 있는가에 달려있다고도 할 수 있다.

    행정이란 정부활동 대부분을 차지하는 활동이다. 전통적인 관념에 따라 말하면, 정부가 의도하는 부분을 구체화해서 이것을 개별 사무·사업으로 최종적으로 국민사회를 향해 실시하는 활동이다. 그래서 행정이라는 말은 정부에 의한 부담의 부과, 권리의 제한, 권리의 부여, 편익의 제공 등 국민 측에서 본 정부활동의 최종적인 발현형태를 가리켜 사용될 때가 있다. 이러한 의미에서의 행정에 대해 행정이란 무엇인가, 무엇이어야 하는가를 묻고 있다면, 그 주된 의미는 첫째, 이미 실시되고 있는 정부의 사무·사업에 대해 그 목적·방법·효과를 평가하는 기준을 묻고 있다고 봐야 할 것이다. 그리고 둘째, 정부활동의 종별과 범위의 타당성에 관한 설명이 요구되고 있을 것이다. 즉, 정부가 실제로 관여하고 있는 영역과 관여하고 있지 않은 영역의 경계를 합리적으로 설명할 이론 혹은 정부가 당연히 관여해야 할 영역과 관여하지 말아야 할 영역을 명확히 식별할 판정기준이 요구되고 있을 것이다.

    이중 전자의 사무·사업의 타당성 평가기준에 대해서 행정학은 합법성, 유효성, 능률성 등의 기준을 설정하고 그 평가수법의 개발에 노력해 오고 있다. 하지만 후자의 본디 정부는 무엇을 하고 무엇을 해서는 안 되느냐는 더 근원적인 물음에 대해서는 현재의 행정학은 적확한 회답을 가지고 있지 않다. 물론 현대의 정부가 직능국가·복지국가로 불릴 만큼 그 업무를 팽창시켜 온 거시적 배경요인에 대해서는 그 나름의 분석과 정리가 이루어져 있다. 또 그 때때로의 정권에 의한 사무·사업의 폐지와 신설의 정치과정에 관해서 사례연구를 축적하고 그 유래를 사후적으로 해명해 가는 것은 가능하다. 하지만 무릇 정부는 무엇을 해야 하고 무엇을 하지 말아야 하느냐는 규범적인 물음에 대해서는 대답할 방도를 찾을 수가 없다. 그것은 그 때때로의 정권이 그들의 정치사상에 근거해 판단해 가야 하는 것이라고 밖에 대답할 수가 없다. 정부활동 팽창의 근원을 「시장의 실패」에서 찾고 정부활동의 종별을 시장원리와의 관계에서 민간활동의 규제·조성·보완과 공공재의 공급으로 분류하는 방법도 있기는 하다. 또 이중에서 공공재의 공급이야말로 본래의 공공사업이라 하면서 이것에서 「행정의 본질」을 찾으려는 견해도 없는 것은 아니다. 그러나 이러한 분석과 정리를 전개해 보아도 정부활동의 외연을 확정할 수는 없다. 게다가 이러한 이론은 자유주의 경제체제를 대전제로 하고 있는데, 이 경제체제의 선택 그 자체가 정부활동을 둘러싼 기본쟁점이며, 행정학이 그 연구대상을 자유주의 경제체제 하의 행정으로 한정해 버리는 것은 적당하지 않을 것이다.

그런데 행정이라는 말은 더 일반적으로는 정부활동 중의 특정한 부분이나 특정한 측면을 가리키는 말로써 사용되고 있다. 그것은 원래 정부를 구성하고 있는 다종다양한 기관·집단 중에서 특정한 기관·집단이 주로 담당하는 활동을 가리키는 용어였다. 바꿔 말하면 정부 내의 분업관계를 정리하고 설명하기 위한 개념이었다. 따라서 이러한 의미에서의 행정에 대해 행정이란 무엇인가, 무엇이어야 하는가가 물어지고 있다면, 그 주된 의미는 정부 내의 분업관계에 관한 규범과 실태가 어느 정도까지 합치하고 있는지 어떤지 라는 것일 것이다.

행정학에서 이 문제는 애초부터 기본논점이었으며, 수많은 논의가 이루어져 오고 있다. 그래서 상기와 같은 취지의 물음에는 바로 적확한 회답이 이루어져야 마땅하겠지만, 유감스럽게도 이것 또한 그렇지 않다는 것이다. 왜 그럴까? 첫째, 행정의 개념이 다양한 사용법을 하고 있고 그것들 간의 관계가 적절히 정리되어 있지 않기 때문이다. 둘째, 종종 규범과 실태가 혼동되기 때문이다. 그리고 셋째, 각국의 행정학계에 이러한 논의를 유발하고 주도해 온 미국 행정학계에서의 논의는 실은 유럽선진국의 그것과는 크게 다른 미국 특유의 헌법구조, 그리고 그 아래서 발달한 이것 또한 미국 특유의 정당정치와 공무원제도를 전제로 해서, 그 때때로의 미국 행정의 모습에 대한 사실인식과 가치평가 그리고 그 개혁방안을 둘러싸고 전개된 것이었다. 그럼에도 이것에 대해 충분한 유의가 이루어지지 않고 그 특수한 개념용법이 그 환경조건으로부터 분리되어 어느 나라에서나 공통으로 사용할 수 있는 개념용법인 것처럼 수용되어 버렸기 때문이다. 일본에서의 논의를 생산적으로 하기 위해서도 일단 미국 행정학에서 벗어나, 일본과 마찬가지로 민주제 도입 이전부터 강고한 행정관료제를 가지고 헌법구조로는 의원내각제를 채용하고 있는 유럽선진국의 전통과 거기서의 논의로 되돌아가 보는 것이 유효할 것이다.

이 장에서는 정부 내의 분업관계를 정리하고 설명하기 위해 사용되는 행정의 개념에 초점을 맞추어 행정의 개념을 둘러싼 논의의 혼란을 조금이라도 완화하기 위해 약간의 고찰을 시도한다. 먼저 주요한 행정개념을 3가지 유형으로 정리하고 각 유형이 성립한 역사적인 배경과 그것에 포함된 규범적 의식을 명확히 한다. 그 다음에 현대선진국에서 정치기능과 행정기능의 관계를 둘러싼 규범과 실태의 교착상황에 대해 검토한다. 그리고 마지막에 보론으로 미국 행정학계의 정치·행정논의의 특수성에 대해 필자 나름의 이해를 언급하기로 한다.

2. 3가지 유형의 행정개념 行政学の基礎概念

1) 입법·사법·행정의 개념

정부 내의 분업관계가 문제가 된 것은 통치구조에 권력분립의 제도가 도입되기 시작한 이후부터이다.

그래서 정부 내의 분업관계를 정리하고 설명하기 위한 행정개념의 제1의 용어법은 권력분립제도의 발전에 따라 성립한 것으로, 최종적으로는 통치나 지배의 입법·사법·행정으로의 3분할을 전제로 해 정착했다. 유럽대륙국가에서는 일찍부터 사법재판소와 행정재판소가 병립하게 되고 통치에서 먼저 사법이 분화하기 시작했다. 이러한 나라들에서는 사법과 행정의 다름, 양자의 경계선을 둘러싼 논의가 활발했다. 뒤이어 나라에 따라서는 의회가 개설되어 과세 조건 등에 대해 의회의 승인이 필요하게 되었다. 이리하여 통치로부터 더욱이

 · 제1장 · 행정의 개념

입법도 분화하기 시작했다. 이윽고 몽테스키외의 『법의 정신』에서 제창된 삼권분립의 제도 구상이 보급되고 현실에서도 각국의 입헌군주제 헌법구조로서 삼권분립에 유사한 권력분립제도가 채용되기에 이르러, 이 입법·사법·행정이라는 제1의 용어법은 각국에서 거의 보편적으로 사용하는 용어법이 되었다.

그런데 어떠한 권력분립제도를 삼권분립제도로 불러야 하는가? 이 점은 모호하다. 몽테스키외는 당시 영국의 통치구조를 모델로 해 그 삼권분립의 제도 구상을 고안했다고 하는데, 영국의 통치구조에 대한 그의 이해가 얼마만큼 옳았느냐 하는 점에는 논의의 여지가 있다. 또 현대 정당제하에서의 의원내각제를 입법권과 행정권의 분립제도로 보는 것이 과연 타당한가 하는 점에 대해서도 문제가 전혀 없는 것이 아니다. 미국의 연방정부가 채용하고 있는 의회·최고재판소·대통령의 분립제도야말로 가장 철저한 삼권분립제도라고 이야기된 적도 있다. 이러한 점들의 타당성은 어찌되었든 영국의 의원내각제부터 미국의 대통령제까지 모두 삼권분립제도라 부를 수 있다면 한마디로 삼권분립제도라 해도 그것은 정말 폭넓은 개념이 된다. 사실 각국의 삼권분립제도는 다양성이 풍부하고 게다가 그 운용의 실태는 시대와 함께 변천해 오고 있다. 따라서 입법·사법·행정의 용어법이 각국에서 공통으로 사용되고 있다고 해서 행정개념의 내용까지 동일하다고 생각해서는 안 된다.

그런데 이 입법·사법·행정의 용어법에서 행정의 개념은 입법·사법의 양 개념과 대비해서 사용되지만, 개념의 정의에서는 먼저 입법과 사법의 개념에 대해 정의하고 그 다음에 통치에서 입법과 사법을 공제한 후의 잔여부분을 행정이라 정의하는 경우가 많다. 이 정의 방법은 통치 중에서 서서히 사법과 입법이 분화하고 독립해 갔던 과거의 역사적 경위와도 합치하고 있지만, 행정개념에 관한 한 그것은 소극적인 정의에 머물러 있고, 여기서 행정에 대한 적극적인 이미지를 떠올리는 것은 어렵다. 그러나 이 입법·사법·행정의 용어법이 성립한 입헌군주제하에서의 행정실태는 정말 이 정의대로였다. 잔여부분 등이라고 하면 마치 별 중요하지 않은 「그 외 기타 등등」의 사무라는 인상을 받을 수 있지만 사실은 정반대이다. 당시는 사법과 입법이야말로 아직 그 영역이 지극히 협소하고 예외적인 존재였으며 통치의 본체는 모두 행정으로 남겨져 있었다. 따라서 행정이 종전의 통치 체질을 그대로 계승하고 있었다 해도 전혀 이상하지 않다.

이 입법·사법·행정의 용어법은 각국 권력분립제도의 다양성과 그 역사적 변천에도 불구하고 오늘날에도 가장 상식적인 용어법으로 존속하고 있다. 각국의 성문헌법이 그 장 구성에서 입법부(의회)·사법부(재판소)·행정부(내각)라는 3가지 기관을 나누어 규정하고 있기 때문이다. 일본 헌법에서도 「국회는 국권의 최고기관이며 나라의 유일한 입법기관이다」(제41조), 「행정권은 내각에 속한다」(제65조), 「모든 사법권은 최고재판소나 법률이 정하는 바에 따라 설치하는 하급재판소에 속한다」(제76조1항), 「특별재판소는 이것을 설치할 수 없다. 행정기관은 종심(終審)으로서 재판을 할 수가 없다」(제76조2항)라는 규정이 있는 이상, 공법학은 이러한 조문에 등장하는 「입법기관」, 「행정권」, 「사법권」, 「행정기관」 등과 같은 어휘에 대해 그 해석을 둘러싸고 논의하지 않을 수 없다.

일본 행정법학계에서는 행정의 정의를 둘러싸고 소극설과 적극설이 있다고 해설하고 있다. 소극설이란 앞에서 언급한 공제설이다. 이에 대해 적극설의 대표로는 고 다나카지로(田中二郞) 선생의 정의, 「법 아래서 법의 규제를 받으면서 현실 구체적으로 국가목적의 적극적인 실현을 위해 행해지는 전체로서 통일성을 가진 계속적인 형성적 국가활동」(동 『新版行政法』 상권, 弘文堂, p.5)을 소개하는 것이 통례이다. 이러한 적극설은 행정을 법률의 집행(행법)으로 보는 통속적인 견해를 명확히 배제하고 행정의 능동성을 강조하고 있다. 또 계속적인 활동이라는 것을 중시하고 있다. 이러한 점은 현대의 행정실태에 부합한다. 그러나 그 반면에 이것이 소극설의 정의와 실질적으로 어느 정도 다르냐 하면 그것은 분명치 않다.

그런데 입법·사법·행정의 분업이란 권력의 분립인가, 기관의 분화인가, 그렇지 않으면 권한의 분할인가, 기능의 분담인가, 이 점 또한 지극히 모호하다. 내각총리대신을 지명하는 국회의 의결이 국회의 입법기관으로서의 행위로 해석되지 않는 한, 이 한 가지 점에서만 보더라도 국회는 입법기관임과 동시에 그 이상의 권능까지 갖춘 기관이기도 할 것이다. 마찬가지로 중의원을 해산하는 내각의 권능도 또한 행정권의 일부라고 강변하지 않는 한, 이 한 가지 점에서만 보더라도 내각에는 행정권에 더해 그 외의 권능까지 주어져 있을 것이다. 오히려 이러한 형태로 삼권이 각각 다른 기관에 개입하는 권능을 가지고 있기 때문에 삼권 간에 「억제와 균형」이 성립하고 있다고 할 수 있다. 그리고 미국 연방정부의 삼권은 제각기 독립의 존립기반을 가지면서 타 기관에 개입하는 권능을 갖추고 있어서 삼권분립제도의 가장 완전한 실현형태라 평가된다.

요컨대 기관의 분화와 권능의 분할이 일대일의 대응을 보이고는 있지 않다. 국회를 입법기관, 내각과 그 산하에 있는 모든 기관을 행정기관, 최고재판소 이하의 재판소를 사법기관이라 부르는 것은 어디까지나 각 기관의 주된 권능에 착목(着目)하고 있기 때문이며, 국회와 그것에 속하는 모든 기관의 활동 속에도 행정기능·사법기능이, 내각 이하의 행정기관 활동 속에도 입법기능·사법기능이, 그리고 재판소의 활동 속에도 입법기능·행정기능이 혼재하고 있다. 그렇기 때문에 행정부에 의한 입법유사행위를 행정입법이라 칭하거나 사법부에서의 행정유사행위를 사법행정이라 부르는 것처럼 혼동하기 쉬운 용어법이 나타난다.

이 점에 관한 논의를 더욱 치밀하게 하기 위해서는 헌법에 표현된 「입법기관」, 「행정권」, 「사법권」, 「행정기관」이라는 어휘의 해석을 넘어서 입법·사법·행정의 권능이나 기능에 대해 더 실질에 입각한 정의를 하는 것이 필요하지만, 지금 여기서 이러한 작업에 착수할 여유도 의욕도 없다. 이러한 논의는 공법학계 분들에게 맡겨두고 싶다. 행정학에서 이러한 것들은 주된 관심 사항이 아니기 때문이다. 행정학의 문제관심에서 말하면 다음과 같은 점들이 더 중요하다. 첫째, 의원내각제하에서 입법과 행정의 관계에 대해 의미 있는 고찰을 하려면 내각 이하의 모든 기관을 일괄해서 행정부라 부르는 용어법은 부적당하다는 것이다. 둘째, 의원내각제하에서 입법부와 행정부의 관계를 적확하게 고찰하기 위해서는 양 기관 간을 매개하고 있는 정당의 기능을 무시하는 것은 도저히 불가능하다는 것이다. 셋째, 입법기능에 관해서 말하면 입법행위와 입법유사행위와의 관계에 못지않게 법률안과 예산의 입안(작성)·제출행위와 그 심의·의결행위와의 관계가 중요하다는 것이다. 이러한 문제들에 밀접하게 관련하고 있는 것이 다음에 다루는 행정개념의 제2의 용어법이다.

2) 정치·행정의 개념

제2의 용어법은 정치와 행정의 대항관계를 전제로 한 정치·행정개념이다. 이 용어법은 영국에서 의원내각제의 발전과 함께 형성된 것이며, 그 초기에는 군주를 보좌하는 관료제에 대한 의회의 우위, 특히 민의를 대표하는 서민원(하원)의 우위를 확립하기 위한 개념이었다. 그런데 그 후에는 한편으로 정당제가 발전하고 다른 한편으로는 정치적 중립성·전문성을 근간으로 하는 자율적인 행정관료제가 발전함에 따라 행정관료제에 대한 정당정치의 우위를 유지하기 위한 개념이 되었다. 앞의 입법·사법·행정의 개념은 절대군주제시대에 배태해 입헌군주제시대에 확립된 것인데 대해, 정치·행정의 개념은 근대민주제하에서 형성되어 그 뒤 민주제의 변질에 따라 그 의미내용을 바꾸어 온 것이다. 그리고 이 개념은 머지않아 모국인 영국의 국경을 넘어서 의원내각제를 채용한 나라들에 보급되고 마침내는 대통령제의 나라인 미국에까지 파급해 갔다. 그런데 미국에서는 그 특유의 헌법구조, 정당정치, 공무원제도 때문에 이 정치·행정의 개념은 입법·사법·행정의 개념과 복잡하게 교착하고 또 그러한 과정에서 유럽 국가들의 그것과는 다른 의미내용이 포함되어 갔다.

이 정치·행정개념은 분리하여 삼권을 구성하는 기관과 기관 간의 분업과 억제균형이라는 횡적 관계에 관련된 것이 아니라, 그것보다는 오히려 선출세력(의원)과 비선출세력(군주·귀족·승려·사법관·군인·관료)이라는 두 집단 간의 우열이라는 종적 관계와 관계되어 있다. 의원내각제는 국민이 의원(議員)을 선출하고 이 선출의원으로 구성된 의원(議院)이 내각을 선출한다. 그리고 이 내각이 모든 비선출세력을 그 통제 하에 둔다는 일원적인 경로를 설정함으로써 정치권력을 민주세력의 수중에 통합하는 것을 의도하고 있었기 때문이다.

이 개념에서 정치란 처음에는 국민의 대표인 의원·대신·수상이라는 정치가의 활동, 그리고 이러한 정치가로 구성된 의회·내각이라는 정치기관의 활동이었다. 그런데 머지않아 의원내각제가 정당내각에 의해 운영됨에 따라 내각(수상·대신)을 보좌하는 국무장관·정무차관·정무비서관 등과 같은 공직의 종류와 수가 증가하고, 의회에서 행정부에 참가하는 의원 등 수상이나 대신이 정치적으로 임명하는 사람들의 집단(이것을 정권이라 부를 수 있다)규모가 확대했다. 또 정당의 간부이면서 의원이 아닌 사람들도 등장했다. 그래서 정치의 개념도 확대하여 넓게 정당정치가나 정당의 활동까지 포함해 정치라 생각하게 되었다. 이에 대해 행정이란 처음에는 구체제의 통치를 담당하고 있던 세력들, 즉 군주와 이를 둘러싸고 있던 집단·기관들의 활동을 의미했다. 그런데 그 후 한편에서는 군주·귀족·승려·사법관 등의 세력이 쇠퇴하고 다른 한편에서는 관료제가 또다시 그 자율성을 강화해 왔기 때문에, 행정이란 거의 전적으로 내각에 직속하는 군사관료제와 행정관료제의 활동을 가리키게 되었다. 이리하여 현대에서의 정치·행정개념은 정당정치가와 관료의 대항관계를 둘러싼 개념이 되고 있다.

앞의 입법·사법·행정의 개념에서는 내각의 활동, 이것을 구성하는 수상·대신의 활동, 또 이것을 보좌하는 국무장관·정무차관·정무비서관까지 포함한 정권의 활동은 행정부 활동의 일환이기 때문에 행정으로 관념되었지만, 이 정치·행정의 개념에서는 이것이 정치로 관념되어 오히려 종신직의 직업적 관료의 활동인 행정과 구별된다. 정치와 행정의 경계·접촉면은 행정부의 내부에 있다. 내각제출법안의 결정, 정령·성령의 제정, 예산의 편성, 계획의 책정, 통달·요강의 제정, 허인가의 결재, 지출명령의 결재 등과 같은 내각·각 성 대신의 행위는 입법·사법·행정의 개념에서는 행정권의 행사에 해당하지만, 정치·행정의 개념에서는 정치(정무)와 행정(사무)이 교착한 협동행위가 된다. 협동행위인 만큼 정부활동의 실태에서 각 영역의 경계선이 어디인지를 식별하는 것은 한층 더 어렵다.

더구나 정치가의 활동이 정치, 관료의 활동이 행정이라는 형식적인 정의에 만족하지 않고 정치가와 관료가 각자 본래 담당해야 할 영역이나 기능은 무엇이냐 하고 묻는다면, 이 규범적인 물음에 명쾌하게 답변하는 것은 더더욱 어렵다. 이처럼 정치기능과 행정기능에 대한 규범적인 정의가 쉽게 정해지지 않기 때문에 현실의 행정은 본래의 영역을 넘어 정치의 영역까지 침식하고 있는 것은 아닌가 하는 관찰이 생겨나고, 이러한 현상형태가 「관료정치」라 불리게 된다. 그런데 이 「관료정치」 이상으로 헷갈리는 것이 「행정의 정치화」나 「정치의 행정화」라는 표현일 것이다. 「행정의 정치화」란 관료의 행동양식이 정치가의 그것과 유사해지는 것을 가리킬 때도 있고, 정치가가 관료의 영역을 침범하고 있는 것을 나타낼 때도 있다. 그리고 「정치의 행정화」란 관료가 정치가의 영역을 침식하고 있는 것을 가리킬 때도 있고, 또 정치가의 행동양식이 관료적으로 되어 가는 것을 나타낼 때도 있다.

3) 집정·행정·업무의 개념

정치·행정개념의 형식적 정의에서는 행정이란 관료제나 관료의 활동이라고 설명해 왔다. 그런데 여기서 말하는 관료제나 관료란 무엇을 가리키는 것일까. 신분을 보장받은 상근직 또는 종신직의 공무원 모두를 가리키는 것일까. 사실 정치가와의 대항관계에서 문제가 되는 관료란 상근직 또는 종신직의 모든 공무원이 아니라 그중에서 극히 일부분의 사람들, 즉 관료제의 상층을 구성하고 정치가와 밀도 깊게 접촉하고 있는 사람들을 말하는 것으로 생각한다. 그래서 이러한 의미에서의 관료와 그 외의 직원을 구별하고 또 각각의 임무를 구별하는 행정의 개념이 필요하게 된다. 여기서 탄생한 것이 집정·행정·업무의 개념이라 부르는 제3의 용어법이다. 이 용어법은 앞의 2가지 용어법만큼 일반적으로는 정착하고 있지 않다. 그리고 이 경우의 행정개념이 무엇과 대비한 의미에서 사용되고 있는지 여전히 명료하지 않은 것도 분명하다. 하지만 그런데도 행정학의 세계에서는 종종 사용되어 온 용어법이다.

관료제는 그 내부에 신분제를 형성하고 있는 것이 일반적이다. 그래서 막스 베버도 그 관료제론에서 때때로 경영간부와 직원을 구별하고 있었다. 그러나 이 용어법을 행정학의 세계에 정착시킨 것은 그 무엇보다도 영어 administration의 개념이었다고 말할 수 있다. administration이라는 말은 이것에 public이라는 형용사를 붙이면 행정이 되고 이것에 business라는 형용사를 붙이면 경영이 되는 것처럼 공·사의 영역에 걸쳐 공통으로 사용되는 것에 그 첫 번째 특색이 있다. 그리고 이 말이 종종 executive나 execution과 대비해서 사용되고 있는 것이 두 번째 특색이다. 예를 들면 영국의 국가공무원제도에서는 소위 고급관료와 그 간부후보들에 상당하는 신분이 Administrative Class(행정계급), 그 외에 해당하는 신분은 Executive Class(집행계급)로 불려왔다. 또 미국에서는 대통령·지사·시장과 같은 행정부의 수장이 The Executive나 Chief Executive(집정장관)로 불리고, 이러한 행정부 수장을 보좌하는 사람들이 Administrative Staff(행정직원)라 칭해지고, 더욱이 그 관리 하에 행해지는 업무가 execution(집행, 실시)이나 operation(작업, 운영) 등이라는 말로 불리고 있다.

이러한 용어법을 여기서는 집정·행정·업무의 개념이라고 명명해 두고 싶다. 앞의 제2의 용어법에서의 행정(사무)의 개념이 여기서는 더욱더 행정과 업무로 구분되었다(또한 집정은 앞의 제2의 용어법에서의 정치의 일부분, 즉 정치가가 행정부에 들어가 정권담당자로서 활동하는 국면만을 가리키고 있다. 이러한 집정의 개념이 미국에서 빈번하게 사용되는 것은 미국의 정부에서는 행정부의 수장이 의회로부터 독립해 있는 직접선출직이기 때문이며, 이것이 영국 등에서 그 정도로 널리 사용되지 않는 것은 의원내각제가 채용되어 있어서 의회정치와 내각정치가 불가분하기 때문이다). 그리고 이 행정의 개념은 관료제의 관리직 사람들의 활동, 즉 관리를 의미하고 있다. 그리고 정부의 업무란 일반직원의 활동을 의미하고 있다(혹은 부속기관에서 일하고 있는 교육직, 연구직, 의료직 등 전문직 사람들의 활동을 의미하고 있다). 이 직원과 그 업무를 더욱더 분해하면 사무원(여기에는 기관(技官)·기능직 사람들을 포함)에 의한 사무와 현업원(現業員)·작업원에 의한 현업·노무로 나누어질 것이다. 정부활동에서 사무·사업, 특히 계속적·반복적이며 정형적인 사무·사업은 모두 직원의 업무로서 운영되고 있다고 생각해도 좋다.

정권과 직원의 중간에 개재하는 관리직의 임무는 한편으로는 정권을 보좌하고, 다른 한편으로는 직원을 지휘 감독해 집정과 업무를 쌍방향으로 매개하고 양자를 결합하는 것인데, 관리직은 이 업무를 어떻게 달성할까. 이 점에 대해서는 administration의 이론이 행정자원(권한·인원·재원·정보)의 조달·배분을 계획하고 조정하는 기능, 바꿔 말하면 management(관리)의 기능을 그 핵심으로 하는 것이 하나의 중요한 시사를 주고 있다고 생각된다. 그런데 그렇다고 해도 집정과 행정은 실제로 어떠한 형태로 교착하고 있느냐 하는 점은 여전히 해명되어야 할 문제로 남는다. 이 점은 앞의 정치·행정개념의 경우와 똑같다. 다만 이 집정·행정·업무라는 제3의 용어법이 가진 독자적인 의의는, 여기서 말하는 바의 관리로서의 행정이 행정부 활동의 대부분을 차지하고 있는 업무의 운영, 즉 국민의 눈에 보이는 행정활동 그 자체는 아니라는 사실을 우리에게 재확인시켜 주는 부분에 있다.

현대 정부에서 정치기능과 행정기능의 교착이라는 문제에 초점을 맞추어 고찰할 때도 항상 이 점에 유의해서, 또 다른 하나인 업무의 운영기능을 더해 정치와 행정과 업무라는 3가지 기능 간의 관계에 대해 고찰해 가는 것이 중요할 것이다.

3. 행정개념의 발전

입법·사법·행정의 개념은 절대군주제하에서 강고한 관료제를 형성하고 그 후 입헌군주제로 이행해 간 유럽대륙 국가들에서 발단하고 있다. 이에 대해 정치·행정의 개념은 비교적 온건한 군주제하에서 일찍이 의회가 개설되어 이 의회를 거점으로 한 의회세력이 점차 군주권을 대체해 의원내각제를 확립해 간 영국에서 유래한다. 그리고 제3의 용어법인 집정·행정·업무의 개념은 20세기 초 이래 미국을 중심으로 형성되어 온 것이다. 이처럼 3가지 유형의 행정개념은 원래는 각기 다른 나라의 다른 정치체제 아래에서 형성된 것이었지만, 그 뒤 각 나라 정치체제의 발전·변천에 따라 모두 각 나라로 전파되어 갔다. 그래서 오늘날 현대 민주제 국가들에서는 이러한 3가지 유형의 행정개념이 중첩적으로 정착하고 있으며 그때그때의 문맥에 따라 병용되고 있다. 그리고 이러한 개념이 착종한 병용상황을 풀어내는 열쇠는 관료제와 정당정치의 관계에 있다.

따라서 이 절에서는 관료제와 정당정치의 발전·변천에 초점을 맞추면서 정치체제의 변천과 그 아래서의 행정의 변천과의 관계에 대해 좀 더 구체적으로 고찰하고, 행정의 실태와 행정에 대한 규범과의 관계에 대해 정리한다.

1) 절대군주제하의 군주와 관료

절대군주제시대는 중세 이래 각지에 분립할거하고 있던 봉건적 세력 중에서 부국강병책에 성공해 두각을 나타낸 영방(領邦)군주가 점차 그 지배영역을 확장하면서 중앙집권체제를 확립하고, 그 영토 내의 봉건적 세력들의 특권을 박탈해 국민국가를 통일해 갔던 시대였다. 근대국가의 다양한 정치제도의 원형은 그 어느 것이나 이 절대군주제하에서 형성되어 갔다. 먼저 주권의 개념이 확립되고 차츰 군주권(입법권·통수권)과 통치권(사법권·행정권)이 분화되었다. 그리고 군주를 대리해서 그 통치권을 수행하는 기구로서 관료제가 형성되고, 또 군주를 보필해서 관료제에 의한 통치를 통할(統轄)하는 기관으로 대신·재상이 생겨나 이것이 나중에 내각제의 원형이 되었다. 머지않아 군주권을 협찬할 기관으로 등족(等族)회의·삼부회 등이 개설되고 이것이 훗날 의회제의 원형이 되었다.

절대군주제 정치체제가 가장 전형적인 형태로 완성된 것은 프랑스, 독일 등 유럽대륙 국가들에서였다. 신성로마·독일제국이 30년 전쟁을 통해 사실상 붕괴한 후 그 폐허 속에서 하루빨리 관료제를 정비해 부국강병에 성공한 국가가 프로이센, 오스트리아였는데, 이 양국의 장교·관료도 처음에는 종래의 봉건 가신단(家臣團)이나 등족세력에서 등용되었다. 그런데 영방군주는 구체제를 타파하고 통치를 근대화해 갈 필요에서 구체제의 질곡으로부터 자유로운 장교·관료, 바꿔 말하면 오로지 군주에 충성을 다하고 특정한 계급·지역·직능에 편향되지 않고 국가에 자신을 귀일시키는 새로운 유형의 장교·관료를 절실히 요구하고 있었다. 그래서 곧 사회적 신분 또는 문벌에 관계없이 오로지 학력과 능력을 기준으로 평민계급에서도 인재를 등용하고 발탁해 가게 되었다. 그리고 이 근대관료제는 점차 군사관료제, 사법관료제, 행정관료제로 분화해 갔다. 유럽대륙 국가들에서 일찍이 사법관료제와 행정관료제가 분화해 갔던 배경에는 신성로마·독일제국 통치하에서 제국황제의 재판관할과 영방군주의 재판관할을 둘러싼 쟁의가 계속되고 있었던 점, 그리고 이것이 계기가 되어 독자적인 법치국사상이 형성되어 사법재판소와 행정재판소가 분리되어 갔던 점이 있다.

프로이센, 오스트리아 등에 발달한 관방학(Kameralismus)은 근대관료제를 뒷받침하는 새로운 행정관료를 양성하기 위한 학문으로 발전했지만, 초기의 관방학은 식산흥업정책에 대해 논한 학문이었다. 부국강병의 기초는 식산흥업에 있었기 때문이다. 절대군주제하에서 재정수입은 크게 나누어 베데(Bede), 도매네(Staats domäne), 레갈리엔(Regalien)의 3가지 종류가 있었다. 베데는 전비에 충당하기 위해 등족세력의 동의를 얻어 그들을 통해 징수하는 협찬금이며, 도매네는 군주 직할령의 농장경영에서 거둬들인 연공(年貢), 광산경영에서 산출된 금·은 등이며, 레갈리엔은 도시의 경제활동에 부과하는 군주의 특권에 기초한 수입으로 간접세와 비슷한 수입들이었다. 이것들 가운데 군주가 자유롭게 확대 증식할 수 있었던 것은 도매네와 레갈리엔이었기 때문에, 관방학은 먼저 농장경영을 근대화하고 광산의 개발·경영을 개량하는 정책 그리고 도시의 상공업을 진흥하는 정책에 대해 논하는 중상주의나 중농주의 정책학으로 출발했지만 머지않아 재정학과 경찰학으로 분화해 갔다. 그리고 이 경찰학이 나중에 행정법학의 모태가 되었다. 한편 베데는 그 후 서서히 오늘날의 조세로 발전해 갔는데, 이 조세부과의 시비를 둘러싸고 과세하는 군주와 납세를 강요당하는 등족세력·시민계급 간에 긴장관계가 발생하고 이것이 주된 원인이 되어 등족회의·삼부회라는 협찬기관이 제도화되어 갔다.

프랑스에서는 이러한 대립이 결국 혁명으로까지 발전해 절대군주제가 일거에 타도되고 국민주권에 입각한 공화제로 이행했다. 그런데 프랑스의 절대군주제를 지탱해 온 관료제는 공화제에 이은 나폴레옹제제(帝制)하에서 오히려 재건·강화되어 오늘에 이르기까지 그 강고한 전통을 계승하고 있다. 이에 대해 나폴레옹 전쟁에서 패배한 프로이센은 이를 계기로 그 정치체제를 근대화하고 곧 서서히 입헌군주제로 이행해 독일제국건설의 원동력이 되었다.

그런데 훗날 행정개념의 발전에서 중요한 것은 이 절대군주제하에서 근대 행정관료제의 기본적인 성격이라 해야 할 전문성·영속성(종신성)·종속성·중립성의 원형이 형성된 것이다. 헤겔이 그의 저서 『법철학』에서 군주권과 통치권에 관한 부분에서 요약 정리한 관직 원리는 당시의 프로이센 행정관료제의 특질을 이론화한 것이라 볼 수 있다. 먼저 관료는 학력·능력이라는 객관적 자격에 따라 임용되어야 하며 세습·매관 등이 배제된다. 이것이 전문성이다. 다음에 관료는 공무를 수행하는 과정에서 사적 이익의 추구가 엄격히 금지되는 반면, 봉급의 지급이라는 형태로 그 생활이 보장됨과 함께 종신의 신분보장이 주어진다. 이것이 종신성이다. 그리고 종신직의 관료에 의해 구성되는 관료제의 특성이 영속성이다. 또한 관료는 군주권에 의해 이미 결정된 법·기구·시설 등을 계속 운영하고 유지하는 통치권의 대리자이며 군주에 충성하고 국가에 귀일해야 한다. 이것이 종속성이다. 그리고 또 관료는 시민사회의 여러 특수이익에 치우침이 없이 국가의 보편적 이익을 관철하는 것이 직무이다. 이것이 중립성이다.

이러한 전문성·종신성·종속성·중립성은 군주가 관료에게 부과한 규범이었다. 관료가 사적 이익을 추구하고 권력을 남용할 우려가 있다는 것은 충분히 인식되고 있었다. 또 관료는 통치권의 대리자, 통치권의 보조집행자로 되어 있지만, 실제로는 군주의 군주권(입법권) 행사를 보좌하고 보필하는 존재이기도 했다. 또 통치권의 대리자인 관료는 국민의 입장에서 보면 국가를 구성하는 지배기구의 일부일 뿐이다. 그리고 그 중립성이란 시민사회의 이해대립으로부터 초연하고 있는 한에서의 중립성이며, 관료는 국민국가의 통일을 유지하면서 근대화를 추진하는 첨병이라는 점에서 그 당파성은 명백했다. 헤겔은 관료가 속하는 「중간신분은 합법성과 지성이라는 점에서 국가의 주석(柱石)이다. 그래서 중간신분이 존재하지 않는 국가는 아직도 높은 단계에 이르지 못하고 있다」라고 말하고 있다.

2) 입헌군주제하의 헌정(憲政)과 통치

입헌군주제란 국가와 사회 간에 긴장관계가 두드러진 시기에 국가가 사회에 일정한 양보를 한 정치체제이다. 여기서 말하는 국가란 절대군주제의 정치체제를 떠받쳐 온 군주·추밀원·군사관료·사법관료·행정관료 등의 지배기구이다. 그리고 사회란 납세계층인 지주계급과 신흥시민계급 등을 가리키고 있다.

먼저 흠정(欽定)헌법이 공포되어 군주가 자신의 주권의 절대성에 제약을 가했다. 그리고 납세계층의 대표로 구성되는 국민의회가 개설되어 군주권의 근간을 이루고 있던 입법권이 국민의회에 이양되었다. 이렇게 입법권이 독립하면서 입법·사법·행정의 개념이 확립되어 갔다. 여기서 새로운 입법권과 행정권의 관계를 규율한 것이 의회의 예산의결권과 법률제정권에 기초한 법치행정 원리였다. 즉, 의회가 제정하는 법률이 칙령·추밀원령 등 법률 이외의 일체의 입법형식에 대해서 우월하다는 것(법률의 우위), 국민에게 의무를 부과하고 국민의 권리를 제한하는 행정행위는 모두 법률에 근거를 가지지 않으면 안 된다는 것(법률의 유보), 법률을 위반한 행정행위는 재판을 통해 무효가 된다는 것(법률에 따른 재판, 더 철저히 하면 사법권의 독립과 사법국가의 확립일 것이다) 등의 원리가 확립되었다.

관료는 군주권 대신에 의회의 입법권에 종속되었다. 그런데 이 종속성은 극히 불완전한 것이었다. 왜냐하면 침해유보의 원리에 나타나 있듯이 법률은 행정의 모든 영역을 포괄하는 것이 아니었다. 예를 들면 오늘날의 행정조직 법제나 공무원 법제에 해당하는 것은 「관제대권(官制大權)」에 속해 칙령이나 추밀원령으로 정하는 것이 통례였다. 그리고 세목을 칙령 등에 위임하는 법률도 적지 않았다. 또 법률안은 행정부에 의해 입안되어 내각이 의회에 제출하는 것이 통례였다. 게다가 내각총리대신의 임명은 군주에 의해 행해지고 각료의 대부분은 관료 출신자이며, 내각은 헌법상 여전히 의회세력으로부터 초연한 존재일 수 있었다.

그러나 입헌군주제는 소위 비선출세력과 선출세력 간의 대항관계를 전제로 한 정치체제였기 때문에 의회세력이 성장함에 따라 초연내각을 계속 유지하는 것은 사실상 어렵게 된다. 왜냐하면 정부는 그 예산안·법률안의 의회 통과를 확실히 할 필요에서 의회 내에 행정부를 지지할 세력을 형성할 필요가 있었기 때문이다. 이리하여 의회 내에 정부여당과 야당 간의 당파대립이 생겨난다. 의회의 자율성이 더욱 강해지면 정당제가 확립된다. 예를 들면 전통적인 지주계급을 대표하는 정당과 근대적인 시민계급을 대표하는 정당과 같은 정당제이다. 이러한 정당정치가 확립되자 이윽고 의회 내 다수당의 영수를 내각총리대신에 임명하지 않을 수 없는 사태도 발생했다. 이러한 입헌군주제하의 정당내각에 의한 정치, 이것이 바로 헌정이다.

정치의 맹아라고 해야 할 헌정이 정착하고 정당내각에 의한 정권교체가 일상적 형태로 되자, 정당 간 대립이 관료집단 내부에까지 침투하는 것은 일정 정도 피할 수 없었다. 관료는 법률에 종속해야 할 존재일 뿐만 아니라 정당내각의 통제에도 따라야 할 존재가 되었기 때문이다. 헌정 하에서 지사(知事)·경찰권력에 의한 선거개입 등은 이러한 현상의 일단이었다. 그러나 입헌군주제하의 관료제의 자율성은 강고했고 이것이 대폭 붕괴해 관료제가 전면적으로 정치화, 당파화하는 것은 없었다. 오히려 관료의 정계진출이 현저했다. 입헌군주제하의 행정은 기본적으로는 절대군주제하의 관료에 의한 통치와 크게 다르지 않았다고 말할 수 있다.

3) 근대민주제하의 의회정치와 행법(行法)

프랑스의 정치체제가 제제(帝制)와 왕제(王制)와 공화제 간을 어지럽게 동요하고 있던 시기 그리고 독일이 통일되어 입헌군주제하에서 비약적인 발전을 보이던 시기에, 영국과 미국에서는 이미 의회주권 또는 국민주권의 원리가 확립되어 근대민주제의 정치가 그 전성기를 맞이하고 있었다. 영국은 의원내각제, 미국은 대통령제로 그 헌법구조가 달랐기 때문에 양국의 정치 양상에는 여러 차이가 생겼지만, 두 나라 모두 민주정치를 철저히 하고 자율적인 관료제의 형성을 억제하고 있던 점에서는 공통하고 있었다.

영국에서는 명예혁명에 의해 의회세력이 왕권에 승리를 거둔 이래 정치세력이 서서히 민즈세력으로 일원화되어 가면서 의원내각제를 확립해 갔는데, 이 과정에서 가장 먼저 문제가 된 것이 상비군에 대한 처치였다. 명예혁명에서는 의회세력을 지지할 것을 맹세한 군을 의회군(議會軍)으로 재편성하고 이것을 통해 내전에서 승리를 거두었지만, 내전 종식이 가까워지자 곧바로 상비군 존속의 시비를 둘러싸고 논의가 전개되었다.

상비군은 지금까지 군주의 자의적인 지배를 뒷받침해 온 사병(私兵)적인 존재이며 또 앞으로도 권력의 억압기구가 될 수 있다는 점에서 기피되었고, 국방은 오로지 민병(民兵)제도에 의해 유지되어야 한다는 의견이 대세를 점했다. 하지만 당시는 내전이 아직 완전히 종식하지 않았기 때문에 의회는 반란법을 제정해서 의회군을 향후 1년간만 존속시킨다는 취지의 규정을 두게 되었다. 그리고 그 후 한동안은 의회군의 존속을 정한 규정을 매년 갱신해 가는 방식이 취해졌다. 그런데 얼마 지나지 않아 시한이 연장되고 결국에는 한시법 형식 그 자체까지 폐기되어 군의 존속이 항구화되었다. 그러나 의회세력은 이러한 경위 가운데 군의 존속은 전적으로 의회의 의향에 달려있다는 것을 명확히 하고, 예전 군주의 군사관료제 체질을 바꿔 의회세력에 충실한 군으로 전환함으로써 문민통제(Civilian Control) 또는 문민우월(Civilian Supremacy)의 원리를 확립했다.

의회세력에게 다음의 과제가 된 것은 의원내각제의 확립이다. 민주세력이 의회에 결집해 입법권을 장악해도, 외교·국방의 방침을 포함한 국정전반에 관한 시정방침을 정하고 예산안 법률안을 입안하며 행정부의 업무를 통제할 내각이 의회로부터 계속 독립된 존재로 있다면 이 의회는 앞의 입헌군주제하의 의회와 다를 바가 없다. 민주세력이 통치의 실권을 장악하기 위해서는 의회의 입법권뿐만 아니라 내각의 행정권(행정부의 업무 통제권)까지 장악하지 않으면 안 된다. 그래서 의회에서 선출된 의회세력의 집정위원회라 해야 할 것이 그대로 내각이 되는 의원내각제가 확립되어 갔다. 여기서 처음으로 군주는 「군림하지만 통치하지 않는」 원수(元首)의 자리로 물러나게 되었다.

이리하여 입법부와 행정부가 내각을 매개로 통합되어 내각이 입법권과 행정권을 조정하고 통합하는 정치지도의 중추가 되었다. 민주세력에 남겨진 세 번째 과제는 앞서 언급한 군에 대한 문민통제와 같이 지금까지 군주의 관료였던 행정관료를 민주세력에 충실한 행정직원으로 바꾸는 것이었다. 그래서 내각은 의회세력에 친근감을 가지고 이것을 지지하는 사람들을 행정직원으로 등용하고 발탁해 갔다. 때로는 정치헌금을 제공한 사람을 등용하는 매관제와 유사한 사례도 발생했다. 이것이 정실임용(Patronage)이라 불린다.

 · 제1장 · 행정의 개념

이처럼 정실임용은 본디 민주세력을 행정부의 구석구석에까지 침투시켜 행정관료제를 민주화하는 조치였다. 그런데 이것이 횡행하게 되면 행정관료제는 그 자율성을 잃게 될 뿐만 아니라 그 전문성을 상실하게 된다. 이러한 것이 왜 허용되었을까? 영국에서 의원내각제가 확립되어 갔던 시기는 동시에 자유방임사상이 발흥하고 값싼 정부, 야경국가가 정부의 이상형이었던 시대이기도 했다. 그래서 당시 행정부 업무의 범위는 그다지 넓지 않았고 업무의 성질도 그렇게 고도의 전문능력과 숙련을 요구하는 것이 아니었다. 행정부의 업무는 바로 법령을 집행하는 것, 즉 의회와 내각의 지령을 충실히 실행하는 것, 행정이라기보다도 행법이라 부르는 것이 적합한 성질을 가지고 있었다. 그래서 정실임용인사로 인해 행정관료제의 자율성과 전문성이 상실되어도 업무의 운영에 중대한 지장이 생기지 않았다.

그런데 의원내각제의 확립, 수상의 지위 향상과 함께 의회정치에 새로운 변화가 나타났다. 의회세력의 내부에 당파가 발생하고 이것이 정당으로 발전했다. 그리고 내각은 의회 내의 다수당 또는 다수파를 형성한 연합당파의 집정위원회가 되고, 의회정치는 내각·여당과 야당이 대항하는 정당정치의 장이 되었다. 이 정당제의 확립은 수차례에 걸친 선거권의 확장에 따라 촉진되어 갔다. 이에 따라 정실임용인사가 행정관료제에 미친 영향·효과도 변하지 않을 수 없었다. 즉, 정실임용인사는 선출세력인 의회세력이 비선출세력인 행정관료제를 종속시키기 위한 방책 이상으로 그 때때로의 집권당이 관료세계에 자신들의 지지 세력을 부식하기 위한 방책이 되었다. 게다가 이 집권당의 교체가 반복되고 그때마다 행정직원의 경질이 되풀이되자, 행정관료제는 그 자율성과 전문성뿐만 아니라 그 종신성, 중립성까지 무너지고, 당파성을 지니게 됨과 동시에 계속된 업무를 운영해 갈 숙련성마저 상실해 갈 수 있는 사태에 직면했다. 이리하여 19세기 후반이 되면 정실임용을 폐지하고 자격임용제를 재확립하려는 공무원제도개혁이 시행되었다.

또 다른 민주정치의 나라인 미국에서는 사정이 약간 달랐다. 여기서는 행정부의 업무운영을 통제하는 집정권은 의회로부터 독립한 직선의 대통령이 가지고 있었다. 따라서 의원내각제가 성립할 여지는 없었다. 하지만 그 대신에 행정부 고관의 임명 인사에 대해 대통령에게 조언과 승인을 하는 권능이 의회(상원)에 부여되어 있었기 때문에 의회는 이 권능을 통해서 대통령의 인사권에 개입했다. 또 대통령에게는 예산안·법률안을 의회에 직접 상정하는 권능이 부여되어 있지 않았기 때문에 행정부가 입법할 필요가 있는 경우에는 의원에게 로비해서 의회에서의 제안을 촉구하는 정치공작을 해야 했다. 그리고 의회는 세출권한법의 제정을 비롯한 그 모든 입법권의 행사를 통해서 의원내각제의 나라에서는 통상 행정권의 재량에 맡겨진 사항에까지 깊이 개입해 대통령의 집정권을 구속했다.

　이러한 권력분립제도 아래서 이원적으로 분립하는 입법부와 행정부를 매개하고 양 기관 간의 마찰을 최소한으로 억제하는 기능이 대통령을 옹립한 정당에 기대되었다. 보통평등선거제도를 어느 나라보다도 빨리 실현한 미국에서는 대중적 기반을 가진 정당조직이 비교적 빠른 시기부터 발달했다. 다만 그것은 중앙집권적인 전국정당이 아니라 오히려 지방단위의 조직으로서 각지에 분산하고 있었다. 게다가 그것은 정책노선을 축으로 한 정당이라기보다 선출직 후보자를 선출하는 인사를 주목적으로 한 정당이었다. 지방자치단체차원에도 주 차원에도 다종다양한 선출직이 존재했기 때문이다. 그리고 지방자치단체, 주 차원에서도 의회와 수장을 매개하는 기능이 기대되고 있었기 때문이다.

　이러한 헌법구조와 정당제를 배경으로 정실임용의 극한형태라 할 수 있는 미국 특유의 엽관제(Spoils System)가 정착했다. 이 엽관제는 영국의 정실임용과는 달리, 민주정치의 성립 이전부터 현존하고 있던 초연적인 행정관료제를 민주화하고 이것을 민주세력에 종속시키려는 조치가 아니었다. 말할 필요도 없이 미국에는 그러한 행정관료제가 성립하고 있지 않았기 때문이다. 엽관제는 그 기원이 된 제퍼슨 대통령과 잭슨 대통령에 의한 행정직원 대량경질의 취지에 보이듯이 수장 선거의 결과에 나타난 유권자의 의향을 임명직 인사에까지 반영시켜야 한다는 민주주의 사상, 또는 영속적인 관료제의 성장을 저지하고 공직을 널리 일반국민에게 개방하는 것이 민주주의에 공헌하는 것이라는 사상에 입각하고 있었다. 따라서 미국의 엽관제는 행정직원을 집권당에 종속하는 당파적 존재로 인식하고 관료제의 전문성은 물론이고 그 종신성과 중립성까지도 완전히 해체해 버리는 것이었다. 이 엽관제의 억제(폐지가 아님)가 정치과제로 된 것은 1870년대에 들어가면서부터였다. 그리고 1880년대부터 자격임용제와 정치적 중립성을 근간으로 한 현대공무원제가 도입되고 그 적용범위가 서서히 확장되어 갔지만, 미국에서는 엽관제의 그림자가 지금도 여전히 짙게 남아 있다.

　요컨대 근대민주제하의 민주정치에서는 행정관료제는 의회세력 또는 집권당에 종속되어야 하며, 그것을 위해서는 행정관료제의 전문성을 희생하고 그 영속성과 중립성까지 붕괴의 위기에 처하더라도 상관없다고 생각되었다.

4) 현대민주제하의 정당정치와 행정

근대민주제의 정치체제는 서서히 현대민주제 정치체제로 그 모습을 바꿔 갔다. 현대민주제의 정치체제를 특징짓고 있는 것은 직업적 정당정치가와 직업적 행정관료 간의 대항관계이다. 그 배경에는 대중정당에 의한 정당제의 성립이라는 사정과 자격임용제와 정치적 중립성을 근간으로 한 현대공무원제의 성립이라는 사정이 있다.

그리고 대중정당에 의한 정당제가 성립한 배경에는 선거권의 확장에 따른 명망가정당의 대중정당화, 의원정당의 조직정당화, 게다가 사회주의정당의 대두에 따른 산업사회에서의 자본과 노동의 대립을 반영한 정당제의 성립이라는 여러 사정이 있다. 또 현대공무원제가 성립한 배경에는 정실임용이나 엽관제에 기인한 끝없는 정당 간 대립과 이것에 따른 지속적인 정치부패에 대한 격렬한 여론의 규탄이 있었다는 사정도 있지만, 그런 것 이상으로 정부의 직능을 확대해 가지 않을 수 없었기 때문에 정부 직능의 확대에 대처할 수 있는 유능한 행정관료제가 요청되었다는 사정이 작용하고 있었다.

영국과 미국에서는 19세기 말부터 현대민주제로의 이행이 시작되었다고 말할 수 있다(미국에서는 자본과 노동의 대립을 반영한 정당제는 결국 형성되지 않았지만). 그리고 제1차 세계대전, 대공황, 제2차 세계대전을 거친 20세기 중엽에는 현대민주제의 정치체제가 완성단계에 달했다고 말할 수 있다. 그것은 동·서 진영 간의 냉전을 배경으로 서쪽의 자유진영국가들이 복지국가의 길을 자각적으로 걷기 시작한 시기였다. 예전에는 입헌군주제국가로서 강고한 행정관료제를 자랑하고 있던 독일도 그 후 바이마르공화국시대, 나치당독재시대라는 격동을 거치고, 패전 후에는 연방공화국으로 재생하여(서독) 행정관료제를 대폭 재편성해 그 자율성을 약화했다. 프랑스혁명 이래 공화제, 제제(帝制), 왕제(王制) 사이를 동요하고 있던 프랑스도 보불전쟁 후에는 위시정권(Régite de Vichy)시대의 개재는 있지만 이럭저럭 공화제를 지속시켜 왔다. 그러나 그 강고한 행정관료제의 전통은 그다지 크게는 변하지 않은 것처럼 생각된다. 그리고 일본도 패전 후의 개혁으로 입헌군주제의 정치체제에서 국민주권의 원리에 입각한 의원내각제 정치체제로 전환했지만, 그 행정관료제는 점령군총사령부의 간접 통치체제 아래에서 살아남아 그 자율성을 계속 유지해 왔다. 따라서 오늘날에는 같은 현대민주제국가라 해도 이러한 나라들에서 정당정치가와 행정관 간의 대항관계 양상에는 커다란 차이가 존재한다. 그러나 이 대항관계의 존재 자체는 모든 나라에 공통하고 있다. 어느 나라에서나 대중정당에 의한 정당제가 성립하고 또 현대공무원제가 성립하고 있기 때문이다.

현대민주제하의 행정관료제는 그 전문성·영속성을 계승, 회복하고 있으며, 다시 어느 정도 자율적인 그리고 거대한 기구·집단으로 성장하고 있다. 그래서 이 자율적이라는 것과 종속성 규범과의 관련이 문제가 된다. 또 이 종속이 오늘날에는 정당제를 전제한 당파적인 정권에의 종속을 의미하고 있어서, 이 종속적이라는 것과 중립성 규범과의 관련이 물어진다. 관료제를 bureaucracy, technocracy, meritocracy 등 다양한 호칭으로 부르고, 「관료제와 민주제」를 시작으로 「행정관과 정치가」, 「전문직과 정치」, 「관료제와 민중참가」, 「관료제와 민중정치」라는 다양한 표제로 논의되어 온 것은 모두 이 문제이다.

현대의 행정관료제가 자율적이라는 것과 종속성 규범과의 관련이라는 문제는 앞에서 언급한 의원내각제 초기에 일어난 그것과 같지 않다. 또 당파적인 정권에 대해서 종속적이라는 것과 중립성 규범과의 관련이라는 문제도 의원내각제가 정당내각제로 발전한 당시의 그것과는 질적으로 다르다. 선출세력만이 국민의 대표로서 지배의 정통성을 가지고 있고, 그 때문에 선출세력이 비선출세력에 대해 우월해야 한다는 것은 이미 비선출세력도 승인하고 있다. 또 현대 정부의 계속적인 업무를 원활히 운영해 가기 위해서는 전문적이고 영속적인 행정관료제가 필요하다는 것, 그래서 정치가는 행정관료의 신분을 보장하지 않으면 안 된다는 것은 정당정치가도 승인하고 있다. 정치가와 행정관의 관계는 신분상의 우월·종속관계가 아니라 단순히 직무상의 우월·종속관계라는 것이 확인되고 있다. 정치가와 행정관은 상호 이질적 집단이라는 것이 전제된 다음 직무상의 분업관계가 물어지고 있다.

정치가집단과 행정관집단은 상호 이질적인 집단으로 명확히 분리되었다. 그리고 의회·내각에서의 정책결정활동이 정치가집단의 전관사항이고, 행정기구에서 계속적인 업무를 운영해 가는 정책실시활동이 행정관의 전관사항이라는 분업관계도 거의 확립되어 있다고 말할 수 있다. 그 한에서 정치와 행정은 분리되어 있다. 그런데 현대정부의 행정은 예전의 행벌과 같은 성질의 활동이 아니다. 그 계속적인 업무는 양적으로 방대할 뿐만 아니라 광범위한 재량영역을 가진 것으로 변질해 오고 있다. 그래서 또 이러한 정책실시활동에 대해 계획하고 조정하고 관리하는 통제활동이 확대하고 있다. 게다가 이 정책실시활동을 개선하고 혹은 이것에 더 새로운 것을 추가하기 위한 정책입안활동이 방대해진다. 그리고 이 정책실시활동을 통제하는 활동과 정책입안활동이 정치가집단과 행정관집단 간의 접촉영역이 되고 있으며 이 접점(Interface)에서는 양쪽의 직무 성질은 접근하고 있다. 이러한 의미에서는 정치와 행정은 고도로 교착하고 있다. 이 교착상황과 이것에 대한 규범에 대해서는 다음 절에서 고찰한다.

4. 정치기능과 행정기능의 교착

3가지 유형의 행정개념 정리에서 시작해 이것을 정치체제의 유형과 그 발전에 결부시켜 고찰해 왔다. 이를 통해 현대민주제 하에서 정치와 행정의 문제가 직업적 정당정치가와 직업적 행정관의 관계를 둘러싼 문제로 수렴되고 있다는 것을 명확히 할 수 있었다고 생각한다. 그래서 다음 과제는 현대민주제 하에서의 양자의 관계에 대해 좀 더 상세하게 고찰하는 것인데, 이 관계는 통제(우월·종속 관계), 분리(상호불개입 관계), 협동(지도·보좌 관계)이라는 3가지 규범에 따라 복합적으로 규정되어 있는 관계로 이해하는 것이 적당하다고 생각된다. 그래서 다음에서는 먼저 각각의 규범이 예정하고 있는 관계와 그 실태에 대해 고찰한다. 그리고 직업적 정당정치가와 직업적 행정관에게 일반적으로 기대되고 있는 각각이 살려야 할 특성과 자기억제해야 할 특성에 대해 정리하고, 마지막으로 현재 각 나라에서의 정·관(政·官) 관계의 다양한 모습에 대해 논급한다.

1) 통제의 규범과 우월·종속 관계의 실태

의원내각제의 성립으로 국민 → 의회 → 내각 → 대신 → 관료 → 직원 → 국민이라는 단일한 날줄의 계통제가 성립했다. 입법·사법·행정의 개념에서는 이것을 국민·의회 → 내각·대신·관료 → 국민의 계통제로 파악하고, 정치·행정의 개념에서는 이것을 국민·의회·내각·대신 → 관료 → 국민의 계통제로 인식하고 있다. 그리고 집정·행정·업무의 개념이 등장하면서 이것을 국민·의회·내각·대신 → 관료 → 직원 → 국민의 계통제로 보게 되었는데, 어느 것이든 이 계통제에서는 국민·의회·내각·대신에 의한 정치가 우월하고, 관료·직원에 의한 행정은 이 정치의 통제에 종속하고 내각·대신에 의한 집정을 보조 집행해야 하는 것이었다. 이 우월·종속관계를 규정하는 것이 여기서 말하는 통제의 규범이다.

여기에서 정치와 행정의 개념은 이것을 기관·집단별에 따른 실체개념으로 보면 지극히 명쾌하다. 그런데 이 계통제에서 정치가 담당해야 할 기능과 행정이 담당해야 할 기능이란 무엇이냐고 묻는다면 이것에 적절히 대답하는 것은 예상외로 어렵다. 그러면 종래에는 어떻게 설명되었을까? 입법·사법·행정의 개념에서는 결정과 실행, 국가의사의 표현과 국가의사의 집행, 입법(법률의 정립)과 행법(법률의 집행)처럼 설명되어 왔다. 그런데 의회가 제정하는 법률·예산은 모든 행정활동에 대해 그 세목까지 전부 규율하고 있는 것은 아니다. 그래서 행정부에서 정령, 성령, 계획, 통달, 통지, 요강, 요령, 내규 등을 정해 법률·예산의 틈새·공백영역을 메우지 않으면 직원의 업무에는 광범위한 재량영역이 남게 되고, 그것은 행법의 범위를 넘어서는 것이 되어 버린다. 이러한 제정도 결정이고 국가의사의 표현이며 적어도 실질적으로는 입법에 준하는 행위이기 때문에, 이러한 의미에서의 정치기능은 행정부의 내부에까지 깊숙이 침투하고 있다고 할 수 있다. 물론 상기한 정령 등은 모두 내각·대신이 제정하는 것이다. 따라서 법률·예산에서부터 정령 등에 이르는 모든 일반적인 준칙(準則)의 정립을 정치, 그 집행을 행정이라 정의하면 이 점의 모순은 상당히 해소되고, 의원내각제하에서의 정치·행정의 개념에 거의 적합한 정의가 된다.

 그러나 관료에 의한 집정의 보조를 현실적으로 통제하고 있는 것은 이러한 일반적인 준칙에 더해 내각·대신이 표명한 시정방침, 내각·대신이 내린 개별적 지시·명령도 있다. 그래서 한층 더 넓은 개념으로 정책의 개념이 선택되어 정책의 작성을 정치, 정책의 실시를 행정으로 하는 정의가 나타나게 된다. 더욱이 관직에의 임명권(인사이동을 결정하는 권한)이야말로 내각·대신이 관료를 통제하는 가장 중요한 무기라는 사실까지 고려하면 정치란 정책을 작성하고 그 실시를 통제하는 것이라고 말하지 않을 수 없다. 그런데 현대정부의 행정활동의 재량영역은 대단히 넓어서 정책개념의 정의 방식 여하에 따라서는 행정기관의 말단 직원 행위에도 정책의 작성이 포함되어 있을 수 있다. 또 관료제의 중간관리자인 행정관료의 임무는 집정권자의 대리인으로서 행정직원의 정책실시를 통제하는 것이다. 이처럼 정책의 개념을 실마리로 해서 기능의 정의를 내리는 데에는 많은 난점이 있다.

 대신에 의한 전결권의 하부이양(내부위임)을 실마리로 해서 형식적인 결정권이 국장 이하에 위임되어 있는 사항의 처리를 행정이라 하고, 형식적인 결정권이 내각·대신 차원에 유보되어 있는 사항의 처리를 정치라고 하는 정의의 방법도 생각되지 않은 것은 아니다. 그런데 이러한 정의는 기능의 정의 대신에 다시 기관·집단의 구별에 기초한 정의로 되돌아가 버리게 될 것이다. 게다가 이 정의에서는 행정관료가 정책을 입안하고 내각·대신에게 제안하는 활동도 정치기능의 일부가 될 것이다. 이것은 행정관료가 이미 집정의 보조라는 범위를 넘어서 집정을 보좌하는 기능까지 다 하고 있다는 현실의 실태를 정확하게 반영한 정의이기는 하지만, 통제의 규범에 걸맞은 규범적 정의라고는 말할 수 없을 것이다.

정치에 의한 행정의 통제라는 규범은 확고부동한 것으로 되어 있지만, 이 의미에서의 정치와 행정의 기능에 대해 그 실태를 적절히 규율하는 규범적 정의를 내리는 것은 지극히 어렵다. 이 통제의 규범은 역시 정치기관이나 정치가의 활동을 정치, 행정기관이나 행정관의 활동을 행정이라 파악하고, 정치의 우월, 행정의 종속이라는 관계를 요구하는 규범이라고 생각할 수밖에 없다. 여기서는 헌법에 구속되는 것을 제외하면 정치기능의 범위에 한계는 없다. 법률·예산의 정립이든 일반적 준칙의 정립이든 그것은 기관 간의 상하 관계를 확립하기 위해 상위기관에 명확하게 유보되어야 할 주요한 정치기능을 예시한 것에 지나지 않는다. 이에 더해 행정은 정치가 임의로 허용하는 범위 내에서만 활동의 자유를 가질 것이다. 그런데 이러한 우월·종속의 절대적인 관계에 수정을 가해 정치의 자유에 일정한 제약을 부과한 것이 다음의 분리 규범이었다.

2) 분리의 규범과 상호불개입 관계의 실태

근대민주제 하의 정당정치에 의한 정실임용이나 엽관제의 폐해가 인식되고 그것에서 자격임용제와 정치적 중립성을 근간으로 한 현대공무원제가 확립된 것은 이미 언급한 바이지만, 이를 통해 민주정치의 나라에서도 정치가와 행정관은 두 개의 이질적인 집단으로 명확히 분리되고 일정 범위의 상호불개입 원칙이 확립되었다. 이것을 여기서는 분리의 규범이라고 부른다.

현대공무원제의 적극적 요청은 현대정부에 부과된 다종다양하고 복잡 고도한 업무를 적절히 운영할 수 있도록 전문성과 영속성을 갖춘 관료제를 육성하거나 유지하는 것이었다. 여기서 분리의 규범이 의미하는 바를 올바르게 이해하는데 중요한 것이 2가지 있다. 첫째는 전문성의 요청과 영속성의 요청 중에서 영속성의 요청이 기본이 되고 있다는 것이다. 정실임용, 특히 그 극한 형태의 엽관제가 관료제에 미친 가장 큰 폐해는 정권교체에 따른 행정직원의 빈번한 경질로 행정직원이 업무를 숙련하는 것이 곤란하게 되어 버렸다는 것이다. 분명히 행정직능의 확대에 따라 교사·보모·의사·간호사 등의 전문직 고용이 증가하고 또 건축

공학·토목공학 기술자를 비롯한 각종 기능직의 고용이 중요해지고 있다. 특히 지방자치단체 차원에서는 이러한 직종의 상대적 비중이 커졌다고 말할 수 있다. 그러나 폐해의 핵심은 행정직원 대부분을 차지하는 사무원의 빈번한 경질에 따른 사무에 대한 숙련의 결여에 있었다. 이 개개 행정직원의 종신성 그리고 행정관료제의 영속성 붕괴에 따른 폐해가 강하게 의식되면서 비로소 개혁이 시작되었다. 따라서 자격임용제는 정치가 행정직원의 임면(특히 파면)에 개입하지 않는다는 원칙이 뒷받침되지 않으면 성립할 수 없는 것이었다.

둘째는 정치의 불개입은 행정직원의 임면에 대해서만 요청된 것이 아니었다는 것이다. 당시 미국에서 정치부패로서 혹독하게 규탄되었던 것 중에는 정당정치가가 행정직원의 임면에 생살여탈의 권력을 가지고 면허·인허가·공장청부계약·물품매매계약 등과 같은 행정직원의 개별업무처리에까지 개입해 자신들의 지지자들에게 유리하도록 조처하게 한 것, 게다가 이것을 통해 업자 등에게 정치자금을 강제한 것 등이 있었다. 따라서 행정직원의 임면에 대한 불개입 원칙의 확립은 이러한 정치부패를 억제하기 위함이기도 했다. 정치에서 분리되어야 할 당면의 대상은 행정직원과 그 업무의 영역이었고, 이것을 통제할 행정관료와 그 관리의 영역이 아니었다. 미국 연방정부가 1880년대에 최초의 연방공무원법을 제정해 자격임용제를 도입했을 때 그 적용을 하급직원에서부터 시작하고 있는 것에 주목해 둘 필요가 있다. 또 이러한 개혁은 연방차원 이상으로 지방자치단체차원에서 필요한 것이었다. 지방단위의 정당조직이 지방자치단체를 제물로 삼아 그 당세를 확대하고 있었기 때문이다. 그리고 이 나라의 분산적인 정당구조 하에서는 그 기저를 개혁하지 않고서는 주 차원, 연방 차원의 정당정치의 질을 향상시킬 수도 없었다.

공무원제의 개혁은 행정개혁임과 동시에 정치개혁이었다. 이 개혁에서 정치를 가업으로 하고 지지표와 정치자금에 의존할 수밖에 없는 직업적 정당정치가의 등장에 따르기 쉬운 정치의 해악이 널리 사회적으로 인식되고, 후견주의(clientelism)에 기초한 이익유도·이익환원의 행동에 대해 정치가의 자기억제가 요구된 것은 특필할 만하다. 아마 그것은 법령에 따라 명확히 금지된 것이 아니라 정치윤리로서 그 준수가 요청되었을지 모른다. 따라서 사회적으로 허용된 행동과 허용되지 않은 행동의 경계선은 대단히 모호하고 나라에 따라서도 다르다. 그러나 정부의 개별적인 업무에 대한 정치가의 자의적인 개입은 행정의 공평성·비인격성의 요청에 반하는 것으로 비난받을 수 있게 되었다. 정치는 이미 헌법에만 구속되는 광범위한 자유의 영역이 아니게 되었다. 그리고 그 반사효과로 행정의 자율영역이 확대되었다.

 행정의 자율영역을 확대하기 위해 당시 미국에서 행해진 또 하나의 개혁이 집정권의 일원화·계통제화였다. 지방자치단체차원·주 차원에서는 집정권을 구성하는 관리직 대부분이 직접선출직 혹은 그 임명에 의회의 승인을 요하는 관리직이었던 것을 가능한 한 시장·지사의 임명직으로 바꿔 갔다. 그 결과 의회, 의원 혹은 어떠한 관리직에도 취임하고 있지 않은 정당조직의 보스 등이 행정에 개입하려 할 때는 바로 행정직원에 로비하는 것이 아니라 이러한 집정권을 통해서 해야 하는 것이 최소한 암묵적 양해가 되어 갔다. 이리하여 집정권의 일원화·계통제화는 소위 정치의 외압을 막고 행정의 자율성을 지키는, 특히 업무운영차원에서의 자율성을 지키는 효과를 가졌다.

 이러한 조치를 강구하는 반면, 당시의 미국 공무원제도개혁에서는 자격임용제에 기초해 임용된 공무원에게는 선거활동 등 일정한 정치활동을 금지하는 조치가 취해졌다. 정치와 행정의 일정 한도에서의 분리는 이러한 상호불개입의 조치나 암묵의 양해 속에서 달성되었다.

 이것이 미국의 공무원제도개혁을 둘러싼 상황이었다. 절대군주제시대 이후 행정관료제의 전통을 가진 나라들에서는 행정의 전문성·영속성 그리고 중립성은 대체로 그대로 계승되고 정치와 행정의 분리는 이미 확립되어 있었기 때문에 새롭게 공무원제도의 대개혁을 할 필요는 없었다. 그러나 정당제의 발전에 따라 이것에 맞추어 행정관료제의 정치적 중립성에 대해 다시 정의하는 것은 필요했다. 유럽 국가들의 정당제는 많든 적든 자본과 노동 간의 이해대립을 반영하고 있었기 때문에 정권교체는 정책의 커다란 변동을 수반할 수 있었다. 따라서 이러한 나라들에서 정치적 중립성의 중심문제는 어떠한 정권이 탄생하더라도 이 정권에 대해 행정관료제가 한 결 같이 순종하고 봉사할 것인 가였다. 이것은 행정직원층의 행동이라기보다도 정권을 구성하고 있는 정당정치가층과 행정직원층 사이에 개재하고 있는 행정관료층의 행동을 문제 삼는 것이며, 여기서 말하는 분리의 규범보다도 다음에 논하는 협동의 규범에 관계되는 문제이다.

 그런데 이 분리의 규범은 직업적 정당정치가집단과 직업적 행정관집단을 각각 그 존재이유를 달리하는 두 개의 집단으로 명확히 분리했을 뿐만 아니라 통제의 규범에 일부 수정을 가해 행정관집단에 자율의 영역을 보장했다. 이것은 부분적이긴 하지만 정치가집단과 행정관집단을 대등한 병립관계에 세워 양자 사이에 일종의 분업관계를 형성하게 했다. 그리고 이 분업관계를 기초로 해 그 위에 새롭게 협동의 규범이 추가되어 갔다. 이 협동의 규범도 또한 앞의 통제 규범에 일부 수정을 가한 성격을 가진다. 이리하여 통제의 규범과 실태의 차이는 한층 더 깊게 되었다.

그래서 여기서는 일단 분리의 규범이 결과적으로 어떠한 분업관계를 형성하게 되었는지, 이것을 보기로 하자. 먼저 정책과정에 대한 통상적인 정리방법에 따라 이것을 정책과제설정, 정책입안, 정책결정, 정책실시, 정책평가의 각 과정으로 나누어 보면, 현대의 직업적 정당정치가가 주로 활약하고 있는 것은 정책과제설정과 정책결정의 과정이고, 직업적 행정관이 주로 활약하고 있는 것은 정책입안과 정책실시의 과정이라는 것을 알 수 있다. 여기서 정치가와 행정관의 분업관계로서 주목해야 할 것은 행정관이 정책실시의 과정 대부분을 그의 전관영역으로 하고 있다는 점이다. 행정관이 정책실시를 담당하는 것은 행법으로서의 행정 이래의 전통이며 그것 자체 아무런 이상한 점도 없는 것처럼 생각되겠지만, 실은 이 정책실시라는 것의 실태가 예전의 행법과는 전혀 다른 것이다.

여기서는 관례에 따라 정책실시라는 말을 사용했지만, 행정관(특히 행정직원)이 담당하고 있는 현대정부의 업무 대부분은 과거로부터 지속해서 운영되어 오고 있는 계속적 업무이다. 이것들도 과거의 어느 정권이 결정한 정책을 계속 실시하고 있다 라는 의미에서는 확실히 정책실시이지만, 최근 정권이 새롭게 정책으로서 막 실시하기 시작한 것, 현 정권이 지금부터 실시하려고 의도하고 있는 것과는 그 성격을 달리한다. 현 정권이 이것을 재검토할 의향을 보이고 이것에 수정을 가하려고 하지 않는 한 딱히 정책으로서 의식되지도 않고 계속 운영되는 성격의 것이다. 예산편성에서는 정책적 경비와 사무적 경비, 투자적 경비와 경상적 경비, 임의적 경비와 의무적 경비 등이라는 구분이 이루어지고 있는데, 이러한 구분에서 전자의 경비가 충당되는 것을 정책, 후자의 경비가 충당되는 것을 업무라고 부르는 것이 훨씬 일상의 어감에 맞는 용어 사용일 것이다.

행정관은 이러한 현대정부 업무의 대부분을 차지하고 있는 계속기업(going concern)의 영역을 자신의 전관영역으로 하고 있다. 그 때때로의 정권이 그 정책으로서 실시에 옮기는 것은 정부 업무의 극히 일부분의 변경에 지나지 않는다. 게다가 이 계속기업으로서의 업무는 그냥 단순히 법령을 집행한다는 성질의 것이 아니라, 대상 집단과의 일상적 접촉과 비공식적인 타진을 통해 그 동조가 얻어지는 한 법령을 위반하지 않는 범위 내에서 온갖 수단을 행사해서 운영되는 성격의 것이다. 그들은 이 전관영역을 거점으로 삼아 여기서 얻은 정보·지식·기능을 사용해서 정책입안과정을 주관하고 정책과제설정과 정책평가의 과정에 참여해 간다. 그리고 이 전관영역에서 키운 업계세력을 배경으로 혹은 이것을 동원해서 정책결정 과정에까지 그 영향력을 미치게 된다. 행정관청은 고객집단의 이익을 대변하는 정치세력이 된다. 때로는 고객집단의 이익옹호라는 이름으로 자신의 기득권익을 옹호하는 정치세력이 되기도 한다. 이러한 구조가 가장 전형적으로 성립하고 있는 것은 말할 필요도 없이 개별업종 활동의 규제·보호·진흥을 소관하고, 이 업계의 조직화를 도모하며 업계 내의 이해대립을 조정하고 있는 산업행정의 각 분야일 것이다. 그러나 산업행정 이외의 행정분야에서도 대부분의 관청은 거의 국(局) 단위의 소관업무에 따라 각자 독자적인 외곽단체를 설치하고, 더욱이 그 바깥쪽에 고객집단 등의 위성 집단을 배치한 정책커뮤니티를 형성하고 있기 때문에, 그 기본적인 구조는 산업행정분야와 그렇게 다르지 않다.

사회에 존재하는 이해대립을 조정하고 통합하는 기능을 모두 정치기능이라 부른다면 행정관청은 이러한 의미에서의 정치기능을 그 일상의 업무운영 속에서 많든 적든 담당하고 있다. 그런데 행정관청에 의한 이해조정은 고도로 조직화하고 제도화된 개별업계내부의 이해조정에 그치고, 국이나 성·청의 장벽을 넘고 업계의 영역을 넘은 이해대립의 조정에는 미치지 않는 것이 일반적이다. 이에 대해 정당정치가에게 기대되고 있는 것은 성·청의 소관이 걸쳐 있고 개별업계를 횡단하는 사회의 기본적인 이해대립을 조정하고 통합하는 구상을 제시함과 동시에, 아직 정부가 대처하고 있지 않은 새로운 문제 혹은 관청의 업무운영을 통해 적절히 해결되지 않는 문제 등에 민감하게 반응해 이것들을 정책논의의 대상으로 삼아 가는 것이다. 바꿔 말하면 정책과제설정의 과정에서 지도성을 발휘해 각 방면의 의향을 몇 가지 방향성으로 정리하고, 복수의 정책강령을 국민의 선택을 위해 제시하는 것이다. 그리고 정권을 장악한 집정직의 임무는 국민 다수가 선택한 그 정책강령을 구체화하고 실현하는 것이다.

행정관은 문제해결의 구조를 제도화해 이것을 안정적으로 지속하려고 지향하는데 대해, 정당정치가에게는 이것을 재편성해 변혁해 가는 것을 기대하고 있다고 할 수 있다. 분리의 규범은 그 애초의 의도를 넘어서 그 후 계속 팽창한 업무의 영역을 행정관의 자율에 맡기는 결과로 되고, 실태에서는 정치와 행정 사이에 변혁과 계속의 분업관계를 형성했다.

3) 협동의 규범과 지도·보좌 관계의 실태

국민의 참가에 기초한 현대민주제가 확립되고 정치권력의 정통성이 정치의 주요한 쟁점이 되지 못하자, 정치의 좋고 나쁨은 주로 정부 서비스의 좋고 나쁨에 따라 평가받게 된다. 정치의 과제는 과거의 정책결정의 결과로서 퇴적하고 있는 방대한 업무를 적절하게 계속 운영함과 동시에, 상황의 변화에 대응해 과거의 정책을 수정·전환하고 새로운 정책을 추가해 가는 것이 되었다. 그런데 법률안, 개산(概算)요구안, 계획안, 요강(要綱)안 등의 형태를 띤 정책안을 입안하는 것은 상당한 소양과 숙련을 요하는 업무이다. 게다가 과거 정책의 수정·전환이든 새로운 정책의 추가이든 현재 실시되고 있는 업무와의 관련을 정리하지 않으면 안 된다. 따라서 정책입안의 업무는 행정관에게 의뢰하지 않을 수 없게 되었다. 여기에 정치와 행정 간의 관계를 규율하는 제3의 규범으로서 협동의 규범이 형성되었다. 즉, 내각·대신(또는 여당)의 발의·지시를 받아서 행정관이 정책을 입안한다는 정치가와 행정관 사이에 지도와 보좌 관계의 성립을 요청하는 규범이다. 여기서는 행정관이라 해도 행정직원이 아닌 주로 행정관료의 행동이 초점이 되는 것에 주의할 필요가 있다.

그러면 현대정부에서 정책입안과정의 실태는 어떠냐고 하면 정책입안의 발의·지시는 행정관에 의해서도 행해지고 있다. 그렇다기보다 내각제출법안의 대부분이 실은 이러한 형식의 정책입안과정을 거쳐 온 것이다. 행정관의 전관 영역이라 할 수 있는 계속기업의 업무라 할지라도 이것을 상황의 변화에 맞게 미세 조정하고 개선·확충해 가기 위해서는 법률 등의 개정이 필요하다. 그리고 그러한 필요가 생겼다는 것을 감지할 수 있는 입장에 있는 것은 이것을 소관 하는 행정관집단이기 때문이다. 그리고 이러한 법률개정안 등은 대부분 성·청 소관의 각 업계이익을 옹호하고 증진함과 동시에 해당 성·청 자신의 권익 확대를 도모하려는 성격의 것이다. 그렇기 때문에 이것에 저촉하는 이해·권익을 가진 다른 업계·성청의 반대에 직면해 각 성 간의 절충단계에서 일찌감치 좌절되어 버리는 경우도 결코 드물지 않다. 그러나 이러한 법안 등이 각 성 간의 절충단계를 무사히 통과하게 되면 대신·내각(또는 여당)은 이러한 법안 등을 승인할 것인지 말 것인지 한층 더 넓은 시야에서 결정을 내리지 않으면 안 된다. 이러한 정치가에 의한 결재가 취사선택의 관문으로 적절히 기능하고 있으면 이러한 정책입안과정도 통제의 규범에 반하지 않는다. 또 이것으로 행정관이 그 보좌기능의 범위를 일탈한 행위라고 하면서 굳이 논란할 필요도 없을 것이다.

사실 대신·내각(또는 여당)이 행정관집단의 정책에 보정을 가하는 경우도 적지 않다. 행정관집단이 경제계획·국토계획을 책정하고 그 장기전략에 기초해서 특정한 유망산업부문이나 지역에 중점적으로 투자할 정책을 입안한 경우, 정당정치가집단은 종종 농림수산어업이나 중소기업 등의 쇠퇴부문 혹은 후진지역의 불만을 배려해서 산업 간 또는 지역 간 격차를 시정할 정책을 추가해 전체의 균형을 회복하려고 하거나 한다. 이러한 경우, 이것이 산업정책이나 지역정책으로서 현명한 정책이냐 아니냐의 평가는 따로 하더라도 정당정치가집단은 행정관집단의 독주를 억제하는 독자적인 역할을 하는 것이 된다.

그런데 대신·내각(또는 여당) 측에 행정관집단이 입안한 정책을 평가할 독자적 판단기준을 가지고 있지 않고, 그로 인해 행정관의 제안이 거의 그대로 승인되는 것이 통례로 되어 있다면 이야기는 달라진다. 정치가는 지도의 역할을 전혀 수행하지 않고 단지 행정관의 꼭두각시 역할을 하는 것이 된다. 정당정치가에게 유보되어 있던 정책결정권까지 사실상 행정관에게 찬탈되어 공동화해 버릴 것이다. 이러한 사태는 전통적인 통제의 규범에 반하는 것은 물론이고 현대의 협동 규범에도 합치하지 않는다.

정책입안국면에서 정치가와 행정관의 지도·보좌의 협동관계에 대해서는 일반적으로 다음과 같이 설명되고 있다. 즉, 정치가의 구상을 행정관이 구체화한다는 설명, 정치가가 목표를 설정하고 행정관이 그 합리적인 실현수단을 고안한다는 설명 혹은 정치가가 제시하는 가치전제와 이것에 대해 행정관이 제공하는 사실전제가 합성되어 그것에서 하나의 결정이 도출된다고 하는 설명이다. 어느 설명도 정치가를 정책입안의 아마추어 또는 딜레탕트(dilettante), 행정관을 그 프로페셔널 또는 전문가로 보면서도, 정책입안의 전문가인 행정관은 정치가가 제시하는 정책의 구상·목표·가치전제를 충실히 받아서 그 작업에 임해야 한다고 주장하고 있다.

그러면 현실에서 대신·내각(또는 여당)의 발의·지시가 있은 경우 행정관은 이러한 협동의 규범에 걸맞은 보좌기능을 항상 발휘하고 있을까? 답은 아니다 이다. 행정관은 정치가의 발의·지시에 대해 「현행 법령에 저촉하고 있다」, 「예산이 없다」, 「예산을 획득할 전망이 없다」, 「사무적으로 집행 불가능하다」라는 구실로 이것에 반대하고 비협력의 자세를 보이고 때로는 반항하기조차 한다. 정치가집단과 행정관집단 사이에 협동관계가 무너지고, 그 대신에 대항관계가 발생해 버리는 것은 어떠한 경우일까? 이것에는 크게 나누어 다음의 3가지 경우가 있을 것이라 생각된다. 그 첫 번째는 행·재정개혁의 경우 등과 같이, 정치가집단이 의도하는 정책이 각 성·청의 지금까지의 업무방향에 커다란 변경을 가하려고 하는 것이라 생각된 경우, 특히 그 성·청의 기득권익을 침해하고 그 권한을 축소한다고 생각한 경우이다. 두 번째는 선거제도개혁의 경우 등과 같이, 정치가집단이 발의·지시한 정책이 노골적으로 여당을 이롭게 할 의도를 가진 저차원의 당리당략이라는 의미에서 지나치게 당파적이라 생각된 경우이다. 세 번째는 민족대책·노동대책·치안대책의 경우 등과 같이, 그 정책이 여·야당의 대립을 격화시키고 국론분열을 일으키고 나아가서는 사회의 정치통합을 위태롭게 할 우려가 있다는 의미에서 너무나 당파적이라 생각된 경우이다.

위의 첫 번째 경우는 행정관료제가 과도한 자율성을 가지고 그 자신의 이해 관심을 추구하는 독자적 권력집단이 된 것에서 유래하는 관료정치의 악폐로서 비난받는 것이 일반적이다. 사실 행정관료제의 이러한 저항·비협력·반항을 변호하는 것은 통제의 규범, 분리의 규범, 협동의 규범 그 어느 것에서 보더라도 어려운 경우가 많을 것이다. 이에 대해 두 번째 경우는 행정관은 그 업무의 공평성·비인격성을 유지하고 행정관료제의 중립성을 보유하기 위해 분리의 규범에 입각해서 정치가집단의 자의적인 정책에 저항하고 있는 모습으로서 이것을 옹호할 수 있는 경우도 있을 것이다.

그런데 세 번째 경우에 대한 평가는 어렵다. 사회계층 간의 이해대립을 반영한 정당제 아래서의 정당내각은 필연적으로 당파적인 정책의 실현을 추구하는 존재이지만, 그 과도함을 억제할 기능을 행정관료제에 기대하는 경향도 옛날부터 뿌리 깊다. 헤겔은 시민사회의 특수이익에 대해서 행정관료제가 보편적 이익을 대표할 것을 기대하고 있었다. 또 로렌츠 폰 슈타인(Lorenz von Stein)이「헌정이 행정에 대립하는」관계를 확립함과 동시에「행정이 헌정에 대립하는」또 하나의 관계를 확립할 필요를 주장한 부분에서도 같은 의향을 읽어낼 수 있다. 초연적인 관료제 전통을 가진 나라에서는 정당정치가 사회의 분열·변전(變轉)·단절을 반영하고 있는 데 대해, 관료제는 국가의 통일·안정·계속을 체현할 것을 기대하는 경향이 대체로 강하다고 말할 수 있다. 그러나 이러한 억제기능은 야당세력에 의한 견제에 기대되어야 하는 것이며, 관료제에 이러한 억제기능을 기대하고 이것을 시인하는 것은 민주제 하에서는 허용되지 않을 것이다. 분리의 규범은 관료제에 무당파적 또는 초당파적일 것을 요청하고 있는 것이지, 반당파적 또는 탈당파적일 것을 요구하고 있는 것은 아니다.

4) 정치의 특성과 행정의 특성

협동의 규범에서는 정당정치가가 지도하고 행정관이 이것을 보좌해서 정책을 입안한다는 협동관계의 성립이 기대되고 있다. 하지만 정책입안과정의 실태는 이미 살펴봤듯이 이 규범대로는 되어 있지 않다. 그러면 현대의 정당정치가와 행정관의 관계는 통제의 규범(우월·종속 관계), 분리의 규범(상호불개입 관계), 협동의 규범(지도·보좌 관계)이라는 3가지 규범이 복합적으로 작용한 결과, 결국 어떻게 되어 있다고 봐야 할까.

현대 정부에서는 정당정치가와 행정관은 서로 없어서는 안 될 협동자로서 서로 그 존재 이유를 승인받고 있다. 또 이 이질적인 두 개의 집단 각각에 기대되는 특성에 대해 사회적인 합의도 성립하고 있다. 그리고 정당정치가와 행정관이 함께 사회적으로 기대되고 있는 특성을 각기 유감없이 발휘하고 행동한다면 양자 간에 이상적인 지도·보좌의 협동관계가 성립할 것이라 생각되고 있다. 그런데 현실에서는 정당정치가가 기대한 대로의 특성을 발휘하려고 하지 않는 사태, 더 나쁜 경우에는 정당정치 특유의 악폐에 빠지는 사태도 있다는 것이 충분히 인식되고 있기 때문에, 정책실시에 정당정치가의 개입을 배제하고 이것을 행정관의 거의 완전한 전관영역으로 하는 조치가 취해지고 있다. 때로는 행정관이 정당정치가의 행동을 억제하는 것까지 시인하거나 이것을 기대하거나 하는 상황조차 되어 있다. 마찬가지로 행정관도 기대대로의 특성을 발휘하지 않고 관료제 특유의 악폐에 빠지는 경우가 많다. 그 때문에 최종적인 정책결정권만은 어디까지나 정당정치가의 수중에 유보해 이것으로 행정관을 통제하는 최후의 아성으로 하고 있다.

그러면 정당정치가에게 기대되고 있는 특성이란 무엇일까? 대표성, 당파성, 지도성, 공개성이다. 그리고 정당정치 특유의 악폐라 생각되는 것은 당파성, 의표(依票)성일 것이다. 당파성에는 선악의 이면성이 있다.

현대민주제 하의 정당정치가는 국민이 평등하게 참가할 수 있는 자유선거에서 선출된 국민의 대표이다. 그들은 이 대표성을 정당성의 근거로 해서 입법권·집정권에 참여하고 국민에게 강계력을 행사한다. 선거는 이처럼 무엇보다도 먼저 정치지도자를 선출하기 위한 제도이지만, 그것과 동시에 국민의 다종다양한 이해관심을 매개하고 이것을 정치과정에 반영하기 위한 제도이다. 따라서 개개 정치가는 각기 국민 속에 존재하는 다종다양하게 분화된 이해관심의 일부를 대표해서 정치과정에 등장하게 되지만, 통합된 정치권력을 형성하기 위에서는 국민의 다종다양한 이해관심을 몇 가지의 선택지로 집약하고 이 복수의 선택지 중에서 다수자의사를 형성하지 않으면 안 된다. 이러한 필요에서 발생한 것이 복수의 정당이 국민지지의 획득과 그 확대를 둘러싸고 경쟁하는 복수정당제이다. 복수정당제는 국민의 이해관심의 분화상태를 반영하기 위한 장치이지만, 국민의 다종다양한 모든 이해관심을 그대로 충실히 반영하는 것은 아니다. 정당은 국민으로부터 자립한 그 자신의 의사를 가진 조직으로 되어 간다. 복수정당제하의 선거에서는 정도의 차이는 있지만 국민은 각 정당이 제시한 정책강령과 이것에 구속된 후보자 중에서 어느 한쪽을 선택할 자유밖에 가지지 못한다. 연립여당을 형성하기 위한 정책협정도 국민의 손을 떠난 곳에서 정당지도자 간에 협의된다. 여기에 정당정치 당파성의 특성과 함께 지도성의 특성이 나타난다. 현대정부의 정책과제가 복잡·고도해짐에 따라 점차 여론을 충실히 반영하는 것보다도 그 형성을 유도해 가는 주체적인 지도성이 요구된다. 정당정치가에게 기대되고 있는 것은 현재의 정부활동을 통해 충분히 충족되어 있지 않은 이익들에 결집점을 주고 그 에너지를 주입해서 정부활동을 변혁해 가는 것이다.

 정당정치가가 활동하는 정치과정을 특징짓고 있는 것은 그 공개성이다. 선거든 의회심의든 공개의 장에서 논의하고 대립하고 표결하는 것이 절대 요건으로 되고 있다. 정당정치가는 국민의 대표인 이상, 그 활동은 항상 국민의 감시 하에 두어지고 다음 선거에서 그 책임이 개개인마다 추급되기 때문이다. 현대 정당정치에서는 정당기관의 의사결정이 대단히 중요해지고 있음에도 불구하고, 정당내부에서의 활동상황이 불투명한 점 혹은 의회를 벗어난 장에서의 개개 의원에 의한 이익유도·이익환원의 정치활동이 불투명한 점 등이 중대 문제점으로 되고 있는 것도 분명하지만, 정치과정의 공개성이 민주제의 절대 요건이기 때문에 이것에 반하는 사태가 항상 문제가 되어 당내 직선제의 실시(혹은 예선제의 채용)가 요구되거나 정치가의 자산공개제도 확립이 요청되거나 하고 있다.

 그러면 정당정치 특유의 악폐로 되어 있는 당파성, 의표성이란 무엇인가. 정당정치는 여론의 분열·항쟁을 반영하고 또 그사이의 타협·거래를 당연한 전제로 하고 있다. 따라서 정당정치에서 형성된 정당내각은 국민의 다수를 대표하고 있다고 주장할 수는 있어도 국민 전체를 대표하고 있다고는 도저히 말할 수 없다. 이러한 의미에서 당파적인 정당내각은 국민에게 공약한 정책강령을 착실히 실시해 가야 할 책임을 지고 있음과 동시에, 다른 한편에서는 그것으로 국민 전체의 정치적 통합을 무너뜨리는 일이 없도록 배려해야 할 책임도 지고 있다. 너무나도 당파적인 정책은 다수의 횡포라고 비난받지 않을 수 없다. 그래서 여당에는 소수의견을 존중할 필요가 제기되고 야당에는 정권교체 준비의 필요가 주장된다. 하지만 때로는 정당내각의 과도한 당파성이 행정관료제의 보좌 또는 저항으로 억제되고 중화되기를 기대하는 경향도 생긴다.

또 한 가지 의표성이란 정당정치가의 직업은 투표의 획득과 정치자금의 획득에 결정적으로 의존하고 있는 가업(稼業)이라는 것을 간결하게 표현한 조어이다. 이것에는 각 나라의 선거제도와 정당제도에 따라 커다란 차이가 생기고 있지만, 정당정치가는 투표와 정치자금을 획득하기 위해 많든 적든 이익유도와 이익환원을 하지 않을 수 없다. 정당정치가가 이익유도와 이익환원을 위해 정부의 개별 업무운영에까지 개입하게 되면 그 폐해는 크다. 그래서 행정관료제에 일정한 자율성을 허용하고 이것이 정당정치가의 개입을 차단하기를 기대하는 것이다. 특히 정당정치가의 부정행위 등에 관해서는 검찰 혹은 세무당국에 의한 적극적이고 과감한 적발행동에 여론의 기대가 모이는 것도 드물지 않다.

그러면 행정관에게 기대되는 특성이란 무엇인가. 그것은 자격성, 합리성, 중립성, 익명성이다. 그리고 그 특유의 악폐로 인식되고 있는 것은 폐쇄성과 의법(依法)성일 것이다.

여기서 말하는 자격성이란 지금까지 전문성·종신성(영속성)이라 불린 것이다. 즉, 채용 전에 학교 교육을 통해 체현한 일정 이상의 학력·기능·전문지식과 채용 후에 훈련된 업무에의 숙련성을 총칭한 것이다. 행정관은 이 자격성을 그 정당화의 근거로 하여 집정을 보조해서 업무를 집행하는 것을 위임받고 있으며, 또 정당정치가를 보좌해서 정책을 입안하는 것이 기대되고 있는데, 이 자격성에서 어떠한 능력이 생긴다고 기대되느냐 하면 바로 합리성의 판단능력이다. 여기서 합리성의 판단능력이라 총칭하는 것 중에는 실행가능성을 판단하는 능력을 비롯해 합법성에 배려하는 능력, 유효성·능률성을 추구하는 능력 모두를 포함하고 있다. 그리고 또 이 중의 실행가능성에는 그 정책을 업무로써 실시하는 것이 기술적·사무적으로 가능한지에 대한 실시가능성에서부터 이 정책을 실시하는 데 필요한 권한·인원·재원·정보라는 행정자원을 충분히 조달할 전망이 있는지에 대한 자원조달가능성 그리고 이 정책이 각 성청 간 절충, 정부·여당 간 절충, 여·야당 간 절충, 의회심의를 통과해서 최종적인 결정에까지 도달할 가능성이 어느 정도 있는지에 대한 정치적 실현가능성까지 포함된다. 행정관은 그 계속적인 업무의 운영을 통해 이러한 의미에서의 합리성의 판단능력을 키우고 이것을 뒷받침할 정보를 집적하는 것이 기대되고 있다.

그러나 행정관은 이러한 점에서 아무리 유능하더라도 어떠한 지배의 정당성을 갖지 못하기 때문에 어디까지나 정치의 시녀에 머물러야 할 존재이다. 그들은 영속적인 관료제를 유지하면서 그 때때로의 정권에 한결같이 봉사하고 이것을 계속 보조하고 보좌해야 할 존재로서 그 의미에서의 중립성이 기대되고 있다. 치적의 명예도 실정의 책임도 모두 정권에 귀속해야 하는 것이며, 행정관은 자기 이름으로 독자적으로 행동하는 것이 허용되지 않는다. 그들은 그 의미에서 익명의 숨은 보조자이지 않으면 안 된다. 또 항상 관료제라는 계통제조직 속의 일원으로 행동해야 한다는 점에서도 익명의 존재이지 않으면 안 된다.

하지만 바로 이 영속적 중립성과 익명성의 요청이라는 방패의 반면으로 행정관료제의 폐쇄성이 어느 정도까지 허용된다. 관료제 내부의 행정과정은 앞의 정치과정과는 대조적으로 비밀성을 원칙으로 한다. 따라서 외부에서 그 책임을 물을 수 있는 것이 아니다. 관료제 내부의 대립·항쟁을 표면화시켜 버리는 것은 관료제 내부에서는 규칙위반이 되며, 관료제 외부에서는 관료정치의 발현으로 비난받게 된다. 그러나 행정관이 사적인 집단이익을 형성하고 이것을 추구하게 되는 것은 현실에서는 피할 수 없다. 정당정치가의 가업이 그 인생을 선거라는 불확실한 상황에 걸고 권세욕과 명예욕의 충족을 지향하는 것이라면, 행정관의 가업은 보장된 지위에 안주해 소극적으로 보신을 꾀하든지 아니면 그 폐쇄적인 승진제에 기대어 적극적으로 입신출세를 도모하는 것이다. 따라서 이 지위를 보장해 주는 관료제의 자율성을 옹호하고 확장하는 것이야말로 행정관의 사적인 집단이익이 된다. 관료제가 그 자체로 하나의 이익추구집단으로 행동하게 되는 사태는 관료제 특유의 악폐로서 널리 인식되고 있는 부분이다. 그런데 이것이 어느 정도까지 요청되고 허용된 폐쇄성에 의해 방어되고 있다는 점에 문제의 복잡함이 있는 것에 주의를 기울여야 할 것이다.

또 하나의 의법성이란 행정관 특유의 행동양식의 근간을 이루는 것으로 법령뿐만 아니라 각종 훈령, 내규까지 포함한 넓은 의미에서의 법규에 과도하게 의존해서 행동하는 것, 더 정확히 말하면 자기의 행동을 법규에 정해진 절차에 적합하다는 이유로 정당화하려는 행동양식을 가리키고 있다. 이것은 얼핏 법치행정의 원리에 충실한 행동양식으로 보일지 모르겠지만, 그 실은 행정부 내부에서만 효력을 가진 행정규칙에 충실한 것이다. 그리고 그것은 행정관의 재량에 맡겨진 영역에서, 정말 행정관의 자격성에 기초한 합리성의 판단능력의 발휘가 요구되는 영역에서 이것을 발휘할 자신이 없기 때문에 자기 행동의 정당성을 그 실질적인 합리성에 의해서가 아니라 절차상의 타당성에 의해 논증하려고 하는 모습인 경우가 적지 않다. 행정관에게 최후의 책임회피방법은 자신의 행동이 자기 한 사람의 자의적인 판단에 따른 것이 아니라는 자기변호이다. 행정관은 정보를 독점함으로써 편의적인 규칙을 부동의 규칙인 것처럼 꾸미고 그 자율의 영역을 방어하려고 한다.

현대의 정당정치가와 행정관의 관계는 정말 미묘한 억제균형의 관계가 되고 있다고 말할 수 있다.

5) 정·관(政·官) 관계 접점(Interface)의 다양한 모습

앞에서는 정당정치가와의 대비에서 행정관료와 행정직원을 하나로 묶어서 행정관으로 다루어 왔다. 그런데 이미 언급했듯이 행정의 전관영역으로 그 자율성이 명확히 인정되어 온 것은 업무의 영역, 행정직원의 세계였다. 이에 비해 정당정치가와 행정직원 사이에 개재하는 행정관료의 자율성은 어느 나라에서도 그 정도로 무조건으로는 승인되어 있지 않다. 행정관료에게는 정당정치가를 대신해서 행정직원의 업무를 통제함과 동시에 행정직원의 목소리를 대변하고 정당정치가를 보좌한다는 미묘한 임무가 부과되어 있기 때문이다.

절대군주제 이래 강고한 관료제의 전통을 계승하고 있는 나라에서는 행정관료가 관선의 지사·총독으로 지방·식민지의 통치를 담당하는 경우도 있고 또 고급관료가 발탁되어 내각의 각료에 임명되는 예도 있다. 더 일반적으로 보이는 것은 행정관료가 정당정치가로 변신하는 사례이다. 프랑스, 서독, 일본 등은 이러한 유형에 속하는데, 이러한 나라에서는 대신·국무상·정무차관 등 정권을 구성하는 정무직, 바꿔 말하면 원칙적으로 의회의 여당의원에서 임명되는 행정부의 정무직 수가 대체로 그리 많지는 않다. 내각은 행정관료의 보좌에 그만큼 많이 의존하고 있다. 특히 프랑스의 대통령·내각·대신의 관방(官房)을 구성하는 사람들은 종신직의 행정관료 집단 중에서 등용되고 있는데, 이러한 사람들은 내각의 교체에 따라 경질되고 있으며, 정당정치가의 보좌관집단이라는 성격을 갖고 있다. 서독에서도 전후에는 행정관료의 정치적 등용이 두드러지고 있다고 한다. 현재 일본에서는 국장 이상의 인사는 각의결정사항으로 되어 있지만, 이러한 정치적 임용은 여전히 현저하지 않다. 그런데 주지한 바와 같이 각 성의 고급관료는 그 익명성의 원칙에 반해 국회에서 정부위원으로 국무대신을 대신해 답변하고 있을 뿐만 아니라, 항상 여당의 족의원(族議員) 간부와 접촉을 하고 이러한 당 간부와 국무대신 간에 조정의 역할을 담당하고 있다. 이러한 나라에서는 정당정치가와 행정관료의 접점에서 정치적 행정관료층이라 할 수 있는 또 하나의 계층이 분화해 갈 가능성이 있다고 할 수 있다. 특히 프랑스에서는 소위 그랑제꼴(Grandes écoles)에 속하는 기술관료(technocrat)와 그 외 관료(bureaucrat)의 계층분화가 상당히 확연하다. 그리고 정당정치가가 각 성에 접촉할 때는 관방이 창구가 되어 오로지 그 기술관료가 이것에 대응함으로써, 정당정치가가 각 국의 관료에 직접 접촉하는 경로를 차단하고 관료의 자율적인 세계를 방어하는 역할을 하는 것처럼 보인다.

이에 대해 영국에서는 다수의 여당의원이 대신·국무상·정무차관·대신비서관 등으로 행정부에 참여한다. 각 성 담당대신을 보좌하고 성 업무를 분장하고 있는 국무상·정무차관의 수는 각 성에 따라 다르지만, 2~3인에서 6~7인에 이르고 있다. 의회운영대책을 담당하는 원내정당간사(Whips)도 형식적으로는 행정부의 관리직으로 위치 지워져 있으며, 내각은 행정부의 집행기관임과 동시에 여당의 최고기관이 되고 있다. 따라서 정권의 정치지도력은 지극히 강력하게 되어 있다. 게다가 대신을 보좌해서 여당조직과의 연락을 담당하고 정책에 대해 당파적 입장에서 조언하는 특별조언자로서 정부의 외부로부터 정치적으로 등용된 사람들이 증가하고 있다. 따라서 대신 아래에는 대신과 동료의원 간의 연락을 담당하는 정무비서관, 대신과 여당 조직 간의 연락을 담당하는 특별조언자, 대신과 관료제 간에 연락조정을 하는 행정관료라는 3가지 종류의 집단이 존재한다. 여기서도 정당정치가와 행정관료 간의 접점을 구성하는 새로운 계층이 탄생하고 있다고 할 수 있다. 그 결과, 행정관료는 그 전통적인 중립성과 익명성을 비교적 잘 계승하고 있는 것처럼 생각된다. 하지만 대처 정권이 등장한 이후부터 행정관의 정치화가 진행되고 있다는 논평도 적지 않다. 그 진위야 어찌됐든 대신과 행정관 간의 관계방식을 묻게 하는 사건이 계속 발생한 것은 사실이다. 그래서 1985년 2월에는 내국행정관 수석(내각 관방장을 겸무)으로부터 「대신에 대한 행정관의 직무와 책임에 관한 지도통달(속칭 암스트롱 메모)」이 공표되고, 대장성과 행정관리위원회의 합동위원회보고서 「행정관과 대신-직무와 책임」도 발표되고 있다. 그러나 이러한 문서를 읽으면 읽을수록 이 나라 행정관의 중립성과 익명성에 대한 확고한 전통이 오히려 강하게 인상 지워진다.

엽관제 전통을 가진 미국에서는 대통령이 직접 임명하는 정치적 관리직 수만으로도 상당 수에 이른다. 다수의 백악관 대통령보좌관에서부터 각 성의 장관·부장관·차관 그리고 복수의 차관보에 이르기까지 실로 많은 사람들, 그것도 정당정치가도 아니고 행정관료도 아닌

다수의 사람이 정부의 외부에서 등용되고 있는 것이 이 나라의 특징이다. 그리고 이러한 접점에 있는 사람들이 뉴스타트(Richard Neustadt)가 말하는 바의「대통령의 정부」를 구성하고 정책입안의 발의·지시를 담당하고 있다. 이러한 전통 아래서는 종신직의 유능한 행정관료는 쉽게 육성되지 않았다.

5. 보론: 미국 행정학의 정치·행정개념

현대행정학은 19세기 말에 탄생한 미국 행정학의 영향을 강하게 받아 발전해 왔다. 그리고 모국인 미국 행정학계에서는 정치와 행정의 관계를 어떻게 인식해야 하는지가 여러 학파를 나누는 가장 기본적인 논점을 이루어 왔다. 그래서 어느 나라 행정학계에서도 이 논점을 완전히 무시할 수는 없게 되었다. 그런데 미국 행정학계에서 정식화된「정치·행정 분단론」과「정치·행정 융합론」을 둘러싼 논의는 미국 특유의 행정실태와 그 변화를 반영하고 또 미국 행정학계 특유의 과제를 배경으로 한 것이었다. 이것을 명확히 이해해 두지 않으면 부질없는 논의가 반복될 것이다.

1) 미국의 행정과 행정학

미국 행정학설사의 통설에서는 1887년 윌슨(Woodrow Wilson)의 논문「행정의 연구」와 1900년 굿나우(Frank Goodnow)의 저서『정치와 행정』이라는 두 개의 업적이 건학의 단서가 되었다고 한다. 이 두 개의 업적은 어느 것이나 행정을 정치와 대비해서 논하는 용어법을 사용하고 있었다. 정치와 행정을 대비하는 용어법을 사용했다고 해서 정치와 행정은 명확히 준별해서 분단할 수 있다거나 양자를 명확히 준별하고 분단해야 한다거나 하는 주장을 하고 있었다고는 할 수 없다. 실제로 윌슨과 굿나우 용어법의 이해방식에 대해서는 오늘날에도 여전히 많은 논의가 이루어지고 있다. 그러나 초기의 미국 행정학은 세기전환기 미국에서 발생하고 있던 공무원제도개혁, 시정개혁, 군(軍)제도개혁이라는 정치과제에 대처하기 위한 방책들을 제언하고 이것을 정당화할 기초이론을 구축하려고 했다. 따라서 그것은 정치의 기능·기관·영역·규범 외에 이것에 뒤지지 않는 중요한 것으로 행정의 기능·기관·

영역·규범이라는 것을 확립할 필요가 있다고 주장하고 이것에 세인들의 주의를 환기하려고 했다. 여기서 「행정」이라는 것은 때로는 대통령·주지사·시장 등의 집정직을 정점으로 한 행정부를 의미하고, 때로는 자격임용제에 뒷받침된 새로운 행정관료제를 의미하고, 또 때로는 행정부의 계속적인 업무의 영역을 의미하고 있어서 그 의미내용은 반드시 명확하지는 않았다. 그런데 그것은 어쨌든 「행정의 강화」를 지향하고 있었던 점에서 공통하고 있었다.

그런데 공무원제도개혁의 단서가 열리고 시정개혁도 궤도에 오르기 시작해 정치개혁운동이 일단락 한 1920년대 이후가 되면, 미국 행정학의 주된 관심은 민간기업에서 유행한 과학적 관리법의 영향도 받아 인사관리·노무관리·재무관리·사무관리·조직관리 등 업무의 영역을 어떻게 효율적으로 관리할 것이냐는 문제로 향했다. 게다가 정치의 개입에서 해방된(혹은 해방되어야 할) 이러한 영역의 문제들에 대해 순수한 행정적인 논리와 수법을 구축하는 것이야말로 새로운 행정학의 주제여야 한다는 주장이 나타났다. 그리고 이러한 암묵적 이해가 학계 가운데 폭넓게 만연해 갔다. 이것이 나중에 왈도(Dwight Waldo)가 정식화한 「정치·행정 분단론」 또는 「정치·행정 이원론」이었다고 이해해야 할 것이다.

대공황과 뉴딜 이후의 시대가 되자 학계의 논조는 일변했다. 대통령의 혹은 행정부의 강력한 정치지도로 추진된 뉴딜의 정치·행정은 미국의 정치·행정에 관한 종래의 관념·패러다임을 완전히 뛰어넘는 것이었기 때문이다. 또 월리스(Henry Wallace) 농무장관의 고문으로 농정에 관여한 애플비(Paul Appleby)를 비롯한 뉴딜 정권에 참가한 학자들의 저작이 잇달아 간행되어 정치·행정 세계의 실태가 학계에 전해졌다. 그래서 행정부의 정점에서 집정권을 담당하는 「대통령의 정부」가 정책입안의 사실상의 중추가 되고 있다는 의미에서도, 「대통령의 정부」가 입안한 정책을 결정하기 위해서는 항상 관련업계, 의회와 절충해서 이 3자 간의 합의를 형성하지 않으면 안 된다는 의미에서도, 어떤 행정조직을 독립기관으로 할 것인지 아니면 농무성의 내부조직으로 할 것인지 라는 행정조직문제조차 커다란 정치문제가 된다는 의미에서도, 정치와 행정은 연속·순환·융합한 불가분의 과정이라 설명되었다. 그리고 현실의 정치와 행정이 이러한 불가분의 과정인 이상, 정치와 행정을 준별하고 분단할 수 있다는 종래의 인식은 잘못된 것이고, 양자를 준별하고 분단해야 한다는 종래의 당위명제의 타당성도 의문시되었다. 적어도 양자의 준별·분단의 사실이나 당위를 전제로 하여 행정학의 대상·주제를 행정관리의 영역에 한정하는 것은 적당하지 않고, 행정학은 정치와 행정의 불가분성이라는 사실을 직시한 학문이어야 한다고 주장되었다. 이것이 왈도가 정식화한

「정치·행정 융합론」이다.

이 「정치·행정 융합론」의 등장으로 앞의 「정치·행정 분단론」은 큰 타격을 입고 이미 학계에서 완전히 매장되었다고 이해하는 경향도 없지는 않다. 그러나 그러한 것은 전혀 있을 수 없다. 「정치·행정 분단론」은 이 장에서 논의해 온 「분리의 규범」의 확립을 미국에서 지향한 이론이다. 그리고 「통제의 규범」에 기초한 우월·종속 관계를 일부 수정할 필요성이 어느 정도 사회에 받아졌을 때, 이 이론에 입각한 행정학은 그 주제를 업무의 영역에서의 자율적인 관리수법의 개발에 두고 이미 정치와 행정의 관계에 대해서는 그 이상 깊숙한 고찰을 하려고 하지 않았을 뿐이다. 자격임용제에 기초한 행정관료제의 육성이라는 과제는 「정치·행정 융합론」이 풍미한 이후에도 부정되지 않고 계승되고 있다(다만 이 이론의 등장으로 자격임용제를 추진하는 열의가 약해졌다고는 할 수 있다). 그렇다기보다 이 과제는 미국에서는 예상외로 달성 곤란한 과제였으며 다른 나라들에 보이는 종신직 행정관료의 육성은 아직도 달성되지 않고 있다. 1978년의 연방공무원제도개혁법에 따라 상급간부공무원제도가 법제화되었다는 사실은 그간의 사정을 단적으로 말하고 있다. 그리고 행정관리 영역에 관한 풍부한 연구 축적은 미국 행정학이 세계에 자랑할 수 있는 독자적인 공헌이며, 이 전통은 관리과학으로 계승되고 있다. 그리고 또 지방자치단체차원에 보급된 시회(市會)·시지배인제의 합리성을 설명하기 위해서도 미국 행정학계에서는 「정치·행정 분단론」을 그렇게 간단히 포기해 버릴 수 없는 사정이 있다.

그러면 「정치·행정 융합론」이 엉뚱하고 잘못된 문제 제기를 했느냐고 하면 그렇지도 않다. 이것은 이 장에서 논해 온 「협동의 규범」과 그 실태를 둘러싼 논의에 거의 대응한 미국류의 논의이며, 그것은 현대정부의 정치·행정 관계가 전통적인 「통제의 규범」(우월·종속 관계)만으로는 도저히 이해하기 어렵게 되어 있는 현실을 착실히 반영한 이론이다. 그것은 행정학의 주제를 다시 한번 정치와 행정의 관계에 관한 정치학적 고찰로 환원시키는 역할을 했다. 다만 미국에서는 의원내각제를 채용하고 있지 않고 또 행정관료라 할 만한 것이 충분히 육성되어 있지 않기 때문에, 거기서의 논의의 초점은 정당정치가와 행정관의 관계에 맞춰져 있지 않다는 것에 주의할 필요가 있을 것이다. 오히려 입법부(의회)와 행정부(대통령) 또는 「대통령의 정부」의 관계가 종래와는 역전해 행정부가 정치지도와 정책입안의 중추가 되었다는 것, 그러면서 행정부는 법률안의 제안과 의결을 요청하기 위해 의회와 절충하지 않으면 안 된다는 것에 초점이 맞춰져 있다. 게다가 대통령을 보좌하고 이러한 업무에 종사하 그 있는 것은 정당정치가도 아니고 행정관료도 아닌 사람들, 즉 정부 외부에서 등용된 접점에 있는 사람들이다. 「정치·행정 융합론」에서 말하는 「행정」이란 행정부를 말하며, 특히 「대통령의 정부」, 즉 집정부를 말한다.

요컨대 「정치·행정 분단론」에서 「정치·행정 융합론」으로의 추이 배경에는 미국의 그 당시의 정치과제가 「개혁의 시대」의 정치개혁논의에서 전간기(戰間期)의 「평상에의 복귀」 시대의 행정개혁논의로 변화하고, 또 거기에서 「위기의 시대」의 정치지도 논의로 전개되어 갔다는 현실세계의 사정이 있었다. 그리고 또 어떠한 의미에서의 행정현상을 행정학의 대상·주제로 해야 하는지를 둘러싼 논조에도 이것에 대응한 변화가 생겼다는 학문세계의 사정이 있었다. 거기에는 선진국에 어느 정도 공통하는 과제와 현상에 대한 고찰이 포함되어 있었다. 그런데 그것과 동시에 특수 미국적인 사정이 강하게 영향을 미치고 있었다. 미국은 오늘날에도 여전히 의회정치중심의 나라이며 엽관제의 전통이 뿌리 깊게 살아 있고 유럽 국가형의 행정관료제가 완성되어 있지 않은 나라이기 때문에, 이 나라에서 「분리의 규범」의 확립이 특히 강하게 주장되었다 해도 이상하지 않다.

이하에서는 「정치·행정 분단론」의 영향이 짙게 남아 있는 2가지 사례를 들어 미국의 특수사정이 가진 의미를 조금 더 구체적으로 고찰해 보자.

2) 시의회·시지배인제와 행정교육

미국 행정학은 처음부터 지방자치단체차원의 시정개혁문제를 하나의 중요한 연구분야로 삼고 있었다. 이것은 프랭크 굿나우의 일련의 업적을 보아도, 혹은 뉴욕시정조사회가 미국행정학 발전에 수행한 역할을 봐도 알 것이다.

그런데 이것은 한편으로 이미 언급한 바와 같이 지방단위의 정당조직과 시정(市政)과의 관계를 개선하지 않고서는 정당정치의 개혁은 있을 수 없으며, 정당정치를 개혁하는 것 없이 주정(州政)·연방정(聯邦政)의 개선도 있을 수 없다는 인식이 있었기 때문이다. 그리고 다른 한편으로는 시정개혁은 구조적으로 가장 어렵고 그런 만큼 도전할 만한 가치가 있는 과제임과 아울러, 개혁안을 자유롭게 구상할 여지가 주정·연방정의 경우보다도 폭넓게 남아 있었기 때문이었다.

19세기 후반의 미국 도시는 어디에나 민주당과 공화당 중 어느 한쪽의 일당독재체제 아래에 있었고 시정은 부패의 극에 달했다. 그런데 세기말부터 점차 각지의 도시에서 시정개혁의 기운이 고조되기 시작했다. 주 의회는 시정의 부패를 바로잡는다는 구실 아래 누차 특별법의 제정권을 남용해 자치권을 침해하고 있었다. 대부분 주 의회의 지배정당과 도시의 지배정당이 달랐던 것이 이러한 현상에 박차를 가하고 있었다. 그래서 시정을 개혁하기 위해서는 우선 이러한 주·시 간 관계의 제도를 개선해 도시자치권의 기초를 안정시킬 필요가 있었다.

다음의 전제조건은 집정기관의 개혁이었다. 당시 도시의 정부형태는 그 대부분이 소위 약(弱)시장제였다. 즉, 지방자치단체차원에서도 연방·주정부를 따라서 수장제를 채용하고 있었지만, 연방·주정부차원의 수장제와는 달랐다(정확히 말하면 주정부차원과는 약간 닮은 점이 있었지만). 지방자치단체차원에서는 시의회의원과 시장에 더해 부시장, 회계담당책임자, 고정자산평가원, 각 부의 부장, 교육위원회위원, 공안위원회위원 등과 같은 다종다양한 집정직까지 모두 직접선출직으로 되어 있었다. 이 집정기관의 다원적인 구조를 바꾸어 집정권의 일원화를 기하지 않는 한, 정당보스나 시의회의원의 행정에 대한 개입을 억제하는 것은 어렵다고 생각되었다. 그 때문에 일어난 것이 직접선출직의 종류·수를 줄이려는 투표용지 단축운동이었다.

이리하여 대도시의 정부형태는 서서히 소위 강(强)수장제라 불리는 형태로 바꿔 갔다. 그런데 굿나우를 비롯한 당시의 시정개혁론자 중에는 연방·주 차원의 정부형태를 모방해서 자치단체차원에서도 수장제를 채용해야 할 이유는 없다면서, 영국의 지방자치단체에 보이는 일원적인 카운슬(council)제를 이상적인 정부형태로 생각한 사람들도 있었다. 연방·주 차원의 경우와는 달리 지방자치단체차원에서는 이 점에 대한 헌법상의 구속이 없어서 이상적 정부형태를 자유롭게 구상하고 제언하는 것은 가능했다. 그런데 당시의 여론은 바로 시의회가 시정부패의 근원이라 보고 있었기 때문에, 이 시의회를 강화하고 시의회에 입법권과 집정권을 통합하는 카운슬제는 도저히 받아들일 수 없다고 판단했다. 그래서 전국도시연맹이 책정해 1900년에 발표한 제1차 도시강령은 강력한 시장제의 채용을 제언하면서 이것과 아울러 시의회의 권한강화를 제언하는 내용이 되었다. 그런데 시의회 공격이 횡행하던 당시에 굿나우가 제1차 도시강령의 책정에 참여해 시의회의 강화 필요를 강조한 것은 시정개혁운동 그 후의 전개에 대단히 중요한 의미가 있었다. 왜냐하면 여기서 시의회의 복권·재생이 논의되었기 때문에 그 후 위원회제도(Commission System)가 생겨나고, 거기서 더욱이 시

의회·시지배인제(Council-Manager System)가 탄생하는 길이 열렸기 때문이다(이것은 치바 타카오의 업적이 처음 지적한 중요한 점 중 하나일 것이다. 千葉孝雄「グッドナウの地方自治論)」(8·완)『自治研究』 제65권 제12호의 제3장 제3절을 참조). 물론 위원회제도이든 시의회·시지배인제도이든 영국의 카운슬제와는 완전히 다르다. 위원회나 시의회를 구성하는 위원이나 의원의 수가 대폭 축소되어 버렸기 때문이다. 그러나 그것은 일원적 대표제라는 점에서 미국에서는 완전히 새로운 미경험의 정부형태였다.

그런데 여기서 문제인 것은 전국도시연맹이 1915년 말에 책정한 제2차 도시강령에서 제언한 시의회·시지배인제가 미국 행정학계에 대해 가진 의미이다. 시의회가 자유롭게 임면하는 시지배인(City Manager)은 「시정의 집정장관(Chief Executive)」으로 해설되고 있다. 그 한에서는 연방정부에서 대통령의 지위와 같은 성격부여가 행해지고 있다. 그런데 시지배인은 말할 것도 없이 선출직이 아니다. 그리고 그 지위는 전적으로 시의회의 신임에 달려 있다. 이러한 점은 대통령과는 완전히 다르다. 그런데 시의회의 권능은 조례의 제정, 예산의 의결 등 입법권을 행사하는 것과 시지배인의 임면을 하는 것에 한정된다. 그리고 조례안·예산안을 작성해 시의회에 제안하는 것, 행정 각 부의 부장 이하 모든 직원의 임면을 하는 것(이러한 점은 대통령 이상의 권능이다), 그 외 일체의 집정권은 시지배인에 속하고 시의회는 시지배인의 권능에 개입해서는 안 되는 것으로 되어 있다. 또한 시의회의 의장이 시장으로 불리는데, 이 시장은 단지 시의회의 회의를 사회하는 것 외 의례적으로 시를 대표하는 존재일 뿐이며 시의회·시장제(Council-Mayor System)에서의 시장과는 완전히 다르다고 설명되고 있다. 시의회·시지배인제에서 시의회와 시지배인의 권력분립관계가 이러한 공식적인 설명대로라면 시지배인의 권능은 확실히 「집정장관」이라는 이름에 걸맞은 것이라 할 수 있다. 그러나 그러면 그럴수록 이러한 강력한 집정권을 가진 시지배인이 임명직이어도 괜찮은가, 이것으로 민주제가 유지되고 있다고 말할 수 있는가 하는 의문이 생기게 될 것이다.

시의회·시지배인제의 실태에서는 상기와 같은 공식적인 설명과는 상당히 다른 운용이 이루어지고 있는 것처럼 생각된다. 시의회의 회의는 정례적으로 열리고 있으며 여기에서 시정전반에 대해 시지배인으로부터 보고를 듣고 의견 교환이 이루어지고 있다. 시의회는 종종 공청회를 개최하고 여기서 시정전반에 대해 시의회와 시민 간에 토론도 행해지고 있다. 시장은 상당히 빈번하게 시청에 출근해 시의회의 운영방법에 대해 시지배인과 상담하고 있다. 요컨대 시의회와 시장은 시지배인의 행정운영에 대해 지침을 내리고 이것에 사실상의 통제를 가하는 것은 아닌가 하고 짐작된다. 다만 시의회의원과 시장은 행정 각 부의 부장 등과 직접 접촉해 지시를 내리는 것은 피하고 반드시 시지배인을 매개해서 의사소통을 기하려는 것처럼 보인다. 또 부장 이하의 직원인사에 개입하는 것을 엄히 피하고 있는 것처럼 보인다. 그렇다면 시의회·시지배인제의 특징은 시의회와 시의회의원의 인사권을 시지배인의 임면권 하나에 집중시켜 집정권을 철저하게 일원화한 부분에 있다고 할 수 있다. 실제로 시의회·시지배인제에서의 권력분립관계가 이러하다면 시의회가 입법권과 집정권을 통합한 유일의 정치기관이며, 시지배인은 「집정장관」이라기보다는 이러한 시의회에 종속하는 행정기관의 장, 이를테면 강한 권능을 부여받은 사무총장이라고 하는 것이 그 실태에 적합한 것처럼 생각된다. 그리고 시의회·시지배인제가 이러한 것이라면 그것이 민주제의 요청에 반하게 될 우려도 없을 것이다(또한 시의회·시장제하에서 시장·부시장을 보좌하고 사무를 통할하는 관리직으로 시지배인과 유사한 전문직을 두는 곳도 증가하고 있는데, 이 직책은 Chief Administrative Officer로 불리고 있다. 또 영국의 지방자치단체에서도 이러한 미국방식의 영향을 받아서 카운슬을 보좌하고 행정 각 부를 통합하는 종래의 Clerk를 Chief Executive Officer로 고쳐 부르고 있다. 그리고 이러한 관리직이 담당하는 직무는 인사권을 제외하면 시지배인의 직무와 상당히 유사하며, 이 영역에서의 용어법으로는 Executive와 Administrative의 차이는 없어지고 있는 것처럼 생각된다).

시의회·시지배인제의 운용실태가 어떠한가는 차치하고 시의회·시지배인제에 대한 공식적인 설명은 앞에서 소개한 대로이다. 그리고 미국 행정학은 이 시의회·시지배인제하에서의 시의회와 시지배인 간의 권력분립이나 분업의 관계를 정치와 행정 간의 분리 혹은 정책과 행정 간 분리의 좋은 예로서 설명해 왔다. 이것을 기본전제로 해서 장래의 시지배인 등을 양성하는 행정대학원의 커리큘럼이 편성되고 있기 때문이다. 따라서 미국 행정학은 이러한 형태의 정치와 행정 간의 분리를 정치·행정 관계의 이상형으로 설명할 수 있는 이론을 계속 유지하지 않으면 안 되는 처지에 놓여 있다. 「정치·행정 융합론」이 어떠한 것이든 그것이 시의회·시지배인제에서의 시의회와 시지배인 간의 분업관계에 관한 교의를 뒤흔드는 것이 아니라면 그것은 그것으로 좋다. 그런데 그것이 이 교의의 근저를 무너뜨릴 가능성을 가진다면, 이러한 이론을 용인하는 것은 행정교육업에 종사하는 사람에게 자살행위와 같을 것이다.

미국의 대학에는 주지와 같이 석사과정의 행정대학원이 다수 설치되어 있다. 행정대학원은 법학전문대학원, 경영전문대학원 등과 함께 전문직업인을 양성하는 고등교육기관의 일종으로 여겨지고 있는데, 행정대학원이 이처럼 증가한 이유는 시의회·시지배인제가 보급되어 시지배인이 될 수 있는 행정전문직을 대량으로 양성할 필요가 생겼기 때문이었다. 오늘날에는 시의회·시지배인제를 채용하고 있는 시에는 1인의 시지배인에 더해 이것을 보좌할 복수의 지배인보(Assistant Manager)를 고용하고 있는 것이 보통이다. 행정대학원의 졸업생은 우선 어느 시의 지배인보에 취직해 이러한 직종을 역임하면서 언젠가 어느 시의 시지배인으로 초빙되는 것을 목표로 한다. 이 시지배인보제도의 보급으로 행정대학원 졸업생의 취직처가 더욱 확대되었다.

시지배인보가 담당하고 있는 것은 재무관리, 인사관리, 노무관리, 홍보 공청 등 일본에서 말하면 총무계통조직에 속하는 중추관리업무이다. 이러한 점에서도 행정대학원 교육의 중점을 짐작할 수 있을 것이다. 「정치·행정 분단론」과 행정관리론은 현재에도 밀접하게 결부되어 있다. 미국 행정학계에서 정치·행정 논의는 단순히 학문상의 인식론과 방법론을 둘러싼 논의일 수는 없다. 그것은 행정대학원의 존재이유를 건 논의이며, 그 방대한 졸업생 자격의 정당성, 그 지위와 권위를 건 논의가 되지 않을 수 없다.

3) 행정개혁과 정책문제

「정치·행정 분단론」이 암묵적으로 전제되고 있는 또 하나의 사례를 살펴보자. 그것은 행정개혁논의에 보인다. 행정개혁은 정책문제에 개입하지 않는 범위 내에서 행정의 효율화를 도모하는 것에 그쳐야 하는가, 그렇지 않은가 하는 논의이다. 최근 일본에서도 제2차 임시행정조사회의 활동에 대해 이것이 행·재정개혁이라는 이름을 빌려 실제로는 정책문제에까지 깊이 개입한 정치개혁이 되고 있다면서 그 활동을 비판하는 의견이 있었다. 이러한 논의의 배후에는 정치와 행정 간의 분업을 정책결정과 정책실시 간의 분업으로 보는 이해가 숨어 있다.

제2차 임시행정조사회에 대해 상기와 같은 비판이 이루어진 배경에는 제2차 임시행정조사회의 활동이 그 전례라 할 수 있는 제1차 임시행정조사회의 활동과는 현저히 다르다는 인식, 전례와 대단히 괴리하고 있다는 인식이 있었다고 말할 수 있다. 1962년에 설치된 제1차 임시행정조사회는 1947년 미국의 후버위원회를 모델로 했다. 그리고 여·야당의 합의로 설치되고 노동계대표도 참가한 구성이었다. 더욱이 국회는 그 설치법을 의결할 때 만장일치의 운영을 할 것, 인원의 정리는 하지 않을 것을 조건으로 하는 부대결의를 했다. 이러한 조건이 붙어있었기 때문인지 아니면 당시가 고도경제성장기였기 때문인지 제1차 임시행정조사회의 답신에는 기존의 사무·사업의 축소·폐지를 요구하는 내용은 적었다. 이 답신은 수도(首都)행정, 광역행정, 청소년행정, 소비자행정, 과학기술행정에 관한 제언에 보이듯이 새로운 행정수요에 대응하기 위한 행정태세의 정비를 요청하고 있었기 때문에, 제1차 임시행정조사회가 정책문제에 언급하지 않았다고 말하면 그것은 정확하지 않을 것이다. 그런데 그것은 분명히 제2차 임시행정조사회처럼 정책의 축소·폐지를 요구하는 방향에서 정책문제에 개입하지는 않았다고 말할 수 있을 것이다.

그러면 제1차 임시행정조사회의 모델이 되었던 미국의 후버위원회는 정책문제에 개입하지 않았을까? 미국에서는 행정개혁과 정책문제의 관련은 어떻게 논의되고 처리되었을까?

후버위원회에는 1947년에 설치된 제1차 후버위원회와 1953년에 설치된 제2차 후버위원회가 있다. 제1차 후버위원회는 제2차 세계대전 중에 형성된 임시행정체제를 평시의 상태로 되돌리는 것, 특히 국채의 누적에 따른 대량의 재정적자를 해소하고 하루빨리 균형재정으로 복귀하는 것을 목표로 의회의 발의로 설치되었다. 게다가 바로 이 시점에서는 트루먼정권에 대해 야당의 입장인 공화당이 연방의회의 다수의석을 차지하게 되고, 다음 해에 실시될 대통령선거에서도 공화당후보인 듀이가 당선되리라는 것이 대다수의 예상이었다. 그래서 의회다수파인 공화당의원들은 이 절호의 기회에 전시행정체제의 재검토에 그치지 않고, 민주당의 루스벨트정권, 트루먼정권 아래서 실시되어 온 뉴딜정책의 발본적인 재검토도 하려고 단단히 벼르고 있었다. 그런데 위원회의 구성에서는 대단히 신중한 배려가 이루어졌다. 즉, 연방의회의 상·하 양원이 각각 위원의 반수를 선출하기로 함과 동시에 각 원에서의 위원 선임도 공화·민주 양당에서 절반씩 하기로 했다. 이러한 초당파적인 위원회를 구성한 것은 위원회 답신의 정치적 실현가능성을 높이기 위해서였다.

동 위원회의 위원장에 취임한 전직 대통령인 후버는 애초에는 「이 위원회의 임무는 행정부의 능률과 업적을 개선할 수 있는 관리나 기구의 변혁을 권고하는 것에 한정하지 않는다. 위원회의 임무는 정부의 사무·사업의 경비, 그 유용성, 그 한계, 그 축소·폐지라는 점 등에 비추어 정부의 사무·사업의 범위를 확정하는 것에도 향한다.」라고 말하고, 동 위원회가 정책의 취사선택에 관계되는 사항에까지 개입할 자세를 보였다. 그런데 다음 해의 대통령선거에서 대다수의 예상을 벗어나 트루먼 현 대통령이 승리해 재임되었다. 후버위원장은 이 선거 후에는 「위원회의 임무는 현재 존재하는 정부의 모든 활동을 능률화하는 것이다」라는 성명을 발표하고 정책문제에의 개입을 자제하는 방침으로 전환했다. 이리하여 제1차 후버위원회의 답신은 결과적으로는 정책문제에까지 개입하는 부분이 적어졌다. 그리고 그 때문인지는 몰라도 의회는 이 답신의 권고에 부응해서 그 권고사항의 상당 부분에 대해 입법조치를 마련했다.

그 후 정권은 민주당의 트루먼에서 공화당의 아이젠하워로 넘어갔다. 제2차 후버위원회는 이 새로운 공화당정권 아래서 설치된 것으로, 앞의 제1차 위원회에서 손댈 수 없었던 개혁을 시행하려 했다. 따라서 당연히 그 시작부터 정책문제에의 개입이 예정되어 있었다. 특히 「민간사업과 경합하고 있는 필요불가결하지 않은 사무·사업을 폐지하는 것」이 강하게 기대되었다. 그래서 제2차 후버위원회의 답신은 각종 정부직영사업의 민영화를 비롯한 정책문제에 넓고 깊게 개입한 권고를 했다. 그런데 그 때문인지 어떤지 모르겠지만 이 답신이 착실히 실시에 옮겨졌다고는 말할 수 없다.

그러면 행정개혁과 정책문제라는 이 문제에 대해 어떻게 생각해야 할까? 먼저 행정개혁이라는 모호한 용어의 의미를 한정해 두자. 여기에는 선거제도·내각제도·지방제도·공무원제도·재정제도 등 행정의 기본에 관계되는 제도를 개혁하는 제도개혁은 포함하지 않는 것으로 하자. 이것들은 헌법개정에 준하는 의미를 가질 수 있는 것이며, 혁명·패전과 같은 정치체제의 대변동기에 이루어지는 경우가 많은 성격의 개혁이기 때문이다. 따라서 여기서 행정개혁이라 함은 불요불급의 사무·사업의 폐지, 경비의 축소, 공무원 수의 삭감, 행정조직의 통폐합, 사무운영의 간소화 등 요컨대 행정의 감량을 목표로 하는 개혁(행정정리)과 행정조직의 확충정비, 정원의 충실, 행정절차의 적정화, 사무처리방법의 개선, 사업방법의 개량 등 요컨대 행정의 개선을 지향하는 개혁(행정개선)을 가리키는 것으로 한다. 바꿔 말하면 주로 정부의 계속적인 업무에 관계되는 개혁이다. 이 의미에서의 행정개혁 중에서 그것이 커다란 정책문제나 정치문제로 될 수 있는 것은 주로 전자의 행정정리의 경우일 것이다.

후버위원회 사례에서 보더라도 행정정리가 정책과 관련해서 문제가 되는 것은 아래의 2가지 점일 것이다. 그 첫 번째는 정책의 목적·목표와 이것을 실현하는 수단·방법을 어디까지 확연히 구별할 수 있는가 하는 문제이다. 이것을 더 일반화하면 무엇을 정책이라 부르고 무엇으로 그 실시라 부를 것인가 하는 문제가 될 것이다. 이때 정책결정은 정치, 정책실시는 행정이라는 분업론을 제시해 보아도 어떠한 해결도 되지 않는다. 정치기관에 의해 결정된 정책에는 그 정책의 목적·목표뿐만 아니라 어느 정도 이것을 실시하기 위한 체제, 절차, 방법을 포함하고 있다. 그리고 때로는 그 재원에 관한 규정까지도 포함하고 있는 것이 일반적이기 때문이다. 행정정리를 실시하기 위해 다수의 법률개정이 필요한 것은 이 때문이다. 따라서 문제는 정치기관이 결정한 정책의 변경에 이를 것인지 어떤지가 아니다. 문제는 수단·방법의 개혁이 정책의 목적·목표까지 바꾸고 있는지 어떤지이다. 뒤집어 말하면 정책의 목적·목표를 바꾸지 않고 수단·방법의 개혁이 어디까지 가능한가이다.

여기서 먼저 직면하는 것은 정책평가나 행정평가에서 항상 직면하는 것이지만 정책의 목적·목표가 명확하지 않다는 문제, 적어도 조작 가능한 평가기준이 설정되어 있지 않다는 문제이다. 이러한 경우 행정정리가 정책의 목적·목표를 변경했는지 아닌지를 객관적으로 판정할 수가 없다. 다음에 직면하는 것은 정책의 기본문서인 법령은 정책의 목적이나 대상을 정해 놓고 있더라도 정책의 목표수준까지는 정하고 있지 않다는 문제이다. 그 정책으로 달성이 기대되는 목표수준, 정책의 양의 측면을 정하는 효과를 갖고 있는 것은 오히려 예산이나 정원계획이다. 그래서 행정정리 대부분은 법령에 정해진 목적이나 대상을 변경하지 않고 다음 연도 이후의 예산이나 정원의 사정을 통해 실현된다. 따라서 또 행정정리 대부분은 행정부의 결단으로 실시 가능하다. 이것을 실시하기 위해 임시행정조사회와 같은 특별한 자문기관을 설치해야 한다면, 그것은 그 나라 내각의 정치지도력의 나약함을 나타내는 것이다.

다만 이 점에 대해서도 미국의 경우에는 다른 특수사정이 있다. 미국 연방정부에서는 실질적인 예산사정에 상당하는 작업이 의회 양원의 세출위원회·재정위원회에서 이루어지고 여기서 세출권한법이 제정되고 있기 때문이다. 게다가 의회 내의 각 상임위원회가 이 세출위원회·재정위원회에 의한 작업을 구속하려고 지혜를 짜내어 각각 소관 하는 사업법 속에 재원조치에 관한 규정을 두고 있는 경우도 있다. 그래서 미국에서는 오로지 양의 측면에서 감량을 목적으로 하는 행정정리를 하려는 경우라 하더라도 의회의 각종 위원회의 전면적인 합의와 협력을 필요로 한다. 후버위원회와 같은 행정개혁기관이 의회에 의해 설치되는 까닭이다.

그런데 행정정리와 정책과의 관련에서 물어지는 두 번째 문제는 행정정리라는 이름 아래 정당 간에 당파적 쟁점이 되어 있는 정책의 축소·폐지를 꾀하는 것이 가능한지, 가능하더라도 허용되어야 하는가이다. 예를 들면 영국의 경우처럼 보수당과 노동당이라는 각각의 이데올로기와 기본정책에 커다란 차이가 있는 정당 간에 정권교체가 반복적으로 발생하고 있는 나라에서는 민영사업의 국영화, 국영사업의 민영화, 또 그것의 국영화라는 유형의 정책전환이 빈번히 일어날 수 있다. 그리고 이러한 정책전환이 행해질 경우에는 미리 선거의 정책강령에 그 취지가 예고되고 이것을 쟁점으로 선거가 치러져 선거에서 이긴 측이 그 공약을 실행에 옮긴다는 형태를 취하는 것이 일반적이며, 이러한 정책전환이 행정관리의 이름 아래 이루어지는 것은 일단 없다고 해도 좋을 것이다. 행정관료제의 악폐인 확장체질을 통제하고 억제하는 것, 이것을 변혁하는 것은 정당정치가에게 기대되고 있는 중요한 기능의 하나이다. 그래서 행정정리는 설사 재정위기라는 절박한 상황이 아니더라도 그 때때로의 정권에 의해 주기적으로 정치과제로 다루어져 마땅한 성질을 가지고 있다. 다만 행정정리라는 개괄적이고 비당파적인 간판 하에 실시할 수 있는 사무·사업의 축소·폐지는 초당파적인 지지를 얻는 범위 내에서의 정리, 적어도 커다란 당파적 쟁점이 되지 않는 범위 내에서의 정리일 것이다.

그런데 미국의 공화·민주 양당의 이데올로기와 기본정책에는 그렇게 큰 차이는 없다. 따라서 미국에서는 「행정」의 정리라는 명목을 이용해서 사무·사업의 축소·폐지를 도모하는 것이 다른 나라들보다 쉽고 또 현명한 방법이기도 하다. 그렇다면 미국에서는 행정정리에 착수할 때 초당파적인 합의를 형성하는 데 그렇게 신경을 쓸 필요는 없는 것처럼 생각된다. 그런데도 후버위원회는 초당파적인 구성을 통한 행정정리를 지향했다. 거기에는 행정정리에서 정당 간 쟁점이 될 만한 당파적인 정책문제를 다루는 것을 피한다는 통상적 배려 이상의 배려가 더해져 있었다고 봐야 할 것이다. 즉, 미국의 정당은 정당조직의 중앙본부라 할 만한 것을 갖추고 있지 않으며, 대통령선거도 정당의 정책강령을 국민에게 명확히 제시하면서 경쟁하는 성격을 갖고 있지 않다. 그래서 대통령선거의 결과를 가지고 어떤 구체적인 정책에 대해 국민다수의 지지를 얻었다고 여기는 것은 곤란하다. 게다가 대통령의 여당이 의회의 다수파가 아닐 수도 있다. 또 의회와 그 상임위원회는 「대통령의 정부」와는 별개의 사고양식과 행동양식에 따라 활동하고 있으며 「대통령의 정부」에 대항해서 초당파적인 단결을 보이는 것도 전혀 드물지 않다. 의회의 발의로 설치된 후버위원회는 우선 무엇보다도 의회 내의 초당파적인 합의를 형성하기 위해, 그리고 또 의회와 「대통령의 정부」와의 협동관계를 형성하기 위해 그 구성을 초당파적으로 해야 했다고 봐야 할 것이다.

「입법」, 「정치」, 「집정」, 「행정」, 「정책」, 「정당」, 「관료」. 어느 개념이든 그 의미하는 바는 그것이 사용되는 문맥에 따라 달라진다. 그런데 그 이상으로 이러한 개념에 포함되어 있는 뉘앙스가 나라마다 다르다는 것에 유의하지 않으면 안 된다.

6. 맺음말

이 장을 집필하게 된 원래의 동기에는 이것을 이 책의 권두논문 역할을 하게 하려는 의도와 함께 다음과 같은 3가지 문제관심이 있었다.

그 첫 번째는 필자와 같이 우연히 행정학을 전공하게 된 사람만이 운명적으로 품게 되는 너무나 특수한 문제관심이다. 즉, 미국 행정학계에서의 논의가 전제하고 있는 미국의 정치·행정 관계와 일본에서의 정치·행정 관계 사이에는 대단히 큰 차이가 존재하는 것이 명백함에도 불구하고, 일본행정학계에서의 정치·행정 관계를 둘러싼 논의가 여전히 미국의 논의에 끌려 다니고 있는 것은 무엇 때문일까, 어떻게 하면 이 미로에서 빠져나갈 수 있을까 하는 문제관심이었다. 이를 위해서는 미국 권력분립제하에서의 행정과 일본에서도 채용하고 있는 의원내각제하에서의 행정의 차이라는 이 지극히 자명한 사항에 대해 다시 분명히 해 둔다는 의미에서 한 번 더 정리해 둘 필요가 있다고 생각되었다. 또 소위 「정치·행정 분단론」이 제기한 규범은 오래전 과거의 유물로 매장되어 버린 당위명제가 절대 아니라는 것, 그것은 강고한 관료제의 전통을 계승하고 있는 일본과 같은 나라에서는 물론이고 현재 미국에서도 여전히 계속 살아 있는 규범이라는 것을 특히 강조해서 역설해 둘 필요가 있다고 생각되었다. 이 점도 너무나도 당연하게 생각해 나 자신도 지금까지 명확하게 논한 적이 없었다. 하지만 이것은 잘못이라 생각되었다. 그래서 이 장에서는 이 「정치·행정 분단론」이 미국 특유의 문맥 속에서 제기한 문제가 실은 더 보편적인 문제였다는 것을 명확히 하기 위해 이것을 조금 더 포괄적인 「분리의 규범」 문맥 속에 위치 지워서 논의해 보았을 따름이다.

두 번째의 문제관심은 현재 일본에서 자유민주당의 장기안정정권하의 정치·행정 관계를 어떻게 인식해야 할 것인가 였다. 그런데 마침 이 장의 집필을 시작했을 무렵 야마구치 지로(山口二郞)의 논쟁적인 저서 『일당지배체제의 붕괴』(『一党支配体制の崩壊』, 岩波書店)가 간행되었다. 이 책의 주제는 의원내각제 아래서는 정권교체의 관행을 확립하는 것이 얼마나 불가결한 요건인가를 논증하는 것이다. 그런데 이 논증의 전제가 되는 것이 바로 자유민주당의 장기안정정권하의 정치·행정 관계에 관한 현상분석이었다. 예를 들면 야마구치는 현재 일본의 정치·행정 관계는 의원내각제하에서 일반적으로 보이는 관계와 국회의 상임위원회제도에 기인하는 미국의 정치·행정 관계에 유사한 관계의 절충형태로 되어 있다고 한다. 또 현재 일본의 정치·행정 관계의 특징을 파악하는 열쇠를 자유민주당의 당 기관이 수행하는 역할과 국회의원이 행정과정의 개별적인 업무운영에 개입하는 관행에서 찾고 있다. 어느 것이나 타당한 시점이라 할 수 있다. 그리고 그 현상분석의 부분에 관한 한 그 지적의 대부분에 대해 나는 견해를 같이하고 있다. 그래서 이 장에서는 논술의 중복을 피하기 위해 이 점에 대해 너무 깊이 언급하지 않고 마무리하기로 한다.

다만 필자에게는 일본과 동일하게 의원내각제를 채용하고 있는 나라들에서도 정당정치가와 행정관료의 관계에는 상당한 다양성이 있다고 생각된다. 영국의 경우를 유일한 비교기준으로 하지 말고 프랑스, 독일 등 좀 더 많은 나라의 경우와 비교해 볼 필요가 있을 것이다. 하지만 이 점에 대해서는 이 장에서의 고찰도 결코 충분하지 않으며, 이것은 필자에게도 금후의 과제이다. 또 하나, 야마구치는 자민당정권 아래서 정당정치가와 관료의 융합이 발생하기 시작했다고 지적하고 있지만, 과연 융합이라고까지 부를 수 있는 현상이 생기고 있을까. 정당정치가와 행정관료는 그 가업을 달리하고 있으며, 그 기질도 그 삶의 보람도 그리고 그 사고양식과 행동양식도 매우 다른 별세계에 서식하는 집단이라는 인상이 필자에게는 강하다. 정당정치가와 행정관료는 협동·연계·결합·결탁·유착·야합하고 있을지 모르겠지만, 융합하고는 있지 않다는 것이 필자의 관찰이다. 한 걸음 양보해 생각해 봤을 때 자민당정치가의 사고양식과 행동양식이 행정관료와의 다년간에 걸친 항상적인 협동·연계·결합의 결과로서 혹은 또 자민당 자체의 관료제화의 결과로서 행정관료의 그것과 유사해지고 있을지 모르겠지만, 행정관료가 자민당정치가의 사고양식과 행동양식에 동화하고 있다고는 생각되지 않는다. 이것은 프랑스, 서독에 보이는 정치적 행정관료에 대해서도, 또 영국, 미국에서의 접점에 있는 사람들에 대해서도 마찬가지 아닐까 생각한다. 정당정치가의 관점에 서서 이것을 보좌하는 것과 정당정치가와 동화하는 것 사이에는 커다란 단층이 있는 것은 아닐까?

그런데 세 번째의 문제관심은 행정의 세계를 행정의 세계답게 하는 것은 계속기업으로서의 방대한 업무의 존재인 것은 아닐까 하는 필자의 문제의식에서 시작된 것으로, 이 문제의식을 어떻게든 정치·행정 관계의 이론 틀 속에 포함시키고 싶다는 것이었다. 이 장은 이 점에 대해서도 필자 자신에게 불만이 남은 채로 끝나 버렸다. 이 문제관심을 더 알차게 해 가기 위해서는 먼저 다종다양한 행정활동을 적절히 분류하고 각각의 성질을 식별해서 정치와의 관계를 분석해 가는 작업이 필요할 것이다. 말하자면 행정학 각론의 구축이다. 그리고 또 하나는 정치가와 접촉하고 있는 행정관료와 업무의 세계를 떠받치고 있는 행정직원의 관계에 대한 고찰을 강화하고, 게다가 주로 행정직원으로 조직되어 있는 공무원노동조합의 활동이 정치·행정 관계에 대해 가지는 의미에 대한 고찰을 심화시키는 것이 필요할 것이다.

마지막으로 양해를 해 두고 싶은 것이 있다. 이 장에서는 통상의 논문처럼 주를 붙이는 형식을 취하지 않았다. 그런데 이것을 집필하면서 본문 중에 특별히 언급한 2~3개 이외에도 많은 분들의 업적을 다시 새로 읽고 이것들을 참고했다. 일본의 업적만, 그것도 실례를 무릅쓰고 주요한 것만을 언급하면 로야마 마사미치(蠟山正道) 선생과 은사 쓰지 기요아키(辻清明) 선생의 업적을 참고한 부분이 많다. 또 이토 다이이치(伊藤大一)의 주저 『현대 일본 관료제의 분석』(『現代日本官僚制の 分析』, 東京大學出版會)에 실로 큰 시사와 자극을 받은 것을 고백하며 특히 감사를 표하고 싶다. 그리고 또 미국 행정학계의 정치·행정논의에 대한 일본행정학계의 최신의 이해방법을 대표하는 것으로, 이마사토 시게루(今里滋) 「정치·행정론 재고-행정학의 〈일체성〉의 시각에서-」(政治·行政論再考-行政の〈一体性〉の 視角から-, 年報行政研究 第23號 『地方自治の動向』, ぎょうせい)를 참조한 것을 덧붙여 적어 둔다.

제2장
행정과 조직

1. 회고: 미국 행정학의 계보

　미국 행정학의 생성과 전개의 계보는 통상 어떻게 도식화되어 있을까? 몇 가지 대표적인 정리방법을 살펴보도록 하자.

　먼저 나가하마 마사토시(長浜政寿) 교수의 『행정학강의안Ⅰ』[1]에서는 19세기 말부터 1915년경까지 윌슨, 굿나우를 중심으로 한 〈제1기·형성〉에서 시작해 1915년부터 1940년경까지 위로비, 화이트, 규릭 등을 중심으로 한 〈제2기·발전〉으로 이동하고 그리고 1940년 이후의 〈제3기·문제〉에 이르렀다고 한다. 다음으로 아다치 타다오(足立忠夫) 교수의 『행정학』[2]의 정리에서는 〈형성기〉의 행정학에 과학적 관리법의 영향이 더해지고, 두 차례의 세계대전 기간에 〈정통파 행정학〉 또는 〈Orthodoxy의 시대〉가 확립되었다고 한다. 그리고 1940년대는 〈정통파·행정학비판〉의 시대이며, 그 후 현재까지는 〈백가쟁명의 시대〉라고 한다. 즉, 나가하마 교수의 시기 구분과 아다치 교수의 정리방법은 거의 완전히 일치하고 있다. 그런데 또 하나 쓰지 기요아키(辻清明) 교수의 『행정학 개론』상권[3]을 보면 미국 행정학은 과학적 관리법의 영향을 받으면서 정치·행정 분단론에 입각한 〈기술적 행정학〉에서 정치·행정

---

1) 長浜政寿 『行政学講義案1』 (有信堂, 1957年).
2) 足立忠夫 『行政学』 (日本評論社, 1971年).
3) 辻清明 『行政学概論』 上巻 (東京大学出版会, 1966年).

융합론에 입각한 〈기능적 행정학〉으로 발전했다는 이해를 기본적인 도식으로 하고 있다.

이것들은 어느 것이나 소위 교과서 풍의 개설이다. 이에 대해서 당연히 미국 행정학의 이론발전사 그 자체를 주제로 한 연구논문에서는 더욱 복잡하고 착종한 도식화가 시도되고 있다. 예를 들면 쓰지 교수의 논문 「현대 행정학의 동향과 과제」[4]에서는 시기적인 계승 관계는 반드시 명쾌하지 않지만 기본적으로는 〈능률학파〉에서 〈인간관계학파〉로 더욱이 〈인간관계학파〉에서 〈사회학파〉로의 전개로 파악하고, 그 다음 각각의 학파에 소위 주류파와 비주류파를 구분해서 전체의 발전사를 개관하려 하고 있다. 또 이데 요시노리(井出嘉憲) 교수의 논문 「미국에서 행정이론의 전환과정」[5]에 따르면 윌슨, 굿나우의 〈파이어니어(Pioneer)〉에서 그 에피고넨(Epigonen)으로서 〈관리학파〉가 생겨나고, 이 〈관리학파〉에서 〈사회 또는 정치환경학파〉와 〈인간관계학파〉라는 2개의 학파가 태어났다고 한다. 그리고 〈사회 또는 정치환경학파〉의 한 사람인 가우스와 〈인간관계학파〉의 흐름을 이어받은 버나드의 통합을 시도하는 것으로 셀즈닉, 볼딩, 리그스 등에 보이는 〈유기체적 행정학〉이 형성되고 있다고 설명하고 있다.

이러한 정리방법은 얼핏 다양하게 보인다. 사실 개개 학자에 대한 평가와 위치부여에는 상당한 의견 차이가 있어 보인다. 그런데 이러한 정리방법에는 거의 완전히 공통하고 있는 점이 몇 가지 있다. 첫째, 미국 행정학의 창시자가 윌슨, 굿나우라는 인식. 둘째, 뉴딜을 경과한 1940년대부터 그때까지의 행정학에 대한 비판이 일제히 시작되고 그 비판의 초점이 정치·행정 분단론으로 향했다는 인식. 그리고 이 점에서는 어느 논자나 왈도가 그의 주저 『행정국가』[6]에서 묘사한 미국 행정학의 자화상의 영향을 강하게 받고 있다. 셋째, 1940년대 이후에 비판의 대상이 된 〈발전기〉의 〈전통파행정학〉이나 〈능률학파〉, 〈관리학파〉의 이론에 대해서는 독자적인 깊이 있는 내재적 이해가 보이지 않는다는 것. 그리고 넷째, 1940년대 이후의 미국 행정학에 대해서는 어쨌든 다양하게 분화했다고 지적하고 있을 뿐, 그 흐름이 적확하게 정리되어 있다고는 말하기 힘들다는 것. 이것은 현재 미국 행정학계에서 「자기 상실의 위기(crisis of identity)」가 이야기되고 있는 상황의 단순한 반영으로 봐야 할까.

종래의 정리방법에 보이는 상기와 같은 공통점에 관해서 2가지의 의문을 금할 수 없다.

---

4) 辻清明 「現代行政学の動向と課題」 (日本行政学会編 『年報行政研究』 第1号, 勁草書房, 1962年).
5) 井出嘉憲 「アメリカにおける行政理論の転換過程」 (高橋勇治·高柳信一編 『政治と公法の諸問題』 (東京大学出版会, 1963年).
6) D. Waldo(1948). *The Administrative State*, The Ronald Press.

첫째, 미국 행정학의 발전사를 적확하게 인식하기 위해서는 〈정통행정학〉이나 〈능률학파〉, 〈관리학파〉 등으로 불리고 있는 〈발전기〉의 이론들을 정당하게 이해하고 평가하는 것이 대전제인 것은 아닐까? 나가하마·쓰지·아다치 등의 교수는 모두 전후에 미국 행정학의 섭취에 노력했는데, 그때 미국 행정학계에서는 정치·행정 분단론에 대한 철저한 비판론이 풍미하고 있었기 때문에, 일본 행정학계는 애초부터 〈정통파행정학〉의 세례를 받지 못하고 이것과 결별하는 결과가 되었던 것은 아닐까? 그리고 그 때문에 〈정통파행정학〉의 조직이론을 발전적으로 극복하려고 등장한 버나드, 사이먼 등의 현대조직이론을 정당하게 위치 지워야 할 장소를 잃어버리고, 게다가 미국 행정학의 현 상황을 정리할 관점을 상실했던 것은 아닐까? 둘째, 미국 행정학에서 행정이론이 현실의 행정기능 발전과 어떻게 대응하고 있었느냐는 고찰이 불충분했기 때문에, 행정이론의 전개 그 자체도 평탄한 개념논쟁으로 이해되고 있는 것은 아닐까?

미국 행정학의 계보는 오히려 처음부터 행정이론과 조직이론이라는 2가지 흐름으로 구성되어 있으며, 이 2가지 계통이 때로는 결합하고 때로는 분리한 발전사로 이해하는 편이 적절할 것이다. 도식화해서 말하면 행정이론의 계통은 〈정치·행정 분단론〉 → 〈행정관리론〉 → 〈정치·행정 융합론〉이라는 전개를 보이고, 다른 한편의 조직이론은 〈과학적 관리법〉 → 〈고전적 조직이론〉·〈신고전적 조직이론〉 → 〈현대조직이론〉이라는 전개를 보였다. 그리고 양쪽의 전개는 시기적으로 거의 대응하고 있으며, 〈고전적 조직이론〉·〈신고전적 조직이론〉과 〈행정관리론〉의 시대에는 2가지 계통이 밀접 불가분하게 결합하고 있었다. 즉, 행정이론과 조직이론은 애초에는 별개로 탄생하면서 어느 한 시기에 결합하고 현재는 또다시 서로 분리되어 있다고 보는 것이다.

2가지 계통의 흐름에 대해 간단하게 설명을 더 해 보자. 먼저 여기서 행정이론이라는 것은 통치과정에서의 정치와 행정의 관계, 더 구체적으로 말하면 통치과정에서의 관료제의 위치부여를 둘러싼 사고방식이다. 그러면 윌슨과 굿나우가 주장한 〈정치·행정 분단론〉이란 원래 무엇을 의도하고 있었을까? 윌슨의 논문 「행정의 연구」[7]는 펜들턴법 성립 후 불과 3년 만에 쓰였고, 굿나우의 『정치와 행정』[8]은 시정개혁운동이 발흥한 직후에 저술되었다. 그들이 〈정치〉라 부른 것은 〈정당정치〉이며 그들은 〈정당정치〉의 개입으로부터 자유로운, 그러

---

[7] W. Wilson(1887). "The Study of Administration," *Political Science Quarterly*, Vol.2.
[8] F. J. Goodnow(1900). *Politics and Administration*, Macmillan.

한 의미에서 〈정치〉에서 분리된 〈행정〉의 독자 영역을 설정하려고 했다. 그리고 〈행정〉의 독자 영역으로 확립되어야 할 것은 그 무엇보다도 먼저 공무원의 임면이며, 그 다음에 행정조직의 편성, 사무처리방법의 선택이었다. 〈정치·행정 분단론〉은 말하자면 관료제를 육성하기 위한 행정이론이었다고 말할 수 있다.

투표용지단축운동(Short Ballot Movement)에 상징되듯이 일찍이 직접선출직이었던 지위가 행정수장의 임명직으로 바뀌고 또 자격임용제도가 확장되어 가자, 다음에는 행정수장이 이 새로운 행정기구를 일원적으로 편성해 통제하는 것이 과제가 되었다. 이 요청에 부응한 행정이론이 〈행정관리론〉이다. 그것은 군 조직이나 사기업의 경영조직을 모범으로 하면서 「조직은 일원적인 지휘명령체계로 편성되어 있을 때 능률적이다」라는 기본신조에 따라 행정조직의 편성 원리를 설명했다. 또 행정조직 간 조정을 하고 수장에 의한 통제를 유효하게 하기 위해서는 수장을 보좌하는 스태프기관이나 중앙통제기관의 충실이 필요하다고 주장했다. 〈행정관리론〉은 이른바 집행권 강화를 위한 행정이론이었다고 말할 수 있다. 그리고 이러한 〈행정관리론〉의 대표적인 논자가 규릭이며, 그 현실적 결정체가 뉴딜 하의 브라운위원회 보고와 이것에 근거한 대통령부의 창설이다.

그래서 집행권이 통합되고 관료제가 육성되어 행정수장이 행정기구를 장악했을 때 행정부와 입법부의 상대적인 역학관계는 크게 변동했다. 행정부의 업무는 이미 정책을 집행하는 기술적 과정이 아니게 되고, 행정부는 이제 정책형성기능을 담당하고 입법부에 대해서도 지도성을 발휘하기까지에 이르렀다. 이리하여 정치와 행정은 정합적, 연속적, 순환적이라고 주장하는 〈정치·행정 융합론〉이 등장한다. 이 〈정치·행정 융합론〉에서 〈정치〉라 불리고 있는 것은 〈정당정치〉가 아니라 〈정책형성〉의 기능이다. 그리고 여기에서 〈행정〉이라 불리는 것은 행정부의 업무 중 하나의 영역이 아니라 그 전체이다. 〈정치·행정 분단론〉과 〈정치·행정 융합론〉이란 동일한 평면상의 논쟁이 아니다. 행정은 정치로부터 자신을 지키는 수세에서 적극적으로 정치에 개입하는 공세로 전환했던 것이며 〈정치·행정 분단론〉은 이미 그 역사적 사명을 다했다. 〈정치·행정 융합론〉은 이른바 행정권의 우월화에 대응하는 행정이론이라 할 수 있다.

그런데 여기서 중요한 것은 정치와 행정의 융합이라는 사실인식과 이것에 대한 평가는 다른 문제라는 것이다. 그래서 정치·행정 융합론자 중에서 3가지 유형을 끄집어낼 수 있다. 즉, 제1의 유형은 행정부 특히 관료제가 정책형성의 담당자로 성장한 사실을 시인하는 사람들이다. 더 세분하면 이 중에는 무조건의 적극론자와 관료제의 역할 강화를 시인하면서 책임 있는 관료제의 발전을 기대하는 사람들이 있다. 제2의 유형은 관료제의 성장을 우려하고 관료제를 유효하게 통제할 방책을 모색하는 사람들이다. 그리고 제3의 유형은 이 점에서의 가치평가를 피하고 정책형성기능까지 담당하게 된 관료제의 생태를, 아무튼 객관적으로 분석하려고 하는 사람들이다. 이리하여 제1 유형의 후자와 제2의 유형 사람들이 소위 행정책임론을 전개하게 되었다.

미국은 관료제 발전을 경계하는 전통이 강한 나라이다. 따라서 미국 행정학은 기본적으로는 관료제의 육성과 강화를 추진하는 입장에 서면서, 관료제 지배의 초기적인 맹아현상이 조금 보이던 시점에서부터 이미 「민주주의와 관료주의」를 둘러싸고 심각하게 논하지 않을 수 없었다고 말할 수 있다. 이것이 미국 행정학에서 행정이론의 흐름이다.

그런데 미국 행정학이 이러한 행정이론일 뿐이라면 일본 행정학이 거기에서 배워야 할 것은 적다. 일본처럼 처음부터 강고한 관료제가 존재하고 이것이 통치과정에서 절대적인 기능을 수행하고 있는 나라에서는 관료제를 육성하기 위한 행정이론을 전개할 필요도 없고 또 정치와 행정의 융합도 처음부터 자명한 현상이기 때문이다. 그 의미에서 미국 행정학은 그 주제가 행정책임론으로 이행했을 때 비로소 일본 행정학과 공통의 무대에 올랐다고 말할 수 있다. 하지만 양국에서 관료제의 비중은 지금도 여전히 결정적으로 다르다.

그런데 미국 행정학에는 또 하나 조직이론의 계통이 있다. 〈과학적 관리법〉의 창시자 테일러에 의한 테일러시스템은 기계화의 초기 단계, 즉 인력을 동력으로 하는 작업기 시대에 대응한 「작업의 과학」이었기 때문에 개개 노동자의 작업능률을 철저하게 관리하려고 한 것이었는데, 그런 만큼 동력기와 컨베이어를 조합한 컨베이어 작업시스템의 등장과 함께 그 사명을 다했다. 그런데 테일러시스템은 동작시간 연구라는 「작업의 과학」을 활용한 과업관리를 중핵으로 하면서도 이것에 부수해 많은 관리수법을 개발했다. 예를 들면 스태프 제도, 직업적성검사, 직장 내 연수 등의 맹아는 모두 테일러시스템 속에서 발견할 수 있다. 이리하여 테일러시스템은 모든 조직이론의 기초가 되었는데, 그것에만 그치지 않고 작업계획의 발상은 산업공학의 기초가 되고 또 표준화의 원리는 널리 인사관리, 재무관리 등의 분야에도 적용되어 갔다.

생산공장에서 컨베이어시스템이 보급되고 기계의 속도가 노동자의 작업을 관리하게 되자, 경영의 관심은 관리기구의 확립에 향해지고 여기서 〈고전적 조직이론〉이 나타나게 되었다. 〈과학적 관리법〉과 대비해서 〈고전적 조직이론〉의 특징을 보면 그것은 3가지로 요약할 수 있다. 첫째, 하급관리에서 상급관리로, 「작업의 과학」에서 「조직의 과학」으로 관심의 이행이다. 둘째, 기능화의 개념 내용의 변질이다. 직무에 사람을 맞춘다는 「기능화의 원리」는 양쪽에 공통하고 있었는데, 〈과학적 관리법〉에서는 「동일한 인간능력을 요하는 제 활동의 집합」으로서의 업무에 착목해 「기능화」를 동질적인 작업방법의 표준화로 파악한 데에 대해, 〈고전적 조직이론〉에서는 「공통목적을 가진 제 활동의 집합」으로서의 업무를 조직목적을 유효하게 달성하도록 편성하는 것을 「기능화」로 생각했다. 셋째, 테일러시스템에 맞춘 기능별 직장(職長)제도가 비판되고 이것에 대신해 「명령일원화의 원리」와 「스태프와 라인의 분화」가 핵심적인 원리로 확립되었다. 이러한 특징을 가진 〈고전적 조직이론〉은 행정의 세계에도 응용되어, 이미 언급한 바와 같이 집행권 강화를 지향하는 〈행정관리론〉과 일체화되어 행정조직편성원리와 관리기능에 관한 POSDCoRB 이론을 확립했다.

미국 행정학은 엽관제를 극복하고 「청렴하고 공정한 행정」을 확립하려는 실천적 정치개혁에서 출발했지만, 곧 〈과학적 관리법〉에서 계수화와 표준화의 지향을 학습하고 〈고전적 조직이론〉에서 조직편성원리를 배우면서 〈행정〉 독자 영역의 합리화를 연구하게 되었다. 거기서 새로운 가치개념으로 「능률과 절약」이 부상해 왔다. 이것에 따라 미국 행정학의 연구방법도 유럽국가와 미국의 정치제도에 관한 비교연구[9]에서 미국 국내의 경영과 행정의 비교연구로 변화했다. 미국 행정학은 여기서 드디어 완전한 미국화를 실현하고 자가제(自家製)의 학문으로 되었다고도 말할 수 있다.

그런데 업무에 사람을 맞추는 「기능화의 원리」를 기초전제로 하는 이상, 조직관리란 합리적인 직무의 체계를 편성하는 것이다. 조직의 구성요소는 직무(업무)이지 인간이 아니다. 그런데 인간은 엔진의 부품처럼 설계자의 기대대로는 움직이지 않는다. 이것을 검증한 것이 인간관계론이었다. 그런데 인간관계론은 「기능화의 원리」 그 자체를 근저에서 무너뜨리고 새로운 조직편성이론을 확립하는 데까지는 이르지 못했다. 호손 공장의 실험은 맨 마지막에 직장상황, 즉 작업현장에서 비공식적인 인간관계가 노동자 개개인의 태도나 감정을 통해 작업능률에 미치는 효과에 분석을 집중했다. 그리고 관찰자들은 이 연구과정에서 조직을 일종의 사회시스템으로 인식하게 되었다. 이 사회시스템은 기술조직과 인간조직이라

---

9) 초기 미국 행정학의 이러한 특징은 앞의 이데(井出嘉憲) 논문이 명쾌하게 지적하고 있다.

는 2개의 하위시스템으로 되어 있으며, 인간조직은 또 개인과 사회적 조직이라는 2개의 하위시스템으로 구성되는 것으로 인식된다. 그리고 이 사회적 조직은 더욱 분해되어 공식조직과 비공식조직으로 나뉜다. 공식조직이란 조직에서 지휘계통, 규칙 등 일반적으로 조직도에 표시되는 구성원 상호 간의 관계이다. 비공식조직이란 이러한 공식적인 관계에는 전혀 또는 충분히 표시되어 있지 않은 다수의 인간 상호 간의 교섭 양식이다. 인간관계론자는 조직을 이처럼 파악한 후 다음과 같이 주장한다. 비공식조직은 공식조직의 활동을 때로는 저해하기도 하지만, 한편으로 그 존재는 효과적인 협동관계를 유지하기 위한 필요전제조건이기도 하다는 것이다. 또 다음과 같이 말하기도 한다. 모든 조직은 조직목적을 달성하는 기능과 구성원의 마음으로부터의 협력을 확보하는 기능이라는 2가지 기능을 가진다. 즉, 조직은 「대외적 균형」과 「대내적 균형」의 양 측면을 유지하지 않으면 안 되는데, 경영의 관심은 「대외적 균형」의 문제에만 치우쳐 있다. 조직이 정말 능률적이기 위해서는 다른 한편의 「대내적 균형」에도 관심을 기울여 구성원에 만족감을 주지 않으면 안 된다. 요컨대 비공식조직이 공식조직을 효과적으로 유지할 수 있도록 조작하는 것이 관리의 하나의 요체라는 것이다.[10]

여기서 주의를 요하는 것은 공식조직과 비공식조직이란 상호배타적인 것이 아니라는 것이다. 현실에 발생하는 비공식조직은 공식조직의 요청 하에 이것을 전제로 해서 형성된다. 직무의 분업체계, 권한체계는 설정되어 있으며 감독자는 이것을 전제로 해서 지휘명령을 행하고 있다. 그때 그러한 조건 하에서 구성원이 현실에서 취하는 행동 시스템이 비공식조직이다. 호손 공장의 실험에서도 그것은 Western Electric Company의 공식조직을 주어진 조건으로 한 다음에 비공식조직을 분석했다. 공식조직 그 자체를 근본적으로 변혁한다면 그때 비공식조직은 어떻게 변할까. 이것은 인간관계론의 사정권 밖에 있었다. 이처럼 인간관계론은 〈고전적 조직이론〉이 제시한 공식적인 조직구조를 소정의 전제로 하고 있어서 〈신고전적 조직이론〉이라 불린다. 따라서 〈신고전적 조직이론〉은 인간의 물리적 작업뿐만 아니라 인간 내면의 심리까지도 조작 대상으로 하는 새로운 관리수법을 개발했지만, 새로운 조직편성원리를 제시할 수는 없었다. 그러나 〈신고전적 조직이론〉의 진가는 이것이 개

---

10) 〈과학적 관리법〉에서 〈신고전적 조직이론〉에 이르는 조직이론의 흐름을 일본행정학자가 고찰한 것으로는 今村都南雄「管理組織理論の展開-現代組織理論前史-」(1)·(2)(『法学新報』第77卷第11·12호, 第78卷第1·2·3호, 1970년, 1971년. 今村都南雄『組織と行政』〔東京大学出版会, 1978년〕제1부에 수록)이 가장 상세하고 뛰어나다.

 · 제2장 · 행정과 조직

발한 관리수법의 실용적 가치보다도, 조직을 사회시스템으로 인식하는 개념 틀의 설정이나 인간행동에 관한 풍부한 지식의 축적 등을 통해 〈현대조직이론〉에 발판을 제공하고 또 행동과학일반의 기초를 확립한 데 있다고 해야 할 것이다.[11]

〈현대조직론〉은 버나드의 『경영자의 역할』[12]에서 시작되었다고 할 수 있다. 버나드 이론의 중심은 관리기능에 있지만, 그는 관리를 논하는 전제로서 조직을 논하고 조직을 논하는 또 그 전제로서 협동체계에 대해 논했다. 버나드 이론이 경영·조직·관리의 3층 구조이론이라 이야기되는[13] 연유이다. 그리고 버나드 이론의 최대 업적은 그 개념 틀의 종합적인 구축에 있으며 〈고전적 조직이론〉과 〈신고전적 조직이론〉을 결합하려고 한 점에 있다. 그는 조직을 직무의 시스템도 인간의 시스템도 아닌 인간행동의 시스템으로 파악하고, 공식조직을 고찰 대상으로 하면서 공식조직의 구조보다 기능에 또 그 정태보다 동태에 착목했다. 이 기본적인 시점의 전환에서 〈현대조직이론〉의 제 조류가 확산적으로 흘러 나왔는데, 버나드 이론은 고도로 추상화된 개념 틀이기에 그것에서 바로 실용적인 조직편성원리나 관리수법 등을 도출할 수는 없었다. 그래서 조직이론은 독자의 학제적인 연구영역으로 자립하게 되고 경영학과도 행정학과도 직결하지 않게 되었다.

이리하여 행정이론의 계통과 조직이론의 계통이 분기해 버린 미국 행정학의 상황을 어떻게 평가해야 할 것인가. 왈도는 미국 행정학은 그 모태인 정치학과 이론적, 제도적 교류를 충분히 행하지 않고 오히려 인접 과학들의 영향을 지나치게 받아서 「자기 상실의 위기」에 직면하고 있다고 본다.[14] 사이먼은 미국 행정학은 정치·행정의 관계에 관한 연구와 내부관리에 관한 연구로 나누어지고, 전자는 정치학에, 후자는 조직이론에 결부되었기에 현재의

---

11) 일찍이 레닌은 테일러시스템에 대해 이렇게 말했다. 「이 점에서 자본주의 최신의 성과인 테일러시스템은 ……자본주의 일체의 진보와 동일하게……부르주아적 착취의 세련된 잔인함과 일련의 대단히 풍부한 과학적 성과-노동할 때의 기계적 운동의 분석, 불필요한 서툰 운동의 제거, 가장 올바른 작업방법의 고안, 가장 뛰어난 기장(記帳)과 통제제도의 채용 등-를 그 속에 함께 갖추고 있다」(レーニン「ソヴィエト権力の当面の任務」, 1918年 『レーニン全集』第27卷, 大月書店, p.261). 레닌의 이 말은 문장 속의 테일러시스템을 인간관계론으로 바꾸어도 거의 그대로 타당할 것이다.
12) C. I. Barnard(1938), The Functions of Executive, Harvard University Press. 田杉競監訳『経営者の役割』(ダイヤモンド社, 1956年).
13) 山田安次郎「バーナード理論の意義と限界」(山田安次郎·田杉競編『バーナードの経営理論』〔ダイヤモンド社, 1972年〕), pp.21-23.
14) D. Waldo(1968). "Public Administration," M. D. Irish(ed.), Political Science: Advance of the Discipline, pp.153-189.

분열증상을 드러내게 되었다고 보고 있다.[15]

필자의 진단은 사이먼의 그것과 같다. 미국 행정학이 그대로 현대행정학인 것처럼 세계를 제패한 것은 그것이 조직이론의 계통과 결합해서 그 기초를 확립했기 때문이다. 미국 행정학이 오늘날 더 급속히 발전하고 있는 미국산 조직이론과 교류를 계속 단절한다면 일본 행정학이 거기에서 배우는 것은 적을 것이다.

그러면 행정이론은 현대의 조직이론과의 접점을 어디에서 찾을 수 있을까? 확실히 이것은 어려운 문제이다. 필자는 이것을 조직을 개방계로서 인식하는 조직관의 확대와 조직 내외의 교섭 현상을 함께 권력 현상으로 파악하는 시점의 보급에서 찾아보려고 생각한다.

2. 조직관: 폐쇄계와 개방계

신고전적 조직이론의 세례를 받은 미국의 사회학자 머튼, 브라우, 벤딕스 등은 베버의 관료제론에 촉발되어 조직이론과 관점을 약간 달리하는 새로운 관료제론을 전개했다.[16] 그들의 관료제론에는 공통으로 다음과 같은 특질이 보인다. 첫째, 그들은 조직구성원의 비합리적인 인간행동에 착목해 관료제에는 공식조직에서 일탈한 비공식조직이 형성된다고 한다. 둘째, 비공식적인 관계나 관행은 공식조직을 기능적인 방향으로 작동시키기도 하고 거꾸로 공식조직의 기능적인 작동을 저해하기도 하며, 이것이 저해하는 방향으로 작용할 때 관료제의 기능장애 현상이 생긴다고 한다. 셋째, 비공식조직을 기능적인 방향으로 조작하는 것을 관리의 기능이라 했지만, 이 관리가 성공하기 위한 제 조건을 명확히 하지는 않았다. 넷째, 베버는 관료제의 「합리성」을 논했지만, 이에 대해 그들은 관료제가 「기능적」인지 아닌지 더 나아가 「능률적」인지 아닌지를 논했다. 다섯째, 베버의 관심은 사회 전반의 관료제화

---

15) H. A. Simon(1967). "The Changing Theory and Changing Practice of Public Administration," I. Pool(ed.), *Contemporary Political Science: Toward Empirical Theory*, McGraw-Hill, p.108.
16) 여기에서 고찰의 대상으로 하고 있는 것은 다음과 같은 저서와 논문이다. R. K, Merton(1959). "Bureaucratic Structure and Personality," R. K. Merton, *Social Theory and Social Structure*, The Free Press. (역서로는 森東吾也訳「社会理論と社会構造」〔みすず書房, 1961年〕이 있다). R. Bendix(1949). "Bureaucracy: The Problem and Its Setting," *The American Sociological Review*, Vol.12. (이 논문의 번역문은 高橋徹·綿貫譲治訳「官僚制と人間」〔未来社, 1965年〕에 「官僚制-問題とその方向」이라는 제목으로 수록되어 있다). P. M. Blau(1956). *Bureaucracy in Modern Society*, Random House. (역서로는 阿利真二訳「現代社会の官僚制」〔岩波書店, 1958年〕이 있다).

와 인간 자율성과의 관련에 향해 있었던 데에 대해, 그들의 강한 관심은 관료제 내부의 민주주의, 조직구성원의 복종성과 자발성의 균형이라는 문제에 향해 있었다.

요컨대 베버에게는「관료제화」에 관심의 초점이 있으며 관료제는 상황의존적, 환경의존적인 개방계로 인식되고 있었다고 말할 수 있다. 그래서 관료제의 형식합리성에 대해서도 외부에서 봤을 때의 관료제 행동의 이해가능성이나 계산가능성이 중요한 기준으로 되고 있었다. 이에 비해 미국의 새로운 관료제론은 관료제를 그 자신의 내부에서 균형 잡을 수 있는 폐쇄계인 것처럼 간주하고, 오직 조직목적의 유효한 달성이라는 의미에서 기능성을 문제 삼고 있었다고 말할 수 있다. 그런데 베버에게도 관료제와 이것을 둘러싼 상황과의 상호교섭이 충분히 이론화되어 있었던 것은 아니다. 예를 들면 관료제화의 촉진요인과 관료제 특질과의 상호관련도 명확히 되어 있지 않다. 또 관료제적 지배라 할 때 그것에는 관료제 내부에서의 명령복종관계라는 의미에서의 지배와 관료제를 권력수단으로 장악한 지배자가 관료제의 외부에 있는 사람에게 행사하는 지배라는 이중의 의미가 포함되어 있다고 생각되는데, 이 2가지 지배의 식별과 관련성에 대해서도 명확하지 않다. 혹은 또 즉물적이고 비정한 처리와 보편적·추상적 규범의 지배는 반드시 일치하지 않는다고 한다.[17] 합리적인 관료제의 정신에는 자의를 배제한 형식주의의 요청과 개별구체적인 실질적 정의의 요청이 있다고도 한다.[18] 여기에는 상반하는 2가지 이미지, 광범한 재량을 행사하는 창조적인 관료제의 이미지와 법규·명령에 엄격하게 복종하는 관료제의 이미지가 있는데, 양쪽 관계에 대해서는 명확히 언급되어 있지 않다. 이 의미에서는 베버의 관료제론도 개방계의 이론모델로서 완성하고 있다고는 말할 수 없다.

행정이론과 조직이론이 유의미한 상호교섭을 하기 위해서는 그 대전제로서 먼저 조직 일반을 개방계로 보는 개념 틀이 구축되어야 할 것이다. 사기업의 경영관료제와 행정관료제를 대비해 볼 때 상식적인 관찰만으로도 행정관료제에는 다음과 같은 특징이 확인된다. 즉, 일반적으로 보아 관료제가 대규모이다. 조직활동을 통해 생산되고 조직외부로 공급되는 산출재가 다양하다. 이 산출재가 조직의 생존 또는 발전의 계속에 있어 유효한지 아닌지를 판정하는 통일적·일원적인 판정기준이 존재하지 않는다 ―경영에서 수익 또는 이윤에 해당하는 것이 공공의 이익이라는 다의적인 것밖에 없다. 조직외부의 인간에 대해 강제력을 행사

---
[17] 阿閉吉男·脇圭平訳『官僚制』(角川文庫, 1958年), pp.43-46.
[18] 상동, p.45.

한다— 소위 서비스 행정일지라도 서비스의 향수가 사실상 강제되는 것도 적지 않다. 공평한 처리가 강하게 요청되고 있다. 외재적 통제에 의한 것이든 내재적 통제에 의한 것이든 규범에 따른 구속이 세세하고 엄격하다. 독점적 성격이 강하고 경쟁이 없다. …이러한 특징만 보더라도 행정관료제는 조직일반 중에서도 가장 개방적인 사회시스템이며 그 구조와 기능은 특히 상황의존적이리라 추측할 수 있다. 행정학의 핵심이 행정관료제의 집단작업의 연구에 있다고 하면, 행정관료제를 둘러싼 환경조건에 관한 행정이론과 행정관료제의 구조적·기능적 특질에 관한 조직이론이 유기적으로 결합하지 않으면 안 될 것이다. 그것에는 먼저 무엇보다도 폐쇄계의 조직관에서 개방계의 조직관으로의 전환이 필요하다. 그러면 이러한 조직관의 전환은 어떻게 어느 정도까지 진전되고 있을까?

조직이 존속하고 발전하기 위해서는 조직 밖의 환경에서 인재, 기재, 자본, 정보 등의 자원을 충분히 조달하고, 또 스스로 생산한 산출재가 조직 밖에서 충분히 구매 또는 이용되지 않으면 안 된다. 그런데 고전적 조직이론에서는 이러한 환경과의 불가피한 상호교섭의 문제를 각기 인사관리, 노무관리, 재고관리, 재무관리, 판매관리 등의 분야에 맡겼다. 그리고 조직관리의 고유한 영역은 조직의 생존·발전에 필요한 각종 자원의 조달을 소정의 전제로 해서 오로지 합리적인 직무 체계를 편성하는 것에 한정되었다. 그래서 조직의 순수이론은 환경과의 상호교섭에 대해 고려하지 않고 조직을 자기완결적인 폐쇄계로서 이론을 구성할 수 있었다. 조직구성원이 된 인재가 공식조직이 기대한 역할대로 행동한다면 조직관리는 직무체계의 편성으로 완성된다. 그러나 조직구성원은 살아있는 인간으로서 다양한 개성을 가지고 각자 조직이 기대한 역할과는 관계없는 자질, 관심, 욕구 등을 조직 내에 가지고 들어온다. 여기에 조직체계에 불필요한, 때로는 직무체계에 유해한 사회시스템이 형성되고, 공식조직과 비공식조직의 상호조절, 조직 내적요인과 조직 외적요인의 상호조절이라는 문제가 생긴다. 그런데 신고전적 조직이론의 시사를 받아들여 조직구성원의 「잠재적 역할」 (latent roles)까지도 조직 내적요인에 추가하더라도 조직은 여전히 다분히 폐쇄적인 체계이다. 그 조직 이미지는 사회 통념상의 조직체와 일치하고 있기 때문이다.

현대조직이론의 시조라 불리는 버나드의 이론은 이 점에 관해 한편으로는 전통 답습적이며 다른 한편으로는 혁신적이었다고 말할 수 있다. 즉, 그에 의한 「협동체계」와 「조직」의 구분은 고전적 조직이론 이후의 전통에 충실하지만, 그의 「협동체계」와 「조직」의 개념에 포함되는 시스템의 사정 범위는 대단히 넓고, 그것은 충분히 개방적인 체계로 구성되어 있다고 말할 수 있다.

버나드의 정의에 따르면「협동체계」란「적어도 하나의 명확한 목적을 위해 두 사람 이상의 인간이 협동함으로써 특수의 체계적 관계에 있는 물적, 생물적, 인적, 사회적 구성요소의 복합체이다」라고 한다.[19] 즉, 조직활동에 동원되는 모든 인재, 기재, 토지, 건물, 자본 등의 자원까지 포함한 체계의 총체가 협동체계이며, 사회통념상 조직 또는 조직체라 불리고 있는 관청, 기업, 군대, 교회, 대학 등은 모두 이 협동체계가 된다. 그리고 버나드는 협동체계에는 인적 시스템, 물적 시스템, 사회적 시스템,「조직」이라는 하위시스템이 있다고 하고,「조직」은 협동체계의 하나의 하위시스템으로 위치 지워진다.「조직」이란 협동체계에서 물적, 인적, 사회적인 구성요소를 사상(捨象)한 뒤에 남은 것으로,「두 사람 이상의 인간의 의식적으로 조정된 활동이나 제 힘의 시스템」[20]이라고 정의된다. 조직은 고도로 추상화된 행동의 체계가 된다. 관청, 기업, 군대, 대학이라는 협동체계는 그 인적, 물적, 사회적 구성요소의 측면에서는 이질적이고 다양하더라도 조직에 관한 한 지극히 공통적인 측면이 많기 때문에, 조직의 이론은 각종 협동체계에 보편적인 이론이라 할 수 있다. 조직개념의 이러한 추상화는 고전적 조직이론과 마찬가지로 조직의 순수이론의 구축을 지향하고 있다. 고전적 조직이론이 인재의 조달·유지·훈련을 인사관리에 맡겼던 것처럼, 버나드는 조직이 환경과 상호교섭하지 않으면 안 되는 많은 측면을 조직이론의 범위 밖으로 축출해 버렸다. 게다가 버나드는 사회적 시스템의 문제를 비공식 조직의 문제로 다루고, 이것과 조직과의 상호관계를 논하고 있는 이외에는 조직과 협동체계의 그 외 하위시스템과의 상호관계에 대해 거의 고찰하고 있지 않다. 그 한에서 말하면 버나드의 조직이론은 자기완결적인 폐쇄계를 형성하고 있다.

그런데 앞에 논한 바와 같이 버나드 이론에는 또 하나의 반면이 있다. 그것은 그의 협동체계개념에서「협동하는 인간」, 그의 조직개념에서「의식적으로 조정된 활동이나 제 힘」의 범위가 ―따라서 이것들에 부수하는 물적 그 외의 구성요소의 범위도― 사회통념상의 일개 조직체의 구성원에 한정되어 있지 않다는 것이다. 사기업 제조회사의 경우라면 이 기업에 원재료를 납입하는 업자도, 자금을 융자하는 금융기관도, 제품판매의 하도급자도, 모두 협동체계의 일원이며, 그 활동은 동일하게 조직에의 공헌이나 참가가 된다. 사회통념에서 말

---

[19] C. I. Barnard, *op. cit*., p.65.
[20] *Ibid*., p.72.

하면 거래관계에서 맺어진 일련의 조직체 네트워크라고도 할 만한 것이, 이를테면 「조직 세트」라고도 할 만한 것이 협동체계로서 인식된다. 실제로 버나드를 계승한 사이먼은 입법부·장관·그 외의 정부조직·고객집단과 일반국민까지도 행정조직에의 공헌자나 참가자로 위치 지울 수 있다고 한다.[21] 이 점에서 말하면 버나드의 조직개념은 비할 데 없을 정도로 개방적인 체계로 되어 있다. 협동체계와 조직의 개념이 이 정도까지 확대되었을 때, 뢰슬리스버거가 말한 「대외적 균형」과 「대내적 균형」의 구별[22]은 필요 없게 된다. 어느 것도 「조직균형」의 개념에 통일적으로 포함되기 때문이다. 여기에 남는 문제는 이 조직균형을 설명하는 개념 틀이 조직균형의 모든 측면을 포괄할 수 있을 만큼 보편성을 가짐과 동시에, 각종 공헌 간의 미묘한 차이를 적확하게 설명할 수 있을 만큼 식별의 척도가 될 수 있을까 하는 점이다.

버나드는 조직의 요소인 개개인의 활동을 「공헌」이라 부른다. 그러면 자유의지를 가진 개개인이 협동행동에 공헌하는 것은 무엇 때문일까. 개개인은 각기 개인적 목적이 있으며 조직에 공헌함으로써 이 개인적 목적이 달성될 수 있다고 판단했을 때 조직에 공헌한다고 한다. 그때 개개인이 공헌을 통해 달성하려고 기대하고 있는 것을 「동기」라 부른다. 그리고 조직이 개개인의 동기를 충족시키려고 제공하는 것이 「유인」이라 불린다. 이 유인에는 봉급이라는 경제적 가치는 물론, 지위라는 사회적 가치, 좋은 동료를 가지고 유의미한 직무에 참가하고 있다는 심리적 가치도 포함되어 있다. 따라서 개개인은 유인이 동기를 충족시키는 한 조직에의 공헌을 계속하지만, 유인이 동기를 충분히 충족시키지 않는다고 판단했을 때 조직에의 공헌을 그만둔다. 즉, 조직에서 이탈을 생각한다. 동기에 기초한 유인과 공헌의 교환, 이것이 버나드의 조직균형이론의 기본적인 틀이다.

이 「동기」, 「유인」, 「공헌」이라는 개념이 주로 사회통념상 조직구성원의 조직가입을 염두에 두고 구축된 개념이라는 것은 분명하다고 말할 수 있다. 문제는 그것이 동시에 버나드가 말하는 개방적인 조직에의 공헌 모두를 설명하는 개념일 수 있는가이다. 거래 관계에 있는 조직체나 집단의 공헌, 뢰슬리스버거가 말하는 「대외적 균형」까지 적확하게 설명할 수 있는 개념일까? 유인과 공헌의 균형은 교환이라는 관념, 더 나아가 등가교환이라는 관념으로 파악되고 있는 것은 아닐까? 그렇다면 조직목적의 달성에서 기능적인 거래 관계는 일단

---
21) H. A. Simon, D. W. Smithburg, & V. A. Thompson(1950). *Public Administration*, Knopf, p.383.
22) F. J. Roethlisberger & W. J. Dickson(1939). *Management and the Worker*, Harvard University Press, p.569.

이 교환의 관념에서 설명할 수 있는 것처럼 생각된다. 그런데 조직의 「대외적 균형」을 기하기 위해서는 조직목적의 달성에 저항하고 경합하는 집단 혹은 이것을 방해하는 집단에 대한 적절한 대처가 요청된다. 버나드의 조직균형이론은 이것까지 포함한 「대외적 균형」을 설명할 정도의 보편성을 갖고 있지 않은 것은 아닐까? 따라서 또 권력, 권위, 권한에 의한 공헌의 강제 혹은 이러한 힘의 행사에 의한 방해의 배제라는 부등가교환을 적절히 설명할 수 없는 것은 아닐까? 그리고 특히 행정관료제의 「대외적 균형」에 대해 고찰하려면 비협력자를 지지자로 바꾸고 혹은 이것을 중립화시킨다는 측면, 게다가 권력적 강제라는 측면을 무시할 수는 없다. 개방계의 조직관이 제시되어도 행정이론은 여전히 조직이론과의 유효한 접점을 찾아내지 못하고 있다.

하지만 버나드의 개방계 조직관은 이 조직균형이론의 제시에 그친 것이 아니다. 개방계의 조직관을 발전시키는 데 있어 중요한 기여로서 「유효성」과 「능률」의 구별, 그리고 「권위」개념의 재구성이라는 2가지 논점이 있다. 그래서 이 절에서는 전자의 「유효성」과 「능률」 구별의 의의에 대해 검토하기로 하자. 버나드에게 「유효성」이란 조직목적이 달성되는 정도이며, 「능률」이란 조직에 공헌하는 개개인의 동기가 만족하는 정도이다.[23] 유효성이 낮으면, 즉 조직목적이 충분히 달성되지 않으면 배분되는 유인이 감소하고 개개인의 동기가 충족되지 않는다. 그래서 유효성이 저하하면 능률도 저하하고 또 능률이 저하하면 유효성도 저하한다. 양자는 장기적·거시적으로는 상호 관련하고 있다. 그런데 단기적·미시적으로는 유효적일지라도 능률적이지 않은 사태, 능률적일지라도 유효적이지 않는 사태가 있을 수 있으므로 양자는 일단 구별된다.

이 「유효성」과 「능률」의 구별 그 자체는 이미 뢰슬리스버거에 보이는 「대내적 균형」과 「대외적 균형」의 문제를 재구성한 것에 지나지 않는다고도 할 수 있다. 그런데 유효성과 능률을 구별하는 사고방식의 배후에는 그 매개항으로 목적설정이라는 문제가 의식되고 있다. 즉, 조직목적은 이미 조직에게 선험적인 여건이 아니라 조직에 의해 매일 형성되는 것으로 인식되고 있다. 그리고 나아가 조직의 능률이, 즉 조직의 유지발전 그 자체가 유효성의 판정 기준이 되어야 할 목적의 설정을 제약하고 있다는 인식이다. 여기서 버나드의 조직이 개방적인 「조직 세트」라 할 만한 것을 가리키고 있던 것을 상기하면, 능률의 개념도 또한 양호한

---

[23] C. I. Barnard, *op. cit.*, pp.56-57.

조직연관의 유지발전까지 포함한 조직균형 전반을 가리키는 개념일 수 있다는 것을 깨달을 것이다. 유효성과 능률이라는 개념 틀은 조직의 대외적 균형에 관한 새로운 시각을 촉발하는 기초를 쌓고 있었던 것이다. 사실 버나드 이후 현대조직이론의 한 조류는 이 점의 정치화(精緻化)에 있었다. 셀즈닉은 조직의 환경적응 메커니즘에 착목해 환경적응이 목적의 수정을 요청하는 「적응적 흡수」 현상을 적출했다.[24] 그리고 이 흐름은 톰슨과 멕에윈에 의한 목표설정과 환경요인의 상호작용에 관한 가설에 이르러 일단 체계화를 이루었다.[25] 혹은 「합리적 모델」과 「자생체계모델」의 통합을 시도하는 굴더너의 주장,[26] 또 「목표모델」을 비판하고 「체계모델」을 제창하는 에치오니의 주장[27] 등은 버나드가 구분한 「유효성」과 「능률」을 재차 통합하려는 시도로 볼 수도 있다. 그리고 또 아이젠슈타트는 톰슨의 업적을 토대로 관료제와 권력현상의 관계를 설명하려고 시도하고 있다.[28]

아이젠슈타트가 독자적으로 구성한 「관료제화」와 「탈관료제화」라는 개념의 적절 여부에 대하여 여기서는 묻지 않는다. 여기서 주목해 두고 싶은 것은 그가 관료제와 그 환경과의 동태적 균형이라는 관점에서 지금까지 상호 교착하지 않고 병존하고 있던 관료제에 대한 2가지 관점, 즉 관료제를 일정한 목표를 효율적으로 달성하기 위한 장치로 보는 견해와 관료제를 권력의 획득, 유지, 확장을 추구하는 장치로 보는 견해를 통합하려고 시도하고 있는 점이다. 그리고 또 이 동태적 균형의 유지가 불가피한 까닭을 설명할 때 시종 「권력」개념을 사용하고 있는 점이다. 관료제는 원래 자재, 인재, 지원집단이나 고객집단이라는 부동(浮動)적인 「자원」을 효율적으로 조달하기 위해 발전한 장치이며, 그 때문에 자원의 조달을 둘러싸고 경합하는 권력상황으로부터 자유로울 수 없다고 한다.[29] 따라서 또 관료제에 의한 목표의 설정과 실현의 방식이 사회에서 집단 간의 자원배분과 권력분포를 좌우한다는 것이다.[30]

---

24) P. Selznick(1949). *TVA and the Grass Roots*, University of California Press. pp.259-264.
25) J. D. Tompson & W. J. McEwen(1958). "Organizational Goals and Environment: Goal-Setting as an Interaction Process," *The American Sociological Review*, Vol.23.
26) A. W. Gouldner(1959). "Organizational Analysis," R. K. Merton & Others(eds.), *Sociology Today*, Harper & Row.
27) A. Etzioni(1960). "Two Approaches to Organizational Analysis: A Critique and a Suggestion," *Administrative Science Quarterly*, Vol.5, No.2.
28) S. N. Eisenstadt(1959). "Bureaucracy, Bureaucratization and Debureaucratization," *Administrative Science Quarterly*, Vol.4, No3.
29) *Ibid.*, p.307.
30) *Ibid.*, p.308.

 · 제2장 · 행정과 조직

개방계의 조직관도 이 정도까지 거시적인 시각에 이르면 그것은 행정이론의 영역 그 자체와 너무나 완전히 합치해 버린다. 그 결과 이번에는 조직이론의 고유한 시점이 흐려져 버린다. 조직의 구조적·기능적 특질과 환경요인의 상호작용 혹은 조직 내 현상과 조직 간 현상의 상호작용이 적출되지 않는다. 그러면 조직이론과 행정이론의 유의미한 접점을 발견한 것으로는 되지 않는다. 이 미로에서 빠져나가기 위해서는 어떻게 하면 좋을까? 그 하나의 방법은 조직 내 현상과 조직 간 현상의 양쪽을 「권력」이라는 공통개념으로 재구성해 보는 것은 아닐까? 그리고 그 단서도 또 버나드에 의한 「권위」개념의 재구성을 통해 준비되어 있었다.

3. 조직 내 역학

버나드의 조직이론은 「단위조직」과 「복합조직」의 개념에서 시작한다. 일반적으로 조직이라 칭해지는 것은 그가 말하는 「복합조직」이다. 「단위조직」은 「효과적인 지도」(고전적 조직이론의 「통제범위」에 해당하는 개념)의 한계 때문에 일정한 규모를 넘을 수 없다. 그래서 조직의 직무가 대규모로 되고 복잡함에 따라 단위조직이 분화하고 증식한다. 이 복수의 단위조직을 통합할 지도가 필요하게 되므로 단위조직을 쌓아 올린 계통형구조의 「복수조직」이 형성된다고 한다.[31] 고전적 조직이론에서는 최고이자 최종적인 권한이 점차 하부로 분할 이양됨으로써 행정기관 편성이 이루어진다는 톱·다운의 조직관이 지배적이었다. 규칙의 조직이론에서는 통제범위의 원리에 의한 톱·다운 편성과 동질성의 원리에 의한 보텀·업 편성과의 타협으로 조직이 편성되어 있다고 생각되었다.[32] 이에 대해 버나드의 이론에서는 최종권한의 분할원리로서의 통제범위의 원리가 단위조직을 통합해 가는 원리로서의 효과적인 지도의 원리로 치환되어 보텀·업의 조직관에 투철하고 있다. 조직은 일원적인 관리자의 구상에 따라 〈편성〉되는 것에서 단위조직의 통합과정에서 〈형성〉되는 것으로 변했다.

더욱이 조직이란 비인격적인 조직목적과 개개인의 공헌의욕이라는 2가지 대극적인 요소를 「전달」에 의해 통합하는 것으로 인식된다. 그리고 이 광의의 「전달」은 권위, 의사결정,

---

31) C. J. Barnard, *op. cit*., pp.110-111.
32) L. H. Gulick(1937). "Notes on the Theory of Organization," L. H. Gulick & L. F. Urwick (eds.), *Papers on the Science of Administration*, Columbia University, pp.11-12.

협의의 전달이라는 3가지 요소로 분해된다. 여기서 그의 「권위」개념의 재구성이 시작된다.

버나드는 「권한」개념에서는 포섭할 수 없는 「권위」의 기능에까지 시야를 넓혀서 「권한」을 「객관적 권위」로 바꿔 부름으로써, 「권한」을 「권위」의 한 특수유형으로 파악하려고 한다.[33] 그의 모든 이론체계는 자유의사를 가진 인간을 기초 전제로 하고 있어서 조직 내의 지휘명령에 대해서도 자유로운 인간에 의한 복종의 동의에서 이론을 구성하려고 한다. 「권위」는 이것을 승인하는 인간과의 관계에서만 성립한다는 권위수용설에 입각한 것이다. 지시자가 피지시자에 대해 권위를 가질 수 있는 것은 피지시자가 지시자로부터의 전달을 수용하고 그 지시를 실행할 때인데, 이러한 권위에는 2가지 종류가 있다고 한다.[34] 즉, 하나는 지시자가 뛰어난 경험, 지식, 능력을 갖고 있다고 인정되고 그래서 그 지시는 현명하고 타당한 지시일 것이라 추정되어 복종이 이루어질 때의 권위이다. 이것을 그는 「지도의 권위」라 부른다(이 「지도의 권위」는 폴레가 말하는 「기능에 기초한 지도」[35]에 거의 대응하고 있으며 「기능의 권위」라 불러도 좋을 것이다). 그래서 이 「지도의 권위」나 「기능의 권위」는 조직상의 상사가 항상 부하에 대해 갖고 있다고는 할 수 없고, 거꾸로 조직상의 부하가 상사에 대해 갖고 있는 경우도 있게 된다. 다른 하나는 지시가 조직상의 상사로부터의 지시라는 이유로 복종할 때의 권위이며, 이것은 「직위의 권위」나 「지위의 권위」라 불린다. 권위수용설을 철저히 하면 권위란 항상 「기능의 권위」일 것이며, 「지위의 권위」를 인정하기는 어렵다. 따라서 공식 조직의 지휘명령권한자가 그 소장업무에 대해 기능의 권위를 가지고 있는 상태가 조직의 이상적 상태이지만, 현실의 조직에서는 이러한 이상적 상태를 항상 창출할 수 있는 것은 아니므로 어떻게든 지위의 권위를 성립시키지 않으면 안 된다.

그러면 권위수용설에 입각하면서 어떻게 지위의 권위를 이론적으로 구성할까? 여기에 버나드의 고심이 있었다. 그는 여기서 우선 「무관심권」개념을 도입했다.[36] 조직에 공헌하는 개개인은 어떤 범위 내의 지령에는 지령권한의 유무나 지령내용의 합당여부에 대해 스스로 판단하지 않고 자동적으로 복종한다고 한다. 이러한 「무관심권」이란 조직에의 공헌을 결의했을 때 이미 처음부터 예상하고 있던 범위 내의 지시, 말하자면 조직상의 지령권한자가 권

---

33) C. J. Barnard, *op. cit.*, Chapter 12.
34) *Ibid.*, p.173.
35) H. C. Metcalf & L. F. Urwick(eds.)(1957). *Dynamic Administration: The Collected Papers of Mary Parker Follett*, Harper & Row, p.227.
36) C. J. Barnard, *op. cit.*, pp.167-171.

한의 추정을 받는 영역이며 이 무관심권의 범위 내에서는 지위의 권위가 성립한다는 것이다. 이 점에서도 버나드를 계승한 사이먼은 새롭게 「수용권」개념을 설정하고 있는데,[37] 이 「수용권」은 기능의 권위가 성립하고 있는 영역과 무관심권을 합친 것이라 생각된다. 그런데 조직이 그 질서를 유지하기 위해서는 권위를 인정하지 않는 부하에 대해 제재권을 배경으로 복종을 강요할 필요가 있을 때가 있다. 버나드도 이러한 영역의 잔존을 인정한다. 그래서 그는 나아가 「상위 권위의 가구(假構)」라는 개념을 제시한다.[38] 부하의 수용에 입각하지 않은 권위가 존재하는 것 같은 이미지가 필요하게 된다는 것이다. 그런데 이 「상위 권위」는 결코 초연적 권위가 아니라 조직 대부분의 구성원에 의해 수용되고 있는 권위이며, 실태적으로는 조직 내 동료의 대부분이 개개의 소수 불복종자에 대해 가하는 심리적 강제를 기반으로 해서만 성립하는 것이기에 어디까지나 「가구」인 것이며, 권위수용설의 틀 내에서 설명할 수 있는 것이라 한다.

위에서 본 바와 같이 공식조직의 권한체계까지 권위수용설로 전부 설명하는 것은 절대 쉽지 않다. 그러나 버나드에 의한 복합조직의 이론, 그리고 폴레에 의한 「최종권한의 착각」[39]의 지적, 버나드의 권위개념의 재구성을 통해 조직이론은 180도의 전환을 준비했다. 종래의 조직이론에서는 공식 조직이 주를 이루고 비공식 조직은 때로는 이것을 보완하고 때로는 이것에 잡음을 넣는 부산물이었다. 그런데 지금은 비공식적인 협동집단 그 자체라 할 수 있는 단위조직과 이 단위조직이 서로 만들어 내는 종횡무진의 비공식관계가 조직의 일상적인 실태이며, 복합조직의 골격인 공식 조직은 필요에 따라 비공식 조직 상호 간의 조정을 담당하는 제도적 결재기구로 여겨지게 되었다. 이리하여 조직 내의 권위관계도 기능의 권위체계와 권한체계가 복합한 네트워크 형상의 관계로 보이게 되었다. 기능의 권위가 직무에 대한 정통과 숙련에서 유래하는 이상, 다양한 직무에서 다원적인 권위가 생겨난다. 폴레가 말하는 「누적적 권위」[40](「복성(複性) 권위」로도 번역되고 있음) 관념이 성립한다. 그런데 「권위」체계에만 착안한 명령일원화원리를 재검토해 가려는 이러한 일련의 이론적 작업은 머지않아 누적적 권위의 관념을 넘어서 발전해 간다. 「권한」이라고도 「권위」라고도 부를 수

---

[37] H. A, Simon(1957). *Administrative Behavior*, second edition, Macmillan, p.12.
[38] C. J. Barnard, *op. cit.*, p.175.
[39] H. C. Metcalf & L. F. Urwick(eds.), *op. cit.*, pp.175.
[40] *Ibid.*, p.147, p.173, p.205.

없는 사실상의 영향력이 조직 내에 종횡무진 작용하고 있다고 인식되어 더 보편적인 「권력」 개념이 도입되었기 때문이다. 그리고 그 맹아도 이미 버나드나 사이먼 이론에 내재하고 있었다고 말할 수 있다.

    조직균형이론에 입각하면 조직구성원은 조직의 유인이 자신의 동기를 충분히 충족시키지 않는다고 판단했을 때 조직에서 이탈한다. 그리고 조직구성원의 이탈은 조직유지에 위협이며 타격이기 때문에 특별히 「능률」이 요청되었다. 또 「무관심권」에 속하는 지시이더라도 그것은 이해 가능한 것이며 정신적·육체적으로 실행 가능한 것이며 피지시자의 개인적 이해와 모순하지 않는 것이며 조직목적과 모순하지 않는 것이어야 한다고 말하고 있다.[41] 즉, 이러한 조건을 충족하지 않는 지시는 그 정통성을 의심받게 되며 구성원의 불복종, 반항 나아가 이탈을 유발하기 때문이다. 혹은 또 조직 내의 의사결정에 대해서도 조직하층부의 세부목적과 조직상층부의 전체목적이 서로 피드백을 통해 조정되고 통합되어야 할 것을 역설하고 있다.[42] 하층부의 사정을 무시한 의사결정은 이행되지 않기 때문이라고 한다. 요컨대 구성원 개개인이든 단위조직이든 그 비협력, 저항, 반항이 조직에 위협인 한 그들은 조직의 의사결정과 지령을 구속하는 일정의 영향력을 가진다. 이것은 버나드나 사이먼의 이론에서 당연한 전제로 되어 있었다. 이 사실의 인식과 그 명확한 이론화의 시도는 애초에는 권위의 개념을 더욱 확장하는 방향에서 이루어졌으나 점차 보편적인 권력개념의 도입이라는 방향으로 향한다. 예를 들면 골렘비우스키는 처음에는 권한 → 권위 → 권력이라는 인식의 확대를 「전통적 권위」→「기능적 권위」→「행동적 권위」와 같이 권위개념의 확장으로 정리하고 그 통합의 필요성을 주장하고 있지만,[43] 머지않아 조직 내 교섭관계 모두를 권력현상으로 통일적으로 설명하려고 시도한다.[44]

    조직 내의 교섭관계를 권력현상으로 파악하는 시각은 스태프·라인이론에 새로운 빛을 비추게 되었다. 주지와 같이 전통적인 스태프·라인이론에 의하면 스태프는 지휘명령을 하지 않고 조언과 권고만을 하는 것이었다. 바꿔 말하면 스태프는 권한을 가지지 못하고 기능

---

41) C. J. Barnard, *op. cit*., pp.165-166.
42) *Ibid*., Chapter 13.
43) R. T. Golembiewski(1964). "Authority as a Problem in Overlays: A Concept for Action and Analysis," *Administrative Science Quarterly*, Vol.9, No.1.
44) R. T. Golembiewski(1967). *Organizing Men and Power: Patterns of Behaivor and Line-Staff Models*, Rand McNally.

의 권위에 의해서만 영향력을 행사하는 것이며, 그래서 스태프와 라인의 분화는 명령일원화 원리에 저촉하지 않는다고 설명되어 왔다. 게다가 현실에는 대부분 조직에서 스태프와 라인 간의 알력이 끊이지 않고 이 알력은 조직연구에서 하나의 좋은 소재가 되었다. 그리고 이 논의는 스태프나 스태프기관의 범위를 어떻게 정하느냐는 논의와 표리의 관계에 있다. 스태프기관인 이상 권력적 개입은 자제해야 한다고 진단할 수도 있고 이러한 권력적 개입을 하는 기관은 스태프기관이 아니라고 결론지을 수도 있기 때문이다.[45]

스태프나 스태프기관을 사회통념에 가깝게 비교적 넓게 정의하는 사람들은 조직의 제1차적 업무를 실시하는 것이 라인, 조직의 제1차적인 업무에 보완적인 활동을 하는 것이 스태프라 생각한다. 이러한 정의 자체가 너무나 모호하지만 스태프를 넓은 의미로 파악하는 사람들은 스태프가 실제로 권한이나 권력을 소지하고 행사하고 있다는 사실에 직면한다. 예를 들면 데이비스의 분류에 의하면[46] 스태프의 종류는 먼저 크게 종합 스태프와 전문 스태프로 이분되고 다음에 후자의 전문 스태프가 조언 스태프, 보조 스태프, 통제 스태프의 3가지 종류로 세분되는데, 이 중에서 전통적인 스태프개념에 충실한 것은 대부분 조언 스태프뿐이다. 통제권한을 가진 통제 스태프는 말할 것도 없지만 보좌관이라 칭해지는 종합 스태프가 장의 이름으로 직접 지령을 내리고 있는 사례도 많고, 또 많은 연구가 수리(修理)부문 또는 매매부문과 라인부문 간의 알력을 분석하고 있듯이 보조 스태프조차도 사실상 권력을 행사하고 있기 때문이다.

전통적인 스태프개념에 충실한 조언 스태프는 그 존재가치를 나타낼 수 있을까? —조사연구기관이 있다고 하자. 이 조언 스태프는 라인부문으로부터 유리되고 고립하고 있어서 오로지 내외의 문헌을 섭렵하고 혹은 실험을 해서 새로운 구상, 관리수법, 디자인 등을 제안한다. 그들은 자기의 존재가치를 실증하기 위해 제안의 판매에 광분한다. 그런데 라인부문의 사람들은 조언 스태프들은 현장을 알지 못하고 실무를 모른 채 탁상공론으로 장난하고 있다고 조소한다. 조언 스태프는 여기서 무력감에 빠지지만 이렇게 하면 될까 싶어 이번에는 라인부문의 업적실태를 조사해 이것을 기초로 한 개혁안을 입안하려고 한다. 그러자 스

---

[45] 예를 들면 규릭은 스태프를 지휘명령권한도 책임도 지지 않는 존재라고 생각하는 입장에서 예산국이나 인사위원회가 명령권한이나 심사권한을 가지는 한 이것들은 스태프가 아니라고 하며, POSDCORB를 담당하는 기관을 「조정기관」이나 「중추기관」이라 부르고 절대 「스태프기관」이라고는 부르지 않다. L. H. Gulick, *op. cit.*, pp.12-15, p.31.

[46] K. Davis(1962). *Human Relations at Work*, McGraw-Hill. pp.208-212.

태프는 라인의 업무를 사찰하는 스파이기관이냐는 불평불만이 나온다. 업무의 실태조사에서 개선해야 할 결함을 발견해 상위 라인의 장에게 보고했을 때 이 라인의 장이 하부조직에 개선명령을 내리면 이번에는 스태프가 고자질을 하는 밀고자냐는 말을 듣게 된다. 개선해야 할 점을 발견했다면 직접 담당자 자신에게 조언해 주면 좋지 않냐는 이야기를 듣게 된다. 그래서 이번에는 일상적으로 라인부문의 업무에 접촉을 하자 부당한 권력적 개입이며 지휘명령계통을 어지럽힌다고 비난한다. 스태프는 상위자의 권위를 업은 호랑이의 위세를 빌린 여우로 보이는 것이다. 이래서 조언 스태프의 기능에 대해서도 규칙상 어떤 정식화가 필요하게 되고 정식화가 행해지면 그것에 권위적인 것이 생기게 된다.

혹은 또 관리수법 등의 제안이 상위 라인의 장에 의해 채용되었다고 하자. 그때 라인의 장이 새로운 수법의 세부까지 완전히 음미하고 직접 그 도입과 실시의 과정을 감독하는 것은 어렵다. 그래서 새로운 수법을 고안한 스태프에게 그 도입과 실시과정의 감독까지 맡기게 되면 스태프는 여기서 통제권을 취득한다. 이리하여 재무, 인사, 문서 등에 관한 각종의 관리규칙이 작성되어 스태프 기관에 대한 보고제도가 완비된다.— 이것이 스태프와 라인 간에 생기는 마찰의 전형적인 모습이며 또 스태프가 권한이나 권력을 취득해 갈 수 밖에 없는 경위이지는 않을까?[47]

스태프·라인 이론의 기원에까지 거슬러 올라가 보면 프로이센과 독일육군의 참모부제도가 각국의 군 조직에 도입되고 이 군 조직의 참모부제도가 다시 일반조직에 도입되었다고 한다. 그런데 독일육군 참모부와 미국육군 참모부의 발전사에 관한 연구가 나타내는 바에 따르면 이러한 참모부의 기능이 작전계획의 입안과 조언에 한정되었던 것은 발전의 극히 초기일 때 뿐이고 그것들은 점차 장교교육을 소관하게 되고 결국에는 작전 지휘권을 획득하게 되었다.[48] 군정은 육군성에, 군령은 참모부에라는 이원적인 분화가 확립되었다. 참

---

47) 스태프·라인관계의 알력에 대해서는 이하의 문헌을 참조하기 바란다. M. Dalton, Men Who Manage, Wiley(1959) ; G. Strauss & L. R. Sayles(1960). *Personnel: The Human Problems of Management*, Prentice-Hall ; M. Dalton(1950). "Conflicts between Staff and Line Managerial Officers," *The American Sociological Review*, Vol.15 ; G. C. Fisch(1961). "Line- Staff is Obsolete," *Harvard Business Review*, Vol.39.

48) 독일육군참모부에 대해서는 이하의 문헌을 참조. B. Schellendorf(1877). *The Duties of the General Staff*, Kegan Paul ; W. Goerlits(1953). *History of the German General Staff, 1675-1945*, Praeger ; R. N. Traxler(1961). Jr., "A Model of Modern Adminstrative Organization: The German General Staff," *Journal of the Academy of Management*, Vol. 4. 미합중국 육군참모부의 발전사에 대해서는 P. Y. Hammond(1961). *Organizing for Defence*, Princeton University Press. 에 의해 그 개략을 알 수 있다.

모부는 어디까지나 최고지휘자인 황제나 대통령의 막료로서 그 작전 지휘권을 보좌하고 대행하고 있음에 지나지 않는다고 강변해 보아도 그것은 일종의 궤변일 것이다.

이것이 군 조직 참모부제도의 실태라고 한다면 이것을 참고하고 모방한 스태프 기관에 대해 왜 지휘명령권한이 없는 것으로 이론화되었을까? 그것은 군 조직 참모부의 형성기에 보였던 것과 마찬가지로 경영조직에서도 새로운 스태프기관의 창설에 대한 라인부문의 저항이 강했기 때문이지 않았을까? 라인의 저항을 누르고 스태프기관을 창설하기 위해 명령의 일원성은 침해하지 않는다는 이론화가 이루어졌던 것은 아닐까? 그런데 일단 스태프 기관이 신설되면 그것이 유의미한 기능을 하려고 하는 한 권한이나 권력을 소지하는 것이 필요하게 되고, 현실에는 이론상의 명분에 반해 그러한 방향으로 발전해 오고 있는 것은 아닐까? 골렘비우스키는 이러한 반성에 서서 조직 내에서의 권력관계의 다원성을 솔직하게 인식하는 것이 필요하다고 주장한다.[49] 더구나 그는 새로운 조직편성원리로서 조직의 말단에서는 소위「직무의 확대」를 도모함과 동시에, 종래의 라인과 스태프를 통합한 팀이 집단으로 하나의 관리단위를 구성하는 방식을 제시하고 있다.[50]

골렘비우스키가 제시한 새로운 조직안의 합당 여부가 여기서의 문제가 아니다. 또 행정조직에서 스태프기관의 존재방식도 여기서 논할 필요는 없다. 특히 행정조직의 최상층에 설치되는 스태프기관의 존재방식은 예를 들면 그것이 대통령과 직결하는가, 그렇지 않으면 의원내각제와 결부되는가라는 정치제도의 차이에 따라 그 조건이 크게 다른 것이며, 원래 스태프·라인 이론의 틀 안에서만 단순히 논의되는 성질의 문제가 아니다. 여기서 주의를 환기해 두고 싶은 것은 조직 내 현상의 이해에 권력개념이 사용됨으로써 고전적 조직이론 이래 부동의 원리처럼 보인 명령일원화원리가 드디어 동요하기 시작했다는 것이다. 그리고 라인 부문의 관리자가 넓은 〈권한의 추정〉을 받으면서도 각종의 스태프 부문이 각각의 기능분야에 대해서는 라인 부문에 권력적으로 개입하고 있는 현상은 실은 테일러시스템에서 제창되고 있던 기능적 직장(職長) 제도의 한정적인 실현이지 않은가.[51] 골렘비우스키의 팀 구상은 이른바 기능적 직장의 팀화로도 볼 수 있는 것은 아닌가. 명령일원화원리의 속박을

---

[49] R. T. Golembiewski, *Organizing Men and Power*, op. cit., Chapter 1.
[50] *Ibid*., Chapter 7.
[51] 이것과 관련해, 폴레에 의한 권위개념의 재구성이라든가「기능적 관리」의 강조가 테일러 시스템의 영향을 강하게 받은 결과인 것에 유의해 두고 싶다. 이 점은 이마무라가 이미 적확하게 지적하고 있는 바이다. 今村, 전게논문, (2) (「法学新報」第78卷第1·2·3号), p.169. 今村, 전게, 『組織と行政』, p.95.

벗어났을 때 새로운 조직상이 유연하고 다양하게 구상될 수 있는 것은 아닌가라는 것이다.

그리고 일단 명령일원화원리의 속박에서 해방되었을 때 조직이론의 연구대상은 다양한 유형의 조직으로 확대되고, 「조직」이 「협동체계」를 구성하는 요소를 둘러싼 각종 조건에 강하게 규정되어 있다는 인식, 이른바 조직의 「조건의존적 성격」의 자각화가 점점 더 진행되었다. 예를 들면 앞의 스태프·라인 이론의 재검토와 직접 연관해서 말하면 에치오니의 연구[52]는 그 하나의 좋은 예이다. 그는 조사연구소, 학교, 대학, 병원이라는 지식의 창조·전달·응용을 주목적으로 하는 전문직 조직에서는 전통적인 스태프·라인 이론이 타당하지 않다고 입론한다. 전통적인 스태프·라인 이론에서는 조직의 주목적 달성에 전반적인 책임을 지는 제너럴리스트(generalist)가 조직의 주계열인 라인을 구성하고 조직의 제2차적 목적에 대해 특정적인 책임을 지는 스페셜리스트(specialist)가 조직의 부계열인 스태프를 구성한다. 그런데 전문직 조직에서는 이 관계가 역전해 연구원, 교사, 의사, 간호사라는 스페셜리스트가 조직의 주목적 달성에 책임을 지는 주계열을 구성하고, 계통형의 조직형태를 취하는 사무부문의 제너럴리스트는 스페셜리스트의 활동을 보좌하는 부계열을 구성한다. 또 스페셜리스트의 활동에는 계통형의 지휘명령구조에 복종하지 않는 행동의 자유(「학문·연구의 자유」 등)를 필요로 하므로 조직은 다원적 「권위」 구조(「교수회의 자치」 등을 상기하자)를 가진다고 한다. 그리고 여기에서 조직구조는 조직의 목적구조에 조응하지 않으면 유효하지 않다는 일반명제에 도달하고 있다. 이러한 인식을 더 철저히 하면 기술이 상규(常規)적인가 비상규적인가 라는 조건까지 포함해서 프로그램구조와 목표구조와 조직구조의 대응관계를 시사한 사이먼과 마치의 정식[53]에까지 도달한다.

이처럼 한편으로 소위 프로페셔널리즘의 조직이론이나 기술학파의 조직이론과 같이 조직에서 활용되는 기술을 규정요인으로 보는 조건의존이론이 발전하는가 싶으면, 다른 한편으로는 조직과 환경 간의 대응관계를 규정요인으로 보는 각종의 조건의존이론도 다양하게 개화했다. 이리하여 행정관료제와 경영관료제와 같이 계통형 구조를 본체로 하는 조직뿐만 아니라 정당, 노동조합, 교회, 대학, 병원, 재단, 자발적 결사 등의 다양한 조직이 연구대상으로 선정되어 이것들에 고유한 조건과 이것에 적합한 조직구조의 대응관계가 고찰된다.

---

52) A. Etzioni(1959). "Authority Structure and Organizational Effectiveness," *Administrative Science Quarterly*, Vol.4, No.1.
53) J. G. March & H. A. Simon(1958). *Organizations*, Wiley, Chapter 5-6.

그런데 이러한 조건의존이론에 기초한 비교분석이 진행되면 될수록 다른 한편에서는 조직을 조직이게 하는 특성이란 무엇인가라는 의문이 생기고 또다시 조직의 순수이론이 모색되기도 했다. 「협동체계」에서 분리된 「조직」의 순수이론이란 어떠한 것일까? 이것이 현대조직이론이 직면하고 있는 최대의 이론적 과제일 것이다. 조직유형론이 아무리 진보해도 그것으로 고전적 조직이론이 붕괴하는 것은 아니다. 오히려 고전적인 관료제모델의 타당 영역이 확정되고 이 타당 영역에서 그 유의미성이 논증될 뿐인지 모른다. 그리고 계통형 조직의 구조적·기능적 특질은 여전히 전부 해명되었다고는 말할 수 없다.

4. 분쟁과 조정

고전적 조직이론은 조직의 〈편성〉에 대해 고찰하고 있었기 때문에 조직을 최종권한의 분할이양체계, 소정의 조직목적의 세분화체계, 효율적인 분업체계로서 생각했다. 거기서는 조직 내의 종적인 상하관계가 중시되고 조직 내의 횡적인 상호교섭관계에 대한 관심은 희박했다. 원래 고전적 조직이론에서도 작업방법에 따른 분업체계는 목적에 따른 분업체계 이상으로 분업단위 간의 상호의존관계를 농밀하게 하므로 그만큼 치밀한 조정을 필요로 한다는 인식은 있었다. 또 어떠한 분업 원리에 의하든 조직의 편성방법으로 분업단위 간의 상호의존관계를 완전히 배제할 수는 없다는 인식도 있었다. 그런데 고전적 조직이론에서는 이러한 분업 원리에서는 해결 곤란한 광의의 조정을 달성하기 위해 POSDCoRB라는 관리기능의 강화 충실이 필요하다고 주장되었다.[54] 즉, 횡단적인 상호의존관계와 이것에 따른 분쟁은 지휘명령계통에 기초한 상위자에 의한 일원적인 조정으로 해결되어야 할 문제로서 처리되었다고 말할 수 있다. 신고전적 조직이론에서는 조직의 말단 작업단위에서 업무의 횡적 흐름이 주목되어 이 횡적 협동작업을 원활히 하기 위해 양호한 인간관계의 유지가 필요하다고 했다. 그런데 여기서도 조직 내의 횡적 상호교섭관계는 조직의 하층에 대해서만 착목되고 조직 내 전반의 보편적인 현상으로는 착안되어 있지 않았다.

그러나 현대조직이론은 조직의 편성보다 조직의 작동을 고찰 대상으로 했다. 그리고 조

---

54) 예를 들면, 규릭의 입론을 참조. L.H. Gulick, *op. cit.*, pp.33-34.

직이 단위조직을 통합하는 복합조직으로 여겨지고 조직목적이 소정의 것이 아니라 과업환경과의 상호작용에서 형성되는 것으로 재인식되어 조직 내의 상호교섭관계가 권력현상으로 고찰되기 시작하자 조직연구의 주된 관심이 점차 종적 권한관계에서 멀어지게 되었다. 이러한 연구동향은 종적 권한관계의 변형이라고 할 수 있는 라인·스태프 관계에 수반하는 알력의 연구에서 시작해, 곧 동일차원의 하위조직 간의 분쟁과 그 조정에 대한 관심이 이것에 더해지고 마침내 조직 내의 분쟁과 그 조정 메커니즘 일반에 관한 모델 만들기에 도달하고 있다.

조직 내 수평차원에서의 상호교섭관계와 이것에 수반하는 분쟁에 대해 최초로 이론적 관심을 환기한 것은 랜즈버거의 연구[55]일 것이다. 분명히 랜즈버거 이전에도 예를 들면 달톤의 업적[56]이나 사이먼·마치의 업적[57] 등이 있다. 하지만 달톤의 업적에서는 부처 간 분쟁의 주된 원인을 개인적인 권력욕과 적대감정 혹은 종파·연령 등에 의한 파벌집단 간의 항쟁에서 찾고 있었다. 그것은 조직구성원이 조직외부에서 들여오는 각종 잠재적 역할의 현재화(顯在化)에서 분쟁원인을 찾는 것으로, 부처 간 분쟁과 공식조직과의 직접적인 대응관계를 분석하는 것이 아니었다. 이에 대해 사이먼·마치의 업적은 공식조직에 의한 분업 그 자체에서 부처 간 분쟁의 근본 원인을 찾아내었다. 분업의 불가피한 귀결로서 하위조직은 조작 가능한 하위목표를 설정한다. 그리고 하위목표의 설정은 그 달성을 위한 커뮤니케이션 회로를 한정하고, 이것에 의한 시야의 한정이 하위목표에의 고집을 증폭한다. 이것이 부처 간 분쟁의 근본 원인이라는 것이다. 그리고 하위목표에의 고집을 분쟁으로 전환시키는 요인으로 부처 간의 상호의존도, 하위목표 간의 모순도, 커뮤니케이션 회로의 기능장애에 의한 오인 등을 제시하고 특히, 맨 마지막의 오인이라는 인식요인을 중시하고 있다.

랜즈버거의 연구는 달톤과 사이먼·마치 업적의 일면적 타당성을 인정하면서도 부처 간 분쟁의 주요인을 잠재적 역할의 현재화에서 찾고 있는 점 혹은 인식요인을 과도하게 중시하고 있는 점에 불만을 느끼고, 부처 간 분쟁의 배후에는 공식 조직의 분업체계에 유래하는 대립요인이 실재하고 있는 점을 강조했다. 그의 말을 빌리자면 부처 간 분쟁의 배후에는 안

---

55) A. Landsberger(1961). "The Horizontal Dimension in Bureaucracy," *Administrative Science Quarterly*, Vol.6, No.3.
56) M. Dalton, *Men Who Manage, op. cit.*, Chapter 3-4.
57) J. G. March & H. A. Simon, *op. cit.*, Chapter 5-6.

정성인가 유연성인가, 장기적 시야인가 단기적 시야인가, 측정 불능의 다의적 목표에 의한 평가인가 측정 가능한 목표만에 의한 평가인가, 조직목표의 달성인가 그 외의 목표의 달성인가(버나드의 말로 표현하면 「유효성」인가 「능률」인가. 폰디의 용어로 말하면[58] 「생산성」인가 「안전성」인가 「적응성」인가에 해당할 것이다)라는 4개의 딜레마가 잠재하고 있다고 한다. 랜즈버거는 이러한 인식에 서서 수평 차원의 상호교섭관계의 고찰이 필요한 점, 부처 간 분쟁은 배제되어야 할 기능장애라고는 할 수 없고 때로는 조직에 기능적일 수도 있다는 점을 역설했다. 슈트라우스는 랜즈버거의 연구를 이어받아 수평 차원의 교섭을 각 하위조직이 힘과 지위의 확대를 둘러싸고 항쟁하는 「조직 내 정치」나 「관료제 내 게임」으로 본다.[59] 그리고 라인·스태프 관계도 「업무의 흐름」의 상호의존관계로 봐야 한다고 한다. 또 수평 차원의 상호교섭관계에 보이는 분쟁과 그 조정은 대부분 대등한 사람 간의 절충으로 처리되고 있으며, 이것이 상위자의 개입으로 해결되는 것은 오히려 예외적 현상이다. 하위조직의 광범위한 재량을 통제하고 있는 것은 상위자이기보다도 상호의존관계에 있는 동일 차원의 조직이라고 한다.

조직 내 분쟁 일반에 관한 모델구축을 시작한 것은 톰슨일까? 그는 분쟁의 형태와 분쟁의 원천과 분쟁에 대한 방어기제의 대응관계를 유형화하고, 더 나아가 예시적으로 각종 조직에서 분쟁 형태가 나타나는 방식과 이것에 대해 취할 수 있는 방어기제를 가설적으로 제시했다.[60] 분쟁의 형태로는 직무의 분업체계에 유래하는 자원·보장(報奬) 배분의 문제, 조직구성원의 사회적 문화적 차이에 유래하는 잠재적 역할의 현재화 문제, 과업환경에 유래하는 압력 경합의 문제라는 3가지 유형을 설정한다. 첫째의 자원·보장 배분의 문제는 버나드·사이먼의 조직균형이론에 의해 설명된다. 복무라는 공헌과 직무달성을 위해 주어진 자원, 직무달성의 결과 주어진 보장이라는 유인이 균형을 상실할 때 상대적 가치박탈의 감정이 생기고 이것이 분쟁으로 이끈다. 그리고 이것을 막을 방어기제는 종횡의 분업체계, 직종 구분, 직종 간 교류의 정도 등을 조작하는 것이라 한다. 둘째의 잠재적 역할의 현재화 문제는 직종의 자격요건이 특정의 잠재적 역할과 결합하고 있는 한 불가피하지만, 이것은 직원

---

[58] L .R. Pondy(1967). "Organizational Conflict: Concepts and Models," *Administrative Science Quarterly*, Vol.12, No.2, p.308.

[59] G. Strauss(1962). "Tactics of Lateral Relationship: The Purchasing Agent," *Administrative Science Quarterly*, Vol.7, No.1.

[60] J. D. Thompson(1960). "Organizational Management of Conflict," *Administrative Science Quarterly*, Vol.4, No.4.

의 채용방법을 통해 조직구성원의 다양성 정도를 조작함으로써 방어할 수 있다고 한다. 셋째의 압력 경합문제란 과업환경이 조직에 대해 경합적인 요구를 하는 것이 조직 내 분쟁을 이끈다는 것으로, 이것에 대한 방어 방법으로는 조직 위신의 앙양, 대외적 접촉에 종사하는 부서나 직원의 한정, 대외적 접촉빈도의 삭감, 대외적 접촉의 정식화 등이 있다고 한다. 상세한 설명은 생략하지만 톰슨의 주장에 대해 유의해야 할 점이 2가지 있다. 먼저, 그의 경우에는 자원·보장 배분 문제에 관해 언급되는 조직균형이 개개 직위 담당자의 공헌과 보장이라는 유인의 균형 문제에 경사하고 있으며, 자원의 배분을 일종의 유인으로 파악하고 있음에도 하위조직의 작업집단에서의 균형 문제를 명확히 인식하고 있었다고는 말할 수 없다는 점이다. 여기서 톰슨은 랜즈버거와 동일한 문제에 착안하면서도 분쟁의 단위를 명확히 집단에서 찾고 있다고는 잘라 말할 수 없다. 다음으로 톰슨은 압력 경합문제에 착안함으로써 조직 간 분쟁과 조직 내 분쟁을 연결하는 관점을 설정하고 있다. 이 착안은 지극히 선험적이라는 것에 유의해야 할 것이다.

조직 내 분쟁 일반에 관한 모델은 폰디에 의해 한층 더 정리된다.[61] 그는 우선 분쟁개념의 명확화를 도모한다. 분쟁행동이란 타자의 행동을 방해하는 결과가 되리라는 것을 알면서 취하는 행동을 가리키며, 반드시 타자의 행동을 방해할 의도에서 나오는 행동이 아니어도 된다고 정의한다. 그리고 분쟁이란 분쟁행동의 전제조건이라 할 만한 분쟁관계의 잠재상태에서 분쟁관계의 자각상태, 분쟁관계의 감정화상태를 거쳐 분쟁행동의 현재화상태에 이르는 동태적인 과정이라고 한다. 다만 현실에서 발생하는 분쟁이 모두 이 일련의 발전과정을 순서대로 경과하는 것은 아니다. 예를 들면 분쟁관계가 잠재하고 있지 않음에도 분쟁관계가 존재한다고 오인한 분쟁이 있다. 이때는 커뮤니케이션 회로를 개선하는 것을 통해 분쟁이 해소될지 모른다. 그런데 분쟁관계가 잠재하고 있을 때 커뮤니케이션 회로를 개선하면 분쟁이 오히려 확대할 가능성도 있다. 혹은 또 분쟁관계가 잠재하고 있음에도 이것을 자각화 시키지 않는 구조도 있다. 분쟁관계가 경미한 것이면 시간과 노력의 한계로 이것에 주의를 기울이지 않거나 이것이 의식 밑으로 억압되거나 하는 것도 있다. 그런데 분쟁관계의 감정화상태란 분쟁관계가 구체적인 인간 간의 적대관계로 치환되는 분쟁의 인격화를 의미하는데, 이 분쟁의 감정화상태도 또한, 심리적 긴장의 배출구를 타자에의 증오로 돌리는

---

61) L .R. Pondy, *op. cit*.

행위로 분쟁관계가 잠재하고 있지 않아도 발생할 수 있다. 그러나 일반적으로 말하면 실제로 잠재하고 있는 분쟁관계가 심리적 긴장의 절호의 배출구로써 선택되는 경우가 많을 것이라고 한다. 어쨌든 폰디는 자각된 분쟁관계와 감정화된 분쟁관계를 잠재하는 분쟁관계로부터 식별함으로써 분쟁요인의 실재와 잠재적 역할의 현재화의 관계를 명확히 하고, 또 분쟁과 커뮤니케이션 회로의 관계를 적절한 한계 내에 위치 지우려고 했다.

그래서 폰디의 관심은 랜즈버거와 마찬가지로 잠재하는 분쟁요인의 해명으로 향하고 게다가 공식 조직의 분업체계에 유래하는 분쟁요인에 주목한다. 톰슨이 분쟁의 한 형태로 제시한 자원·보장 배분문제를 더 세밀하게 분해하려고 했다고도 말할 수 있다. 폰디는 이러한 종류의 분쟁유형으로 「교섭모델」, 「관료제모델」, 「체계모델」의 3가지 유형을 설정하고 있다. 「교섭모델」이란 조직이 보유하는 자원이 조직 내의 수요를 충분히 충족할 수 없을 때 생기는 분쟁에 관한 것으로, 하위조직이 각기 이익집단으로서 희소자원의 배분을 둘러싸고 경합하는 분쟁유형이며 노사교섭이나 예산절충 등에 해당한다. 다음의 「관료제모델」이란 조직 내의 상하관계, 통제와 복종의 관계에서 생기는 분쟁에 적용하려는 것으로 기본적으로는 버나드·사이먼 이론에서 말하는 무관심권이나 수용권을 벗어난 통제가 분쟁요인으로 인식된다. 이 관료제적 분쟁에서는 종종 개인적인 자의적 권력행사가 격분을 사는 것은 아닌가 하여 비인격적인 객관적 규칙에 따른 통제를 인격적인 감독에 대체하려고 시도하지만, 규칙은 권한관계를 한층 더 명확히 하고 또 그것이 부하의 재량영역을 한정하는 효과를 갖기 때문에 규칙제정 그 자체가 새로운 분쟁요인이 될 수 있다고 한다.[62] 마지막의 「체계모델」은 직무수행 상 상호의존관계에 있는 하위조직 간에 생기는 수평 차원의 분쟁에 적용하는 모델이다. 여기서는 사이먼·마치의 이론이 참조되어 이러한 종류의 분쟁은 기본적으로는 직무상 상호의존관계에 있는 당사자가 각기 별개의 목표를 가지고 그 하위목표의 부분적 최적화를 실현하려고 노력하는 사실에 유래한다고 한다. 따라서 이러한 분쟁을 줄이려고 하면 하위목표의 분화를 억제하든지 그렇지 않으면 상호의존관계를 축소하는 방법 밖에 없다. 직무상의 상호의존관계는 동일서비스나 시설의 공동이용, 과업의 성격에 기인하는 업무나 정보의 횡적 흐름, 규칙 등이 요구하는 협의·합의·동의·승인 등의 공동결정 구조라는 3가지 종류의 원인에서 성립하고 있다. 따라서 상호의존관계를 축소하려고 하면 공동

---

[62] 이 문제는 골드너에 의해 한층 더 면밀히 고찰되고 있다고 할 수 있다. A. W. Gouldner(1954). *Patterns of Industrial Bureaucracy*, Free Press, pp.157-180.

이용을 피하고 횡적 흐름에 여유를 주는 완충장치를 설치하고 공동결정의 요청을 완화하지 않으면 안 된다. 그런데 통상은 이러한 종류의 분쟁을 예방하고 해결하기 위해 공동결정의 제도화가 이루어진다.

폰디의 정리에는 톰슨에 있었던 것처럼 조직의 대외적 접촉에 기인하는 분쟁까지는 포함되어 있지 않지만, 그는 조직 내 분쟁 일반에 관한 체계화를 시도함으로써 상호의존관계에 기인하는 수평 차원의 분쟁문제를 그 정당한 영역 내에 상대적으로 위치 지웠다. 그런데 그 전후에 속출한 무수한 조직 내 분쟁에 관한 연구는 주로 폰디가 말하는 「체계모델」의 정치화(精緻化)에 있었다고 말할 수 있다. 월턴과 듀턴은 이러한 일련의 제 연구의 성과를 총괄해서 부처 간의 분쟁과 협동의 전제조건, 부처 간 관계의 특성, 중간조정기구, 부처 간 분쟁의 귀결, 상층부의 대응이라는 5개의 국면으로 구성되는 피드백 회로의 종합모델을 제시하고 있다.[63] 그런데 이 월턴과 듀턴의 간결한 총괄과 그 설명을 보더라도 지금까지의 많은 연구가 주로 분쟁과 협동의 전제조건 해명에 집중되어 있었던 것은 분명하며, 그것 이외의 제 국면에 대해서는 아직 정설이라 할 만한 것이 형성되어 있지 않은 것을 알 수 있다. 분쟁요인이 조직에 보편적으로 잠재하고 있는 것은 확인되었다. 그런데 분쟁의 구체적인 현상 형태는 어떠한가, 분쟁이 조직에 기능적인가 역기능적인가, 분쟁이 조직개혁을 강제하는가 아니면 안정된 조직 내의 일상적인 알력에 그치는가, 애당초 조직에 있어 기능적이란 무엇으로 측정되는가, 분쟁에 대한 방어기제로는 어떠한 것이 있으며 이것들은 어떠한 조건 아래서 유효하게 작동하는가, 이러한 문제들은 어느 것이나 다수의 전제조건에 의존하고 있어서 쉽게 일반적인 모델로 결정(結晶)하지 않는다.

조직 내 분쟁에 관한 연구의 이러한 현황을 보면 부처 간 교섭의 전략에 착목한 슈트라우스의 연구[64]는 새로운 연구영역을 개척한 것으로 주목할 만한 가치가 있다. 그는 경영조직의 구매부문에 관한 실증적 연구를 통해서 업무의 횡적 흐름과 권력항쟁의 상관관계를 해명하기 위해 구매부문이 타 부문과 교섭 시에 사용하는 전술을 규칙활용전술, 규칙무시전술, 개인정치전술, 교육전술, 조직개혁전술이라는 5가지 유형으로 분류한다. 규칙활용전술이란 타 부문에 대한 고충을 상위자에게 호소하거나, 규칙의 엄격한 준수를 요구하거나, 문

---

63) R. E. Walton & J. M. Dutton(1969). "The Management of Interdepartmental Conflict: A Model and Review," *Administrative Science Quarterly*, Vol.14, No.1.
64) G. Strauss, *op. cit*.

서에 의한 정식요청을 요구해 책임을 타 부문에 지우거나 하는 전술이다. 규칙무시전술이란 표면상으로는 타 부문으로부터의 요구를 받아들이면서 실질적인 협력을 소홀히 하거나, 규칙상의 책임에 반해서 타 부문으로부터의 요구를 거절하거나 하는 것이다. 개인정치전술이란 개인적인 친분관계를 통해서 요구의 변경을 요청하거나, 편의의 거래를 통해 처리하거나, 우호적인 제삼자를 통해 요구의 변경을 요구하거나 하는 전술을 가리킨다. 교육전술이란 이쪽의 입장을 상대방에게 이해시키고 설득하는 전술이다. 그리고 마지막의 조직개혁전술이란 사전조회나 협의 등의 공동결정을 제도화하거나, 혹은 밀접한 상호의존관계에 있는 몇 개 부문의 조직적 통합을 도모하거나 하는 전술이다.

이러한 슈트라우스의 연구에 대해 유의해 두고 싶은 것은 먼저, 아직 불충분하다고는 하나 비공식적 교섭의 전술과 절차규칙 등의 공식적 제도와의 상호관계에 더 면밀한 주의가 기울어지기 시작했다는 점이다. 그리고 다음에는 여기서 슈트라우스가 제시하고 있는 전술유형이나 그 설명 등이 린드블롬이 정책형성과정에서「상호조절」을 위한 행동조작의 형태로 제시하고 있는[65] 교섭(토의, 거래, 대차), 설득, 협박, 유인 제공, 보상, 간접조작 등등과 지극히 유사하다는 사실이다. 조직 내 분쟁의 분석과 조직연관분석과는 거기서 사용되는 전략의 공통성 발견이라는 점에서도 새로운 접점을 찾아냈다고 해야 할 것이다. 또 수평 차원의 상호교섭관계에서는 대등자 간의 비공식 절충이 일상적 상태라는 슈트라우스의 인식은 린드블롬의「계통형조직, 위원회제도, 대통령, 내각, 게다가 정당조직은 비공식의 상호조절의 바다에 떠 있는 공식 조직의 섬들이다」[66]는 인식과 일맥상통한 것이다. 이것은 린드블롬의 정책결정이론이 행정관료제의 예산편성과정 연구에서 발단하고 있는 점, 바꿔 말하면 폰디가 말하는「교섭모델」이론이라는 점에서 보면 지극히 자연스럽다고도 말할 수 있다. 그러나 슈트라우스와 린드블롬의 공통성에 착안해서 고찰을 전개해 가면 거꾸로 폰디가 말하는「교섭모델」과「체계모델」의 차이를 한층 더 면밀하게 검증하는 결과가 될 것이다.

조직 내 분쟁의 분석과 조직연관분석의 상호교류에 기여하고 있다고 생각되는 업적을 하나 더 예시해 두자. 그것은 리트워크·힐턴에 의한 조정기관형성에 관한 가설이다.[67] 그들은

---

[65] C. E. Lindblom(1965). *The Intelligence of Democracy*, Free Press, pp.68-83.
[66] C. E. Lindblom(1968). *The Policy-Making Process*, Prentice-Hall, p.93.
[67] E. Litwak & L. F. Hylton(1962). "Interorganizational Analysis," *Administrative Science Quarterly*, Vol.6, No.4.

조직 간 연구의 새로운 영역으로 민간의 사회복지기관을 소재로 하면서 본래 독립적인 조직이 어떠한 조건 아래서 조정기관을 형성하는가를 연구하고 있다. 그 결과 조정을 요하는 조직의 수가 과다하면 조정기관은 성립하지 않고, 조직의 수가 과소하면 조정기관은 필요치 않다고 한다. 또 조직 간의 상호의존관계가 크면 조직의 통합을 필요로 하고, 상호의존관계가 작으면 비공식 조정으로 충분하다. 또 상호의존관계의 자각이 낮으면 조정의 필요가 인식되지 않고 상호의존관계의 자각이 높을 때 조정이 요청된다. 그리고 조직 업무의 표준화가 극단적으로 진행되면 그것은 규칙이나 법률로 정식화되고, 업무의 표준화가 낮은 정도면 비공식 조정으로 충분하다. 즉, 독립적인 조직이 서로 모여 조정기관을 형성하는 것은 조직의 수가 적당하고 중간 정도의 상호의존관계가 있으며, 이것이 자각되고 그리고 업무의 표준화가 중간 정도로 진행되고 있는 상태에서라는 것이다. 이미 조직 내의 횡적인 교섭관계가 상호 독립적이면서 상호 의존관계에도 있는 조직 간의 분쟁과 조정의 과정으로 보이는 이상, 리트워크·힐턴의 조직 간 조정에 관한 가설은 거의 그대로 하위조직 간 조정, 특히 월턴과 듀턴의 종합모델에서 말하는 「중간조정기구」의 해명에 응용할 수 있는 가설이라 할 수 있다.

이리하여 조직 내 현상에 권력개념이 도입된 이래, 대등자 간의 분쟁, 교섭의 전략 혹은 조정의 메커니즘 등에 관해 조직 간 현상과 조직 내 현상과의 공통성이 발견되어 조직연관분석과 조직 내 분석의 접점이 확대하고 또 심화해 오고 있다. 그리고 이것에 조직과 과업환경과의 상호작용이라는 한층 더 넓은 관점이 적절히 맞물리게 되면 거기에 행정이론과 조직이론이 상호 융합하는 영역이 열린다.

다만 행정이론과 조직이론 간에 융합의 가능성이 열렸다고 해서 일련의 조직 내 분쟁연구가 그 외의 조직이론체계와 정합적으로 통합하고 있다는 것을 의미하지 않는다. 조직이론 그 자체의 세계에는 여전히 커다란 이론상의 과제가 남아 있다. 조직이론이 원래 계통형조직=관료제에 관한 순수이론의 구축을 지향해 온 이상, 모든 조직 현상은 관료제를 관료제이게 하는 구조적 특질, 베버 이래 반복적으로 계속 검토되어 온 전문화, 표준화, 제도화, 집권화, 문서주의라는 제 특질과 관련해서 이론적으로 통합되지 않으면 안 될 것이다. 조직 내 분쟁연구에도 그 방향으로 작은 싹이 있다고는 하지만, 현재로서는 조직 내 분쟁과 조직의 구조적 특질과의 상관관계 해명은 거의 달성되어 있지 않다. 그런데 조직현상과 조직의 구조적 특질과의 상관관계, 그리고 이것들과 환경조건과의 상호관계가 충분히 정식화되지 않는 한 고전적 조직이론의 여러 가지 한계를 지적할 수는 있어도 이것에 대신하는 조직편성원리를 확립하는 것은 불가능하다.

5. 전망: 조직이론 수용의 전제와 방법

미국 행정학의 계보를 행정이론과 조직이론이라는 2가지 계통의 교착과정으로 회고하는 것에서 시작해 드디어 여기에 이르렀다. 이 추론의 과정에서는 현대조직이론의 제 조류의 이론적 기초는 거의 모두 현대조직이론의 시조 버나드의 조직이론에 준비되어 있었다고 보는 관점에 서서, 그 후의 발전을 개방계 조직관의 정착과 조직 내 현상에의 권력개념의 도입이라는 2가지 축에서 개관하려고 시도했다. 말할 필요도 없이 이 관점은 절대로 취할 수 있는 유일의 타당한 시점이 아니다. 예를 들면 이마무라 교수의 최근 논고들에 보이듯이[68] 베버와 사이먼을 2개의 기점으로 하는 관점, 특히 사이먼의 「합리성의 한계」와 「불확실성의 영역」을 기축으로 〈현대조직이론〉의 제 동향을 전망하는 시점은 대단히 매력적이다. 다만 이 글에서는 미국에서의 행정이론과 조직이론의 유의미한 접점의 소재를 제시하고 일본의 행정학자가 미국의 현대조직이론으로부터 섭취할 수 있는 영역을 시사하기 위해, 그 한에서 편리하다고 생각되는 관점을 설정해 봤을 뿐이다.

과학적 관리법과 고전적 조직이론의 의의와 한계를 정확히 이해하지 않고서 현대조직이론의 의의와 한계를 이해할 수는 없다. 이것은 일본의 행정학이 미국의 조직이론을 섭취해 가는 데 있어 첫 번째로 확인해 두어야 할 대전제일 것이다. 그렇지 않으면 한편으로는 과학적 관리법과 고전적 조직이론에 대해 이미 철저히 비판되고 완전히 극복된 과거의 유물처럼 말하면서, 다른 한편으로는 행정개혁에 즈음해서 종합조정기관의 창설, 정부부처의 통폐합, 공관(共管)경합사무의 정리 등을 구상할 때가 되면 어느샌가 구태의연한 고전적 조직이론의 조직편성원리를 실마리 삼는 처지에 빠질 것이다. 그러면 현대조직이론에서 아직껏

---

68) 이마무라의 앞의 논문 외에 今村都南雄「ウェーバーの官僚制論の再検討-その基礎に立ち返って-」(1)・(2)・(3)(中央大学通信教育部「白門」第二四巻第五号, 第10号, 第12号), 今村都南雄「組織研究の基礎前提と主要動向」(日本行政学会編「行政における組織と人間」(ぎょうせい, 1975年)-앞의「組織と行政」제2부제1장에 수록), 今村都南雄「官僚制における競合と対立-予備的考察-」(「中央大学90周年記念論文集」, 1975年-「組織と行政」제3부제1장에 수록) 등.

확고한 조직편성원리가 제시되어 있지 않은 이상 일본은 미국의 조직이론으로부터 무엇을 섭취해야 할까? 마지막으로 이점에 대해 약간의 보족적인 사견을 피력하면서 이 글을 마무리하고자 한다.

먼저 첫째, 미국 조직이론의 흐름은 고전적 조직이론이 타당한 영역의 한정에 정력을 쏟아 온 반면, 계통형 조직 그 자체의 구조적·기능적 특질을 충분히 해명해 왔다고는 말할 수 없다. 더구나 행정관료제에 특유한 환경조건을 식별하고 이것과 조직이론과의 관계를 충분히 밝혀 왔다고 말할 수 없다. 그런데 행정관료제에 특유한 환경조건 그 자체의 해명은 행정이론의 책임영역일 것이다. 그리고 이 영역에 대해 서로 상대비교를 하면 일본 행정학의 축적이 훨씬 더디다. 국회, 여당, 내각, 재판소 등의 정치기구와 행정관료제의 상호관계에만 한정하더라도 실증적 연구도 이론적 연구도 함께 부족하다. 지방자치단체의 정치기구와 직원기구와의 관계에 대해서도 마찬가지이다. 관점을 바꾸어 말하면 헌법, 법률, 조례, 명령 간의 관계에 관한 연구도 부족하다는 것이다. 이러한 연구의 축적 없이는 내각부의 창설, 예산국의 독립 등에 대해 그 의의를 논하고 그 시비를 논할 준비조차 되어 있지 않은 것이다. 혹은 또 고전적 조직이론 이래 조직이론은 재무관리, 인사관리 등을 조직이론의 관할 밖으로 추방해 왔다. 따라서 이 측면은 행정이론 쪽에서 고찰하지 않으면 조직이론과의 유력한 접점을 잃어버리지만, 일본 행정학은 이 측면에서도 충분한 축적을 이루고 있지 않다. 이러한 공백을 메우지 않는 한 이러한 측면에서 행정이론과 조직이론의 유익한 교류를 도모할 여지는 없다.

둘째, 지금까지 일본은 공사(公私)의 구별이나 행정과 경영의 차이, 행정관료제와 경영관료제의 상이에 대해 이야기해 왔다. 그런데 현대 미국의 조직연구를 보면 비교분석의 대상이 정당, 노동조합, 교회, 각종 자발적 결사 등으로 확대되어 있을 뿐만 아니라, 학교, 병원, 교도소 등 행정관료제의 일부일 수도 있는 각종 시설에 수반된 조직에까지 확대되고 있음을 알 수 있다. 이러한 관점에서 보면 행정관료제에 대해 총괄적으로 논하고 있어도 괜찮을까라는 의문이 생겨난다. 특수법인을 거론하는 것만으로도 연구대상은 크게 확대되지만, 소위 행정관료제 그 자체에 대해서도 이것을 정책이나 업무 성격의 차이, 조직 구조상의 차이 등 다각적인 관점에서 구분하고 그 상호비교를 할 필요가 있을 것이다.

셋째, 행정관료제가 압력집단의 이익대표로 됨과 동시에 행정관료제가 압력집단을 자기의 지원집단으로 편성한다는 행정관료제와 과업환경 간의 상호작용, 혹은 행정관료제에 대한 압력 경합과 행정관료제 측의 방어기제 간의 대응관계 등에 더해, 이것들이 행정관료제 내의 정치과정과 어떻게 연동되고 있는지를 고찰하지 않으면 안 된다. 그리고 이 측면에 대해서는 현대 미국의 조직연구가 만들어 낸 각종 모델이 응용 가능할 것이다. 이 점은 바로 이 글이 주제로 다루어 온 측면이어서 이 이상의 설명은 필요치 않을 것이다.

넷째, 미국 조직이론의 동향을 보면, 조직을 자연적으로 생성하는 유기적 시스템으로 파악하는 관점, 조직을 이것에 참가하는 사람들의 의식적인 행동의 합성결과로 형성된 사회적 시스템으로 보는 관점, 더욱이 조직을 그 창립자가 설정한 조직목적을 효율적으로 달성하기 위해 편성한 장치로 보는 관점까지 다양한 견해가 병존하고 있는 것을 알 수 있다. 그리고 조직의 〈생성〉과 〈형성〉과 〈편성〉은 관점이 현저히 다르다. 고전적 조직이론은 조직의 〈편성〉에 관한 이론이다. 현대조직이론은 주로 조직의 〈형성〉에 관한 이론이다. 그런데 이 조직의 형성이론은 조직의 편성이론에 대해 어떠한 직접적인 기여를 했을까? 조건의존적 성격의 강조도 중요한 기여이다. 그런데 조직의 형성이론은 단위조직의 통합이 먼저 단위조직 간의 비공식 조정에서 시작해 상호의존관계에 관한 규칙의 표준화, 공동결정절차의 제도화, 조정기구의 확립이라는 중간적 제 단계를 거치고, 이러한 제 방식을 통해서도 여전히 해결할 수 없을 때 소위 조직개혁에 직면한다는 것을 명시했던 것은 아닐까? 바꿔 말하면 조직의 형성이론은 조직의 일상적인 작동을 이론화하고 있는 데 대해, 조직의 편성이론은 조직개혁이라는 비일상적인 극한상황을 위한 이론이다. 그렇다면 조직개혁=조직의 재편성에서는 조직에서 이미 작동하고 있는 조정기제가 어느 정도 기능하고 어디부터 기능장애가 되고 있는지가 먼저 확인되고, 그 다음 조직개혁을 했을 때 재편성 후의 공식 조직에서 어떠한 공식·비공식의 조정기제가 형성되어 일상적으로 작동할 수 있을지가 예측되지 않으면 안 될 것이다. 이것은 행정개혁에도 그대로 타당할 것이다. 즉, 행정개혁은 현재 형성되어 있는 프로그램화, 절차규칙, 업무흐름의 관행, 권력분포, 대외적인 접촉관계 등과 대비해서 행해져야 한다. 그런데 우리는 행정관료제 내의 하위조직 간 상호의존관계의 실태와 그 공식·비공식 조정기제의 실태를 얼마만큼 적확하게 파악한 다음 행정조직론을 전개해 왔을까? 여기에 또 하나 반성해야 할 점이 있다고 할 수 있다.

다섯째, 일본 행정관료제에 대해 그 조직구성과 운용절차의 상관관계를 고찰하려면 당장 그 실마리를 어디에서 찾을 수 있을까? 종래의 연구 축적에서 말하면 품의제와 조직구성과의 관련에서 분석하는 것도 하나의 방안이 될 것이다. 예를 들면 일본 관료제 조직은 사무분장규정이 정하는 횡적인 분업체계와 전결규정이 정하는 종적인 분업체계로 구성되어 있지만, 이 종·횡의 양 분업체계를 교차시켜 봐도 각 직위의 직무와 권한은 여전히 매우 불명료하다. 품의제란 이 조직 구성상의 빈틈 부분을 메우고 직위 사이를 연결하고 있는 운영절차이지는 않을까? 또 품의제에서 문서의 횡적 회부 중에는 예산·회계·문서 등에 관한 규칙 등에서 제도적으로 합의 또는 심사가 요청되어 있어서 회부되는 것도 있으므로, 품의제는 일본에서 관방이나 총무부문 계통에 의한 관리통제와 깊게 관련하고 있는 것은 아닐까? 이 점은 최근 라인·스태프 관계의 재검토 동향과 관련해서도 흥미 있는 부분이다. 더구나 품의제는 동일직무 재직기간이라는 인사관리상의 문제나 공무원의 동질성 정도라는 직원구성상의 문제와도 밀접히 연관하고 있는 것은 아닐까 하는 의문도 있다.[69] 이것들은 어느 것이나 가설에 지나지 않는다. 그리고 품의제를 거론한 것도 어디까지나 하나의 예시일 뿐이다. 요컨대 일본 관료제에 대해 이러한 종류의 분석, 조직구성과 운용절차와의 관련에 대한 분석을 축적해 가는 가운데 조직이론의 다양한 성과가 실로 유효한 방식으로 섭취되리라 생각된다.

---

[69] 바로 이러한 가설에 서서 품의제를 재검토 한 것으로서 B. S. Silberman(1973). "Ringisei-Traditional Values or Organizational Imperatives in the Japanese Upper Civil Service: 1868-1945," *Journal of Asian Studies*, Vol.32, No.2가 있다.

제3장
행정과 관리

1. 관리기술과 행정기술

「관리기술의 발전과 행정」이라는 주제로 토론할 때 관리기술이라는 개념의 의미내용을 특정해 둘 필요가 있을 것이다.

여기서 행정(administration)이란 「통치과정(governmental process)에서의 계통형 조직=관료제의 집단작업」 전체를 가리키는 것이며, 관리(management)란 「관료제가 제1차적 기능인 목적활동을 효율적이고 능률적으로 달성하기 위해 그 조직태세 그 자체의 유지발전을 기하는 제2차적 기능」을 가리키는 것으로 정의해 두고 싶다. 이러한 정의에 입각할 때 행정기술(administrative skill)과 관리기술(managerial technique)을 구별해 두는 것이 편리할 것이다.

행정의 과정을 정책의 입안에서 실현에 이르는 과정으로 인식하고, 이것을 통례와 같이 계획(plan) → 결정(decide) → 실현(do) → 평가(see)의 4단계로 구성되는 순환 사이클로 파악해 보자. 그리고 이 4단계의 각각에 대해 관료제 내부에서의 작업과 관료제와 그 외계인 커뮤니티와의 상호작용을 식별해 보자. 그렇게 하면 다음 표와 같은 순환 사이클을 그려볼 수 있다.

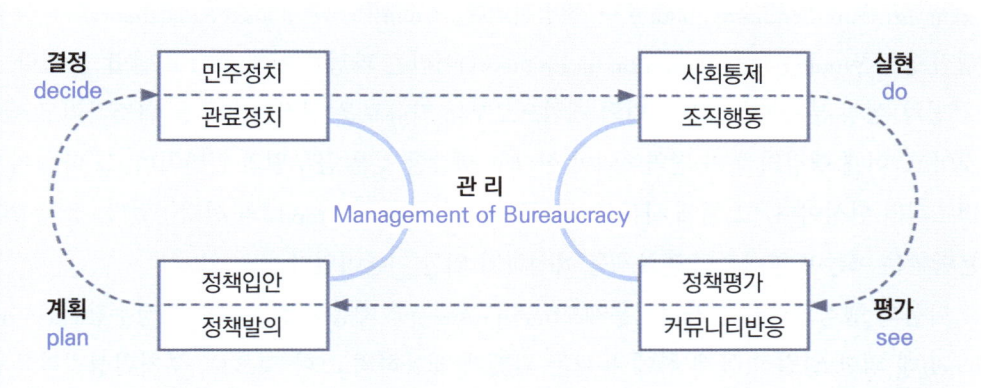

이 도식에 따라 말하면, 협의의 관리기술은 조직행동을 위해 유효하고 능률적인 조직태세를 유지 발전시키기 위한 기술이다. 그리고 광의의 관리기술이란 정책입안, 관료정치, 조직행동, 정책평가를 위해 유효하고 능률적인 조직태세를 유지 발전시키기 위한 기술이다. 어느 것이든 관리기술은 관료제 내부에서 활용되는 관료의 기술이다. 이에 대해 행정기술이란 정책입안에서부터 정책실현의 전 과정에서의 기술, 또는 광의의 관리기술 범위 밖에 있는 관료제와 그 외계에 있는 커뮤니티와의 상호작용에 관련된 기술이며, 이것은 민주통제의 원리를 유지하는 한 관료의 기술임과 동시에 관료제를 통제하는 시민의 기술이기도 하다.

그런데 관리기술과 행정기술은 원래 서로 밀접하게 관련되어 있었다. 정책발의의 방식이 정책입안의 방식을 규정하고 사회통제의 방식이 조직행동의 방식을 규정하는 것처럼 행정기술의 방식이 관리기술의 방식을 규정한다. 동시에 정책입안의 방식이 정책발의의 방식에 반사(反射)하고 조직행동의 방식이 사회통제의 방식에 반사하는 것처럼 관리기술은 대외적인 효과를 가지고 있다. 그러나 현대에서는 관리기술과 행정기술은 점점 밀접불가분하게 되고 있으며, 관리기술의 발전을 논할 때는 관리기술과 행정기술의 접합관계에 착목하는 것이 특히 중요해지고 있다고 할 수 있다.

2. 관리기술의 발전

현대에서 행정이론의 발전 동향(주로 미국의 동향)을 개괄하면 정치·행정 분단론(politics

administration dichotomy theory) → 행정관리론(administrative management theory) → 정치·행정 융합론(politics administration fusion theory)이라는 과정을 거쳐 왔다고 말할 수 있다.

정치·행정 분단론은 정당정치의 개입으로부터 자유로운 행정의 영역을 확립하려고 했던 것이고, 이때 행정의 독자 영역이어야 한다고 생각한 것은 공무원의 임면이며, 그 다음에 행정조직의 편성이며, 그 위에 사무처리방법(administrative methods)의 선택이었다. 정치·행정 분단론은 이른바 현대적인 관료제를 육성하기 위한 이론이었다.

다음의 행정관리론은 자격임용제도(merit system)를 채용한 관료제를 행정수장(executive chief)에 의한 일원적 통제 하에 둔다는 과제에 대응하려고 한 것으로, 부처편성원리를 논하고 또 행정수장에 의한 통제를 유효하게 하는 방책으로 행정수장을 보좌하는 스태프기관이나 중추통제기관의 충실을 논했다. 행정관리론은 말하자면 정권을 강화하기 위한 이론이었다.

그리고 세 번째의 정치·행정 융합론은 행정부의 업무가 이미 법률을 집행하는(execute) 기술적인 과정이 아니게 되고 행정부가 정책입안기능을 담당하고 입법부에 대해서도 지도성을 발휘하게 된 단계의 이론이다. 거기에서는 한편으로 정책입안기능의 강화, 계획기능의 강화, 예산편성의 합리화가 논해짐과 동시에, 다른 한편에서는 행정에 대한 민주적 통제의 강화가 주장되고 행정책임이 논의되었다. 정치·행정 융합론은 이를테면 행정권이 우월화한 현대적 상황에 대응하는 이론이다.

행정이론의 이러한 발전 동향을 관리개념의 발전 그리고 관리기술의 발전이라는 관점에서 재조명해 보면 어떻게 될까?

정치·행정 분단론의 시기에는 관리란 거의 전적으로 조직행동의 관리, 즉 협의의 관리에 한정되어 있었다. 과학적 관리법(scientific management)은 육체적인 과업의 합리화방책이며 문서사무의 표준화이고 직무분류의 표준화였다. 이러한 관리기술은 그 후 사무처리의 기계화나 자동처리화로 발전하고 현대에서 자동데이터처리와 관리정보시스템(MIS)으로까지 연속해 오고 있다. 더구나 인간관계론(human relations theory)의 등장 후에는 인간심리의 관리기술도 생겨났다. 여하튼 협의의 관리에서는 조직 목적활동의 타당성을 소정의 조건으로 해서 수단인 조직활동의 능률과 절약(economy and efficiency)을 추구했다.

다음 행정관리론의 시기가 되자, 관리의 개념은 관료정치와 조직행동 양쪽을 대상으로 하는 것이 되고 거기서의 주요한 관리기술은 조직편성기술이었다. 거기에서는 목적에 의한 부처편성이 주장되었기 때문에 조직의 목적활동과 조직태세와의 관계에 대해 어느 정도 고찰이 이루어졌다고 할 수 있지만, 목적활동 그 자체의 타당성에 대한 관심은 여전히 희박했다. 오히려 행정관리론의 최대 공헌은 인사관리와 재무관리의 제도를 확립한 것, 바꿔 말하면 행정조직의 기본적인 자원의 조달과 배분 제도를 확립함으로써 대규모 계통적 조직의 유지 발전을 가능하게 한 것일 것이다.

그런데 세 번째의 정치·행정 융합론의 시기가 되면 관리의 개념은 관료정치, 조직행동뿐만 아니라 정책입안의 단계까지 포함한 것으로 확대했다. 거기서의 주요한 관리기술이란 정책입안기술, 계획입안기술이며 예산편성기술, 입법조사기술이다. 거기에서의 기술은 조직의 구조(structure)에 관한 것보다도 조직의 과정(process)에 관한 것이었다. 그것은 관리가 조직태세의 유지발전을 도모하는 기능에서 조직의 목적활동 그 자체의 개선을 꾀하는 기능으로까지 확대되었다는 것을 의미한다. 관리기술과 행정기술의 경계선이 모호하게 되었다.

3. 정책입안과 정책평가

 行政学の基礎概念

행정의 과정을 정책입안과 실현의 순환 사이클로 보는 관점은 제1차 세계대전 때의 총동원, 대공황대책 그리고 제2차 세계대전을 거쳐 거의 완전하게 정착해 왔다고 말할 수 있을 것이다.

행정부의 정점에 있는 정권이 정치지도와 정치통합의 담당자로 간주되고, 새로운 사회통제와 재정지출을 수반하는 새로운 정책의 발의와 입안이 관료제에 기대되기 시작했다. 관료제는 사회변혁과 사회개혁의 추진 장치로까지 보였다. 그 정도까지는 아니더라도 관료제의 발전은 복지국가(welfare state)의 발전에 불가피한 수반현상인 것처럼 인식되었다. 물론 그동안에도 민주적 통제의 관점에서 관료제의 발전을 위험시하는 관점은 계속 존속했지만, 이 관점은 사회생활에 대한 행정개입의 확대 그 자체에 부정적인 가치관과 결부되는 경우가 많고, 그 한에서 사회진화에 저항하는 보수적인 입장으로 보였다.

그리고 사실 과학기술의 진보에 따라 사회변화에 적응해 갈 필요성은 점점 높아지고 과학적 계획적인 정책입안능력에의 기대는 계속 확대되고 있다. 또 정부(government) 스스로가 병기개발, 원자력에너지개발, 우주개발, 해양개발, 공해규제, 폐기물처리 등에 필요한 거대기술의 연구개발에 종사하게 되자 정책입안과 정책결정에는 더 큰 합리적 수법이 요구되었다. 왜냐하면 이러한 사업은 장기에 걸친 거액의 자본 투하가 필요하면서 그 효과는 대단히 불확실하며 그 파급효과는 플러스 측면에서도 마이너스 측면에서도 지극히 광범위하기 때문이다. 비용편익분석(cost-benefit analysis)을 분석수법으로 하는 PPB(S)가 등장하고 사회지표(social indicators) 만들기가 시도되었다. Y.드로어가 더 넓은 시야에서 정책입안 합리화의 필요성을 역설한 것도 지극히 당연하다. 관료제 내부에서의 이해대립과 항쟁, 관료제와 고객집단의 결합, 이것에 따른 관료제의 비결정(nondecision)과 타성 혹은 비합리적인 결정은 커다란 사회적 낭비이며 사회적 부정의일 뿐만 아니라 사회생활을 위험에 빠트리는 재앙이기 때문이다.

PPB(S)의 시도로 대표되는 정책입안의 합리화 시도는 관료제의 기능장애에 더욱 세련된 관료제적 기술로 대처하려는 것이다. 또 그것은 결과지향 시점에서의 정책목적의 명확화와 이 정책목적을 척도로 정책실현(조직행동과 사회통제)을 철저히 통제하려는 것이며, 이 의미에서는 관료제에 대한 통제방법으로 정공법이었다고도 말할 수 있다.

그러나 PPB(S)의 시도 그리고 그 후의 정책평가(Program Analysis and Review 또는 Program Evaluation)의 시도는 이미 관료제에 대한 신뢰와 기대에 입각한 것이라기보다도 관료제의 기능에 대한 불신과 환멸에 기인한 것이라는 일면도 있는 것에 주의하지 않으면 안 된다. 이 경향은 1970년대 이후의 정책평가 시도에서 특히 현저하다.

PPB는 정책의 궁극적인 효과에 대해 그 유효성(effectiveness)과 능률성(efficiency)을 사전에 예측해서 최선의 정책선택을 하기 위한 수법이었지만, 최근의 정책평가는 현행 정책의 유효성을 사후적으로 검증하는 것을 주목적으로 하고 있다. 이것은 일단 사전평가와 능률평가의 어려움이 PPB의 시행으로 체험되었기 때문에, 당면의 현실적인 목적을 비교적 쉬운 사후평가와 유효성평가로 좁혔다는 사정에 따른 것이겠지만 결코 그것만이 아니다. 정책의 유효성 자체에, 즉 정책이 과연 정말로 의도하는 정책목적을 달성하고 있는지 여부 자체에 의문이 생겨나고, 관료제를 통제하는 주체가 관료제의 활동 전반에 대해 알기 쉬운 성적평점정보(score-card information)를 요구하기 시작했다는 것을 나타내고 있다. 이것은 공무원 노동에 관한 생산성지표(productivity index)를 개발하려는 시도에도 보인다. 관료제는 보수세력으로부터도 혁신세력으로부터도 사회진보에 대한 저항요인, 저해요인으로 보이고, 관료제는 민주적 통제를 공동화하는 존재로 여겨지게 되었다.

그 하나의 증좌로 영국, 미국에서는 입법부 측의 개혁과 행정부 측의 개혁이 병행적으로 진행되고 있는 사실을 지적할 수 있다. 특히 미국의 경우에는 의회 측의 개혁과 대통령부 측의 개혁이 상호 경쟁적 대항적인 의미를 갖고 있다고 보지 않을 수 없다. 즉, 1960년대 후반에 대통령부 측의 PPB 시행, 그리고 「빈곤과의 전쟁」(War on Poverty)이라는 기치 아래 유효성이 명확하지 않은 새로운 시책이 난발된 사태는 의회 측에 의회에 의한 행정통제의 미래에 강한 위기감을 남겼던 것은 아닐까. 그리고 법률의 발의와 입법은 세출권한법(appropriation acts)의 그것을 포함해 의회에 속하는 미국의 권력분립제도 아래서 의회는 스스로 정책입안과 정책평가의 능력을 갖추지 않으면 안 된다.

그래서 의회예산국이 설립되고 회계검사원(GAO)이 전통적인 회계검사(audit)의 틀을 넘어 의회권한 일반에 관한 보조기관으로 강화되어 간다. 대통령부가 제로베이스예산(ZBB)제도를 시도하면 의회 측에서는 일몰제법안을 제안하는 상황이다.

4. 정책실현의 한계

관리의 개념은 마침내 정책평가의 관리까지 포함하게 되고 관리기술과 행정기술의 경계는 점점 융합하기 시작했다. 관리기술의 문제는 다시 권력분립제도의 근간에 관련된 문제가 되었다.

관료제의 기능장애는 관료제 내부의 정책입안능력을 강화·충실하고 정책목적을 한층 더 명확히 하고 더욱 정확한 예측에 입각한 보다 현명한 선택이, 즉 합리적인 결정이 이루어지면 해결될까? 정책입안과 정책평가의 기술을 개량하면 충분할까? 이 자체에 의문이 제기되기 시작하고 있다. 최근의 행정연구에서 정책실현의 과정이 새로운 각도에서 거론되고 행정가능성(administrability)의 한계가 논의되기 시작하고 있는 것은 그 현상일 것이다.

현실의 관료제에 의한 정책발의는 점증적(incremental)이며 정책입안은 "muddling through"이며 관료정치는 행정조직 간의 이익집단정치(interest-group politics)인 것이 강조된다. 그리고 관료제의 조직행동은 결코 계획적인 변혁이지도 않고 중앙통제에 따른 정서(整序)된 행동일 수도 없고 상호 조정된 다원적인 행동의 집합에 지나지 않는 것이 실증된다. 그리고 더구나 관료제에 의한 사회통제, 즉 관료제적 통제에는 본래적인 한계가 있으며 통제에 복종하는 수용권(acceptance zone)의 한계, 정보전달의 부정확성, 환경적응에서의 시간적 제약 등이 그 원인으로 열거된다.

정책실현능력에 커다란 한계가 있다면 올바른 정책을 관료제에 부여해도 이것이 의도대로 실현될 보장은 없다는 것이다. 어떤 사회목적을 정부의 정책으로 할 것인지 아닌지, 이것을 관료제의 조직행동을 통해 실현할 것인지 아닌지를 결정할 때 관료제의 행정능력의 한계까지 계산에 넣지 않으면 안 된다.

관료제의 기능에 대해 이 정도까지 냉정한 현실주의적 인식에 도달하면 이제 관리가능성(manageability)을 과신한 관리기술지상주의 그 자체를 재고하지 않으면 안 된다. 문제는 행정기술의 개혁에까지 회귀하지 않으면 안 된다. 그래서 정부체계 그 자체를 통제 가능한 규모로 분해하고 정부간 관계에 대해 분권화(decentralization)를 추진하고 민주정치의 과정에 행위자를 다원화하고 커뮤니티의 반응과 발의를 활발히 해서 시민의 참가를 확대하는 방책이 논의된다. 혹은 또 관료제에 의해 계획되고 조정된 행동 대신에 시장관리의 효용을 재평가하려는 견해도 나타난다.

이러한 견해는 언뜻 과거의 단순한 사회로의 회귀, 합리주의로부터의 도피, 그리고 현상긍정에의 안주로도 보인다. 그런데 이러한 견해는 그렇게 간단히 정리될 것 같지도 않다. 그것은 풍요로운 원숙한 사회이면서 과잉 관리된 사회형태를 거부하고 시민의 자주성과 창의를 존중해 가려는 새로운 통치의 형태는 아닌가라고도 생각된다.

집권화된 정치권력에 의해 계획적으로 관료제적 통제를 하는 통치행태는 전략적 과제를 선정하고 여기에 자금을 중점적으로 투하해 급속한 성장을 달성한다는 대량생산에는 적합하지만, 국민의 소득수준이 일정 이상에 달하고 국민적 최소기준(national minimum)이 향상해 국민의 가치관도 선호도 다양화한 단계에서는 국민적 합의의 형성도 어렵게 되고 governability도 저하한다. 행정활동은 한편으로는 개별화된 다종다양한 수요에 세심하게 대응함과 동시에 다른 한편에서는 모든 시책을 종합화하지 않으면 안 된다. 행정활동은 커뮤니티·센스에 응답하고 종합화를 커뮤니티의 자치능력에 기대하지 않으면 안 되게 된다. 복지국가 영국에서 커뮤니티·가족·보란티어 활동의 역할이 재평가되고, 미국에서는 Community Action Program이 등장했다. 그리고 도시개조사업에서도 community council이 중시되고 계획 변호(advocate planning)나 대행 민주주의(vicarious democracy)의 방책이 시도되고 있다.

관리기술의 진보는 주로 인적자원과 조직분화에서의 전문분화에 의존해 왔다고 해도 좋을 것이다. 사회통제기술의 진보는 서비스 또는 규제대상인구의 유형화와 서비스·규제수준의 표준화에 의존해 왔다고 말할 수 있다. 그리고 양자는 밀접 불가분한 것으로 병행적으로 발전해 왔다. 그리고 이제는 이 관료제의 장점이라고 해야 할 전문분화와 유형화·표준화의 특성이 행정능력의 한계로 전화한 것은 아닐까? 그리고 이 행정능력의 한계를 집권적인 계획과 조정과 지시로 극복하는 것에도 한계가 보인 것은 아닐까?

5. 관리기술과 행정기술의 접합

행정이 과학기술의 진보에 따른 사회변동에 적응해 가야 하는 한, 그리고 공공부문의 비중이 상대적으로 높아지고 사회생활의 안전과 복지가 행정의 유효성에 크게 의존하고 있는 한, 행정에 요구되는 전문지식과 전문기능은 점점 다종다양하고 높은 수준이 되지 않을 수 없다. 그리고 정책입안기술을 합리화하는 것, 정책평가기술을 합리화할 필요성은 한층 더 절실하게 되지 않을 수 없다.

한편에서는 비전문가인 시민이 전문행정관의 활동을 유효하게 통제할 새로운 기회, 경로, 방법을 가능한 다원적으로 개발하지 않으면 안 된다.

그런데 이 2가지 요청은 행복한 결합을 이룰 수 있을까? 관료제 내부에서 활용되는 관리기술이라 해도 유효한 것이 될 수 있을까? 여기에 현대 행정관리의 기본문제가 있다고 생각한다.

오늘날 개발되고 있는 정책입안기술(예측과 계획의 기법, 데이터처리해석기법도 포함)과 정책평가기술은 어느 것이나 정책입안자를 위한 것이고 정책입안자를 보좌하는 정책 스태프가 구사하기 위한 기술이지, 민주적 통제를 하려는 의원, 정당정치가, 이익집단 그리고 시민에게 반드시 유용한 기술이지는 않다. 그래서 이러한 기술은 세련되어 가면 갈수록 비전문가인 시민에게는 이해 가능성이 떨어지게 된다. 그러면 정보와 이것에 기초한 가치선택은 전문가집단에 독점되고 조작되어 시민은 오로지 통제의 객체 신분에 만족하지 않으면 안 되게 될 것이다.

「정보의 공개」는 행정의 민주적 통제에 기본적인 전제조건이다. 그러나 이해 불가능한 데이터가 아무리 공개되어도 그것은 시민에게 행정기술로서 도움이 되지 않는다. 공개된 데이터는 수취인에게 유의미한 정보이지 않으면 안 된다. 오늘날 환경영향사전평가기술이 개발되어 평가정보가 공개되고 있지만, 대부분 그 보고서는 수치가 마구 나열된 방대한 것으로 커뮤니티 주민은 거기에서 의미를 읽어낼 수 없다.

시민이 정책입안의 타당성을 평가하기 위한 정보, 정책결과의 유효성을 평가하기 위한 정보, 공무원노동의 생산성을 평가하기 위한 정보는 간명한 것이어야 한다. 그런데 간명한 정보란 일반적으로 부정확한 오해를 불러오기 쉬운 정보이다. 그것은 사실을 극단적으로 단순화해서 파악한 불완전한 지표에 지나지 않는다. 이 문제를 어떻게 생각해야 할까?

전문행정관과 정책입안자에게 필요한 정보는 문제해결정보이다. 평가자로서 시민에게 필요한 것은 주의환기정보이면 충분하다. 이상한 점이 어디에 있는지, 검토대상이 되어야 할 점이 어디에 있는지를 파악하면 된다. 더 정확히 말하면 이상한 점이 발생할 가능성이 있는 것이 어디에 있는지만 알면 된다. 시민을 위한 정보는 정확한 인식을 주는 것이기 보다도 시민의 관심을 불러 일으켜 시민의 토의를 유발하는 것일수록 좋다. 따라서 하나의 정보가 전문행정관과 정책입안자에게는 문제해결정보이고 시민에게는 주의환기정보일 수 있으면 관리기술과 행정기술은 이상적인 형태로 융합했다고 말할 수 있다. 이러한 융합이 불가능하다면 관리정보와는 다른 평가정보를 개발할 필요가 있다.

관리기술을 행정기술로 번역하는 것, 이것은 분권과 참가의 행정시스템을 유효하게 작동시키는 하나의 기본적인 전제조건이다.

제4장
행정수요의 개념

1. 행정수요개념의 생성

1) 개념의 불확정성

일본 행정학계와 「행정의 세계」에서는 행정수요라는 개념이 상당히 넓게 또 빈번히 사용되고 있다. 때로는 이 개념은 이미 「오늘날 대체로 학계에서 시민권을 얻고 있는 것처럼 생각된다.」[70]고까지 이야기되고 있다. 하지만 행정수요란 무엇인가, 이것을 명확히 정의한 논고는 적고 그 개념 용법은 논자에 따라 매우 다양하다.

행정수요는 일본에서 생성한 독자적인 신조어이다. 따라서 이 신개념에 해당하는 영어를 찾아보는 것도 매우 흥미롭다. 공공경제학 등에서 종종 사용되고 있는 public needs일까? 아니면 정치시스템에서 정책의 순환도식 등에서 사용되는 political demand일까? 혹은 젊은 날 사이먼이 행정의 유효성과 능률성의 계측과 관련해서 사용한 needs or problem magnitude[71]에 해당하는 것일까? 이 점은 전혀 명확하지 않다. 그리고 이러한 점에 이 개념의 다의성이 상징적으로 나타나고 있다. 행정수요개념은 그 보급에도 불구하고 여전히

---

70) 長浜政寿「現代行政における『公共性』の問題」(日本行政学会編「政策決定と公共性」〔勁草書房, 1973年〕), p.23.
71) C. E. Ridley & H. A. Simon(1947). *Measuring Municipal Activities*, second edition, The International City Manager's Association.

하나의 불확정개념이라 해야 할 것이다.

2) 임시행정조사회의 정의

행정수요개념은 원래 누가 언제 최초로 사용하기 시작했을까? 이 점도 확실하지 않다. 그러나 이 신개념이 급속히 보급되기 시작했던 것은 주지와 같이 임시행정조사회 제2전문부회가 이것을 사용한 이후부터이다. 그래서 이 개념에 대해 고찰함에 있어 먼저 임시행정조사회 제2전문부회의 용어법부터 검토해 가기로 하자.

임시행정조사회 제2전문부회가 행정수요개념을 처음 공식적으로 제시한 것은 그『가설에 관한 보고』(1962년 8월 15일)에서 였는데, 여기서는 아직 이 신개념의 정의가 내려져 있지 않았다. 그런데 이 문서 공표 직후의 내부문서에서는 행정수요는 제2전문부회의「가설설정의 전제가 되는 개념」[72]이라는 중요한 위치부여가 행해지고, 또「행정수요는 행정부에 대한 국민의 수요이기 때문에 국민에게 자립심, 자주성이 부족하고 정부에 대한 의뢰심이 강한 경우에는 이를테면 무제한으로 확대될 우려가 있다. 게다가 국력, 바꿔 말하면『행정공급』력에는 한계가 있으며 공급부족, 수요과잉이라는 수급의 파행을 불러오게 된다. 여기서『적정행정규모』라는 사고방식을 도입해 이 문제의 해결을 도모하지 않으면 안 된다.」[73]라는 해설도 이루어지고 있었다. 더욱이「행정수요의 성격묘사」에 관한 시론으로, 행정책임에서 바라 본 국가행정수요와 자치행정수요의 구분, 수요자의 분포범위에서 본 중앙행정수요와 지역적 행정수요의 구분이 행해지고 있다.[74] 그리고 또「제4반은 한신(阪神)지구에서 그 지역의 지역적 행정수요를 분석 검토하고 아울러 그 지역을 중심으로 한 중앙, 광역, 지방공공단체와 공사공단민간단체 간의 사무배분과 긴키(近畿) 지방의 광역행정기구의 구체안을 입안하게 되어 있다.」[75]고 말하고 있다.

이 제2전문부회의 작업방침에 기초해서 그 위탁을 받아 실시된 성과가『오사카(大阪)지구의 행정수요 실태조사보고서』1·2·3권(1963년 2월 1일)이다. 보고서의 제1장 제1절「행정수

---

72) 渡辺圭英専門委員『第二専門部会ノ作業ニ関スル若干ノ私見(未定稿)』(1962년 9월 17일), p.1.
73) 상동, p.5.
74) 상동, pp.6-9.
75) 상동, p.2.

요조사의 목적과 방법」부분에는 불확정한 행정수요개념을 둘러싼 악전고투의 흔적이 보인다. 조금 길지만 인용해 둔다. 「본 조사가 목적하는 바는 행정수요의 실태를 명확히 함으로써 행정개혁에 이바지하는 데 있다. 이 경우 행정수요가 의미하는 바는 반드시 명확하지 않다. 생각건대 행정수요란 행정에 대한 국민의 수요 service need라 할 수 있다. 행정은 본래 국민의 수요를 충족시켜야 할 공권력의 기능화라는 의미를 가진 것이라 한다면, 행정은 국민 수요의 변동에 따라 시대적 장소적으로 변동하는 성질을 가진 것이라 하지 않을 수 없다. 이러한 관계에 착목하면 행정의 양태와 국민수요 사이에는 하나의 함수관계가 성립한다고 할 수 있다. 그러나 그때 국민수요의 변동에 따라 행정양태가 변동된다는 명제를 인정하더라도 거꾸로 행정양태의 변동은 항상 국민수요의 변동을 반영한다고는 말할 수 없다. 양자 사이에 함수관계의 성립을 인정하는 것은 반드시 양자 간에 비례관계가 성립한다는 것을 의미하는 것은 아니다. 왜냐하면 행정에 구체화된 국민수요는 반드시 그대로 반영되어진 것이 아니라, 재정사정 그 외의 이유로 국민수요를 반영하지 않는 경우 혹은 정책적으로 국민수요에 선행해서 행정집행이 이루어지는 경우 등 다양한 경우를 예상할 수 있기 때문이다. 국민의 행정수요와 행정공급 사이에는 반드시 정비례적 관계가 성립하는 것은 아니다. 따라서 행정에 구체화된 것을 통해 행정수요의 변동을 측정하는 것은 반드시 완전한 방법이 아니다. 이것을 자각하면서 또한 이 이상으로 실마리가 될 만한 것이 없는 현 상황에서는 차선의 방법으로 밖에 생각되지 않더라도 이러한 방법을 통해 행정수요실태의 몇몇 측면을 명확히 하고 싶다.」[76]

보고서는 상기와 같은 변명을 한 다음 오사카지구에서 지역적 행정수요의 실태를 조사하기 위한 구체적인 방법으로 이하의 3가지 방법을 병용하고 있다. 즉, 첫째는 1956년 이후의 과거 공공지출을 분석해 재정수요에 구체화된 행정수요의 변동을 추적하는 방법, 둘째는 각 지방자치단체, 행정기관의 장기계획 등을 분석해 행정관청이 앞으로 다루어야 할 행정수요라 생각하고 있는 것을 명확히 하는 방법, 그리고 셋째는 행정에 대한 국민의 요망과 행정관청 자체의 의견을 조사하는 방법이다. 더구나 이 세 번째 방법에 대해서는 다음과 같은 주석이 붙어 있다.

「국민의 요망은 반드시 그 모든 것이 행정에 구체화한다고는 말할 수 없다. 그 중에는 부

---

76) 臨時行政調査会第二専門部会『大阪地区における行政需要の実態調査報告書』第一分冊 (1963年 2月 1日), p.1.

당, 과대한 요구도 있을 것이다. 국민의 요망을 행정에 구체화할 것인지 어떨지는 행정의 사명과 관련해서 결정될 것이다. 하지만 국민의 요망에는 솔직하게 귀 기울일 필요가 있다. 그렇지만 국민의 요망은 행정의 모든 부문에 걸쳐서 혹은 단순히 희망에 머무는 것에서부터 절실한 요구라 인정되는 것까지 존재한다. 본 조사는 일반국민의 행정에 대한 요망을 조사하기보다는 각종 부문별 행정에 대한 관계단체의 요망을 조사하는 것에 중점을 두고 부문별 행정에 대한 관계집단의 전문적 요망을 명확히 했다. ……민간단체의 요망에 대응하는 것으로 관청 자체의 의견을 다루기로 했다. 행정집행의 책임 있는 부문의 의견으로 존중되어야 하기 때문이다」[77]라고.

이처럼 보고서에 있는 변명과 주석을 보면 행정수요개념의 다의성이 더욱더 강렬하게 느껴지는데, 이 보고서의 논조는 임시행정조사회 제2전문부회의 그 후의 개념정리에 밑바탕이 되고 있다고 생각된다. 즉, 임시행정조사회 제2전문부회의 공식문서 『제2차 가설에 관한 보고』(1963년 3월 27일)에서는 먼저 「행정수요란 행정에 대한 국민의 수요이며, 바꿔 말하면 행정에 구체화되어야 할 국민의 요망 service need이다. 그것은 원래 국민 개개인의 정부에 대한 제멋대로의 요구가 아니라 각계각층각역의 국민이 각 입장에서 객관적인 사실에 기초해 정부에 대해 가지는 요망이지 않으면 안 된다」라고 정의하고 있다.[78]

그리고 이 정의에 이어서 행정수요개념에 관한 2가지의 구분이 이루어진다. 먼저 제1의 구분이다. 즉, 행정수요에는 「행정관리요망사항」이라 해야 할 행정의 관리 면에 대한 요망과 행정의 내용·실체에 대한 요망이 있다. 전자의 「행정관리요망사항」까지 포함한 행정수요는 광의의 행정수요이고 협의의 행정수요란 후자만을 가리킨다고 한다. 그러나 한층 더 중요한 것은 제2의 구분이다. 즉, 행정수요에는 국민의 날것 그대로의 요망과 이것을 정부와의 관계에서 정서(整序)한 것이 있다. 전자인 국민의 날것 그대로의 요망을 「행정소수요(行政素需要)」라 부르고 후자를 「행정수요」 또는 「관제의 행정수요」라 부른다는 것이다.[79]

앞 보고서의 행정수요론과 제2차 가설의 행정수요론은 행정수요개념의 그 후의 용법에서 보더라도 지극히 중요한 의미를 가지고 있다.

우선 가장 먼저 착목해 두어야 할 것은 보고서의 행정수요론과 제2차 가설의 그것과의

---

77) 상동, pp.3-4.
78) 臨時行政調査会第二専門部会『第二次仮説に関する報告』(1963年 3月 27日), pp.4-5.
79) 상동, p.5, p.7.

차이일 것이다. 보고서에서는 국민수요와 행정에 구체화된(또 구체화되어야 할)행정수요와는 정비례관계에 있지 않다는 것을 인정하고, 또 국민수요를 그대로 바로 행정수요로 보는 것에 적지 않은 망설임을 보이면서도 행정수요란 행정에 대한 국민의 수요(제2차 가설의 용법을 사용하면 「국민의 날것 그대로의 요망」)라고 했다. 그런 까닭에 행정에 구체화된 국민수요(제2차 가설이 말하는 바의 「관제의 행정수요」)를 통해서 행정수요의 실태를 조사하는 방법은 어디까지나 「차선의 방법」이라는 것이 강조되고 있었다. 이에 대해서 제2차 가설에서는 「관제의 행정수요」가 진정한 행정수요이고 「국민의 날것 그대로의 요망」은 특히, 행정소수요로 불리어 행정수요를 도출하는 데 있어 하나의 소재로 취급되었다. 이러한 개념용법의 다의성은 그 후에까지 계승되어 개념용법 혼란의 기본적인 원인으로 되고 있다.

다음에 유의해 두어야 할 것은 「관제의 행정수요」의 다의성이다. 그것은 「행정으로 대응해야 할 수요」인가 아니면 정책결정기구가 「행정으로 대응해야 할 수요로서 현재 인정하고 있는 것」인가. 전자의 견해에 서서 게다가 행정기구를 인정 주체로 상정하는 논자는 주로 정책목표의 설정에 수반하는 계량기술과의 관련에서 행정수요론을 전개한다.[80] 그런데 똑같이 전자의 견해에 서면서도 정당·의회·행정수장이라는 정치기구의 역할에 초점을 맞추는 논자에게는 행정수요는 누군가에 의해 인정되는 것이라기보다도 오히려 다원적인 이익이 맞버티는 정치과정에서 모든 힘의 합성결과로서 형성되는 것이라 간주된다.[81] 한편 후자의 견해에 선 논자는 과거의 행정실적을 돌이켜 보고 거기에서 이미 현실화하고 있는 「행정수요의 변동」을 읽어 내려고 한다. 그러나 이러한 행정수요의 동향분석이 의도하고 있는 것

---

[80] 예를 들면 가토(加藤芳太郎)교수가 「행정에의 수요는 행정관이 스스로 판단하고 인정하는 것이다」고 말하고, 또 「행정에 대한 수요라는 것은 그 수요를 파악하는 행정체의 기본방침, 그 방침에 따라서 복합적인 수요를 충족하기 위해서 분담과 상호관계를 상정한 정책수단의 필요정도, 그 결과 얻어진 정책분야별의 혹은 그 복합된 시책마다의 목표, 즉 수요의 충족도라는 일련의 전체 체계 속에서 분해되고 이해되지 않으면 안 된다」라고 할 때, 교수는 이러한 입장에 서 있다고 말할 수 있다. 加藤芳太郎 「行政需要の測定と計画-根本的再検討のために-」(『行政管理』 1972年 10月号), pp.1-2. 加藤芳太郎 『自治体の予算改革』(東京大学出版会, 1982年) 第2章, pp.63-64.

[81] 예를 들면 나카무라(中村陽一)교수가 「유한한 자원을 정치적 안정의 보장뿐만 아니라 공익에 부합하는 행정기능의 패턴에 배분하기 위해서는 당연히 사적이익 상호의 타협조정과 이러한 사적이익과 전원에게 분유(分有)된 욕구와의 조정을 필요로 한다. 이러한 타협조정에 의해 공익과 합치하는 요구의 체계가 완성됐을 때 이것은 행정기능의 발동을 재촉하고 이것을 교도(敎導)하는 것으로서 행정수요라 이름 부칠 수 있는 것이다」라고 하고, 또 「행정수요를 공익과 합치시키는 방향으로 작용하는」 요인으로 포괄적인 관리구역, 일원적인 대표제, 창조적 지성, 정치적 지도자의 스테이츠맨십(statesmanship) 등을 들 때, 교수는 이러한 입장에 서 있다고 말할 수 있다. 中村陽一 「『行政需要』の概念」(日本都市センター・市政資料13 『都市と行政需要の変動』〔日本都市センター, 1964年〕), p.13, pp.14-16.

은 행정활동이 이미 맹아적인 대응을 보이기 시작하고 있는「신규의 행정수요」를 확인하고 그 사업방법의 확립과 확충을 촉구해 가는 지침으로 삼는 것이다.[82] 이리하여 행정수요개념은 규범적 존재라고도 현실적 존재라고도 단정지을 수 없는 양자의 사이를 부유하는 개념이 되고 있다.

3) 행정수요개념의 의의

그러나 정말 중요한 것은 행정수요개념의 형식적 정의 여하가 아니라 그 함의이고 그 의의 부여의 문맥이지 않을까? 행정수요라는 개념이 무엇 때문에 굳이 새롭게 조어(造語)되었을까 라는 문제이다. 임시행정조사회 제2전문부회의 문서 그리고 시종일관 이 개념의 이론화에 힘쓰고 이것을 행정관리의 중핵적인 향도개념으로 위치 지우려고 한 고(故) 요시토미(吉富重夫) 교수의 논고를 검토해 보면 이 점은 다음과 같이 요약할 수 있을 것이다.

첫째는「공권력의 기능화」론과의 관련이다. 요시토미 교수는「행정은 기본적으로 국민의 행정에 대한 수요를 충족하기 위해 행해지는 공권력의 기능화이다」[83]라고 하고, 또「행정의 미니멈을 권력이라 하더라도 그 권력이 안정되기 위해서는 단순히 힘으로 발동되는 것만으로는 불충분하고, 반드시 사회력의 조직화로서 그 기능화라는 형태로 발동되는 것이 필요하다. 권력의 경제라는 측면에서 말해도 행정은 시민수요의 충족을 불가결의 필요조건으로 한다」[84]라고 주장한다. 요컨대 행정수요의 충족과 공권력의 기능화는 다음과 같은 논리 구성으로 연결된다. 먼저, 권력 지배의 내재적 근거는 사회적 안정의 확보에 있다. 이 사회적 안정을 유효히 확보하는 데는 국민의 내면적 복종이 필요하다. 그런데 현대에서 국민의 내면적 복종을 조달하기 위해서는 국민의 행정수요를 충족할 필요가 있다. 그리고 이 국민의 행정수요 충족으로 공권력은 기능화 한다는 것이다.

이「공권력의 기능화」라는 인식은 일찍이 로야마(蠟山政道) 교수가「현대 정치학의 중심은 국가의 권력문제에서 직능문제로 전이했다」[85]라고 말하고, 또「통치조직이 그 존재를 주

---

82) 앞에 소개한 임시행정조사회의 위탁조사인 오사카지구의 조사 그 자체가 이러한 의도를 가진 것인데, 이러한 종류의 동향분석은 수많이 존재한다.
83) 吉富重夫『現代の行政管理』(勁草書房, 1974年), p.25.
84) 상동, p.51.
85) 蠟山政道「現代国家の職能問題」(蠟山政道『行政学研究論文集』[勁草書房, 1966年]), p.3.

어진 현실세계와 접촉하고 부단히 그 존재의의를 나타내는 것은 주로 그 행정에 의한 기능을 통해서이다」[86]라고 논했던 것과 같은 취지의 인식일 것이다. 혹은 또 쓰지(辻清明) 교수의 「행정은 예전부터 불려온 『정책의 시녀』(handmaid of policy)의 역할을 벗어나고 행정과정은 권력의 정통성을 획득하는 지위를 점하기 시작한다. 합리적인 행정과정이 없으면 국가의 가치 그 자체를 유지할 수 없는 상황의 출현이다」[87]라는 인식과 궤를 같이하는 것이라 말할 수 있다. 예전에는 정치체제의 안정에 관한 중심문제는 권력의 정통성(legitimacy) 문제이며 권력에의 참가나 대표성(representativeness)의 문제였던 것에 대해, 현대국가에서는 행정기능을 매개한 사회적 이익배분이 정치체제의 안정을 유지하는 주요한 지주(支柱)가 되었다는 인식이다. 이 점에 한해서 말하면「공권력의 기능화」라는 인식은 그 표현방법에 차이가 있더라도 일본 행정학자에 거의 공통하는 인식이다.

그런데 이「공권력의 기능화」론은 행정수요개념과 밀접 불가분하게 결합함으로써 새로운 함의를 만들어 내고 있다고 생각한다. 요시토미 교수는 이렇게 말한다. 「민주화가 국민수요의 충족을 목적으로 하고 효율화가 산출의 극대화를 목표로 하는 것이라면 이 양자가 본질에서 모순 한다는 견해는 표면적이라 하지 않을 수 없다. 심층에서 양자는 합치하는 것이다. 국민수요의 충족은 그것이 효과적으로 수행될 때 비로소 적절하다고 말할 수 있고, 산출의 극대화는 국민수요의 흡수를 이루었을 때 비로소 실현될 수 있기 때문이다. ……행정에서 민주화와 효율화는 표면적으로는 대립하는 것이면서 원점에서는 조화할 수 있다.」[88] 임시행정조사회 제2전문부회의『가설에 관한 보고』는「신헌법은 주권재민을 선언하고『국민의, 국민에 의한, 국민을 위한 행정』을 표방했다. 따라서 행정도 그 기회에『국민을 위한 행정』으로 재편성되었어야 함에도, …… 대체로 메이지 헌법 하의 체제를 현재에 이르기까지 그대로 계승해 왔다. 바꿔 말하면 현대의 행정은 오히려『정부를 위한 행정』의 색채를 농후하게 남기고 있으며『국민을 위한 행정』이 일관되게 느껴지지 않는 아쉬움이 있다」[89]라고 말하고 있다. 그리고 또 이 제1차 가설을 이어받은 내부문서에서는「국민의 행정부에 대한 행정수요에서 행정의 기구와 운영을 재검토하려는 방향은 아마 종래의 상부 명령에 따라

---

[86] 蝋山政道「行政の概念構成における『統治』の意義」(蝋山政道, 전게서), pp.53-54.
[87] 辻清明『行政学の概論』上巻 (東京大学出版会, 1966年), pp.6-7.
[88] 吉富重夫, 전게서, pp.78-79.
[89] 臨時行政調査会第二専門部会『仮説に関する報告』(1962年8月15日), p.2.

구성되고 운영된 행정에서 보면 정말 180도 전환일지 모르겠지만, 이 방향에서 처음부터 행정부를 구성해 가는 것은 아마 날은 어두운데 갈 길은 먼 것 같은 현명한 방법이라 말할 수 없다. 다만 현행제도를 비판하고 수정할 경우의 실마리로 이 개념을 활용한다면, 그 한에서는 국민주권의 입장에 비추어 가장 효과적인 수법이라 말할 수 있다. 이를 위해서라도 행정수요의 성격묘사는 필요하다」[90]고 한다.

행정수요의 충족에 의한 공권력의 기능화라는 관점은 민주주의의 개념을 왜소화하고 권력의 정통성 근거를 오로지 정책의 유효성으로 환원해 버리고 있다. 주권자인 국민이라는 이미지는 배후로 물러나고 국민은 오로지 행정서비스의 수요자이며 소비자인 것처럼 간주된다. 통속적인 표현을 빌려 말하면 「국민에 의한 행정」보다 「국민을 위한 행정」을 주요 관심으로 하고 있다. 이것이 행정수요론에 잠재하는 하나의 이론적 편향이다.

둘째는 「행정의 적극화」론과의 연관성이다. 여기서 「행정의 적극화」라는 것은 현대행정은 국민의 권리와 자유를 보호하는 예전의 소극행정에서 국민의 복지를 조장하는 적극행정으로 변질했다는 인식이다. 게다가 그것은 정치체제의 안정을 위해서는 복지의 증진을 기하는 것이 불가피하다는 현실주의적 인식에 머물지 않는다. 그것은 현대행정은 국민의 복지 증진을 도모하는 것을 사명으로 하고 있다는 규범 인식이다.

이러한 의미에서의 「행정의 적극화」론과 행정수요론이 결부해 복지의 증진이 행정수요의 충족으로 바꿔 불릴 때 다음과 같은 사고의 경사가 생겨났다. 즉, 국민은 끊임없이 행정서비스 수준의 향상을 요구해 행정수요는 확대 일변도를 걷게 되고, 행정은 이 확대하는 행정수요에 대응하기 위해 부단한 노력을 계속하지 않으면 안 되게 된다.[91] 말하자면 무한한

---

90) 渡辺圭英, 전게문서, pp.3-4.
91) 일례를 들어보자. 오구라(小倉庫次) 교수는 일찍이 다음과 같이 언급했다. 「예부터 정치는 필요악이며, least government가 best government라고 이야기되던 시대도 있었다. 그러나 자유방임이 결코 질서 있는 평화롭고 행복한 사회를 형성하는 것이 아니라는 것은 역사가 증명하고 있다. 사회질서의 유지와 국민의 복지 증진을 기하기 위해서는 국가의사가 광범위하게 작동하지 않으면 안 된다. 거기서 행정이 기능해야 할 임무와 영역이 확대된다. …… 이처럼 행정의 임무와 영역이 확대되는 것은 공무원이 특별히 좋아해서 확대하는 것이 아니다. 그 근본은 국민의 요구가 거기에 있기 때문이다. 바꿔 말하면 행정수요의 증대가 존재하기 때문이다. 행정수요는 물론 전쟁이나 그 외의 중대한 사건에 의해 커다란 변화를 겪지만 그러한 사건이 없더라도 항상 증대하는 경향을 보인다. 더 높은 생활수준을 확보하고 더 행복한 생활을 향유하고 싶은 것은 인간의 본능이다. 따라서 행정을 향해서 인간이 가진 한없는 욕망을 충족시킬 것을 요구하는 행정수요는 무한대라고 말할 수 있다. …… 따라서 민주적 자유국가에서는 무한히 요청되는 행정수요를 전체의 관점에서 어떠한 방법으로, 어떠한 순서로, 어느 정도로, 어떤 행정수요를 충족시켜야 하는가가 현대행정에 부여된 가장 중요한 책무이다」라고 함. 小倉庫次 「現代行政の理念と行政需要の変動」(日本都市センター,

행정성장이 상정되고 긍정되었다는 것이다.

공정함을 위해 다시 말하면 임시행정조사회 제2전문부회 그 자신은 행정수요의 충족만을 논하고 있었던 것은 아니다. 거기서는 행정수요를 논하는 반면에 행정공급력을 말하고 드 행정의 적정규모에 대해서도 언급하고 있었다. 하지만 거기서의 논의는 전반적으로 말해서 행정이 대응해야 할 행정수요와 행정이 대응해서는 안 될 행정수요를 구별하는 기준에 대한 논의였다고는 할 수 없다. 오히려 행정수요의 충족은 당연한 사명으로 전제되어 있었고, 다만 모든 행정수요를 한꺼번에 충족하는 것은 행정의 대응능력을 뛰어넘는다고 생각되어, 행정수요를 점차 충족해 가기 위한 우선순위의 선택과 순서의 계획화의 필요성이 논해지고 있었다고 말할 수 있다.[92]

그리고 행정수요개념이 임시행정조사회의 손을 떠나 보급되고 통속화해 가는 과정에서 이러한 사고의 경사에 점점 더 박차가 가해졌다고 생각된다. 이 풍조는 때마침 고도경제성장기였기 때문에 자연증세의존의 행정확대가 쉽게 가능하게 된 시대의 배경을 반영한 것이라 생각한다.

셋째는 행정개혁이나 행정관리와의 연관성이다. 임시행정조사회 이래 행정수요야말로 행정개혁의 기초이며 행정관리의 기초라는 사고방식이 태어났다. 이 사고방식의 구체적인 적용방법을 세분하면 다음과 같이 3가지가 있다고 말할 수 있다.

먼저 행정수요를 과부족 없이 충족하도록 행정사무의 체계를 확정한다. 즉, 행정수요의 구무를 기준으로 사무사업의 필요 여부를 판단한다는 사고방식이다. 한편에서는 이미 행정수요가 줄어든 사무사업을 축소, 정리, 폐지하고 다른 한편에서는 신규의 행정수요에 대응하는 행정기구를 확충한다는 사고방식이다.[93]

다음으로 행정수요는 각각 일관된 업무의 흐름을 가지고 행정기구의 많은 부문에 관련된 종합성을 가지면서 나타나기 때문에, 각각의 행정수요를 일체적으로 충족하기 위해서는 행

전게서), pp.1-2.

92) 예를 들면 다음과 같은 한 구절을 보자. 「행정수요의 유동성은 동시에 그 팽창성이기도 하다. 즉, 행정수요는 이것을 충족할 나라의 국력의 한도를 넘어서 무제한으로 증대 발전하는 경향이 있다. ……이 오로지 팽창하는 행정수요에 대해 정부는 그 완급·경중·우열·선후 등을 판단해 선택적, 중점적으로 충족해 갈 수밖에 없다.」 臨時行政調査会第二專門部会 『第二次仮説に関する報告』(1963年 3月 27日), p.8.

93) 임시행정조사회 제2전문부회의 작업방침, 「행정수요의 파악 → 그것을 과부족 없이 충족할 행정사무의 확정 → 그 행정사무를 담당하는데 적합한 행정기구의 정비와 그것에의 사무배분」이라는 도식을 보기 바람. 상동, p.1.

· 제4장 · 행정수요의 개념

정조직의 종적 할거주의와 지역적 할거주의를 극복하지 않으면 안 된다고 생각한다. 그래서 행정개혁이나 행정관리의 접근방법으로서 개별 행정수요의 관점에서 이것에 관한 조정 상태의 좋고 나쁨을 점검하고 그 점검결과를 기초로 행정기구의 기능적 통합과 지역적 통합을 추진할 개혁안을 도출하려는 사고방식이다. 임시행정조사회 제2전문부회는 주지한 바와 같이 바로 이 방법론에 따라 「특히 문제가 되는 행정수요」로서 격차의 시정, 지역개발, 대도시문제, 소비자행정 등을 예시하고 이러한 행정수요의 일체적 충족을 꾀하는 방법으로 「광역행정기관」의 설치를 제언했다.[94]

그리고 마지막으로 주로 일상적인 행정관리의 기초로서 행정에 자각적 피드백 회로의 설정이 필요하다는 사고방식이 생겨났다. 즉, 행정의 외부세계로의 적응은 자각적 의식적으로 행해져야 하며, 그것에는 행정수요를 적확하게 파악하고 사업목표를 가능한 양적인 기준에서 설정해 행정의 유효성과 능률성에 관한 분석을 가능하게 할 필요가 있다는 사고방식이다.[95]

일본에서 행정수요개념의 생성에 관한 이상의 고찰에서 이미 밝혀진 바와 같이 행정수요개념의 정의는 지극히 다의적일 뿐만 아니라 이 개념이 사용되는 문맥 또한 상당히 다양하다. 그런 까닭에 행정수요론은 그 의미 내용이 모호한 채로 상당히 외연이 넓은 논제가 되고 있다.

행정수요개념은 계속 사용할 가치가 있는 개념일까? 계속 사용한다면 이것을 어떻게 재구성해야 할까? 행정수요론을 분해해서 각각의 국면을 정리하려면 어떻게 하면 좋을까? 이것이 다음의 논제이다.

2. 행정수요개념의 재구성

1) 행정수요개념의 문제점

여기서 다시 행정수요개념에 관한 이론상의 문제점을 정리 요약하면 다음과 같을 것이다.

---
94) 상동, p.20.
95) 吉富重夫, 전게서, pp.80-81.

첫째, 경제시장의 작용에 관한「수요」라는 개념을 행정현상에 유추 적용하는 것에 도대체 얼마만큼의 의의가 있을까? 둘째, 행정수요개념에는 오로지 정책의 유효성만을 묻고 정치과정이나 정책형성과정의 타당성을 묻지 않는다는 이론적 편향이 뒤따르고 있는데, 그래도 괜찮을까? 셋째, 행정수요개념을 행정이 대응하고 충족해야 할 존재를 가리키는 규범개념으로 해야 할까 아니면 현실에 일어나는 행정현상을 기술하기 위한 분석개념으로 해야 할까? 넷째, 이것을 분석개념으로 사용한다면 그때 소위「행정소수요」와「관제의 행정수요」의 관계를 어떻게 정리해야 할까? 다섯째, 행정수요개념에는 이스톤의 용어로 말하면 정책결정기구에 보내지는「요구」(demand)의 측면만을 파악하고 정책결정기구에 보내지는「지지」(support)의 측면은 인식하지 못하고, 또 다운즈의 용어로 말하면 국민의「수익」(benefit)의식의 측면은 파악하고「부담」(cost)의식의 측면은 인식하고 있지 않은 경향이 있는데, 과연 그래도 좋을까? 여섯째, 행정수요론이 정책목표의 설정에 따른 사업규모의 계량기술문제와 결부될 때 자칫하면 고찰의 초점이 계량화에 익숙한 서비스행정에 편향되고 계량화가 곤란한 규제행정은 경시될 수 있는 경향이 있는데, 그래도 괜찮을까 등등.

　필자는 이러한 많은 문제점을 염두에 두면서 행정수요개념의 정의와 용법에 대한 재검토를 시도하고, 그에 더해 일본에서 생성된 이 개념을 한정적으로 활용해 갈 방도를 찾고 싶다. 이를 위해서는 먼저 첫 번째 문제점에 대해 검토해 둘 필요가 있다.

　경제의 세계에서 통용되어 온「수요」개념을 정치의 세계에 유추 적용하면 많은 오해가 생겨날 우려도 있다. 예를 들면 시장에서 판매되는 재나 서비스에 대한 수요는 시장기구를 통해서 자동으로 표면화하기 때문에, 정치에서의 행정서비스에 대해서도 이것에 대한 수요가 어떤 메커니즘을 통해 자동으로 반영되는 것 같은 오해가 생겨날 수 있다.[96] 그런데 말할 것도 없이 선거도 의회의 표결도 시장기구를 대체하는 의미에서 국민의 행정서비스에 대한 수요를 반영하는 메커니즘일 수 없다. 또 경제세계에서의 수요는 공급과 한 쌍의 개념이며 게다가 수급의 균형이 시장기구에서 자동으로 조정된다고 상정되고 있지만, 행정서비스에 대한 수요에는 이러한 자동조정메커니즘이 존재하지 않는다. 더 근원으로 거슬러 올라가면 시장에 표면화하는 수요는 효용과 부담의 등가교환을 예정한 것이지만, 행정서비스에 대한 수요는 효용과 부담의 개별적 대응관계 없이 발현할 수 있다는 기본적 차이가 있다. 따라서

---

[96] 加藤芳太郎, 전게논문 참조.

이러한 기본적 차이를 감안하면 수요개념을 정치의 세계에 유추 적용하는 것은 오히려 피하는 것이 현명하지 않느냐고 생각할 수도 있다.

하지만 수요개념을 유추 적용하는 것에 약간의 의의를 발견할 여지가 전혀 없는 것은 아니다. 예를 들면 경영의 세계에서는 수요예측이 행해지고 있는데, 이 수요예측의 착안점은 소위 행정수요의 발생구조나 특성분석, 규모의 견적에도 어느 정도 유추 가능한 것은 아닐까? 이를테면 경제학에서의 수요개념이 아니라 경영학에서의 수요개념을 참고할 여지는 있는 것이 아닐까?

수요예측에서는 시장의 상태를 파악하기 위해 시장력, 구매력, 판매력이라는 개념이 사용된다.[97] 시장력이란 시장을 포화성에서 본 개념으로 시장에의 침투의 한도, 즉 해당 재나 서비스를 소비할 수 있는 시장의 규모를 의미한다. 따라서 시장력은 세대·개인이라는 소비단위에 관한 인구통계학적인 속성의 구조, 수요의 원천인 소득상황, 그 외 수요의 발생상황을 나타내는 제 지표에 의해 파악된다. 다음의 구매력이란 시장을 보급성에서 본 개념이며 신규수요의 구매력, 매환(買煥)수요의 구매력, 매증(買增)수요의 구매력으로 나뉜다. 신규, 매환, 매증이라는 구매력의 내용에 따라 수요의 함수관계는 다르다. 극히 일반적인 경향으로는 신규수요는 재의 기능이나 판매정책 등에 비교적 크게 좌우되고, 매환수요는 가격요인, 매증수요는 소득요인의 영향을 비교적 강하게 받는다고 한다. 그런데 이러한 시장력과 구매력은 시장에서의 재의 총수요를 파악하는 개념인 데 대해서, 마지막의 판매력은 시장의 점거성에서 본 개념, 즉 경합적인 공급주체 간의 시장 점유율을 파악하는 개념이다. 이상의 간단한 설명에서도 알 수 있듯이 수요예측은 시장의 상태변화의 파악을 기본으로 하지만, 판매전략이 수요구조에 영향을 미치기 때문에 수요예측과 판매전략은 분리하기 어렵게 결부되어 있다.

소위 행정수요에 대해서도 그 규모의 견적을 잡으려면 시장력분석과 비슷한 인구통계학적 속성에 관한 구조분석이 필요하다. 또 행정서비스의 상호대체성이나 상호보완성을 분석하려면 구매력분석과 유사한 수요의 발생구조에 관한 분석이 필요하다. 혹은 행정서비스에서도 그 질·양, 공급방법, 요금 등이 행정수요에 관한 선호곡선을 변동시키는 측면이 존재한다. 더욱이 행정서비스에 대해서도 공사(公私)의 역할분담이 이야기되듯이 판매력분석과

---

[97] 이하의 시장력, 구매력, 판매력에 대한 설명은 鍬守昭 「需要測定の技法について」(『行政管理』 1972年 10月号)의 설명에 따른다.

유사한 공급주체의 복합구조에 관한 분석이 필요한 것이다. 이처럼 생각하면 행정에 대한 국민의 「요구」나 「요망」을 행정에 대한 국민의 「수요」라 부르는 것에도 그 나름의 의의가 있다고 생각한다.

그래서 이하에서는 행정수요라는 개념을 계속 사용한다는 전제 하에 이 개념을 어떠한 행태로 재구성해야 하는가를 검토하기로 한다.

2) 행정수요와 행정 needs의 구별

행정수요개념을 재구성하는 출발점으로 먼저 행정수요와 행정 needs를 구별하고 싶다. 즉, 시민이 정치체계에 그 충족을 기대하는 아직 충족되어 있지 않은 효용을 행정수요라 부르고, 정책결정기구 측에서 정치체계가 대응해야 할 행정수요로서 인정한 것을 행정 needs라고 하자. 여기서 말하는 행정수요는 대체로 임시행정조사회가 말하는 국민의 원초적 요망이나 행정소수요에 해당하고, 여기서 말하는 행정 needs는 임시행정조사회가 말하는 바의 「정서(整序)된 행정수요」에 대체로 해당하는 개념이다(임시행정조사회가 사용한 다른 하나의 개념인 「관제의 행정수요」에 대해서는 후술한다). 따라서 여기서 말하는 행정수요와 행정 needs는 모두 분석개념이며 어떤 규범적 존재를 표시하는 개념이 아니다.

행정수요는 어디까지나 시민이 정치체계에 대해 품고 있는 기대이기 때문에 다음과 같은 특징을 갖고 있다. 먼저 시민의 기대는 계층·집단·개인마다 다양하며 게다가 상호 모순하고 대립하고 있는 경우가 적지 않다. 가령 특정 개인이 가진 복수의 행정수요를 보더라도 한편으로는 편익의 확충을 기대하고 다른 한편으로는 부담의 경감을 기대하고 있는 것처럼 상호 간에 정합성이 없는 경우가 적지 않다. 또 행정수요는 명확히 정식화되어 있지 않은 것이 많다. 예를 들면 공해 없는 거리를 바란다는 기대는 매우 강하지만 공해를 어떠한 방법으로 어느 정도까지 방지하기를 기대하고 있는지, 공해방지를 위해서는 어느 정도의 규제까지 감수할 용의가 있는지 분명하지 않다. 더욱이 행정수요는 대단히 유동적이며 그 강도가 부단히 변화해 간다.[98] 행정수요는 이를테면 전체의사와 같은 것으로 거기서 자동으로 일반

---

[98] 이 점에 대해서 앞의 임시행정조사회 제2전문부회 『제2차 가설에 관한 보고』는 다음과 같이 언급하고 있다. 「다음으로 이것도 행정수요 유동성의 한 표현인데, 특히 행정소수요의 단계에서는 특정의 문제에 일시적으로 쇄도 집중하는 경향이 있다. 한 나라의 발전은 불균형의 상태에서 균형의 회복이 이루어지고 그것이 지나쳐서 다음의 불균형을 초래

의사 같은 것이 적출되는 것은 아니다.

그런데 행정수요에는 시민의 기대가 정치체계에 대한 요구로서 표면화하고 있는 현재(顯在)행정수요와 요구로서 표면화되어 있지 않은 잠재행정수요가 있다. 정당의 정책강령에 채택되어 있는 것, 압력단체의 요구사항, 국민운동·시민운동의 요구사항, 진정청원 사항, 의견수렴창구 등에 들어온 의견·고충, 매스컴에 표출하는 비판·제언 등 요구의 표면화 양식은 다양한데, 여하튼 요구가 공공적인 장에 표면화하고 있는 것이 현재행정수요이다. 그런데 잠재행정수요가 표면화하지 않는 이유도 다양하다. 정치체계에 그 충족을 기대해야 할 성질의 효용은 아니라고 생각하는 경우도 있을 것이다. 정치에 기대해 봐도 당분간 그 유효한 해결방법이 없으리라 생각하는 것도 있을 것이다. 요구를 공공적인 장에 표출할 적당한 경로나 조직이 없어서 침묵하고 있는 때도 있을 것이다. 기대를 스스로 선명하게 자각하고 있지 않은 것도 있을 것이다. 그런데 이러한 잠재행정수요는 여론조사 등에 의해 표면화되거나 통계분석 등에 의해 그 존재가 추측되거나 하는 일도 있다.

행정 needs는 앞에서 이미 정의한 바와 같이 정책결정기구 측에서 정치체계가 대응해야 할 행정수요로서 인정한 것이다. 따라서 행정 needs는 그 정의상 행정수요와 마찬가지로 그 양적인 규모를 전체적으로 파악할 수 없는 성격을 가지고 있다. 게다가 행정 needs의 인정 그 자체가 명확히 정식화되어 있다고 할 수 없다. 만약에 노력의무가 법정화되어 있는 경우 등과 같이 어떤 과제의 해결에 대해 정치체계가 무언가의 책임을 져야 하는 것이 공식적으로 인정되어 있더라도 행정의 책임영역이 어느 범위의 어느 정도에 이르는지 이것이 불명확한 것이 통상적이다. 논리적인 순서에서 말하면 먼저 행정 needs의 인정이 있고 그 다음에 행정 needs를 충족하기 위한 정책목적이나 정책목표가 설정되고 그 위에 이 정책이 의도하는 효과를 달성할 사업방법이 구상되어 사업목적이나 사업목표가 설정되어 갈 것이다. 행정 needs가 여기까지 변환되어 구체적으로 프로그램화되었을 때 비로소 의도하는 효과를 산출하는 데 필요한 사업규모의 견적이 가능하게 된다.

하지만 경험적으로 보이는 현실의 순서에서 말하면 행정 needs의 인정과 그 증좌라고

하고 이렇게 해서 동적인 발전을 계속하는 경향이 있는데, 이 동안에 행정소수요는 항상 그 때때로의 애로에 집중하고 그 낙후를 회복하려고 한다. 이 경향은 특히 정부의 지도와 여론의 지적이 있는 경우에 가중될 때가 많은데, 더욱이 이것에 정당의 당리당략이나 압력단체의 이해가 얽히면 행정소수요가 과장되고 과대하게 표현될 가능성이 적지 않다. 이것은 주의를 필요로 하는 점이다.」(pp.8-9.)

해야 할 초기적인 대응방법의 시행이 동시에 행해진다. 그리고 이 사업방법이 그 후 점차로 수정되고 확충되어 행정서비스로 정착해 가는 과정에서 정책목적이나 정책목표 그리고 사업목적이나 사업목표의 자각적인 설정이 상호 순환적으로 진행되어 간다. 그리고 적어도 정책목표가 가설적으로든 설정되었을 때 비로소 정책과제의 규모를 견적 내는 것이 가능하게 되며, 사업목표가 설정되었을 때 비로소 사업규모의 견적이 가능하게 된다.[99] 따라서 흔히 「행정수요의 측정」이라 불리는 것은 여기서 말하는 행정수요의 측정일 수도 행정 needs의 측정일 수도 없다. 그것은 여기서 말하는 정책과제규모의 견적이든가 아니면 여기서 말하는 사업규모의 견적인 것이다. 이처럼 생각해 간다면 임시행정조사회가 말하는 「관제의 행정수요」란 예산결산서나 계획서 등에서도 알 수 있듯이 정치체계가 현재 실행하고 있는 (또는 실행하려는) 사업규모이며 이 사업규모의 변동상황에서 행정 needs의 변동상황을 추정하려는 개념이라 할 수 있다.

행정수요와 행정 needs의 규모를 전체적으로 측정할 수 없다면, 그러면 이러한 개념을 굳이 구축할 의의는 없는 것이 아닌가 하는 반론이 예상된다. 그러나 행정수요와 행정 needs를 구별하는 의도는 양자 간의 괴리, 차이의 존재를 명확히 하기 위해서이다. 행정수요 그 자체 안에 상호 모순이 있다, 정치체계가 대응해야 할 성격의 과제라고 인정되지 않는다, 이것을 충족할 기술적 방법이 없다, 자원에 한계가 있다 등등 그 이유는 다양할 수 있지만, 여하튼 현재행정수요일지라도 행정 needs로 인정되지 않는 것이 있다. 거꾸로 잠재행정수요일지라도 정책결정기구 측이 이것을 발굴해 행정 needs로 인정하는 것도 있다. 그러면 왜 어떤 행정수요는 행정 needs가 되고 다른 행정수요는 행정 needs가 되지 않는가. 이것이야말로 정책형성과정에 관한 중심논제가 되어야 할 의문이다. 행정수요와 행정 needs라는 2개의 개념을 구별해 구축하는 것은 이 두 개념 사이에 괴리를 낳는 메커니즘의 고찰을 재촉하는 의의가 있다고 생각한다.

---

[99] 가토 교수의 다음과 같은 논의는 같은 취지라고 이해하고 싶다. 「만약 시장조사와 유사한 조사를 하더라도 어떤 주민층·지역·항목·답변방식 등 조사의 기본방침, 즉 무엇을 알고 싶은가, 무엇을 기준으로 결과를 어떻게 인정할 것인가라는 것을 스스로 알고 있지 않으면 측정은 할 수 없다. 그 결과를 수요라고 규정하고 측정결과라고 강변하는 것은 측정작업에 숨은 무책임을 의미한다. 이러한 측정작업에도 역시 해야 할 업무의 범위와 양에 관한 인정행위가 선행하고 있기 때문이다.」 (加藤芳太郞, 전게논문, p.2, 加藤芳太郞, 전게서, p.63).

3) 수요와 공급의 복합구조

다음으로 행정수요개념을 재구성하기 위한 두 번째 관점으로 수요와 공급의 복합구조에 착안하고 싶다.

행정수요는 일반적으로 복합적인 대응을 해야 하는 욕구이다.[100] 예를 들면 노령자에게는 경제적 불안이 없는 건강한 상태로 따뜻한 인간관계 속에서 자립해서 생활해 가는 것이 행정수요이다. 이때 노령연금제도의 충실, 노인의료시설의 증설, 노인 홈의 건설, 홈 요양사의 파견 등은 각각 행정수요의 한정된 일면을 충족하는 수단에 지나지 않으며, 이러한 사업별로 대응할 별개의 행정수요가 존재하는 것은 아니다. 행정수요에 대응하는 사업방법이 인위적으로 분화되어 있을 뿐이며 행정수요 그 자체는 종합적인 존재이다. 따라서 행정수요를 충족할 재나 서비스의 공급주체도 복합적으로 존재할 수 있다. 오히려 어떤 종류의 수요가 행정수요로 전화하는 것은 정치체계 이외의 공급주체에 의한 수요의 충족이 어떤 이유에서 원활히 기능하지 않게 되었을 때인 경우가 많다. 예를 들면 푸른 숲이 없어 녹지를 요구하는 행정수요는 주위에 농지·산림이 남아 있는 곳, 녹지가 풍부한 신사나 절에 가까운 곳, 혹은 택지가 넓고 정원수가 많은 고급주택지 등에서는 발생하지 않는다. 그 때문에 푸른 숲을 요구하는 수요에 분수와 화단으로 꾸며진 도시공원 조성으로 대응하는 것은 너무나 단락적이다. 시민이 요구하고 있는 것은 자연적인 녹지이며 반드시 그것이 공공시설일 필요는 없다. 행정수요론을 전개하려면 수요의 발생구조와 재나 서비스의 대체·보완관계를 포함한 공급의 복합구조에 대해 치밀한 분석을 해야 하는 까닭이다.

그런데 종래의 행정수요론은 이 공급의 복합구조 문제를 공·사의 분담과 경계라는 지극히 조잡한 큰 틀 속에서 처리해 왔다. 사적 부문인가 공공부문인가, 민간재인가 공공재인가, 사적 욕구(private wants)인가 공공적 수요(public needs)인가, 정치인가 경제인가, 행정서비스인가 시장교환인가라는 단순한 이원론이 지배적이었다.[101] 기껏 이것에 제3섹터론이 추가되는 것에 그쳤다. 이 상황에 다소간 변화의 조짐이 보이기 시작한 것은 지방재정의 위기가 하나의 직접적인 계기가 되어 사용료 등의 부담원칙의 방향, 시민의 책임과 시정 책임의

---

[100] 상동 논문, pp.4-5. 상동서, 제2장.
[101] 일례로 경제기획청경제연구소·연구시리즈 제24호 『PPBSの研究』 (1971년) p.43의 그림2-1 「政治活動のシステム分析」을 참고 바람.

명확화 등이 논의되기 시작한 이후일 것이다.[102]

그런데 시민의 수요는 원래 다양한 공급주체가 다양한 차원에서 여러 가지 양식에 따라 제공하는 재나 서비스로 충족되고 있다. 행정서비스와 시장재는 공급의 복합구조 전체 속에서는 그 일부에 지나지 않는다.

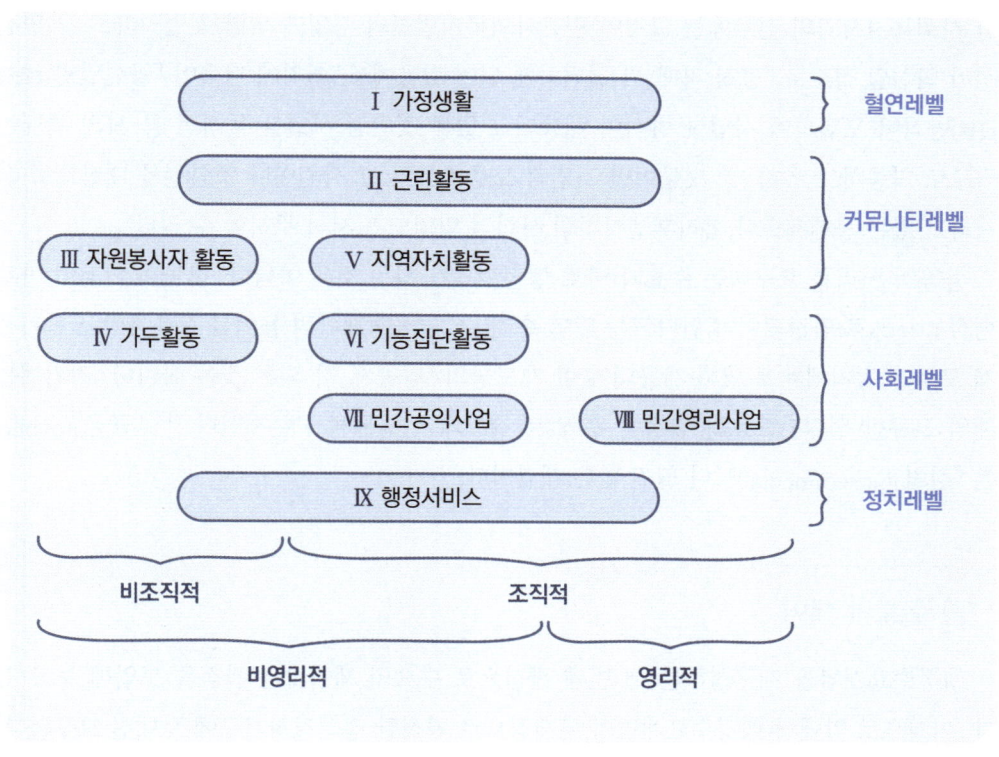

(무사시노(武蔵野)시 작성)

[그림 4-1]

위 [그림 4-1]에 나타나 있는 것 같이[103] 모든 기본에 가족 내의 상호부조가 있다. 그 중

---

102) 일례로 『神戸市行財政制度調査会報告書-都市行政適正化への課題-』(1975년도) p.13의 제2 그림 「都市社会の構造」와 이것에 관한 설명문을 참조 바람.

103) 『武蔵野市ボランティア対策プロジェクト·チーム報告』(1967년)에서 발췌. 또한 이 『報告』의 전문은 『市民』 1976년 5·6호에도 실려 있다.

요성은 핵가족화의 진행이 얼마나 다종다양한 행정수요를 발생시키고 있는가라는 한 가지를 돌이켜 보는 것만으로 명백할 것이다. 그 다음에 자치회 등의 지역자치활동으로 행해지는 상호부조도 있고, PTA 등 각종 임의적인 기능집단에서 회원 간의 상호부조도 있다. 한마디로 민간사업이라 해도 그 속에는 학교법인, 의료법인, 사회복지법인 등에 의한 비영리의 민간공익사업이 있으며 이것이 중요한 역할을 수행하고 있다. 그리고 조치위탁방식에 입각한 사회복지사업의 경우에는 그것이 민간사회복지법인의 경영에 의한 것일지라도 그 민간성이 의심될 정도로 「공적 지배」가 철저하게 되어 있음에도, 거기에 더욱이 「공설민영」(公設民營)방식이 도입되어 사업단 방식이 채용되고 있는 것처럼 사업을 둘러싼 공·사의 관계는 극도로 착종하고 있다.[104] 덧붙이면 기업과 노동조합이 그 사원이나 조합원을 대상으로 실시하고 있는 공제제도나 복리후생사업의 사회적 의의도 도저히 무시할 수 없다.

공공적 처리를 요구하는 수요가 바로 행정수요가 되는 것은 아니다. 하물며 이것이 바로 행정 needs로 인정되어야 한다고는 말할 수 없다. 공공경제학의 용어를 사용하면 공동이용재 모두가 정치체계에 의해 제공돼야 할 제도상의 「공공재」가 되는 것은 아니다. 거기에는 재의 고유한 성질만으로는 결정될 수 없는 제도의 선택문제가 존재한다.[105] 「공공」(public)은 「정치」(governmental)보다 훨씬 넓은 개념이다.

4) 수요의 제어

행정수요개념을 재구성하는 세 번째 관점으로 수요의 제어라는 관점을 도입해 보고 싶다. 이것으로 앞에서 행정수요개념의 문제점으로 지적한 정책결정기구에 보내진 요구와 지지의 균형, 수익의식과 부담의식의 균형, 서비스행정과 규제행정의 관계라는 문제를 어느 정도 행정수요론 속에 포섭할 수 있다고 생각한다.

정책결정기구는 마냥 행정수요에 대응하고 이것을 충족하지 않으면 안 되는 것은 아니기

---

[104] 三浦文夫「社会福祉政策の現代的課題-公私役割分担についての一試論-」(『季刊社会保障研究』제9권 제3호)참조.

[105] 자세한 것은 深谷昌弘「社会福祉政策の現代的課題-公私役割分担についての一試論-」(『季刊社会保障研究』제9권제3호)를 참조. 또한 그는 이 논고 속에서 공동이용재의 수요와 공급을 결합하는 대표적인 3가지 제도로서 「사기업 제도」, 「클럽제도」, 「정부제도」를 들고 있다(pp.92-97). 여기서 언급해 온 것을 이러한 공공경제학의 문맥에서 말하면 뷰캐넌의 「클럽의 경제이론」 이래 논의되기 시작한 「클럽제도」의 다양성과 그 사회적 의의를 재평가할 필요가 있을 것이다.

때문에, 한편으로 수요의 충족이라는 관점이 있으면 다른 한편으로는 수요의 발생, 수요처의 선택, 행정수요의 압력 강도를 제어한다는 관점도 있을 수 있을 것이다.

수요의 제어는 수요의 발생구조에 관한 분석을 전제로 하지만, 기본적으로 이것에는 3가지 방법이 있다. 즉, 첫 번째 방법은 수요의 발생 그 자체를 억제하는 방법이다. 예를 들면 사업소에 폐액(廢液)의 제1차 처리를 의무화해서 하수처리의 부담을 경감한다, 검진과 예방접종을 철저히 해서 의료행정의 부담을 경감한다, 육아휴가제도를 도입해서 유아보육 요구의 발생을 억제하는 등의 방법이다. 이 방법은 수요의 원래 발생원인을 파악해 원인자에 의한 자기처리, 외부불경제의 내부화를 요구하는 방법으로 예방정책 또는 규제정책이라 부를 수 있다. 두 번째 방법은 수요가 행정수요로 나타나는 정도를 억제하는 방법이다. 예를 들면 학교·병원·사회복지시설·주택 등의 민간사업을 조성해 그 민간재의 공급증가를 꾀한다던가, 자원봉사자를 육성해 시민복지시스템의 일익을 자원봉사자활동에 맡기는 등의 방법이다. 이 방법은 정치체계 이외의 공급메커니즘 기능을 강화해서 발생한 수요의 충족기대를 이러한 쪽으로 유도하는 방법으로 유도정책 또는 조성정책이라 부를 수 있다. 그리고 세 번째 방법은 행정수요의 압력 강도를 억제하는 방법이다. 예를 들면 수도요금의 인상으로 절수를 기대한다던가, 배설물처리를 유료화해서 수세화를 촉진하는 등의 방법이다. 혹은 실제로 전화통화요금의 야간할인에 보듯이 시기·시간에 따른 가격차별정책을 활용해서 피크 때의 수요를 억제해 공급태세의 필요 이상의 비대화를 피하는 등의 방법이다. 이 방법은 행정서비스를 유료화하고 그 가격을 조작해서 행정서비스의 구매동기나 소비성향을 억제하는 방법으로 감량정책 또는 부담정책이라 부를 수 있을 것이다.

이러한 수요의 억제라는 관점과 수요의 발생구조 및 공급의 복합구조에 관한 분석을 절묘하게 결합한 하나의 좋은 예가 있다. 다음 [그림 4-2]에 있는 요리모토 교수가 작성한 「쓰레기처리·재이용의 종합모델체계」가 이것이다.[106]

---

106) 寄本勝美 「都市清掃に関する諸問題」 (「地方自治通信」 77호, 1967년 4월호).

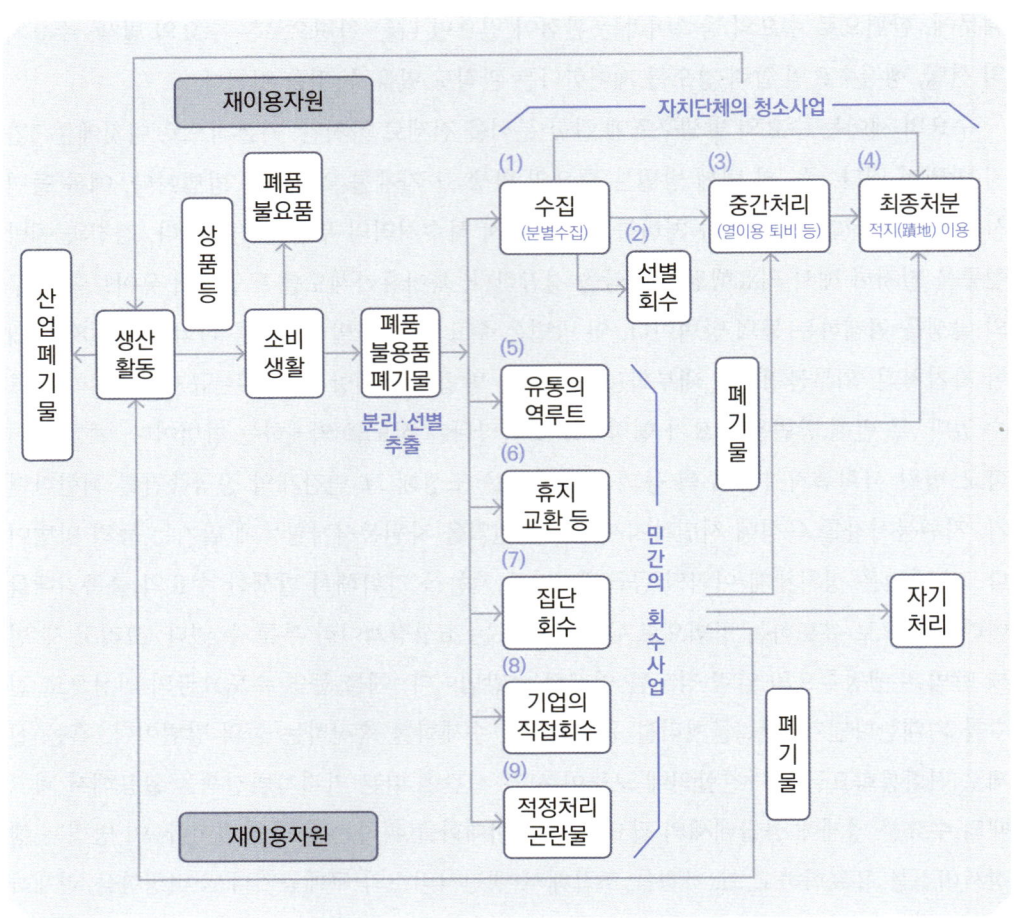

[그림 4-2] 쓰레기처리·재이용의 종합모델체계

 이 가정 쓰레기의 흐름도를 토대로 쓰레기의 감량대책에 대해서 생각해 보자. 먼저 가정 쓰레기의 간접적인 원인은 생산활동에서 산출되는 상품에 있다. 그래서 가령 내구소비재에 대해 과도하게 빈번한 모델변경이 자제되고 혹은 내용(耐用) 연한을 장기화하도록 규제대책이 취해지면 내구소비재의 쓰레기화는 그만큼 줄어든다. 소비자 그룹에 의한 과잉포장추방운동도 이 상품단계에 착안한 운동이다. 다음으로 고물상·헌옷가게·중고서점·중고차거래상 등의 메커니즘이 더 잘 기능할 조건과 구조가 정비되고 불용품 교환회가 일상적으로 조직화한다면 어느 가정에서의 불용품이 바로 쓰레기로 되는 것을 피할 수 있다. 더욱이 술

병·간장병·쥬스병 등의 규격이 표준화되어 각종 병이 상호 대체가능하게 되면 빈병의 회수와 재이용이 충분히 채산이 맞는 사업이 될지 모른다. 철저한 분별과 자치회 등에 의한 집단회수가 이루어지거나 폐품회수업자에 보조금이 교부되거나 폐품회수업의 경영규모가 확대되거나 하면, 현재에는 채산이 맞지 않는 상품의 회수까지 민간폐품회수업자가 떠맡아 재이용자원으로 생산활동에 환원되어 갈지도 모른다. 혹은 또 지방자치단체의 쓰레기수집을 유료제로 하거나 수집의무를 1회 일정량 이내로 한정하거나 하면 폐기량은 억제될지 모른다. 여기에는 수요의 발생구조와 공급의 복합구조가 명쾌하게 제시되고 또 수요제어의 3가지 방법 모두가 시사되어 있다. 그리고 개개 가정이 배출하는 모든 쓰레기를 「빨리, 깨끗하게, 무료로, 정중하게」 수집하고 처리하는 것이 지방자치단체 청소행정의 정책목적이라는 고정관념에서 탈피하기만 하면 쓰레기문제에 대처하기 위한 다양한 선택지가 떠오른다. 요컨대 개개 행정수요마다 이러한 분석을 축적해 가는 것이야말로 행정수요론의 본래의 중심 논제여야 하는 것은 아닌가 하고 생각한다.

3. 행정수요의 변환과정

1) 수요 현재(顯在)화의 편향

종래의 행정수요론은 행정수요와 행정 needs 간에 괴리가 생긴다는 사실을 인식하고는 있었지만, 거기서의 논의는 행정기구가 이를테면 주체적으로 「마땅한 행정 needs」를 발견하고 이것을 충족해 가야 한다는 규범론에 집중했으며, 이 괴리를 만든 현실의 변환메커니즘에 관해서는 탐구하려고 하지 않았다. 하지만 전술한 바와 같이 이것이야말로 행정수요론이 본래부터 다루어야 할 또 하나의 중심논제라 생각하기 때문에 잠시 이 공백영역에 대해 고찰해 보자.

정치시스템의 작동에 관한 가장 기본적이고 단순한 모델에 이스톤의 모델이 있다. 이것에 따르면 국민은 정책결정기구에 대해 「정책요구」(demand)와 「정책지지」(support)를 투입한다. 그리고 정책결정기구는 이 정책요구와 정책지지의 균형을 유지하면서 이러한 투입을 정책이라는 산출로 변환해 간다. 이것이 정치의 기본적인 작동원리라고 한다. 즉, 여기서 정치는 오로지 수요에 대응해 이것을 충족하는 것으로 인식되지 않고, 정치는 수요와 지지의 균형을 꾀하는 것으로 파악되고 있다. 그리고 이 관점에는 소위 행정수요와 행정공급력의 균형에 의한 적정행정규모의 유지라는 관점으로는 전부 다 포섭할 수 없는 넓은 의미 내용이 포함되어 있다.

또 다른 관점도 있다. 예를 들면 다운즈는 「편익」(benefit)과 「부담」(cost), 편익확충요구와 부담경감요구의 균형관계를 문제 삼고, 정책이 국민에 미치는 편익과 부담에 관해 국민이 가질 수 있는 정보의 질·양에 착목한다. 그리고 정책의 편익에 관한 정보의 질·양과 정책의 부담에 관한 그것과의 사이에 격차가 생기기 때문에 국민적 차원에서의 정책선택에 편향(bias)이 나타난다고 생각하고 있다.[107] 다운즈의 이 관점은 이스톤 모델에서의 정책요구를 더욱 분해해서 고찰하는 것이라고도 말할 수 있지만, 또 정책요구와 정치적 지지와의 균형의 어느 측면을 파악하는 것이라고도 말할 수 있다.

그러면 정책의 선택에 왜 어떠한 편향이 나타난다는 것일까?[108] 다운즈는 국민과 정부 간의 정치적 교환은 시민 간의 사적 교환과는 그 성격을 완전히 달리한다고 한다. 사적 거래에서 교환은 자유의지에 기초해 행해지고 구매하는 편익과 지급하는 대가는 개별적으로 대응하며 또 등가교환의 원칙이 성립하고 있다. 하지만 국민과 정부 간 교환에서는 조세부담이 정책으로부터 받는 편익과 관계없이 게다가 강제적으로 부과되기 때문에, 편익과 부담의 개별적 대응관계가 분단되어 있고 게다가 교환은 부등가이다. 그런 까닭에 국민은 정부와의 교환관계에서 최대효용을 달성하는 것은 불가능하다. 국민이 만약에 정책효과의 귀착관계와 조세부담의 구조에 대해 충분한 정보를 갖고 있고 자신의 이익을 중심으로 생각했다고 해도 정책평가와 정책선택의 합리적인 판단척도를 확립하기 어렵다.

그런데 현실에는 이러한 완전정보상태를 상정하는 것조차 불가능하다. 현대행정이 수행하고 있는 다기에 걸친 정책 모두에 대해 완전정보를 입수한다는 것은 사람에게 불가능하다. 국민은 자신의 생활상의 모든 시간과 노력을 쏟아 붓더라도 단 하나의 정책에서 발생하는 플러스 효과와 마이너스 효과의 전모를 정확하게 파악하는 것조차 가능할 것 같지 않다.

---

107) 여기서 다운즈의 모델로 소개하고 있는 것은 다운즈의 다음의 논문에 있는 것이다. A.Downs(1960). "Why the Government Budget Is Too Small in a Democracy?," *World Politics*, Vol.12.

108) 이하의 점은 다운즈의 모델을 참고하면서 예전에 좀 더 구체적으로 검토한 적이 있다. 졸고 「テクノクラシーとデモクラシー」(『別冊経済評論』 제6호, 1971년).

그래서 국민은 통상의 노력으로 입수할 수 있는 불완전한 그것도 초불완전한 정보에 기초해서 정책평가를 하게 된다. 이러한 초불완전정보 아래서 행해지는 정책평가와 정책선택은 완전정보 아래서 일어난다고 상정되는 상태와는 다를 것이다. 다운즈는 이것을 「편향」이라 부른다. 그렇지만 완전정보 아래의 상태는 누구도 확인할 수 없으므로 이 「편향」을 실제로 측정할 수는 없으며, 「편향」이라는 개념은 단지 상상될 수 있는 경향을 시사하기 위해서만 유효한 개념이다.

문제는 초불완전정보 아래서는 완전정보 아래서와는 다른 어떠한 편향이 상상될 수 있을까 하는 점에 있다. 다운즈는 초불완전정보 아래서는 수익의식보다 부담의식이 과잉으로 되고 이것이 정책평가와 정책선택의 편향을 초래한다고 상정한다. 왜 그럴까?

공공정책의 효과는 파급적이다. 편익은 시간적 공간적으로 우원(迂遠)한 곳에서 수익자에게 배분되기 때문에 수익의 사실조차 수익자의 의식에 남기 어려운 경우가 많다. 마찬가지로, 혹은 아마 그 이상으로 정책의 마이너스 효과로서의 손해도 피해자의 의식으로부터 우원한 곳에 축적되는 경우가 많다. 예를 들면 멀리 떨어져 있는 나라에 대한 해외원조정책이 자국민에게 미치는 장기적 편익이나 손해는 국민에게 실감하기 어려운 것이다. 대외정책은 예외적이라고 말한다면 일상적인 국내정책을 예로 들어 보자. 토지이용, 건축, 안전, 위생, 공해 등에 관한 규제정책처럼 예방적인 의도로 시행되는 모든 규제정책은 이를테면 「숨겨진 편익」을 제공하고 있지만, 이러한 규제정책은 가시적이고 직접적인 서비스를 제공하는 정책과 비교해 봤을 때 대체로 국민의 강력하고 지속적인 지지를 얻기 어렵다. 사전예방인가 사후구제인가라는 선택의 배후에는 사회적 비용을 발생시키고 있는 가해자에게 비용을 부담시킬 것인가 아니면 외부불경제를 공공적으로 부담할 것인가라는 커다란 문제가 가로놓여 있는데, 사회적으로 보아 어느 쪽이 합리적인 방법인가에 대해 충분히 자각적으로 계산되는 경우는 거의 없다. 예방적 규제가 소홀히 되면 「숨겨진 손해」가 착실히 축적되어 언제가 큰 재해로 표면화하지만, 국민은 그때가 될 때까지 그것에 대해 알아차리지 못하고 재인식해도 또다시 곧 잊어버리는 경향이 강하다.

정책의 편익은 파급적일 뿐만 아니라 대단히 불확실하다. 미래의 인간행동을 정확하게 예측하는 것은 어렵고, 또 사회현상의 인과연쇄는 확률적인 인과연쇄인 경우가 많다. 따라서 정책이 가져오는 궁극적인 효과는 정책담당자조차 파악할 수 없다. 더 덧붙이면 사적 교환으로 구매되는 효용은 그냥도 직접적이고 구체적인데, 광고선전활동이 그 효용을 더욱 강조하고 있다. 이에 비해 정부의 정책에 대해서는 광고선전활동에 상당하는 편익의 선전 판매가 이루어지고 있지 않다. 그래서 국민은 정책의 편익을 실태보다 과소하게 평가하는 경향이 생긴다.

그런데 부담은 편익과는 대조적으로, 조세가 매년 한 시기에 합쳐져 강권적으로 수탈되기 때문에 우원하기는커녕 매우 절실한 부담으로 과도하게 의식되는 경향이 생길 것이다. 따라서 종합적으로 보면 국민은 부담을 과도하게 평가하고 편익을 과소하게 평가하게 된다. 특히「숨겨진 편익」이나 불확실한 편익을 과소하게 평가하게 되며 정부에 대해서는 재정절감의 압력으로 작용한다. 다운즈는 이상과 같이 추론해 민주주의국가의 예산은 바람직한 상태보다 항상 작은 규모로 억제될 것이라고 상정한다.

다운즈의 이러한 상정에는 물론 의문의 여지가 있다. 그와 같이 수익의식과 부담의식의 균형관계에 착목하면서도 수익의식이 과도하게 되는 메커니즘을 중시해서 완전히 거꾸로 상정하는 것도 가능할 것이다. 예를 들면 다음과 같이 추론해 볼 여지도 있을 것이다.

정부의 행정기구는 정책의 확충을 위해 부단한 노력을 한다. 정책의 전문가인 행정관이 일반국민 이상으로「숨겨진 편익」의 중요성을 인식하고 있기 때문이거나, 행정기구가 중앙부처 간 할거주의에 기초한 경쟁에서 소관사업의 상대적인 지반침하를 방지하기 위해서거나, 혹은 행정기구의 자기증식을 위해서거나 그 동기는 다양할 수 있지만, 어쨌든 행정기구는 기성 정책의 의의를 변호하고 신규정책의 효용을 역설하는 입장에 놓여 있다. 그 의미에서 행정기구는 시장에서의 광고선전에 가름하는 정책편익의 선전 판매기능을 수행하고 있다고 생각된다.

정책의 편익 측면을 강조하고 정책의 확충을 추진해 가는 두 번째 요인은 압력단체활동이다. 국민은 한편에서 사회적 재화의 생산에 종사하고 다른 한편에서 재화의 소비자로서 생활하고 있다. 생산차원의 역할과 생활차원 역할의 분화, 소득자의 역할과 생활자 역할의 분화이다. 그런데 많은 경우에는 소수단체의 소득자에게 편익을 주는 정책은 거기서 생산되는 재화의 가격을 인상하거나 혹은 이 정책에 필요한 경비를 부담시키는 형태로 동일인의 생활자로서의 측면에 부담이나 손해를 초래한다. 그런데 국민의 일반적 경향으로는 생활자로서의 그에게 영향을 주는 정책보다 소득자로서의 그에게 영향을 주는 정책에 훨씬 민감하게 반응한다. 생활자로서의 측면에 미치는 부담이나 손해는 이 정책의 수익자에게만 배분되는 것이 아니라 폭넓게 생활자 일반, 즉 국민 일반에게 배분되고, 개개 생활자에게 배분되는 부담이나 손해는 아주 작은 것으로밖에 의식되지 않기 때문이다. 이리하여 소수집단의 압력이 국민 「다수파」가 의식하지 않는 곳에서 행사되거나, 국민 「다수파」가 알고 있어도 무관심하거나, 적어도 적극적인 반대 행동을 일으키지 않게 되면 정부는 이러한 소수집단을 이익유도해서 그들의 정치적 지지를 조달하는 것이 득이 되는 셈이 된다.

그러면 과도한 수익의식을 억제하는 부담의식은 왜 촉발되지 않는 것일까? 소수집단에 대한 우대정책은 항상 정부의 경비증가를 가져오고 조세부담으로 되돌아온다고는 할 수 없다. 이 비용이 시장기구를 거쳐 일반소비자에게 전가되어 있을 때는 정부에 대한 항의로 결집하지 않는다. 또 우대정책은 조세특별조치라는 알기 어려운 교묘한 방법으로 행해지는 것도 적지 않다. 그리고 간접세라든가 공채발행에 의한 재원조달이 활용되면 될수록 조세부담의 사실은 희미해져 버린다.

사실 수익의식의 만연은 현대정치에서 하나의 기본적인 문제점으로 지적되고 있다.[109] 따라서 이상과 같이 추론해 가면 다운즈의 상정과는 정반대로 부담이 과소하게 평가되고 수익의식이 과도하게 된다고 상정하는 것도 가능하다. 결국 편익확충요구와 부담경감요구의 균형, 수익의식과 부담의식의 균형이 어느 부분에서 이루어질 것인가는 각 나라의 사회적 풍토나 정치제도 등 많은 요인에 의해 좌우될 것이다. 세제의 구조는 하나의 중요한 요인이다. 정부에 대해 「절약과 능률」을 요구하는 납세자 의식의 전통이 어느 정도 있는 가에도 의한다. 관료기구가 정치구조 속에서 점하고 있는 비중은 특히 중대한 요인이 된다. 또 인플레에 대한 국민의 반응이 엄격한지 관용적인지에도 의할 것이다. 노동자의 생활이 얼마만큼 직장에 의존하고 이것에 포섭되어 있는 지에도 의할 것이다.

따라서 다운즈 모델의 의의는 그 최종적인 상정에 있는 것이 아니라 그 착안점에 있다. 국민과 정부 사이를 순환하는 정책정보의 초불완전성 때문에 국민의 편익확충요구와 부담경감요구, 수익의식과 부담의식의 균형이 무너져 행정수요의 현재(顯在)화에 편향이 생길 수 있다는 것, 그런 까닭에 또 행정수요와 「마땅한 행정 needs」가 일치하지 않고 정책평가와 정책선택에도 편향이 생길 수 있다는 것을 설명함과 동시에, 행정수요에서 행정 needs에

---

[109] 예를 들면 쓰지 교수는 다음과 같이 지적한다. 「이러한 현대국가의 대두는 한편 중요한 문제점을 발생시키고 있다. 첫째, 국민의 수동화이다. 이익설정의 원천은 항상 국가라는 막연한 의식이 관민 쌍방에 침투해 정신적으로도 재원적으로도 국민의 자발성이 감퇴하기 쉽다. 덧붙여 대표 원리의 시대라는 세례를 받는 만큼 수익자의 자각은 적고 오히려 자기의 권리를 권력에 위탁한 당연한 대가라는 타성적 사고가 생긴다. 국가의 발전을 개인의 자주성에서 찾는 민주제에서 이 현상은 결코 바람직하다고 할 수 없다」(앞의 辻淸明 『行政學槪論』 상권 pp.7-8.)

이르는 변환과정에서 차지하는 행정기구의 상대적인 역할을 시사 하고 있다.

2) 변환과정의 편향

다운즈 모델과 마찬가지로 정보의 문제를 중시하고 이 정보를 기초로 한 편익과 부담의 균형을 중시하면서 더 미시적 모델을 구축하고 있는 일례로 솔즈베리의 모델이 있다.[110] 다운즈가 국민차원에서의 정책평가와 정책선택이라는 정치시스템에 의한 정책형성의 거시적 모델을 구축한 데 대해서, 솔즈베리는 정치시스템의 핵을 구성하는 정치기구에 착목해 정당정치가의 정책선택의 모델화를 시도하고 있다.

솔즈베리는 우선 다양한 정책을 구분하는 기준의 하나로, 각종 정치집단으로부터의 수요(demand)의 형태가 통합적인가 분산적인가라는 지표를 이용한다. 어느 이익집단으로부터의 수요가 강력하고 이에 대항하는 수요가 약할 때 수요의 형태는 통합적이라 한다. 거꾸로 다양한 이익집단으로부터 경합적인 수요가 나오고 있을 때 수요의 형태는 분산적이라 한다. 다음으로 다양한 정책을 구분하는 다른 하나의 기준으로 정치기구의 정당정치가들에 있어서 결정도달비용의 고저(高低)라는 지표를 사용한다. 각각의 정책수요에의 대처방법을 결정하는 것이 정당정치가에게 어느 정도 어려운지 쉬운지 라는 척도이다.

이 결정도달비용의 개념을 더 분해하면 이것은 3개의 요인으로 구성된다. 즉, 첫째 요인은 정보비용이다. 정보비용이란 한마디로 말하면 정책정보를 입수하는 것의 난이(難易)이며, 정당정치가가 해당 정책수요, 정책내용, 정책효과에 관한 지식을 얻는 데 어느 정도의 금전이나 시간, 노력을 필요로 하느냐는 척도이다. 둘째 요인은 교환가치이다. 이 교환가치란 정당정치가가 그 수요에 대응해 그 정책의 실현에 노력했다면 그 대가로 어느 정도의 정치적 지지를 조달할 수 있느냐라는 척도이다. 그리고 셋째 요인은 교섭비용이다. 이 교섭비용이란 정당정치가가 어떤 정책을 실현하려고 할 때 다수의 찬성자, 동조자를 모아서 그 실현에 필요한 다수파를 형성하는 것의 난이이다. 이 3가지 요인, 즉 정보비용, 교환가치, 교섭비용을 종합적으로 평가한 것이 결정도달비용이다. 즉, 이 결정도달비용의 개념에는 정당정치가의 편익과 부담, 정당정치가의 정치적 가치와 그것을 위해 지불하는 금전적, 시간적, 정신

---

110) R. Salisbury & J. Heinz(1970). "A Theory of Policy Analysis and Preliminary Applications," I. Sharkansky (ed.), *Policy Analysis in Political Science*, Markham.

적인 희생과의 균형관계가 포함되어 있다. 통속적인 표현을 사용하면 결정도달비용이 낮은 정책이란 정당정치가가 직접 다루어 자신의 공적으로 하고 싶은 정책이며, 결정도달비용이 높은 정책이란 정당정치가가 직접 손을 대면 위험해 타인의 결정에 맡기고 싶은 정책이다.

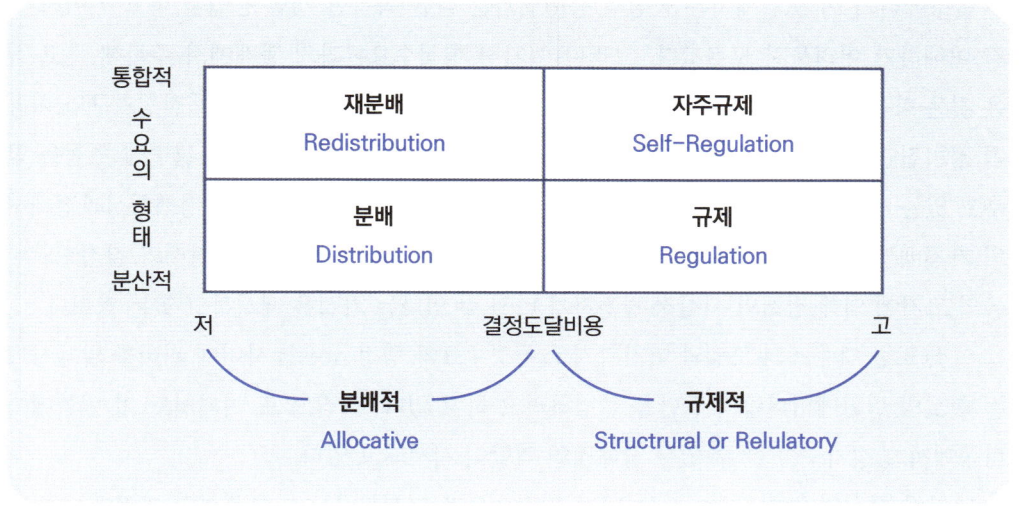

[그림 4-3]

솔즈베리는 수요의 형태와 결정도달비용이라는 2개의 기준을 조합해 위의 [그림 4-3]과 같이 정책을 4개의 유형으로 구별한다. 결정도달비용이 낮은 경우에는 의회가 직접 구체적인 가치배분을 결정하는 경향이 있으므로 이러한 종류의 정책을 배분적 정책이라 부른다. 이 배분적 정책 중에서 수요의 형태가 통합적일수록 정책결정기구의 대응은 가치재배분적 의의를 가진다. 이 정책을 요구하고 있는 이익집단에게 가치를 부여하는 것은 다른 잠재적 이익집단에서 가치를 박탈하는 것을 의미하기 때문이라고 한다. 그리고 수요의 형태가 분산적일 때는 경합하는 집단 간에 가치를 분배하게 된다고 한다.

결정도달비용이 높은 경우에는 의회는 큰 틀의 원칙만을 정하고 그 구체적 적용, 구체적 가치배분을 다른 기관의 결정에 맡기는 경향이 강하기 때문에 이러한 종류의 정책을 구조적 정책 또는 규제적 정책이라 부른다. 이 규제적 정책 중에서 수요의 형태가 통합적일 때, 즉 이익집단이 하나로 뭉쳐져 있고 이것에 대항하는 이익집단이 약할 때는 사안의 처리를 이 이익집단 자신에게 맡기려고 하므로 자주규제정책이라 불린다. 거꾸로 수요의 형태가 분산적일 때는 이익집단 상호 간에 다툼이 있고 게다가 정당정치가 그 조정을 회피하려고 하는 때이므로 사안의 처리가 주로 행정기구 또는 행정위원회 등의 전문기관에 맡겨진다고 한다.

솔즈베리의 이 모델에서는 통상의 용어법과는 다른 독특한 개념 용법을 하고 있어서 약간 이해하기 어려울지 모르겠다. 그러나 여기서 행정수요론과의 관계에서 주목해 두고 싶은 것은 다음의 3가지 점이다. 즉, 이 모델은 첫째, 정치시스템 내에서 정책결정기구와 비공식 정치집단 활동과의 관련, 특히 정치기구와 비공식 정치집단 활동과의 관련에 초점을 맞추고 있는 점이다. 둘째, 정책에 내재하는 실질적인 가치배분효과보다도 정책형성과정에서의 가치배분효과에 초점을 맞추고 있다는 점이다. 그리고 셋째, 수요의 형태와 결정도달비용의 고저에 의해 정책의 실질적 결정자가 바뀔 수 있다는 가설을 제시하고 있는 점이다.

이것 또한 다운즈의 모델과 마찬가지로 행정수요와 행정 needs 사이에 괴리를 발생시키는 현실의 변환메커니즘의 일단을 설명하려고 하고 있다. 그리고 또 여기서도 이 변환메커니즘에서 행정기구가 할 수 있는 상대적인 역할이 시사되고 있다.

이처럼 현실의 정치과정에서는 먼저 행정수요가 현재화하는 여론형성의 과정에서 어떤 편향이 나타나고 그다음에 이 여론의 압력에 대처하는 정치기구의 작동원리에서도 어떤 편향이 나타나고 있다. 행정 needs 그리고 정책은 정확히 말하면 단독의 정책결정자에 의해 「인정」되거나 「작성」되는 것이 아니라 정치과정의 다원적인 참가자 간의 상호작용 속에서 「형성」되는 것이다. 행정수요론은 소위 「행정소수요」와 「관제의 행정수요」의 관계를 본격적으로 문제 삼으려 한다면 이러한 「형성」과정의 특질들에 대해 고찰하지 않으면 안 된다.

소위 「행정수요의 측정」이 정책과제의 규모나 사업규모의 견적을 의미하는 것은 이미 언급했지만 이 「행정수요의 측정」에서는 행정기구가 「견적」의 주체로 상정되고 있다. 따라서 「행정수요의 측정」에 초점을 맞춘다는 것은 행정수요의 변환메커니즘 중의 제한된 한 측면만을 고찰하는 것을 의미한다. 이 관점이 현실적 타당성을 가질 수 있는 것은 행정기구가 실제로 정책결정기구의 중추이고, 행정 needs, 정책은 사실상 행정기구에 의해 인정되고 작성되고 있다고 볼 수 있는 조건이 성립하고 있는 경우이다.

3) 목적의 선정과 목표의 설정

그러면 행정기구는 어떻게 행정 needs를 인정하고 이것을 정책목적이나 정책목표에까지 정식화해 가야 하는가. 그리고 정책을 어떻게 사업계획으로까지 구체화해야 하는가.

먼저 맨 처음 생각되는 것이 프로그램체계의 설계라는 방법이다. 프로그램체계의 설계방법에 대해서는 다양한 논의가 있고 프로그램체계설계의 의의나 효능도 다면적이지만, 여기서는 프로그램체계설계가 정책목적들에 일람성(一覽性)을 주고 정책목적들과 행정 needs와의 대응관계를 대조하는 데 도움이 된다는 점에 착목하면 족하다. 즉, 행정 needs의 전체상과 그 충족방법을 재확인하기 위해 정책목적의 체계를 논리적으로 인수 분해를 해 보는 하향적 작업과 이 프로그램체계의 저변에 기존의 사업들을 적용해 보는 상향적 작업을 조합함으로써, 한편에서는 행정 needs의 충족에 공백영역이 발견되고 다른 한편에서는 불필요한 중복영역이 발견될 수 있다.

예를 들면 중증심신장애아의 수용사업을 수용치료, 수용돌봄, 수용훈련, 수용직업소개와 같이 분해를 해 보면 거기서 현재 시책에서는 훈련, 직업소개의 측면이 불균형하게 뒤처져 있는 것이 판명될지 모른다. 혹은 각종 장애아별로 특수학교의 설치현황을 점검해 보면 거기서 장기요양아에 대한 교육의 보장이 빠져 있는 사실이나 정서장애아 교육이 앞으로의 과제로 남아 있는 사실이 선명하게 될지 모른다. 독거노인에 대해 급식서비스가 시행되고 있는 취지에서 말하면 독거장애인에 대한 급식서비스도 필요한 것 아니냐는 균형관계도 문제가 될 수 있다. 또 이것과는 거꾸로 아동수당제도가 중앙정부의 시책으로 시행되고 있는 지금에는 예전에 선도적 의의가 있던 지방자치단체의 아동복지수당은 쓸데없는 중복이 아니냐는 점이 선명하게 되고, 혹은 도쿄도의 우애방문원제도와 일반시의 노인급식서비스 자원봉사자제도는 완전히 중복하고 오히려 이 중복이 불필요한 혼란을 일으키고 있는 점이 지적될지 모른다.

프로그램체계의 설계에서 대분류를 과제별로 해 보거나 지역별, 대상집단별로 해 보거나 더욱이 대상집단을 소득계층별, 직업별, 성별, 연령별로 파악해 보면 거기서 부각되는 문제점은 달라진다. 당면의 목적이 소위 라이프·사이클 계획의 입안에 있다면 기존 시책을 대상집단의 연령별로 정리해 보는 것이 필요할 것이다. 프로그램체계의 설계방법 속에 행정 needs의 이해 방식, 정책목적의 정식화 방식이 표현된다.

논리적 사고에 기초한 프로그램체계의 설계는 정책목적과 행정 needs의 대응관계를 전반적으로 총점검하는 데 유효한 방법이다. 그런데 그것은 행정의 책임영역을 확인하는 데 유효한 것으로 그것에서 바로 정책과제의 규모나 사업규모의 견적을 낼 수 있는 것은 아니다. 이「견적」을 행하기 위해서는 정책목적의 정식화나 조작가능한 정책목적의 설정만으로는 부족하며 정책목표나 사업목표의 설정이 전제조건으로 된다.[111] 그리고 행정 needs의 정책목표로의 변환, 정책목표의 사업목표로의 변환(실제로는 정책목표가 설정되어 있는 경우는 드물고, 행정 needs가 바로 사업목표로 변환되어 있는 것이 많다) 과정에서 각각의 대응관계에 괴리가 생기고 있다. 행정과정에서 실제로 문제가 되는 것은 사업목표치와 이것과 같은 지표로 측정한 현재의 달성치와의 격차, 즉 사업목표치를 달성하기 위해 앞으로 공급하지 않으면 안 되는 필요사업량의 견적이며 이것이「행정수요의 측정」이라 속칭되어 왔다. 따라서 사업목표치의 달성이 행정 needs의 충족으로 이어지고 있는지 어떤지는 별개로 평가되어야 할 문제이다.

그러면 사업목표치의 설정과 행정수요는 어떠한 관계로 되어 있을까? 사업목표치의 설정방법에는 크게 나누어 3가지 유형이 있다고 생각되기에, 도쿄도 중기계획의「전체계획」의 목표치 설정에서 구체적 예를 들어 이 3가지 유형과 행정수요와의 관계를 살펴보도록 하자.[112]

제1유형. 이것은 행정에서 당연히 조치해야 할 것으로 판단되어 있는 정책, 바꿔 말하면 행정 needs가 명확히 인정되어 행정의 책임영역으로 거의 확정하고 있는 정책에 관한 경우이며, 사업목표치의 산출기초로 어떤 실수치가 사용되는 경우이다. 예를 들면「기초자치단체별 아동·학생의 증가 수에 걸맞은 초·중학교를 신·증설한다」,「통학이 필요한 심신장애자 수를 실태조사로 파악하고 이것에 걸맞은 학교 수를 확보한다」,「구(區) 지역 등의 시가지구역에 대해서는 하수도 100% 보급을 목표로 한다」라는 산출방법이다. 이러한 예에서는 대상인구나 대상면적 등의 실수치가 판명되면 그것에서 어느 정도 자동으로 사업목표치가 도출된다.

---

111) 이하에서 사용하는 정책목적, 사업목적, 사업목표 등의 개념 구별은 다음의 논문에 의하고 있다. 西尾勝「効率と能率」(辻清明他編『行政学講座』제3권〔東京大学出版会, 1976년〕) pp.179-180, p.184, 이 책 제7장, pp.263-268.
112) 이 점은 일찍이 東京都企画調整局調査部『東京都における情報管理の現況と課題』(1973년)의 제4장『『中期計画』と情報管理』에서 검토했다. 또한 이 사업목표치의 설정방법에 관한 3가지 유형의 구별은 室橋一男「行政需要の測定と都における実例」(『行政管理』1972년 10월호)에서 많은 시사를 얻고 있는 점을 다시 한 번 양해해 둔다.

제2유형. 이것도 제1유형과 마찬가지로 행정에서 당연히 조치해야 할 것으로 판명된 정책에 관한 경우이지만, 다만 일정한 실수치를 기초로 하면서도 이것에 몇 가지 조작을 가해 사업목표치를 추계하는 경우이다. 예를 들면「도쿄도 심신장애자 실태조사에서 돌봄을 필요로 하는 사람 수를 통계적으로 추계해 이것에 추정되는 상시돌봄필요율을 곱하고 헬퍼 1인당 담당 수를 나누어 홈 헬퍼의 설치 수를 산출한다」,「도쿄도 민생행정기초조사를 기초로 노령인구에 일정 기준 이하의 저소득층 발현율을 곱하고 이것에서 현재 수용 수를 뺀 수에 요수용 발현율을 곱하고 더욱이 입소희망률을 곱해 노인 홈의 건설 필요 수를 산출한다」라는 산출방법이다. 이 제2유형에서는 첫째,「발현율」이라는 통계적 추계치의 타당성, 구체적으로 말하면 표본추출의 타당성 등이 문제가 될 수 있다. 둘째,「필요로 하는 사람」이나「필요율」등에 대해 객관적인 판정기준이 설정되어 있는지 어떤지, 설정된 기준에 대해 어느 정도의 사회적 합의가 성립하고 있는지 어떤지가 물어질 수 있다. 셋째,「입소희망률」이라는 추계치를 사용하는 것의 타당성이 물어질 수 있다. 입소희망률이 과거에 나타난 도쿄도민의 입소희망률이라면 이것을 금후의 사업목표치를 산출할 때의 적정한 근거로써 사용할 수 있을까 하는 문제이다. 입소를 희망하는가 하지 않는가, 즉 수요의 발현방식은 노인 홈의 거리상의 인접함이나 서비스의 질·양에 좌우되는 것은 아닌가. 서비스의 질·양이 선호곡선을 바꾸고 있는 것은 아닌가. 그렇다면 앞으로 서비스 질·양의 개선은 이 입소희망률을 변동시키는 것은 아닐까 하는 문제이다.

제3유형. 이것은 행정의 책임영역이 아직 불확정적인 정책에 대해 일정한 사업목표치를 설정하려는 경우이다. 예를 들면「아동의 생활행동거리를 고려해 놀이터에 대해서는 반경 250m의 유치(誘致)권에 1개소, 아동관에 대해서는 공립초등학교 구역에 1개관을 건설한다」,「도민 1인당 6㎡의 도시공원의 확보를 목표로 하면서 당면 1980년도까지 1인당 3㎡의 공원을 도시최저기준으로 확보한다」,「도립고교의 신설 수는 공립중학교 졸업생의 50% 수용을 목표로 산출한다」라는 설정방법이다. 이 제3유형에서는 250m, 3㎡, 50%라는 수치가 이용되고 있지만 이러한 수치에는 대부분 객관적인 근거다운 근거가 없다. 이 경우 견적을 내는 사람은 행정 needs에서 당면의 목표치를 산출하고 있는 것이 아니라 거꾸로 목표치의 설정을 통해 스스로 행정 needs의 인정을 행하고 있다. 이 유형에서는 역사적인 제 조건이나 공·사의 분담관계, 재정사정, 집행능력 등등에 대한 정책적 판단이 중심이 되고 있다.

견적을 내는 사람의 주관적인 가치판단이 작용할 여지는 제1유형 → 제2유형 → 제3유형에 이를수록 크다. 그리고 이것을 행정수요와의 관계에서 보면 제3유형의 정책에서 행정 needs의 인정이 가장 탄력적이며 행정수요의 강도가 행정 needs의 인정과 사업목표치의 설정에 강하게 작용한다. 제2유형의 정책이 이다음이며, 제1유형의 정책에서는 이미 행정수요의 압력 없이도 사업은 행정기구에 의해 자동으로 계획화되고 실시되어 간다. 이것을 뒤집어 말하면 행정수요는 행정 needs로서 명확히 인정되어 사업계획화 되어 있지 않은 분야에 대해서 현재화하며, 이미 사업계획화되어 착실히 추진되고 있는 분야에 대해서는 새삼스레 요구라는 형태로 현재화하지 않는다.

이것은 사업의 총량에 대해서뿐만 아니라 사업의 지역적 우선순위에 대해서도 타당하다. 행정서비스 달성치의 지역 격차가 명시되고 이 격차를 해소해 갈 지역적 우선순위가 객관적 기준으로 정해져 계획화되어 있으면 행정수요는 지역별 진정청원경쟁이라는 형태로 현재화하지 않을 것이다.

따라서 현재(顯在)행정수요의 평가는 행정서비스의 지금까지의 스톡 양과의 상대관계에서 이루어져야 할 것이며 또 현재의 사업방법과의 상대관계에서 이루어져야 할 성질의 것이다. 「측정」(견적)의 대상은 사업규모이든지 아니면 정책과제의 규모이지 행정수요 그 자체는 아니다. 행정수요 그 자체는 견적을 내는 것이 아니라 평가해야 하는 것, 그 발생원인과 그 의미 내용을 해명해야 하는 것이라 말할 수 있다.

4. 정책의 평가과정

1) 평가의 차원

지금까지는 정책결정기구가 정책목적을 정하고 사업계획을 작성한다는 관점에서 행정수요와 사업의 대응관계를 고찰해 왔다. 그런데 정치시스템을 하나의 순환회로로 본다면 이 대응관계는 사업의 실시가 행정수요에 주는 충격이라는 관점에서 고찰할 수도 있다. 그리고 이 관점에서 고찰하기 위해서는 먼저 행정활동의 성과를 평가하는 각종의 레벨 구분을 명확히 해 둘 필요가 있을 것이다.

행정활동 성과의 평가차원으로는 예전에 다른 논고에서 자세히 논한 바와 같이[113] 비용 → 작업 → 사업 → 효과 → 효용이라는 5개 차원으로 구분해 보고 싶다. 요약적으로 재론하면 비용이란 작업에 동원되는 자원들을 조달하기 위해 투입되는 금전지출과 사업에 직접 투입되는 이전적 지출이다. 작업이란 사업에 투입되는 직원노동·소모품·비품·설비·시설 등 금전 이외의 자원들의 물리적인 이용량이다. 사업이란 정치체계가 사회생활에 공급하는 재·서비스이다. 그리고 효과란 사업이 사회상태에 주는 변화이며 비용에서 사업에 이르는 행정활동의 객관적인 최종산출물이다. 사업차원의 성과는 사업목적이나 사업목표에 대응하는 산출지표로 파악되는 데 대해, 효과는 정책목적이나 정책목표에 대응하는 산출지표로 파악된다. 그리고 마지막의 효용은 행정활동에 대한 시민의 주관적인 평가, 즉 심리적인 만족감·불만족감이다.

평가차원을 이처럼 구분해서 생각하면 사업차원의 성과와 이것에 기초한 효용의 변화 사이에는 정책효과의 발생이 개재하고 있다. 사업의 성과가 행정수요에 주는 충격을 확인하더라도 사업과 효용의 직접적인 대응관계는 희박하다. 이것은 행정 needs에서 사업목표의 설정에 이르는 변환과정에 논리적으로는 정책목적의 선정이라는 중간항이 개재하고 있어야 했던 것에 대응하고 있지만, 평가과정에서는 정책목적이나 정책목표에 대응하는 객관적인 효과의 확인 없이는 행정활동과 이것에 대한 시민의 주관적 평가와의 대응관계를 충분히 해명할 수는 없다. 개별 사업에 대응하는 효용의 평가는 상당한 정도로 정책효과에 관한 비용유효도분석이나 비용편익분석을 전제조건으로 한다.

미충족의 효용인 수요는 각 복지항목에 관한 시민의 원망(願望)수준과 현재의 달성수준(스톡 양)과의 괴리를 반영하고 있다고도 생각된다. 그렇다면 수요의 강도는 원망수준의 인하에 의해서도 달성수준의 인상에 의해서도 완화될 수 있을 것이다. 따라서 정치지도에 의해 시민의 과도한 기대감이 제지되고 끝없는 결핍감, 기아감의 팽창이 억제되어 원망수준이 떨어지는 경우도 있을 것이다. 혹은 단순한 상징조작이 카타르시스 작용을 하거나 명목적인 형태만의 대응책이 의외로 커다란 심리요법 효과를 보여 달성수준이 올라간 것 같은 착각을 만들어 내는 경우도 있을 것이다. 그러나 통상의 정책은 조직적인 행정활동을 통해서 스톡 양을 증가시키고 복지의 달성수준을 끌어올림으로써 수요를 충족하려고 의도하는 것이

---

113) 앞의 논문, 「効率と能率」을 참조.

며, 또 그러한 것으로 성과를 평가해야 할 것이다. 그렇다면 개개 사업이 각 복지항목의 스톡 양에 어느 정도의 객관적인 변동을 주고 있는가라는 효과차원의 성과를 먼저 확인할 필요가 있다.

2) 정보의 피드백 회로

그래서 다음에는 행정활동의 결과에 관한 정보가 행정기구에 어떠한 형태로「유입」해 오는가, 또 이것을 행정기구가 어떠한 형태로 자각적, 적극적으로「수집」하는가라는 피드백 회로에 대해 잠시 살펴보자. 이 피드백 회로에는 주관적 평가＝효용정보의 그것과 객관적 평가＝성과정보의 그것이 있다.

먼저 효용정보부터 보자. 정책으로부터 직접·간접으로 영향을 받는 외부집단에는 이 정책에 대한 반응정보를 적극적으로 송신해 오는 집단과 이것을 하지 않는 집단이 있다. 예를 들면 상급 감독기관, 관계행정부문, 관계전문가집단, 사업의 청부업자 등과 같이 업무상 일상적으로 커뮤니케이션이 성립하고 있는 외부집단은 전자의 범주에 속한다. 특히, 비판적인 반응정보는 이쪽이 각별한 노력을 하지 않아도 자연히 유입해 온다. 그런데 정책의 수익자집단은 그 감사의 뜻을 반드시 송신해 온다고는 할 수 없다. 그 행정서비스의 공급이 행정의 당연한 임무이고 그 향유는 시민의 당연한 권리라고 생각되는 때는 더욱 그렇다. 간접적인 수익자는 수익의 자각조차 없는 경우도 적지 않다. 또 정책에서 손해를 입은 시민은 충분히 조직화되어 있지 않아서 그 비판적인 반응정보를 유효하게 환류시킬 수 없는 경우가 많다. 이러한 반응정보의 편향 문제야말로 바로 다운즈 모델이 설명하려고 시도했던 것이다.

그런데 정책의 작성과 실시를 담당하는 행정기구의 입장에서는 비판적인 반응정보보다도 오히려 정책의 플러스 면을 평가하는 지원적인 반응정보를 원한다. 이것 없이는 정치기구의 지지 조달이 어렵고 예산의 쟁탈전에도 불리하다. 그래서 행정기구는 소관 정책을 지원하고, 또 그 확충을 촉구하는 고객집단이나 위성집단을 의식적으로 자기주변에 조직화하려고 노력한다. 더욱이 여론조사 등의 수법을 활용해서 수익의식을 넓은 범위에 걸쳐 표면화시키고 혹은 잠재수요의 발굴을 꾀한다.

앞의 솔즈베리 모델이 시사하는 바와 같이 정치기구를 구성하는 정당정치가에게는 이러한 효용정보가 전부일지 모른다. 하지만 정책집단으로서의 행정기구에게는 이러한 효용정보만으로는 불충분하다. 이 정책기술의 전문가 세계에서는 정책을 정당화하고 정책의 합리성을 논증하는데 충분한 객관적인 성과정보의 입수가 필요불가결하다. 그리고 이 성과정보는 자연히 유입해 오는 것이 아니다. 성과정보의 피드백 회로는 의식적으로 설정되지 않으면 안 된다.

이 노력은 모든 정책에서 기초자료로서 국세조사를 비롯한 각종 지정통계의 수집에서 시작한다. 이것으로 정책과제의 최대 규정요인인 사회경제적 요인의 동향을 파악하고 사업목표치의 산출기초를 얻으려고 한다. 그다음에 행정활동의 실적을 기록하고 실시상황을 점검하기 위해 각종 업무통계가 수집된다. 그런데 소위 업무통계의 대부분은 작업 또는 사업차원의 흐름을 나타내고 있을 뿐 그 스톡 양을 표시하고 있지 않다. 스톡 양을 표시하고 있더라도 목표치와 대비한 달성정도, 즉 유효성을 표시하고 있지 않기 때문에 거기서 바로 행정활동의 좋고 나쁨을 판단할 수 있는 것은 아니다. 평가에 도움이 되는 성과정보를 수집하기 위해서는 사업목표를 조작가능한 형태로 설정하고 유효성 평가를 쉽게 자동적으로 할 수 있도록 해 두지 않으면 안 된다. 도쿄도의 중기계획과 같은 소위 시민적 최소기준(civil minimum)에 입각한 계획의 책정은 이러한 시스템 만들기 시도이다. 말하자면 정책에 대해서도 「표준」을 설정하고 「표준」과의 차이를 주의환기정보로 활용하는 관리수법이다.

그러나 계획상에 설정된 목표치나 업무통계상에 나타난 실적치 그 대부분은 작업 또는 사업차원의 산출지표에 그친다. 한 단계 더 높은 궁극적인 성과정보로서 효과차원에 관한 그것의 수집이 필요하다. 이것이야말로 다른 논문에서 논한 바와 같이[114] 비용유효도분석이나 비용편익분석이 의도한 것이며 또 프로그램평가나 프로그램분석평가가 의도하고 있는 것인데, 효과차원의 성과정보의 수집과 해석은 지금으로서는 초보적인 시행단계를 벗어나 있지 않다. 개개 정책에 대한 효과차원의 성과정보를 항시적 또한 충분히 수집하면 그것은 대단히 막대한 정보량이 되기 때문에 그 정보처리를 위해서는 소위 관리정보시스템의 확립이 선결요건으로 될 것이다. 유효성의 평가뿐만 아니라 능률성 평가까지 의도할 때는 더욱 그렇다.

이처럼 개개 정책의 객관적 효과의 파악이 현 상태에서 곤란하다면 개개 정책에 대한 시

---

114) 상동.

민의 주관적 평가, 개개 정책에 기인하는 효용의 변화를 객관적으로 식별해 파악하는 것은 극히 어려운 과제라고 말하지 않을 수 없다.

3) 효용의 평가

이처럼 개개 정책에 유래하는 효용의 변화를 식별하고 그 발생원인과 그 의미내용을 평가하는 것은 매우 어려운 일이지만, 이 개개 정책과의 직접적 대응관계의 확인이라는 과제를 단념하면 그 나름의 효용평가가 가능하다. 사실 효용을 어떤 형태로 계량적으로 파악하고 분석하려는 시도는 서서히 축적되어 오고 있다. 그래서 두세 개의 대표적인 사례를 선정해서 그 평가수법의 의의와 한계를 살펴보자.

행정수요의 변동을 파악하는 수법으로 가장 초보적이면서 상당히 실용적 의의가 있고 실제로 폭넓게 활용되고 있는 것은 중요도 조사이다. 즉, 시민의식조사를 통해 시민이 정치체계에 대해 무엇을 강하게 요망하고 기대하고 있는지를 묻는다. 예를 들면 일정한 정책분야별 항목의 메뉴를 보여 주고 여기에서 요망이 강한 순위로 제1순위에서 제3순위까지 선택하게 한다. 이렇게 해서 시민의 수요가 어느 정책분야에 강하냐라는 서수(序数) 관계를 밝히는 수법이다. 이 수법이 일정한 방식으로 장기간 계속되면 행정수요의 시계열 변동이 상당히 명료하게 떠오른다. 또 이것을 지역별로 분해를 하면 행정수요의 지역차가 상당히 명료하게 될 수 있다.

그러나 이 수법에서는 회답의 양태가 정책분야별 항목 메뉴의 제시방법에 강하게 규정된다. 이 메뉴에 적확하게 표현할 수 없는 수요는 그것이 아무리 강한 수요라도 현재화하지 않는다. 메뉴를 바꾸면 중요도의 서수 관계는 크게 변동할 가능성이 있다. 또 이 수법은 개개 정책과 수요의 대응관계를 분석하는 것이 아닌 것은 물론이고, 행정서비스의 실적과 수요의 관계를 해명하지 않으며 생활환경수준이라는 스톡 양과 수요의 관계를 밝히는 것도 아니다. 조사를 통해 현재화한 수요 강도의 변동원인과 의미내용은 「해석」할 수밖에 없다.

조금 더 고도한 효용평가수법의 일례로 히타치(日立)제작소 시스템개발연구소가 히로시마(広島)시를 대상으로 행한 「도시경영시스템연구」가 있다.[115] 이 연구의 평가모델에서는 주

---

[115] 자세한 것은 日本都市センター『都市総合管理システムの研究開発報告書(一)─都市経営システムの研究』(1972年)를 참조. 연구의 개략은 小沢紀美子『住民意識のフィードバック法』『自治研修』187号, 1976年 3月

민의 가치구조를 나타내는 가치체계의 설정과 주민의 가치의식을 모델화한 가치함수의 설정이 기본으로 되어 있다.

먼저 가치체계는「살기 좋은 도시」라는 〈대목표〉가「생명의 존속·유지」·「생활기반의 충실」·「인간성의 향상」이라는 3가지 〈목표〉로 분해되고, 이 〈목표〉는 더욱 〈분야〉 → 〈중간항목〉 → 〈최하위항목〉으로 분해된다. 즉, 가치체계는 5단계의 체계로 설계되어 있다. 예를 들면 〈분야〉의 하나인「주거」는 〈중간항목〉에서「넓이」·「설비」·「만들기」로 분해되고 이「넓이」는 〈최하위항목〉에서「방의 넓이」·「방의 수」로 분해된다. 그리고 이 가치체계의 저변에 있는 각 〈최하위항목〉의 스톡 양을 파악하는 단일의 지표로서 〈퍼포먼스(도시성능)〉가 선택된다. 예를 들면「방의 넓이」는 1인당 다다미 수,「대지의 넓이」는 집 한 채당 대지면적,「방의 수」는 1인당 방 수로 파악된다. 이 가치체계의 타당성은 주민의식조사의 데이터를 이용한 다차원척도구성법(크루스칼 알고리즘)에 기초해서 검증했다고 한다.

다음으로 가치함수를 설정한다. 여기서는 퍼포먼스와 주민의 만족도는 일차원의 관계에 있다고 가정된다. 그리고 퍼포먼스 척도의 상한에 해당하는 만족수준과 하한에 해당하는 허용한계수준을 설정한다. 한편 주민의식조사데이터를 최소자승법으로 처리함으로써 퍼포먼스의 변동에 대응하는 만족도의 변동치를 확인하고, 이 만족척도상의 값을 만족수준에 대응하는 1.0에서 허용한계수준에 대응하는 0.0 사이의 상대적인 가치척도로 치환한다. 여기서「가치의 합성」을 하기 위해 항목 간의 상대적 관계를 나타내는「가중치」가 필요하다. 그래서「중요도」에 관한 주민의식조사데이터에 주성분분석법을 적용하고 거기서 구한 인자부하량을 규준화해서 이것을「가중치」로 한다.

이 가치체계와 가치함수를 사용하면 정책의 변동을 퍼포먼스의 변동으로 변환하고 퍼포먼스의 변동을 만족도의 변동으로 변환하는 것이 가능하게 되고 정책이 효용에 주는 충격을 확인할 수 있다고 한다. 그러나 이 연구에서는 개개 정책 또는 사업의 변화와 퍼포먼스의 변동과의 대응관계를 검증하고 있지 않으며, 그 의미에서 이 연구의 의의는 여기서는 도시성능이라 불리고 있는 생활환경수준의 스톡 양과 시민만족도와의 대응관계 규명에 머물고 있다고 봐야 할 것이다.

더 근본에 거슬러 올라가면 연구담당자 스스로 승인하고 있듯이 이 복잡하고 세밀한 효

号)를 참조.

용평가수법은 2가지의 단순하고 기본적인 가정에 서 있다.[116] 즉, 주민의 의식구조가 시간적으로 일정하고 또 안정하고 있다는 가정과 주민의 가치판단이 퍼포먼스와 일차원의 관계에 있고 또 항목 간의 트레이드·오프가 일정하다는 가정에 서 있다. 그런데 이 전제조건이 현실에 성립하고 있다는 보증은 어디에도 없다. 오히려 이 전제조건은 성립하고 있지 않다라고 보이는 데 효용평가의 기본문제가 있다. 더욱이 이것 또한 연구담당자 스스로 지적하고 있듯이 이 수법에는 의식조사 자체가 가진 여러 가지 한계가 따라다니고 있으며, 주민의 주관적 평가는 일상에 가까운 사항에 대해서는 반응이 민감하지만 다른 문제에 대해서는 적합도가 좋지 않은 현상이 뚜렷하다.

효용평가수법의 또 다른 예로 동경공업대학 사회공학과의 연구를 보자.[117] 이 연구는 객관적 지표와 주관적 판단을 통합하고 이것을 정책의 목표설정, 평가, 의사결정에 유효하게 이용하는 것을 궁극의 목적으로 하면서 당면은 분석 틀 만들기와 그 예비조사를 시도한 것으로, (1) 복지를 거시적 지표가 아니라 개인에의 최종적인 미시적 산출지표에서 파악하는 것, (2) 이 객관적 지표와 주관적 만족도의 대응관계를 추구하는 것, (3) 지표의 평균치가 아니라 분포를 문제 삼아 재·서비스 분배의 공정함과 이것에 대한 개인의 수용방식을 조사하는 것을 목적으로 하고 있다.

구체적으로는 주민의식조사를 통해 연대·여가·통근·공개·의료·주택·소득의 7개 항목에 관련하는 객관적인 스톡 양과 주관적 만족도를 파악하고 그사이의 대응관계를 분석하고 있다. 이러한 7개 항목의 선정은 사회지표로서 대표적인 것, 개인 혹은 세대 차원에서 최종적인 산출의 지표화가 용이한 것, 공공정책에 의해 커다란 영향을 받는 분야인 것이라는 3가지 기준에 따랐다고 한다.

이 연구는 앞의 히타치제작소 시스템개발연구소의 그것처럼 장대한 도시경영시스템의 모델화를 의도한 것은 아니지만 그 반면에 항목별로 객관적 지표와 주관적 평가의 대응관계를 면밀히 분석하고 있다. 더욱이 이 단순한 대응관계의 분석에 머물지 않고 재·서비스의 스톡 양과 선호의 변화, 항목 간 트레이드·오프 변화와의 관계를 분석하고 있다. 또 어떤 사회적 범주에 속하는 사람의 복지수준은 그 사회적 지위 특유의 공통성을 보이고 있다는 가

---

116) 小沢紀美子, 앞 논문, pp.16-17.
117) 東京工業大学社会工学科林研究室『公共政策の評価に関する研究』(1974年)의 제2부「公共政策の評価のための方法論」을 참조.

설에 서서 이것을 「재의 균형」이라는 용어로 부르고 있다. 그리고 이 「재의 균형」과 개개인 만족도와의 관계를 분석하는 하나의 방법으로 각 사회적 범주의 평균적 충족수준과의 차이와 만족도와의 관계를 보기로 하고 분석대상에 주택면적을 선정하고 있다.

이러한 분석의 결론으로 다음과 같은 총괄이 이루어지고 있다.[118] (1) 객관적 지표와 주관적 판단 사이에는 명확한 대응관계가 있으며 특히 객관적 지표가 연속한 물리량일 때는 상당한 판단의 일치를 본다. (2) 주택의 사례에서는 재에 대한 만족도는 각 재의 스톡에만 의존하고 소득에는 영향을 받지 않는다. (3) 주택, 소득에서는 지역의 평균적 수준에 대한 자기의 상대적 위치가 만족도에 영향을 준다. (4) 재의 스톡 상태에 따른 선호의 패턴에는 상당한 규칙성이 보인다.

동경공업대학 사회공학과의 연구는 예비조사단계에 있다고 하지만 앞의 히타치제작소 시스템개발연구소의 연구에 비하면 효용평가의 기본문제에 육박하고 있다고 말할 수 있다. 하지만 어느 것이나 효용평가의 시도는 이제 막 시작되었으며 효용평가의 의의를 확인하기 위해서는 조금 더 객관적인 연구축적을 기다리지 않으면 안 될 것이다.

4) 거시적 복지지표

정책의 효과평가든 효용평가든 개개 정책이나 개개 생활환경지표와의 직접적인 대응관계를 미시적으로 분석하는 것이 전도 난망하다면 적어도 시민복지에 관련된 플로우(flow) 양이나 스톡(stock) 양을 거시적인 지표에서 파악하고, 이것을 통해 사회상태의 동향을 확인해 정책방향의 선택지침으로 삼으려는 발상이 나온다. 소위 「사회지표」의 작성이나 GNP를 보완하는 NNW의 개발과 같은 시도가 그것이다. 일본에서도 일찍이 경제심의회 기획위원회는 국민소득 프레임이 경제계획에서 수행하는 역할의 중요성을 긍정하면서 이것을 보완하고 국민복지를 더 정확하게 표시하는 수법을 개발할 필요가 있다면서, (1) GNP의 복지지표로서의 기능을 강화하는 방법, (2) 사회적 축적수준에서의 접근, (3) 사회적 목표별 국민총지출의 추계, (4) 비화폐적 접근에 의한 복지지표의 개발이라는 4가지 접근방법을 시사했다. 1971년 5월에는 경제심의회에 NNW 개발위원회가 설치되고 동 위원회는 상기 (1)의 방법

---

[118] 상동, p.283.

에 착목해서 국민소득개념에 수정을 가하고 국민복지를 보다 정확하게 표시하는 화폐적 지표로서 NNW(Net National Welfare: 국민복지지표)의 개발에 노력하고 있다.[119]

NNW개발위원회의 견해에 따르면 국민소득개념은 원래 경제복지 중시의 시점에 서 있었다고 한다. 이것은 스미스의 「연(年) 생산물」에 거슬러 올라가지 않아도 피구(Arthur Cecil Pigou)의 「국민소득」, 「국민분배분」을 보면 명확하다고 한다. 그런데 GNP 추계 역사의 흐름 속에서 경제복지 중시의 시점에서 서서히 유효수요 중시의 시점으로 추이하고 GNP가 경제활동수준의 지표로 변질해 왔다고 한다. 그리고 오늘날의 GNP는 지출-생산-분배의 성장과정을 예측하는 데 여전히 유효하기 때문에 GNP 그 자체의 추계방법을 변경하는 것 없이, GNP와는 따로 이것을 보완하는 지표로 경제복지를 보다 정확하게 나타내는 NNW를 개발하는 것이 타당하다고 한다.

NNW는 종래 GNP 중에서 평가되지 않았던 몇 가지 항목에 대해서도 이것이 국민에 초래하는 편익을 의제적으로 소비로 간주해서 산입함과 동시에, 다른 한편으로는 종래 소비라 생각되고 있던 것을 일체 제외함으로써 국민의 경제복지를 구성하는 소비의 양을 GNP보다도 더 정확하게 표시하려는 것이다. 좀 더 구체적으로 말하면 주요한 보정 점은 다음과 같다. (1) 「사회·정치환경」을 유지하기 위한 재정지출이 그 유지차원을 넘어서 그 개선에까지 가지 않는 범위에서는 이것을 "defensive"(현상유지적)한 지출로서 GNP에서 공제한다. (2) 마찬가지로 물·대기의 오염 등 공해나 교통체증 등을 배제하는 데 그치는 공해방지지출 등도 이것이 "defensive"한 성질인 이상은 GNP에서 뺀다. (3) 지금까지 GNP에 포함되지 않았던 주부의 가정 내 서비스, 여가시간의 의제적 평가액을 포함한다. (4) GNP 중 개인소비지출의 추계에서 종종 생략되어 온 생활 관련의 사회자본 스톡이나 소비자 보유 내구소비재의 편익을 산입한다. (5) 도시지역에서의 통근비 증가, 비싼 집세 등 개인소비지출 속에서 "defensive"한 성질을 가진 비용은 공제한다.[120]

즉, NNW는 어디까지나 매년의 소비를 플로우(flow)양으로 계측하는 것이며 또 화폐적 표시의 가능성이라는 틀 내에서 시장기구에서의 평가 혹은 그 연장으로서 기회비용적인 의제적 평가의 성립을 전제로 추계되는 것이다. 그것은 경제복지의 통계적 객관화의 시점에

---

119) 経済審議会NNW開発委員会『新しい福祉指標-NNW』(大蔵省印刷局, 1973年) 참조.
120) 이러한 성격을 가진 NNW와 GNP 사이에 구체적인 사례의 파악방법에 어떠한 차이가 생길 수 있는가는 앞의 책, pp.45-46에 설명되어 있다.

서 일단 비교적 용이하고 무난한 추계방법을 개발한 것이다. 따라서 NNW 개발위원회가 인정하고 있듯이 플로우(flow)개념으로서의 NNW가 정말로 경제복지지표의 역할을 수행하기 위해서는 각종 자본 스톡 양에 의한 보완이 필요하다. 더욱이 환경·스톡 면을 개별적으로 비화폐적으로 파악하는「사회지표」에 의한 보충도 필요하다.[121]

이「사회지표」에 대해서는 유엔의 사회개발연구소나 OECD에서도 그 개발이 시도되고 있으며 일본에서도 1969년도『국민생활백서』에는「생활행동수준지표」와「생활환경지표」 등이 발표되고 있다. 그리고 이러한「사회지표」에는 몇 가지 공통의 문제점이 지적되고 있다.[122] (1) 개개 복지항목(예를 들면 영양, 자유시간과 같은)의 수준을 단일 또는 몇 개의 지표로 표시하기 때문에 그 복지항목의 전 측면을 파악하고 있지 않다. (2) 개개 지표가 균질적이며 소비의 다양화에 대응하지 못하고 있다. (3) 개별지표가 비화폐적인 실수의 특징을 갖지 않은 형식으로 표시되기 때문에 연산 가능성이 없다. (4) 개별지표를 종합할 때의「가치의 합성」의「가중치」를 어떻게 정할까, 현실의 소비지출 데이터 등과 사회지표의 개별값을 대응시켜서「가중치」를 결정하든 의식조사에서 얻은 주관적인 가치선호도에서「가중치」를 결정하든 이것이 어디까지 타당성을 가질까 하는 점일 것이다. 그러나 이러한 문제점이 내재함에도「사회지표」는 복지항목을 직접적으로 비화폐적인 원단위지표로 파악하기 때문에 적어도「기초적 needs」의 국제비교, 지역 간 비교, 시계열 비교를 개별지표별로 가능하게 하는 중요한 의의를 갖고 있다.

이상과 같이 고찰해 오면 정책효과의 평가, 효용의 평가, 스톡 양과 그 분포의 평가, 사회지표에 의한 평가, NNW에 의한 평가 등은 각각 밀접하게 관련하고 상보적인 관계를 가져야 함에도, 각각이 지금 개발도상에 있으며 아직도 그들 간의 상호관계를 충분히 해명할 단계에까지 도달하고 있지 않은 것을 알 수 있다.

5. 맺음말: 행정수요개념의 한계

일본에서 생성한 행정수요개념을 재구성하고 이것을 행정수요 → 행정 needs → 정책 →

---

121) 상동, p.30, p33.
122) 상동, pp.36-38. 혹은 小室直樹「福祉指標作製における方法論的基本問題」(『行政管理』1972年 3月号) 등을 참조.

행정활동 → 효과 → 효용 → 행정수요라는 일련의 순환적 변환과정의 문제로 이해한다면, 행정수요론은 먼저 개인적인 소비수요, 개인적인 해결을 넘어 공공적인 처리를 요하는 이른바 공공수요, 그리고 그 속의 행정수요와의 상호관계의 문제에 직면해 수요의 제어라는 관점을 도입하지 않으면 안 된다는 것을 깨닫는다. 그리고 또 행정수요는 정책의 형성과정에서부터 작성과정 게다가 정책의 평가과정에까지 깊숙이 관련된 개념인 것을 알 수 있다. 그 의미에서 행정수요론은 행정의 본질에 관계되는 대단히 저변이 넓은 문제영역이라 말할 수 있다.

그러나 행정수요개념을 사용해서 행정과정을 고찰하는 방법에는 극복할 수 없는 한계가 있다. 그것은 처음에 지적한 것처럼 행정수요개념은 어디까지나 정책의 실질, 정책의 유효성에 관련된 개념이며, 정치과정이나 정책형성과정의 정통성 또는 타당성에 관련된 개념이 아니라는 점이다. 이것은 이 글에서처럼 행정수요개념을 재구성한 경우에도 역시 변하지 않는다.

이 문제는 행정 needs의 「인정」 주체로 정책결정기구를 상정하고 혹은 사업목표치의 「견적」 주체로 행정기구를 상정한 것과 밀접히 관련하고 있다. 말하자면 여기서는 「우리들」과 「그들」, 국민과 정부, 시민과 정책작성자라는 이분법이 사용되고 그 위에 그 사이의 상호작용이 파악되고 있다. 이 방법은 정치과정 현실의 작동상황을 기술하고 설명하는데 편리하다. 그렇지만 시민공화의 사상, 시민자치의 헌법이론, 정치과정에의 시민참가라는 관점에서 생각하면 이러한 이분법 그 자체에 기본적인 문제가 있다.

이 점은 행정수요개념과 마쓰시타(松下圭一) 교수가 제기해 온 시민적 최소기준(civilian minimum)개념과 대비해 보면 한층 더 명료하다. 즉, 시민적 최소기준은 시민이 형성하는 생활권 기준이며 그다음 지방자치단체의 정책기준이며 그리고 이 지방자치단체의 정책기준의 확산을 통해 국민적 최소기준(national minimum)을 상향 확대해 가는 것이라 한다. 시민적 최소기준론에서는 행정 needs를 인정하는 주체와 과정의 문제가 핵심이며, 이 주체가 제1차적으로 시민이며 제2차적으로 지방자치단체이다. 이른바 전체의사로서의 행정수요 중에서 이른바 일반의사로서의 행정 needs가 형성되고 이 일반의사로서의 행정 needs가 그대로 지방자치단체의 정책목표로 변환되지 않으면 안 된다고 한다. 그리고 이 변환과정에서 시민자치, 시민참가가 당연한 전제로 되어 있다. 「공공적인 것」은 인정되거나 설정되는 것이 아니라 형성되어야 한다. 게다가 그것은 정책결정기구 내에서가 아니라 폭넓은 시민 차원의 토의에서 시민생활의 권리가 조정되는 과정에서 형성되어야 한다.

행정수요개념은 정책의 유효성과 능률성 개념과 마찬가지로 정치과정에서 「적정 절차」를 논하는데 적합한 개념은 아니다. 이 한계를 명료하게 자각하면서 그 범위 내에서 이 개념을 재구성하고 활용하려는 것이 이 글의 입장이다.

제5장
정책의 작성과 형성

1. 머리말: 〈결정작성〉과 〈정책형성〉

〈결정작성〉(decision making)이라는 개념은 일반적으로 한 사람의 인간이 문제에 대처하는 행동방침을 선택하고 혹은 문제에 대해 해석, 평가, 의견을 확정하는 것을 통해 이 문제를 해결하는 사고활동을 의미하는 것으로 사용되고 있다. 거기서는 결정을 현실화하기 위해 새로운 행동이 필요한지 어떤지 또 타인의 결정작성이나 행동이 결정의 현실화 요건으로 되고 있는지 어떤지는 일단 묻지 않는다.

그리고 이 개념 틀을 그대로 조직에 의한 결정에 적용할 때는 조직(organization)을 하나의 유기체(organism)로 유추하든지 아니면 조직 내의 결정권한자의 결정을 조직의 결정으로 간주하는 편법이 강구된다.

〈결정작성〉의 개념 틀은 결정작성에 이르는 사회과정을 결정작성의 전제로 처리하고 이것을 모두 결정작성자의 내면에 수렴시킨다. 또 결정작성에 기인하는 사회과정은 예측의 문제로 처리된다. 결정작성을 둘러싼 인간과 인간의 상호작용, 커뮤니케이션은 의식적으로 사상(捨象)되고 시간의 흐름은 결정작성행위에 수렴되어 거기서 정지(靜止)되어 있다고 말할 수 있다. 여기서는 정보의 활용이 관심 대상이며 정보의 흐름은 틀 외부에 두어진다.

이처럼 결정작성을 하나의 완결된 행위로 파악하는 개념 틀은 결정작성행위에 내재하는 주체적인 선택의 측면, 자율적인 결단의 측면에 착목해 재량에 따르는 책임을 묻는데 유효하다.

그런데 현실의 결정작성행위를 이해하기 위해서는 거기에 내재하는 타율적인 구속의 측면, 외재적 요인에의 굴복의 측면에도 착목하지 않으면 안 된다. 거기서는 결정작성자가 누구로부터 명령, 요망, 조언, 지식제공 등을 받았는가, 그리고 그것이 어느 정도 결정작성자의 선택을 구속하고 혹은 선택에 적극적인 방향 부여를 했는가를 추적할 필요가 있다. 더욱이 결정을 현실화하기 위해서 타인의 행동을 조작해야 할 경우(이러한 〈결정작성〉을 특히 〈정책작성〉(policy making)이라 부르기로 하자) 결정작성이 실제로 타인에 준 영향을 추적할 필요가 있다. 이때 개개의 결정작성은 과거에서 미래로 이어지는 결정작성 연쇄과정의 한 부분으로 위치 지워진다.

정책은 타인의 지지·협동 없이는 또 타인의 방해·저항을 유화하고 배제하지 않고서는 실현할 수 없는 것이라면, 〈정책작성〉은 인간에 의한 인간의 조작을 전제로 한 행위이다. 하지만 상호 독립적인 인간 사이에서는 물론이고 명령복종관계에 있는 조직구성원 사이에서조차도 상대의 행동을 마음 먹은 대로 조작하는 것은 불가능하다.

그래서 정책작성의 연쇄과정에서는 조작대상의 반응행동을 미리 타진하면서 정책작성이 진행되고 정책작성 그 자체가 일련의 행위의 동태적인 연쇄과정이 된다. 행정기관 내 품의과정에서의 기안의 수정이나 정부제출법안이 정부 각 부처차원의 원안에서 출발해서 국회에 제출되어 의결될 때까지 가해지는 수정 등을 상기하면 될 것이다. 이러한 의미에서의 정책작성과정은 정책작성 → 실시 → 결과 → 정책작성이라는 도식에 보이는 피드백 과정과 같지 않다.

그런데 정책은 실시과정에서도 끊임없이 수정될 수 있다. 예를 들면 어떤 법률을 집행하기 위한 예산이 매년 변동하고 담당자가 바뀌고 법률의 해석이 변화해 감에 따라 혹은 완전히 별개로 제정된 법률의 영향에 따라 정책의 실질은 그때마다 수정되었다고도 볼 수 있다.

이렇게 보면 정책작성의 연쇄과정에는 해결은 있을 수 없고 시작도 끝도 없을 것이다. 이것을 어딘가의 시점에서 절단해 거기서 최종적인 정책작성이 이루어졌다고 보는 것은 관찰자의 편의의 문제이다. 그리고 이러한 연쇄과정을 어디까지나 정책작성권한자에 의한 주체적인 선택의 축적으로 볼 것인가, 아니면 이것을 다원적인 정책작성자 간의 합의를 구해 가는 〈정책형성〉(policy formation) 과정으로 볼 것인가도 마찬가지로 관찰자의 시각설정의 문제이다.[123]

---

[123] R.A.Bauer & K.J.Gergen(eds.)(1968). *The Study of Policy Formation*, The Free. 에 수록된 논문들은 다양한 시각에서 이루어져 온 〈정책형성〉 연구의 이론적 틀과 그 장단점을 정리한 것으로 참고할 만하다.

2. 사고활동으로서의 〈결정작성〉

〈결정작성〉의 개념 틀은 이미 언급한 바와 같이 선택에 관한 규범모델의 구성에 가장 적합하다. 한마디로 규범적인 결정작성이론이라 해도 그 모델은 한결같지 않지만 그것들이 공통으로 결정작성자에게 요청하고 있는 선택의 이론적 순서는 다음과 같다고 할 수 있다.[124]

먼저 첫째, 문제해결의 수단 선택을 규정해야 할 가치를 식별하고 이것을 일원적인 가치체계로 구성한다. 둘째, 이러한 가치를 달성할 가능한 모든 수단을 골라낸다. 셋째, 이러한 수단을 채용했을 때 발생할 수 있는 결과를 각 수단별로 종합적으로 조사한다. 그리고 넷째, 가치의 달성을 최대한으로 하는 수단을 채택하지 않으면 안 된다.

통계적 결정이론은 수단과 결과의 인과관계를 확률적으로 측정하는 방법으로 불확정요인의 문제를 극복하려고 한다. 게임이론에서는 상대방의 수단과 우리 쪽 수단과의 조합을 조사해 그것이 상대방에 가지는 효용까지 예측에 포함하려고 시도한다. 또 능률의 이론이나 비용편익분석이론 등에서는 가치를 플러스 가치와 마이너스 가치로 분해해서 계량하려고 한다.

부분적인 변형은 다양하지만 규범적인 결정작성이론의 기본전제는 변하지 않는다. 그것을 문자대로 받아들이면 결정작성자는 상황에 관해 완전정보를 가지고 이 정보를 처리하는 최대한의 인식능력을 갖추고 효용최대화의 노력을 기울이는 것이 요청되고 있다.

규범모델의 구성인 한, 그것이 현실의 결정작성행위와 동떨어져 있어도 이론상 어떠한 지장도 없다. 그런데 그것이 인간에게 불가능한 것을 요청하고 있다면 그것은 규범성을 가질 수 없다. 여기에 규범적인 결정작성이론에 대한 비판의 논거가 있다.[125]

비판의 논거를 열거하면 먼저 첫째, 인간의 인식능력에는 한계가 있다. 조직의 중지를 모아 개개의 인간 능력을 보완해도 컴퓨터의 계산능력으로 보완해도 넘을 수 없는 한계가 있다. 둘째, 자연현상에 대해서든 사회현상에 대해서든 정보는 지극히 불완전하며 완전정보

---

124) 〈결정작성〉의 개념 틀에 관해 이론적으로 검토해 온 것으로는 高畠通敏「アメリカ近代政治学の基礎概念(1)·(2)」, 『国家学会雑誌』第67卷 第7·8号(1963, 1964年)가 뛰어나다. 자세한 것은 이것을 참조 바람.
125) 이러한 관점에서 규범모델을 비판한 대표적인 것으로는 C. E. Lindblom & D. Braybrooke(1963), *A Strategy of Decisions*, The Free Press를 들 수 있다.

를 전제할 수는 없다. 셋째, 수집 가능한 정보에 한정해도 이것을 완전히 수집하고 분석하는 데는 많은 시간·노력·자금 등의 비용이 필요하다. 넷째, 일원적인 가치체계를 구성할 수 없고 단일의 척도로 모든 가치를 비교할 수 없다. 하물며 정책작성과 같이 결정이 복수의 인간행동을 규정해야 할 때 전원의 동의를 조달할 수 있는 일원적 가치체계는 존재할 수 없다. 공공정책의 작성에 대해 말하면 〈공공의 이익〉이라는 일원적인 가치체계는 성립하지 않는다는 것이다.

그래서 규범모델을 인간에게 가능한 수준의 규범모델로 수정하는 것 혹은 현실의 인간행동에 관한 기술(記述)모델에 근접시키는 것이 시도되고 있다. 예를 들면 사이먼은 인간의 〈인식능력의 한계〉(cognitive limit)나 〈제한된 합리성〉(bounded rationality)을 승인한다. 그리고 인간은 〈원망수준〉(aspiration level)의 〈충족〉(satisfying)을 목표로 하고 그 이상의 가치달성의 〈최대화〉(maximizing)를 지향하지 않는다는 모델을 구성하고 있다.[126] 이 모델은 현실의 결정작성자의 인식능력과 원망수준을 그의 주관적 인지에 맡겼을 때는 기술모델로서의 성격이 짙게 되지만, 인식능력과 원망수준을 주관적 인지 이상의 수준으로 설정하면 그것은 결정작성자에게 노력을 강제하는 규범모델로서의 성격이 강하게 된다.

인식능력과 원망수준으로 설정되는 수준이 현실의 경험적 수준에서 극단적으로 동떨어져 있지 않고 상식적으로 기대 가능한 목표라면 이 충족모델은 최대화모델의 결함을 상당히 큰 폭으로 시정할 수 있다. 왜냐하면 결정작성자는 당장 생각되는 수단만을 정사(精査)하면 된다. 만약 최초로 검토한 수단이 원망수준을 달성한다면 선택을 위한 분석을 거기서 정지해도 좋다. 수단과 결과의 인과관계분석도 불완전정보 범위 내에서 가능한 것으로 족하다. 당면의 문제에 있어 간접적인 가치에 대한 원망수준을 극단적으로 낮게 설정하는 것, 때로는 무시하는 것도 가능하다. 이때 결과의 분석도 파급효과를 끝까지 추적해 가는 종합적인 것일 필요는 없게 된다.

그러나 규범모델에서 완전성·종합성·최대화의 요청을 제거해 버리면 규범성은 한없이 희석될 수 있다. 어느 정도 정보를 수집하고, 어느 정도 창조적인 수단을 새롭게 구상하고, 어느 정도 엄밀한 결과분석을 하고, 어느 정도 많은 가치를 고려하면 좋을지, 이것을 나타내는 기준이 모델 자체 속에서 소멸해 버리기 때문이다.

---

126) H. Simon(1957). *Models of Man*, Wiley ; H. Simon & J. G. March(1958). *Organizations*, Wiley.

구체적인 상황과 문제를 떠나서 이야기하면, 규범모델은 더욱 창조적이어야 하고, 보다 종합적이어야 하며, 한층 더 합리적이어야 한다는 훈시에 머문다. 그래서 규범모델의 유효성을 실증하기 위해서는 모델 구성자가 구체적인 상황 하의 구체적인 문제를 파악해 이 문제해결의 시뮬레이션을 해 보이는 것, 즉 구체적으로 수단의 선택지를 특정하고 결과를 예측해서 그 효용을 계산해 보임으로써 이 분석수법이 적어도 그 외의 방법보다 창조적, 종합적, 합리적이라는 것을 실증해 보이지 않으면 안 된다. 이것은 모델 구성자가 스스로 정책작성자로서 최선의 정책을 제언하는 것을 의미할 것이다.

여기서 바로 공격의 대상이 되는 것이 이 정책작성자에 의해 특정된 가치기준의(따라서 논리적으로 선택지와 결과의 범위의 특정에 대한) 〈자의성〉이다. 즉, 그 가치기준은 정책작성자 개인의 그것이든지 혹은 정책작성자가 인정한 〈공공의 이익〉이지 진정한 집단이익, 조직이익, 〈공공의 이익〉이 아니라는 공격, 적어도 나의 가치기준과도 다르고 내가 생각하는 〈공공의 이익〉과도 다르다는 공격에 노출된다.

이 문제는 문맥을 바꾸어 보면 정책작성자가 제언한 정책이 조직 내에서 적극적, 소극적인 찬동을 얻을 수 있을까, 실시에 필요한 협력을 확보할 수 있을까, 융자를 조달할 수 있을까, 제품이 팔릴 수 있을까 하는 문제이다. 공공정책에 대해 말하면 이 정책을 관계행정기관, 내각, 의원, 정당, 국회에 채택시킬 수 있을까, 그것을 위해 최소한 필요한 지지세력을 결집할 수 있을까 하는 정치적 실현가능성 문제에 연결되어 있다. 현실적인 문제는 이 가치기준이 전원의 합의를 조달할 수 있는 진정한 〈공공의 이익〉인지 어떤지가 아니라, 선택되고 제언된 정책이 〈정책형성〉과정에서 충분한 공공적 설득력을 가질 수 있는지 어떤지이며 또 분석내용의 공개가 이 공공적 설득력을 강화하는가 아니면 분열을 촉진하는가이다.

완전성·종합성·최대화를 단념하고 조금이라도 가치·수단·결과의 분석범위를 한정할 때 거기서 추구되는 합리성은 불가피하게 목적합리성에 그칠 수밖에 없다. 규범모델의 요청대로 모든 수단, 모든 결과와 효용을 분석하는 것은 실은 모든 가치를 내포한 일원적 가치체계를 구성하는 것이 된다. 그때 당면의 문제나 목적이 전체의 가치체계 속에서 차지하는 상대적인 위치가 명확하게 되고 부분의 합리성은 전체의 합리성과 모순 없이 정서(整序)된다.

예를 들면 자동차사고의 다발이라는 문제를 해결하고 자동차사고의 방지라는 목적을 달성할 선택을 행할 때 자동차사용의 금지나 자가용차의 금지가 하나의 수단으로 생각된다. 자동차사용의 금지가 사회생활에 미치는 모든 파급효과를 전부 추적하고 그 효용을 계산하려고 하면 그것은 거의 모든 가치를 비교형량 하는 것이 될 것이다. 그래서 자동차사고의 소멸이나 감소가 가진 효용의 상대적 중요성도 명확해진다. 그런데 경찰당국이 정책작성자일 때 분석의 범위는 이것보다 훨씬 좁게 한정될 것이다. 이때 부분의 합리화, 〈부분적 최적화〉(suboptimization)가 전체의 합리성 향상으로 이어진다는 보증은 없다. 문제를 거꾸로 설정하면 어중간한 종합화·체계화가 더욱 세분화된 정책의 제각각 수행보다 항상 합리적이라는 보증도 없다.

이러한 논점이 PPBS에서의 〈시책체계〉(program structure)의 구축이나 비용편익분석을 비롯한 행정효과측정, 능률측정 등의 시도가 늘 직면하는 이론상의 문제이다.

3. 사회과정으로서의 〈정책형성〉 行政学の基礎概念

〈결정작성〉의 규범모델에서는 타인의 행동의 조작가능성은 예측되어 가능한 수단의 식별이나 결과의 효용분석 속에 포함되어 있다. 그래서 결정작성에서 선택된 방책의 실현가능성은 당연시되어 각별한 관심의 대상이 되지 않는다.

하지만 현실 세계의 정책작성자에게는 특히 공공정책의 작성자에게는 정책의 실현가능성, 정책의 실현에 필요한 만큼의 타인의 지지·협동을 조달할 수 있는가 어떤가가 중요하다. 이른바 〈정치적 합리성〉이 정책 합리성의 빠질 수 없는 요소로 되고 있다. 정책실현에서 중요한 타인의 행동은 그냥 단순히 확률적으로 예측되었다는 것만으로는 불충분하다. 그래서 이 불확정요인을 제거하기 위해 정책작성자는 먼저 정책안을 제시하고 상대방의 반응을 타진해서 정책안을 수정해 간다.

이러한 형태로 정책작성자가 서로 조작하고 있는 〈정책형성〉 과정에서는 가치기준의 다원성이 전제되어 있다. 예를 들면 ○○도로의 건설은 건설부에게는 자동차교통의 원활화 문제일지라도 재정부에게는 재정문제, 교육위원회에게는 계획노선상의 문화재보호문제이며, 주변 주민에게는 공해문제, 주민운동 지도자에게는 비민주적 절차의 문제, 의원에게는 지지자 확대의 기회, 시장에게는 인접 자치단체 시장과의 신의의 문제일지 모른다. 이 전제 하에서 정책작성자에게 요청되고 있는 것은 관계자의 합의가 성립하는 일원적 가치체계의 구성이 아니라 자기의 정책실현에 필요한 만큼의 지지·협동을 조달하고 반대자를 중립화시키

기 위한 가치기준의 상호조절이다.[127]

이 상호조절에서는 사람의 가치기준은 변환 가능하다는 것이 전제되어 있다. 앞의 예에서 말하면 교육위원회는 건설부의 설득으로 해당 문화재를 보호할 만한 가치가 없는 것으로 판정할지 모르며, 주변 주민의 공해문제는 관대한 보상의 시사로 보상 문제로 전이해 버릴지 모른다. 혹은 건설부 측에서 노선·폭·형태의 계획변경을 할지 모른다. 현실의 정책작성은 상황을 변혁하는 행위이다.

가치기준을 달리하는 다원적인 정책작성자가 상호 행동조작을 시도하는 〈정책형성〉과정이라는 이미지는 집단에서의 인간관계에 대해 특정의 형태를 전제로 하고 있다. 집단에서 인간관계의 형태로는 적어도 3가지의 이념형이 생각된다. 첫째, 동일의 가치기준을 공유하는 복수의 인간이 집단으로서의 행동방침을 정해 구성원의 행동 상호 간에 모순이 생기지 않는 형, 이것을 협동형이라 부르자. 둘째, 집단 내의 한 사람이 제도적으로 승인된 명령권한을 가지고 다른 구성원이 이 권한자의 판단·명령에 완전히 복종하는 형, 이것을 계통형이라 부르자. 협동형과 계통형에서는 가치기준의 공유가 자발적인가 강제적인가라는 차이는 있어도 정합적인 집단행동이 확보된다. 이것에 대해 집단 내의 각 사람이 각각의 가치기준에 따라 행동하는 형이 있다. 이것을 시장형이라 부르고 싶다. 이 시장형에서는 제도적인 권한행사 이외의 방법으로 상호 간의 행동조작이 시도된다. 그 결과로 각 사람의 행동이 상호 모순하지 않는 평화상태가 때로 발생할지라도 그것은 정합적인 집단행동은 아니다.

현실세계 집단의 인간관계는 모두 이 3가지 이념형의 혼합 형태라 말할 수 있다. 정치체제에 관해 말하면 사회계약의 의제(擬制)에는 협동형의 이미지가 강하고, 국민의 신탁에 의한 공권력의 행사라는 표상에는 계통형의 이미지가, 그리고 다원적인 집단의 항쟁이라는 표상에는 시장형의 이미지가 짙다. 혼합의 형태는 정치체제에 따라 다르다. 그래서 공공정책에 관해 관료제가 주도적인 역할을 하는 것 같은 계통적 성격이 강한 정치체제에서는 〈정책작성〉의 시각이 유효성을 더하고, 다원적인 집단이 폭넓게 정치과정에 참가하고 있는 것 같은 시장적 성격이 강한 정치체제에서는 〈정책형성〉의 시각이 유효성을 더한다.

그러나 시각의 유효성은 상대적인 문제이며 모든 집단의 인간관계에는 시장형의 인간관계가 혼재하고 있다. 그래서 다원적인 정책작성자가 상호 행동을 조작하는 〈정책형성〉과정

---

[127] 이러한 관점에서 〈정책형성〉을 고찰하고 있는 것으로 C. E. Lindblom(1965). *The Intelligence of Democracy*, The Free Press가 있다.

이라는 시각은 명령복종의 체계가 제도화된 계통형 조직(=관료제)의 내부과정에도 적용할 수 있다.

고전적 조직이론에서는 조직이란 한편으로 동일 목적을 위해 협동하는 집단이며 다른 한편으로는 업무의 횡적 분업과 명령복종의 종적 분업으로 구성되는 계통적 구성을 가진 집단으로 정의되었다. 즉, 거기서는 협동형의 인간관계와 계통형의 그것이 혼합되어 있으며 이론가의 관심은 조직목적을 효율적으로 달성하기 위한 관리에 향해 있었다. 조직목적이 어떻게 형성되고 인간이 왜 조직구성원이 되어 조직목적과 동일화하는지는 묻지 않고, 구성원의 행동 효율성은 문제 삼아도 명령에 대한 구성원의 복종은 당연시되고 있었다.

그런데 버나드와 이것을 계승한 사이먼의 조직론은 시장형의 인간관계를 조직 내 인간관계의 한 요소로 도입했다. 버나드가 말하는 〈협동체계〉(cooperative system)는 협의의 조직활동뿐만 아니라 조직에 자원을 공급하고 조직의 생산물을 소비하는 고객의 활동까지 포함한 체계이며, 조직이 생존해 가기 위해서는 제각기 효용의 충족을 기대하고 있는 〈협동체계〉의 구성원에게 만족을 주지 않으면 안 된다고 한다.[128] 그리고 사이먼은 협의의「조직인」도 또한 제각기 효용을 충족하기 위해 조직에 참가하고 효용을 충족할 수 있는 한에서 조직에 머문다는 것을 한층 더 명확히 했다.[129] 조직구성원의 조직목적에의 동일화, 상위자에의 복종은 조건부가 되었다. 구성원이 조직에의 기여를 중지하고 조직을 이탈할 가능성이 조직에 위협인 한에서 구성원은 조직목적의 형성에 일정한 〈권력〉(Power, or influence)을 가지고 또 상위자의 명령행동을 구속할 권력을 가지는 것이 인정되었다.

그래서 버나드와 사이먼의 조직론에서는 제도상의 〈권한〉과는 별도로 〈권위〉(authority)의 개념이 중요하게 된다. 갑이 을의 능력을 자기의 능력보다 뛰어나다고 인정하고 을의 판단·지시를 무비판적으로 수용해서 행동할 때 을은 갑에 대해 〈권위〉를 가진다고 한다. 이러한 〈권위〉의 관계가 〈권한〉 관계와 별개로 조직 내에 성립하고 있다는 사실은 인간관계론이 이미 인정하고 있던 부분이며 비공식조직(informal organization)이론의 하나의 기저를 이루고 있었는데, 버나드와 사이먼의 조직론에서는 〈권위〉 관계는 하위자가 상위자에게 〈권위〉를 가질 가능성을 포함해 조직 내에서 종횡무진 성립하는 것이라 한다. 〈권한〉이란 제도적으로 확립된 영향력이며, 많은 경우에는 불복종에 대한 제재수단을 가지고 예를 들어

---
128) C. I. Barnard(1938). *The Functions of the Executive*, Oxford Univ. Press.
129) H. Simon(1957). *Administrative Behavior*, second edition, Macmillan ; H. Simon & March, *op. cit.*

〈권위〉를 수반하지 않아도 마지못한 복종을 조달할 수 있는 영향력이다. 그런데 이 〈권한〉도 하위자의 일정한 〈수용권〉(zone of acceptance)을 넘어 행사되면 하위자 측의 불복종과 반항을 유발하게 된다. 이처럼 조직 내의 인간관계가 〈권한〉과 〈권위〉의 관계, 게다가 그 어느 것에도 해당하지 않는 〈권력〉 관계의 복합이고 보면 조직 내의 정책작성을 단순히 권한자에 의한 〈결정작성〉과 명령에 의한 그 실현으로 볼 수는 없다.

계통형 조직 내의 인간관계를 시장형의 그것으로 파악하는 시각은 다른 관점에서도 촉진되고 있다. 조직의 규모가 확대되고 혹은 조직의 업무가 다양화됨에 따라 조직 내의 하부조직 구성원은 하부조직에 할당된 부분목적과 동일화된다. 이 〈목적 전이〉와 하부조직의 할거화 현상이 진행하면 그리고 전체의 조직목적이 부분목적 상호 간의 조정을 할 수 있을 정도로 일의적인 척도일 수 없을 때 하부조직 간의 관계는 조직 간의 관계와 거의 구별이 되지 않게 된다. 관료제 내의 조정과정은 시장형의 정치과정과 유사하고 조정권한을 가진 관리자는 다원적인 정책작성자 중에서 상대적으로 유력한 한 사람에 지나지 않는다고 보는 것이 현실적이다.

어느 차원의 조직을 독립적인 정책작성단위로 볼 것인가는 관찰 차원의 설정 문제이다. 입법부와 행정부의 대립에 관해 말할 때 국회가 정책작성자이지만, 국회심의에 대해 말할 때는 각 당의 각 의원이 정책작성자이다. 마찬가지로 개별 공공정책 형성과정의 관찰자는 적어도 정부 각 부처를, 게다가 각 국과 각 과를 독립적인 정책작성자로 간주한다. 행정관료제는 규모가 크고 활동내용이 특별히 다양하며 다의적인 〈공공의 이익〉 외에도 통일적인 조직목적이 결여되어 있어서 그 내부의 정치화가 특히 현저한 사실을 생각하면 각 국, 각 과를 독립적인 정책작성자로 보는 것도 지극히 자연스러울 수 있다.

여기서 중요한 것은 〈정책작성〉행위로 볼 수 있는 것은 모두 관찰의 차원이나 시각을 바꾸면 다원적인 정책작성자의 상호작용으로 이루어지는 〈정책형성〉과정으로 재인식할 수 있다는 것이다.

4. 〈정책형성〉과정에서의 조정

시장형의 〈정책형성〉과정에서 개개의 정책작성자는 어떻게 타인의 행동을 조작하려고 할까, 그리고 정책과 정책은 어떠한 의미에서 어느 정도까지 조정될 수 있을까?

가치기준을 달리하고 또 명령복종의 〈권한〉 관계가 성립하고 있지 않은 인간 간의 행동조작에는 다음과 같은 형태들이 생각될 수 있다.[130]

먼저 〈교섭〉이라는 형태가 있다. 광의로 정의하면 〈교섭〉이란 갑이 대화를 통해 을에게서 기대하는 행동을 끌어내려는 행동조작의 형태이다. 이 쌍방향의 커뮤니케이션에서 을도 마찬가지로 갑을 조작함으로써 행동조작은 대칭적으로 될 수 있다. 이러한 의미에서의 〈교섭〉은 〈토의〉, 〈거래〉, 〈대차〉 등의 형태로 분해될 수 있다.

〈토의〉란 갑이 대화를 통해 을의 상황이나 효용에 관한 인식을 바꿈으로써, 즉 갑이 을에게 기대하는 행동이 을의 가치기준에 비추어도 을에게 이익이라고 인식시킴으로써 기대하는 행동을 을에게서 끌어내려는 것이다.

〈거래〉란 갑이 대화를 통해 만약에 을이 갑의 기대대로 행동하면 을에게 이익을 공여하고, 을이 갑의 기대에 반해서 행동하면 불이익을 준다는 의사를 을에게 전달해서 기대하는 행동을 을에게서 끌어내려는 것이다. 〈거래〉는 상대방의 인식을 바꿀 뿐만 아니라 상대방에게 기대 가능한 효용 그 자체를 바꾸는 점에서 〈토의〉와는 다르다.

〈대차〉는 〈거래〉의 변형이라 말할 수 있다. 〈거래〉에서는 교환조건이 명시되고 교환이 동시적으로 이루어진다. 이에 대해 갑이 어느 시점에서 대가 없는 협력을 요청하고 이 도움의 변제로 장래 을로부터의 대가 없는 협력 요청에 응하는 것이 〈대차〉이다. 〈대차〉에 의한 행동의 상호조작은 대차 관계에 대한 쌍방의 이해가 일치하고 있을 때 비로소 기대대로 작동한다. 이것에는 그 작동이 불확실한 점, 교환이 심하게 부등가교환이 될 수 있는 점 등의 결점이 있지만, 우선 신용에 의해 필요한 협력을 조달할 수 있는 점, 교환이 노골적이지 않은 점 등의 이점이 있다.

이러한 광의의 〈교섭〉은 행동조작 그 자체임과 동시에 정책작성자가 상대방 행동의 조작 가능성을 최종적인 정책작성의 사전에 확인한다는 의미를 지니고 있다. 정책안이, 적어도 상대방에게 기대하는 행동이 상대방에게 전달되어 상대방의 승낙 여부 혹은 상대방으로부터의 역조작에 응해 정책안이 수정되거나 단념되거나 한다.

그런데 상대방과 쌍방향의 커뮤니케이션을 하고 상대방의 반응을 사전에 확인하는 것이

---

130) 이하의 형태들과 행동의 조정에 대해서는 C. E. Lindblom, *op. cit*를 참고하고 있다.

불가능한 것도 있다. 또 상대방 반응의 예측에 확신을 가진 경우든 전혀 준비되어 있지 않은 경우든 정책작성자가 사전확인의 필요성을 인정하지 않는 것도 있다. 그래서 다음에는 최종적인 정책작성의 사후에 이것을 오직 실현하기 위해 일방적으로 행동을 조작하려는 행태에 대해 살펴보자. 바로 염두에 떠오르는 〈설득〉, 〈위협〉, 〈유인 제공〉, 〈보상〉 등은 〈토의〉, 〈거래〉, 〈대차〉 등에 보이는 행동조작이 그냥 일방적으로 이루어지는 형태이기 때문에 재차 설명이 필요하지 않을 것이다.

새로운 행태로는 〈권위의 행사〉와 〈선도〉가 있다. 〈권위의 행사〉란 앞에서 조직 내의 인간관계에 대해 논했던 때 언급한 의미에서의 〈권위〉를 가진 갑이 그 판단·지시를 전해 을의 행동을 조작하려는 것이다. 〈선도〉란 갑과 을의 정책을 조정하는 것이 쌍방에게 이익이라는 것을 알면서 갑이 단독으로 최종적인 정책작성을 해 버림으로써 을이 갑의 정책과의 조정에서 얻어지는 이익을 포기하지 않는 한 을로서는 갑의 정책에 적응할 수밖에 없는 상황으로 을을 몰아넣는 것이다.

마지막으로 부가하면 갑이 을의 행동을 조작하기 위해 병을 조작해 병으로 하여금 을의 행동을 갑이 기대하는 방향으로 조작하게 하는 〈간접조작〉의 형태가 있는데, 갑이 병에게, 병이 을에게 사용하는 행동조작의 형태는 앞에 기술한 것 중 하나이다.

그러면 갑에 의한 행동조작에 대해 을은 어떻게 반응할까? 〈교섭〉의 경우에는 을이 갑에 대해 역조작을 가해 〈교섭〉이 일반적 용어법대로 정말 대칭적인 것이 될 수 있다. 그런데 〈교섭〉에서 을이 단순히 승낙 여부를 회답하는 경우나 갑이 〈설득〉에서 〈선도〉에 이르는 일방적인 행동조작을 한 경우 등에 을은 어떻게 반응할까?

먼저 갑의 기대가 을에게 전달되지 않아서 을이 갑의 기대를 알지 못하고 독립적으로 행동하는 〈무반응〉이 있으며, 다음에 갑에 의한 행동조작을 일절 무시하는 〈불반응〉이 있다. 그리고 을이 반응하는 형태로는 〈자기중심적 반응〉과 〈자기억제적 반응〉과 〈적응적 반응〉이 있다. 〈자기중심적 반응〉이란 갑의 정책작성을 기성사실로서 계산에 넣기는 하지만, 자기의 반응 선택에서 그것이 갑에 대해 가지는 의미를 고려하지 않는 것이다. 〈자기억제적 반응〉이란 을이 갑의 기대에 반하지 않는 반응을 선택하는 것이다. 그리고 〈적응적 반응〉이란 을은 자기의 효용과 갑의 효용 쌍방을 계산하면서 자기에게 유리한 반응을 선택하는 것이다. 〈선도〉는 〈자기중심적 반응〉을 예정하고 〈권위의 행사〉는 〈자기억제적 반응〉을 예정하고 〈위협〉이나 〈대차〉는 적응적 반응을 예정하고 있다고 말할 수 있지만, 행동조작의 형태와 반응의 형태와의 대응관계는 현실적으로는 다양할 수 있다.

이러한 행동조작과 반응의 상호작용 속에서 복수의 정책이나 행동은 어떠한 의미에서 어느 정도까지 조정될 수 있을까?

관리론의 대부분 서적에서는 〈조정〉(coordination)은 관리자 전원이 동일한 가치기준을 공유하고 있는 협동형의 인간관계에서나, 아니면 한 명의 인간이 결재권한을 가진 계통형의 인간관계에서밖에 성립하지 않는 것처럼 논하고 있다. 즉, 일원적인 가치체계의 존재가 전제되어 정책체계나 행동체계를 이것과 완전히 일치시키는 것이 조정이라고 한다. 이러한 의미에서의 조정은 본디 시장형의 인간관계에서 성립할 수 없다.

하지만 〈조정〉의 정의를 바꾸면 이야기는 저절로 바뀐다. 〈조정〉을 과정을 나타내는 개념으로 해서 갑의 정책 A가 을의 정책 B에 반응해서 작성되었을 때 정책 A는 정책 B와 조정되었다고 정의하면, 이 의미에서의 조정은 정책작성자 간에 커뮤니케이션이 있고 정보가 유의미한 것으로 받아들여지는 한, 즉 〈무반응〉과 〈불반응〉의 상태를 제외하면 시장형의 〈정책형성〉과정에서 항상 성립하고 있을 것이다. 〈조정〉개념에 결과에 대한 평가까지 가미해 반응의 결과가 적어도 갑·을 어느 쪽에게 〈무반응〉이나 〈불반응〉 할 때 발생할 수 있는 결과보다 바람직할 때 정책 A와 정책 B는 조정되었다고 정의하더라도 이 사정은 바뀌지 않는다.

정책 A의 정책 B에 대한 마이너스 효과를 어느 정도 회피 또는 완화하고, 혹은 이것을 플러스 효과로 상쇄 또는 능가할 때 정책 A와 정책 B는 조정되었다고 정의한 경우에는 어떨까? 이러한 의미에서의 조정은 을이 갑의 〈협박〉에 굴복해서 〈자기억제적 반응〉을 한 경우 등을 예시할 것도 없이 항상 달성될 수 있는 것은 아니다. 그렇지만 시장형의 〈정책형성〉과정에서는 이 의미에서의 조정도 상당한 정도까지 달성될 가능성이 있다. 왜냐하면 정책작성자는 타인의 지지·협동 없이는 자기의 정책을 실현할 수 없기에 타인의 행동을 조작하면서 상대방의 가치를 배려하고 타인의 조작에 반응할 때도 상대방의 가치에 배려하도록 강제되고 있기 때문이다. 정책작성자는 〈팔레트 최적〉 상태를 모색하거나 가치대립 그 자체를 완화하도록 가치기준의 변환을 시도하거나 대립하는 가치 간의 타협을 도모해 갈 강한 동기를 갖고 있기 때문이다.

시장형의 조정, 가치기준을 달리하는 정책 간의 조정이 공공정책의 형성과정에서 연쇄적으로 넓게 작동하고 〈공공적인 합의〉를 형성해 가기 위해서는 어떠한 조건이 필요할까?

 · 제5장 · 정책의 작성과 형성

먼저 첫째로 쌍방향의 커뮤니케이션이 다원적인 정책작성자 사이에 종횡무진 성립할 필요가 있다. 예를 들면 쓰레기 처리 문제에 대해 도쿄도와 고토(江東)구, 도쿄도와 스기나미(杉並)구 사이에만 대화가 성립하고 있는 상태보다도 고토구와 스기나미구 간에도 대화가 성립하고 있는 상태가 바람직하다. 둘째로 〈정책형성〉과정의 상황, 구체적으로 말하면 거기에 적극적으로 참가하고 있는 정책작성자들의 정책, 그 배후에 있는 상황인식, 가치기준, 행동조작의 형태, 영향력의 정도, 상호작용의 결과, 결과의 의미 등이 넓게 일반 대중에게 보도될 필요가 있다.

그러나 잠재적 이해관계자가 〈정책형성〉과정에 현재화하고 능동적인 정책작성자로 되기 위해서는 활발한 커뮤니케이션과 풍부한 정보의 유통만으로는 부족하다. 더 나아가 기본적인 전제조건으로 첫째, 더 많은 인간이 조금이라도 많이 각자의 가치 충족을 찾아서 행동하는 합리적인 인간일 것, 둘째, 각 사람이 다소라도 타인의 행동을 조작하는 영향력을 갖고 있는 것이 필요하다.

이러한 전제조건을 완전히 충족한 정치과정을 상정하는 것은 말할 것도 없이 비현실적이다. 그 때문에 시장형의 조정에 기초한 〈공공적인 합의〉의 형성은 늘 불완전하다. 그런데 불완전한 것은 한편의 계통형 조정에서도 마찬가지다. 권한자의 가치기준이 현실적으로 일원적인 가치체계를 구성하고 있다는 보증도 없으며 더구나 권한자의 가치체계가 〈공공의 이익〉과 합치한다는 보증도 없기 때문이다. 그래서 현실의 정치체계에서의 선택은 〈공공의 이익〉의 해석권능을 집중하는 집권구조에의 경사를 강화하거나 아니면 열린 〈정치적 다원주의〉(political pluralism)에의 경사를 강화하는 상대적인 방향성이다.

5. 피드백 회로의 설정

정당·의원·행정기관 등은 〈공공의 이익〉을 자신의 가치기준으로 삼을 것이 제도적으로 기대되고 있는 특이한 정책작성자이지만, 그들에게 〈공공의 이익〉의 독점적인 해석권능이 인정되고 있는 것도, 절대적인 명령권능이 주어지고 있는 것도 아니다. 그래서 그들도 〈공공적인 합의〉를 형성하지 않으면 그들이 〈공공의 이익〉을 달성한다고 생각하는 정책이라도 이것을 실현할 수 없다. 행정기관이 자기의 정책에 대해 피드백 회로를 설정하지 않으면 안

되는 이유도 여기에 있다.

　행정기관의 정책에 직·간접의 영향을 받는 외부집단에는 그 반응정보를 피드백해 오는 집단과 이것을 하지 않는 집단이 있다.[131] 상급감독기관, 재원제공기관, 조정을 필요로 하는 관계행정기관, 관계전문가집단, 청부업자 등 업무상 일상적으로 커뮤니케이션이 성립하고 있는 집단의 반응, 특히 비판적인 반응은 반응정보의 수집에 각별한 노력을 기울이지 않더라도 자연히 유입되어 온다. 한편 행정서비스의 소비자, 특히 간접적인 수익자는 정책효과를 자각하고 있지 않은 경우가 있으며, 만약에 자각하고 있더라도 그 긍정적인 반응을 피드백할 필요성을 느끼지 않는 경우가 있다. 또 직접적인 피해자는 충분히 조직화되어 있지 않아서 그 비판적인 반응정보를 유효하게 피드백할 수 없는 경우가 많다. 그리고 간접적인 피해자는 정책과의 인과관계를 자각할 수 없을지 모른다.

　피드백 회로의 자각적인 설정이란 방치해 두어서는 유입해 오지 않는 반응정보를 수집하는 노력이며, 또 반응정보를 신속히 수집하는 노력이다. 행정기관의 동기에 근거해 말하면 첫째, 행정서비스의 수익자집단에게 수익을 자각시키고 이것을 자기의 지원집단으로 조직화할 필요가 있기 때문에 정책의 파급효과까지 넓게 포착하려고 시도한다. 둘째, 비판적인 반응이 자기의 정책에 위협이 되는 사태를 회피하기 위해 비판적인 반응을 조기에 발견해서 이것에 대처하려고 시도한다. 이것을 뒤집어 말하면 행정기관에는 비판적인 반응이 나타나고 그것이 위협으로 느껴질 때까지는 자기 정책의 마이너스 효과를 포착하려는 동기는 작동하지 않는다. 여기에 〈공공의 이익〉의 추구라는 이념과 〈공공적인 합의〉의 형성이라는 현실행동과의 모순이 있으며 피드백 회로의 한계가 있다.

　조직편성에서 이 모순에 대처하는 방법은 2가지 있다. 하나는 행정기관의 목적을 종합화하고 가치 간의 조정을 일원화하는 방법이다. 예를 들면 도로 등의 건설을 담당하는 부문에 자연보호의 임무까지 소관시킨다든지, 상공진흥을 담당하는 부문에 소비대책의 임무까지 소관시키거나 혹은 거꾸로 상공행정을 소비대책의 일환으로 흡수하는 방법이 이것이다. 다른 하나는 건설부와 환경부를 병렬적으로 대항시키거나 상공부와 소비대책부를 상호 대항시킴으로써 하나의 행정기관에 의해 무시·경시되는 가치의 보호자를 따로 설치하는 방법이다. 전자는 계통형의 조정을 지향하는 방법이고 후자는 시장형의 조정을 지향하는 방법이

---

131) 행정기관에서 피드백에 따른 문제에 대해서는 R. A. Bauer(ed.)(1966). *Social Indicators*, The American Academy of Arts and Sciences를 참조.

라 말할 수 있다.

그런데 조직 바깥에서 유인 또는 수집한 피드백 정보가 조직의 외접(外接)창구에서 확산이나 차단, 선별되어 조직 내의 결정 중추에 도달하지 않을 때, 피드백 정보는 정책수정에 연동하지 않게 된다.

그런데 장의 비서실, 홍보부문, 통계부문, 창구직원, 현장작업원 등의 외접창구 행정관은 종종 이율배반적인 어려운 처지에 놓여 있다. 그들은 외부정보를 조직 내로 중계할 때 정보의 선별·가공을 하지 않으면 조직 내에서 무능하다고 평가된다. 정보의 선별·가공을 하면 그 자의성이 비난받는다. 조직 외부로부터는 외접창구가 조직의 입장에 지나치게 동조하고 있으며 듣기 좋은 정보만을 전달하고 있는 것으로 평가되고, 외부집단에 동조해서 그 대변자가 되면 조직 내에서 신용을 잃게 된다. 외부에서 피드백 정보를 수집하는 것보다 조직 내의 피드백 회로를 적절히 작동시키는 것이 훨씬 더 어렵다. 소위 「대화행정」이나 「주민참가」를 제창하는 지방자치단체의 장이 동시에 「관료주의」의 통렬한 비난자인 것은 지극히 자연적이다. 「대화행정」이란 피드백 정보를 단체장에게 연결해 단체장이 이것을 실마리로 관료제를 유효히 통제하려는 방법이다. 그리고 「주민참가」의 제창은 곧 반응의 현재화 요청이다.

그러나 「대화행정」의 추진이나 홍보네트워크의 확립에서 파악되는 것은 어디까지나 상대방으로부터 유입되어 오는 자발적인 반응 정보이다. 그래서 〈무반응〉, 〈불반응〉의 정보를 체계적으로 수집할 방법이 문제가 된다. 가장 기본적으로 확립된 방법은 국세조사, 지정통계, 그 외 각종 통계의 작성이며, 그다음에 행정기관 내에서 작성하는 방대한 업무통계일 것이다. 통계라는 방법에서는 수치로 표현할 수 있는 〈지표〉(index)를 설정하고 그 지푯값에서 사회현상을 읽어내려고 한다. 그래서 먼저 사회현상을 어디까지 수량적으로 파악할 수 있는지가 문제시되고 더욱이 〈지표〉가 무엇을 대체(代替)적으로 표시하고 있는지가 계속 물어진다. GNP의 의미가 새롭게 논의되고 사회복지지표의 설정이 시험적으로 이루어지거나 하는 것은 그 전형이다. 혹은 PPBS의 채용에 있어서 목적과 사업목표의 다름이 강조되고 업무통계에 나타나고 있는 것은 사업목표에 대응하는 달성량에 지나지 않으며, 목적에 대응하는 효과의 측정에는 도움이 되지 않는다고 논해지는 것도 이것이다. 또 객관적인 효과와 수익자 측의 주관적인 효용평가가 일치하지 않아서 통계조사와 의식조사의 조합이 시도되거나 한다.

피드백 회로의 설정에 관한 다음의 문제는 통계수치에서 문제를 발견하는 방법이다. 가장 소박한 방법은 어떤 〈표준치〉(standard)를 설정하고 이 표준치와의 편차에 착목하는 방법이다. 즉, 변화율이 이상하게 높다거나 수치 간의 격차가 이상하게 크다거나 할 때 거기서 문제를 발견하는 것이다. 안전기준이나 배출기준 등과 대조하면서 공해통계를 읽는 방법이다. 그래서 새로운 표준치의 설정은 새로운 통계수집을 재촉한다. 소위 「시민적 최소기준」(civil minimum)의 설정은 단순히 목표치와 실적과의 차이를 객관화할 뿐만 아니라 사업 간 격차를 명확히 하고 또 지역 간 격차를 뚜렷이 밝힌다. 그리고 그것은 종래의 업무통계에서는 입수할 수 없는 정보수집을 필요하게 한다.[132]

이렇게 해서 통계정보가 표준화되고 정식화되어 거기서의 문제 발견도 자동화된다. 그런데 이 확립된 통계정보가 문제의 소재를 알리더라도 문제의 해결방법을 찾기 위해서는 특별히 면밀한 조사가 필요한 것이 일반적이다. 그래서 행정기관에는 언젠가 필요할 것 같은 정보는 항상 수집해 두려는 경향이 생기고, 막대한 비용을 들이고 활용되지 않는 정보가 축적되는 경우도 적지 않다. 여기에 피드백 정보를 어디까지 정식화하는 것이 합리적인가 하는 정보수집의 비용효과분석 문제가 있다.

행정기관에 의한 피드백 회로의 설정이라는 관점에서 정보에 대해 생각할 때 중요한 것은 수집해야 할 정보의 종류, 수집의 목적과 방법이며, 정보의 전달, 이용, 공개이다. 〈정보관리〉의 핵심은 이러한 점에 있으며 이것을 정보의 처리, 축적, 검색의 기법에 한정하거나 〈정보관리〉, 즉 〈컴퓨터화〉인 것처럼 이해하는 것은 타당하지 않다.

6. 맺음말: 관리화와 정치화

〈정보화사회〉라는 유행어의 의미는 명확하지 않지만, 한편으로 정보수요의 다양화와 정보가치의 상승이라는 인식이 있으며 다른 한편으로는 정보량의 증대와 정보의 집중관리화라는 인식이 있다는 것은 부정할 수 없을 것이다. 그리고 이 2가지 인식을 연결하는 주제로

---

132) 東京都企画調整局調査部『東京都における情報管理の現状と課題』(1973年)는 도쿄도의 중기계획에서 시민적 최소기준이 무엇을 나타내고 무엇을 나타내지 않는가를 명확히 함과 동시에 달성량과 효과의 구분을 논하고 있다. 또 정보공개의 중요성과 그 애로를 해명하고 있다.

서 정보를 집중 관리하고 이것을 효율적으로 이용하는 것이 조직, 기업을 장악하고 사회를 지배한다는 인식이 있다고 말할 수 있다.

〈정보화사회〉의 정보 중추에 군림하는 관리자는 마치 인간과 인간의 상호작용의 굴레에서 해방된 존재이며 그 환경을 자유자재로 조작할 수 있는 존재인 것처럼 보인다. 거기에는 결정작성의 규범모델과 공통하는 시각이 보인다. 그 사회상은 계통형의 인간관계를 비대화시킨 것이라 말할 수 있다. 〈정보화사회〉와 〈관리사회〉가 나란히 유행어가 되는 이유도 여기에 있다.

〈관리화〉에의 사고 경사에 대항하기 위해서는 정보수요의 다양화, 바꿔 말하면 인간의 가치기준의 다양성이라는 원점에 고집해서 가치기준이 다른 인간 간의 상호작용이라는 시장형의 인간관계를 사회과정의 기초에 두는 것이 필요할 것이다. 이때 다양한 것을 일원적으로 관리하는 것이 어느 정도까지 가능한가, 특정의 인간에 의한 〈공공의 이익〉의 해석권능을 강화하는 것이 바람직한 결과를 가져오는가 하는 기본적인 의문이 생길 것이다.

시장형의 조정이 가령 불완전하더라도 〈공공적인 합의〉를 형성하는 유효한 방법이라는 인식에 설 때 자유롭고 평등한 인간의 상호작용을 도처에서 촉진하고 확대한다는 다른 하나의 방법이 열린다. 중앙정부에서 광역자치단체로 그리고 기초자치단체로 지휘명령이 하강하는 계통적 통치구조를 개성 있는 시민자치를 기저로 하여 역전시켜 보면 어떨까? 사법권의 기능을 확대해서 삼권의 억제균형을 강화해 보면 어떨까? 당 본부 주도의 정당을 지방조직의 연합으로 바꾸면 어떨까? 당의 규율을 완화해서 교차투표를 허용하면 어떨까? 안이하게 계획화나 종합조정을 주장하기 전에 다원적 이익의 다원적인 대표와 경쟁을 확대해 보면 어떨까?

〈관리화〉에 대해 〈정치화〉의 가능성을 추구하기 위해서는 먼저 사고양식의 경사부터 개선하는 것이 필요하다. 정보의 수집보다 정보의 유입을, 정보의 처리보다 정보의 전달을, 정보의 축적보다 정보의 공개를, 〈무반응〉, 〈불반응〉의 관리보다 능동적인 반응의 촉발을 강조한 것도 이 때문이다. 또 원래 정보보다 커뮤니케이션을 중시하고, 〈정책작성〉이라는 고립된 정적인 시각보다 〈정책형성〉이라는 동적인 사회과정의 시각을 설정해 봐야 한다고 한 것도 같은 이유에서이다.

제6장
행정과 계획

1. 머리말

　일본에서「계획」이라는 새로운 규범형식이 정책형성과정에 눈에 띄게 등장한 것은 1955년 이후라 할 수 있다. 전후 처음으로 정부의 경제계획으로 정식 각의결정된 것은 하토야마(鳩山) 내각의『자립경제 6개년계획』이다. 이것에 기시(岸) 내각의『신 장기경제계획』이 이어지고 그리고 1960년에는 이케다(池田) 내각의『국민소득배증계획』이 결정되었다. 이『국민소득배증계획』은「고자세」에서「저자세」로,「치안입국」에서「경제입국」으로 정치 태세의 전환을 상징하는 정치 슬로건으로서 커다란 역할을 했다. 그런데 그것은 경제계획으로 보아도 한층 더 기술적으로 세련되었으며 민간기업의 설비투자를 촉진하는데 커다란 효과가 있었다. 그리고 그것은 재정방침을 적극화시켜 산업기반이 될 사회자본의 충실에 투자의 중점을 두었을 뿐만 아니라, 국민에게 강력한 경제성장주의를 각인시키고 소비수준을 현격히 높인 점에서도 소위「GNP 신앙」의 출발점을 형성했다.

　1962년에는 이『국민소득배증계획』을 이어받아 이 또한 전후 최초로 전국종합개발계획이 책정되고 더구나 그 연장선상에 신산업도시건설촉진법 등이 제정되었다. 이러한 중앙정부 측의 움직임을 전후해서 지방에도 지역개발 붐이 일어나고 중앙과 지방 양쪽에 무수한「계획」이 나타났다. 1970년 이후에 성숙한 이러한「계획」의 동향을 관료기구의 정치차원에서 보면 그것은 경제기획청의 성격변화와 그 지위의 상승이었다. 1955년 이후 경제기획청은 그때까지 작성되고 있던「경제백서」와는 따로, 매년 정부예산편성방침의 기초가 되는「경제전망과 경제운영의 기본적 태도」를 각의에 제출하게 되었다. 지역개발행정의 조정기관도 마찬가지로 경제기획청이었다. 정부 내에서 관청 이코노미스트의 대두는 경제정책을 둘러싼 통상성과 경제기획청의 관계를 바꾸고 또 대장성의 예산편성 게임에도 변화를 가져왔다. 일본에서의「계획」의 군생이 이처럼 1955년 무렵을 경계로 한 역사적 현상이라는 사실에 착목할 때, 이 현상의 배경과 의의를 1955년의 보수합동에 기인하는 정치구조의 변질과 관련해 파악해 보는 것은 하나의 관점으로서 성립할 것이다.[133]

그런데 행정에서「계획」의 출현 역사는 오래되었다. 법률이「계획」의 책정에 대해 규정하고 있는 사례는 절대 적지 않았다. 국토종합개발법과 북해도개발법이 제정된 것도 1950년이며, 전국적인 지역계획의 체계는 제도상 이 시기 이후 예정되어 있었다고 말할 수 있다. 또 외국에서도 경제계획 이하 다양한 정부계획이 활용되고 있었다. 요컨대 계획기능의 도입,「계획」이라 불리는 규범형식의 활용은 현대행정의 보편적인 추세라고도 말할 수 있다. 그래서「계획」의 군생을 이처럼 보편성을 가진 역사적 현상으로 인식하기 위해서는 정부계획이 어떻게 현대국가에 도입되고 계획기능이 어떻게 행정관념 속에 정착해 왔는가를 간단히 회고해 둘 필요가 있다.

미국 행정학에서 계획은 처음부터 행정관리기능의 하나로 이해되고 있었다. 당시의 행정학이 민간기업의 경영관리사상의 영향을 강하게 받고 또 그 연구대상이 주로 도시자치단체의 경영에 두어져 있어서 정부의 행정관리와 기업의 경영관리는 본질적으로 이질적이라고는 생각되지 않았다. 그래서 행정수뇌부에 의한 계획은 기업경영자에 의한「단체계획」(corporate planning)과 동일시되었다. 다만 단체계획이라면 기업이라는 조직체의 사업목적을 정하고 그 실현수단을 정서(整序)한다는 의미에서 조직체의 환경에 대한 적극적인 작용의 계기가 내포되어 있어야 하지만, 그 당시 기업의 단체계획 그 자체의 주안이 기업 내 과정에 향해 있던 것도 있어서 정부의 계획기능도 주로 관리계획의 측면에 향해 있었다. 정부와 민간의 관계를 규정하는 공공정책의 관념은 아직 충분히 성숙하고 있지 않았기 때문에, 정책에 대한 구상도 계획으로서 의식화되지 못하고 더구나「계획」이라는 호칭도 사용되지 않았다. 공공정책의 계획으로「정부계획」(governmental planning)이 개화한 계기는 어느 나라에

---

133) 日本政治学会編『現代日本の政党と官僚』(岩波書店, 1967년)는 보수합동 이후의 정치구조에 관한 공동연구이며, 거기에 수록된 논문은 어느 것이나 정책결정과정에서의「계획」의 문제를 고찰하고 있다.

서나 공통적으로 제1차, 제2차 세계대전에서의 전시계획과 양 대전 사이에 개재한 대공황 때의 경제정책계획이었다. 그리고 이러한 「위기」에서 계획행정을 체험한 나라들은 제2차 세계대전 후가 되어서도 이젠 종래의 완전한 자유주의경제체제로 복귀하는 일은 없었다. 정부는 자유주의경제로의 복귀를 기본으로 하면서도 각종 경제정책과 사회보장정책을 통해 국민경제의 관리에 책임을 지는 혼합경제체제로 이행했다. 전시계획 중에서 분해된 경제계획, 자원개발보전계획, 국토계획이라는 「계획」이 많은 나라에서 계승되고 발전되었다.

미국 행정학은 정부계획의 등장을 어떻게 받아들이고 자신의 이론체계 내에 섭취해 갔을까?[134] 원래 자유경제원리에의 신봉이 유달리 강하고 또 전쟁으로 심각한 마비를 체험하지 않았던 미국 사회에서 정부계획의 관념은 쉽게 받아들이지 않았다. 「계획」은 계획경제와 같은 뜻으로 인식되고 사회주의의 의미가 있는 것으로 해석되는 경향이 강했다. 그런 만큼 오히려 미국에서의 「계획」 논쟁은 계획에 내재하는 원리적인 문제를 예리하게 인식하고 있었다고도 말할 수 있다. 계획의 시비를 둘러싼 논쟁은 요약하면 계획과 정치의 관계, 인간 계획능력의 합리성과 한계라는 2가지 핵심에 수렴되고 있었다.[135] 그리고 계획과 정치의 관계라는 전자의 문제영역은 그 자체 속에 차원을 달리하는 다면적인 문제를 포함하고 있다. 첫째, 통치권력에 의한 규제와 자유의 문제가 있다. 둘째, 계획과 권력집중의 문제이다. 이 권력집중은 연방의회와 대통령, 연방과 주·지방, 대통령부와 정부 각 부처 등 다양한 부분에 보인다. 셋째, 더 일반적인 문제로서 사회 제 이익의 통합과 계획의 관계가 물어진다. 즉, 집권적인 계획이란 제 이익의 통합을 계획가에게 맡기는 것인데, 그것이 정치적으로 가능한가, 가능하더라도 바람직한 모습인가라는 물음이다. 넷째, 정치의 생명은 사회의 변화에 부단히 탄력적으로 적응해 가는 부분에 있는데, 이러한 정치의 성격과 어느 정도 고정성이

---

134) 이 문제는 예전에 미국에서의 도시계획의 계획성을 논하는 전제로서 약간 논급을 시도한 적이 있다. 졸고 「アメリカにおける大都市行政の構造(四)」(『国家学会雑誌』, 제79권 제11·12호) 참조.

135) 정부계획에 대한 논쟁은 하이에크와 우튼 여사의 그것에 대표되고 있다. F. A. Hayek(1944). *The Road to Serfdom*, George Routledge & Sons, B. Wootton(1946). *Freedom under Planning*, University of North Carolina Press. 그 후 이 논쟁은 1930년, 1940년대에 특유한 과거의 논쟁으로 소개되고 있는 것이 많다. 이 논쟁의 논점이 계획에 따르는 보편적인 문제라는 것을 명확히 지적한 것으로는 C. I. Barnard(1948). "A Review of Barbara Wootton's *Freedom under Planning*," C. I. Barnard, *Organization and Management*, Harvard University Press.와 J. G. March & H. A. Simon(1958). *Organizations*, John Wiley & Sons, Inc., p.203을 들 수 있다. 또 사회에서 다원적인 이익분화와 계획의 문제에 대해서는 M. Meyerson & E. C. Banfield(1955). *Politics, Planning, and the Public Interest*, The Free Press ; E. C. Banfield(1961). *Political Influence*, The Free Press의 고찰을 참조할 것.

 · 제6장 · 행정과 계획

요청되는 계획이 양립할 수 있는가가 물어진다.

그래서 뉴딜 기 이후의 미국 행정학은 정부활동에 계획 관념을 도입하면서 계획에 대한 비난과 의구심을 회피하기 위해 고심해 왔다. 먼저 모든 계획이 필연적으로 통치권력의 규제권을 확충하는 것은 결코 아니라는 사실을 강조하고 계획에서 계획경제는 물론 경제계획이라는 의미를 제거하려고 노력했다. 정부계획의 정당성을 변증하기 위해 이미 정착해 있던 행정관리기능으로서의 계획을 예로 들어 이것을 점차 확장함으로써 계획 관념을 기능적인 것, 보편적인 것으로 재구성했다. 우선 법률의 수권을 받은 행정사업의 집행에 대해서도 「행정계획」(programming)이 필요하며 이것은 순수한 행정의 영역이라고 설파한다. 다음에 법안제출의 전제가 되는 「입법구상」(policy planning)이 필요하다고 주장한다. 하지만 이것은 관료기구의 강화를 초래하고 나아가 의회의 입법권능의 존립을 위협하는 것으로 경계되기 때문에, 입법구상은 어디까지나 대통령의 지휘와 책임 아래서 행해지는 「대통령의 계획」(presidential planning)이라고 특별히 주석이 덧붙여졌다.[136] 이것은 의원입법이 원칙인 나라에 특유한 노력이었다. 뒤집어 말하면 입법구상의 필요가 설파된 것은 사실상 행정부제출 법안이 급증하고 예산국에 입법심사권한이 인정되어 있었기 때문이었다.

일반적으로 행정에서 계획의 강화 충실은 국가의 행정권능 확대에 부수하는 현상이지만, 그 구체적인 현상행태는 통치구조의 특질에 따라 다양하다. 미국에서는 계획논의가 주로 정부의 대 민간개입과 의회·행정부 관계를 둘러싸고 전개되었다. 그런데 전후 부흥이 정부의 부양책으로 추진돼야 할 긴급과제라고 생각한 나라들에서는 정부계획은 그렇게 큰 저항 없이 받아들여졌다. 또 의원내각제 국가들에서는 행정부에 의한 입법구상도 제도의 원리를 일탈하는 것으로는 인식되지 않았다. 그 반면에 행정계획의 증대는 실질적인 위임입법의 확대이지 않느냐라는 점이 문제가 되고 또 중앙과 지방과의 정부간 관계가 논의의 중심이 될 수 있다. 더욱이 통치구조뿐만 아니라 정당정치의 양태나 압력집단의 분포형태라는 비공식의 정치구조까지 감안하면 각 나라에서 정치의 이익배분형태와 제 이익의 통합양식은 지극히 다양하며 이것에 따라 행정에서의 계획의 실태도 달라진다. 그래서 일본 행정

---

[136] 미연방정부에 계획을 도입하는 것에 대한 정당성을 변증하려는 것으로서는 J. D. Millett(1947). *The Process and Organization of Government Planning*, Columbia University Press가 대표적이다. 또한 여기서 programming과 policy planning을 각각 「행정계획」과 「입법구상」으로 번역한 것은 이 글의 용어법과 연속성을 가지기 위함이다.

에서 계획에 대해 정치학적으로 고찰할 때는 일본 정치구조 특질과의 관련을 명확히 하지 않으면 안 된다. 그리고 보수합동 이후의 변화도 정치구조와 관련된 단기적인 역사적 현상으로서 그 영향의 해명이 요구될 것이다.

행정과 계획에 대한 행정학의 관심은 원래 단체계획의 측면에서 출발하고 있다. 그래서 관심의 중점을 관리계획에서 공공정책의 계획으로 이동했을 때도 이것을 행정부 내 또는 관료기구 내에서의 계획과 조정의 문제로 처리하려고 해 왔다. 그런데 개별 행정분야에 관한 계획작성은 각각 전문 분화한 정책과학의 연구와 기술관료에 의한 그 응용에 맡기지 않을 수 없다. 그래서 행정학의 주요 관심은 한편으로 「합리적 결정」이론의 발전으로 일반적 추상적인 계획기법의 개발로 향한다. 오퍼레이션스 리서치(operations research), 시스템 아날리시스(system analysis), 가치분석, 비용효과분석 등의 수법 검토가 이것이다. 그런데 다른 한편으로는 「점증주의」(incrementalism)이론처럼 종합계획이 어디까지 합리성을 주장할 수 있을까 하는 역의 관심이 등장한다.[137] 먼저 사회현상에 대한 인간의 인식능력·예측능력의 한계가 지적되고 제한된 시간 내에 다량의 정보를 수집하고 처리하는 것의 한계가 중시된다. 이것에 더해 계획에 의한 가치의 「순위부여」에 어느 정도 객관적 합리적인 근거가 있을 수 있을까 하는 점이 물어지고 이 점에 대한 회의가 깊어지면 무계획한 사회과정의 결과로 생기는 조정을 재평가하는 제안이 나온다. 예전부터 계획경제보다 시장원리가 합리적인 조정과정이라고 논해진 것과 마찬가지로, 관료기구에 의한 집권적 계획보다도 널리 공공적인 정치과정에서 제 이익의 억제균형의 결과로서 달성되는 조정이 오히려 합리적이지 않을까 하고 생각된다. 계획과 정치, 계획능력의 한계라는 2가지 기본문제는 이렇게 밀접하게 연동한다.

행정학의 또 하나의 주요한 관심은 행정부 내의 종합조정에 향한다. 정부 각 부처의 시책이나 계획을 어떻게 종합적으로 조정할 것인가가 문제가 되어 종합적인 기획조정을 담당하는 스태프기관의 강화 충실이 이야기된다. 그것은 주로 라인과 스태프의 관계를 둘러싼 조직론이 되고 이 관계를 담보하기 위한 예산편성절차나 「계획」심사절차 등의 개선이 검토된다. 이러한 관심과 사고방법을 가장 잘 예시하고 있는 것은 앞의 임시행정조사회의 『의견』일 것이다.

한편 행정법학은 전통적으로 「계획」을 규제권한과의 관계에서 파악해 왔다. 그런데 최근

---

[137] D. Braybrooke & C. E. Lindblom(1963). *A Strategy of Decision*, The Free Press 등을 참조 바람.

의 계획의 군생은 반드시 규제권한의 강화 신설을 수반하는 것이 아니다. 계획 대부분은 오히려 입법구상의 성격을 가진 것이었다. 경제계획에도 통제적인 측면은 엷어지고 오히려 경제동향의 예측에 기반을 둔 적응적 유도적인 성격의 계획이 되고 있다. 더구나 대부분의 행정계획은 세·재정상의 특별조치나 단순한 행정지도를 제어수단으로 하는 소위 비권력적인 계획이라 말할 수 있다. 그런데 이것은 행정계획이 국민에 대한 이익배분에 커다란 기능을 수행하고 있다는 사실을 부정하는 것은 아니다. 그래서 최근의 행정법학은 행정계획의 군생을 비권력적 행정작용의 확대에 따른 현상형태로 보고 이것을 법학적 검토의 대상으로 인정해 가는 경향에 있다. 행정계획은 비권력적 행정작용의 기준을 정립하는 형식이며 법률의 일반적 규범을 개개의 행정행위에 구체화해 가는 중간규범으로 위치 지우고 있는 것처럼 생각된다. 거기에서 이것을 입법통제의 한계의 표현으로 보는 입장과 거꾸로 입법통제의 공동화를 초래하는 위험한 경향으로 보는 입장이 생겨난다. 또 이것과는 따로 「계획」이 어디까지 사법통제에 따를 수 있을까 하는 관심도 깊어지고 있다. 그리고 계획법에 고유한 법리가 있는 것은 아닌가 하는 가설도 제시되어, 그것은 주로 「계획」작성의 절차규범에 요구되는 것은 아닐까 하고 생각되고 있다.[138]

이처럼 다양한 시각에서의 계획론은 상호 다면적으로 교차하고 있다. 그러나 모든 계획론에 공통으로 유효한 개념 틀을 설정하는 것은 대단히 어렵다. 그 하나의 원인은 기능개념으로서의 계획(planning)과 실체개념으로서의 「계획」(plan)과의 구별과 교착에 있다. 개괄적으로 말하면 계획의 정치학적 행정학적 분석에는 기능이나 과정으로서의 계획이 중요하다. 「계획」의 기능이 문제가 될 때도 「정문(定文)의 계획」이라 불러야 하는 계획서보다도 오히려 「불문(不文)의 계획」이라 할 만한 계획서와 그 주변에 형성된 여러 가지의 양해가 중요하다고 말할 수 있다. 입법통제와 계획의 관계를 생각할 때도 그것이 「계획」으로 호칭될 형식으로 결정(結晶)하는지 어떤지, 「계획」이 법률상 근거를 갖고 있는지 그렇지 않은지는 별반 의미를 갖지 않는다. 또 한 개의 「계획」이 때로는 입법구상으로 기능하고 때로는 행정계획으로 기능하는 것도 많기 때문에 「계획」의 기능을 기능적으로 파악하는 것이 필요하게 된다.

---

[138] 成田賴明「国土計画と地方自治-若干の法律問題-」(『ジュリスト』430호) 외에 최근의 행정법 교과서 등을 참조. 또 西谷剛『計画行政の課題と展望-行政計画と法律-』(第一法規出版, 1971년)에는 이러한 점이 요령 있게 정리되어 있으니 특히 참조 바람. 더욱이 하나만 외국 문헌을 제시하면 C. A. Reich(1966). "The Law of the Planned Society," *The Yale Law Journal*, Vol.75, No.8. 은 계획과 법에 대해 시사가 풍부한 논문이다.

그러나 「계획」을 규범형식 특히 사법통제에 따르는 규범형식으로 볼 때는 사항의 성질상 「정문의 계획」을 실마리로 삼게 될 것이다.

계획을 기능으로 파악하고 혹은 「계획」을 기능적으로 파악해 가면 갈수록 실체로서 존재하는 각종 「계획」의 유형 구분을 시도하는 것은 곤란하게 된다. 그래서 이 글에서는 계획기능의 일반적인 특질에서 시작해서 단체계획과 공공계획의 특질을 고찰하고, 거기서부터 서서히 각종 「계획」에 대한 문제상황을 소묘해 보고 싶다. 그런데 이 글의 주안은 일본 행정에서 「계획」의 군생 현상과 정치구조와의 관련에 있기 때문에 여기서 가설적으로 사용하는 여러 가지 「계획」 유형도 그 때문에 구성된 것으로 이해해 주기 바란다. 또 이 글에서는 종종 미국 상황과 일본 상황과의 대비를 시도하는데, 미국의 상황이 모범이 될 수 있기 때문이라서가 아니다. 그것이 가장 대조적인 상황을 나타내고 있기에 계획의 문제상황이 얼마나 계획의 환경에 좌우되는가를 명확히 하기 위함일 뿐이다.

2. 계획과 조정

 行政学の基礎概念

1) 계획의 요소와 성격

계획의 기능개념에 대한 정의는 기업의 경영계획을 비롯한 정부의 공공계획, 거기에 군사계획 등의 각종 계획에서 공통요소를 추출함으로써 한층 추상성이 높아져 있지만, 그래도 논자에 따라 다종다양한 정의가 시도되고 있다. 여기에 하나의 구분을 하면 「공익의 추구」나 「목적의 극대화」, 「합리적 선택」, 「최적 수단의 선택」과 같은 계획의 목적가치 또는 수단가치를 정의 속에 내재시킨 규범적 정의와 그러한 규범성을 사상(捨象)한 분석적 정의로 나눌 수 있다. 여기서는 합리적인 계획을 하기 위한 기법을 검토하는 것이 아니라 실제로 존재하는 계획을 분석하는 것이 목적이기 때문에 분석적 정의를 시도하고 싶다. 그래서 계획이란 「미래의 복수 또는 계기(繼起)적인 인간행동에 대해 일정한 연관성 있는 행동계열을 제안하는 활동」으로 정의하고, 이렇게 작성된 제안을 「계획」이라 정의해 두기로 한다.

이 정의에 대해서는 먼저 주석을 달아 두어야 할 것이 있다. 그것은 분석적 정의의 경우에도 계획은 목표를 설정하고 이것을 실현하기 위한 수단을 정서(整序)하는 것이라고 정의되는 것이 일반적임에도, 이 정의에서는 목표설정을 계획의 필요조건으로 하고 있지 않다는 것이다. 이것은 목표설정의 어려움이야말로 계획의 하나의 핵심적 문제라고 생각하고 있기 때문이다. 사실 현실에 작성되는 「계획」에는 일련의 행동계열이 제안되어 있을 뿐이며, 굳이 말하면 이러한 행동을 실행한 때 달성될 상태가 목표로 되어 있는 것도 적지 않다. 또 일련의 행동계열의 제안이라는 형태에서 다수 목표의 집합태가 설정되어 있다고 보더라도 거기에 종합적인 혹은 통일적인 목표가 명시되어 있는 것은 절대 많지는 않다. 이러한 경우에도 목표와 수단인 행동계열과의 적합성을 판정하는 기준은 명확하지 않기 때문에 계획의 성과를 판정할 방법도 없다. 목표의 설정은 오로지 행동결과에 대한 예측에 귀착하고 있으며, 이 예측이 부정확하면 이 계획은 처음부터 의도하지 않은 목표를 설정하고 있었던 것으로도 될 것이다. 그래서 계획을 합리적인 계획으로 하기 위해서는 목표의 명시적인 설정이 필요하겠지만, 현실적으로 이러한 합리성의 추구는 쉽게 실현할 수 없다.

이렇게 분석적 정의의 성격을 철저히 하면 계획의 공통요소는 (1) 미래성, (2) 행동의 제안, (3) 행동계열의 연관성이라는 것이 된다. 그러면 관련개념과의 공통점과 차이점은 어떻게 될까. 계획의 과정에는 수많은 의사결정과 선택이 있는데, 의사결정이나 선택은 그것만으로는 항상 행동의 제안이나 미래성을 포함하고 있지 않다. 예측은 행동의 제안을 포함하지 않는다. 목표도 그것만으로는 이것으로 이끄는 행동계열의 제안을 포함하고 있지 않다. 그런데 이러한 3가지 요소를 갖춘 계획과 일반적으로 방침, 구상, 요강 등으로 불리는 광의의 정책을 구별하는 것은 어렵다. 따라서 여기서는 계획은 광의의 정책작성과 같은 의미로 논의를 전개하고 싶다. 다만 통상적인 용어법에 따르면 「계획」이라 불리는 것은 목표를 측정 가능한 양의 텀으로 설정하고 있는 것이나 혹은 행동계열의 연관성이 상세하고 구체적인 것이 많다고 할 수 있다.

그런데 여기서 정의한 계획은 개개인의 행동에서 조직체의 행동에 이르는 모든 인간행동에 인정되는 활동이며 그것이 포괄하는 활동의 범위는 넓다. 그래서 개개 계획의 성격을 식별할 지표로써 계획의 「성격지표」(dimensions of a plan)를 도입해 보기로 하자.

계획의 「성격지표」로는 다음과 같은 것이 생각된다. (1) 계획으로 대처하려는 과제가 계획주체의 전체 활동에서 점하는 「중요성」, (2) 계획에서 고려해야 할 변수의 수, 다원적인 목적, 다기에 걸친 수단으로서의 행동계열 등이라는 과제의 「복잡성」, (3) 「계획」의 성패에 결정적인 영향을 주는 요인들을 어디까지 계산에 넣고 있는가라는 「완전성」, (4) 계획에 의해 제안된 인간행동에 대해 「계획」의 실현주체가 어느 정도의 구속력, 제어력을 갖고 있는가라는 「실효성」, (5) 계획에 의한 행동제안의 「명세성」이나 「구체성」, (6) 계획이 어느 정도 미래를 고려하고 있는가라는 「미래성」 등이 주요한 것이다. 그리고 이상의 지표는 개개인의 행동 즉 계획주체와 「계획」의 실현주체가 일치하고 있는 경우에도 적용되는 「성격지표」이지만, 조직체에 의한 단체계획에서는 계획주체와 「계획」의 실현주체가 다른 경우도 많기 때문에 그 위에 다른 「성격지표」가 더해지게 된다. 이러한 것으로는 (7) 계획에 의해 제안된 행동계열이 어느 정도 다수의 조직단위 행동을 포괄하고 있는가라는 「종합성」이 있으며, 또 (8) 「계획」이 조직체 내 구성단위의 어느 정도 참여 하에 작성되는가, 거꾸로 말하면 「계획」 작성권이 어느 정도 계획주체에 독점되어 있는가라는 「집중성」이 중요하다.

그래서 이러한 계획의 「성격지표」를 가미하면서 앞에서 기술한 계획의 3가지 요소에 대한 설명을 부연하고, 계획에 기대된 효능과 계획에 부수하는 제약 혹은 계획에 기인하는 폐해에 대해 검토해 보기로 하자.[139]

2) 계획의 효능과 제약

계획은 미래의 인간행동에 대한 제안이다. 따라서 일반적으로 미래의 상황에 대한 예측이나 전망이 전제되지만, 사회현상에 대한 예측능력은 지극히 유치한 단계에 있으며 이것이 계획의 합리성을 현저히 줄이는 요인이 되고 있다. 예측이 장기적 미래에 이를수록 상황은 점점 더 부정확하게 되기 때문에 장기예측은 아무래도 미래의 상황을 몇 가지 중요변수의 추세로서 파악하고 또 안전을 고려해서 예측수치를 폭넓게 잡는 것이 필요하게 된다.[140] 그런데 예측수치가 투자량 산정의 기초로 되어 있을 때 안전계수를 크게 고려하는 것은 과대한 선행투자를 요하게 되어 계획의 설득력을 약화시킨다. 거꾸로 예측수치를 다소 억제

---

139) 계획의 3요소와 「성격지표」에 대해서는 P. P. LeBreton & D. A. Henning(1961). *Planning Theory*, Prentice Hall. 에서 많은 시사를 얻었다. 또 이하에 논하는 계획의 효능과 제약에 관한 일반론은 대단히 미숙하지만, 졸고 「アメリカにおける大都市行政の構想(4)」에서 논한 적이 있다. 이 글에서는 용어법, 이해의 방법, 전체의 구성에 대해 많은 수정을 가했지만, 기본적인 발상은 앞의 글과 공통하고 있으며 논술에 중복도 많다. 이미 발표한 것을 재론하는 것을 필자는 선호하지 않으나 널리 양해를 부탁한다.
140) 「불확정 현상에 대한 적극적 준비」가 계획의 중요한 요소인 것은 버나드가 강조한 부분이다. C. I. Barnard, *op.*, pp.167-168.

하면 나중에 틀림없이 계획성이 없었다고 비난받게 될 것이다. 또 예측수치에 커다란 폭을 남긴 채로 작업을 진행하기는 어렵기 때문에 현실적으로는 이 폭 가운데에서 일정한 수치가 선택되어 고정된다. 이렇게 일단 고정된 예측수치는 그 배경을 떠나 독자적인 의미를 띠기 시작하는 것이 통상적이다.

이 점에서 『국민소득배증계획』에 의한 국민소득 성장률의 산정에 대해 「앞으로 10년에 걸쳐 6.5%~8% 정도의 성장이 가능하다고 생각하고, 8%가 거의 상한이라 판단했다. 따라서 10년 배증을 위한 연평균 성장률 7.2%는 이러한 가능성 속에 들어오기 때문에 『대략 10년 동안 국민소득을 2배로 하는』계획이 작성되었다」[141]고 언급되고 있는 것은 시사적이다. 즉, 여기서는 10년 동안 배증이라는 외재적인 기준을 사용해서 6.5%에서 8%라는 예측의 폭을 대략이라는 한정을 붙이면서 연평균 7.2%라는 예측수치로 고정했다. 게다가 「계획은 성장률이 전반기에 조금 높게 되리라 전망하고 있어서 투자가 매년 균등하게 증가하는 것은 반드시 예상하지 않고 있다」[142]라고 이야기되고 있듯이 연평균성장률에는 그다지 큰 의미는 없었다. 그런데 그럼에 불구하고 향후 10년간의 매년 성장률의 경과에 대한 예측수치는 제시되어 있지 않았기 때문에 「당초 3년간 9%, 잔여기간 7.2%」라는 정치적 타협도 가능했다. 그리고 계획과 실적의 비교도 9%든 7.2%든 연평균성장률을 기준으로 논해졌다. 원래 이러한 인식방법은 『국민소득배증계획』이 「월급 2배론」으로 된 것과 마찬가지로 「계획」을 작성한 기술관료의 진의에 반하거나 「계획」 그 자체에 대한 정확한 이해가 아니었을지 모르지만, 이러한 현상은 오히려 「계획」 일반의 공통된 폐해라고 봐야 할 것이다.

그런데 「계획」의 실현주체의 작위를 제로나 현상유지(일정불변)로 했을 때의 상황예측과 의도적인 작위를 더했을 때 생기는 상황예측을 엄밀히 식별할 수 있으면 예측의 합리성은 높아지지만, 이 식별은 실제로 기술적으로도 절대 쉽지 않다. 또 가능하더라도 종종 모호하게 된다. 다시 『국민소득배증계획』에서 예를 찾으면 성장률의 예측은 경제 각 섹터의 균형을 고려한 「정책적 전제를 둔 예측」[143]이었다고 설명되고 있다. 그래서 성장률은 예측인지 목표인지가 불명료하게 되고 경제성장의 실적은 자연적 결과인지 계획의 성과인지 판정하기 어렵다는 문제가 생긴다. 이것은 「계획」이 심리조작의 수단으로 의식적으로 사용될 때

---

141) 大来佐武郎「国民所得倍増計画の背景と役割」(日本経済政策学会編『日本の経済計画』[勁草書房, 1962년] 수록).
142) 상동.
143) 상동.

특히 생기기 쉬운 하나의 허위를 나타내고 있다고 말할 수 있다. 그런데 이것을 항상 작위적인 조작으로 볼 수는 없다. 사회현상의 순수예측이든 계획적 제어의 결과예측이든 예측이 합리적이기 위해서는 사회현상에 일정한 함수관계가 발견되어 있지 않으면 안 되는데, 어떤 사회현상이 계획의 여건임과 동시에 계획적 제어의 대상이기도 할 때 여건의 순수예측과 결과예측은 불가분하게 결부되어 오기 때문이다. 따라서 공공부문의 개입 정도가 강한 경제계획일수록 이 경향은 현저하게 된다. 또 사회현상의 구조적인 변혁을 지향한, 바꿔 말하면 「개발적인」계획이 될수록 이 경향은 본래적인 것이 된다고 말할 수 있다. 인구동태의 예측에 대해서도 정책적 고려를 가하는 것 없이 예측수치를 하나의 수치로 고정하는 것은 어렵다.

예측에 따른 세 번째 문제는 예측 그 자체가 인간행동에 영향을 주어 이것이 자기실현적 예언이 되거나 자기부정적 예언이 되거나 하는 것이다.『국민소득배증계획』이 적극적인 경제성장을 예측한 것이 정부가 그만큼의 경제성장을 「보증」 또는 「약속」한 것 같은 인상을 만들어 내고, 이것이 사기업의 설비투자를 더 유발한 결과로 예측을 상회하는 성장률이 달성된 경향이 있는 것은 이미 지적되고 있는 부분이다.[144] 정부의 연차경제보고나 경제계획에 나타난 경제현황과 예측에 대한 데이터는 어느 나라에서나 경제활동의 중요한 지침으로 활용되고 있다. 그렇다면 계획주체 입장에서는 예측의 공시방식과 그 효과를 미리 계산에 넣어두지 않으면 안 되지만, 이것은 예측을 점점 더 조작적이게 하는 것을 의미하고 있다. 특히 경제계획에서는 예측이 계획의 중요한 부분을 차지하고 게다가 그것 자체가 계획적 제어의 수단이 될 수 있다는 것이다.

일반적으로 계획기관이 계획의 합리성을 고집하면 계획기관은 사회현상에 관한 정보의 수집처리와 조사 분석에 전념하게 되어 좀처럼 행동의 제안이나 목표의 설정을 할 수 없게 되는 경향이 있다. 계획에는 항상 인식의 합리성에 대한 단념이 필요하다. 그래서 다음에는 제안된 행동의 미래성에 대해 검토해 보자.

이것은 계획의 작동계기가 되는 과제의 성격과 관련하는 부분이 많은 문제이다. 계획은 일반적으로 현황에 대한 불만을 계기로 하고 있다. 즉, 현황이 기대수준 이하의 실적밖에 보이고 있지 않다는 인식이 계기가 되어 이 불만을 해소하는데 필요한 작업량이 산정되고 이

---

144) 이 현상에 대해 경제기획청과 대장성 간의 인식방식 차이에 대해서는 伊藤大一「経済官僚の行動様式-「所得倍増計画」を中心として-」(日本政治学会編『現代日本の政党と官僚』[전게] 수록)에 흥미로운 고찰이 제시되고 있다.

것을 미래의 일정 시점까지 달성한다는 목표가 설정된다. 「행정의 필요량」(public needs)의 산정이나 「전국적 최소기준」(national minimum)의 설정은 이러한 성격의 것이며, 「사업계획」이라 불리는 많은 것은 이러한 행정사업의 질·양의 수준설정을 전제하고 있다. 이처럼 계획목표는 현재의 가치기준에 근거한 현재의 불만을 미래에 투영한 것에 지나지 않기 때문에 미래성을 가지고 있는 것은 목표실현을 위한 행동계열뿐이라고 말할 수 있다. 다만 이러한 계획에서는 목표설정에 대해 합의를 조달하기 쉽고 또 실현주체와 실현수단이 이미 존재하고 있는 것이 많아서 비교적 단순한 계획이라 말할 수 있다. 그런데 이 계획의 장기목표가 달성되었을 때는 이미 이 목표가 그때의 기대수준을 충족하지 못하는 사태는 충분히 예측된다. 이것에 대한 하나의 대응책으로는 롤링 시스템(rolling system)의 도입이 시도될 수 있다. 「계획」의 정기적인 재검토는 상황예측을 부단히 수정하기 위해서도 목표를 부단히 재설정하기 위해서도 필요하기 때문이다.

좀 더 여유가 있는 의욕적인 계획으로는 미리 미래의 기대수준, 미래의 필요량을 예측해서 처음부터 이것을 달성목표로 하는 것이 생각된다. 그리고 실제로 도시계획 가운데 용도지역규제의 이념은 미래의 도시구조를 고려해서 미래의 토지이용구분을 고정하는 데 있다. 하지만 용도지역규제의 실태를 자세히 검토해 보면 미래의 용도지역을 현재의 토지이용형태와 현저히 동떨어진 형태로 하는 것은 곤란하다. 용도지역규제는 기본적으로 현재의 토지이용 질서를 안정시키기 위해 이것에 일탈하는 미래의 행동을 배제해 가는 성격이며, 그것은 「개발적인」계획이 아니라 「적응적인」계획이다.[145] 따라서 그것은 도시구조가 비교적 안정되어 있는 때와 장소에서 가장 잘 기능할 수 있는 계획이다. 사회현상이 유동적인 상황에서 미래의 만족까지 가미한 계획을 행하는 것은 극도로 어렵다고 할 수 있다. 장기적인 미래에 걸쳐 상세한 목표를 설정해 보더라도 그 합리적인 근거를 설명할 수 없다. 또 이러한 장대한 계획은 현재에서 보면 「꿈의 계획」이 되고 이것을 실현하기 위한 행동계열을 구체적으로 구상하는 것은 거의 불가능하다. 소위 「청사진적 계획」이 이렇게 탄생한다. 그래서 오히려 장기구상은 주로 계발적인 효능을 기대해서 참신한 착상의 제시에 머물든가 혹은 행동의 「방향지시」(direction-finding)[146]의 기본방침에 머물러 목표의 상세한 설정이나 행동계

---

[145] 「개발적인」계획과 「적응적인」계획이라는 구분은 주로 John Friedmann(1964). "Regional Development in Post-Industrial Society," *Journal of the American Institute of Planners*.에 시사되어 있다.
[146] 계획이 고정된 목표를 지향해야 하는가, 「방향」의 지시를 최우선으로 해야 하는가는 미국 도시계획학계에서 반

열의 구체적인 제안을 단념하는 것이 합리적인 경우가 많다고 말할 수 있다. 계획에 대한 일반적인 가설로서 상황의 「체계적 선취」(organized foresight)에 기초한 계획보다 상황의 「폐해시정」(corrective hindsight)을 꾀하는 계획 쪽이 착오와 폐해가 적다고 말하는 이유일 것이다.[147]

물론 이 양 극단의 계획 사이에는 무수한 중간형태가 생각될 수 있다. 예를 들면 각종 「보존」이나 「보전」계획은 미래에 복원 불능의 마이너스 효과를 남길 것 같은 현재의 행동을 현재의 시점에서 제어하려는 것이다. 또 상하수도·도로·항만과 같은 시설의 건설은 장래 지역구조의 형성을 제약하는 정도가 크다. 이러한 거액 자본의 고정화를 초래하고 그 장래에 개조가 곤란할 것 같은 사업에 대해서는 가능한 한 미래의 필요를 충족하도록 계획되는 것이 바람직하다.[148] 사업계획이 특히 「자본적 사업」(capital program)에 대해 이루어지는 것은 이 때문이다. 더욱이 「계획」의 실현주체에게는 제어력이 없는 현상이면서 이것이 큰 변화를 초래할 것이 확실히 예상되는 경우에, 이것을 계획의 여건으로 하고 그 외의 현상을 이것에 적응시켜 가기 위해 사전에 준비를 갖추는 「적응계획」(adaptive planning)도 생각된다.

다음으로 행동제안의 고유한 문제로 옮겨 보자. 이 점에서의 첫 번째 문제는 계획의 실효성이다. 「꿈의 계획」과 실효적 계획을 구별하는 것은 행동제안에 실현의 전망이 서 있는가 그렇지 않은가이다. 「계획」에 제안된 행동이 계획주체나 「계획」의 실현주체의 행동이면 그 조직체 내 구성단위의 행동을 강요하는 것만으로 충분하다. 그리고 「계획」이 제안하는 행동이 신규의 행동이 아니라 그 조직단위의 기존 작업방법을 활용하는 것이면 계획이 행동계열을 구체화할 각별한 필요조차 없다. 그러나 「계획」이 그 조직체 밖의 인간에 의한 행동에 기대를 걸고 있을 때는 타자의 행동을 어떻게 확보할 것인가가 중요한 문제로 된다. 그리고 타자의 행동을 제어할 수단으로는 (1) 강제권을 배경으로 한 직접간접의 행동 강제, (2) 편익의 등가교환거래에 의한 행동의 확보, (3) 일방적인 유인제공에 의한 행동의 유도, (4) 설득 등과 같은 것이 생각되지만, 어느 방법에나 각각 제약이 있어서 계획이 실효적으로 되기 위

복적으로 논의되었지만, 이 direction-finding의 사고방식은 R. C. Hoover(1960), "On Master Plans and Constitutions," *Journal of the American Institute of Planners*.을 참고했다.

147) D. H. Webster(1958), *Urban Planning and Municipal Public Policy*, Harper & Brothers, p.4.
148) "sunk cost"의 개념은 사이먼의 계획론에서 중요한 지위를 점하고 있다. H. A. Simon(1950), D. W. Smithburg, & V. A. Thompson, *Public Administration*, Alfred A. Knopf, pp.427-428. J. G. March & H. A. Simon, *op*., p.173.

해서는 다양한 수단이 동시에 조합된다. 그런데 계획이 타자의 행동에 기대하는 부분이 크면 그만큼 「계획」의 「안정성」이 감퇴하는 것은 확실하다.[149] 즉, 「계획」은 원형이 남아 있지 않을 때까지 수정되어 가든지, 계획만으로 그치는 상황에 직면하게 된다.

기업의 계획이 원료의 조달, 생산의 청부, 제품의 유통 등에 대해 다른 기업의 행동을 예정에 넣을 수 있는 것은 편익의 등가교환이라는 시장원리에 입각한 거래관계, 그 의무부여로서의 계약관계가 전제되어 있기 때문이다. 제품의 판매에 대해서도 제품의 유인을 광고해서 소비자의 행동을 유도할 여지가 있다. 기업에는 강제권에 비견할 만한 제어수단은 부족하지만, 유인의 효과에서 타자의 행동을 예측할 가능성이 크기 때문에 계획에 상당한 실효성이 따른다. 이것이 시장원리가 가진 조정기능의 근간이라 할 수 있다. 이것에 비해 정부계획에는 강제적인 규제권한이 주어지는 경우가 있다. 하지만 이것도 피규제자의 이익을 전적으로 침해하는 것으로 느껴지는 한 간단하게 수용되지는 않는다. 건축규제 등과 같이 규제에 무리가 있을 때는 다량의 위반행위가 기성사실로 되어 버린다. 그래서 정부계획도 주로 재정투융자, 세제상의 특별조치, 보조금 지급이라는 유도조치를 마련하게 된다. 그리고 이 규제와 유도는 대부분의 경우 일방적으로 불이익을 부과하거나 혹은 일방적으로 유인을 제공하는 성격을 가진 만큼, 그것에는 「공공의 목적」에 기여한다는 논증이 특히 강하게 요청된다.

그래서 정부계획은 계획의 제어 또는 유도의 대상이 되는 당사자들로부터 그 자발적인 협력을 최대한 조달하려고 노력한다. 계획의 과정에 당사자를 참여시키고 그 이익을 반영시키는 것은 하나의 일반적인 방법이다. 계획주체 측의 요청이 상대 측의 이익도 된다는 설득이 이루어진다. 이것은 상호의존과 「거래」의 관계이다. 그것은 비대칭적인 권력관계를 배경으로 한 비등가의 교환일지 모르지만, 단순한 힘에 의한 행동 강제가 아니라 무언가의 대가가 지불되고 있다는 의미에서 「거래」이며, 이 「거래」는 세·재정상의 우대라는 유형의 유인제공보다 더 넓고 더 무정형의 편익 교환인 것이다.[150] 이러한 「거래」는 정부계획을 둘러싼 정부와 민간업계, 중앙정부와 지방자치단체, 의회·여당과 행정부 상호 간에 행해질 뿐만

---

149) 「안정성」의 개념은, W. H. Brown & C. E. Gilbert(1961). *Planning Municipal Investment*, University of Penn, Press에서 차용했다.
150) 여기서 말하는 「거래」는 노이슈타트가 미국 대통령의 설득력을 설명할 때의 bargaining의 개념과 동일한 것이라 이해하고 싶다. R. E. Neustadt(1959). *Presidential Power*, J. Wiley.

아니라 중앙정부부처 상호 간에도 이루어지고 있다. 정부계획의 실효성을 담보하고 있는 것은 실제로는 이러한 「거래」관계라 볼 수도 있다.

계획의 실효성을 둘러싼 두 번째 문제는 계획이 새로운 과제를 계기로 작동할 때 새로운 제어수단이나 절차 등이 제안되는 경우가 많다는 것, 그리고 「계획」의 작성은 정보의 집중을 촉진하고 정보의 집중은 권력의 집중을 불러온다는 것이다. 정부와 민간, 행정부와 의회에 대해서 계획이 권력의 집중을 초래한다는 것도 이 일반적인 문제의 일환이다. 계획의 주도권을 둘러싼 투쟁은 관료기구내부에서도 중앙과 지방 사이에서도 치열한 형태로 전개된다.

그런데 「계획」이 반드시 목표를 명확히 설정하고 있지 않다는 것은 맨 먼저 언급했는데, 목표의 명시적인 설정에는 어떠한 문제가 내재하고 있을까? 목표가 측정가능한 양의 텀으로 설정된 때는 수단인 행동의 합목적성, 행동결과의 적합성, 그리고 계획의 성패 정도를 판정하기 쉽게 된다. 그러나 이것은 다른 관점에서 보면 목적의 단순화, 판정기준의 단순화를 의미하고 있다. 「계획」에 명시된 목표는 그 배후에 있는 다양한 목적을 측정하는 대체지표에 불과하다. 몇 만 명의 어린이를 수용할 수 있을 정도의 어린이집을 몇 개년에 걸쳐 증설하는 계획이라 해도, 이것을 구체화하기 위해서는 공립과 사립의 분담, 시설과 배치인원의 수, 보육료의 부모부담, 어린이집이 필요한 사람들에게 효과적으로 이용될 수 있도록 적정배치 등이 결정되어야 한다. 게다가 그 배후에는 어린이집이 맞벌이가정용인지, 엄마에게 자유시간을 주기 위함인지, 어린이의 조기사회화를 위함인지에 대한 판단이 없으면 안 된다. 따라서 「계획」의 성과평가도 그냥 단순히 어린이집이 몇 개 소 증설되었는가라는 것만으로는 불충분하고 배후에 있는 목적들에 어느 정도 기여했는가에 따라 평가되어야 할 것이다. 모든 행정사업에는 동시에 달성되어야 할 다수의 목적이 있으며 혹은 사업에 따라 침해해서는 안 되는 가치조건이 수없이 많다. 측정가능한 일원적인 목표의 설정은 이러한 것을 배후에 숨겨 버린다.[151] 대체지표로서의 목표가 자기목적화 한다고 말해도 좋다. 이 단순화의 폐해를 회피하려고 다양한 목적을 「계획」의 목적으로 열기하면 그것은 「계획」의 다목적화, 「계획」의 복잡성 증대로 된다. 그리고 측정가능한 일원적인 목표의 설정은 곤란하게 되고 수단의 적합성 판정도 한층 어렵게 되어 버린다.

이리하여 목표설정의 문제는 계획의 제3요소인 행동계열의 관련성 문제에 연결된다. 행

---

151) 목적의 active elements와 contextual elements의 관계는 M. Meyerson & E. C. Banfield, *op. cit*.에 상세하게 논의되고 있다.

동계열의 제안에는 복수 행동의 상호연관과 그 중요성에 대한 판정이 내재하고 있기 때문이다. 일반적으로 행동계열의 제안은 목표가 목적수단의 계서(階序)적인 연쇄에 따라 점차 하위목표로 세분되고 결국에는 개개의 행위에까지 이르는 것으로 모델화되어 있다. 그런 점에서 행동계열의 제안이 최말단의 개개 행위에까지 구체화되어 있는 「계획」이야말로 가장 「계획」다운 「계획」이라 생각되는 경향이 있다. 그러나 이러한 논리적인 모델은 현실의 가치구조를 과도하게 단순화한 것이라 하지 않을 수 없다. 목적수단분석에 따른 목표의 「인수분해의 가능성」은 2개의 조건을 충족할 필요가 있다.[152] 첫째, 이 과정의 각각의 단계에서 「적합성의 판정」이 행해질 것, 둘째, 각 단계의 수단들이 상호 독립하고 있는 것이 필요하다. 그런데 현실에는 이러한 요건을 충족시키는 단순 명확한 가치의 계서구조는 성립하지 않는다. 그래서 현실의 계획은 목표에서 수단을 논리적으로 연역해 가는 과정이 아니라 오히려 복수의 목적 간, 복수의 수단 간의 조정을 도모해 가는 쌓아 올리기 과정에 가깝다. 목표에서 수단을 연역해 가는 적합성 판정의 기준은 실은 복수의 수단을 조정해서 목적을 귀납해 가는 기준이라고 하는 편이 현실에 맞는다고 말할 수 있다.

그런데 정부활동의 목적을 정하고 다수 목적 간의 중요성을 판정하는 것, 목표를 설정하는 것, 적합성의 판정 기준을 설정하는 것은 나중에 언급하듯이 다름 아닌 바로 사회에서의 이익배분의 형태를 정하는 것이다. 정부계획에 의한 조정은 사회의 다원적 이익의 조정이며 그 의미에서 정치과정 그 자체이다. 그런 까닭에 「정부계획에 보이는 조정의 결여는 사회에서의 조정의 결여의 반영」[153]이라는 역의 정언이 성립할 여지가 있다.

계획에는 많은 효능이 기대되면서 거기에는 수많은 제약이 있는 것은 지금까지 언급해 온 대로이다. 그런데도 인간은 일상적으로 계획하고 조직체는 계획의 합리성 확장을 끊임없이 요구하고 있다. 「조직체가 계획에 의의를 인정하는 것은 미래를 정확히 예지할 수 있다는 확신에 의한 것이 아니라 — 그것은 거의 불가능하지만 — 추량과 우연을 대신할 수 있는 유일한 수법으로서 미래는 가능한 한 정확히 예지되지 않으면 안 된다는 자각에 따른.」[154] 것이다. 또 「독립적인 의사결정자의 수가 늘어나고 사업책임이 독립적인 의사결정자에게 분할되고 전문화되면 될수록 정책작성에 종합적인 수법을 활용할 필요성이 증가하지

---

152) 이 문제를 정면에서 날카롭게 논한 것으로 J. G. March & H. A. Simon, *op. cit*., pp.190-191이 있다.
153) H. A. Simon, D. W. Smithburg, & V. A. Thompson, *op. cit*., p.435.
154) *Ibid*., p.428.

만, 그 반면 정책작성에 종합적인 수법을 활용할 능력은 그만큼 감퇴해 버린다」[155]는 것이다.

3) 조직 내의 계획과 조정

단체계획은 이 「독립의 의사결정자」를 다수 껴안고 있는 계획일수록 계획의 종합성과 집중성이라는 2가지 새로운 문제에 직면하게 된다. 이 2가지의 「성격지표」는 조직 내의 조정 문제와 밀접불가분의 관계에 있다. 임시행정조사회 『의견』의 용어법에서 보아도 기획(=계획)기능으로 생각되고 있는 것은 (1) 시책을 상황의 변동에 적응시키는 것, (2) 장기적 전망을 하기 위해 조사 분석하고 예측하는 것, (3) 「시책 간의 종합성」을 확보하는 것이다. 한편 조정기능으로서는 (1) 「시책 간의 종합성」 확보와 (2) 업무담당자 간의 의견조정을 위한 커뮤니케이션 절차라는 양 측면이 생각되고 있다. 즉, 보통 일반적인 용어법에서도 기획과 조정은 각각 독립의 기능을 가지면서도 「시책 간의 종합성」에 관해 서로 중첩된 개념으로 되어 있다.[156] 그리고 기획이라 불릴 때도 그 중점은 변화에의 적응이나 장기적 전망보다 「시책 간의 종합성」 확보에 두어져 있는 경우가 많다. 그렇게 되면 이 2가지 개념의 기본적인 차이는 조정은 담당자의 커뮤니케이션 절차를 불가결의 요건으로 하고 있는 데 대해, 기획은 이것을 불가결의 요건으로는 하고 있지 않는 데 있다고 볼 수 있다. 그래서 기획과 조정의 관계는 기획과 커뮤니케이션 절차와의 관계로 파악되고, 이것은 기획권이 어느 정도 기획부문에 집중되느냐, 역으로 말하면 기획에 관련하는 부문의 담당자가 기획과정에 어느 정도 참여하느냐는 문제에 귀착한다.

그래서 기획은 그 과정에 참여하는 조직단위의 많고 적음에 따라 단계적인 유형으로 나뉜다. 기획부문이 전 부문의 활동에 대해 기획하고 각 조직단위의 행동은 이 안의 세분화에 의해 결정되어 그 뒤 기계적으로 실시되는 경우는 기획의 집중성이 100%이다. 거꾸로 집중성이 0%인 상태란 기획부문의 분화 독립이 없고 조정이 각 조직단위 간의 완전히 대등한 커뮤니케이션 절차에 맡겨져 있는 상태이다. 이 양 극단 사이에 여러 가지 방식이 성립한다. 집중성이 높은 것에서 순차적으로 예시하면 다음과 같은 방식이 있다. 정보제공만을 담당부문에

---

155) R. S. Bolan(1976). "Emerging Views of Planning," *Journal of the American Institute of Planners*, July.
156) 임시행정조사회 『의견』이 기획과 조정의 양 개념을 어떻게 사용하고 있는지에 대해서는 졸고 「企画と調整の概念-臨時行政調査会の意見書について-」(『行政管理』, 1965년 10월호 수록)을 참조 바람.

의존하고 기획은 기획부문이 독점한다. 기획과정에서 담당부문이 의견을 제시한다. 기획부문이 기본방침을 지시하고 담당부문이 이것에 기초해 원안을 작성하여 이것들을 쌓아 올리면서 조정한다. 담당부문이 작성한 원안을 쌓아 올리고 기획부문이 이것을 사후적으로 조정한다. 기획부문 등의 제3자기관이나 상위권한자가 개별 사안마다 필요에 따라 조정한다.

그런데 여기서 기획의 전 과정에서 최종적으로 작성된 안이 대략적인 틀이나 방침에 지나지 않는다고 하면 기획이 아무리 기획부문에 집중하고 있더라도 실시단계에 광범위한 해석과 재량의 여지가 남겨지고 실질적으로는 기획을 집중한 것으로는 되지 않을 것이다. 따라서 집중과 참여의 관계를 정리하기 위해서는 또 하나 기획의 명세성·구체성을 고려하지 않으면 안 된다. 즉, 누가 기획하느냐 뿐만 아니라 누가 무엇에 대해 어디까지 개입해서 사전결정을 해 버리느냐는 요소를 추가해 볼 필요가 있다. 이것을 정부 각 부처의 기획에 대해 예시하면 법률·정령·부령·통달 등의 제정·개폐의 기안(=기획)은 이 순서에 따라서 구체성·명세성이 높아진다고 말할 수 있다. 그리고 이 외에 임시행정조사회『의견』이 각 부처의 기획부문에 위임한 〈행정계획〉에 대해 말하면 그 내용으로서 어느 정도 명세한 것이 예정되어 있었느냐에 의한다고밖에 말할 수 없다. 그리고 정부예산은 연도 단위의 행정활동 전반에 대해 그 세목에 걸쳐 규정한 대단히 명세성·구체성이 높은「계획」의 전형이다. 그래서 기획의 대략적인 유형을 그림으로 나타내면 아래 [그림 6-1]과 같다.

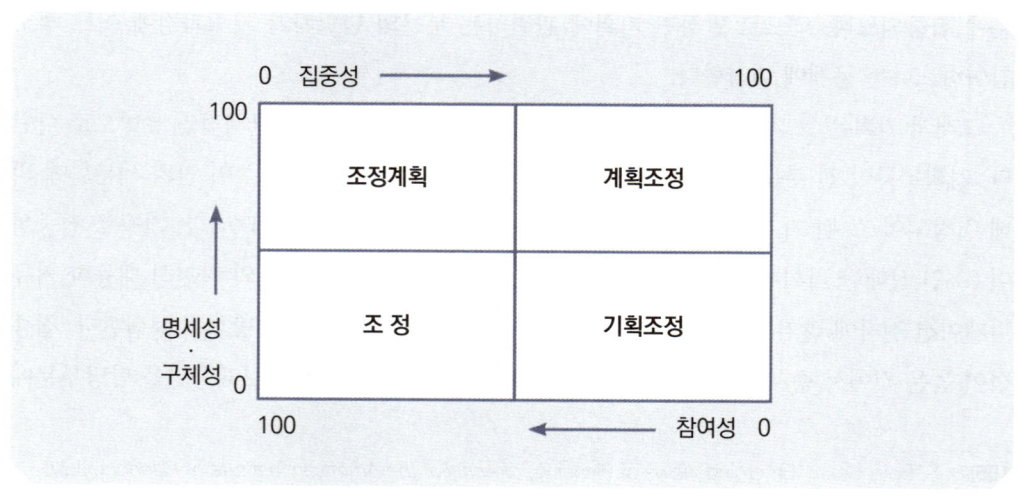

[그림 6-1] 기획의 유형

[그림 6-1]에 약간의 설명을 더 하자. 여기서 통상 일반적인 용어법에서의 기획과 계획의 차이가 어느 정도 명백해진다. 기획과정의 집중성이 높고 기획내용의 명세성도 높은 것은 기획부문이 매우 구체적인 「계획」을 작성하고 그 준수를 실시담당부문(=「계획」의 실현주체)에게 권력적으로 강제해 가는 경우이며 여기에서 조정은 「계획」 그 자체 속에 내부화된다. 즉, 「계획」대로 행동하고 있으면 각 실시담당부문의 행동은 저절로 조정되고 있을 것이라는 전제가 있다. 개별적 사례에 대해 「계획」에 기초해 조정할 때도 조정기준이 「계획」 속에 구체적으로 명시되어 있기 때문에 조정의 자의성이 적다. 이것을 일단 〈계획조정〉 또는 〈「계획」에 의한 조정〉이라 부르기로 한다. 동일하게 기획이 기획부문에 집중하고 있어도 기획내용에 명세성·구체성이 부족하고 광범위한 해석의 여지가 실시담당부문에게 위임되고 있는 것이 〈기획조정〉이다. 그리고 집중성도 명세성·구체성도 충분하지 않은 것은 기획의 측면이 약하기 때문으로 이를 〈조정〉이라 부르자. 〈조정〉은 객관적인 조정기준이 충분히 명시되어 있지 않기 때문에 시책 간, 행정행위 간에 최소한의 중복·모순을 개별적으로 배제하려는, 주로 허·인가행정에 수반하는 공관경합(共管競合)사무 등과 관련해서 전형적으로 기능한다고 말할 수 있다. 그리고 이 〈조정〉과정에 제3자기관이 개입하고 있더라도 그것은 기본적으로는 실시담당부문 상호 간의 커뮤니케이션 절차에 의존하게 될 것이다. 마지막으로 집중성은 부족한데 명세성·구체성이 높은 것을 〈조정계획〉 또는 〈「계획」의 조정〉이라 부르기로 한다. 이러한 「계획」으로 생각되는 것은 실시담당부문이 명세성·구체성이 높은 「계획」안을 작성하고 기획부문이 이것을 쌓아 올려 조정하는 과정에서 전체의 「계획」이 책정되는 경우이다. 개산(槪算)요구의 사정에 의한 예산편성은 그 좋은 예인데, 이 방식에서는 조정기준이 미리 명시되어 있지 않음에도 세목에 걸친 조정이 이루어질 가능성이 있으며, 그 경우에는 조정의 자의성과 권력성이 강하게 의식된다. 또한 낙도진흥계획의 사업예산에 대해 실제로 경제기획청이 행하고 있는 것이나 임시행정조사회가 수도권청·과학기술청 등등에 대해 구상한 소위 「예산의 일괄계상」방식도 이 〈조정계획〉의 성격을 갖추고 있다고 말할 수 있다. 하지만 예를 들면 북해도개발청이 개발예산의 일괄계상을 할 때 행하는 조정이 실질적으로도 개발청이 작성하는 북해도종합개발계획에 준거하고 있는 경우는 그 한에서 그것은 계획조정으로서의 성격을 가지게 된다. 그러나 북해도종합개발계획의 작성과정 그 자체가 〈계획조정〉적인가 〈조정계획〉적인가는 자연히 다른 문제이다. 북해도종합개발의 「계획」과 예산은 개발청과 개발국, 건설·운수·농림의 3부처, 그것과 북해도청 사이의 복잡 미묘한 대

응관계 속에서 형성되고 있기 때문이다.

또한 맨 마지막으로 조직 내의 계획과 조정에 관해 두세 가지 보완설명을 해 두고 싶다. 먼저 첫째는 계획과정에서 관계기관들의 참여가 많으면 많을수록 거기서는 관계기관 상호 간의 협의 등에서 무수한 양해사항이 생겨나기 때문에 실질적으로 의미가 있는 것은 계획서가 아니라 계획서를 둘러싼 양해의 총체라는 것이다. 바꿔 말하면 「계획」의 효력은 관계기관이 계획서에 대해 어떠한 이해를 하고 있는가에 달려 있다. 계획서에 대한 양해가 일치하고 있으면 「계획」은 계획서 그것 이상의 명세성·구체성을 갖추고 한층 효율적인 조정기능을 수행한다. 그런데 관계기관의 양해에 차이가 있으면 계획서의 효력은 감퇴하게 된다. 둘째는 일반적인 경향으로 계획과정에의 참여가 많을수록 「계획」에 체계적인 종합성을 유지하는 것은 어렵게 되는 한편, 「계획」의 부분 부분에 관한 한 실시담당부문의 자발적인 행동을 조달할 수 있기 때문에 「계획」의 실효성은 높아진다는 것이다. 셋째는 조직 내에서의 계획성을 강화하는 것, 계획의 집중성과 명세성·구체성을 높이는 것이, (1) 조정차원을 대등자 간의 조정에서 상위권자의 재정(裁定)이나 기획부문에 의한 조정으로 상승시키는 것, (2) 조정을 의견대립의 개별적 사후적인 조정에서 사전의 일반적인 조정으로 바꾸는 것, (3) 조정과정을 계획과정 속에 내부화하는 것 등을 의도하고 있다는 것이다. 이것은 계획화가 집권화를 의미한다는 일반적 명제의 하나의 현상형태라 말할 수 있다.

3. 입법구상과 행정계획과 예산 行政学の基礎概念

1) 정부계획의 특질

「정부계획」(governmental planning)은 「단체계획」(corporate planning) 중에서도 가장 복잡한 것이다. 그런데 그것과 동시에 정부계획은 그 본질에서 단체계획의 범주를 훨씬 뛰어넘은 「공공계획」(public planning)이다.

단체계획에는 조직 내의 물품관리계획, 인사계획, 감찰계획이라는 관리계획의 영역도 포함되어 있다. 관리계획의 제어대상이나 제어효과는 주로 조직 내에 국한되어 있지만, 단체계획의 핵심은 당연히 조직체와 그 환경 사이에 발생하는 물자, 서비스, 인원, 자본, 정보 등의 교류를 제어하려는 계획이다. 그리고 단체계획의 전형은 말할 것도 없이 사기업의 경영계획이다. 그래서 경영계획에 보이는 특징에서 단체계획의 성격을 추출해 보기로 하자.

경영계획에서는 조직체 외부의 환경현상은 대개 계획의 여건이 된다. 즉, 시장원리를 전제로 해서 환경현상의 변동을 예측하는 것이 계획의 기본이 된다. 타자의 행동을 의도적으로 유도하려고 할 때도 유인의 제공에 의한 등가교환거래를 전제하고 있어서 교환은 타자의 자주적 판단과 책임 하에 이루어진다. 기업의 환경제어는 강제적인 것이 아니고 또 그것이 타자에게 주는 파급효과에 대해 책임을 지고 있지 않다. 소위 기업의 「사회적 책임」이 도의적 책임에 머물지 않고 자동적인 메커니즘 속에 보장되기 위해서는, 기업이 양호한 사회관계를 유지하는 것이 기업의 수익이나 기업의 성장발전에 불가결한 요건이 되는 상황이 생겨나지 않으면 안 된다. 경영계획에는 기업의 수익이나 기업의 성장발전이라는 궁극 목적이 존재하고 그것이 비교적 측정 가능한 목표의 설정을 가능하게 하고 있다. 물론 기업의 규모가 커지고 그 내부에 이질적 요소를 포섭하게 되면 될수록 그리고 기업의 시장독점 경향이 강하면 강할수록 경영계획은 복잡성과 종합성이 높아진다. 따라서 기업의 수익이나 기업의 성장발전이라는 목적도 다의적으로 되며 측정 가능한 목표를 설정한다는 상황의 단순화도 정부계획과 마찬가지로 어렵게 된다. 하지만 정부계획에 궁극 목적이 있다고 하면 그것은 「공공의 복지」라는 형태로 밖에 표현할 수가 없고 기업의 성장발전보다도 훨씬 다의적인 목적이다. 이러한 의미에서 정부계획은 단체계획으로서 보아도 가장 복잡한 것이라 할 수 있다.

그러나 공공계획으로서의 정부계획에는 단체계획에는 보이지 않는 특징이 있다. 정부계획에서는 정부라는 조직체(=통치기구)의 환경은 계획의 여건이 아니라 계획의 대상이 된다. 그리고 계획의 효과는 조직체로의 귀속효과에서 측정하는 것이 아니라 환경에의 효과로 파악된다. 게다가 행정서비스를 둘러싼 정부와 국민과의 관계는 직접적인 거래관계도 아니고 더구나 등가교환도 아니다. 조세의 징수와 행정서비스의 제공은 직접적으로 대응하고 있지 않기 때문이다. 거기에 행정 특유의 강제적 성격이 있다. 이것은 행정이 광의의 경찰권을 행사하거나 조세를 강제 징수한다는 것만을 의미하고 있는 것은 아니다. 비권력적 행정작용이라 불리는 것조차 다분히 강제적 성격을 가지고 있다. 행정서비스는 그 제공을 바라지 않는 국민에게도 제공되고 개개 국민은 행정서비스의 향수에 대해 자주적인 선택권을 가지지 않은 경우가 있다.[157] 더구나 행정의 간접적인 파급효과에 이르러서는 개개 국민의 의사에 반해서 그 수인(受忍)이 강제된다. 그 반면 정부계획은 계획의 파급효과에 대해 책임을 지지 않을 수 없다. 정부계획은 제어의 대상과 효과가 공공적이라는 것뿐만 아니라 그 효과에 대해 공공적인 책임을 지고 있다. 정부의 내부관리 문제라고도 할 만한 공무원제도조차 커다란 공공적인 효과를 가지고 있으며 인사계획도 공공적인 책임을 벗어날 수 없다. 그리고 민주주의의 정치제도에서는 이 공공적인 책임에 대한 심판은 궁극적으로는 국민에 맡겨져 있다. 그래서 계획의 대상인 국민은 궁극적인 계획의 주체이기도 하다. 계획의 내용을 결정하고 계획의 효과를 판정하는 것은 궁극적으로는 국민이다. 정부계획은 계획의 주체 측면에서도 공공적인 계획인 것이다. 그 때문에 정부계획의 계획과정에서는 통치기구를 구성하는 입법부, 행정부, 행정부 내의 제 관청뿐만 아니라 정당, 이익집단, 널리 일반국민의 대표 등이 참여하고 또 개개의 직접적인 이해관계자 의견이 청취되거나 하게 된다. 이러한 계획과정에의 참여가 제도적으로 확립되어 있지 않은 경우라도 거기에 사실상의 압력활동이 전개되는 것은 피할 수 없다. 계획에의 참여는 널리 통치기구의 범위 밖에까지 확대되어 있다. 정부계획은 사회에서의 이익배분형태를 결정하는 것이며 사회 제 이익을 통합하는 것인데, 이것은 바로 정치의 기능 그 자체이다. 계획이라는 형식을 사용해서 제 이익의 통합을 도모한다는 것은 본래라면 더욱 공공적인 정치과정의 장에서 다투어졌을지 모를 것을 제1차적으로는 계획과정에 참여하는 한정된 사람들 간의 조정에 맡긴 것을 의미하고 있다. 정부계획이 정치권력의 집중의 문제에 직접적으로 관련되어 있는 이상 그것은 조직관리의 기법으로서 뿐만 아니라 정치과정의 무대 변경으로서 이해되지 않으면 안 된다.

2) 입법구상과 행정계획

지금까지의 논의에서는 정부계획의 계획주체가 입법부인지 행정부인지를 문제 삼지 않았다. 법안의 기안 또는 법안의 전제가 되는 구상도 광의의 계획이기 때문에 입법부는 정부계획의 중요한 계획주체이다. 그리고 실제로 「계획」이라 불리는 것에 대해서만 보아도 나라에 따라서는 경제계획이 의회의 승인을 받게 되어 있다. 일본에서도 어항(漁港)정비계획

---

157) 이러한 의미에서의 행정의 강제적 성격은 A. Downs(1960). "Why the Government Budget is Too Small in a Democracy?," *World Politics*, Vol.12에 적확하게 언급되고 있다.

이 국회의 승인사항으로 되어 있는 것처럼 특수사례도 있다. 그리고 이론상으로도 정부계획이 통치규범의 한 형식으로서 의미를 가질 때 국권의 최고기관인 국회가 그 작성과 결정의 권한을 어디까지 행정부에 위임하는가는, 위임입법을 어디까지 허용할 것인가와 마찬가지로 그 나라에서 입법부와 행정부와의 사실상의 관계, 그 결과로서 입법부 측의 입법정책에 의한다고 말할 수 있다. 다만 현대국가의 보편적인 경향으로는 법안제출을 행정부에 의존하고 또 광범위한 위임입법을 인정해 가는 형태로 입법의 주도권도 행정부로 이행하고 있다고 말할 수 있다. 그래서 입법부가 자신의 주도로 계획하는 것, 더구나 「계획」이라 불리는 것을 입안하는 것은 드물며, 또 「계획」이라 불리는 것의 대부분은 행정부 내에서 최종적으로 결정되는 것이 일반적이다. 따라서 정부계획을 둘러싼 입법부와 행정부의 관계는 제1차적으로는 「계획」과 법률과의 관계에서 명확히 되어야 한다. 그것에는 개개 계획의 과제가 어떠한 점에 있으며 「계획」이 어떠한 의미에서의 규범인지를 검토할 필요가 있다.

정부계획의 유형은 먼저 정부활동의 어떠한 측면이 각각의 계획의 중심과제로 되어 있는가에 따라 구분해 볼 수가 있다. 정부계획의 중심과제로 가장 먼저 생각되는 것은 정부가 공공부문의 책임으로 관여해야 할 「직능영역」을 정하는 것, 바꿔 말하면 공공부문과 민간부문의 책임분담이나 중앙정부와 지방자치단체라는 정부 간의 책임분담을 정하는 것이다. 두 번째 과제는 개개의 「직능영역」에 대해 행정사업이 달성해야 할 질·양의 수준 혹은 어느 정도 감독·규제를 행해야 하느냐라는 기준 등 「행정기준」의 설정이다. 세 번째 과제는 각 행정사업을 구성하는 개별사업 간의 지역적 시간적인 배분이나 우선순위를 정하는 「순위부여」이다. 마지막으로 네 번째 과제라 말할 수 있는 것은 개별사업의 「작업방법」이다.[158]

그런데 개개 계획의 중심이 이러한 것 중 어느 과제에 두어지는가는 각각의 행정분야의 역사적 성격에 따른다. 지금까지 민간부문의 전관영역이라 생각되어 온 부분에 새롭게 공공부문이 관여하기 시작한 분야 혹은 민간부문의 활동과 공공부문의 활동이 경합하고 있는 분야 등에서는 공공부문이 어디까지 책임을 져야 하느냐, 민간활동의 결함이나 부족을 어느 정도까지 보정하고 보완해야 하느냐라는 「직능영역」이 최대의 문제가 된다. 또 공공부문의 전관영역으로 통념되어 있는 분야라도 사회현상의 광역화에 따라 정부 간의 책임분담이 유동화하는 경우도 있다. 그러나 많은 공공사업에 보이는 ○○정비 5개년계획이라는 것은 「직능

---

[158] 「직능영역」, 「행정기준」, 「순위부여」, 「작업방법」의 구분은 W. H. Brown & C. E. Gilbert, op. cit의 시사에 따르지만, 여기서는 상당히 변형해서 사용하고 있다.

영역」의 확정을 위한 계획이 아니라 일정 기간 내에 달성해야 할 「행정기준」의 설정과 그 실시의 「순위부여」를 주안으로 한 계획이다. 그리고 가장 전통적인 행정분야, 예를 들면 우편·경찰·방역 등에 관한 계획의 중심과제는 주로 「작업방법」의 단계에 있다고 말할 수 있다.

물론 이러한 예시는 행정분야 간의 차이를 극단적으로 단순화한 것으로 실제로는 거의 모든 행정분야에서 본디 「직능영역」이 불확정인 채로 남겨져 있는 측면이 많다는 것은 거듭 지적할 필요도 없을 것이다. 또 모든 행정분야에 대해 과제를 「직능영역」·「행정기준」·「순위부여」·「작업방법」이라는 4가지 유형으로 정연하게 구분할 수 있는 것도 아니다. 공공부문과 민간부문 또는 중앙과 지방자치단체 사이의 책임분담이 주로 동일 사업의 양의 분담인 분야에서는 「직능영역」의 확정과 「행정기준」의 설정은 하나의 사항의 앞뒤 양면에 지나지 않는다고도 말할 수 있다. 민간건설 몫과 정부건설 몫의 분담을 정한 주택건설계획이나 사영과 공영의 분담을 정한 유치원진흥계획 등에는 이러한 성격이 강한데, 그래도 낮은 집세·낮은 보육료 부분을 정부분담의 중심으로 한다는 질의 분담이 전제되어 있는 것이 일반적일 것이다. 그리고 이러한 예시에서도 엿볼 수 있듯이 민간에게 기대되는 사업량에 대해서도 정부에 의한 각종 유도·조성조치가 전제되어 있는 것이 적지 않기 때문에 무엇이 정부의 「직능영역」이고 무엇이 「행정기준」인가를 개개 구체적으로 구분하는 것은 실제로는 어렵다고 말할 수 있다.

그럼에도 이러한 과제의 유형구분을 시도하는 것은 그것이 「계획」과 법률과의 관계를 정리하는 하나의 유효한 실마리가 된다고 생각하기 때문이다. 정부의 「직능영역」에 새로운 변경을 가할 때는 그것이 공공부문과 민간부문의 관계이든 중앙과 지방자치단체의 관계이든 대부분 확실하게 법률의 제정·개폐를 수반하고 있다. 법률 자체에 어느 정도까지 자세한 규정이 두어지고 어디서부터 정령이나 「계획」에 위임되는가는 개별적 사례에 따라 달라질 수 있지만, 법률상의 근거가 요청되는 것은 틀림없다. 그 법률상의 근거가 개별사업에 관한 권한규범의 형식을 취하고 있거나 각 부처 설치법처럼 조직규범상의 일반적인 규정이거나 혹은 지방자치법의 고유사무에 관한 포괄적인 권한규정이거나 할지 모르지만, 어쨌든 새로운 「직능영역」이 정령이나 「계획」이라는 규범양식만을 근거로 해서 창설되는 것은 일단 없다고 해도 좋다. 보조금 지급이 법률상의 규정에 따르지 않는 「예산보조」는 하나의 중요한 예외라고도 생각할 수 있다. 「행정기준」에 대해서 말하면, 그것이 허인가·감독 등 권력적 행정작용의 기준인 경우는 국민의 권리의무에 직접적으로 관련되기 때문에 법률상의 근거가 엄격히 요청된다. 그리고 이러한 기준의 명세화(明細化)를 행정부에 위임할 때는 정령, 부령이라는 소위 입법형식을 사용하는 것이 보통이다. 그런데 「행정기준」이 비권력적 행정작용의 질·양의 수준인 경우는 반드시 법률에 규정되지 않는다. 또 그것이 행정부에 위임될 때는 정령, 부령 등의 입법형식뿐만 아니라 「계획」이라는 규범형식이 사용된다. 또한 권력적 행정작용이든 비권력적 행정작용이든 그 전제로 적용대상지역을 정하는 경우가 있는데, 이 「지역지정」은 약간 특수한 성격을 가지며 그것은 법률로 정하는 것도 행정입법으로 정하는 것도, 또 「계획」에 의하는 것도 내각총리대신의 지정이라는 행정행위에 의하는 것도 있다. 다음으로 「순위부여」에 대해서 보면, 이것이 법령의 형식으로 직접 정해지는 것은 오히려 드물다고 말할 수 있다. 「순위부여」는 거의 완전하게 「계획」형식의 전관영역이다. 마지막의 「작업방법」에 대해서는 권력적 행정작용에 부수하는 절차에 대한 규제규범은 법령형식을 취하고 비권력적 행정작용의 작업은 주로 「계획」형식을 취한다.

그래서 「계획」과 법률과의 관계를 정리하는 하나의 방법으로는 행정부가 작성하는 「계획」을 법률의 제정·개폐의 전제로 계획되는 「입법구상」과 법률의 명시적인 수권 아래서 또는 법률의 수권 범위 내에서 행정부의 판단으로 계획되는 「행정계획」으로 구별해 보는 것이 생각된다. 약간 보완하면, 이 「입법구상」에는 법안 그 자체, 법안 요강이라 불리는 법안의 취지 설명문서, 게다가 법안작성의 계기가 되는 「구상」, 심의회 답신의 「의견」, 「계획」 등이라 불리는 것이 포함된다. 또 「입법구상」과 「행정계획」의 구별은 기능적으로만 가능하며 어떤 「계획」이 때로는 「입법구상」으로 기능하고 때로는 「행정계획」으로 기능하는 것은 충분히 있을 수 있다. 「입법구상」으로 작성된 「계획」은 형식적으로는 이것을 기초로 기안된 정부제출법안의 국회에서의 채택 여부가 결정됨과 동시에 그 역할을 종료하게 되는데, 실제로는 동 법안의 채택은 그 배경이 된 「입법구상」의 취지를 채택한 것을 의미하고 있을지 모른다. 그래서 이 「계획」은 계속해서 동 법의 위임입법을 기안할 때의 기초가 되고, 동 법이 규정한 「행정계획」책정의 기초가 되며 혹은 그 자체가 사실상의 「행정계획」으로 계속 기능할 가능성이 있다. 이것과는 거꾸로 국토종합개발법에 근거한 전국종합개발계획이 신산업도시법을 촉진했듯이 법률의 위임 아래 「행정계획」으로 작성된 것이 새로운 법률의 제정·개폐를 요구하는 「입법구상」이 되는 것은 드물지 않다. 요컨대 어떤 「계획」은 그것이 법률의 제정·개폐라는 입법부의 행동을 제안하고 있는 한에서 「입법구상」이며, 그렇지 않은 한에서 「행정계획」이라 생각된다.

그러나 「계획」을 둘러싼 입법부와 행정부의 관계는 예산이라는 특수한 입법형식을 고려하면 한층 더 복잡해진다. 대부분의 「행정계획」은 그 실효성을 예산조치에 의존하고 있으며 그 의미에서 「행정계획」은 대개 예산획득을 위한 「입법구상」이라는 성격을 갖고 있다. 예산은 이미 언급했듯이 가장 종합적이며 또 상세한 「계획」이다. 그리고 그것은 법률이 공백으로 남긴 정부활동의 실질, 즉 그 「행정기준」에서 「순위부여」와 「작업방법」에 이르는 상당 부분을 결정하는 것이기 때문에, 입법부에 의한 예산의 통제가 세밀하고 엄밀하면 입법부는 간접적이기는 하지만 「행정계획」의 대부분에 대해 엄격한 통제를 가할 수 있다. 특히 「계획」의 전관영역이라 할 만한 「순위부여」에 최종적인 승인을 하는 것은 오로지 예산이라고 해도 과언은 아니다. 앞에서 계획의 과제인 「직능영역·행정기준·순위부여·작업방법」의 4가지 유형과 법률과의 관계에 대해 검토했을 때 누차 비권력적 행정작용과 권력적 행정작용 사이에 차이가 보였는데, 여기서 법령형식에 어울리기 어려웠던 비권력적 행정작용은 예산이라는 입법형식에 가장 강하게 구속되고 있는 영역이다. 앞에서 언급한 「예산보조」는 예산에 의해서만 구속될 수 있다.

그런데 개개 「행정계획」에는 다면적인 기능이 융합되어 있으며 각각의 「행정계획」의 중핵적인 기능이 무엇인지에 따라 예산과의 관계도 한결같지 않다. 「행정계획」의 기능은 「유도계획」으로서의 기능과 「사업계획」으로서의 기능으로 기능적으로 분해할 수 있다. 「유도계획」이란 조직체 외부 행위자의 행동을 유도하기 위한 계획으로 중앙정부의 「행정계획」에서 말하면 민간부문과 지방자치단체 등의 행동을 유도하기 위한 계획이다. 「직능영역」을 달리하는 독립적인 행위자의 행동을 협동시키기 위한 계획이다. 「사업계획」이란 조직체 내부 행위자의 행동을 제어하기 위한 계획이며 그 중심과제는 「행정기준」의 설정과 「순위부여」이다. 중앙정부 직할사업에 관한 계획이 대부분 완전한 「사업계획」인 것은 의심의 여지가 없다. 그런데 많은 「행정계획」에는 「유도계획」의 기능이 포함되어 있으며 오히려 중앙정부의 「행정계획」이 군생하는 근본원인은 독립 행위자의 행동을 협동시키기 위함이라 해도 좋다. 그리고 「유도계획」과 「사업계획」의 분기점을 정하는 것은 어렵다. 허·인가나 재정원조가 행정조치인 이상 허·인가기준이나 보조금교부기준의 계획은 「사업계획」이라고도 할 수 있다. 그러나 여기서는 유도조치로서의 재정원조의 전체 범위를 설정하는 부분까지는 주로 예산조치의 문제이며 조직체 내부의 행동제어 문제이기에 이것을 「사업계획」이라 생각하고, 허인가의 기준이나 보조금 등의 교부기준 설정은 「유도계획」이라 생각하고 싶다.

그런데 현실의 「행정계획」의 특징을 이해하기 위해서는 주된 유도대상의 차이에 따라 「대 민간유도계획」과 「대 지방유도계획」으로 분해해 보는 것에 의미가 있다고 생각한다. 지방자치단체 등 다른 정부의 사업에 대한 유도수단은 대체로 보조금·지방교부세·지방채라는 재정조치이며, 그 전체 범위를 정하는 예산조치에 제약받고 있다. 게다가 중앙정부와 지방자치단체 등과의 사업책임 분담은 고도로 유기적으로 결합하고 있는 것이 많다. 따라서 「대 지방유도계획」은 처음부터 중앙정부의 「사업계획」과 일체화되어 있는 것이 일반적이다. 건설성 소관의 하수도정비 5개년계획, 치산치수사업 5개년계획, 운수성의 항만정비 5개년계획, 후생성의 쓰레기처리시설정비 5개년계획 등등과 같은 「계획」은 이러한 종류이다.

한편 민간부문의 행동을 주된 유도대상으로 하는 「대 민간유도계획」에서는 유도수단은 세·재정조치에 의한 조성에 더해 허인가·감독 등의 규제권한, 그것에 행정지도라는 사실상의 행정행위 등 넓은 범위에 걸쳐 있다. 그리고 중앙정부의 독자적인 직할사업에서 독립해 그것 자체로서 완결하고 있는 것이 많다. 조성조치로도 오히려 세제상의 특별조치가 활용되고 재정조치가 사용되는 경우에도 직접적인 조성금 교부보다 공고(公庫)·사업단에 의한 장기저리의 재정투융자가 활용된다. 즉, 여기서는 예산조치와의 관계가 간접적이며 그 제약이 비교적 약하다. 통산성의 석탄광업합리화계획, 석유공급계획, 중소기업유도계획, 기계공업진흥계획과 같은 각 업계상대의 계획, 농림성의 사료수급계획과 같은 것은 이러한 종류라고 말할 수 있다.

이처럼 정부계획을 「입법구상」과 「행정계획」으로 기능적으로 구분하고 또 「행정계획」을 「유도계획」과 「사업계획」으로 기능적으로 구분해 보면, 행정계획의 군생현상은 무엇보다도 먼저 입법부와 행정부, 정부와 업계, 중앙과 지방의 상호관계에서 이해되어야 한다는 것이 한층 명료해진다. 이러한 독립적인 행위자 간의 책임분담, 각각의 「직능영역」이 혼연일체가 되어 복잡하게 융합하고 있을수록 행정계획은 군생한다고 말할 수 있다.

3) 행정계획 군생의 기반

일본에서 행정계획의 군생은 국회와 정부·여당의 관료기구에의 의존, 민간업계의 정부의존, 중앙과 지방의 상호의존이라는 풍토를 제외하고는 도저히 생각할 수 없다. 일본에서 국회와 정부·여당의 관료기구에의 의존은 미국의 연방의회와 행정부의 관계와 대조해 보면 일목요연할 것이다. 미국연방의회에서는 법안의 제출권은 적어도 형식상은 의원에 전속하고 있으며, 또 의회 내에서의 느슨한 정당 규율과 더불어 개개 의원의 자주적인 행동의 여지는 매우 넓다. 시대와 함께 사실상의 정부제출법안이 증가해 온 것은 부정할 수 없지만, 정부 각 부처의 「입법구상」은 예산국에 의한 입법심사절차를 거치는 방법으로 대통령의 통제 아래 놓여 있다. 또 정부 각 부처의 「입법구상」에도 대통령임명의 차관보급이 중핵적인 역할을 담당하고 있는 것을 생각하면 관료기구에의 전면적 의존은 강력하게 억제되고 있다고 할 수 있다. 그리고 사실상의 정부제출법안도 반드시 의원의 손을 거쳐서 의회에 상정되기 때문에 법안제출 또는 법안수정을 위한 「입법구상」은 개개 의원 또는 개개 상임위원회에 의해 널리 다기에 걸쳐 행해지고 있다. 의회의 「입법구상」이 「계획」이라 불리는 경우는 거의 전무할지라도 의회의 방대한 청문회기록은 의회의 입법을 위한 정보수집 활동의 너비와 깊이를 실증하고 있다. 그래서 법률은 대체로 상세하게 규정되며 대통령명령 등에의 위임은 절대 많지 않다. 물론 의원입법이기 때문에 규정이 조잡하고 행정부에 광범한 재량권이 남겨져 있다는 반면도 있지만, 행정부의 재량에 문제가 있다고 인정된 때는 바로 법률의 개정으로 이것을 막는 대응이 빈번히 이루어진다. 더 부언하면 행정부 측의 경제보고와 별개 독립적으로 행해지는 양원합동경제위원회에 의한 조사보고는 의회에 의한 일종의 경제계획이라고도 할 수 있다. 대통령예산의 제출이 제도화된 것은 이러한 입법권의 원칙에 대한 중요한 예외이다. 하지만 이 점에서도 대통령예산은 법안이 아니라 의회의 세출위원회가 각 세출권한법안을 기안할 때의 자료라고 생각되고 있다. 그리고 대통령예산에 대한 증감수정은 대폭적이며 세출위원회는 의회 내 예산국으로서 엄격한 사정을 하고 있다.

의원내각제를 채용하고 의회활동이 정당의 규율에 강하게 구속되고 있는 일본에서의 국회와 행정부의 관계가 이것과 완전히 다른 양상을 보이는 것은 당연하다. 그러나 국회심의의 형해화(形骸化)에는 이러한 공식적인 통치구조의 차이에 더해 비공식적인 정치 구조상의 조건들이 작용하고 있다. 사실 제10대 국회 이후 미국의 제도를 모방해서 「정부의뢰법안」이라는 제도를 일시적으로 시도한 적도 있었다.[159] 하지만 1955년의 보수합동이 하나의 전기가 되어 상황은 크게 변했다. 자민당은 장기의 안정정권을 유지하게 되고 국회 내의 정당 간 대립은 경직화하고 국회심의는 형해화하기에 이르렀다. 관료기구가 기안한 「입법구상」

---

[159] 三沢潤生「政策決定過程の概観」(日本政治学会編『現代日本の政党と官僚』[전게] 수록) 참조.

은 각의에 제출되기 이전에 먼저 자민당 정무조사회의 관계부회에 의한 사전심사를 받고 여기서 여당의 수정과 승인을 거친 다음 각의 결정되어 국회에 제출된다. 그 뒤는 어떻게 소수 야당의 저항을 완화하고 그 심의지연전술을 능숙하게 타개할 것인가만이 문제가 된다. 정책결정기구의 이러한 기본형태 아래서 원래라면 국회 공개심의의 장에서 다투고 조정되어야 할 특수이익과 지역이익의 추진이 자민당 정무조사회 각 부회의 밀실에서 행해지거나 각 부회에 결집하는 관계의원단의 상호항쟁 형태로 나타나게 된다. 그러면 자민당 정무조사회나 총무회가 혹은 여당의 위원회인 내각이 사회의 제 이익을 조정할 만큼 통합능력을 갖추고 있었느냐고 하면 절대 그렇지 않았다. 정부·여당은 관료기구의 「입법구상」에 완전히 의존하고 이것을 「원안」으로 그 범위 안에서 정치적 수정을 가해 정치적 타협을 꾀한다는 기본적인 양해 하에 행동하고 있다고 봐야 할 것이다. 관료기구 측에서는 자민당 정무조사회가 「제2의 GHQ」(연합국최고사령관 총사령부)로 보였을지 모르지만, 정부·여당은 통합의 책임을 스스로 포기하고 관료기구에 의한 통합에 기생하고 있었다고 말할 수 있다.[160]

이러한 형태는 「입법구상」을 관료기구에 맡겼을 뿐만 아니라 「행정계획」을 군생시키는 방향으로 작용해 왔다고 말할 수 있다. 「행정계획」은 정령, 부령 등과 마찬가지로 규범의 정립을 행정부에 위임하는 하나의 형식이다. 이 위임의 확대를 행정의 복잡화에 따른 보편적인 경향으로 전부 다 설명해 버릴 수는 없다. 행정의 복잡화나 국회심의능력의 한계라 하더라도 의원입법의 경우는 차치하고 정부제출법안의 경우에는 정령차원의 규정을 처음부터 법안에 규정하는 것은 기술적으로 불편하더라도 절대 불가능한 것은 아니다. 국회가 이 불편을 굳이 강요하지 않는다는 것은 정령이나 「계획」차원에 표면화하는 대단히 구체적인 제 이익의 조정이라는 책임을 스스로 포기한 것을 의미하고 있다. 이 점에서 1955년 국회법 제5차 개정에 즈음해 국회가 의원입법을 스스로 제한하고 그것과 동시에 그때까지 존재했던 양원법규위원회와 자유토의라는 양 제도를 폐지한 것은 시사적이라 할 수 있다. 행정부에의 위임이 점차 확대해 갈 때 잘하면 영국의 하원정령심사특별위원회처럼 기능할 수 있었던 제도까지 오히려 거꾸로 철폐해 버렸다.[161]

하지만 「행정계획」의 군생은 이러한 소극적인 이유만에 의한 것이라고는 할 수 없을 것이다. 「행정계획」은 법령과 달리 그것에 의해 국민의 권리의무를 새롭게 창설하는 것은 거

---

160) 升味準之輔「自由民主党の組織と機能」(日本政治学会編『現代日本の政党と官僚』[전게] 수록) 참조.
161) 이 국회법개정을 특히 거론해 그 의의를 중시하고 있는 것은 三沢潤生의 전게 논문이다.

의 없으므로 그 의미에서는 어떻게든 법정화되지 않으면 안 된다라는 성격의 것은 아니다. 그런데도 수많은 법률이 「계획」의 작성을 의무화하거나 굳이 「계획」을 「책정할 수 있다」라는 규정을 왜 두는 것일까. 비권력적 행정작용에 대해서도 「행정기준」과 「순위부여」를 공시해 행정행위를 예측할 수 있게 한다는 의미도 있을 것이다. 하지만 그것만이 아니다. 「행정계획」의 책정과 심의회 제도가 밀접 불가분의 관계에 있다는 사실에 주목하지 않으면 안 된다. 특히 의원입법을 통한 블록별 지역개발계획 등을 작성하는 심의회에는 관계지역의 국회의원이 심의회 위원으로 되어 있다. 이것은 지역이익의 발현의 장을 국회에서 심의회로 옮겼다는 것이다. 심의회의 의원 참가는 일반적으로도 평판이 좋지 않기 때문에 대부분의 심의회는 관계업계나 관계지방자치단체 등을 직접적인 이해관계자로 참가시키고 있는데, 이것은 사회 제 이익의 통합을 정당정치차원에서부터 이익단체 간의 직접적인 조정으로 위임했다는 것을 의미한다고 말할 수 있다. 하지만 정당정치는 완전히 손을 뗀 것은 아니다. 오히려 「입법구상」의 경우와 마찬가지로 자민당 정무조사회는 「행정계획」의 「원안」을 사전 심사함으로써 일단 행정부에 위임한 영역에 대해서까지 포괄적으로 개입해 가는 방법을 개발해 왔다고 보아야 할 것이다. 그리고 관료기구 측에서 보면 「행정계획」은 국회와 여당으로부터 맡겨진 「제 이익의 통합」이라는 중책에 부응하는 방책인 것이다. 스스로 작성한 「원안」을 기초로 이것에 정부·여당의 요망을 적당히 가미해 심의회에서 이해관계단체의 기본적인 양해를 얻어냄으로써 공공의 승인을 의제(擬制)할 수 있기 때문이다. 이러한 국회와 정부·여당과 관료기구 사이의 특이한 관계야말로 일본에서의 「행정계획」군생의 일반적인 기반이다.

그래서 다음에는 다수의 「유도계획」을 만들어 내는 하나의 요인으로 정부와 업계의 관계에 대해 검토해 보자. 민간부문에 대한 조성이나 행정지도를 위한 기준이 「계획」의 형식을 취하고 혹은 허·인가기준까지 정령·부령형식이 아니라 「계획」형식으로 정해지는 경우가 있는 것은 먼저 이러한 종류의 기준이 산업 간, 기업 간의 여러 가지 관련을 감안하지 않으면 안 되기 때문이다. 즉, 대상이 풀러가 말하는 "policentric"한 현상이며[162] 하나의 결정을 움직이면 필연적으로 다른 결정도 바꾸지 않으면 안 되는 경우이다. 하나의 행정행위의 타당성이 전체의 문맥에서 분리되어 개별적으로 판정하기 어려운 경우이다. 이것이 「계

---

[162] 풀러는 심의절차(adjudication)에 적합한 결정과 적합하지 않은 결정을 구별해 가는 논의 속에서 이것을 논하고 있다. L. L. Fuller(1963). "Collective Bargaining and the Arbitrator," *Wisconsin Law Review*.

획」형식에 가장 적합한 현상임과 동시에 사법통제에 가장 어울리지 않는 현상이다. 따라서 「계획」에 대한 사법통제가 주로 계획과정의 절차의 타당성을 지향하지 않으면 안 되도록 이러한 종류의 「계획」에 대해서는 이해관계자의 참여가 강하게 요청된다. 그런데 이해관계자의 참여는 주로 절차상의 타당성을 확보하기 위해서 행해지는 것이 아니다. 많은 「대 민간유도계획」은 다양한 형태로 규제권한의 위력을 배경으로 하고 있더라도 그것은 기본적으로 업계 측의 자주적인 판단에 의한 행동을 기대하고 있기 때문에 「계획」이라는 형식을 취하는 것이다. 그것에는 업계 내 모든 기업 간 또는 업계 간에 각각의 행동에 대한 양해와 확인이 이루어질 필요가 있으며 또 업계가 그것을 준수했을 때의 효능에 대해 정부가 보증하는 것이 필요하다. 이러한 양해와 확인 및 보증이 이루어지는 장이 심의회이며 그 확인의 상징이 「행정계획」인 것이다.

그러나 정부의 통제권 밖에 있는 민간업계의 행동을 유도하는 것은 원래 대단히 곤란하며 상당히 강력한 규제조치나 조성조치 없이는 그 「계획」의 실효성이 의심받아 마땅하다. 하지만 현실의 수많은 「대 민간유도계획」에는 그만큼 강력한 제어수단이 강구되어 있다고는 인정할 수 없고 오로지 행정지도에 의존하고 있다고 해도 과언이 아닌 것조차 있다.[163] 「대 민간유도계획」이 군생하는 비밀은 일본에서 행정지도라는 것이 왜 이렇게 광범위하게 활용되고, 왜 이렇게 유효히 기능할 수 있는가라는 한 가지 점에 달려 있다. 이 문제에 대해 정면으로 답하는 것은 도저히 불가능하다. 다만 「대 민간유도계획」은 업계의 자주조정계획인지 정부계획인지가 분명치 않은 부분에 그 하나의 성공 비밀이 있는 것은 명확할 것이다. 「계획」에 준거해서 행동하는 것이 업계의 이익이 된다고 믿게 하는 메커니즘이 작동하고 있다. 『국민소득배증계획』보다 이전에 이미 통산성에 의한 업계의 설비투자 촉진이라는 「사실로서의 국민소득배증계획」이 진행하고 있으며, 이것이 단순한 장래의 예측에 지나지 않는 것일지라도 정부의 공약인 것처럼 착각하는 기업가심리를 기반으로 하고 있었다는 지적은[164] 이 메커니즘의 일단을 엿보기에 충분할 것이다.

다수의 「유도계획」을 만들어 내는 또 하나의 요인인 중앙과 지방의 관계를 보면 제어주체인 중앙과 제어대상인 지방자치단체의 상호의존은 한층 더 현저하다. 토지개량사업에서

---

163) 행정지도에 대한 문헌은 많지만, 여기서는 塩野宏 「行政指導」 (田中二郎·原竜之助·柳瀬良幹編 「行政法講座」 제6권 [有斐閣, 1966년] 수록)을 참조 바람.
164) 伊藤大一, 전게논문, 참조.

농업용수로의 기선(基線)은 중앙정부, 지선(支線)은 광역자치단체, 분지선(分支線)은 기초자치단체의 사업으로 되어 있거나 국도와 광역자치단체의 지방도가 하나의 기초자치단체구역을 관통하고 있거나 할 때, 분화한 사업책임을 유기적으로 결합하기 위해서는 아무래도 중앙과 지방을 아우르는 계획이 필요하다. 사업책임을 결합하기 위한 「계획」이 탄생하면 이번에는 도시계획 가로사업과 같이 계획책임과 사업책임이 분화하는 사례도 생기고 사태는 한층 복잡해진다. 이처럼 사업책임의 분화가 복잡한 일본에서 「대 지방유도계획」과 중앙정부의 「사업계획」과의 융합이 요청되는 것은 이상한 일이 아니라 할 수 있다. 그런데 문제는 일단 독립적인 행위주체인 지방자치단체의 행동을 유도한다는 지극히 어려운 「계획」이 어찌하여 그 실효성이 쉽게 기대될 수 있을까이다. 확실히 지방자치단체의 행동을 유도하는 수단으로 중앙정부의 보조금이 다기에 걸쳐 활용되고 살포되고 있는 점, 또 지방교부세제도가 완비되어 있고 그 특별조치가 하나의 유도수단으로 활용되고 있는 점, 지방채의 기채에 중앙정부의 승인이 필요한 점 등은 일본의 하나의 특징이다. 사실 보조금지급의 전제조건으로 광역자치단체 지사가 작성하는 「계획」을 중앙정부기관의 승인사항으로 하는 사례는 셀 수 없을 정도로 많다. 그리고 지방자치단체 측이 보조금지급을 절실히 바라는 배경에는 지방의 자주재원이 빈곤하다는 사실이 있었던 것도 확실하다. 그렇지만 일본의 보조율은 절대 고율이라고 할 수 없다. 또 중앙정부의 직할사업에조차 적지 않은 지방의 부담을 부과해 왔다는 역의 반면도 있다. 이러한 점에서 보면 「대 지방유도계획」의 실효성을 전적으로 보조금 등 유도수단의 효과로 설명하기에는 무리가 있는 것으로 생각된다.

그리고 동일한 의문은 중앙·지방을 관통하는 계서적인 「계획체계」가 비교적 안이하게 구상되어 있는 점에도 느껴진다. 「대 지방유도계획」에 속하는 각종 「계획」 중에는 광역자치단체장에게 「계획」의 작성을 의무화하고 있는 것조차 있다. 「계획」작성이 보조금신청의 조건으로서 임의성을 갖고 있을 때도 광역자치단체장은 주무대신이 결정한 기본계획을 받아서 실시계획을 작성해야 한다는 취지가 정해져 있는 경우가 적지 않다. 「예산보조」도 이러한 종류의 「계획」을 전제로 하고 있는 것이 많다. 이러한 「계획체계」는 국토종합개발법을 비롯한 각종 지역개발법에도 예정되어 있다. 예를 들면 신산업도시건설촉진법에서는 내각총리대신의 기본방침을 받아서 지사가 건설계획을 작성해 내각총리대신의 승인을 받게 되어 있으며 또 긴키(近畿)권의 근교정비구역건설계획 등도 중앙정부의 기본정비계획을 받아서 지사가 작성하고 내각총리대신의 승인을 받게 되어 있다. 여기서 주목해야 할 것은 「계획」의 작성은 대부분 광역자치단체가 아니라 그 단체장에게 요구되고 있다는 사실일 것이다. 이것은 이러한 것이 바로 기관위임이라는 것을 의미하는 것은 아니지만, 거기에는 단체장에 대해 일반적인 지휘감독이 미칠 수 있다는 전제가 있는 것처럼 생각되며, 그 배경을 이루고 있는 것은 기관위임사무제도에 상징되는 중앙과 지방자치단체 간의 고도한 융합형태라고 생각된다. 「대 지방유도계획」의 실효성이 유지되는 것은 보조금 등의 유도조치가 중앙정부의 각 부처와 광역자치단체 각 부서와의 일상적인 접촉 교류라는 기반을 통해 보완되고 있기 때문이라 생각된다. 그 현상형태는 「대 민간유도계획」의 경우와 공통하고 있다. 즉, 중앙정부가 일정한 「행정기준」을 설정하면 그것이 바로 지방자치단체가 의거해야 할 「행정기준」으로 받아들여지고 나아가서는 그것이 중앙정부의 권위를 빌려 지방의회를 납득시키는 「행정기준」으로도 된다는 메커니즘이 작동하기 시작하는 것이다.[165]

4) 행정계획과 예산편성

「사업계획」은 종종 「유도계획」과 일체화하고 있지만, 그 자신의 기능은 중앙정부의 「직능영역」에 관한 「행정기준」을 정하고 그 「순위부여」를 행하는 것에 있으며 그 실효성은 무엇보다도 예산조치에 달려 있다. 따라서 그것은 개산요구의 근거로서의 효능이 기대되고 있는 「계획」이기도 하다. 그것은 미충족의 「행정의 필요량」의 재고조사를 해서 이것을 충족하기 위한 사업량을 일정기한 내에 연도별로 「순위부여」하는 계획이다. 「사업계획」은 주로 중앙정부의 각 부처 각 부·국별로 작성되는 부문계획이며 행정부의 모든 사업 간의 종합적인 「순위부여」를 그다지 고려하지 않고[166] 오로지 소관사업의 확대를 추구하는 관료기구 내의 압력활동의 무기가 된다. 관료기구 외부의 압력집단은 제1차적으로는 「순위부여」를 둘러싸고 격렬한 경쟁을 연출하지만, 현실의 「행정기준」이 될 예산 총액의 확대를 위해서는 일치단결하고 소관 부·국과 함께 공동투쟁에 참가하게 된다. 「사업계획」이 「유도계획」

---

165) 이것은 곳곳에 보이는 현상인데, 여기서는 최근의 신문보도에서 일례를 들어보자. 1971년 6월 20일의 아사히신문 조간은 「스포츠 진흥 15년 계획」에 관한 보건체육심의회의 중간보고에 대한 기사에서 「이 중에서 가장 큰 문제가 되는 시설의 정비에 대해 그 기준이 제시되었는데, 이것에 대해 문부성은 『앞으로 기초자치단체인 시정촌이 시설을 만들 때 근거가 되며, 시정촌 의회를 설득하기 쉽게 되는 것은 아닌지…』라고 보고 있다」고 보도하고 있다.
166) 개산요구의 타당한 액수를 정하는 전략이 기본적으로는 사정기관의 행동에 대한 예측에 근거하고 있으며, 그 의미에서는 전체의 균형이 계산에 들어가 있는 것은 말할 필요도 없다.

과 합체하고 있을 때는 보조금 총액의 확대를 위해 한층 넓은 범위의 이해관계자가 「계획」의 옹호를 위해 참여한다. 자민당 정무조사회의 각 부회도 이때는 관계 부처의 지원집단이라는 양상을 나타낸다. 앞에서 정부여당은 사회의 「제 이익의 통합」을 관료기구에 위임하고 있다고 기술했는데, 관계사업의 확충에 관한 한 정부 각 부처는 「제 이익의 통합」을 모두 대장성 관료에 기대하는 셈이다. 이리하여 대장성 관료는 사업 간의 종합적인 통합을 행할 권력주체로서 자타 모두가 인정하는 존재가 되고, 예산편성과정은 행정부 내의 종합조정과정에 머물지 않고 여당에서 압력단체까지 폭넓게 연루된 일대 정치극이 되는 셈이다. 국회의 예산위원회는 독자적인 사정기관으로 기능하지 않고, 여당 내에는 책임 있는 위치에서 예산편성방침을 확립할 수 있는 종합기관이 없고, 각의도 충분히 그 기능을 수행하고 있지 않기 때문이다. 오히려 「정치의 근대화」를 바라며 「계획적인 예산편성」을 요청하는 목소리는 항상 재계에서 나오고 있다.

정부 각 부처의 「사업계획」과 예산편성의 이러한 관계는 미연방정부의 세출권한법의 결정과정과 뚜렷한 대조를 이루고 있다. 연방의회의 하원세출위원회가 엄격한 제2의 사정을 하는 것은 이미 언급했는데, 여기서 삭감된 예산의 부활절충은 「예산의 공소원(控訴院)」이라 불리는 상원세출위원회에서 이루어지고 여기서 약간의 부활이 인정된다. 원래 의회의 각 상임위원회와 정부 관계부처와의 결합은 강하고 이러한 상임위원회가 세출위원회의 사정에 압력을 행사하는 것은 말할 것도 없다. 특히 각 상임위원회가 입안하는 각종 사업권한법 속에 해당 사업에 지출되어야 할 세출액의 상한이나 하한에 관한 규정을 두는 관습이 성립하고 있다. 그것은 의회가 해당 사업의 「행정기준」에 대해 일단 목표를 정한 것을 의미하고 각 부처의 「사업계획」에 대응하는 기능을 수행하고 있다. 중요한 것은 예산의 요구·사정·부활의 과정이 의회 자체 내에도 설정되어 있다는 것이다. 이 시스템의 폐해로서 세출과 세입의 통일적 파악이 힘들다거나 일련의 세출권한법이 개별로 심의 결정되어 가기 때문에 세출총액의 제어가 곤란하다는 점 등이 지적되어 왔다. 그래서 의회 내에서도 다양한 개혁안이 제창되어 그 몇 가지는 실제로도 시도되어 왔다.[167] 그 중에는 의회 자신의 「예산편성방침」(legislative budget)을 책정하는 구상도 있었다. 이러한 시도는 어느 것도 성공하지 못했지만, 어쨌든 의회가 「제 이익의 통합」의 장으로서의 기능을 유지하기 위해 진지하게 노력하

---

[167] 연방의회에서 예산개혁의 시도에 대해서는 "Congress's Fiscal Role is Object of Growing Concern," *Congressional Quarterly*, June 7, 1963에 간결하게 소개되어 있다.

고 있는 것만은 확실하다. 그리고 이 시스템 하에서는「행정계획」으로 될 수 있는 것도「입법구상」으로 포함해 가려고 하는 힘이 작용하고 있다.

대장성 주계국(主計局)이「통합」관청으로 기능할 수 있는 것은 불편부당한 기술관료라는 이미지를 형성하는「수동의 자세」에 있으며 또「재원의 유한성」과「분쟁처리의 절대적인 기한」이라는 예산편성과정의 기술적 특질에 의한 부분이 크다. 그 의미에서 예전의 내무성이「경찰」정보=「정치」정보(「정정(政情)」를 집중적으로 장악함으로써 다분히「정치성」을 지닌「통합」관청이었던 것과는 다르다. 내무관료의「정치성」에서 대장관료의「기술성」으로의 이행은 그런대로 지방자치가 중앙집권제를 완화하고 정당정치의 중요성이 확대되어 온 것의 반영으로 봐야 할 것이다.

대장성 주계국이 기본적으로는「수동의 자세」를 견지하면서「통합」의 주도권을 장악해 가기 위해서는 각 부처에 의한「행정계획」의 작성이 필요하다.「조정계획」으로서의 예산이 그 나름의 합리성을 가지기 위해서는 각 부처의 개산요구에 그 나름의 계획성이 없으면 안 되기 때문이다. 주계국이 그 판단재료와 선택의 여지를 확대하기 위해서는 각 부처로부터 할 수 있는 한 많은 정보를 수집할 필요가 있다. 주계국이「수동의 자세」에서 너무 벗어나 처음부터 너무 세세하게 각 부처의 개산요구 한도액을 지시하거나 중점정책을 구체적으로 지시하거나 하면 각 부처가 자유로운 입장에서 제시했을지도 모를 귀중한 정보와 선택지가 드러나지 않고 사라져 버릴 우려가 있다. 그것은 주계국의 행동여지를 확대하는 방도가 절대 아니다. 또 주계국이 합리적인 사정을 하기 위해서는 일정액을 삭감했을 때의 효과를 예지하지 않으면 안 된다. 즉, 그것에 의해 당해 사업이 어떠한 변질을 경험하는가, 그 삭감이 사업량을 축소시킬 뿐만 아니라 그 질을 바꿔서 오히려 마이너스 효과가 큰 사업으로 되거나 하지는 않는지를 파악해 둘 필요가 있다. 그것에는 사업내용의 유기적인 관계, 사업의 질·양과 예산의 관계를 나타낸「사업계획」이 편리한 자료가 된다.[168]

미국 연방정부에 의한 PPBS의 도입확대는 각 부처의「사업계획」을 합리화(비용효과의 부분적 최적화)하고「사업계획」과 예산과의 관계를 한층 더 개선하려는 것이라 할 수 있다. 동시에 그것은 예산국의 또 하나의 임무인 입법심사와 각 부처의「입법구상」과의 결합을 강화

---

[168] 이러한 예산과「사업계획」의 적극적 관계에 대해서는 미국 농무성 내의 예산편성방법을 설명한 W. Jump(1968), "Departmental Budgetary Procedure," R.T. Golembiewski(ed.), *Public Budgeting and Fiance*, F.E. Peacock Publishers, Inc. 이 많은 참고가 된다.

하는 방책이기도 했다. 이것은 1967년 7월에 예산국장으로부터 각 부처장관에 보내진 문서를 보면 명확하다.[169] PPBS는 Program Memoranda(PM)와 Program and Financial Plan(PFP)과 Special Studies(SS)라는 3가지 종류의 문서와 그 제출절차로 구성되어 있다. PM에서는 모든 사업에 대해 사업목적과 사업방법으로 생각되는 선택지의 명시, 가능하면 그것들의 비용과 기대되는 효과의 수량적 표시가 요구되고 있으며, 특정 사업에 대해 특히 상세한 정책분석을 하는 것이 SS라고 한다. PFP는 PM에 기재된 사업의 내용과 그 예산요구와의 관계를 더욱 세목에 걸쳐 간결하게 표시하는 일람표이다. 그리고 이러한 3가지 문서의 작성과 예산국에의 제출시기는 매년 예산편성과정과 입법심사과정에 맞추어 설계되어 있다. 매년 1월에 대통령예산이 3가지 교서와 함께 의회에 송부되면 바로 다음 1년의 과정이 시작된다. 1월에는 각 부처에서 SS의 예정표가 제출되고 예산국은 3월 중에 SS에서 중점적으로 분석해야 할 사항과 다음연도의 PM에서 다루어야 할 사업에 대해 조언을 한다. 각 부처는 2월에서 7월에 걸쳐 분석을 끝낸 SS에서 순차적으로 제출할 것과 함께 PM 초안을 제출한다. 예산국은 8월까지 이러한 SS와 PM 초안에 관한 의견과 조언을 각 부처에 회답한다. 9월에는 각 부처가 입법심사에 부쳐야 할 「입법구상」과 예산의 개산요구서에 더해 PM의 최종문서와 PFP를 예산국에 제출한다. 그리고 PFP는 대통령예산이 확정했을 때 또 의회의 세출권한법이 확정했을 때 그것에 맞춘 개정이 이루어진다. 이러한 PPBS의 주안은 예산국의 「수동의 자세」의 견지와 「주도권의 유보」라는 상호 배반적인 2가지 요청의 균형점을 발견하는 데 있다고 해도 좋다.

    그렇지만 「행정계획」의 군생은 예산편성에 폐해를 끼칠 가능성도 갖고 있다. 그 일면을 대표하는 「행정계획」의 장기적 구속성은 PPBS의 시행과정에서도 강하게 자각된 부분이었다. 애초의 PFP는 5개년의 사업계획과 재정계획을 결합한 것으로 되어 있었다. 그래서 각 부처의 PFP에는 신규사업도 포함해 장래의 회계연도에 착수, 실시를 예정하는 모든 사업량과 그 개산요구까지 등재되었다. 예산국 측도 장기적인 전망 하에 다음연도 예산을 편성하는 것에 효능을 인정하고 있었다. 하지만 이러한 PFP를 전제로 다음연도 예산을 편성하면 그 앞의 4개년 사업계획에 대해서까지 예산국과 대통령이 암묵의 승인을 한 것 같은 인상을

---

[169] "Bureau of the Budget Bulletin to the Heads of Executive Departments and Establishment: Planning-Programming-Budgeting(PPB), July 18, 1967," W. Davis[1969]. jr. (ed.), *politics, Programs, and Budgets*, Prentice Hall.

주는 것이 자각되었다. 이렇게 되면 본래는 정책분석을 철저히 해서 사업의 경직성과 타성적 계속을 방지하고 예산편성의 선택여지를 확대하려고 한 제도가 그 의도와는 거꾸로 예산편성에 장기적인 구속을 초래하고 재정을 경직화시킬 우려가 생긴 것이다. 그래서 예산국은 앞의 1967년의 문서에서 PFP의 성격변경을 지시해 사업의 장기적 전망은 PM 속에서 개괄적으로 기술하는데 머물고, PFP의 5개년 계획은 초년도에 실시하는 사업이 그 후의 4개년 예산에 미치는 구속효과에 한해서 기재하는 것으로 했다.[170] 즉, 초년도에 착수해 청부계약을 체결해도 그 완성에는 몇 개년을 필요로 하는 사업에 대해 제2년차 이후의 사업량과 그 개산요구액, 혹은 초년도에 신설하는 시설의 관리운영에 필요한 제2년차 이후의 경상비 등만을 표시하는 것으로 변경했다. 또 실험적인 사업에 대해 그 실험의 종료와 그 평가의 시기, 평가의 방법을 사전에 PFP에 명시하도록 특히 지시한 것도 같은 취지에서였다. PFP의 성격 변경은 경직화를 초래하는 「행정계획」에서 경직화를 방지하는 「행정계획」으로의 재전환이었다.

일본에 이미 군생하고 있는 각 부처의 「행정계획」은 예산편성에 즈음해서 단년도 예산의 한계를 넘어 주계국으로부터 장기에 걸친 암묵의 승인과 약속을 얻어내려고 하는 것이다. 게다가 그것에는 장기적 구속성의 문제뿐만 아니라 「행정계획」의 주변에 관료기구 외의 관계집단까지 동원되어 있어서 그러한 관계집단의 기득권익과 기대권익이 농후하게 부착되어 있다는 문제가 있다. 더욱이 적지 않은 「행정계획」이 부문계획에 그치지 않고 각의 결정이라는 권위부여를 거치고 있다는 문제도 있다. 대장성 주계국에 의한 PPBS의 연구가 1967년경에 시작되는 「재정경직화 캠페인」과 함께 시작되었다는 것은 그간의 사정을 시사하고 있다고 할 수 있다.

4. 종합계획과 지역계획

1) 종합조정과 종합계획

---

[170] 이 PFP의 성격변경에 대해서는 슐츠 예산국장이 의회에서 한 증언에도 상세하게 설명되어 있다. "Statement of Charles L. Schultze, Director, Bureau of the Budget," J. W. Davis, Jr., *op. cit.*

종합적인 〈조정계획〉으로서의 예산에는 그것이 「수동의 자세」의 견지를 요건으로 하는 것에서도 명확하듯이 종합조정의 수단으로서는 본질적인 한계가 있다. PPBS는 〈조정계획〉을 합리화하는 것일지라도 재정의 종합적인 최적화를 도모하는 〈계획조정〉의 수단으로는 될 수 없다. 계획적인 예산을 실현하기 위해서는 「시책 간의 종합성」의 확보, 모든 행정사업 간의 「순위부여」가 선행되지 않으면 안 되고, 절대 그 거꾸로는 아니다.

그래서 종합조정의 초점은 먼저 「입법구상」단계에서의 종합적인 「순위부여」에 있어야 하며 또 행정부로서의 「시책방침」의 확립에 맞춰져야 할 것이다. 그런데 국회나 정부·여당에 「통합」능력이 충분하지 않다는 현실을 전제하면 종합조정은 또다시 관료기구에 기대된다. 임시행정조사회의 『의견』에 대표되듯이 내각이나 내각총리대신의 종합조정기능을 보좌할 스태프기관의 강화 충실이 제창되고 여기서 종합계획을 입안하는 것이 기대된다.[171] 이러한 〈계획조정〉에의 지향에는 명확히 행정권에의 과도한 기대와 중앙집권에의 경향이 잠재하고 있는 것이 일반적이다.[172] 그런데 실제로는 이러한 종합계획에 의한 〈계획조정〉이라는 방식이 어느 정도 가능한가를 묻는 것이 훨씬 중요할 것이다.

그런데 행정계획 간의 종합조정의 문제는 즉시 행정부 전체의 종합계획의 문제로까지 상승시킬 필요는 없다. 예를 들면 임시행정조사회『의견』이 외무성 경제협력국 등에 대해 권고한 「조정원국」(調整原局)의 사고방식은 경제협력행정에 대해 다기적으로 분화하고 있던 것을 하나의 조정기관의 일원적인 계획 하에 통일하는 것이다. 이 방식은 계획의 「종합성」을 높이는 방향을 피하고 오히려 계획의 「복잡성」을 높이는 방향을 선택한 「조정의 국처화」(局處化)시도라고 부를 수 있다. 관계예산을 일괄 계상하고 이것을 실시단계에서 개별적으로 이체하는 것은 그 하나의 수단이라 말할 수 있다. 그리고 「조정의 국처화」는 그것이 조정기관과 계획의 일원화뿐만 아니라 대상지역의 「국지화」를 동시에 의미할 때 특히 널리 활용될 수 있다. 다목적댐사업이나 대규모적인 단지조성사업 등이 그 전형이며, 외국의 예를 들면 뉴욕 항무청에 의한 항만관련시설의 일원적인 계획관리 등이 이것에 해당한다. 주택공단의 사업이 단지 내의 학교 그 외의 공공시설 그리고 단지와 기성시가지를 연결하는 도로·철도

---

171) 졸고「企画と調整の概念」(전게) 참조.
172) 赤木須留喜「行政改革の論理と契機」(日本行政学会編『行政改革の推進と抵抗』[勁草書房, 1966년] 수록), 그리고 졸고「行政改革過程における『世論』の意義」(日本行政学会編『行政改革の推進と抵抗』수록), 졸고「企画と調整の概念」(전게) 등을 참조.

등에 이르기까지 자기 책임 하에 계획 건설하게 되면 「계획」의 복잡성이 증가하고 「조정의 국지화」가 한층 더 강해진다. 조금 더 광역적인 「국지화」의 예로는 건설·농림·운수 3개의 중앙부처 사업을 통합한 북해도개발국의 제도가 있는데, 이러한 종류의 방식이 어느 정도 불철저하게 끝나느냐는 것도 또 이러한 실례를 검토하면 명확하다.

「조정의 국처화」는 어디까지나 부문계획의 다목적화, 복잡화에 지나지 않기 때문에 만약에 그것이 아무리 성공했더라도 종합계획의 필요성을 주장하는 사람들을 만족시킬 수는 없다. 그러면 극도로 이질적인 사업을 내포하고 있는 정부활동 전체에 대해 도대체 어떻게 일원적인 종합계획이 가능한 것일까? 예전에 성공한 종합계획이 있었을까? 지금까지 가장 종합적인 정부계획은 아마 전시계획일 것이다. 그러나 전시계획이 작성된 것은 「전승」(戰勝)이라는 궁극 목적이 지상의 목적으로 국민의 심리를 지배하고, 이 진정한 의미에서는 전혀 종합적이지 않은 특수목적의 지상성(至上性)에 대해 국민적 합의를 조달할 수 있었기 때문이다. 그리고 또 전시계획에 실효성이 있었던 것은 그것이 적나라한 강제력에 의한 통제계획이었기 때문이다. 국민의 목적의식이 확산하고 있는 상태, 강제력의 행사가 제약되고 있는 평시의 상태에는 성립할 수 없는 것이다.

일반적으로 정부의 종합계획으로 생각되고 있는 것은 전시계획에서 분해되어 발전해 왔다고 말할 수 있는 경제계획과 국토계획 그리고 이미 언급한 예산, 3가지일 것이다. 그래서 이 3가지 종합계획에 대해 검토해 보면 거기에는 종합계획에 공통하는 구성요건같은 것이 있으며, 이러한 구성요건의 충족방식이 3개 계획에서 다르다는 것을 알 수 있다. 첫째, 어느 계획도 특정한 「유한한 자원」의 관리를 의도하고 있다는 것이다. 예산은 유한한 재원의 이용배분계획이며, 경제계획은 국민경제에서 유한한 자본과 노동력의 이용배분계획을 의도하고 있다. 그리고 국토계획은 유한한 토지라는 자원의 이용배분계획이 될 것으로 기대되고 있다. 이 중에서 자원의 유한성이 가장 가시적이고 명료하게 자각되고 있는 것이 재원이다. 둘째, 많은 행정활동이 이러한 「유한한 자원」의 이용배분을 둘러싸고 경합하는 관계에 있다는 것이다. 그 때문에 이 특정한 자원의 이용배분계획을 행하는 것이 그대로 행정의 종합적인 포착을 가능하게 한다는 것이다. 행정의 모든 측면을 금전지출의 점에서 포착할 수 있는 것은 아니지만, 금전지출을 전혀 필요로 하지 않는 행정사업은 거의 없다고 할 수 있다. 그래서 재원의 이용배분계획은 행정의 가장 종합적인 포착을 가능하게 한다. 그런데 자본과 노동력, 토지라는 자원은 공공부문뿐만 아니라 오히려 민간활동을 통해 이용되는 것이며 또 이러한 자원을 경합해서 쟁탈하고 혹은 그 배분에 중대한 영향을 주는 행정사업의 범위는 상당히 한정되어 있다. 그래서 경제계획과 국토계획은 행정의 종합적인 포착이라는 점에서도 예산에 뒤진다고 말할 수 있다. 그리고 토지에 대한 관리권한이라는 것은 중앙정부와 지방자치단체가 나눠 갖고 있으므로 국토계획은 특히 불완전하다. 셋째, 이 「유한한 자원」의 이용배분에 대해 제어수단을 갖고 있다는 것이다. 이 점에서도 예산은 국고의 통일적인 관리를 배경으로 절대적인 예산편성 권한을 갖고 있다. 경제계획의 제어수단은 그 정도로 완전한 것은 아니지만 그래도 각종 경기조정 수단을 가지고 있으며 그 일환이 바로 재정지출의 조절이다. 국토계획은 그것이 강력하고 또 상세한 토지이용 규제권한을 갖고 있으면 다르지만, 많은 경우에는 이러한 종류의 유효한 제어수단을 갖고 있지 않다. 그리고 사소한 규제권한조차 중앙정부와 지방자치단체가 나눠 갖고 있다. 넷째, 계획의 대상 현상에 관한 정보를 집중하고 게다가 그 속에서 일정한 법칙성을 발견한다는 것이다. 이 구성요건이 충족되면 계획은 적어도 합리성의 허구를 나타내는 것이 가능하고 「계획」의 설득력과 대항력을 강화할 수 있다. 예산은 개산요구의 절차나 PPBS의 절차를 제도화함으로써 정보의 집중은 행하고 있지만, 재원배분의 형태에 합리적인 법칙을 발견할 수는 없다. 그래서 지난 연도까지의 배분형태를 토대로 점증적인 편성을 하거나 경제계획의 원조를 요청하거나 하게 된다. 이것이 예산에 계획성이 없다고 일컬어지는 이유이며 예산의 약점이기도 하다. 이것에 대해 경제계획은 그것이 아무리 불완전하더라도 경제동향 속에 체계적인 법칙성을 가정하고 이것에 근거해서 제어하려고 하고 있다. 국토계획의 기초가 되는 토지이용현황에 관한 상세한 정보수집은 여전히 불완전하며 또 인구동태나 산업입지에 관한 과학은 있지만 토지이용에 대한 치밀한 이론모델의 형성은 아직 불충분하다.

　요약하면 종합계획이라 불리는 것은 어느 것이나 특정의 「전략적 요인」을 실마리 삼아 많은 행정사업을 특정의 측면에서 종합적으로 포착하려고 한다는 의미에서만 종합적인 계획이며,[173] 모든 행정사업의 모든 측면을 종합적으로 포착하고 있는 것은 아니다. 따라서 그 판정 기준에는 본래적인 「편향」이 있다. 그런 까닭에 비용효과분석을 할 때 금전적으로 측

---

[173] 여기서 「전략적 요인」이라 부른 것은 러브레이스가 one key "dimension" of control이라 부른 것과 같다고 생각된다. E. Lovelace(1958), "Three Essays on City Planning," *Journal of the American Institute of Planners*, Vol.24.

정할 수 없는 행정효과에 관한 것이 문제로 되며, 경제계획에 대해서도 사회지표로써 경제지표의 일면성을 보정하지 않으면 안 된다고 하며, 또 국토계획에 대해서도 시설계획보다 사회계획이 중요하다고 지적되거나 한다. 이리하여 한층 더 종합적인 계획을 기대하여 계획요인을 복잡화시키면 「전략적 요인」의 한정이라는 입각점이 흐려지고, 종합계획은 제한된 효능조차 수행할 수 없게 될 가능성이 있다.

2) 특정지역의 개발계획

종합계획으로서 너무나 불완전한 국토계획은 그러면 도대체 어떤 의미에서의 계획일까? 결론적으로 말하면 국토계획은 일반적으로 경제계획의 지역에의 번역이며, 특정지역에 민간자본과 공공재원을 중점 투자하는 개발계획이 된다. 1950년 제정의 국토종합개발법이 전국종합개발계획·지방종합개발계획·광역자치단체종합개발계획·특정지역종합개발계획이라는 「계획체계」의 작성을 예정한 것은 그것이 전 국토를 빠짐없이 망라한 종합적인 토지이용계획의 수립을 기대하고 있었다는 것을 나타내고 있다. 그런데 그 후 실제로 계획이 작성되어 사업이 추진된 것은 이 중에서 특정지역종합개발계획과 이것과는 별도의 북해도종합개발계획뿐이었다는 사실은, 국토계획이 그 애초부터 숭고한 이상을 포기하고 보다 현실적인 특정지역의 개발계획의 길을 걷기 시작했다는 것을 보이고 있다. 전후 부흥기의 경제정책이 긴급한 필수(必需)를 조달할 식량증산과 천연자원의 개발을 목표로 하고 있던 때는 중점투자의 「적정성 판단」 기준은 생산의 절대량의 증대이며, 이것이 미개발자원에 기대를 거는 특정지역종합개발계획과 북해도종합개발계획을 만들어 냈다. 1960년 이후의 고도성장 후기에 이르면 경제정책의 기본목표는 다가올 자유화에 대응할 수 있는 국제경쟁력의 형성에 두어지고, 기업의 대규모적인 설비투자를 방해하는 장애로서 사회자본 부족이 문제가 되었다. 이 단계가 되면 「미개발의 자원」이라는 것만으로는 개발이익으로 인정되지 않고, 부족하고 유한한 것은 자본 그 자체라고 생각되었다. 이리하여 중점투자의 판정기준은 자본의 투자효율에 구해진다. 그간의 경위는 1960년의 국민소득배증계획에서 1962년의 전국종합개발계획으로, 더욱이 신산업도시건설촉진법 제정으로 연결되는 과정에서 미루어 짐작할 수 있다.

그런데 특정지역의 개발계획이 직면하는 첫 번째 기본문제는 중점투자의 요청과 투자의 평준화를 요구하는 정치적 요청과의 대립에 있다.[174] 부흥기 후에는 구석구석까지 보조금 살포시대가 이어졌다. 경제「자립」과 수입자원에 의한 임해공업의 발전과 함께「태평양 벨트구상」이 제창되고 지역개발융자제도가 창설되는 등 다시 중점투자에의 움직임이 태동하기 시작하자마자, 이것에 대항하는 것처럼 전국 각지에서 공장유치 붐이 일어나고 의원입법에 의한 5개 지역 블록계획이 탄생했다. 그리고 국민소득배증계획이 중점투자로의 경사를 보이자, 자민당은「국민소득배증계획의 구상」을 당의(黨議) 결정하고 농업근대의 촉진, 후진성이 강한 지역의 개발촉진, 산업의 적정배치 추진과 공공투자 지역별 배분의 탄력적 조정 등을 각의결정시켰다. 이리하여 전국종합개발계획은 지역격차의 시정과 과대도시의 방지를 위한 거점개발방식을 취한다면서 중점투자와 평준화의 타협을 도모했다. 거기서 탄생한 신산업도시건설은 처음 예정으로는 전국에 약 10개소의 지역을 지정하게 되어 있었지만,「사상 최대의 진정경쟁」의 결과로 결국 13개 지역이 지정되고 이것과는 별도로 6개의 공업정비특별지역이 지정되었다. 관청 간의 주도권 경쟁에 지역이익이 동원되고 이것에 자민당 내의 파벌항쟁까지 얽혀서 중점투자는 더욱더 확산해 갔다.[175] 그것만이 아니었다. 신산업도시건설촉진법과 공업정비특별지역정비촉진법 제정이전에 저개발지역공업개발촉진법이 성립하고 있었고 이것들과 병행해 산탄지역진흥이나 호설지대책, 산촌진흥이라는 후진지역개발의 입법들이 이루어져 투자의 평준화가 전국적으로 진행했다. 경제적 합리성에 입각한 투자효율이라는 판정기준이 이미 이른 단계에서 무너져 있었기 때문에, 신산업도시의 지역지정기준에는 사업전반에 정치적 지지를 조달해 가는데 필요한 평준화의 요청에 대항해 갈 정도의 정당성이 결여되어 있었다. 전국종합개발계획과 각 블록단위계획, 각 거점지역계획이 포진한 모습은 얼핏 보면 국토종합개발법의 이상이 실현한 것처럼 보이지만, 실은 그 경위에서 명확하듯이 이상과는 정반대의 것이었다. 게다가 그것은 특정지역 개발계획의 핵심인「순위부여」=중점투자에 조차 실패한 모습이었다.

    특정지역의 개발계획을 둘러싼 두 번째 기본문제는 민간자본과 공공투자의 결합이다. 특정지역에 대한 민간자본의 설비투자 등을 정부의 강제력 또는 반강제적인 행정지도로 하게

---

174) 중요투자와 평준화의 길항에 대해서는 M. Meyerson(1976). "National Urban Policy Appropriate to the American Pattern," B.J.L. Berry & J. Meltzer (eds.), Goals for Urban America, Prentice Hall. 에서 많은 시사를 얻었다.

175) 이 일련의 경위에서 자민당의 역할에 대해서는 升味準之輔, 전게논문에 상세하다.

하는 것은 정치적으로도 어렵고 또 정부는 그 결과의 위험에 책임을 질 수 없다. 그래서 민간자본의 자주적인 선택에 맡기면서 이것을 바람직한 방향으로 유도하기 위해서는 한편으로 투자대상지역의 선택을 가능한 한 한정하면서 다른 한편으로 이 대상지역에 대한 투자효율을 높이는 것이 가장 효과적인 방법이다. 그것에는 투자효율이 높은 기성 대도시권에서의 공장건설을 강력하게 금지함과 동시에 유도 대상지역의 지정 수를 소수로 한정하고, 게다가 여기에 선행적인 공공투자가 집중되지 않으면 안 된다. 더욱이 지정지역에 대한 투자자에게는 세의 감면이나 특별융자, 운임차별 등 유인이 높은 각종 유인수단이 종합적으로 마련될 필요가 있다. 그런데 일본의 거점개발정책은 전후 영국에서 실시한 실업다발지역에 대한 공장분산정책에 비해서도 유도수단이 약했다. 게다가 앞에서 언급한 바와 같이 개발거점의 지정 수가 팽창하고 개발거점 이외의 지방까지 유치경쟁에 참여했기 때문에 민간자본 측의 선택 여지는 확대했다. 그리고 거점의 확산에 따라 공공투자도 확산했기 때문에 어디에서도 충분한 유인을 형성할 수 없었고 용지선정의 주도권은 매수자인 민간자본 측으로 이동했다. 이러한 중앙정부 측의 「유도」의 불철저함이 지방을 「유치」에 광분시키는 결과가 되고 용지선정은 기업과 지방과의 비대칭적인 「거래」에서 결정되게 되었다. 지방은 먼저 기업으로부터 입지의 확약을 받고 그다음에 그 요구에 걸맞은 공공투자를 하지 않으면 안 되게 되었다. 입지의 확약 없이 선행투자를 한 지방에는 이것이 완전히 무익한 투자로 끝난 곳도 속출했다. 입지조건이 유리한 거점에서는 선행투자가 항상 불충분하여 뒷북 투자에 쫓겼다. 그리고 중앙정부 측도 먼저 수요량에 전망이 서지 않으면 보조금지급에 응할 수 없다는 태도를 보였다. 즉, 선행투자의 원칙은 완전히 포기되었다.[176] 지방에 있어서는 하나의 대기업의 입지결정도 그 운명을 바꾸는 충분한 힘을 가지고 있다. 이러한 비대칭적인 권력관계 아래서의 「거래」에 맡겨지고 중앙정부가 강력한 「유도」를 포기하면 사태가 민간자본 우위 아래서 진행되는 것은 당연하다. 이러한 현상은 미국의 도시재개발사업에서도 두드러지게 나타나는 부분이다.

　이것과 관련해 덧붙이면 유럽과 미국 등의 나라에서는 고정자산투자에 접하는 주택투자의 비율이 높기 때문에 주택투자의 조절이 경기조절의 하나의 유효한 수단이 되고 있다. 특히, 공공부문에 의한 주택건설이 많은 영국 등에서는 주택투자가 경제계획과 특정지역의

---

176) 「유도」가 「유치」가 되고, 중앙정부의 사업이 지방을 「낚아 올리는」 사업이 되는 경우, 거기서의 보조금제도의 기능 등에 대해서는 河中二講「『地域政策』と地方行政」(日本政治学会編『現代日本の政党と官僚』, [전게] 수록)에 자세하다.

개발계획을 연결하는 하나의 접점이 되고 있지만, 일본의 거점개발방식은 오로지 공장입지 중심으로 추진된 부분에 그 특색이 있었다고 말할 수 있다. 그런데 근본문제로 뒤돌아 오면, 모든 노력을 종합한 영국의 공장분산정책이나 뉴타운 건설정책이 공장과 주택의 분산이라는 점에서 전체의 동향과 관련해서 어느 정도의 의의나 효과가 있었는지를 묻지 않으면 안된다.[177] 자본의 자연적인 움직임에 맞서 이것을 「유도」해서 특정지역의 개발을 도모하는 계획은 극도로 어려운 계획이라고 생각해야 할 것이다.

특정지역의 개발계획을 둘러싼 세 번째 기본문제는 중앙정부와 지방자치단체의 관계이다. 이것은 첫째, 계획주체의 문제로서 등장한다. 1950년에 국토종합개발법이 제정되었을 때 전국종합개발계획에 대해서만 중앙정부가 계획주체로 되고 다른 3종류의 계획은 광역자치단체에 위임되어 있었지만, 1952년의 개정에서 특정지역의 개발에 관한 근간사업과 긴급사업에 관한 계획은 내각총리대신의 책임으로 변경되었다. 그리고 그 후의 5개 블록계획이나 후진지역개발법의 계획에 대해서도 마찬가지로 중앙정부가 계획주체가 되었다. 계획책임을 중앙정부에 맡긴 것은 특정지역의 개발계획이 중앙정부의 책임에 의해 중앙정부의 중점투자에 따라 추진되어야 한다는 사상을 나타내고 있었다고 볼 수 있다. 그런데 그 후 다양한 개발법의 등장에 따라 「특정지역」은 조금도 「특정」한 것이 아니고 오히려 「전국화」해 버렸다. 게다가 한편으로 지방에 지방개발 붐이 대두되었다. 이러한 배경 아래서 1962년의 신산업도시건설촉진법에서 1966년의 중부권개발정비법에 이르는 제 개발법에서는 계획작성이 중앙정부와 광역자치단체장 또는 광역자치단체와의 분담에 의한 다양한 공동책임방식으로 변화해 왔다.[178] 일반론으로 보면 공동책임방식은 지방의 창의를 존중한다는 긍정적인 면과 함께 중앙과 지방 양쪽의 책임을 모호하게 한다는 부정적인 면도 가지고 있다. 신산업도시건설촉진법에 따른 거점개발사업이 많은 혼란을 수반한 하나의 원인은 명확히 특정지역개발의 계보를 이어 중앙정부가 주도적인 책임을 져야 할 사업에 대해 공동책임방식을 취하고 그것에 의해 중앙정부가 「수동의 자세」로 퇴각한 것에 있었다.

---

[177] 이러한 종류의 국가적 분산정책을 시도한 적이 없는 미국에서는 영국, 일본 등의 분산정책을 소개하면서 그 의의와 효과에 대해 의심을 표명하고 있는 학자가 많다. 이러한 예로서는 M. Meyerson, *op. cit*., ; C. Abrams(1964). *Man's Struggle for Shelter in an Urbanizing World*, M.I.T. Press, Chapter 10 ; A. Downs(1970). *Urban Problems and Prospects*, Markham Publishing Company, Chapter 1.
[178] 이 공동책임방식의 문제는 西谷剛『計画行政の課題と展望-行政計画と法律-』(전게), pp.225-228에 비교적 상세하게 논의되고 있다.

계획에 공동책임방식이 채용된 것은 확실히 사업책임이 착종한 분담관계의 반영이다. 그런데 「계획」에는 「사업」의 실시를 강제하고 담보할 만큼의 효력이 없는 것이 현실이기 때문에 이 문제의 해결은 역의 방향에서 시도돼야 할 것이다. 즉, 「계획체계」에 실효성을 주고 계획책임의 소재를 명확히 하기 위해 먼저 사업책임의 분담관계 그 자체가 재검토될 필요가 있다. 계획책임을 지방에 분담시키는 공동책임방식은 중앙정부의 사업에 대해 지방의 적극적인 협력을 조달하고 중앙정부의 사업에 지방의 사업을 유기적으로 적응시켜 가는 데는 유효하게 작용할지 모른다. 하지만 그것은 중앙정부의 사업을 지방이 입안한 계획에 적응시켜 가는 역방향의 작용에는 유효성을 가지기 어렵다. 중앙정부에는 지방을 유도할 힘이 있어도 지방에는 중앙에 대한 유효한 유도수단이 없기 때문이다. 「계획」이 「사업」에 대해 가지는 효력이란 이 경우에는 특정지역개발계획이라는 「국지화」된 「국토계획」의 각 부처의 「행정계획」에 대한 효력을 의미하지만, 그것은 최후에는 「예산」에 대한 효력의 문제로 귀착해 버린다. 임시행정조사회 『의견』의 『수도권청 구상』은 수도권의 개발정비에 대해 「조정원국」으로 기능하는 수도권청을 설치하고 이것에 〈계획조정〉을 담당시키려는 것이었지만, 결국 「계획」에 의해 「행정계획」을 조정하는 수단을 발견할 수가 없어서 〈계획조정〉의 실효성 보증을 오로지 예산에 대한 「인증권」이나 보조금 배분, 기채 범위의 책정을 비롯한 중요한 허·인가 그 외의 관계행정처분에 대한 「협의권」에서 찾았다.

3) 지방자치단체의 종합계획

다지막으로 지방자치단체의 종합계획으로 등장한 부·현(광역자치단체) 계획과 시·정·촌(기초자치단체) 계획이 어떠한 의미에서의 종합계획인가를 검토해 두자.

중앙정부의 공장분산정책의 등장을 전후해서 지방자치단체의 공장유치경쟁이 시작되었다는 것은 이미 언급했는데, 이 무렵부터 각 현에 현세(縣勢)진흥계획이라는 것이 작성되기 시작했다. 이것은 공업생산선결방식이나 소득수준선결방식이라는 중요 경제지표의 계량화를 행하는 프레임 워크 방식을 계획수법으로 하는 예가 많고, 거기서 공장유치를 위한 용지의 확보와 정비라는 과제가 도출되었다. 그것은 국민소득배증계획과 전국종합개발계획의 부·현 판으로 양쪽의 성격을 함께 갖추고 있었다. 그래서 많은 현세진흥계획은 실제로는 현 내 특정지역의 개발계획이며, 그것은 중앙정부의 경제계획과 국토계획이 절대로 정부활동의 진정한 종합적 계획이 아니었던 것 이상으로 현정(縣政)에 관한 종합계획이라 부를 수 없는 것이었다. 그런데 대도시권에 위치하는 선진 부·현으로부터 차츰 새로운 형태의 부·현 계획이 등장해 부·현 계획의 성격을 바꿔 갔다. 이것들은 부·현의 공공시설정비를 중심으로 한 「종합적인 행정계획」이라는 성격을 갖고 있었다.

부·현 계획의 이러한 발전과 추이에 대해 주목해 두어야 할 것을 여기서는 3가지로 요약해 두고 싶다. 첫째, 공업을 지역경제발전의 기동력으로 생각하는 프레임 워크 방식은 유효한 유도수단을 가지지 않는 부·현의 계획으로서는 그 현실적인 의의와 실효성이 의심스러운 것이었다. 게다가 프레임 워크 방식에 의한 현세진흥계획은 지방자치단체의 계획에 있어 근본문제를 내포하고 있었다. 즉, 공장의 유치는 공업출하액과 현민(縣民)소득의 증가를 가져오더라도 그것이 현재 사는 현민에 대해 얼마만큼의 경제효과를 가질 수 있는지, 그리고 새롭게 진출해 오는 기업이나 주민과 기존의 지역사회를 어느 정도 유기적으로 결합할 수 있는지. 이것은 지방자치단체의 계획에서는 심각한 문제였지만 실제로는 대체로 회피되었다. 그리고 현세진흥계획이 군생하고 어느 것이나 이상으로서의 개발목표를 마음대로 제시하게 되었던 것은 중앙정부가 각 지방·각 부현별의 자세한 개발목표나 개발한도를 제시하는 국토계획을 준비하고 있지 않았기 때문이다. 현세진흥계획은 국토계획의 공백을 메우려는 아래로부터의 증축계획이었다고 할 수 있다.

둘째, 현세진흥계획의 기본적 성격이 현 내 특정지역의 개발계획이었더라도 이 특정지역에 관한 국지적인 종합계획을 확립하려는 움직임이 일어나기 시작했다는 것이다. 현청의 각 부서는 중앙부처의 말단 지방행정기관이라는 성격이 짙고 「지사는 지방행정기관의 아파트 관리인 같은」[179] 양상을 보이고 있었다. 중앙부처별 「행정계획」과 그 개개 보조금체계의 영향은 그대로 현청 내 각 부서의 방침에 반영되고 있었다. 그런데 현 내 특정지역의 개발이 현정의 새로운 중요한 「직능영역」으로 등장해 오자, 이 거점개발관계사업을 국지적으로나마 종합적으로 조정해 가지 않으면 안 되게 되었다. 현세진흥계획의 등장과 함께 분화 독립해 온 새로운 기획부의 임무는 현 전체적인 관점에서 입안된 「계획」에 기초해 중앙부처별 사업의 조합을 생각하고 그것을 실현하기 위해 현청 내 각 부서와 중앙부처에 교섭하는 것이었다. 중앙정부에는 중앙부처의 사업을 종합 조정하는 「조정원국」이 존재하지 않았기 때

---

179) 임시행정조사회의 지방간담회에서 마치무라(町村金五) 북해도지사의 발언. 臨時行政調査会『国民の声-地方懇談会意見集-』p.79를 참조.

문에 부현은 자력구제의 방법으로 부·현 계획에 이러한 국지적인 종합계획의 기능을 가지게 할 수밖에 없었다.

셋째, 부·현 계획은 적어도 형식적으로는 현세진흥계획의 애초부터 오로지 현 내 특정지역의 개발계획이었던 것도 현 내 토지이용계획이었던 것도 아니고, 일단은 현정 전체를 망라 포괄한 종합적인 계획 체재를 취하고 있었으며 또 시간과 함께 실질적으로도 현 내 특정지역의 개발계획이라는 성격에서 현정의 종합적인 계획이라는 성격으로 변화해 왔다. 그런데 중앙정부에서 불가능하게 보였던 진정한 의미에서의 종합계획이 부현에서는 가능할 수 있을까. 현의 행정규모가 중앙정부보다 작고 그 성격은 단순하며 현청의 일체성이 강하기 때문에 이것이 가능할 것이라는 해석도 있을 수 있을지 모른다. 그러나 실제로는 이것도 진정한 의미에서의 종합계획이 아니다. 새로운 형태의 부·현 계획도 현정의 행정목표를 종합적으로 정서(整序)하고 모든 사업 간의 중요도를 평정하고 「순위부여」를 행하고 있는 것은 아니다. 그것이 「종합적」인 것은 단지 현정의 전 부문에 대해 「행정의 필요량」의 재고정리를 하고 있기 때문이며, 부현 재정의 현실적인 가능성과의 대조는 충분히 하고 있지 않다. 오히려 미충족의 「행정의 필요량」을 충족하기 위해 재정조치를 중앙정부에 기대하고 요망하고 있는 측면이 강하다. 이 「꿈을 파는 계획」의 반면은 「결핍을 호소하는 계획」인 것이다. 즉, 부현계획의 대부분은 현청 내 각 부서의 「행정계획」을 집성한 것으로, 기본적으로는 중앙부처의 「행정계획」이 개산요구 근거인 것과 마찬가지로 중앙정부에 대한 재정조치의 요구 근거이다. 처음에 「종합적인 행정계획」이라 부른 것은 이 때문이다.

부·현 계획이 현정의 종합적인 「순위부여」를 행하는 〈계획조정〉 기능을 가져오는 것은 일반적인 방향으로서 부정할 수 없지만, 부현의 기획부가 재정담당부문과 조직적으로 합체하거나 부·현 계획과 재정계획을 결합하는 절차적인 보장이 제도화되거나 할 전망은 그다지 없다고 생각한다. 일반적으로 부현의 재정담당부문은 현정의 현황, 중앙정부에 의한 재정조치를 움직이기 어려운 여건으로 전제하고 이 엄격한 제약조건 하에서 현실적인 조정에 견실히 임하고 있는 데 대해, 부현의 기획부는 현정의 「선택의 가능성」을 확대하고 때로는 중앙정부를 계발하는 것에 자기의 존재이유를 찾고 있어서 재정의 현실적인 고려에 구속되는 것을 선호하지 않기 때문이다. 그러나 부·현 계획이 진정한 의미에서의 종합계획에 쉽게 접근할 수 없는 것은 근본적으로는 중앙정부의 경우와 마찬가지로 그것이 거의 불가능하기 때문일 것이다. 부·현정에서는 산업의 감독·지도·조성이 여전히 큰 비중을 차지하고 있으며 광범위한 허·인가 권한도 행사하고 있다. 거기에는 「유도」행정의 측면이 있으며 부현계획이 「개발적인 계획」으로 되는 것에도 충분한 근거가 있다. 즉, 그것은 「적응적인 계획」으로는 될 수 없다. 그것은 또 부·현정에는 「제 이익의 통합」을 위한 「정치」의 질량이 크다는 것을 나타내고 있다. 현청 내 각 부서의 종적 할거경향이 강한 것은 그대로 관료기구 내의 「정치」의 질량의 크기를 나타내고 지사도 이것을 「통합」하는 것은 어렵다.

이렇게 보면 사정이 상당히 다른 기초자치단체(시·정·촌) 단계에서는 조금 더 진정한 의미에서의 종합계획에 가까운 것이 성립할 가능성이 있다고 생각된다. 허·인가 권한의 행사도 적고 산업행정의 영역도 한정되어 있다. 행정의 주안은 환경의 동태적 변화를 지향하는 「개발」보다도 환경변화에의 「적응」에 있다. 사업의 대부분은 공공시설의 정비 특히 생활기반의 정비이다. 계획해야 할 과제도 비교적 「직능영역」이나 「행정기준」보다도 오히려 「순위부여」와 「작업방법」의 문제에 기울고 있다. 행정구역은 제한되어 있으며 「유한한 토지」를 관리한다는 토지이용계획의 관념도 성립하기 쉽다. 그리고 가장 중요한 것은 행정을 둘러싼 주민의 이익분화의 폭이 좁고 「정치」의 질량이 적다. 게다가 중앙정부의 종적할거행정의 파문도 여기까지 오면 미약해 지고 독임제 시장에 의한 행정의 일체적 운영의 가능성이 열려 있다. 즉, 시장이 시청 내외에서 「제 이익의 통합」주체로서 기능할 수 있는 조건이 있는 셈이다. 더 덧붙이면 기초자치단체의 부·과 편성에 대해서는 법률상의 제약이 없으므로 조직관리·사무관리도 유연하게 행할 수 있다. 또 기초자치단체 행정에 고유한 수많은 장부·대장의 관리를 합리화할 사무관리의 개선이 중요한 과제이며 이것이 조직관리와 결합해서 진행된다. 여기에 행정관리기능을 조직상 기획조정부문이 겸무할 것인지 총무나 재정부문이 겸무할 것인지 하는 문제도 생겨나고 게다가 기획조정과 재정의 결합이라는 구상도 태어날 기반이 있다.[180]

그러나 기초자치단체 재정이 과도하게 핍박하던 시기에는 계획의 여지도 없고 또 계획의 기운도 생겨나지 않았다. 전후의 시정촌계획은 시정촌의 재정력 강화를 주목적으로 한 1953년의 정촌합병촉진법에 기초한 신정촌건설계획을 발단으로 하여 이것에 신시정촌건설촉진법에 의한 신시정촌건설계획이 이어졌다. 전자는 오로지 정촌합병에 따른 시설의 통합정비를 위한 계획이며, 후자는 이념적으로는 폭넓은 계획내용을 예정하고 있었지만 계획

---

[180] 日本都市センター『市役所事務機構の合理化』(1966년) 제12장에 이 점이 논의되고 있다.

의 중심은 역시 앞의 합병에 따른 시설의 통합정비를 신시정촌건설보조금이라는 유도수단으로 촉진하는 데 있었다. 그래서 1960년에 이 보조금 지급이 중지됨과 동시에 많은 신시정촌건설계획은 개정되지 않고 그대로 방치되었다. 그런데 현세진흥계획이 등장했던 것이 이 무렵으로 각 부현은 이것을 시정촌 단위에서 구체화하기 위해 시정촌계획의 작성에 관한 행정지도를 시작했다. 이러한 시정촌계획은 현세진흥계획의 축소판이 되고 시정촌까지 프레임 워크 방식을 활용한다고 하는 병리현상을 초래했다. 1966년에 자치성의 위탁연구로 정리된 『시정촌계획책정방법연구보고』가 공업개발중심의 시정촌계획에 의문을 표시하고 시정촌의 의사와 관계없이 변동하는 사회경제적 조건, 중앙정부·광역자치단체 등의 시책, 민간기업의 동향 등의 외부적인 조건은 여건으로 받아들여야 한다고 한 것은, 중앙정부 측에서도 이 사태를 명백한 과도행위라고 인정했다는 것을 보여주고 있다.[181] 하지만 동 『연구보고』는 시정촌계획이 중앙정부·광역자치단체 등의 시책 등에 대한 〈요청〉의 계획이 되는 것에 대해서는 「계획이 자칫하면 진정·요망의 집약이 되는」것을 경고하면서도 이것을 「완전히 부정하는 것은 타당하지 않다」라고 하고, 「계획체계」속에서 그 자각적인 구분을 권고했다.[182]

1965년에 신시정촌건설촉진법이 폐지되어 시정촌계획에 대한 법률상의 규정이 공백이 된 뒤에 1969년의 지방자치법 개정에서 동법 제2조 5항이 추가되어, 「의회의 의결을 거쳐 그 지역에서 종합적, 계획적인 행정의 운영을 도모하기 위한 기본구상을 정하는」것이 시정촌의 임무로 되었다. 문제는 시정촌 계획이 어떠한 의미에서 종합적인 계획일 수 있을까 하는 것이다.

시정촌 종합계획의 하나의 계보는 유럽과 미국의 전통에 보이듯이 용도지역규제·건축규제·택지개발분양규제 등 사인(私人)에 대한 제어수단과 공공시설배치에 대해 계획지도와의 부합 심사 등 행정기관에 대한 제어수단을 구사하는 「도시계획」이다. 이 「도시계획」은 「토지」라는 「유한한 자원」의 이용배분계획을 「전략적 요인」으로 한 종합계획이라 해도 좋다.[183] 그것은 강력하고 상세한 토지이용의 규제권한이 부여되고 게다가 시정촌행정의 주안

---

[181] 『市町村計画策定方法研究報告』(国土計画協会, 1966년) pp.19-20.
[182] 동 『研究報告』 pp.13-14, p.20.
[183] 미국에서 「도시계획」의 관념과 실제의 역사, 그리고 그것이 「계획」으로서 가진 의미에 대해서는 졸고 「アメリカにおける大都市行政の構造(4)」(전게)에 상세하게 논했다.

이 토지를 이용하는 공공시설의 정비이기 때문에 시정촌행정의 종합적인 포착을 행할 수 있다. 미국의 대도시 중에는 「자본적 사업」(capital program)을 경영적 사업에서 구분하고, 전자에 대해서는 장기사업계획과 「자본예산」(capital budget)을 별개로 편성해 이것을 도시계획기관의 심사에 따르게 하는 곳도 있다. 여기까지 오면 「도시계획」은 「토지」와 「재원」이라는 2개의 종합적인 「유한한 자원」을 「전략적 요인」으로 한 것이 된다. 그런데 이 「도시계획」은 시설건설을 수반하지 않는 사업이나 시설의 관리이용 면을 포착하고는 있지 않기 때문에 시정촌행정의 진정한 의미에서의 종합계획은 물론 아니다. 거기에서 「도시계획」과 사회계획의 융합이나 「도시계획」의 「종합화」를 주장하는 논의가 되풀이된다. 그리고 그것은 「도시계획」을 시장의 정치지도를 뒷받침하는 종합조정수단으로 바꿔 가려는 논의이기도 하다.

그런데 일본의 도시계획은 그 역사적 유래와 일본 정부간 관계의 특성 등으로 인해 중앙정부에 의한 도시의 계획이라 생각되고 그 중심도 국고부담금을 배경으로 한 「도시계획사업」에 있었기 때문에, 이것이 시정촌의 종합계획으로 발전하는 길은 애초부터 막혀있었다고 할 수 있다.[184] 그래서 일본의 시정촌계획은 처음부터 다른 계보의 종합계획을 모색해 왔다. 그것은 앞에서 부현 계획에 대해 언급했던 것과 마찬가지로 「종합적인 행정계획」이다. 시정촌계획에서는 「유도」나 「개발」 또는 「요청」이라는 측면을 잘라 버리는 것이 부현 계획보다도 쉽기 때문에 그것은 한층 더 순수한 「종합적인 행정계획」에 접근하는 것이 가능하다. 광역자치단체와 기초자치단체의 기능을 겸하는 도쿄도는 물론이고 시정촌사무를 광역적으로 처리하기 시작한 선진적인 부현의 계획 중에 시정촌계획에 유사한 성격이 나타나고 있는 현상도 같은 문맥에서 이해할 수 있을 것이다. 또 소위 「시민적 최소기준」(civil minimum)이 추진하고 있는 것도 이 「종합적인 행정계획」에서 「행정기준」의 설정을 세밀하게 해 가는 것이라 이해할 수 있을 것이다.

하지만 문제는 시정촌계획이 모든 행정부문의 「행정의 필요량」의 총 재고정리와 그 집대성에 지나지 않는 「종합적인 행정계획」에서부터 어느 정도까지 행정사업 간의 「순위부여」를 철저히 한 진정한 의미에서의 종합계획에 접근할 수 있을까에 있다. 그 하나의 실마리가 시정촌계획과 재정계획 또는 예산과의 관계부여에 있는 것은 말할 것도 없지만, 보다 근본적으로는 시장의 정치지도에 의한 「제 이익의 통합」에 달려 있다. 그래서 시정촌의 정치상

---

184) 高木鉦作 「都市計画法」 (講座 「日本近代法発達史」 제9권[勁草書房, 1960년] 수록), 赤木須喜 「都市計画法の論理と構造」 (東京市政調査会首都研究所, 1964년), 졸고 「都市計画の行政制度」 (「都市問題」 제7권 [有斐閣, 1965년] 수록) 등을 참조.

훙과 시정촌계획의 관계에 대해 약간의 가설을 세워 볼 수가 있다. 시정촌에서의 이익분화의 폭이 좁고 당파대립도 약한 곳, 의회와 단체장의 대립이 약한 곳에서 시장에 일정한 지도력이 있으면 시정촌계획은 진정한 의미에서의 종합계획에 접근할 수 있다. 하지만 시정촌의 정치상황에 대립의 요인이 많고 큰 곳에서는 의회의 의결을 거쳐 진정한 의미에서의 종합계획을 책정하는 것은 매우 곤란하며, 시정촌계획이 책정되어도「종합적인 행정계획」의 범위를 벗어나지 못할 것이다. 이러한 정치상황 하에서도 시장에 강력한 정치지도력이 있을 때는 시장의 정치책임하에 시장의 시정방침으로서의 종합계획을 입안할 가능성이 있다. 다만 그것은 의회의 의결을 거친 시정촌의 계획으로는 되기 어렵다는 것 뿐이다. 시정촌계획의 책정과정에 시민을 참여시키는 효과도 그것이 어떠한 정치상황 아래서 시도되는가에 따라 커다란 차이를 낳는다고 생각해야 한다.[185]

5. 맺음말

계획은 어떤 의미에서 복잡한 현상을 관리 가능한 형태로 단순화하는 작업이다. 다른 요인은 일정불변이라고 가정하고 한정된 예측요인, 제한된 계획대상을 선별해 이것을 제어해서 모든 상황의 대세를 제어하려고 한다. 그리고 복잡다기한 이익의 분화와 가치평정이라는 현실 속에서 일정한 목적을 선별하고 더욱이 이것을 측정 가능한 목표로까지 단순화한다. 그래서「계획」에 대한 비판은 항상「계획」이 불완전하고 과도한 단순화이며 충분한 종합성을 갖추고 있지 못하다는 형태로 가해진다. 그래서「계획」의 복잡화와 종합화에 노력해 보면「계획」은 점점 더 작성 곤란해지고 실효성도 한층 의심스럽게 되어 버린다. 이것이 계획의 기본모순이다. 그러면 계획은 본디 무의미한가, 불가능한가라고 하면 절대 그렇지 않다.「계획」이 군생하는 것은 그것이 아무리 기대 이하의 것일지라도 거기에 무언가의 효능이 인정되기 때문이다. 어느 정도의 단순화이면 계획의 폐해가 허용 가능한 것이고, 거꾸로 계획의 효능을 높게 평가할 수 있는지는 개개 구체의 상황에 따라 또 판단하는 사람의 가치

---

185) 계획의 정치상황에의「적응」과 그 결과로서 생기는 계획의 다양성에 관해 이론적 틀의 정리를 시도한 것으로 R. S. Bolan(1967). "Emerging Views of Planning," *Journal of the American Institute of Planners*, Vol.33, No.4. 가 있다.

기준에 따라 다르다고 할 수밖에 없다.

다만 항상 명기해 두어야 할 것은 계획은 고려해야 할 많은 것을 사상(捨象)함으로써 성립하고 있으며 그 의미에서는 허위와 착오를 내포하고 있다는 것이다. 계획을 현명하게 활용하기 위해서는 계획의 고려 외의 것을 충분히 자각하고 이것에 어떻게 대처할 것인가 미리 준비해 둘 필요가 있다. 행정에 계획성이 없다거나 종합성이 부족하다는 비판은 언제나 타당한 명제이다. 건설적인 비판은 계획의 불완전성에 유래하는 폐해를 구체적으로 파악해서 이것을 제시하는 것이며, 그리고 이것을 계획 속에서 해결하는 것이 타당한가, 계획과는 다른 차원에서 해결해야 하는 것인가에 대해 명확한 판단을 제시하는 것이다.

행정에 계획성이 요청되고 특히 종합계획이 요청되는 것은 그것이 가장 곤란한 상황에서이다. 계획의 전제조건인 「제 이익의 통합」이 성립하고 있지 않을 때 이 「통합」을 계획으로 달성하려고 한다. 이것은 〈계획신앙〉이라고도 할 만한 것으로 「통합」을 달성하는 것은 「계획」자체에서는 절대 있을 수 없다. 그것은 계획주체에 「통합」의 책임과 주도권을 위임해 통합자를 바꾸는 것이다. 그리고 정치과정의 무대를 바꾸어 거기서 사용돼야 할 논리를 바꾸는 것 뿐이다. 행정의 세계에 〈계획신앙〉이 나타나면 일반적 경향으로서 공공적인 정치과정이 서서히 관료기구 내의 계획과정의 틀 속에 국한되어 간다. 물론 그것이 순수한 관리과정이 된다는 보증은 전혀 없다. 관계이익집단이 제도상으로든 사실상으로든 이 계획과정에 참여해 옴으로써 여기에 공공적인 정치과정에 대체하는 독자적인 정치과정이 형성되는 것이다. 그리고 이러한 정치과정의 변경에 따라 거기서 생겨나는 결정의 내용이 변하는 것이다.

「계획」의 군생은 각각의 「계획」이 유효하게 작동하고 있는 증좌가 아니다. 오히려 「계획」이 기대대로 기능하지 않기 때문에 그 결함을 보정하기 위해 더 새로운 「계획」이 작성된다고 하는 악순환의 결과라고 할 수 있다. 전국종합개발계획이 작성되지 않기 때문에 블록계획이 만들어진다. 전국종합개발계획이 작성되어도 그것이 상세한 지역별 개발목표를 설정할 수 없기 때문에 현세진흥계획이 군생한다. 중점투자와 평준화의 타협을 계획에 요구해서 실패한다. 특정지역에서 공공투자의 조정을 도모하려고 해도 중앙부처 간의 조정이 이루어지지 않기 때문에 제1차적인 계획책임을 부현지사에게 위임해서 부·현 계획이 군생하고, 이것은 시정촌계획의 작성까지 요청한다. 사업책임의 문제를 계획책임으로 해결하려고 해서 이것에 실패하는 것이다. 그러나 〈계획신앙〉의 최대 폐해는, 「계획」인 이상은 「계획」답게 존재하지 않으면 안 된다는 과도한 의식을 만들어 내고 외견상의 종합성과 체계성을 요구하는 것이다. 차라리 「계획」이라는 호칭을 사용하지 않고 가능한 한 「방침」이나 「구상」, 「요강」, 「중점목표」라는 호칭을 사용하면 각각의 「계획」의 효능과 한계가 명료하게 의식될지 모른다.

이 글에서 강조하려고 한 것은 린드블룸의 「점증주의」이론처럼 주로 인간의 계획능력의 한계에서 종합계획이 불가능하다고 주장하는 것도, 벤 필드와 같이 계획의 문제를 주로 「정치」의 문제로 환원해 버리는 것도 아니다. 또 PPBS를 둘러싼 논의주제의 하나인 경제적 합리성과 정치적 합리성의 교차에 대해 논하는 것도 아니다. 개개 계획을 둘러싼 여러 가지 환경조건을 벗어나 바람직한 계획의 성격에 대해 논하는 것은 무의미하다는 것이었다. 계획의 성격과 계획의 환경조건과의 대응관계에 관해 이론적인 정리의 틀을 구성하려는 시도는 적지 않지만, 드로어의 「파셋 설계」의 이론은 가장 체계적인 틀의 구성이라 할 수 있다. 그러나 그것은 고도로 치밀하고 정교한 틀인 만큼 이것이 현실의 계획 분석에 어디까지 유의한 틀일 수 있는가는 금후 실증적 연구의 축적을 기다릴 수밖에 없을 것이다.

제7장
효율과 능률

1. 머리말

　전후 점령기에 입안된 행정법규에는 새로운 제도의 기본적인 지도 원리를 능률에서 찾고 있는 것, 또 민주성과 능률성을 2개의 지도 원리로서 병렬시키고 있는 것이 적지 않다. 예를 들면 국가행정조직법 제1조에는 「나라의 행정사무의 능률적인 수행을 위해 필요한 국가행정조직」이라는 문언이 있으며, 국가공무원법 제1조는 「이 법률은 국가공무원인 직원에게 적용해야 할 각반의 근본기준을 확립하고 직원이 그 직무의 수행에서 최대의 능률을 발휘할 수 있도록 민주적인 방법으로 선택되고 또 지도되어야 할 것을 정하여, 이것으로 국민에 대해 공무의 민주적이고 능률적인 운영을 보장하는 것을 목적으로 한다」고 선언하고 있다. 또 지방자치법 제1조에도 「지방공공단체에서 민주적이며 능률적인 행정」이라는 표현이 보인다. 그리고 또 행정제도의 개혁 제언에서는 민주성의 원칙과 능률성의 원칙을 상호 조정하고 타협시켜야 할 대립적인 가치이념으로 제시하고 있는 예도 많다. 하지만 그럼에도 능률의 개념은 모호한 함의인 채로 명확하고 조작적인 정의 부여 없이 사용되고 있는 것이 일반적이다.

　민주주의와 능률을 행정에서의 2가지 지도 원리로 보는 사고방식은 다분히 미국적인 행정 관념이며 이것이 점령군당국을 매개로 전후 일본에 이식되었다. 그러나 미국에서도 능률의 개념은 시민생활 속에서 지극히 일상적으로 널리 사용되고 있는 용어라는 것, 게다가 어떤 정치개혁운동과 결부된 상징으로서 정치적으로 논쟁적인 개념이기도 했다는 것에서 오늘날에도 여전히 확정된 의미내용을 가지고 있지 않다. 실제로 미국 행정학계는 「행정학에서도 경영학에서도 기본적인 선(善)은 능률이다. 행정(administration)학의 기본 목적은 주어진 업무를 최소의 노력과 자재를 사용해서 유효하게 달성하는 것이다. 능률이야말로 행정의 가치척도의 필두에 위치하는 원칙이다」[186]라고 단정했다. 굴릭의 너무나도 유명한 명제의 타당성을 둘러싸고 항상 새로운 논쟁을 되풀이해 오고 있다.

그래서 능률을 포함한 관련개념들에 대해 필자 나름의 정의 부여를 하고 이것들을 사용해 현대적인 과제에 관해 논하기 전에, 일단 먼저 미국행정학에서 능률개념의 변천과정을 살펴보고 이것에 부착해 온 다양한 의미내용을 개관해 두기로 하자.

2. 능률개념의 변천

行政学の基礎概念

능률의 개념은 이미 미국행정학의 창시자인 윌슨의 고전적 논문 「행정의 연구」에서 상당히 빈번하게 사용되고 있었다. 윌슨은 행정활동의 확대와 그 유효성이 정치의 정통성을 유지하는 시대가 왔다는 인식에 서서, 민주주의 국가도 종래와 같이 복잡한 억제균형의 시스템에 따라 오로지 정치를 통제하는 데 관심을 집중할 것이 아니라 오히려 정치를 활기차게 하기 위해 헌법구조를 현실에서 운용하는 행정을 강화하고, 정치가 해야 할 업무를 적절히 달성할 수 있는 태세와 능력을 창출하는 데 관심을 집중해야 한다고 설파했다. 그것에는 행정부의 자율적인 책임영역을 확대하고 행정의 일정영역을 정치적 통제로부터, 좀 더 단적으로 말하면 정당정치의 개별적인 개입으로부터 자유롭게 할 필요가 있으며, 이것은 권력배분에 관한 헌법구조의 수정을 요청할지도 모른다는 것을 시사했다. 그런데 그가 당면의 긴급과제로 역설한 것은 인사(personnel)관리와 조직(organization)편성과 행정수법(methods)의 선택을 정치로부터 벗어난 순수한 행정영역으로 확립하는 것이었다. 즉, 그의 정치개혁전략은 당시 이미 펜들턴 법의 성립으로 길이 열린 공무원제도개혁을 추진해서 먼저 전문적인 직업행정관으로 구성되는 새로운 관료제를 육성하고, 그 다음에 이 유능한 관료제를

---

186) L. H. Gulick(1937). "Science, Value, and Public Administration," L.H. Gulick and L.F. Urwick(eds.), *Papers on the Science of Administration*, Columbia University, p.192.

기초로 해서 행정조직과 그 활동방법을 기업적인 것으로 개혁해 가는 것이었다.

따라서 윌슨의 이 논문에서는 정치(government)의 능률이 설파되어 능률적인 정치란 무엇보다도 먼저 해야 할 업무를 적절히 달성할 유능한 관료제를 갖춘 정치를 의미하고 있었는데, 동시에 능률적이란 업무가 지적으로 공평하게 신속하게 마찰 없이 처리되는 것이라거나 혹은 또 조직이 간결하고 체계적이며 책임의 소재가 명확한 것이라고도 설명되어 있다. 요컨대 능률(efficiency)의 개념은 대단히 다의적이면서 유효성(effectiveness)과 거의 같은 뜻으로 사용되고, 그리고 정치가 체현해야 할 새로운 또 하나의 가치원리로 제시되고 있었다.[187]

그런데 능률의 개념을 행정의 세계에서 중핵적인 개념으로까지 높이고 유행시킨 것은 당시의 식자들이 일치해서 인정하고 있듯이,[188] 1906년 설립의 뉴욕시정조사회의 활동과 이것에 호응해서 군생한 전국적인 시정조사회 활동이다. 이 조사회운동의 초기 지도자들은 커뮤니티의 복지는 정치에 의존하는 부분이 크며, 능률적인 정치를 매개하지 않으면 혁신적인 사회복지를 달성할 수 없다고 생각하고 있었다. 그들의 정치사상은 당시의 프로그레시비즘(progressivism)의 그것과 공통하는 부분이 많고, 또 그들의 운동은 당시 급속하게 일어나고 있던 공중위생·빈곤·주택·교육 등에 관한 각종 사회개량운동과 병행하고 상호 보완하는 것이었다. 따라서 그들의 능률개념은 대단히 광범위하게 적용되는 포괄적인 개념이었다.

예를 들면 뉴욕시정조사회의 지도자 중 한 사람인 브루엘은 자치능률(municipal efficiency)을 점검하는 기준으로 서비스의 능률, 조직의 능률, 행정수법의 능률, 직원의 능률, 능률적 시민 생활(efficient citizen)이라는 5개의 기준을 제시한 다음, 능률운동의 궁극목

---

187) W. Wilson(1887). "The Study of Administration," *Political Science Quarterly*, Vol.2. 또한 이 논문 중에는 「행정연구의 목적은 첫째, 정치가 적절하고 수미(首尾) 좋게 달성할 수 있는 사항을 찾아내고 그다음에 둘째, 정치가 이러한 적절한 사항을 가능한 최대한의 능률로서 또 자금이나 노력의 가능한 최소한의 소비로서 달성하는 방법을 찾아내는 것이다」라는 유명한 한 구절이 있다. 이 한 구절의 강조 부분만을 읽으면 「능률」을 「자금이나 노력의 최소한의 소비」로 바꿔 말한 것은 아니냐는 의문도 일어날 수 있지만, 논문전체의 용어법에서 보면 그 여지는 없다고 생각한다.

188) 「도시정치에서의 능률」(Efficiency in City Government)에 대해 특집한 *The Annals*, Vol.41, May, 1912 수록의 논문들을 참조. 또한 일본에서 조사회운동이 미국행정학에 남긴 족적에 관해 소개한 것으로는 개괄적인 소개이지만, 辻清明「行政研究の発達」(『自治研究』제27권 제5호, 1951년)이 있다.

적, 능률판정의 궁극기준을 행정서비스의 타당성(adequacy)에서 찾고 있다.[189] 가장 값비싼 비능률은 업무를 수행하는 데 있어 허비나 낭비 등이 아니라 수행되고 있는 업무가 처음부터 커뮤니티의 요청에 대처하게끔 되어 있지 않은 것에 있다. 그래서 커뮤니티의 제 조건의 조사와 그 필요(needs)를 확인해서 서비스의 능률을 개선하는 것이 필요하다고 한다. 「정치의 실적은 목적과 의도에 비추어 점검되고, 현실의 결과는 달성 가능한 결과의 기준과 대비해서 측정되고, 방향을 잘못 잡은 노력이나 그 외의 낭비가 발견되어 이것이 정말로 필요한 활동에 충당되는 것」[190]이 필요하다. 그런 까닭에 능률운동이 의도하는 바는 절대 과세의 경감(tax-saving)이지도 경비의 절약(economy)이지도 않다고 단언하고 있다.[191] 능률은 그에게는 시민의 활발한 자치활동에 기반을 둔 정치의 유용성(usefulness)이나 행정서비스의 타당성이었다.

그러나 브루엘 자신이 인정하고 있듯이 조사회운동은 그 초기부터 예산·회계·물품구매·청부계약 등의 제도개선, 즉 행정수법의 능률이라는 제한된 국면에 중점적인 관심을 보내고 있었다. 왜일까? 그들은 공정하고 능률적인 사무처리 능력을 높이고 행정의 집행태세를 갖추는 것이 서비스의 능률 향상에 있어 선결 요건이라고 판단했다. 이것은 당시의 개혁파 시정상황에서 도출된 하나의 교훈이었다. 시정개혁운동은 어디에서나 먼저 선거에 개혁파를 옹립해서 정당기구의 지배를 타도하는 것에서 시작되어, 정치의 쇄신을 표방한 개혁파 시장이 속속 탄생하고 있었다. 그런데 이러한 개혁파 시장은 정당기구와 행정기구 사이에 형성되어 있던 뿌리 깊은 유대를 끊을 수 없어서 소기의 성과를 올릴 수 없었다. 거기서부터 시정개혁은 사람의 문제(정치지도자의 교체)이기보다 제도의 시스템 문제이며 또 도의심(道義心)보다 수법의 문제라는 상황인식이 확산하고 있었다.

---

189) H. Bruére, "Efficiency in City Government," *The Annals, op. cit.*, p.5.
190) *Ibid*., p.5.
191) *Ibid*., p.3. 이것은 브루엘 만의 견해가 아니다. 예를 들면 신시내티시정조사회의 마일스는 「조사회는 언제나 경비의 절약을 능률의 부산물로 생각하고 실제로 종종 바람직한 능률을 확보하기 위해 경비의 증액을 권고하는 데 주저하지 않았다」라고 하고 있다. R. E. Miles, "The Cincinnati Bureau of Municipal Research," *The Annals, op. cit.*, p.276. 또 당시 「능률과 절약에 관한 대통령위원회」(태프트위원회)에 참가하고 있던 클리브랜드는 정치에서 낭비와 비능률에 관심을 가진 사람들은 재산소유자이며 납세자라고 하는 사회통념이 만연하고 있지만, 정치는 사유재산의 보호를 위해서가 아니라 개인의 복지와 향상을 위해서 있으며, 공금낭비의 피해를 가장 강하게 받는 것은 사회의 약자들이라고 말하고 있다. F. A. Cleaveland, "The Need for Coordinating Municipal, State, and National Activities," The Annals, op. cit., p.24.

조사회운동은 기본적으로는 프로그레시비즘의 정치사상을 공유하고 시정개혁운동의 일환으로 실천적인 정치개혁을 목적으로 하면서도 스스로 고유의 활동영역을 한정하고 있었다. 행정서비스의 개선을 직접 지향한 각종 사회개량운동과 분업하고 행정체제의 개선을 지향했던 것만이 아니다. 당파를 불문하고 당시의 정치지도자와 협력한다. 그 한에서 비당파적인 개혁을 지향하고 개혁파 시장의 옹립운동과 일선을 그었다. 또 민간기업에 보급되고 있던 과학적 관리법을 행정수법에 도입하는 것을 자기의 전문영역으로 한 점에서, 자치의 헌법구조의 개혁, 자치헌장제도의 확립을 목표로 하고 있던 일련의 개혁운동과도 분업관계를 형성하고 있었다. 그리고 더욱이 조직관리와 인사관리조차도 차츰 다른 전문가집단에게 맡기고 자신들은 행정수법의 개선, 그중에서도 넓은 의미에서의 재무관리에 관련된 수법의 개선에 전념해 갔다고 할 수 있다.

이리하여 능률의 개념은 비당파성을 표방하는 운동과 함께 보급되고, 또 넓은 의미에서의 재무관리수법의 개선운동과 결합하면서 보급되었다. 이 때문에 능률을 재무관리수법의 개선에 따른 낭비의 배제라는 부산물과 결부시켜 이해하는 풍조가 생겨났다. 나중에 유행한 「능률과 절약」(Efficiency and Economy)이라는 한 쌍의 표어는 조사회운동의 용어가 아니다. 그것은 먼저 연방차원의 행정개혁위원회에 등장하고 그다음에 1910년대 후반부터 주차원에 군생한 행정개혁위원회의 명칭에 사용되고 또 전국적인 납세자협회의 운동 슬로건으로 정착했다. 능률개념은 세상이라는 언어의 유통시장을 전파해 가는 동안 조사회운동의 초기 지도자들의 의도를 벗어나, 먼저 낭비의 배제로 이해되고 그다음에 경비의 절감으로 받아들여지고 때로는 과세의 경감기대와 결부되어 갔다.[192]

하지만 조사회운동이 비당파적인 지향을 갖고 있었기 때문이라고 해서 그것이 비정치적이었던 것은 아니다. 또 그것이 행정수법의 개선에 전문화하고 있었기 때문이라고 해서 그 효과가 순기술적인 것에 머물렀던 것은 아니다. 시장에 의한 통일예산의 편성절차 확립, 세출비목분류의 통일 등은 시장이 정책통제를 하고 재무상태를 정확히 파악하는 것을 가능케

---

[192] 나중에 디목이 능률개념에 대해 논했을 때 특히 문제로 삼은 것은 이 개념이 미국시민 속에 침투해 특수 미국적 의미내용을 가지기 시작하고, 그것이 절약, 검약, 이윤추구와 동의어인 것처럼 인식되고 있다는 사실이며, 전문가들의 용어법을 문제 삼은 것은 아니다. M. E. Dimock(1936), "The Criteria and Objectives of Public Administration," J. M. Gaus, L.D. White, & M. E. Dimock(eds.), *The Frontiers of Public Administration*, University of Chicago, pp.116-117. 그리고 왈도가 문제 삼은 것도 미국사회에서의 능률개념의 통속화였다고 이해해야 할 것이다. D. Waldo(1948), *The Administration State*, Ronald Press, pp.192-196.

하고 공금의 부당유용을 억제하기 위한 기초적인 조건이었다. 또 구입물품사양의 개선, 집중구매부문의 설치, 경쟁입찰제도의 도입 등은 특정업자와의 유착을 단절하고 계약행위에의 정치개입을 배제하고 게다가 예산의 적산(積算)기초를 합리화하기 위한 방책이었다. 행정수법의 개선은 자격임용제의 도입과 확장에 이은 정치개혁의 전략과제였다고 해야 할 것이다.[193]

그런데 이 능률운동은 1910년 후반부터 20년대, 30년대에 걸쳐 새로운 전개를 보였다. 그것은 시정개혁운동이 전반적으로 일단락해 가는 것에 대응한 정치개혁에서부터 관리개혁으로의 이행이었다. 능률운동은 과학적 관리법에서 표준화 또는 규격화(standardization)와 작업의 계측이라는 특질을 섭취해 가게 된다. 이미 본 바와 같이 구입물품사양의 개선은 물품에 관한 표준규격의 설정이다. 또 통일급여표의 작성도 직무분석에 기초한 직계분류와 봉급 표준화의 결과였다. 그런데 새로운 능률운동은 표준이라는 사고방식을 행정의 모든 국면에 폭넓게 응용하려는 시도였다.

여기서 다시 이론적 지도자 브루엘의 설명을 들어 보자. 표준은 행정의 필요량과 현실의 서비스 양과의 대응관계를 측정하는 기초가 되고, 예산배분을 정하는 기초, 사업의 진행을 관리하는 기초가 되며, 게다가 정치가·행정관·시민의 각각의 이해에 대해 공통의 객관적 기초가 되기 때문에, 「표준은 능률의 촉진에 관해 실용적인 가치를 가진다」고 한다.[194] 또 「표준화란 막연한 일반적인 인상론 대신에 행정의 제 요소에 관한 명확한 개념을 형성하는 것이다」[195]고도 설명하고 있다. 여기에 나타난 새로운 특질은 무엇일까? 그것은 첫째, 어떤 표준 또는 기준과 실적과의 비교가 이루어지고 비로소 평가가 가능하다는 사고방식이다. 둘째, 비교와 평가를 할 수 있으려면 대상이 객관적 또는 수량적으로 설정되거나 측정되어 있

---

193) 개혁의 이러한 의미에 대해서는 *The Annals, op. cit.* 수록의 논문들을 참조.
194) H. Bruére(1924), "Development of Standards in Municipal Government," *The Annals*, Vol.61, p.200.
195) *Ibid.*, p.200. 또한 브루엘은 다음과 같이 말한다. "이론적으로는 표준화의 기회는 도시정치의 구석구석에 존재한다. 먼저 자치활동의 영역에 관한 연구, 즉 해결을 요하는 과제(problem)가 무엇인가를 배우고 이러한 과제의 해결에서 준수해야 할 서비스 수준(service standards)이 어떠해야 하는가를 배우는 업무가 있다. 따라서 가로청소의 방법을 표준화하는 것만으로는 불충분하며 그 선결조건으로서 도로의 청결함(cleanliness)의 기준이 정해져 있지 않으면 안 된다. 청결함의 기준을 정하기 위해서는 보건상의 요청, 상쾌함에서의 요청, 비용의 제약, 장비의 능력, 도로교통상의 제약, 가로통행자나 주변 주민의 습속 등등에 대해 고려할 필요가 있다(*Ibid.*, pp.206-207)." 여기에는 나중의 비용효과분석·비용편익분석 등에 보이는 소위 미션지향의 발상이 이미 맹아적으로 나타나 있다. 그 때문에 브루엘의 위 논문에서는 능률(efficiency)의 개념과 유효성(effectiveness)의 개념이 미묘하게 구분해 쓰이기 시작하고 있다.

을 필요가 있다는 사고방식이다.

이리하여 능률의 개념은 측정(measurement)과 상대비교(relative comparison)와 불가분의 개념이 되기 시작했다. 이 새로운 측정론의 발전에 박차를 가한 것은 미국정치학회가 1923년부터 1925년에 걸쳐 3년간 연속으로 개최한 다수 부회로 구성된 원탁회의이다. 원탁회의의 전체 목적은 정치학의 이론과 가설을 검증하기 위한 과학적 방법의 개발과 사용에 대해 논의하는 것이었는데, 그 중 한 부회는 항상 도시행정에 관한 주제를 다루었다. 제1회 회의에서는 인사행정관계의 평점방법이, 제2회 회의에서는 도시 간의 상대능률(relative efficiency)의 평점방법이, 그리고 제3회 회의에서는 도시행정의 조사방법이 논의되었다.[196] 이 제1회와 제2회 회의에서 논의된 것은 측정 가능한 현상과 측정 불가능한 현상을 식별할 것, 어떤 방법으로 측정 가능한 현상에 대해서는 가능한 이것을 계수화할 것, 평가기준이 다원적인 현상에 대해서도 기준 상호간의 상대평가를 하고 가능한 종합평점을 계수화할 것, 그리고 마지막으로 도시 간 비교를 일람화하고 또 각 도시별의 시계열 비교를 일람화할 것 등이었다.

요컨대 이 시대의 주된 관심은 각 지방자치단체의 자기개선의 자극이 될 수 있도록 소위 도시 간의 성적평점표(Score Card)를 작성하는 것에 있었다. 이러한 종류의 시도는 그 후 널리 유행해 「자신들의 커뮤니티를 알자」거나, 「당신의 마을을 알기 위해서」, 「훌륭한 커뮤니티의 기준」, 「마을을 살기 좋게 하려고」 등이라 이름 붙인 다양한 평점법을 해설한 팸플릿이 작성되었다. 먼로가 제시한 「좋은 도시정치의 25의 기준」은 이 시대의 대담하면서 무리한 시도, 소박하면서 또 유치한 방법을 나타내는 하나의 전형적인 예일 것이다.[197]

이러한 표준론에서 평점법으로 급경사한 흐름에 대항해서 행정서비스 결과(result)의 측

---

196) M. A. Mussman(1923). "New and Notes," *The American Political Science Review*, Vol.17, No.3, pp.463-464 ; W. E. Mosher(1924). "Reports of the National Conference on the Science of Politics: Round Table Ⅱ," *The American Political Science Review*, vol.10, No.1, pp.125-133 ; E. A. Cottrell(1925). "Reports of the National Conference on the Science of Politics: Round Table on Municipal Administration," *The American Political Science Review*, vol.19, No.1, pp.149-155 ; L. H. Gulick(1926). "Reports of the National Conference on the Science of Politics: Round Table on Municipal Administration," *The American Political Science Review*, Vol.20, No.1, pp.52-156.

197) W. B. Munro(1926). *The Government of American Cities*, Macmillan, Chapter 23: The Criteria of Good City Government. 그 외의 많은 평가법과 거기서 사용되는 기준에 대해서는 C. E. Ridley(1927). *Measuring Municipal Government*, Syracuse University의 자료편에 예시되어 있다.

정을 다시 강조하는 논조도 1920년대 전반에 등장하고 있었다. 업슨은 예산의 편성과 편성절차의 개혁을 주장했다. 첫째, 세출권한법의 구성 구분을 기능별(function)에서 활동별(activity)로 바꾼다. 예를 들면 경찰기능(police protection)으로 일괄하지 않고 경찰순찰, 교통규제, 범죄수사라는 활동단위로 정리한다. 둘째, 개산요구에서는 활동별의 궁극적인 달성목표와 당면의 요구액으로 달성이 예상되는 달성량(expected accomplishment)을 명시시킨다. 셋째, 세출비목은 인원·설비·비품이라는 지출대상별 구분에 의하지 않고 작업단위별(work unit)로 구분한다. 넷째, 차기연도에 예상되는 작업단위별 비용뿐만 아니라 지난 연도의 작업단위별 비용의 실적을 명시시킨다. 그리고 다섯째, 업무보고(operating reports)와 업무감사(operating audit)의 제도를 설치한다. 이러한 개혁으로 비로소 행정서비스의 모든 차원에서 목표와 실적의 대비가 가능하게 되고, 행정서비스의 타당성(adequacy)과 능률(efficiency)을 측정하는 기준이 만들어지고, 게다가 서비스의 산출과 시민의 편익(benefit)과의 상관을 아는 기초가 얻어진다고 주장했다.[198]

벅도 거의 같은 주장을 했다. 그에 의하면 예산편성을 개선하고 행정기능의 적절한 평가(evaluation)를 하기 위해서는 인원·물품 등 자원의 조달을 나타내는 구매(purchase), 자원의 이용상황을 나타내는 작업(work), 그리고 자원이용의 결과(result)라는 3가지 측면에 대해 측정할 필요가 있다. 그런데 과거의 노력은 오로지 구매의 통제에 두어져 있었다. 그리고 현재는 지극히 한정된 분야에서만 작업단위별 단위비용이 산출되고 작업능률(working efficiency)의 기준이 확립되기 시작하고 있을 뿐이다. 그래서 앞으로의 과제는 우선 이 작업능률의 측정분야를 확대하는 것이지만, 경비와 결과가 반드시 대응하고 있지 않은 것을 인식한다면 궁극적인 과제는 지금까지 완전히 미개척 분야였던 결과의 정확한 평가방법을 개발하는 것이다. 그런데 결과의 평가를 가능하게 하기 위해서는 결과의 측정방법을 개발함과 동시에 평가의 기준을 설정할 필요가 있다. 또 결과의 측정에는 그 대전제로서 기능(function)의 구분, 구성요소(component element)의 구분, 구성요소의 결과에 영향을 주는 규제요인(controlling factor)의 확인, 그리고 규제요인과 구성요소의 결과 사이에 있는 인과관계의 확인이 필요하다고 한다.[199]

---

198) L. D. Upson(1923). "The Other Side of the Budget," *National Municipal Review*, Vol.12, No.3.
199) A. E. Buck(1924). "Measuring the Results of Government," *National Municipal Review*, Vol.13, No.3. 여기서는 현대에서 말하는 프로그램·스트럭쳐의 분석에 상당하는 발상이 나타나고 있는 점에도 착목해 두고 싶다.

측정론의 이러한 흐름을 집대성하면서 능률론에 새로운 전망을 개척한 것이 리들리와 사이먼의 업적이다. 먼저 리들리가 단독으로 행한 연구에서는[200] 종래의 종합적인 도시 간 평점법이 비판되고 개개 기능별이나 활동별로 측정 가능한 현상과 측정척도의 선정 또는 조합이 상세하게 검토되고 있다. 또 능률과 유효성을 개념상 구별하고 당면은 유효성의 측정을 주목적으로 하고 있다. 그 때문에 먼저, 행정활동의 목적(objective)과 결과(result)의 대응관계 문제가 명확히 자각되고 있다. 다음으로, 커뮤니티의 생활수준을 나타내는 커뮤니티지표와 행정활동의 효과지표가 동일할 수 없다는 것이 자각되어 도시 간의 비교 가능성을 확보하기 위해 조정요인(adjustment factor)이라는 신개념을 사용하고 있다. 즉, 행정활동의 단독효과와 행정활동 이외의 외재적인 규제요인을 포함한 종합효과를 식별할 필요를 자각했기 때문에 그 대처방법에 대해 고심하고 있는 것이다. 그런데 그는 능률과 유효성의 구별을 논리적으로 수미일관시키는 것에 실패하고 또 조정요인에 관한 이론적인 정리에 대해서도 절대 성공하고 있지 않다. 이러한 리들리의 난점을 극복해서 능률과 타당성에 관한 개념 틀을 한층 더 정서(整序)하려고 한 것이 사이먼이었다.

리들리와 사이먼의 공저와 사이먼의 일련의 관련업적에서 요약하면 능률과 타당성에 관한 개념 틀의 골격은 다음과 같다.[201] 먼저, 행정측정의 대상이나 수준을 필요량(need of

---

[200] C. E. Ridley, op. cit.
[201] 이하에 나오는 사이먼의 개념들과 그 설명은 관련 논문을 통해서 늘 일관하고 있는 것이 아니라 때에 따라 미묘하게 변하고 혼란스럽고 모순하고 있는 것도 적지 않지만, 여기서는 훈고적인 평석이 목적이 아니므로 상세한 해설은 생략한다. 그 대신에 사이먼의 능률론의 형성과정을 나타내기 위해 이것에 관한 일련의 저서, 논문을 집필 연대순으로 표시하고 저작번호에 따라 간단한 해설을 추가해 둔다.

① C. E. Ridley & H. A. Simon(1938). *Measuring Municipal Activities*, first edition, The International City Managers' Association.
② H. A. Simon(1937). "Comparative Statistics and the Measurement of Efficiency," *National Municipal Review*, Vol.26, N0.11.
③ C. E. Ridley & H. A. Simon(1938). "The Criterion of Efficiency," *The Annal*, Vol.199.
④ H. A. Simon(1939). "The Adminstrator in Search of Statistics," *Public Management*, Vol.21, No.4.
⑤ H. A. Simon, W. R. Divine, E. M. Cooper, & M. Chernin(1941). *Determining Work Loads for Professional Staff in a Public Welfare Agency*, University of California.
⑥ H. A. Simon(1941). "Measurement Techniques in Administrative Research," *Civic Affairs*, Vol.8, No.9.
⑦ H. A. Simon, W. R. Divine(1941). "Controlling Human Factor in an Administrative Experiment," *Public Administration Review*, Vol.1, No.5.
⑧ H. A. Simon, R. W. Shephard, & F. W. Sharp(1943). *Fire Losses and Fire Risks*, University of California.

problem magnitude), 효과량(result), 사업량(performance), 작업량(effort), 경비량(expenditure)으로 크게 5개로 구분한다. 필요량이란 행정이 대처하고 해결해야 할 과제의 규모이다.

---

⑨ H. A. Simon(1943). *Fiscal Aspects of Metropolitan Consolidation*, University of California.
⑩ C. E. Ridley & H. A. Simon(1947). *Measuring Municipal Activities*, second edition, The International City Manager's Association.
⑪ H. A. Simon(1947). *Administrative Behavior*, Macmillan, Chapter 9: The Criterion of Efficiency.

경비량·작업량·사업량·효과량의 구분과 능률과 타당성의 구별, 능률의 정의라는 사이먼의 능률론의 기본적인 틀은 공저서①에서 확립되었다. 그리고 공저서①이 분할 발표되기 시작한 시기에 동시에 발표된 논문②에서는 경비량·작업량·사업량·효과량의 연쇄관계가 생산함수(production functions)의 연립방정식으로 유추되어 모든 연쇄의 함수관계가 해명되면 이론적인 절대능률을 산출하는 방법을 해답으로 산출할 수 있는 것 같은 설명을 더하고 있다. 이 논문②는 사이먼의 수학적 사고에의 경사와 일찍부터 통계학에의 관심을 나타내고 있는 점에서도 흥미롭다. 논문③은 공저서①의 요지를 소개한 것이라 할 수 있지만, 능률과 관련해서 입법부와 행정부의 기능분담에 논급하고 있는 점에 새로움이 있다. 다음의 논문④에서는 새롭게 필요량이나 과제규모의 개념이 도입되고 있다. 그것에 의해 공저서①에서는 반드시 명쾌하다고 말할 수 없던 효과량과 타당성의 관계에 대한 설명이 개선되고 있다.

공동보고서⑤는 「행정실험」의 보고서이다. 즉, 외근의 케이스워크 작업과 창구면접관의 작업과의 조합방식에 대해 선택지를 만들고 그 능률을 비교하기 위한 실험을 했다. 여기서는 먼저 경비량과 작업량의 능률을 측정하고 다음으로 작업량과 사업량의 능률을 측정하고 마지막에는 경비량과 사업량의 능률을 도출하는 구체적인 작업순서가 제시되어, 그 과정에서의 통계적 처리방법이 나타나고 있는 점에 큰 의의가 있다. 이것은 실험이기 때문에 비교 가능성을 확보하기 위한 개재(介在) 요인의 통제가 이뤄졌다고 해도, 능률측정이 예산배분 상의 판단기준으로서도 실용적인 가치를 가질 수 있는 것을 실증하고 있다. 다음의 논문⑥과 논문⑦은 어느 것이나 공동보고서⑤의 행정실험의 부산물이다. 논문⑥은 조직론의 여러 가지 격언(axioms)의 옳음을 검증하는 데에도 그 기준이 없기 때문에 조직이론의 구축을 위해서도 능률의 측정을 진행할 필요가 있다는 것과 능률측정이 합리적인 예산편성에 가질 수 있는 잠재적인 의의를 설파하고 있다. 논문⑦은 「행정실험」에서 인간적 요소의 통제에 대해 논한 것이다. 상기 2개의 논문은 사이먼이 그 연구관심을 능률론에서 행정행동론으로 발전시켜 가는 과정을 나타내는 것으로도 흥미 깊은 논고라고 할 수 있다.

공동보고서⑧은 능률이나 타당성의 측정을 직접적 목적으로 한 것이 아니고 과제규모의 측정과 행정외적요인의 처리방법에 관해 연구한 것이다. 구체적으로는 통계이론을 활용해서 화재피해와 이것에 영향을 주는 요인들과의 상관관계를 확인하려고 시도했는데, 개재요인의 통제에 성공하지 못해 비교 가능성을 도출할 수 없었다. 앞의 공저서①에서는 소방행정의 궁극목적은 비교적 확정하기 쉬운 것으로 되어 있었는데, 그 소방행정분야에서조차도 도시 간의 비교 가능성이라는 난관을 돌파할 수 없었다는 사실은 능률의 엄밀한 상대비교가 현실적으로 얼마나 어려운가를 실증하는 결과가 되었다고 할 수 있을 것이다.

연구보고서⑨도 직접적으로 능률과 타당성을 다룬 것은 아니지만, 여기에는 서비스 수준(Service Level)과 필요량 지표(Index of Need)라는 신개념이 등장하고 있다. 서비스 수준이란 효과량의 텀에서 행정수준을 나타내는 것이 어렵기 때문에 이것을 사업량의 텀에서 표시하는 것으로 하고, 필요량 지표란 행정의 필요량을 궁극목적의 텀에서 측정하는 것이 어렵기 때문에 이것을 사업목적의 텀에서 표시하는 개념으로 하고 있다. 여기에는 궁극목적의 확정과 효과량 파악의 어려움이 언급되고 있음과 동시에, 그럼에도 효과량과 사업량과의 혼동, 궁극목적과 사업목적과의 혼동을 피하려고 개념상 양자를 엄격히 구별하려는 노력의 흔적이 보인다. 그리고 맨 마지막의 공저서⑩은 공저서①에 새롭게 서문을 더한 제2판인데, 이 서문 중에서 행정외적요인과 과제규모와 필요량과의 관계가 해설되고 타당성과 능률의 구별에 관해 설명이 부연되고 그리고 측정대상으로서 필요량이 부과되고 있다.

이러한 일련의 업적 끝에 저서⑪이 등장하고 그 능률에 관한 부분에는 새로운 논점이 더해져 있는데, 이것에 대해서는 후술하고 싶다.

그런데 행정서비스에는 궁극목적(purpose or ultimate objective)과 사업목적(immediate objective)이 있으며, 궁극목적과의 대비에서 행정서비스의 성과를 파악하는 것이 효과량이고 사업목적과의 대비에서 성과를 파악하는 것이 사업량이다. 작업량이란 인원·비품·설비 등의 물리적인 가동량이다. 그리고 경비량이란 작업단위의 가동에 지출된 금액이다. 경비량의 투입결과로서 작업량이 산출되고, 작업량에서 사업량이, 사업량에서 효과량이 산출된다. 거기에는 투입(input)과 산출(output)의 연쇄가 성립하고 있다. 그리고 타당성(adequacy)이란 적어도 효과량과 사업량에 관한 어떤 목표치와 그 실적치와의 비율, 소위 목표의 달성 정도나 혹은 실적의 절대치 그 자체이다(정도인지 절대치인지 불명확하다. 또 그 어느 것이라도 이 타당성의 개념이 작업량이나 경비량에도 적용되는지 어떤지도 명확하지 않다). 따라서 타당성의 개념은 유효성(effectiveness)의 개념에 가깝고, 필요량과의 대비에서 행정서비스의 달성수준을 검증하는 것은 타당성 평가방법의 하나라는 것이 된다. 한편 능률이란 경비량·작업량·사업량·효과량 사이의 상호관계이며 투입과 산출과의 비율이다. 그 때문에 경비량과 작업량과의 능률도 있으면 사업량과 효과량과의 능률도 있고 경비량과 효과량과의 능률도 있어, 능률에는 논리적으로는 6가지 종류가 있게 된다.

타당성이 목표치와 실적치와의 정도를 나타낸다고 하면 타당성의 산출은 그 자체로써 가치평가의 기준이 된다. 한편 능률은 이론적인 절대능률이 존재하지 않는 한, 한 개의 능률을 산출해 봐도 그것만으로는 가치평가기준이 될 수 없다. 예를 들면 사업방법 A를 채택했을 때의 능률과 사업방법 B를 취했을 때의 능률이 비교 대조되어 상대능률이 나타났을 때 비로소 행동의 선택기준이 된다. 행정에 대해 실험의 여지가 없는 이상, 능률의 상대평가는 통상 부문 간 비교, 도시 간 비교, 시계열 비교라는 방법에 따른다. 여기에서 다른 조건 하의 복수의 실적에 관한 비교가능성(comparability)의 문제에 직면한다. 이것은 한편으로 필요량의 차이의 문제이지만, 다른 한편으로는 리들리가 자각한 조정요인의 문제이다. 사이먼은 이 후자의 문제를 행정외적요인(extra-administrative factor)이라는 개념을 사용해서 논하고, 행정활동의 성과와 행정외적요인의 영향을 식별해 가기 위해 통계적 처리방법을 개발해서 응용해 갈 필요가 있다고 시사한다. 그런데 난관은 이 비교가능성의 문제만이 아니었다. 행정활동과 효과량의 상관관계조차 거의 불명확하며, 그 이전에 궁극목적의 확정과 효과량의 파악 그 자체가 어려웠다. 그 때문에 실제로는 효과량에 관해서는 그 타당성도 능률도 산출할 수 없어서, 폐해는 적지 않지만 차선책으로 효과량을 사업량으로 대체시키지 않을 수 없는 경우가 많다고 한다.

능률개념의 정의와 능률이론의 기본적인 틀은 사이먼의 노력으로 일단 완성했다고 생각한다. 그러나 능률의 개념에 조사회운동의 능률관에서부터 사이먼의 능률개념에 이르는 정통적인 계보와는 다른 의미내용을 함의시키려고 하는 논자는 적지 않고, 능률개념을 둘러싼 논쟁은 여전히 계속되었다.

로웰은 미국의 정치와 유럽의 정치, 특히 미국의 도시정치와 유럽의 도시정치의 결정적인 차이를 전문적인 지식과 경험을 가진 항구적인 직업행정관으로 구성되는 관료제의 활용 여부라는 점에서 찾고, 비전문가에 의한 비능률적인 정치와 전문가에 도움 받는 능률적인 정치를 대비하고 있다.[202] 이 논법은 첫머리에 소개한 윌슨의 논법과 거의 완전히 일치하고 있으며, 능률의 개념은 「해야 할 업무를 적절히 달성할 능력이 있는 것」이라는 정도의 막연한 의미에서 사용되고 있다. 그리고 제1차 세계대전을 경험한 시기가 되면 기본적으로는 윌슨이나 로웰과 같은 범주에 속하면서 역점을 두는 바가 조금 다른 능률관이 등장했다. 미국이 처음 경험한 총동원체제와 관련해서 「능률적인 업계」나 「능률적인 노동계」라는 표현이 나타난 것도 총력전에 직면해서 다시금 민주주의와 능률과의 긴장관계를 인식한 결과였다. 이러한 문맥에서는 민주주의란 권력의 분산, 마비와 알력, 불만족한 타협, 결정의 지연 등의 대명사가 되고, 거꾸로 능률이란 권력의 집중, 일원적인 지휘에 기초한 정연한 질서, 신속한 결정, 전문가에 의한 최선의 방법의 선택이라는 특질을 나타내는 대명사가 된다. 그래서 이 범주의 능률관은 관료제의 육성에서 집행권의 강화로 관심을 돌리고, 입법부와 행정부 사이의 권력재배분이라는 헌법구조의 수정까지 요구하기에 이른다.[203]

정통적인 능률개념과 다른 능률관의 제2의 범주는 인간관계론의 세례를 받은 것으로 능률의 궁극적인 판정기준을 관계자의 만족감 정도에서 찾는 능률관이다. 예를 들면 버나드

---

[202] A. L. Lowell(1913). "Expert Administration in Popular Government," *The American Political Science Review*, Vol.7, No.1.
[203] C. G. Fenwick(1920). "Democracy and Efficient Government-Lessons of the War," *The American Political Science Review*, Vol14, No.4. 는 이 시대의 이러한 논조를 가장 전형적으로 대표하고 있다. 그리고 이 논문은 그 결론부분에서 민주주의와 능률과의 적정한 균형을 꾀하는 당면의 개혁안으로 당시 현안의 예산회계법을 한시라도 빨리 제정해 대통령에게 예산제출권을 인정하고 또 일반적으로 대통령에게 법안제출권을 부여해야 한다고 주장하고 있다. M. E. Dimock(1937). "The Study of Administration," *The American Political Review*, Vol.31, No.1. 은 대공황 후의 논의로 「힘 있는 민주주의(effective democracy)를 유지하기 위해서 집행권의 강화가 필요하다고 주장하고 있는데, 그 논조는 펜윅과 기본적으로 일치하고 있다.

는 조직의 유효성(effectiveness)과 능률(efficiency)을 구별하고, 전자는 조직목적의 달성 정도를 의미하고 후자는 조직에의 공헌자의 만족 정도를 의미한다고 했다.[204] 그의 조직이론은 공헌과 유인과의 균형이론에 입각하고 있기 때문에, 작업능률은 먼저 공헌의욕(=근로의욕)에 의존하고 근로의욕은 더욱이 동기의 주관적인 충족감에 의존한다고 생각했다. 이리하여 능률의 개념은 그 궁극의 규정요인에서 정의되었지만, 그 반면에 그것은 조직목적의 달성이라는 본질적으로 비인격적인 기준과 직접적으로는 결부되기 어려운 개념이 되었다. 디목의 사회적 능률(social efficiency)의 개념도 이 범주의 능률관에 속한다. 그는 진정한 능률은 사회적 능률이며, 사회적 능률이란 조직구성원의 근로의욕과 업무에 대한 만족과 함께 조직과 교섭하며 조직으로부터 서비스를 향유하는 고객이나 소비자의 만족 정도로 판정되는 능률이라고 한다.[205]

다만 디목의 능률론에는 부분능률이 궁극능률(ultimate efficiency)이나 전체능률(total efficiency)과 모순할 수 있다는 또 하나의 논점이 동시에 제시되어 있었다. 이 논점은 사회적 능률과 같이 능률을 중간산출(작업량이나 사업량)이 아니라 최종산출(효과량이나 효용)에 대해 측정하는 것만으로는 역시 해소되지 않는 논점이다. 그것은 능률의 판정에서 고려할 작업단위의 범위, 가치기준의 범위, 산출파악의 시간 범위라는 다양한 문제점에 관련되어 있다. 왈도가 능률의 규범적 측면(normative aspect)과 객관적 측면(objective aspect)의 개념을 사용해서 설명하려고 했던 것도 이 문제였다.[206] 「능률은 목적인가, 수단인가」라든가 「능률은 행정의 유일 또는 최고의 가치기준인가 아닌가」라는 조금 통속적인 설문도 이러한 문제점에 관련되어 있다.

그런데 1960년대에 이르면 PPB와 결부되어 비용효과분석이나 비용유효도분석(cost-effectiveness analysis), 혹은 비용편익분석(cost-benefit analysis)이 논해지고, 1970년대가 되

---

204) C. I. Barnard(1937). *The Functions of the Executive*, Harvard University Press.
205) M. E. Dimock, "The Criteria and Objectives of Public Administration," J. M. Gaus, L. D. White, & M. E. Dimock(eds.), *op. cit.*
206) D. Waldo, *op. cit.*, Chapter 10 : Economy and Efficiency. 왈도는 여기서 항상 능률의 규범적 「해석」(interpretation)과 객관적 「해석」이라든지, 능률의 기술적 또는 객관적인 「파악방식」(notion)과 규범적인 「파악방식」(conception)이라든지, 능률의 규범적 「측면」(aspect)과 기술적 「측면」 등이라 말하고 있으며, 어디까지나 하나의 능률에 내재하고 있는 양면을 가리키고 있다. 따라서 이것을 쓰지 교수와 같이 규범적 능률과 객관적 능률이라는 2종류의 능률이 있는 것처럼 파악하는 인식방법에는 의문이 든다. 辻清明「現代行政学の動向と課題」(日本行政学会編『年報行政研究』제1호, 勁草書房, 1962), p.30. 그리고 辻清明『行政学概論』상권 (東京大学出版会, 1966년), pp.55-56 참조.

면 프로그램평가(program evaluation)나 프로그램분석평가(program analysis and review)가 논해지게 되었다. 또 같은 시기인 1970년대의 미국에서는 생산성 지표(productivity index)에 대한 논의도 이루어지고 있다. 그리고 또 1960년대 후반부터 발전한 정책분석(policy analysis)의 연구에서도 정치체계 산출의 인식방법이 하나의 커다란 논점이 되고 있다.

이러한 새로운 수법은 능률개념과 어떻게 관련하고 있을까. 필자는 사이먼에 의해 일단 완성을 보인 정통적인 능률개념의 틀에 기초해서 설명하는 것이 가장 적절한 방법이라 생각한다. 그래서 다음에는 능률개념과 이것과 밀접히 관련하는 개념들에 대해 필자 나름의 정의를 시도할 것이다.

3. 관련 제 개념의 정의와 해설

정치체계는 사회를 정치적으로 통합하기 위해 다양한 활동을 한다. 정당간부의 사회적 발언, 의회에서의 토의, 행정수장의 언사나 자세 등이 정치통합에 직접 영향을 미치는 것도 많다. 정치가의 상징적인 연기도 정치통합 활동의 중요한 일환이다. 하지만 현대사회의 정치체계에서는 정책이야말로 가장 중요한 정치통합 수단이며 정치체계는 행정관료제의 집단작업(이것을 행정활동이라 한다)을 통해서 정책을 수행한다. 정책의 효과가 정치체계 정통성의 주요한 지주인 것이다.

행정관료제가 자신에게 기대되고 있는 역할에 충실하다면 행정활동은 항상 정책을 전제로 한 행위이며 모든 행정활동에는 어떤 의도, 동기, 사명, 목적이라는 것이 당연히 존재할 것이다. 그런데 이 의도가 전달 가능한 형식으로 정식화되어 있다고는 할 수 없다. 그래서 의도를 정식화하는 것을 목적의 설정, 정식화된 의도를 목적이라 부른다. 목적 중에서 조작 가능한(operational) 형식으로 정식화되어 있는 것을 특히 조작 가능한 목적이라 한다. 조작 가능한 목적에는 계획도·설계도 등의 도면표시에 의한 것, 양적인 텀으로 표현된 것 등 여러 가지 형식이 있다. 예를 들면 영유아 사망률을 삭감한다는 목적은 조작 가능한 목적이다. 그런데 이 예에서는 영유아 사망률을 어느 정도까지 삭감하면 목적을 달성한 것이 될까, 그 판정기준이 설정되어 있지 않다. 그래서 목적의 달성정도까지 측정할 수 있는 기준치를 목표치라고 부르고 목표치까지 제시된 목적을 목표라 부르기로 하자.

이 목표치에는 각각 기대치, 충족치, 한계치라는 3가지 종류가 있다. 첫 번째의 기대치란 여기까지 달성하면 목적을 100% 완전히 실현한 것이 되는 이상적 상태를 나타내는 기준치이다. 이 기대치에는 더욱이 장래의 불확정시점에까지 달성하고 싶다는 궁극기대치, 10년 동안에 달성하고 싶다는 장기기대치, 내년도 중에 달성하고 싶다는 단기기대치 등이 있을 수 있다. 두 번째의 충족치란 사이먼이 그 충족모델(satisfying model)에서 사용하고 있는 원망수준(aspiration level)에 상당한 것으로[207] 적어도 이것 이상 또는 이것 이하의 수준까지 달성할 수 있으면 일단의 성과로서 만족할 수 있다는 기준치이다. 그리고 세 번째의 한계치란 절대로 이 한도 이상 또는 이 한도 이하여서는 안 된다는 허용 최저한계 또는 허용 최고한계를 나타내는 기준치이다.

그런데 정책의 의도, 목적, 목표는 무엇 때문에 설정될까. 이것은 제대로 논하면 고도로 심원하고 복잡한 어려운 문제이지만, 여기서는 당면의 목적에 필요한 한에서 개념규정을 시도해 보자. 정책은 정치통합의 수단이기에 그것은 사회가 정치체계에 보내는 기대에 응답하기 위해 정치체계에서 형성되고 실시되는 것이다. 사회구성원이 정치체계에 그 충족을 기대하는 충족되어 있지 않은 효용을 행정수요라 부른다. 행정수요 중에서 기대가 정치체계에 대해 요구운동으로 현재(顯在)화하고 있는 것을 현재행정수요라 부르고 그 외의 행정수요를 잠재행정수요라 부른다. 정치체계는 이 행정수요에 어떻게 대응할까?

정치체계는 한편으로 현재행정수요이더라도 이것에 대응하려고 하지 않는 것도 있으면 다른 한편으로는 잠재행정수요이더라도 이것에 대응하려고 하는 것도 있다. 이유는 여러 가지이다. 본래 정치체계에 그 충족을 기대해야 할 성질의 효용이 아니라고 판단하는 것도 있다. 정치통합 상 이것에 대응하는 것이 필요한가 혹은 바람직한가라는 기준, 소위 해당 행정수요가 유효수요인가 그렇지 않은가 라는 기준도 있다. 행정수요가 상호 대립적인 것으로 그 모든 것에 대응할 수 없다는 이유도 있다. 자원의 한계 때문에 대응할 수 없다는 이유도 있다.

이유는 어찌 됐든 정치체계는 오로지 수동적인 자세에서 행정수요에 대응하는 것이 아니라 거기에는 일종의 인정행위가 개재하고 있다. 그래서 정치체계가 대응해야 할 행정수요로서 인정한 것을 행정 needs라 부른다. 따라서 당연히 행정수요(사회구성원이 행정 needs로서

---

[207] ハーバート・A・サイモン、梅沢豊訳「合理的選択の行動モデル」(ハーバート・A・サイモン、宮沢光一監訳「人間行動のモデル」([同文舘, 1970년]).

의 인정을 기대하는 것)와 행정 needs는 거의 항상 일치하고 있지 않다. 그리고 이 행정 needs가 정책의 의도, 목적, 목표로서 설정되어 간다. 행정 needs가 무정형으로밖에 파악되어 있지 않을 때는 그것은 정책의 의도로밖에 될 수 없고, 행정 needs의 규모가 양적으로 계량되어 있을 때(이러한 행정 needs를 행정의 필요량이라 부른다)는 정책의 목표설정이 가능하게 된다. 그러나 행정 needs의 파악과 정책의 표시 사이에 완전한 대응관계가 성립하고 있다고는 할 수 없다. 행정 needs의 파악이 무정형이기 때문에 이것이 정책의 목적 속에 적확하게 정식화되어 있지 않다든가, 정책은 단기기대치만을 목표치로 설정하고 있어서 궁극기대치라고 해야 할 행정필요량과 정책의 목표치 사이에 차이가 나는 사태도 있다. 따라서 앞에 언급한 정책목적의 달성정도와는 따로, 한층 더 근원적인 차원의 문제로서 행정 needs의 충족 정도가 문제시되는 것도 있다.

지금까지에는 정치체계는 사회로부터 행정수요라는 투입을 받아 이것을 행정 needs로 변환하고 이어서 행정 needs를 정책의 의도, 목적, 목표로 변환한 다음 행정활동을 통해 정책을 실시한다고 생각해 왔다. 그래서 다음은 행정활동을 여러 국면으로 분해해 볼 필요가 있다. 즉, 정치체계라는 시스템을 차례차례 하위시스템으로 세분화해 생각해 가는 것이다. 여기서는 앞에 언급한 사이먼의 측정대상 구분을 채용해서 행정활동을 파악하는 국면을 비용, 작업, 사업, 효과라는 4개 국면으로 구분하기로 한다. 각 국면을 양적 텀으로 파악할 수 있을 때는 양적 텀으로 표시되는 작업 등을 각각 작업량, 효과량이라 한다.

효과란 정책목적의 달성상태를 파악해서 표시하는 것이다. 그래서 조작 가능한 목적이 설정되어 있지 않은 정책에 대해서는 그 효과를 객관적으로 파악하는 방법은 없다. 효과를 어떠한 척도로 파악할 것인가는 그 정책의 목적으로 무엇을 설정하고 있는가에 따르지만, 정책의 목적과 효과는 함께 그 정책이 최종적으로 산출하려고 의도하는 사회상태를 표시하는 것이지 않으면 안 된다. 행정활동의 전 과정을 투입으로 봤을 때 그 결과로 산출되는 것이 효과이다. 적절한 예시를 하는 것은 어렵지만, 직업소개사업에 대해서 보면 소개업무의 결과로서 실업 중의 구직자가 어느 정도 취직하고 어느 정도 거기서 계속 근무하고 있는지, 그로 인해 취직자의 소득이 어느 정도 개선되고 그 가족의 생활이 어느 정도 향상했는지. 이것이 직업소개사업의 효과일 것이다. 또 교통경찰의 순찰에 대해서 보면 이 사업을 통해 교통사고가 어느 정도 감소하고 인신피해나 물손(物損)이 어느 정도 방지되고 사고발생에 의한 교통정체에 수반하는 여러 가지 손실이 어느 정도 회피되었는지. 이것이 교통경찰 순찰의 효과일 것이다.

사업이란 의도하는 효과를 산출한다는 상정 또는 기대 하에 정치체계가 사회생활에 부가하는 서비스나 재이다. 예를 들면 직업소개의 사업은 소개건수, 소개업무의 적절함, 신속함, 대응의 친절함 등에서 파악될 것이다. 또 교통경찰순찰의 사업은 교통법규위반자의 검거건수, 주의건수, 사고처리건수, 주행거리 등에서 파악될 것이다. 도로행정에 대해서 보면 도로 총연장, 도로 면적률, 포장률 등등은 어느 것이나 사업량을 파악하는 척도이다. 즉, 일반적으로 사업계획이나 예산에서 목표치로 설정되어 있는 것 또 일반적으로 업무통계로서 보고가 집계되어 사업개요서 등에 행정활동의 성과로 표시된 것이 사업량이다.

작업이란 사업을 산출하기 위해 투입되는 직원의 노동, 소모품·비품, 설비의 가동, 시설의 설치 등 금전 이외의 자원의 물리적 이용이다. 직업소개사업의 작업은 직업안정소에서 소개사업에 종사하고 있는 담당직원 수, 총 근무시간, 컴퓨터 대수나 가동시간, 사무소의 개수나 지역분포 등에서 파악될 것이다. 교통경찰 순찰사업의 작업은 담당경찰관 수와 그 총 근무시간, 순찰차 대수와 그 운전시간 등으로 표시될 것이다. 그리고 마지막의 비용이란 작업에 동원되는 각종 자원을 조달하기 위해 투입되는 금전지출 그리고 사업에 직접 투입되는 이전적 지출이다. 비용은 금전적 지출의 성격상 당연히 항상 양적 텀으로 표시될 수 있는데, 작업·사업에 대응하는 비용을 확인하기 위해서는 모든 지출비목을 작업단위별로 분해해서 적산하지 않으면 안 된다.

행정활동의 4가지 국면인 비용, 작업, 사업, 효과에 대한 일단의 정의는 이상과 같지만, 조금 더 약간의 설명을 덧붙여 두자. 첫째, 다른 논자가 사용하고 있는 개념들과의 관련에 대해 보충한다. 먼저 사이먼이 경비(expenditure)라 부른 것을 여기서는 비용이라고 바꿔 부르고 있지만, 실질적인 내용은 변함이 없다. 마이너스의 효과나 편익을 비용이라 부르고 시간비용이나 결정도달비용과 같이 소비되는 시간이나 노력을 비용이라 부르는 용어법도 있지만, 여기서 비용은 금전 지출만을 가리키고 있다. 또 샤칸스키는 정책분석에서 산출의 인식방법을 개선할 의도에서 「정책」(public policy)과 「정책의 결과」(policy output)와 「정책의 영향」(policy impact)을 구별하고 있는데,[208] 그가 말하는 「정책」은 여기서 말하는 비용과 작업의 복합물에 대부분 해당하고, 「정책의 결과」는 사업에, 「정책의 영향」은 효과에

---

[208] I. Sharkansky(1970). "Environment, Policy, Output, and Impact," I. Sharkansky(ed.), *Policy Analysis in Political Science*, Markham.

대개 해당하고 있다고 할 수 있다. 샤칸스키 이외에도 「정책의 영향」(policy impact)이라는 개념을 사용하는 사람들이 많은데, 「영향」은 여기서 말하는 효과라고 이해할 수 있다. 또 해트리가 효과와 엄밀히 구별하기 위해 사용하고 있는 「프로그램 규모」의 개념은[209] 여기서 말하는 사업량이다.

둘째, 개별사업에 대해 구체적으로 작업과 사업과 효과를 엄밀히 구분하는 것은 절대 간단하지 않다. 예를 들면 도서관의 입관자수나 대출건수라는 도서관이용률은 도서관행정의 효과량을 파악하는 척도일까 그렇지 않으면 사업량을 파악하는 척도로 봐야 할까?[210] 입관자수가 효과량의 척도라고 한다면 조용한 면학환경 부족에 시달리는 수험생에게 열람실을 널리 개방하면 도서관행정의 성과가 된다. 대출건수가 효과량의 유일한 척도라면 만화책이나 대중오락책을 완비하면 도서관행정의 목적을 효율적으로 달성하는 것이 될지 모른다. 도서관뿐만 아니라 각종시설의 이용률이라는 척도는 일반적으로 사업량과 효과량의 경계선상에 있는 위치부여가 어려운 척도이다. 다른 예를 들어 보자. 교통경찰 순찰차의 주행거리는 사업량의 척도일까 작업량의 척도일까? 순찰차의 순회 그 자체가 운전자의 심리에 위압을 주고 무모한 운전을 억제하는 커다란 효과를 가진다면 그것은 사업량의 하나의 척도가 될 수 있다. 그런데 순회 그 자체에 이러한 효과가 없으면 순찰차의 주행거리는 작업량의 척도에 지나지 않을 것이다.

셋째, 사업에 따라 그 작업의 국면과 사업의 국면과의 구분 혹은 사업의 국면과 효과의 국면과의 구분이 비교적 쉬운 것과 지극히 어려운 것이 있다. 또 이것들을 엄밀히 구분해 파악하는 것이 정책의 평가나 선택에 있어 거의 무의미한 때도 있으면 중대한 의의를 가질 경우도 있다. 예를 들면 상수도사업에 대해 보급률·급수량·수질·수압·요금이라는 척도로 사업량을 파악할 뿐만 아니라, 수도화에 수반하는 여러 가지 위생상태의 개선, 소방상의 편리, 가사노동의 경감이라는 효과를 굳이 정확하게 파악할 만큼의 의의가 있는지 없는지는 그때때로의 과제상황에 의할 것이다.

그런데 행정활동의 4개 국면 각각에 대해서도 의도, 목적, 목표가 있다. 맨 처음 논한 정

---

209) ハリー・P・ハトリー, 加藤芳太郎訳「州政府·地方政府のプログラム計画化における評価の諸基準」(H・H・ヒンリックス、G・M・テイラー編, 加藤芳太郎·前田泰男·渡辺保男訳「予算と経費分析」[東京大学出版会, 1975년])

210) 이 도서관행정의 사례는 加藤芳太郎「行政効果論議の再検討」(『都市問題研究』제27권 제5호, 1975년-加藤芳太郎「自治体の予算改革」[東京大学出版会, 1982년] 제3장에 수록)의 설명에서 차용했다. 그래서 이 논점에 대해 상세한 것은 동 논문을 참조하기 바란다.

책의 의도, 목적, 목표는 한편에서는 행정 needs에 대응하고 다른 한편에서는 효과에 대응하는 것이었다. 그런데 비용, 작업, 사업에 대해서도 독자적인 의도, 목적, 목표가 있다. 이미 논한 바와 같이 사업계획이나 예산에 사업의 척도가 표시되어 있다는 것은, 즉 사업의 의도, 목적, 목표가 설정되어 있다는 것에 다름 아니다. 그래서 이것들을 정책목적, 정책목표와 구별하는 취지에서 사업목적, 사업목표라 부르자. 예를 들면 예전에 도쿄도 중기계획(civil minimum 계획) 중에 표시되어 있던 전체계획의 계획수치는 기대치의 성격을 가진 사업목표치이지 정책목표치가 아니다.[211] 작업에 대해서도 마찬가지이다. 예를 들면 직원의 출근시간이 문란해지고 있다, 집무태도가 해이해지고 있다, 설비가 완전히 가동하고 있지 않다, 건물이 사용하기 어려운 구조로 되어 있다는 작업에 관한 평가는 평가자가 작업에 관한 어떤 의도, 목적, 목표를 가지고 있고 이것을 평가기준으로 하고 있는 것이다. 또 년도 내의 작업에 한해서 보면 기구, 정원, 예산의 사정(査定)으로 작업단위에서 이용할 수 있는 조직태세, 인원, 비용에는 한계치가 설정되어 있다. 마찬가지로 정원삭감계획의 할당 수는 한계치의 성격을 가진 작업에 관한 일종의 목표치이다. 이것은 비용의 국면에 대해서도 말할 수 있다. 예산이 지출대상구분별로 초과해서는 안 되는 한계치를 의미하고, 년도 중에 발생하는 경비절감계획의 할당이 한계치나 충족치, 기대치를 의미하는 것은 말할 것도 없다. 또 예산편성은 전년도 예산을 기초로 해서 점증적으로 행해지고 있다고 한다. 거기서는 각 부처의 몫은 전체 정부예산의 대개 몇 퍼센트이고, 상승률은 대략 몇 퍼센트가 상한이라는 암묵의 양해가 기능하고 있다고도 한다. 그렇다면 거기에는 특정의 예산요구를 과대 또는 과소라고 평가하는 암묵의 기준이 성립하고 있을 것이다. 이 시의 예산에서 사회복지가 경시되어 있다고 할 때 그 평가자의 머릿속에는 사회복지관계예산의 바람직한 수준에 대해 어떤 기준이 설정되어 있는 것이다.

   이것으로 일단 개념장치가 갖추어졌다. 그래서 이제는 유효성과 능률성이라는 2개의 기간(基幹)적인 개념의 정의를 시도해 보자.

   먼저, 유효성이란 행정활동의 산출에 관한 의도, 목적, 목표 등, 요컨대 행정활동의 산출에 관한 평가자의 평가기준에 비추어 산출의 실적을 평가하는 개념이다. 결과의 좋고 나쁨을 직접적으로 평가하는 개념이다. 목적, 목표의 달성상태를 평가하는 개념이다. 평가기준

---

[211] 이 점은 예전에 유사한 관점에서 고찰해 본 적이 있어서, 東京都企画調整局調査部『東京都における情報管理の現状と課題』(1973년)의 제4장「『中期計画』と情報管理」를 참조 바람.

이 조작 가능한 것이면 산출의 실적도 조작 가능한 달성도로 파악될 가능성이 있으며, 이 경우의 유효성을 특히 유효도라고 한다. 목표치가 설정되어 있으면 유효정도까지 알 수 있다. 다만 한계치나 충족치의 성격을 가진 목표치가 평가기준으로 되어 있을 때의 유효정도는 일정선에 도달했는가 그렇지 않은가 라는 합격 여부의 판정에 그친다. 기대치의 성격을 가진 목표치가 평가기준이면 산출의 실적은 달성치를 의미하고 달성률을 산출할 수 있다. 이 달성률을 특히 효율이라 부르기로 하자.

유효도나 효율이 산출되면 그것만으로 가치평가의 실용적인 기준이 될 수 있다. 예를 들면 유효도의 평가기준이 되는 목표치를 유사단체의 달성치에서 찾아서 일본(지자체)의 인구 1인당 공원면적은 X나라(지자체)의 그것에 훨씬 미치지 못하고 일본(지자체)의 공원정비는 현저하게 뒤쳐져 있다고 평가할 수도 있다. 또 어떤 사업의 달성치가 사업목표의 40%에 해당하는 것으로 나타나면 이 사업은 아직 목표의 절반도 달성하지 못했기 때문에 앞으로 한층 더 충실히 해 갈 필요가 있다고 평가될지 모른다. 여기서 개념 규정한 유효성, 유효도, 효율은 지금까지 많은 논자가 사용해 왔던 「유효성」(effectiveness)이나 「타당성」(adequacy)의 개념에 근사하고 있다.[212] 다만 「유효성」이나 「타당성」은 효과나 사업의 수준에 한해서 사용되던 경향이 있지만, 여기서는 유효성, 유효도, 효율의 개념을 작업과 비용의 국면에도 다 같이 적용하려고 의도하고 있다. 즉, 당면의 평가대상인 산출을 작업이나 비용으로 설정하면 작업이나 비용에 관한 유효성을 논하는 것이 가능하다. 청소직원의 실제로 일하는 시간이 너무 짧다든가, 보조금을 너무 무분별하게 지급하고 있다는 평가는 유효성의 평가이다.

유효성의 평가는 누구라도 가능한 행정에 관한 소박한 평가방법으로 가장 널리 일반적으로 행해지고 있는 평가이며 중요한 의의가 있는 평가이지만, 어떤 의미에서는 지극히 불합리한 평가이다. 왜냐하면 유효성의 평가에서는 당해의 산출이 어느 정도의 투입의 결과인지를 문제 삼지 않기 때문이다. 어느 정도의 자원 범위 안에서 어느 정도의 성과를 올렸느냐는 노력을 평가하는 것이 아니다. 동일한 투입 하에서 그 이상의 달성이 가능했는지 어떤지를 판정하는 기준일 수는 없다. 유효도를 인상하기 위해서는 더 많은 비용과 인력을 투입해야 한다는 단순한 결론에 이를 뿐이다. 게다가 이 사업에 투입을 늘리는 것과 다른 사업에 투입을 늘리는 것 중 어느 쪽이 좋은가, 이것을 판정하는 기준일 수도 없다. 효율의 평가만

---

212) 宮川公男은 「효과성」과 「능률성」이라는 개념을 사용하고 있다. 여기서 말하는 「유효성」과 「능률성」에 가까운 측면도 있지만, 상당한 차이도 있다. 宮川公男 「行政の新方向」(『自治研修』 178호, 1975년 6월호) 참조.

으로 만족하지 않고 능률의 개념이 집요하게 탐구되어 온 이유는 여기에 있다.

능률성이란 투입과 산출을 대비하는 개념이다. 능률성은 투입과 산출 쌍방을 파악해서 그 관계를 평가하는 개념이다. 무엇을 투입으로 파악하고 무엇을 산출로 파악할 것인가, 즉 당면의 시스템을 어느 수준에 설정하는가는 그때의 문제상황에 의할 것이다. 비용을 투입으로 해서 작업·사업·효과를 각각 산출로 했을 때의 능률성, 작업을 투입으로 하고 사업·효과를 각각 산출로 했을 때의 능률성, 사업을 투입으로 해서 효과를 산출로 했을 때의 능률성 등, 앞의 국면 구분에 따르면 6개 종류의 능률성이 있다. 이 능률성 중에서 투입도 산출도 모두 양적 텀으로 측정되고 순수하게 투입·산출비율로 표시되는 능률성을 가리켜 특히 능률이라 부르기로 한다. 이러한 정의에 기초해 말하면 소위 비용효과분석이나 비용편익분석은 어느 것이나 비용을 투입으로 하고 효과를 산출로 했을 때의 능률의 분석을 의도하는 수법이라고 이해해야 할 것이다. 또 이른바 「생산성」(productivity)의 개념은 작업과 관련해서 본 사업의 능률성 특히 직원노동과 관련해서 본 사업의 능률성을 가리키는 개념이라 말할 수 있다. 그리고 생산성의 개념은 그러한 의미에 한정해서 사용하는 것이 타당하다고 생각한다.

능률성은 항상 복수의 능률성 간의 상대비교를 해 어느 것이 더 능률적인가를 확인하지 않으면 가치평가의 실용적인 기준으로 될 수 없다. 만약에 어떤 사업의 투입·산출비율이 계산되어도 이 수치에서는 어떠한 의미도 읽어 낼 수 없다. 복수의 대체적인 비용배분방법, 작업방법, 사업방법 등에 대해 각각의 능률을 산정해서 이 복수의 능률을 상호 비교해 보았을 때 비로소 더 능률적인 방법을 선택하는 것이 보다 합리적인 것은 아닐까 하는 실용적인 의미가 생기는 것이다. 능률은 항상 상대능률의 문제라고 언급되는 것은 이것을 가리키고 있다. 대체적인 방법의 선택방식은 여러 가지 있다. 유사단체의 유사사업의 사업방법에 대해 비교하거나 동일단체의 동일사업에 대해 시계열비교를 하거나 동일단체의 유사사업에 대해 비교하거나 동일단체의 동일사업에 대한 가상(假想)의 사업방법에 대해 비교하는 것 등이다. 이것이 다른 환경 아래, 다른 조건 아래의 비교가 되면 될수록 투입·산출관계에 외적인 개재요인이 작용할 여지가 크게 되어 어디까지 상대비교가 가능하냐는 난문에 직면하지 않을 수 없다. 리들리와 사이먼이 「조정요인」이나 「행정외적요인」의 개념을 사용해서 개재요인의 대처방법에 고심한 것은 이 때문이다. 능률성의 평가는 유효성의 평가보다 훨씬 복잡한 문제이다.

능률성 평가의 어려움을 이해하기 위해 투입·산출비율의 구체적인 의미에서부터 생각해

가자. 여기서는 설명의 편의를 위해 능률성이 계수치(計數値)로 나타나는 능률의 경우에 한정하고 또 2개의 대체적 방법의 능률을 비교하는 경우에 한정한다. 능률의 비교에는 3가지 종류의 기준이 있다.[213] 제1기준은 분자에 해당하는 산출유닛이 2개의 방법에서 일정하고 분모에 해당하는 투입유닛에만 차이가 있는 경우이다. 제2기준은 거꾸로 분모의 투입유닛이 일정하고 분자의 산출유닛에만 차이가 있는 경우이다. 제3기준은 분자의 산출유닛도 분모의 투입유닛도 함께 일정하지 않은 경우이다. 이러한 3가지 기준의 의미를 예시하는 설명의 편의상 더욱이 다음의 가정을 둔다. 분모에 두어지는 투입은 비용이며 투입유닛은 화폐량으로 나타나고, 분자의 산출은 작업량·효과량 어느 것이라도 좋지만 그것이 단일의 유닛으로 표시되어 있는 것으로 한다.

제1기준은 공통으로 100유닛의 성과를 올리는 데 방법A에서는 100만 원, 방법B에서는 150만 원이 든다고 하는 경우이다. 이때 사람은 주저 없이 방법A를 선택해서 경비를 50만 원 절감할 것이다. 따라서 제1기준은 능률=절약을 의미하는 기준이다. 다음으로 제2기준은 공통으로 100만 원을 사용하면서 방법A는 100유닛, 방법B는 150유닛의 성과를 올린다는 경우이다. 이때도 사람은 주저 없이 방법B를 선택해서 행정서비스를 개선할 것이다. 따라서 제2기준은 능률=효율향상을 의미하는 기준이다. 그러나 현실에 존재하는 대체적 방법에서는 투입과 산출 어느 한쪽이 완전히 공통하는 것은 거의 없다. 그래서 제3기준이 현실의 기준이다. 방법A는 100만 원으로 100유닛의 성과, 방법B는 150만 원으로 150유닛의 성과를 올릴 때 양쪽 방법의 능률은 같다. 어느 방법을 선택해야 하는가. 그 근거는 무엇인가. 좀 더 현실적인 예를 들어 보자. 방법A는 100만 원으로 100유닛, 방법B는 150만 원으로 120 유닛의 성과를 올린다고 해 보자. 이때 방법B는 효율적이지만 방법A는 능률적이다. 어느 방법을 선택해야 하는가. 이 사업에 대해 120유닛의 성과를 올리는 것이 한계치나 충족치로 설정되어 있었다고 한다면 유효도의 관점에서 방법B가 선택될지 모른다. 그러나 120 유닛에 한계치나 충족치를 설정하고 있는 것에 과연 얼마만큼의 합리적인 근거가 있는가. 능률보다 효율이 당연히 우선하는가. 그렇다면 능률을 문제 삼는 의의는 대부분 없어질 것이다.

가장 현실적인 제3기준이 직면해 버린 이 장애를 어떻게 돌파할까. 사이먼이 지적하고

---

[213] 같은 논점은 牛嶋正 「行政効果測定の基本条件」(『都市問題研究』 제27권 제5호, 1975년)에서 효과측정의 3가지 기준으로 논해지고 있다.

있는 대로,[214] 능률비교를 실제로 가능하게 하기 위해서는 제어 가능한 투입에 조작을 가해 분모를 일정하게 하고 제3기준을 제2기준으로 전환하지 않으면 안 된다. 즉, 기회비용(opportunity cost)의 개념을 도입하는 것을 의미한다. 앞의 제1기준에 관한 예에서 말하면 방법B는 방법A보다 50만 원의 여분을 투입하는데, 방법A를 채택하면서 이 50만 원을 다른 용도에 충당한다면 어떻게 될까. 이 부분을 조세부담에서 제외해서 이것이 민간부문에서 소비되는 경우를 생각할 수도 있고, 공공부문의 다른 사업에 투입하는 경우를 생각할 수도 있다. 어쨌든 이 50만 원이 다른 사업에 투입되면 거기에 다른 성과가 산출된다. 그래서 방법A의 성과유닛에 이 다른 성과유닛을 가산해서 이 합계유닛과 방법B의 성과유닛을 상대평가하는 것이다. 기회비용을 무엇으로 환산해서 표시할 것인가는 하나의 난문이지만, 그것이 무엇이든 방법A의 분자에는 복수 유닛의 가산이라는 문제가 생긴다. 다른 유닛 간의 상대적인 가치평가, 상호의 비중부여의 문제가 발생한다.

가장 단순한 능률비교의 사례를 상정해 보아도 벌써 이 문제에 직면했다. 그런데 현실의 사업방법 간의 능률비교는 시작부터 더더욱 복잡하다. 분자의 산출이 단일의 유닛이라는 등의 사태는 현실을 상당히 억지로 단순화하지 않는 한 본디 있을 수 없는 사태이다. 방법A와 방법B의 성과를 측정하는 평가기준에 갑, 을, 병의 3가지 종류가 있고, 방법A는 가치 갑을 10유닛, 가치 을을 10유닛 산출하고, 방법B는 가치 갑을 15유닛, 가치 을을 15유닛, 가치 병을 5유닛 산출한다는 사례가 현실적인 사례이다. 이때 만약에 분모가 일정하더라도 가치 갑·을·병 상호 간에 상대평가가 이루어져 이것이 단일의 유닛으로 환산되지 않는 한 능률의 계산과 비교는 불가능하다. 더욱이 분모를 일정하게 하려고 조작을 가하면 기회비용의 처리라는 문제가 이것에 더해져 온다. 그리고 더욱이 분모가 비용이 아니라 작업량·사업량인 경우에는 분모에도 복수의 평가기준이 생기고 그 상대평가와 환산의 문제가 발생하게 된다. 따라서 분모의 유닛을 단순화하고 또 분자의 유닛도 단순화해서 능률을 엄밀히 산출하려고 하면 모든 사회적 가치를 단일의 유닛으로 환산하지 않으면 안 된다. 이것은 실제로는 모든 사회적 가치를 화폐가치로 환산하는 것을 의미할 것이다. 그리고 여기까지 가면 분모도 분자도 함께 화폐가치로 표시되게 되어 굳이 제2기준으로 전환하지 않아도 처음부터 제3기준에서 처리하는 것이 가능하게 될 것이다.

---

214) H. A. Simon(1957). *Administrative Behavior*, second edition, Macmillan, p.179.

모든 성과, 모든 가치를 평가하는 유닛이 단순화된다는 것은 무엇을 의미하는 것일까? 1인당 공원면적이 5㎡라는 것은 의무교육의 취학률이 80%라는 것과 동일한 가치를 가진다는 것처럼 환산이 가능하다는 것 뿐일까? 그렇지 않고 그 이상의 의미가 있다. 다음과 같은 예에서 생각해 보자. 만약에 공원정비사업의 성과를 1인당 공원면적이라는 유닛으로 표시하고 있었다고 하자. 이때 1인당 공원면적이 2㎡에서 3㎡로 상승해도, 이것이 5㎡에서 6㎡로 상승해도 이 사이에 증가한 성과는 다같이 1유닛이다. 그런데 양쪽의 1유닛이 가진 가치는 같지 않을 것이다. 어떤 서비스 수준에 대한 한계치나 충족치가 있으면 서비스 수준이 이 한계치나 충족치에 도달했을 때 가치평가가 급속히 상승할 것이다. 일반적으로 말해 대부분 모든 서비스는 어느 분기점까지는 효용이 체증하고 어느 분기점에서부터 효용이 체감하는 성향을 지닐 것이다. 평가유닛이 단일하다는 것은 이 유닛이 증분(增分)별 한계효용의 변화까지 반영한 것으로 한계효용이론을 적용할 수 있는 성질의 것이라는 것을 의미한다.[215] 이러한 때는 유효도나 효율의 평가는 능률계산 속에 완전히 넣어져 유효성과 능률성 사이에 모순은 생기지 않게 될 것이다.

　그러나 상기와 같은 사태는 탁상 위의 공론이다. 모든 평가기준을 양적 유닛으로 표시하는 것도 유닛을 단일화해서 상호 환산을 가능하게 하는 것도 현실에서는 불가능하다. 게다가 더욱이 외적인 개재요인에 유래하는 비교가능성의 논점까지 있는 것을 감안하면 엄밀한 의미에서의 능률의 계산과 비교는 불가능하다고 단정할 수 있다. 그러나 우리에게 필요한 것은 엄밀한 의미에서의 능률의 계산과 비교가 아니다. 정책의 선택, 방법의 선택을 조금이라도 합리화하는 데 도움이 될 능률성의 분석이다. 능률이 계산되지 않아도 능률성의 상대비교, 서수관계의 해명만으로도 크게 도움이 된다. 평가기준을 한두 개의 계량 가능한 것으로 한정하고 그 한에서 능률을 계산해도 그 나름대로 참고가 되는 것이 많다. 어떤 평가기준이 질적 텀으로 표현되어 있고 능률성의 서수관계조차 해명할 수 없는 분석일지라도 선택을 합리화하는 정보일 수 있다. 합리적 선택을 지향하는 이상, 항상 유효성의 고려와 능률성의 고려가 적정한 균형에서 작용하고 있지 않으면 안 된다.

　이상으로 사이먼이 도달한 개념규정을 기초로 하면서 유효성과 능률성에 관한 필자 나름의 정의와 해설을 시도했다. 그래서 정통적인 능률개념과 다른 능률관에 대해 약간의 설

---

215) 이 점에 대해서는 다음의 논문을 참조 바람. 바언·B· 루이스 「予算編成理論への試論」 (フレモント·J·ライデン, アーネスト·G·ミラー編 「PPBSとシステム分析」 (日本経済新聞社, 1969년).

명을 보충해 두자. 왈도는 「능률의 기술적 또는 객관적인 인식방법은 자각적으로 설정된 제 가치의 틀 범위 내에서만 타당하고 유효하다」[216]고 한다. 왈도의 이 입장은 여기서의 개념 규정이나 해설과 모순하지 않는다. 만약에 엄밀한 능률이 계산되고 비교되었더라도, 평가기준의 선정, 환산방법, 외적인 개재요인의 처리방법에 대해 관계자 간에 합의가 성립하지 않으면 주관적인 논쟁의 여지가 남는다. 더구나 엄밀하지 않은 능률성의 평가가 되면 논쟁의 여지는 한층 확대한다. 이 주관적 논쟁의 여지가 왈도가 말하는 「능률의 규범적인 측면」인 것이다. 이 입장에서 알 수 있듯이 능률을 계산할 수 없어도 능률성의 개념은 여전히 유용하다.[217] 따라서 정치체계의 능률성, 행정활동 전체의 능률성, 조직의 능률성이라는 것도 개념으로서는 성립할 것이다. 더욱이 그러한 투입과 산출 쌍방에 대해 조작 가능한 정의가 이루어져 있으면 적어도 그 능률성의 어느 정도의 분석도 가능할 것이다. 다만 실제로는 능률적인 정치, 능률적인 행정, 조직능률 등이라 말할 때, 거기에는 유효성과 능률성의 혼동이 보이고, 또 투입과 산출에 대해 조작 가능한 정의가 이루어져 있지 않기 때문에 완전한 이데올로기 논쟁으로 끝날 뿐이다.

또 고객이나 소비자(정치체계에서는 국민)의 만족 정도를 산출로 해 능률성을 평가하는 사고방식은 여기서는 취하지 않는다. 그 이유는 후술한다. 직원의 근무 상 만족은 어디까지나 근로의욕(사기)의 문제로서 검토해야 할 것이다. 조직방법, 관리방법, 작업방법 등에 따라 사기가 변하고 이 사기가 작업능률에 작용하는 것은 명확하지만, 이 사기를 산출의 평가기준으로 하는 것은 부적당할 것이다. 능률성의 개념은 어디까지나 정책목적, 사업목적, 작업목적이라는 조직의 비인격적인 목적활동과 관련해서 규정해야 한다고 생각하기 때문이다.

4. 정책효과와 사업능률의 평가

의사결정자는 어떤 방법이 가져오는 산출의 유효성과 능률성에 대해 직관과 경험을 토대

---

216) D. Waldo, op. cit., p.203.
217) 쓰지 교수는 「행정의 세계에서 능률개념의 적용은 어디까지나 수량적 측정이 가능한 범위 내에 한정해야 한다고 생각한다」(전게서 『行政学概論』 상권, p.57.)고 언급하지만, 필자는 능률성의 분석은 능률을 계산할 수 없는 영역에서 더 중요하다고 생각하기 때문에 능률성의 개념을 좀 더 넓은 것으로 상정해 두고 싶다.

로 한 개성적인 감에 의한 고찰을 하고, 이 고찰에 근거해 방법의 선택을 한다. 늘 행해지고 있는 이 개성적인 감에 의한 고찰을 판단(judgment)이라 부르고, 방법의 유효성이나 능률성에 대한 직관과 경험에 뒷받침된 체계적이고 객관적인 분석을 가리켜 평가(evaluation)라고 부른다. PPB와 결부되어 급속히 발전해 온 비용효과분석[218]이나 비용편익분석은 이러한 의미에서의 평가 수법이다. 게다가 그것은 행정의 필요사업량 또는 사업목표에 대응한 사업량에 대한 유효성과 능률성에 관한 체계적인 분석이 아니라 행정 needs나 정책목적에 대응한 효과에 대한 유효성과 능률성에 관한 체계적 분석을 의도한 평가 수법이다. 종종 비용효과분석이나 비용편익분석은 과정이나 전략에 착안한 수단지향, 투입지향형의 평가수법이 아니라 최종산출물에 착안한 결과지향, 미션지향형 또는 산출지향형의 평가수법이라 강조되는[219] 의미는 바로 이점에 있다. 그리고 또 PPB와 결부된 비용효과분석이나 비용편익분석은 복수의 대체적 방법에서 생겨날 복수의 효과에 대한 유효성과 능률성에 관한 상대평가를 사전에 행하는 것을 궁극의 목적으로 하고 있었다. 그것은 사전평가수법일 수도 있다는 의미에서 「합리적 의사결정」(rational decision-making)이나 「합리적 선택」(rational choice)을 위한 수법이다. 따라서 그것은 종래부터 능률론이 그 필요성을 강하게 인식하고 있으면서 이것에 대해 정면으로 다루는 것을 경원시해 온 국면, 유효성과 능률성에 관한 평가가 본래 가장 어려운 국면에 대해, 대담하고 과감하게 도전한 것이다.

  그런데 PPB를 예산편성절차와 제도적으로 결합시킨 PPBS의 시도가 중지된 이후의 프로그램평가(program evaluation)나 프로그램분석평가(program analysis and review)는 똑같이 효과에 대한 평가를 의도하는 것이면서 현재 실시하고 있는 정책의 효과에 대한 사후평가를 주된 목적으로 하고 있다. 또 그 때문에 그것은 반드시 복수의 대체적 방법에 대한 유효성과 능률성에 관한 평가수법이라고는 할 수 없고, 하나의 방법에 대한 유효성의 평가에 그칠 수도 있는 것이다. 비용효과분석이나 비용편익분석에서 프로그램평가나 프로그램분석평가로의 이행은 사전평가에서 사후평가로, 능률성의 평가에서 유효성의 평가로의 이행을 의미하는 것이다. 이 이행은 평가수법으로서는 원래보다 일보 후퇴한 것을 의미하지만, 평

---

218) 비용효과분석(cost-effectiveness analysis)은 원래는 댐 등의 다목적사업 간의 비용할당문제를 처리하기 위한 수법으로 개발된 것이다.
219) 관련 문헌이 거의 일치해서 강조하고 있는 부분인데, 우선 ハリー・P・ハトリー의 전게 논문, 그리고 加藤芳太郎의 전게 논문을 참조 바람.

가의 현실적인 가능성을 고려한 전략적 후퇴였다고 봐야 할 것이다. 현행 방법의 효과 파악조차 만족스럽게 할 수 없는 상태에서는 비용효과분석이나 비용편익분석은 애당초 바랄 수도 없기 때문이다.

사전평가는 사후평가보다 훨씬 어렵다. 물론 사전평가라 해도 비교 대조할 대체적 방법의 하나로서 종래부터 계속하고 있는 현행 방법이 선택되는 것이 일반적이기 때문에 그 의미에서는 사전평가에는 사후평가도 내포되어 있지만, 사전평가는 이것에 더해 가상의 대체적 방법을 구상하지 않으면 안 된다. 이것은 분석과정에서 자동으로 떠오르는 것이 아니다. 창조적인 사고력에서만 태어나는 것이다. 게다가 이 가상의 대체적 방법에서 초래될 결과를 예측할 필요가 있다.

이 예측 방법으로는 먼저 현실 세계를 모사한 상태에서 실험(실지연습)의 결과에서 추정하는 방법이 있고 다음으로 게이밍(gaming)의 방법이 있다. 더욱이 인간이라는 의사결정자에 고유한 융통성과 다양성까지 제거한 시뮬레이션의 방법이 있으며 마지막으로 분석모델을 활용하는 방법이 있다.[220] 말할 것도 없이 실험 → 게이밍 → 시뮬레이션 → 분석모델의 순으로 현실세계와의 괴리 정도가 증가하고 예측의 신뢰성은 저하해 버리지만, 그 반면에 분석속도는 빨라지고 분석비용은 적어진다. 행정에 관한 실험·게이밍·시뮬레이션은 대단히 어렵기 때문에 예측은 분석모델에 의한 것이 보통이다. 즉, 대체적인 방법과 그 결과를 연결하는 인과관계가 상정되지 않으면 안 된다. 그리고 이 인과관계의 상정은 과거의 방법과 결과와의 인과관계에서 추정할 수밖에 없다. 만약에 과거의 현상 분석에서 어떤 법칙성을 가진 인과관계가 도출되었다 해도 그것이 엄밀한 인과연쇄인 것은 드물다. 여기에 확률, 불확실성(uncertainty), 위험(risk)의 처리방법이 문제가 된다.[221] 이것이 사후평가이면 투입과 산출을 연결하는 인과관계의 해명은 반드시 필요하지 않기 때문에 이 인과관계를 블랙박스에 넣고 투입과 산출의 상관을 직접 분석할 수 있다.

그러나 하나의 사업방법의 효과를 완전히 파악하는 것은 예를 들어 그것이 사후적이라도 불가능하다. 효과를 파악하기 위해서는 정책목적이 확인되지 않으면 안 된다. 많은 정책에서 이 제1단계에서 일단 장애에 직면하는 것은 주지한 대로일 것이다. 효과량을 파악하려고

---

220) アルフレット・フラムスティン「分析テクニックの選択」(トーマス・A・ゴールドマン編, 玉井正寿訳『意思決定の評価基準』[産業能率短期大学出版部, 1972년]) 참조.
221) アヴィン・ブロス, 竹内清訳『決定と計画』(みすず書房, 1960년) 참조.

하면 조작 가능한 정책목적의 확인과 측정유닛의 확정이 필요하다. 이 또한 어렵다. 그런데 정말 귀찮은 문제는 아직 따로 있다. 정책목적이 확인되고 효과량의 측정유닛이 확립된다는 것은 파악되어야 할 효과의 범위를 한정하는 것을 의미한다. 정책목적을 아무리 다원적으로 확인해도 어떤 사업방법의 모든 효과를 빠짐없이 파악할 수는 없다. 많은 부차효과, 파급효과 혹은 마이너스효과가 파악의 대상범위 밖으로 누락되어 버린다.[222] 그 의미에서 분석은 항상 불완전하다.[223]

확인된 정책목적에 대응한 효과의 범위 내로 한정하더라도 현재의 효과량 측정만으로는 불충분하다. 행정서비스의 효과는 미래에 이른다. 미래의 시점에 발생하는 효과량을 어떻게 측정할까. 여기에 할인수법의 문제가 있다.[224] 가까운 장래에 실현될 효과량은 먼 미래에 실현할 효과량보다 높은 가치를 갖고 있다는 사고방식에 서서, 먼저 효과량을 화폐가치로 환산하고(이것을 편익이라 부른다) 이 편익에 할인율을 사용해서 다른 시점 간의 가치비교를 가능하게 하는 것이다. 그런데 이 할인율의 구체적인 수치는 이것을 계산하는 기준의 설정방

---

[222] 일본에서도 1968년부터 대장성과 경제기획청 경제연구소를 중심으로 PPBS 연구가 진행되고, 1969년부터는 중앙 각 성·청에서 PPBS 도입의 가능성을 모색하기 위해 사례연구가 이루어졌다. 이 사례연구의 총수는 1971년까지 백 수십 건에 이르고 그 요약은 『日本におけるPPBSの事例研究(要約編)』 二分冊(経済企画庁経済研究所システム分析調査室, 1973년)에 정리되어 있다. 그리고 이러한 사례연구를 총괄적으로 검토한 보고에 따르면 이러한 분석수법은 아직도 초기적 단계에 있다고 평가되고, 그 근거로서 첫째, 정책효과를 단 하나의 지표, 단 하나의 가치기준에서 측정하고 있는 것이 많은 점, 둘째, 부차효과까지 파악하고 있는 것이 적은 점, 셋째, 마이너스효과에 대해서는 거의 분석하고 있지 않은 점, 넷째, 필요 이상으로 수량적 분석에 고집하고 인명·시간까지 화폐가치로 환산하고 있는 점 등이 제시되고 있다. 経済企画庁経済研究所システム分析調査室 「日本におけるPPBSの事例研究(分析篇)」 その1-その2 (『O&M 情報』 제12권 제2-3호, 1973년 6월호-7월호) 참조.

[223] 이것은 비용효과분석이나 비용편익분석의 추진자들이 스스로 당연한 것으로 승인하고 있는 부분이다. 예를 들면 Harry P. Hatry는 「비용편익분석이 완전한 해답을 제공하는 것은 거의 불가능하다. 이 분석이 의도하는 바는 기본적으로는 의사결정자에 대해 배려해야 할 대체안 상호 간에 존재하는 주된 트레이드오프의 관계나 그 의미하는 것을 정보로써 제공하는 것이다」(ハリー・P・ハトリーの 전게 논문, 일본 역, p.39)라고 한다. 또 쿠워드는 말한다. 「한편에 함정이 있고 다른 한편에는 분석 그 자체에 고유한 제약이 있다. 분석이 권고적 역할에 한정된 것은 이러한 제약 때문이다. 이러한 제약의 공과에 대해 조금 더 설명하면 다음과 같다. 분석은 필연적으로 불완전한 것이다. 또 유효성(effectiveness)의 측정치가 근사적이라는 것은 어쩔 수 없다. 또 장래를 예언하는 방법이 없다는 것도 있다. …… 어디까지 탐구를 진행할 것인가의 확실한 한계선은 시간과 금액비용에서 정해지는 것은 명백하다. …… 그러나 더욱 중요한 것으로 일반적으로 말할 수 있는 것은 시간과 금전의 제약이 없더라도 분석은 관련사항 일체를 고려해서 행할 수 없다는 것이다」(エドワード・S・クウォード 「序論」 [トーマス・A・ゴールドマン編, 玉井正寿訳, 전게서, pp. 10-11.])

[224] 할인수법에 관한 문제들에 대해서는 エルマー・B・スターツ, 前田泰男訳 「連邦省庁における将来のプログラムの評価に際しての割引手法の使用状況調査」 (H·H·ヒンリックス, G·M·テイラー編, 加藤芳太郎·前田泰男·渡辺保男訳, 전게서)를 참조.

식에 따라 크게 다르고, 그리고 이 할인율의 수치에 따라 프로그램 기간을 통산한 모든 편익의 규모는 매우 민감하게 변동해 버린다. 게다가 이러한 명시적 할인율의 적용 전에 이것과 밀접히 관련한 또 하나의 문제가 있다. 그 행정서비스의 효과가 미래의 어느 시점까지 계속된다고 보는가 하는 프로그램 기간의 설정방식의 문제이다. 만약에 본래의 프로그램 기간이 20년간인 행정서비스에 대해 그 장래 10년간에 발생하는 편익만을 파악하고 11년째 이후의 편익을 무시했다고 한다면 그때는 할인율이 적용된 것과 동일한 결과가 생기는 것이다(이것을 비명시적 할인율이라 한다).

불완전하더라도 양적인 텀에 의해서든 질적인 텀에 의해서든 효과가 파악되면 그 사업방법의 유효성을 분석할 수 있다. 다만 유효도까지 측정하려고 하는 것이면 조작 가능한 정책목표가 확인된 범위 내에 한정되고, 효율의 계산은 정책목표가 확인되어 있는 범위 내에 제한된다. 역설적이지만, 분석의 객관성을 늘리면 늘릴수록 분석의 대상범위와 분석결과가 가질 수 있는 의미가 점점 좁아져 간다. 여기서 질적인 효과는 그대로 질적 텀으로 표현하는 것으로 만족해야 하는가, 아니면 가능한 한 양적인 대체지표를 사용해서 이것을 효과량으로서 파악해야 하는가, 더욱이 가능한 한 환산 가능한 편익의 형식으로 파악해야 하는가, 라는 선택에 직면한다. 그리고 이 선택은 결국 분석의 목적이 무엇이며 이 목적에 어떠한 정보가 유용한가에 따를 것이다. 그런데 유효성 분석의 객관성을 높이고 또 행정을 계획화하는 목적에서 말하면 정책목적 속에 목표치가 내포되어 있고 효율의 계산까지 가능한 편이 바람직하다. 하지만 복수의 대체적 방법의 상대능률을 분석하고 예산배분에 도움 줄 것을 목적으로 한 비용효과분석이나 비용편익분석의 관점에서 말하면 목표치의, 적어도 단기적인 목표치의 선험적인 설정은 오히려 피해야 한다. 어떤 행정서비스의 성과로서 어느 정도의 효과를 목표로 해야 하는 가는 비용·효과비율의 상대평가의 결과에서 역으로 정해져야 할 성질의 문제이기 때문이다.[225]

복수의 대체적 방법의 효과가 파악되면 그 유효성의 상대비율의 가능성이 열린다. 그런데 만약에 각각의 유효도를 알아도 이 달성된 유효도가 어느 정도까지 각각의 사업의 결과인지, 아니면 외적인 개재요인의 결과인지, 이 식별이 어렵다. 예를 들면 A시와 B시의 소방사업에 대해 유효성을 비교한다고 하자. 또 소방사업 효과의 유효도를 화재 발생건수, 연소호수, 피

---

[225] ハリー·P·ハトリー의 전게 논문, 일본어 역, p.42.

해총액, 피해인원수 등에서 파악한다고 하자. 이때 2개 시의 유효도 차이는 확실히 양쪽 시의 생활환경수준 차이의 일단을 표시하고 있다. 하지만 그것은 소방사업 그 자체의 성과의 차이를 표시하고 있다고는 할 수 없다. B시는 바람이 많고 건조한 마을이며 목조가옥의 밀집도가 높은 마을이기 때문에 A시 이상으로 충실한 소방사업을 행하고 있음에도 불구하고 아직 유효도가 A시의 그것에 미치지 못할지도 모른다. 분석의 목적이 생활환경수준의 확인에 머무는 것이라면, 바꿔 말하면 행정 needs에의 대응정도의 확인에 머무는 것이라면 이 점에 대한 엄밀한 식별은 필요 없다. 그런데 유효성의 상대비교이더라도 그 분석의 목적이 행정활동 그 자체의 효과의 확인, 말하자면 생활환경수준의 향상에 대한 행정활동의 기여도 확인에 있는 것이라면 이러한 외적인 개재요인의 작용 일체를 제어하지 않으면 안 된다.

  투입과 산출의 상관관계를 묻는 능률성의 분석은 그 성질상 항상 행정활동의 기여도 확인을 전제로 하고 있기 때문에 외적인 개재요인의 제어는 절대 피해갈 수 없는 과제가 된다. 그런데 외적인 개재요인에는 다양한 것이 있다. 먼저 완전히 행정외적인 자연적, 지리적 조건의 차이가 있다. 그리고 마찬가지로 행정외적인 사회적 조건의 차이가 있다. 직업소개사업 그 자체는 큰 성과를 올리고 있지만, 불황의 도래로 인해 실업률은 거꾸로 계속 상승한다는 차이이다. 또 행정활동과 경합적 또는 보완적 관계에서 행해지고 있는 민간활동의 규모와 그 성과의 차이도 있다. 더욱이 과거의 행정활동에 유래하는 효과 축적의 차이가 있다. 그리고 또 진화 출동의 신속함이 도로교통사정의 차이에 좌우되는 것처럼 어떤 행정활동의 성과가 다른 행정활동의 환경조건이 되는 것도 있다. 이러한 외적인 개재요인의 작용은 통계처리의 수법들을 활용해도 완전히 제어할 수 있는 것이 아니다. 그래서 처음부터 외적인 개재요인의 차이가 가능한 적다고 생각되는 대체적 방법 간의 비교를 시도하려고 한다. 이리하여 지역 간 비교보다는 동일지역 내에서의 시계열 비교가 선택되고 더욱이 동일지역 내에서 동시 병행적으로 행해지고 있는 방법 간의 비교가 선택되는 것이다.

  PPB와 결부되어 그 필요성이 강조되어 온 「프로그램체계의 설계」나 「프로그램구조의 분석」은 첫째, 개개 행정활동의 정책목적을 명확히 확인하고 성과 파악의 실마리를 주는 것, 둘째, 기존의 정책목적군에 일람성을 주고 정책목적군과 행정 needs와의 대응관계를 대조할 실마리로 삼는 것, 셋째, 정책목적군을 프로그램요소 → 서브·카테고리 → 카테고리의 계층구조로 체계화함으로써 목적·수단관계를 명확히 확인하는 것, 넷째, 체계화에서 상호보완적인 프로그램을 확인하고 그 조정을 꾀하는 것 등, 다면적인 목적에 도움이 될 것을 의도하고 있었다. 그런데 그 궁극적인 목적, 가장 중요한 목적은 상호 경합적인 프로그램, 즉 상호 대체적인 프로그램을 확인하고 그 사이의 자원배분을 최적화하는 데 있었다.

그렇기 때문에 「프로그램체계는 선택을 백일하에 드러내듯이 설계되지 않으면 안 되고 또 거래부첩(符牒)의 거래 속에 있던 『트레이드·오프의 기회를 표면에 내놓듯』이 설계되지 않으면 안 된다」[226]거나 「프로그램체계는 반드시 조직구성에 대응할 필요는 없을 것이다. 많은 경우에는 오히려 부·국별 조직을 횡단해서 기초적인 프로그램·카테고리를 작성하고 완전히 대체할 수 있는 프로그램요소를 비교해 그 사이의 가능한 트레이드·오프를 지적할 수 있도록 하는 것이 적절하며 바람직하기도 하다. 마찬가지로 중앙 성·청의 소관을 넘어 비교 검토할 수 있도록 프로그램 형식을 궁리해 가는 것이 바람직하다」[227] 등이라 지적되었던 것이다. 프로그램체계의 설계는 유효성과 능률성의 비교를 행해야 할 대체적 방법, 게다가 동일한 정치체계 아래서 동시적으로 실시되고 있는 대체적 방법을 선택하기 위한 작업으로 이해할 수 있다. 그리고 최근 언급되고 있는 「목표에 의한 관리」(Management by Objectives: MbO)는 프로그램요소별로 그 사업목표와 이것에 대응한 산출지표(사업량지표)를 명확히 설정하고 그 현실의 성과 파악을 통해서 프로그램의 적부에 관한 재검토를 행하려고 하는 것이다. 따라서 상대능률의 평가까지 의도하는 비용효과분석이나 비용편익분석의 관점에서 말하면 목표에 의한 관리, 프로그램체계의 설계는 어느 것이나 그 전제조건을 형성하는 준비작업밖에 안 된다.

그런데 PPBS의 시행을 중지하고 새롭게 프로그램평가가 논해지기 시작한 미 연방정부에서는 자주 프로그램평가의 유형구분이 언급되고 있다. 즉, 현행 방법인 유효성의 상대비교를 주된 목적으로 하는 프로그램평가에는 그 의도하는 분석차원에 따라 4가지 유형이 있다는 것이다. 이 논의에서는 프로젝트와 프로그램의 개념이 다음과 같이 구별된다. 프로젝트는 어떤 정치체계(연방, 주, 지방정부)가 정부의 최종산출물의 생산을 직접 시행하고 있는 사업을 가리키고 있다. 그런데 예를 들면 연방정부는 주나 지방정부 등에 보조금을 주고 그 사용처·사업방법에 대해 지시를 내릴 뿐, 구체적인 프로젝트의 실시가 주·지방정부에 위임된

---

[226] グレーム·M·テイラー, 加藤芳太郎訳「プログラム体系の設計」(H·H·ヒンリックス, G·M·テイラー編, 加藤芳太郎·前田泰男·渡辺保男訳, 전게서), p.21.

[227] 미연방정부예산국이 1965년 10월 12일부로 각 성·청의 장에게 보낸 공보 66-3 가운데 일부이다(상동, p.5). 또 그 외 프로그램체계의 설계에 대해서는 『PPBSの研究-経済企画庁経済研究所シリーズ第二四号』(大蔵省印刷局, 1971년)의 제2장, 제3장을 참조.

사업도 많다. 이처럼 어떤 정치체계가 사업의 실시를 다른 정치체계에 위임하고 있는 사업을 프로그램이라 부른다. 이러한 개념 구분을 전제로 해서 말하면 프로그램평가에는 프로그램 효과평가(program impact evaluation), 프로그램 전략평가(program strategy evaluation), 프로젝트 평가(project evaluation), 그리고 프로젝트 성적평점(project rating)이라는 4가지 유형이 있다고 한다.[228]

첫째, 프로그램 효과평가란 어떤 하나의 프로그램의 총효과의 유효도를 계측하는 것 혹은 공통의 정책목적을 갖고 있는 복수의 대체적 프로그램에 대해 각각의 총효과의 유효도를 계측하고 그 사이의 상대평가를 행하는 것을 말한다. 이것은 정책작성자에 대해 프로그램의 재검토 혹은 프로그램 간 자원배분의 재검토에 유용한 정보를 제공하기 위한 평가이다. 그리고 이 평가에서는 적절한 효과지표의 선정과 계측, 적절한 비교집단의 선정이 불가결의 요소가 되지만, 이 프로그램을 실시하고 있는 개개 프로젝트에서의 환경조건과 사업방법의 차이에 대해서는 그렇게 엄밀히 생각할 필요가 없다. 둘째, 프로그램 전략평가란 어떤 하나의 프로그램을 실시하는 개개의 프로젝트에서 다른 전략, 사업방법이 사용되고 있을 때, 각 전략의 효과의 유효도를 계측하고 그 사이의 상대평가를 행하는 것을 말한다. 이것은 프로그램 관리자에 대해 전략 간의 상대적인 유효성에 관한 정보를 제공하기 위한 평가이다. 그리고 이 평가에서는 개개 프로젝트에서의 환경조건, 투입, 과정(사업방법), 산출(효과)의 모든 것에 대해 적절한 정의와 계측을 행하는 것이 요건으로 된다. 셋째, 프로젝트평가란 하나의 프로젝트 효과의 유효도를 계측하는 것이며 이 평가에서는 적절한 효과지표의 선정과 계측, 적절한 비교집단의 선정이 요건으로 된다. 하지만 보다 현실적인 프로젝트평가에서는 비교집단을 사용하지 않고 하나의 프로젝트의 효과를 목표치(기대치나 충족치, 한계치 등)와 직접 대비하는 데 그친다. 다만 이 방법에서는 효과로서 파악된 것이 그 프로젝트의 성과인지, 개재요인의 작용인지, 이것을 식별할 수가 없다. 그리고 넷째, 프로젝트 성적평점이란 각 프로젝트 효과의 유효도를 모두 계측하고 그 사이의 상대평가를 하는 것이다. 이 평가에서는 둘째의 프로그램 전략평가의 경우와 같이 다른 전략, 다른 환경조건의 식별은 행하지 않는다. 이것은 프로그램 관리자에 대해 각 프로젝트의 성적평점표를 제공하기 위한

---

[228] 4가지 유형에 대한 이하의 설명은 다음 문헌에 의한다. J. S. Wholey, J. W. Scanlon, H. G. Duffy, J. S. Fukumoto, & L. M. Vogt(1971). *Federal Evaluation Policy*, The Urban Institute, pp.23-26. 또한 홀리 등의 연구는 1970년대의 미연방정부 행정관리예산국에 의한 프로그램평가의 추진에 큰 영향을 주고 있다고 생각한다.

평가이다. 그런데 각 프로젝트에서의 환경조건의 차이를 고려하지 않으면 성적평점으로서 공평하지 않기 때문에 환경조건이 유사한 프로젝트 간에 대해서만 이용가치가 있게 된다고 한다.

상기와 같은 유형구분과 그 해설을 보면 프로그램평가가 능률성의 분석, 능률성의 상대평가를 완전히 단념하고 있는 것을 알 수 있다.[229] 또 복수의 대체적 방법 간의 상대평가에 따라다니는 개재요인의 처리문제가 분석에서 대단히 큰 장애로 강하게 인식되고 있는 것을 알 수 있다. 그리고 또 하나의 프로그램, 하나의 프로젝트에 대해서만 분석하고 그 결과를 적절한 비교집단과 대비한다는 편의적인 방법의 활용이 진지하게 검토되기 시작하고 있음을 알 것이다.

1960년대의 미국에서는 각종 「실험사업」이 전개되고, 또 1970년대에는 신사업법의 제정에서 미리 법률상에 그 사업성과의 평가지표를 규정해 두고 평가와 그 보고를 의무화하는 시도도 실제로 이루어지고 있었기 때문에, 간편하고 경제적이며 게다가 유용한 평가방법을 개발하는 것이 실제로 긴요한 과제가 되고 있다. 이리하여 행정실험의 가능성과 문제점에 대한 논의가 활발하게 이루어지게 되었다. 이상적인 실험방법으로는 개인을 무작위로 실험(처치)집단과 제어(불처치)집단으로 배정하고 양 집단에서 등가로 표본을 뽑는 것이 바람직하지만, 행정실험에서 이 방법을 사용하는 것은 기술적으로도 매우 어렵다. 또 이렇게까지 철저하지 않아도 실험사업의 대상에서 제외되는 것은 불공평하다는 논거에서 제어집단이라는 사고방식 그 자체가 거절된다. 이것에 대해서는 다음과 같은 반론이 이루어진다. 실험사업의 대상이 되는 사람들은 원래 한정되어 있으므로 그 대상이 되지 않은 것을 불공평

---

[229] 행정관리예산국의 프로그램평가 담당자였던 자르브가 쓴 논문 F. L. Lewis & F. G. Zarb(1974). "Federal Program Evaluation from the OMB Perspective," *Public Administration Review*, Vol.34, No.4 에서는 앞의 홀리 등의 유형구분과 대체로 같다고 주석을 달면서 프로그램평가의 유형으로 실질효과평가(substantive impact evaluation), 상대적 유효도평가(relative effectiveness evaluation), 과정 또는 관리평가(process of management evaluation), 프로젝트평가(project evaluation)라는 4가지 유형을 들고 있다. 그리고 세 번째의 과정 또는 관리평가와 네 번째의 프로젝트평가의 설명 중에서 능률성(efficiency)의 계측을 운운하고 있다. 또 행정관리예산국이 각 성·청에 배포한 문서 Office of Management and Budget, *Evaluation Management: A Background Paper*, May, 1975에서는 프로그램평가와 프로젝트평가를 먼저 구별하고, 프로그램평가를 더 구분해서 효과평가(impact evaluation), 전략평가(strategy evaluation), 과정평가(process evaluation)라는 3가지 유형을 설정하고 있다. 그리고 첫 번째의 효과평가의 의도로 비용과 편익관계의 확인을 들고 또 세 번째의 과정평가의 취지를 프로그램 활동의 작업능률의 계측에 찾고 있다. 이처럼 행정관리예산국 관계자의 논고에서는 프로그램평가의 개념에서 능률성의 평가를 완전히 축출하고 있지 않은 점, 그리고 또다시 작업능률(operating efficiency)의 평가를 중시하고 있는 점을 알 수 있다.

이라 한다면 본래부터 커다란 불공평이 있는 것이다. 또 실험사업은 원래 효과의 유무가 의심스럽기 때문에 행해지는 것이며 그 제어집단에 선택되는 것이 불이익이라고 정해진 것이 아니다. 그리고 만약에 제어집단의 사람들에게 불이익이었더라도 이 실험에서 정책의 유효도가 정확히 평가되어 정말로 유효한 정책이 본격적으로 전개될 계기가 된다면 사회가 받는 장기적인 이득은 제어집단 사람들의 단기적인 불이익을 충분히 보상하고 남음이 있는 것은 아닐까. 하지만 이렇게 반론해 보아도 제어집단의 설정에 대한 사회의 거절반응은 강하다. 그래서 비교집단의 활용과 통계처리수법의 활용으로 평가의 신뢰성을 얻는 방법이 현실의 가능한 차선책으로 권장되는 것이다.[230]

PPB 논의와 함께 고양된 정책효과분석의 운동은 그 후 뚜렷이 그 전선을 축소해 오고 있다. 그리고 이 전략적 후퇴와 함께 작업·사업 등의 중간산출에 관한 능률성의 평가가 다시 주목받기 시작했다. 그 반동현상을 가장 잘 상징하고 있는 것이 1970년대가 되어 미연방정부가 시도하기 시작한 행정활동의 생산성(productivity)에 관한 측정작업이다.[231] 이 생산

---

[230] J. S. Wholey & others, op. cit., pp.86-93. 그 외 실험 등의 평가수법에 대해서는 다음의 문헌도 참고가 될 것이다. W. Williams(1971), *Social Policy Research and Analysis: The Experience in the Federal Social Agencies*, Elsevier, Chapter 6 ; P.H. Rossi & W. Williams (eds.)(1972), *Evaluating Social Programs: Theory, Practice, and politics*, Seminar Press.

[231] 이 측정방법의 단초가 된 것은 프록스마이어(William Proxmire) 상원의원이 회계검사원장에게 보낸 1970년 9월 21일자 서간이다. 그때까지 PPBS의 추진에 중요한 역할을 하고 있던 프록스마이어는 이 서간에서 연방정부의 생산성을 측정할 가능성에 대해 검토하도록 요청했는데, 이것을 받은 회계검사원장은 1970년 12월 31일자 서간에서 행정관리예산국장과 인사위원회위원장에게 호소해 1971년에 회계검사원·행정관리예산국·인사위원회의 3개 기관으로 구성된 생산성 공동작업반을 발족시켰다. 이 공동작업반은 검토 작업을 3단계로 나누어 단계마다 보고서를 작성했다. 제1단계에서는 연방정부 각 성·청에서 행해지고 있는 사업량측정의 범위와 그 활용상황의 조사가 이루어지고, 제2단계에서는 일정범위의 성·청을 대상으로 생산성지표(productivity index)의 개발이 실제 시도되었다. 그리고 제3단계에서는 더욱 조사대상을 확대함과 동시에 모든 지표의 개선방책과 생산성의 개선방책에 대해 조사검토를 했다. 이 제3단계의 작업결과에 관한 총괄보고서가 *Measuring & Enhancing Productivity in the Federal Government*, U.S.Government Printing Office, June, 1973이라는 제목의 문서이다. 그리고 공동작업반은 이 총괄보고서에서 지금까지 시험적으로 실시해 온 이러한 생산성 측정작업과 이것에 기초한 생산성 향상방책의 검토를 앞으로 매년 항구적으로 계속 시행할 것, 또 앞으로 작업의 총괄책임을 「재무관리개선공동계획」(Joint Financial Management Improvement Program)사무국-이것은 1950년 예산회계절차법에 근거해 설치된 것으로 행정관리예산국·회계검사원·재무성·총무청·인사위원회의 5개 기관으로 구성되어 있다-에 위임할 것을 권고했다. 이 결과 이 작업은 그 후에도 계속되어 다음 해에는 Joint Financial Management Improvement Program, *Report on Federal Productivity, vol. I : Productivity Trends, FY 1967-1973*, U.S. Government Printing Office, June, 1974, 그리고 Joint Financial Management Improvement Program, *Report on Federal Productivity, vol. II : Productivity Case Studies*, U.S. Government Printing Office, June, 1974가 공표되고 있다.

성 측정방법의 골자는 다음과 같다. 먼저 연방정부 각 성·청을 필요한 경우에는 몇 개의 적절한 조직구성요소(organizational elements)로 분할하고 이 조직구성요소별로 그 사업량(효과량이 아니다)을 파악하는 산출지표(복수인 것이 보통)를 정해 이 지표에 근거한 연간 총사업량을 계산한다. 그다음에 똑같이 조직구성요소별로 그 행정활동에 투입된 인원의 연간 총노동시간을 계산하고 또 그 행정활동에 투입된 연간 총경비액을 계산한다. 그리고 노동성이 민간 산업계의 생산성 계산에 대해 실제로 사용하고 있는 방법을 준용해서 기본적으로는 투입·산출비율을 의미하는 생산성지표를 먼저 조직구성요소별로 계산한다. 따라서 연간 총노동시간을 투입으로 했을 때의 것과 연간 총경비액을 투입으로 했을 때의 것이라는 2가지 종류의 생산성지표가 계산되는 셈이다. 또한 이 계산은 1967년 회계연도를 초년도로 하고 측정작업의 전년도를 최종년도로 하는 기간의 각 년도별로 행해지기 때문에 생산성지표의 년도 간 추이가 명확해진다. 이 단계에서 계산된 생산성지표를 각 성·청에 제시하고 생산성지표의 증감 원인이라 생각되는 사항의 검토를 의뢰해서 그 검토결과에 관한 보고를 요청한다. 그리고 마지막으로 전 성·청의 조직구성요소를 그 주된 업무내용에서 16종류의 업무유형(functional categories)으로 구분하고 업무유형별로 집약한 생산성지표의 계산과 분석대상으로 된 행정활동 전체에 집약한 생산성지표의 계산을 행한다. 이렇게 해서 작업결과를 세상에 공표하는 보고서에는 16업무유형별의 생산성지표 추이와 행정활동 전체의 생산성지표의 추이 그리고 그 증감의 원인이라 생각되는 사항에 대한 분석결과만이 보고되고, 조직구성요소별 생산성지표와 각 성·청별의 그것은 공표되지 않는다.[232] 또한 1974년 6월의 보고서에 따르면 분석대상이 된 성·청의 수는 46, 조직구성요소의 수는 200, 사업량지표의 수는 850, 총노동시간은 연방직원 전체 총노동시간의 61%에 달하고 있다고 한다.[233] 그리고 이 대상범위 내에서만 보면 연방정부 행정활동의 생산성은 1967년도를 100으로 했을 때 1973년도에 111.1이며 연평균 1.8%의 성장률로 생산성이 향상하고 있다고 보고하고 있

---

[232] 조직구성요소별의 사업량지표로 어떠한 지표가 설정되어 있는가. 복수지표로 파악된 사업량을 어떠한 방법으로 집계하고 있는가. 조직구성요소별 생산성지표의 구체적인 계산방법은 어떠한 것인가. 이것을 업무유형별로 집약하고 또 행정활동 전체로 집약해 가는 데 어떠한 계산방법을 사용하고 있는 가 등등은 유감이지만 불분명하다. 이러한 점들에 대해서는 *Special Report No.1. The Permanent Measurement System: Methods, Measures, and Results*, December, 1973에 해설되어 있겠지만 입수할 수 없었다. 또한 조직구성요소의 구분과 업무유형 구분의 일람표는 앞의 *Measuring & Enhancing Productivity in the Federal Government*, pp.118-124에 보인다.
[233] *Report on Federal Productivity, vol. I : Productivity Trends, FY 1967-1973, op. cit.*, p.5.

다.[234]

일찍이 일본의 임시행정조사회 제3전문부회 제3분과회가 제안한「업적평가제도」[235]의 구상은 상기한 생산성 측정작업과 성격적으로 닮은 것이었다. 즉, 어느 것이나 투자배분을 위한 정책효과의 측정을 의도한 것이 아니라 사업목적달성을 위한 업무에 착목해 업무를 계량 가능한 지표로 파악하고 이것을 관리개선의 수단으로 하려고 한다.「업적평가제도」는 원칙적으로 각 성·청의 각 국 단위로 그 업무에 관한 종합성과 계획성과 일람성을 가진「종합지표」(단수 또는 복수)를 설정하려고 했다. 그리고 이「종합지표」의 설정이 곤란한 경우에 한해서 예외적으로「주요시책별 지표」나「개별의 업무지표」의 설정을 허용하고 있었다. 미국의 생산성 측정작업에서 말하는「생산지표」(사업량지표)는 이「종합지표」차원의 것이라 이해할 수 있다. 다만「업적평가제도」와 생산성 측정작업과의 결정적 차이는 전자가 사업목표치를 지표로 해 이것과 실적을 대비해서 사업목표의 달성 정도(=사업의 유효도나 효율)를 확인하려고 하는 데 대해서, 후자는 사업량 실적의 계측을 토대로 해서 이것을 산출하는 과정의 능률을 확인하려고 하는 점에 있다.[236]

이러한 제도는 그 지표의 의미를 올바르게 음미해서 그 이용방법을 틀리지 않으면 그 나름의 의의를 가지고 있다. 다만 다음과 같은 점에 유의하는 것이 중요하다. 먼저, 사업차원의 성과에 걸맞은 효과가 있다는 보증이 없다. 따라서 사업평가로 효과평가를 대신하는 것에는 소위「목적의 전위」나「목적과 수단의 전도」를 불러올 위험이 항상 내재하고 있다. 또 사업목표와 사업실적의 차이를 나타내는 지표는 현행 사업의 끝없는 확대를 요구하는 정당화의 근거가 될 수도 있다. 그런데 시설 증가가 이것을 상회할 속도로 입소희망자 수를 증대시키고 그래서 또 더 많은 시설 증가가 필요하게 된다는 종종 보이는 현상에는 심각한 문제

---

234) *Ibid*., p.14.
235) 臨時行政調査会第三専門部会第三分科会『第三専門部会第三分科会報告書』(1963년 10월), pp.29-82.
236) 생산성 측정의 이유로는 이하의 3가지 점을 들고 있다. 첫째, 지금까지의 OM 활동 등의 성과를 확인하는 것, 둘째, 생산성지표의 증감이유를 검토함으로써 앞으로 필요한 조치를 예측할 수 있는 것, 셋째, 공무원의 업무는 비능률적이라는 근거가 불확실한 세간의 평가를 지우고 공무에 대한 신뢰감(credibility)을 개선할 수 있는 것.
또한 루이스 해리스의 여론조사에 의하면 회답자의 42%가 의사·간호사의 생산성은 평균 이상이라고 답하고, 21%가 공장노동자의 생산성은 평균 이상이라고 한 데 대해서, 공무노동의 생산성이 평균 이상이라 생각한다고 답한 회답자는 11%에 지나지 않고, 또 어느 직종의 생산성이 평균 이하라고 생각하느냐는 설문에 대해 공무노동을 예시한 사람들이 39%에 달해 이것이 예시율이 최대의 직종이었다고 한다. *Report on Federal Productivity, vol. I : Productivity Trends, FY 1967-1973, op. cit*., pp.1-3.

가 포함된 경우가 많다. 그리고 또 효과 없는 사업을 능률적으로 수행해 보아도 거기에는 무익한 업무에의 무익한 투자를 다소나마 절감한다는 의의밖에 없다. 그러나 이 너무나도 자명한 근본 논의를 이 이상 계속할 필요는 없을 것이다.

여기서 논급해 두고 싶은 것은 미국에서 실제로 논의되고 있는 「생산성과 질」(quality)의 논점이다. 이 「질」을 둘러싼 논의에는 차원이 다른 4개의 의미가 섞여 있다. 첫째, 데이터의 신뢰도에 대한 의문과 결부된 생산성지표 그 자체의 질이라는 의미, 둘째, 생산성지표에는 사업의 효과라는 의미에서의 사업의 질이 반영되어 있지 않다는 논점, 셋째, 서비스 범위나 서비스 빈도라는 의미에서의 서비스의 질을 둘러싼 논점, 넷째, 작업의 준법성, 정확성, 적시성, 응접태도라는 의미에서의 서비스의 질을 둘러싼 논점이다. 그런데 첫째 의미에서의 질은 물론이고 둘째 의미의 질도 당면의 논점이 아니다. 왜냐하면 생산성은 사업의 국면에 대한 능률이며 본디 효과의 문제는 그 사정권 밖의 문제이기 때문이다. 「생산성과 질」에 관련하는 것은 셋째 의미에서의 질과 넷째 의미에서의 질이다. 이 중에서 셋째 의미에서의 질의 논점, 예를 들면 일정량의 우편물배달을 주 6일제에서 주 5일제로 바꾼다거나 일정량의 가정쓰레기 수집을 주 3회에서 주 2회로 변경하거나 하면 직원의 노동시간을 분모로 한 생산성은 향상하더라도 그 반면에 서비스의 질이 저하하고 있는 것은 아닌가 하는 논점은 산출지표의 채택방식에 궁리를 더 하면 처리할 수 없는 것은 아니다. 그런데 넷째 의미에서의 서비스 질에 대해서는 이것들을 포괄적인 산출지표에 넣을 적절한 방법이 없기 때문에 생산성지표의 해석에서는 생산성과 이러한 질과의 트레이드·오프 관계에 충분히 유의하지 않으면 안 된다고 논해지고 있다.[237] 행정관리예산국 공보 A-44(1972년 5월 24일자 개정판)에 근거한 「관리평가와 개선 프로그램」은 프로젝트의 개선에서 유의해야 할 기준으로 「생산성의 향상, 서비스의 향상, 질의 향상, 비용의 절감」을 들고 있다. 이러한 4개의 기준을 병렬적으로 열거하고 있는 의미도 상기와 같은 「질」 논의와 관련해서 이해해야 할 것이다.[238]

그럼 이상으로 정책효과와 사업능률의 평가에 관한 현황을 개관했으므로 여기서 논제를 완전히 바꿔 보자. 이 글에서 일관해서 전제해 왔듯이 정책의 최종산출물은 효과일까? 논자

---

[237] *Ibid*, Chapter 20: Relation of Productivity Measures to Other Performance Measures. 또한 「재무관리개선공동계획」 사무국이 주최해서 이 논점에 대해 검토한 회의의 의사록으로 *Proceedings of the Quality Measurement Workshop*, December, 1973이 있는 것 같지만 입수할 수 없었다.

[238] G. T. Yamada(1972). "Improving Management Effectiveness in the Federal Government," *Public Administration* Review.

에 따라서는 정책의 최종산출물을 국민의 정책평가, 즉 국민의 주관적인 만족감이나 불만족감, 국민의 효용(utility)에서 찾아야 한다고 주장하고 있다.[239] 이 논점에 대해 어떻게 생각해야 할까. 필자는 국민의 효용은 정책의 유효성과 능률성과는 일단 다른 차원의 문제로 고찰해야 하는 것은 아닌가 하고 생각하고 있다. 그 이유는 다음과 같다.

첫째, 정책의 유효성과 능률성 개념은 어디까지나 정책목적과 관련해서 사용되어야 한다고 생각하기 때문이다. 그리고 정책목적이란 정치체계가 인정한 행정 needs에 대응하는 것으로 행정활동의 비인격적인 조직목적으로 설정된 것으로 생각한다. 그러므로 정책의 유효성과 능률성의 궁극적인 평가는 행정 needs에 대응하는 최종산출물의 객관적인 효과 차원에서 행해져야 한다고 생각한다. 이러한 개념규정과의 대조에서 말하면 효용은 행정수요에 대응하는 것이다. 정책의 피드백 회로는 행정수요 → 행정 needs → 정책목적의 설정 → 행정활동 → 효과 → 효용 → 행정수요라는 도식으로 표시할 수 있는데, 이 중에서 효과 → 효용 → 행정수요 → 행정 needs의 부문은 정책의 합리성 문제라기보다는 정책목적설정의 합리성 문제라 할 수 있다. 그것은 정책의 유효성과 능률성의 문제라기보다는 정치체계 전체의 유효성과 능률성, 정치체계의 정통성에 직접 관계되는 문제라고 봐야 하는 것은 아닐까.

둘째, 효과 → 효용의 상관관계에는 행정활동 → 효과의 상관관계와는 비교되지 않을 정도로 많은 외적인 개재요인이 작용하고 있으며, 개개 정책의 효과가 효용에 미치는 변동을 식별하는 것은 개개 정책의 효과를 식별하는 것 이상으로 매우 곤란하며, 효용 차원에서의 정책의 유효성과 능률성은 개념상은 말할 수 있어도 그 조작 가능한 평가는 실제로는 도저히 불가능하지 않느냐고 생각하기 때문이다. 요컨대 효용은 개개 정책의 효과와는 다른 요인들에 의해 시시각각 크게 변동하고 효과의 증감에 민감하게 반응하고 있지 않은 것은 아닐까 하고 생각하는 것이다.

셋째, 개인의 효용은 그 사람이 귀속하는 계층·집단에 따라 큰 차이가 있을 것이다. 그래서 효용의 평가는 실제로는 계층·집단별 정책평가의 차이, 만족감의 차이를 파악하는 방법으로 이루어질 것이다. 그런데 그렇다면 개개 정책의 효과에 대해서도 그 계층·집단별의 귀착관계를 알지 못하고서는 효과와 효능의 상관관계를 해명할 수는 없다. 그러나 현재까지

---

239) 예를 들면 牛嶋正의 전게 논문 그리고 東京工業大学社会工学科·山田硏究室 『公共政策の評価に関する研究』(1974년 3월)의 제1부 A의 제1장 등을 참조.

정책의 유효성과 능률성을 평가하는 수법으로 가장 고도한 비용효과분석이나 비용편익분석조차 효과의 계층·집단별의 귀착관계, 소득의 재분배효과, 복지배분의 공평함을 평가할 수 있는 수법이 아니다. 그런 까닭에 이 의미에서 말해도 개개 정책의 효과와 효용의 관계를 해명하는 것은 실제로는 매우 어렵다고 생각하기 때문이다. 하지만 이처럼 주장하는 것은 효용의 파악과 평가가 불필요하다거나 무의미하다고 주장하는 것이 아니다. 다만 효용의 파악과 평가는 개개 정책의 유효성과 능률성 평가와는 일단 다른 차원에서 진행되어야 한다고 주장하고 있을 뿐이다. 각종 정책의 객관적 효과와 이것에 대한 국민의 주관적 평가와의 대응관계 해명은 중요하다.[240] 또 OECD에서 시도되고 있듯이 거시적인 사회지표 항목 속에 국민의 주관적인 만족도에 관한 항목을 가미하는 것에도 충분한 의의가 인정될 것이다.[241]

효율과 능률, 유효성과 능률성의 개념에 대한 고찰과 그 평가수법의 현황에 대한 고찰을 종료한 지점에서 마지막으로 2개의 기본명제를 재확인해 두고 싶다.

첫째는 유효성과 능률성은 정책의 합리성을 평가하는 2개의 기본적인 시점이라는 명제이다. 그리고 둘째는 행정에 관한 평가를 이 유효성과 능률성이라는 2개의 시점에서만 행하는 것은 타당하지 않다는 명제이다. 이 둘째 명제는 많은 논자가 지적해 온 부분인데,[242] 적어도 다음의 4가지 이유에서이다. 첫째, 유효성과 능률성의 양 개념은 그 개념규정에서 서비스 대상자의 효용, 직원의 모럴, 조직의 결속력, 조직의 적응능력이라는 요인들을 직접 파악하는 것이 아니기 때문이다.[243] 둘째, 유효성과 능률성은 항상 일정한 평가기준을 전제로 한 범위 내에서만 그 객관성을 가질 수 있는 것이며, 이 평가기준에 관해 합의가 성립하지 않는 한 대외적 설득력을 가지지 못하고 그 의미에서 정치적 합리성과 합치하지 않기 때문이다. 셋째, 유효성과 능률성의 구체적인 평가에서는 아무리 완전을 의도해도 투입과 산출

---

240) 전게의 『公共政策の評価に関する研究』의 2부에는 이러한 흥미로운 귀중한 연구성과가 발표되고 있다.
241) 상동, pp.168-173.
242) 예를 들면 쓰지 교수는 「행정의 목적은 단순히 능률의 고도성으로 충족되는 것만으로는 충분하지 않고, 그것과 나란히, 아니 그것보다도 훨씬 높은 가치, 인간성의 존중, 이익의 공정한 배분, 책임의 충실, 보편적인 사회효과의 실현 등이 요청될 것이다. 능률은 이러한 가치 중 하나의 가치에 지나지 않는다」(전게, 『行政学概論』 상권, p.57)고 말하고 있다.
243) 조직의 유효성에 관해 조직이론의 영역에서 지금까지 제시되어 온 가설적인 명제들의 정리를 시도한 J. L. Price(1968). *Organizational Effectiveness*, Richard D. Irwin. 에서는 조직과 그 유효성(effectiveness)을 매개하는 변수로서 생산성(productivity), 사기, 결속력(conformity), 적응능력(adaptability), 사회적 위신(institutionalization) 등을 들고 있다.

의 모든 측면을 적확하게 파악할 수는 없고, 그 의미에서 유효성과 능률성의 평가는 항상 불완전하기 때문이다. 넷째, 유효성과 능률성의 평가가 실용적인 평가이기 위해서는 평가기준을 대폭 단순화할 필요가 있으며, 유효성과 능률성의 평가는 많은 평가기준을 의식적으로 사상하고 있기 때문이다. 따라서 유효성과 능률성을 평가하는 것의 의의는 평가의 활용방법과 분리해서 논할 수 없는 문제이다.

5. 맺음말

이 글에서는 유효성과 능률성에 깊이 관련하는 주변적인 문제들에 대해 논의할 여유가 없었다. 유효성과 능률성에 관한 평가의 질을 개선하기 위해서는 어떠한 전제조건의 정비가 필요할까? 평가를 담당하는 조직은 조직구조상 어떻게 위치 지워야 하는가. 평가의 성과는 어떻게 활용하는 것이 현명한가. 평가의 성과를 활용하고 유효성과 능률성을 개선하기 위한 절차제도에는 어떠한 배려가 필요한가. 평가방법과 그 활용방법에 따라서는 어떠한 기능장애 현상이 생기는가. 논의해야 할 많은 문제가 남아 있다.

PPBS에는 4개의 측면이 있다고 한다. 즉, PPBS의 전제작업으로 프로그램체계의 설계를 행하는「구조」의 측면, 마찬가지로 PPBS의 전제작업으로 비용효과분석이나 비용편익분석을 행하는데 필요한 정보체계를 정비하는「정보」의 측면, 구체적인 개별 정책에 대한 비용효과분석이나 비용편익분석을 행하는「분석」의 측면, 그리고 마지막으로 이 비용효과분석이나 비용편익분석의 실시를 의무화하고 이것을 예산편성절차 등과 결합하는「제도」의 측면이다. 그리고 PPBS의 도입전략으로서도 이 4개의 측면 어디에 그 최초의 노력을 집중하는가에 따라 4가지 방식이 있다고 한다. 예를 들면 PPBS의 제도로서의 확립을 성급히 지향한 미국의 도입전략은 제도선도방식이며, 프로그램체계의 설계에 노력한 영국의 그것은 구조선도방식이며, 먼저 정보체계의 정비를 중시한 캘리포니아주 등의 그것은 EDP선도방식이고, 이것들과 대비해서 말하면 일단 사례연구의 축적에 그친 일본의 도입전략은 분석선도방식이라 불러야 할 것이라고 한다.[244] 이러한 각종 측면의 유기적인 결합은 전혀 PPBS

---

244) 전게의 経済企画庁経済研究所システム分析調査室「日本におけるPPBSの事例研究(分析篇)」その 1을 참조.

에 국한된 문제가 아니다. 정책평가를 각 성·청에 의무화하려고 하면 거기에 바로「제도」의 문제가 생기고, 어떠한 정책을 분석대상으로 선택해야 하는가 하는「구조」의 문제, 어떠한 통계를 수집해야 하는가 하는「정보」의 문제, 어떠한 분석방법을 사용해야 하는가 하는「분석」의 문제에 직면한다. 이것은 생산성지표의 계산과 활용에 대해서도 마찬가지이다. 이 글은 본래 유효성과 능률성이란 무엇인가라는 개념규정과 그 평가수법에 몰두하고, 이러한 유기적으로 일체를 구성하는 측면 중에서「분석」측면에만 논의를 집중해 왔다. 그래서 맨 마지막 마무리로 관련측면에 약간 시야를 넓혀두자는 취지에서 3가지 문제에 관해 보충설명을 해 두고 싶다.

첫째는 유효성과 능률성의 평가는 누구를 위해 이루어지는가라는 문제이다. PPB논의에서 현재의 프로그램평가에 이르기까지 일관하고 있는 것은 분석평가는 의사결정자나 정책결정자라 불리는 최고관리자를 위해 행해진다는 사고방식이다. 그러므로 프로그램체계의 설계에 대해서도 분석대상의 선정에 대해서도 정책결정자의 참가를 요청하고 그 의향, 그 관심의 소재를 충분히 반영하지 않으면 안 된다고 강조되었다. 또 정책목적의 확인도 평가기준의 설정도 모두 정책결정자의 판단을 돕는다는 관점에서 행해야 하는 것이 강조되었다. 정책결정자에게 어느 것이 유용한 정보인가, 이것이 분석평가방법을 선택하는 궁극의 기준이었다. 따라서 왈도가 지적한「능률의 규범적 측면」을 둘러싼 문제는 그다지 심각하지 않았다. 가치기준이 각인각양으로 다양한 사회에서 분석평가자가 누구의 가치기준에 입각하는가는 언뜻 보기에 심각한 문제이지만, 정책결정자를 위한 가치기준을 선택한다고 명쾌하게 결론지음으로써 이 문제는 회피되고 있다고 할 수 있다.

이것은 이것대로 좋다. 그런데 정책의 유효성과 능률성에 관한 분석평가정보는 특별히 정책결정자에게만 필요한 것은 아니다. 국민 일반에게도 필요하다. 사실 예전에 미국의 조사회운동에서의 능률논의에서는 항상 시민에 대한 유용한 정보제공의 필요성이 역설되었다.「능률적 시민활동」이라는 표어 아래서 논의되었던 것은 주로 시정에 관한 정확하고 단순명쾌한 평가정보를 어떻게 시민에게 제공하느냐는 문제였다. 그래서 도시 간 비교의 성적평점법이 그렇게 열심히 계속 탐구되었던 것이다. 이러한 평점법이 대단히 유치하고 부정확한 것이었다는 것은 앞에서 언급한 대로이지만 그 의도는 진지했다. 게다가 시민을 위한 정보는 문제의 소재를 알리고 관심을 환기하는 것이면 충분하고, 오히려 간명한 것이 하나의 중요한 요건이었으며 정책결정자를 위한 정보만큼 엄밀한 과학성을 요하지 않는 것도 확실하다. 일본에서도 정책결정자를 위한 분석평가수법의 개발에 못지않게 시민을 위한 분석평가와 그 제시방법에 관한 연구가 요청되고 있는 것은 아닐까?[245]

둘째는 첫째 문제와 밀접히 연관하는데, 정책의 유효성과 능률성에 관한 분석평가는 예산·인사·기구 등의 사정기관을 위한 것인가 아니면 현업 각 성·청의 정책결정자를 위한 것인가라는 문제이다. PPB는 양쪽을 위한 것이었지만, 사정기관의 유효성에 역점이 있었다고 할 수 있다. 하지만 그 후의 프로그램평가는 명백히 현업 각 성·청 자신의 유효성에 역점을 옮기고 있다고 생각된다. 「목표에 의한 관리」 대상 프로그램의 선정, 우선개선프로젝트의 선정이 점차 각 성·청의 의향에 맡겨지고 있다. 그리고 또 영국의 행정관리성(Civil Service Department)이 시도하고 있는 「관리평가」(management review) 방식도 행정관리성의 협력 하에 각 성·청의 주체성에 따라 성·청 단위에서 행하는 행정개혁인 점에 그 최대의 특징이 있다고 생각된다. 혹은 또 미국의 생산성측정작업에서 조직구성요소별, 성·청별로 계산한 생산성지표를 해당 성·청에는 제시하면서 이것을 공표하지 않는 것은, 이것이 각 성·청의 자발적인 개선에 사용되는 것을 기대하고 이것이 각 성·청에 대한 비난의 도구로 사용되는 것을 피하자는 취지일 것이다. 유효성과 능률성에 관한 분석평가의 성과를 어디까지 통제수단으로 사용해야 하는가. 이것은 대단히 어려운 문제이다. 분석평가의 성과는 현 상황에서는 여전히 매우 불완전하고 또한 이것이 통제수단과 직결하면 각종 병리적 현상을 불러올 위험도 많기 때문이다.

여기에 마지막 셋째 문제 즉 분석평가 성과의 활용방법의 문제가 있다. 예전에 사이먼은 관리정보 특히 회계정보의 용도에 대해 고찰하고 관리정보의 종류와 그 용도에서 3가지 종류를 구분했다.[246] 즉, 자신이 업무를 잘 처리하고 있는지 어떤지에 대한 의문에 답하기 위한 「성적평점」정보, 자신이 어떠한 문제에 대해 검토해야 하느냐는 의문에 답하는 「주의환기」정보, 몇 가지 방법 중에 어느 것이 가장 좋으냐는 의문에 답하는 「문제해결」정보라는 3가지이다. 그리고 동일한 정보가 회사경영자에게는 「주의환기」정보이며 공장장에게는 「성

---

[245] 필자 자신도 관계자의 한사람인데, 1973년에 무사시노(武蔵野)시에서 작성된 『武蔵野市地域生活環境指標』는 일본의 기초자치단체 차원에서 개발된 하나의 의의 있는 시도라고 생각한다.

[246] H. A. Simon, G. Kozmetsky, H. Guetzkow, & G. Tyndall(1968). "Management Uses of Figures," R. T. Golembiewski (ed.), *Public Budgeting and Finance*, Peacock. 또한 이것은 *Centralization vs. Decentralization in Organizing the Controller's Department*, Controllership Foundation, 1954에서 그 일부분을 발췌해 재록한 것이다.

적평점」정보라는 용도의 중층구조가 있는 것을 지적한 다음, 특정의 관리정보가 「성적평점」정보로서 기능할 때 거기에는 각종 기능장애현상이 발생할 수 있다는 것을 검증했다. 이 구분과 논점은 지금도 현실적으로 유효하다고 생각된다. 비용효과분석이나 비용편익분석은 본래 「문제해결」정보이며 이것이 「특별연구」(Special Studies)로 행해지는 것까지는 괜찮지만, 「프로그램·메모랜덤」(program·memorandum) 방식으로 이러한 정보를 간결하게라도 모든 사태에 관해 요구한 부분에 미연방정부의 PPBS 도입 상 문제점이 있었던 것은 아닐까. 또 업적평가제도든 생산성지표제도든 그 본래의 의도는 이것을 「주의환기」정보로 사용하는 것에 있어도, 이것이 전 성·청을 통한 하나의 제도로 정착했을 때 이 정보가 어떤 조직 차원에서는 「성적평점」정보로 받아들여지는 부분에 기본적인 문제가 있는 것은 아닐까?

분석평가와 그 성과의 올바른 활용방법이란 한편으로 필요 이상으로 공이 많이 들고 정도(精度)가 높은 분석평가를 요구하지 않고, 다른 한편으로 그 성과를 그 정도(精度)에 걸맞은 정도 이상의 용도로 사용하지 않는 것, 이것일 것이다.

제8장
행정재량

1. 시각의 설정

　행정학의 연구대상으로서「행정」에 대해 간결하게 정의하면 그것은「통치과정에서의 계통형 조직(=관료제)의 집단 활동」이라고 할 수 있다.[247]

　근대국가에서 현대국가로의 이행과정에서 일반적으로「값싼 국가」에서「직능국가」로의 전환이 이야기되듯이 행정서비스는 양적으로 확대했다. 또「야경국가」에서「복지국가」로의 전환이 설파되듯이 행정서비스는 질적으로 확충되었다. 그런데 현대 행정학의 성립에서 중요한 것은 행정서비스의 질·양보다는 오히려「입법국가」에서「행정국가」로의 전환이었다. 바꿔 말하면 행정부가 입법기능의, 더 일반적으로 말하면 정책입안기능의 주요한 담당자가 되고, 또 사법부의 통제로부터 자유로운 영역을 확대하기 시작한 결과로 통치구조에서 삼권 간의 상대적인 권력관계가 변동한 현실이야말로, 현대 행정학의 성립을 재촉한 계기였

---

[247] 이 정의는「공(公)행정은 공(公)정책을 실현하기 위한 행동 또는 과정이며, 체계적인 조직을 통해서 일상의 정부활동을 행하는 공무원의 집단적 작업이다」라는 정의(辻淸明『行政学概論』상권[東京大学出版会, 1966년], p.2.)와 대동소이하다. 굳이 차이점을 설명하면 첫째, 의회사무국이나 재판소사무국의 집단작업도「행정」이라 생각하기 때문에 또 입법기능, 정책입안기능도 관료제의 집단작업으로 행해지는 한「행정」이라 생각하기 때문에「공(公)정책을 실현하기 위한」이라는 한정 구를 삭제하고 있다. 둘째,「행정」의 특질이 일상의 정부활동에 가장 선명하게 나타난다는 것에는 이론이 없지만, 행정의 break through 혹은 혁명적 상황하의「행정」연구도 중요한 연구분야라 생각해,「일상의 정부활동을 행하는」이라는 한정을 피하고 있다.

다. 따라서 「정치·행정 이원론」을 극복하고 「정치·행정 융합론」을 확립해 온 미국 행정학사에 대해 논급할 것도 없이 정치의 행정화 또는 행정의 정치화는 현대 행정학의 기점을 이루고 있다.

문제는 정치와 행정의 융합을 어떠한 각도에서 파악하고 어떠한 단면에서 분석하느냐이다. 거시적인 관점에서 행정국가란 무엇인가, 무엇 때문에 생겨났는가, 어떠한 문제를 던지고 있는가를 논하고 현실의 국가에 보이는 행정국가화의 정도를 검증하면 충분할까? 관료제가 집단으로 수행하고 있는 정치기능에 대해 검증하면 족할까? 그러면 통치구조론에 머물까? 아니면 개개 행정기관 나아가 개개 행정관을 마치 정당·의원·압력집단과 동질한 집단인 것처럼 각각 독자의 요구구조와 정치적 영향력을 가진 행위자로 간주하고 그 영향력의 교착상황을 해명하면 충분할까? 그것은 관료제에 분석의 「장」(場)을 설정한 정치과정론 이상의 것일 수는 없다.

행정의 정치성 그 자체는 행정학이 새삼 해명할 만한 가치가 있는 주제라고는 생각하지 않는다. 관료제 내의 결정과정이 온갖 영향력의 투쟁의 장이라는 의미에서도, 또 행정이 사회적 가치를 불균등하게 배분하는 메커니즘이라는 의미에서도, 게다가 관료제의 조직이나 절차의 미미한 변경조차 항상 권력분포에 무언가의 변동을 초래한다는 의미에서도 행정이 철저히 정치적이라는 것은 자명한 사실이기 때문이다.

정치와 행정의 융합을 좀 더 행정학적으로 고찰하기 위해서는 관료제 내부에 형성된 정치과정의 특질을 관료제 외부에서 전개되는 정치과정과 대비해서 추출할 필요가 있을 것이다.

그 특질로는 우선 3가지를 들 수가 있다. 첫째, 그것은 관료제의 집단작업인 까닭에 몇 가지의 특질을 갖고 있다. 예를 들면 기관결정은 대부분 늘 복수의 구성원에 의한 결정의 복합물이다. 또 최종적인 결재는 계통형의 권한체계에 의해 제도적으로 보증되어 있다. 관료제 내에서도 비공식적 권위나 권력이 중요한 작용을 하고 있는 것은 말할 것도 없지만, 이것이 권한의 그림자를 완전히 소거하지는 않는다. 둘째, 관료제는 대표성을 주장할 자격을 갖고 있지 않으며 또 자기의 이익을 적나라하게 요구하는 것이 허락되지 않기 때문에 그 결정의 합법성과 공익성을 논증하지 않으면 안 된다. 바꿔 말하면 행정관의 행동은 항상 「기술의 언어」나 「기술자의 논리」라고 할 만한 것으로 무장되어 있다. 여기서 말하는 「기술」에는 입법기술, 법령의 해석기술은 물론이고 사업과 예산을 결부시키는 기술, 절차를 구사하고 절차에 도피하는 기술, 정보의 수집·처리·해석의 기술, 공익성을 논증하는 표현기술에 이르는 모든 기술이 포함된다. 그리고 셋째의 특질은 관료제 내의 결정과정이 공개적 토의에 노출되기 어렵고 불투명하고 접근 곤란하다는 점이다.

행정학적인 고찰은 정치과정이 이러한 특질에 규정되어 어떻게 변질하는가 하는 점에 집중되어야 할 것이다. 특히 「기술과 정치의 교착」이야말로 행정학적 고찰의 핵심을 이루는 것은 아닌가 하고 생각된다. 이러한 관점에 서서 「행정」을 분석하는 하나의 방법으로 개개 행정관에 의한 「결정작성」의 구조에 관한 미시적인 분석에서부터 구상하는 방법이 생각될 수 있다. 그리고 행정에서 「기술과 정치의 교착」에 착목하면서 이 「결정작성」의 구조분석을 거시적인 행정국가론에까지 관련지어 가는 하나의 열쇠는 「재량」개념의 재구성이 아닐까. 이것이 이 글의 기저를 유지하는 가설이다.

하지만 유감스럽게도 「재량」개념을 새롭게 근본에서부터 재구성할 만큼의 여유도 준비도 없다. 그래서 이 글의 당면 목적은 관련 제 학문에서 「재량」개념에 어떠한 공통점과 차이점이 있는지를 확인함과 동시에, 일본의 행정국가현상에 대처한다는 지극히 실천적인 의도에서 「재량」론에서의 공백부분의 소재를 지적하는 것에 한정한다.

그래서 이 글에서는 먼저 일본의 행정법학에 전통적인 자유재량행위론의 구성에서부터 개관하고 그다음에 행정학에서의 행정책임론의 구성에 대해 검토한다. 이것을 통해 행정입법 측면에서의 「재량」과 내재적 제도적 통제의 의의가 경시되어 있는 사실, 특히 후자에 대해서는 이것이 행정부 또는 행정기관(행정법학적으로 말하면 행정청)의 「재량」과 개개 행정관의 「재량」과의 구별의 경시에 유래하고 있는 사실이 밝혀질 것이다. 그래서 다음에는 이 점에 대해 시사를 주기 위해 조직론에서의 「재량」의 인식방법을 소개한다. 그리고 마지막으로 「재량」의 통제, 「책임」의 확보를 위한 방책이 궁극적으로는 준칙의 구체화(정립)와 객관화(공개)에 집약되는 것을 지적하고 이 글을 끝맺고자 한다.

2. 행정법학에서의 재량론 行政学の基礎概念

법률은 행정관이 개별 구체적 상황에서 취해야 할 행동의 세목에 대해서까지 전부 다 기속(羈束)적으로 규정하고 있지 않다. 여기에 행정법학에서 재량론이 필요하게 되는 근본 원인이 있다.

그러나 일본의 행정법학에서의 재량론은 법치행정원리에 대한 사고방식이나 광의의 「소의 이익」[248]에 대한 사고방식 등과 같은 큰 논점이 복잡하게 착종한 문제영역을 구성하고 있으며, 비전문의 인간이 이것을 적확하게 정리 요약하는 것은 어렵다. 이 착잡함은 강학상으로 자유재량행위론이라는 개념이 설정되어 있고 그 개념구성에 관해서는 법률의 규정 이외의 요인을 고려하는 유력한 학설이 존재하는 것에 기인하고 있다고 말할 수 있다.

자유재량행위의 개념에 대해서는 크게 나누어 3가지 학설이 있다고 한다.[249] 첫째는 법의 규정방식에 따른 설이며, 둘째는 행위의 성질에 따른 설, 셋째는 법의 취지목적의 합리적 해석에 따른 설이라 한다. 이러한 3개의 각 범주로 분류되고 귀속되어 있는 제 교수의 학설에는 더 다양한 분화가 인정되지만, 여기서는 대조적인 학설로서 첫째의 법의 규정방식에 따른 설을 대표로 하는 사사키 소이치(佐々木惣一) 등의 학설과 둘째의 행위의 성질에 따른 설을 대표하는 미노베 다츠키치(美濃部達吉)의 학설에 대해 살펴보기로 하자.

사사키 등에 따르면 재량처분(자유재량행위)이라 할 만한 표준으로는, 법이 (1) 행정기관이 어떤 처분을 할 수 있는 것에 관해서만 규정을 두고 그 외에 어떠한 규정을 하고 있지 않은 경우, (2) 행정기관이 공익을 위해 필요하다고 인정할 때 또는 공익을 위해 필요할 때는 어떤 행정처분을 할 수 있다고 규정한 경우, (3) 단순히 행정기관이 필요에 따라 어떤 행정처분을 할 수 있다고 규정한 경우, (4) 행정기관이 사인(私人)의 요구에 기초해 어떤 행정처분을 할 수 있다는 것을 규정하고 그 위에 어떠한 다른 규정을 하고 있지 않은 경우를 들 수 있다고 한다. 이 설은 철저한 문리해석적인 표준에 따라 행정소송에서의 사법권과 행정권의 권한분배를 일의적으로 정해 법적 안정성을 담보하려고 한 것이라 할 수 있다.

한편 미노베는 「자유재량의 행위는 법률규정의 표면만으로는 단정하기 어려운 문제이며, 법률의 규정에 따른 것 외에 오히려 행위의 성질에 따라 이것을 판단하지 않으면 안 된다」고 한다. 그리고 자유재량행위 여부의 표준에 대해, (1) 인민의 권리를 침해하고 이것에

---

[248] 광의의 「소의 이익」에는 하라다(原田)의 정리에 따라 1) 청구의 내용이 재판의 대상이 되는 적성을 갖고 있는가(소송대상의 문제), 2) 당사자가 청구하는 데 있어 정당한 이익을 갖고 있는가(당사자 적격의 문제), 3) 주변의 정황에 비추어 청구에 대해 재판소가 판단을 내리는 구체적인 실익이 인정되는가(구체적 이익 또는 필요성의 문제)의 3가지 측면을 포함하는 것으로 이해하고 있다. 原田尚彦 「訴えの利益」 (田中二郎·原竜之助·柳瀬良幹編 『行政法講座第3巻·行政救済』 〔有斐閣, 1964년〕), pp.253-254.

[249] 일본 행정법학에서의 자유재량행위의 개념에 관한 이하의 정리요약은 거의 전면적으로 山田幸男 「自由裁量」 (田中二郎·原竜之助·柳瀬良幹編 『行政法講座第2巻·行政法の基礎理論』 〔有斐閣, 1964년〕)의 서술에 의하고 있다. 정확하고 상세한 내용은 동 논문을 참조 바람.

부담을 명하고 또는 그 자유를 제한하는 처분은 어떠한 경우에도 자유재량의 행위일 수는 없다, (2) 인민을 위해 새로운 권리를 설정하고 그 외 인민에게 이익을 공여하는 처분은 법률이 특히 인민에게 그 이익을 요구할 권리를 주고 있는 경우를 제외하고 원칙으로 자유재량의 행위이다, (3) 직접 인민의 권리의무를 좌우할 효과를 일으키지 않는 행위는 법률이 특히 제한을 가하고 있는 경우를 제외하고 원칙으로 자유재량의 행위이다는 3가지 원칙을 제시했다. 미노베의 3가지 원칙은 자유재량의 개념구성에도「법률의 유보」이론=침해유보설의 시점을 도입한 것이었다. 이 학설이 전개된 시대적 배경을 생각하면, 즉 사법부에는 위헌입법조사권이 없고 행정부에는 인민의 권리의무에 관한 법규라 하더라도 긴급칙령이나 독립명령을 발하는 광범위한 권한이 인정되고 있던 메이지헌법하의 통치구조라는 배경에 비추어 생각하면, 이 학설은 문리해석에만 의지하는 것의 위험성을 주장하고 자연법적인 기본권의 옹호를 도모하려고 하는 자유주의적인 학설이었다고 평가할 수 있다.

이 미노베 설은 현재에도 여전히 행정법학에서의 자유재량행위론의 기저를 계속 떠받치고 있는 것처럼 생각된다. 이것은 앞의 셋째 학설인 법의 취지목적의 합리적 해석에 따른 설을 대표하는 것으로서, 법이 사안의 성질상 일반법칙성을 예정하고 있는 경우와 법이 행정청의 정치적 재량 또는 기술적 재량을 허용하는 취지인 경우가 법의 해석에 따라 도출될 수 있다고 하면서 전자가 법규재량(기속재량)이며 후자가 편의재량(공익재량)이라는 다나카 지로(田中二郎)의 설에 대해, 이 설은 그 기본에서 미노베와 동일하다고 평가되고 있는[250] 것에서도 짐작되는 부분이다.

그런데 현재 논해야 하는 것은 일본국 헌법하의 통치구조에서도 여전히 미노베와 같은 자유재량행위개념이 필요한지 여부일 것이다. 이 물음은 소급적으로「법률의 유보」=법규개념은 필요한가, 침해유보설은 타당한가라는 논쟁에도 관련한다. 하지만 법치행정원리의 사고방식으로서 전통적인 침해유보설에 서서「법률의 유보」와「법률의 우월」의 2단계를 취할까,「법률의 유보」영역을 부분적으로 확대할까, 이것을 예산유보설로 보완할까, 아니면 전부유보설에 입각할까라는 것은[251] 입법권과 행정권의 관계 문제이며, 사법권과 행정권의 관계를 주제로 하는 자유재량행위개념과는 별개 독립의 논점이지 않을까? 그렇다면「법률의

---

250) 상동, pp.129-130.
251) 이 논점에 대해서는 주로 山田幸男「給付行政法の理論」(雄川一郎·高柳信一編『岩波講座·現代法第四卷·現代の行政』(岩波書店, 1966년), 그리고 塩野宏「資金交付行政の法律問題」(『国家学会雑誌』제78권 3·4호, 5·6호, 1964년)을 참조 바람.

유보」이론의 유효성과는 일단 따로 자유재량행위개념의 유효성을 논할 수 있을 것이다.

자유재량행위개념이 필요한지 여부는 행정사건소송법 제30조(「행정청의 재량처분에 대해서는 재량권의 범위를 넘은 또는 그 남용이 있은 경우에 한해서, 재판소는 그 처분을 취소할 수 있다」)에서 말하는 「재량처분」이 강학상의 자유재량행위를 의미하는 것인지 아닌지 라는 법해석에도 관계되어 있다. 이 점에 대해서는 이미 야마다 유키오(山田幸男)가 상세히 논했듯이 판례에서 재량권의 유월(踰越)·남용이 이야기되고 있는 것은 오히려 기속재량(법규재량)행위에 대해서인 것, 최고재판소가 학생·공무원의 징계처분, 공무원의 분한(分限)처분 등 지금까지 「법률의 유보」에 속하지 않는다고 해 온 행정분야에 대해 재량권의 유월·남용의 법리를 적용하고 있는 것, 또 판례에는 어떤 처분을 자유재량행위로 하고 다른 어떤 처분을 기속재량행위로 하는 것도 많은데 이러한 판례에서도 양자 구별의 일의적인 표준을 제시한 것이 전혀 없다는 것 등에서 생각하면, 실무상 「재량권」의 개념만 있으면 자유재량행위의 개념은 불필요하다는 견해도 성립할 여지가 있다.[252]

그런데 행정법학의 재량론에는 자유재량행위인가 기속재량행위인가, 자유재량행위의 재량권인가 재량행위일반의 재량권인가라는 2개의 논점에 더해, 또 하나 소위 「자유재량의 본질」이라고 해야 하는 것이 법률요건에 해당하는 사실의 인정이나 사실의 법률요건에의 적용을 둘러싼 판단의 여지에 있는지, 아니면 언제 어떠한 행위를 하는가 하지 않는가라는 행위를 둘러싼 선택의 자유에 있는지라는 논점이 있다. 전자의 견해를 취하는 학설이 요건재량설=판단재량설이라 불리고, 후자의 견해를 취하는 학설이 법효과재량설=행위재량설이라 불리고 있다. 그리고 자유재량행위개념에 대해 법의 규정에 의하는 설을 취하는 계보가 요건재량설에 서 있고, 행위의 성질에 따르는 설을 취하는 계보가 법효과재량설에 입각하고 있는 것은 분명하다는 견해도 있다.[253]

그런데 이러한 설 상호 간의 대응관계는 그다지 명료한 것처럼 보이지 않는다. 실제로 요건재량설에 입각하면서 법효과재량을 인정하는 논자가 있으며 또 그 역의 논자도 있다는

---

[252] 山田幸男, 전게 「自由裁量」, p.134, p.151. 정확히 말하면 야마다는 이러한 사고방식을 일단은 올바르다고 생각한다고 한 다음 「그러나 …… 장래 위 조문의 해석적용상에서 반드시 직면하지 않으면 안 되는 문제는 법률의 유보에 속하지 않는 행정에 대해 법률의 유보에 속하는 행정에 대해서와 완전히 동일한 해석을 하는 것이 올바른지 어떤지라는 것이다. 장래 이 문제에 답하기 위해서는 나는 우선 소위 법률의 유보에 속하지 않는 행정분야에서의 다양성에 주목하지 않으면 안 된다고 생각한다」고 언급하며 진중한 보충설명을 보태고 있다. 동 논문, pp.151-152.
[253] 상동, p.142.

것, 더욱이 요건재량이 법효과재량으로 구체화한다는 논자도 존재하는 것 등을 보면 이러한 양자택일적인 개념이 법학이론으로서 혹은 사법심사의 도구개념으로서 어느 정도 필요한 것인지 의심이 생긴다. 전통적인 개념 틀에 따라서 보면 「법률의 유보」에 속하지 않고, 게다가 실정법의 제도가 없고, 「법률의 우월」이 작용하고 있지 않은 영역에서의 자유재량행위는 행위재량으로밖에 설명할 수 없을 것이다. 이 점을 따로 하면, 즉 어떤 법의 규율이 존재하는 영역에 대해서는 요건재량이나 법효과재량이라 해도 결국은 어떤 행위를 자유재량행위로 인정할 때의 논리구성 방식의 차이에 그치는 것은 아닐까?

이상으로 일본 행정법학에서의 재량론의 개념을 정리해 봤다. 그래서 이하에서는 먼저 다음 항 이후의 논의를 전개할 필요에서 감히 문외한에 의한 폭론이 되는 것을 겁내지 않고 행정법학의 틀에 입각해서 그 재량론에 관한 나 자신의 견해를 대담하게 논하고, 이것에 이어 행정법학에서의 재량론의 외곽선을 재확인해 두고자 한다.

첫째, 요건재량과 법효과재량과의 양자택일적 개념구성은 법학이론으로서 혹은 사법심사의 도구개념으로서는 불필요할 것이다. 요건판단과 행위선택과의 이분론이 가능하면 사실인정과 사실의 법률요건에의 적용과 행위선택이라는 삼분론도 가능하며 게다가 법률요건을 경험개념과 가치개념으로 세분하는 것도 가능하다. 그 때문에 이 점에 대해서는 「행정법령이 행정기관에게 행정행위를 행하는 권한을 주는 경우에는 피수권기관·목적·요건·절차·상대방·시기·형식·의무부여의 유무 등, 즉 어떠한 행정기관이, 어떠한 목적에서, 어떠한 경우에, 어떠한 절차를 거쳐, 어떠한 사람에 대해, 어떠한 시기에, 어떠한 형식으로, 어떠한 내용의 행정행위를, 할 수 있는지 또는 하지 않으면 안 되는지 등을 어떻게 규정해야 하는가가 문제로 된다」[254]고도 언급되고 있듯이, 오히려 행위의 모든 측면에 관해 재량의 여지가 있는 것을 확인하는 것이 선결이다. 또 무엇에 대한 재량인가라는 이 논의는 자유재량행위에 한정된 논의가 아니라 재량행위 일반에 타당한 논의라고 생각한다. 그러면 요건재량과 법효과재량, 판단재량과 행위재량이라는 개념은 완전히 무의미하냐고 하면 그렇게는 생각하지 않는다. 왜냐하면 요건재량설은 행정재량이 생겨나는 주원인을 행정의 전문성·기술성에서 찾아내고, 법효과재량성은 이것을 행정의 편의성·합목적성에서 찾고 있는 경향이 있으며,[255] 그것은 행정학에서의 책임론의 주제와도 밀접히 관련하고 있기 때문이다. 그 의미

---

254) 杉村敏正「行政の裁量」(雄川一郞·高柳信一, 전게 『現代の行政』 p.77.
255) 이점은 야마다가 적확하게 고찰하고 있다. 전게 「自由裁量」 pp.145-146.

· 제8장 · 행정재량

에서 이것은 현대에서의 행정재량의 확대현상에 관한 사실인식과 평가에 관계되는 중요한 논점이다. 다만 무엇에 대한 재량이 문제가 되는지는 개별구체의 사례마다 다르기 때문에 이것에 대해 사법심사를 하기 위한 도구개념으로서는 불필요할 것이라고 말할 뿐이다.

둘째, 기속재량행위와 자유재량행위의 이분론은 불필요하며 오히려 해로울 것이다. 먼저 의회제정법주의나 법치행정원리가 확립되고 기본적 인권의 보장과 위헌입법심사권의 확립이 이루어진 일본국헌법하의 통치구조에서는 사법권과 행정권의 관계에 대해「법률의 유보」이론을 도입할 필요는 이미 없다고 생각하기 때문이다. 또 하나는 헌법 제31조와 제76조의 규정에서 말해도 절대적으로 사법심사에 복종하지 않는 행정행위라는 것을 허용할 여지는 없다. 더욱이 또 하나는 전통적인 자유재량행위론에는 광의의「소의 이익」에 관한 논의가 불분명하게 섞여 있던 경향이 있으며,「소의 이익」문제를 따로 논할 때 자유재량행위라는 독자의 개념은 불필요하게 된다고 생각하기 때문이다. 요컨대 기속재량행위와 자유재량행위라는 것은 재량영역의 광·협을 시사하고 있음에 지나지 않는다.[256] 그리고 재량영역의 광·협은 연속적인 정도의 문제이며, 이것을 굳이 재량영역의 넓은 행위와 좁은 행위로 획일적으로 이분하는 것은 오히려 유해하다.

더 부언하면 자유재량행위의「자유」란 어떠한 자유인지 분명치 않다. 입법부의 행정부에 대한 허용으로서 판단이나 선택의 자유가 주장되고 이것이 지극히 애매하게 사법심사로부터의 자유와 결부되고, 때로는 이것이 나아가 공익판단은 행정의 전권에 속한다는 독선적인 교의와 결부된다. 여기에 용어가 가진 위험성이 있다. 법률에 따른 규율에 공백이 있고 혹은 규율이 불확정적이라 해도 이것을 바로 입법부가 행정부에 의한 판단·선택의 자유를 적극적으로 허용한 것이라 할 수는 없다. 만약에 그것이 적극적인 허용이었다 해도 그것은 조금도 사법심사로부터의 자유를 정당화하지 않는다.

셋째, 위의 점과 관련해서 재량권이라는 용어의 타당성에 대해서도 검토가 필요하다. 전술한 바와 같이 자유재량행위개념의 필요성을 부정하는 것은 행정사건소송법 제30조의「재량처분」을 재량영역을 포함한 처분일반으로 해석하고, 행정재량에 대한 사법심사의 문

---

[256] 「행정처분에 대한 자유재량이나 기속재량이라 해도 양자는 본질적인 차이가 있는 것은 아니고, 요컨대 재량이 허용되는 범위에 대해 광·협의 차이가 인정되고 있음에 지나지 않으며, 따라서 행정청이 만약에 이 재량의 범위를 넘어 처분한 경우에는 예를 들어 그것이 자유재량에 속하는 것일지라도 그 처분을 위법으로 하는 것은 조금도 지장을 주지 않는다」(동경지재 1964·4·27 판결).

제를 오로지 재량권의 유월(踰越)과 남용의 법리를 가지고 처리해야 한다는 입장을 취하는 것을 의미한다. 여기서 문제 삼고 싶은 것은 재량권이라는 용어가 재량영역을 포함한 권한이라는 의미로도 재량하는 권한의 의미로도 인식될 수 있다는 점이다.

재량하는 권한이 되면 자유롭게 재량하는 행위와 동일한 어감을 가지고 뭔가 행정의 전권에 속하는 것이 있는 것처럼 받아들여진다. 프랑스에서는 「권력찬탈」(détournement de pouvoir) 법리의 전개로서 「재량권」(pouvoir discrétionnaire)의 개념이 도입되어 있다고 한다. 그런데 영미에서는 어떠할까? 부족한 지식의 범위 내에서 말하면 적어도 미국의 법률·판례에서는 오로지 「재량의 남용」(abuse of discretion)표현이 사용되고 있는 것처럼 생각된다. 때로 「권한의 유월」(excess statutory authority)의 표현이 사용되지만, 이것은 어디까지나 실체법상 수권되어 있는 권한 그 자체의 유월을 가리키고 재량영역에 대해 재량하는 권한의 유월과는 취지를 달리하고 있다.[257] 일본에서는 실정법에 재량권이라는 표현이 있는 이상 이 용어의 사용을 완전히 배제할 수는 없지만 사용을 피하고 싶은 용어이다. 그것은 바로 행정에서의 재량영역의 존재는 사법권이 「소의 이익」을 부인하고 혹은 사법권의 적성과 능력의 한계를 인정해서 사법심사를 자기제한하는 것의 반사효과에 지나지 않는다고 생각하고 싶기 때문이다. 입법부가 유효하게 규율하지 않고 사법부가 개입을 자제한 재량영역이란 이것들에 대신할 유효한 통제수단의 개발이 기대되는 영역이라고 생각하고 싶다.

넷째, 행정재량에 대한 사법심사를 확충하기 위해서는 먼저 조리(條理)법의 불확정성을 극복하는 노력이 요구될 것이다. 판례 중에는 재량권의 유월과 남용의 법리를 적용하는 기준으로 「전혀 사실상의 근거에 기초하지 않는다고 인정되는」경우에 더해 「사회관념상 현저하게 타당을 결여」한 경우를 들고 있는 것이 적지 않은 것 같다. 그런데 불확정개념에 기인

---

[257] K. C. Davis(1971), *Administrative Law Treatise-1970 Supplement*, West Publishing Co.와 K. C. Davis(1969), *Discretionary Justice*, Louisiana State University Press에서는 「재량」(discretion), 「재량의 남용」(abuse of discretion), 「권한의 유월」(excess of statutory authority)과는 따로 자주 discretionary power라는 표현이 사용된다. 그러나 이 표현은 주로 「준칙제정」(rule making)에 의한 재량의 통제와 관련해서 사용되고 있으며 재량하는 사실상의 권능이라는 뉘앙스가 강한 것으로 재량하는 권한과는 다른 것처럼 생각하지만 어떠한 것일까.

또한 미국 행정절차법에서는 「법률상 기관재량에 위임한 기관행위」(agency action is committed to agency discretion)라는 개념이 있으며, 이것을 사법심사의 대상에서 제외하고 있다. 그러나 판례·학설 등은 이 개념을 매우 엄밀하게 해석하고, 법률이 사법심사를 배제하는 취지를 명시하고 있는 경우에 한정하려고 하는 것 같다. K. C. Davis, *Administration Law Teratise-1970 Supplement*, op. cit., §28. 16. 이러한 행위에 대해서는 「재량권」의 표현도 타당할 수 있을지 모르겠다.

하는 재량을 통제하는 기준이 「사회관념」이라는 전형적인 불확정개념에 의존하고 있어서는 문제가 해결되지 않는다. 이 한계를 돌파하기 위해서는 비례원칙, 평등원칙, 신의성실의 원칙이나 금반언(禁反言)의 원칙, 타사(他事)고려나 필수사항고려에 대한 원칙 등을 구체적으로 조작 가능한 조리법으로 발전시키고, 공익원칙을 분해해 가능한 상기와 유사한 원칙을 추출할 필요가 있다. 행정법학자가 행정절차법 제정의 필요성을 주장하는 것은 본디 중요하지만, 이것을 주장하는 것만으로 만사 끝이라는 것은 너무나 안이하다 할 것이다.[258]

그러면 행정법학의 재량론에 대한 전통적인 틀에 입각한 고찰은 이상으로 그치고, 이어서 이 재량론의 외곽선, 틀 그 자체의 한계를 확인해 두기로 하자.

먼저, 행정법학에서의 전통적인 재량론은 사법심사와의 관계에서 자유재량행위론이었기 때문에, 그것은 오로지 소위 행정행위와 행정강제에 따른 재량 또 최종적인 행위에 따른 재량을 대상으로 해 왔다. 그 때문에 사실행위에 따른 재량, 경과적인 내부행위에 따른 재량, 게다가 행정입법에 따른 재량의 문제, 그리고 이러한 재량의 통제문제는 완전히 틀 바깥에 두어져 있었다.

최근의 재량론은 이러한 재량영역과 그 통제까지 포괄해서 「행정재량」으로 파악하는 방향에 있다.[259] 그리고 그 중에는 반드시라고 해도 좋을 정도로 행정절차의 중요성, 특히 일본에서 아직 법제가 정비되어 있지 않은 사전절차에 관한 절차법의 필요성이 주장되고 있다(일본의 행정절차법은 1993년에 제정됨). 그러나 훈령(통달)형식의 명령(시달) 또는 직무명령과 재량의 관계에 대한 고찰은 대단히 불충분하다. 또 공물·영조물행정, 자금교부행정 등이라 불리는 비권력적 행정작용에서의 계획과 재량의 문제, 내부사무처리규정, 영조물규칙 등과 재량의 문제에 대해서도 마찬가지이다. 요컨대 행정절차에 관한 논의도 전반적으로는 여전히 문제지적의 수준을 벗어나지 못하고,[260] 특히 내부적인 행위에 대해서는 백지에 가깝다

---

[258] 이것은 무로이 치카라(室井力)가 그의 저서 『現代行政法の原理』(勁草書房, 1973년) 중에 「行政裁量」과 「行政手続の適正化」라는 두 논고 속에서 명확히 주장하고 있는 부분이라 할 수 있다. 특히 후자의 논고에서 「행정절차의 적정화는 그것이 어떻게 충족되어도 여전히 행정실체법에서 이론재구성의 필요를 조금도 감소시키는 것이 아니고, 오히려 거꾸로 양자는 끊임없이 밀접한 관련 하에 생각되지 않으면 안 된다는 것은 말할 것도 없다」고 언급하고 있는 점에 동조하고 싶다.

[259] 대표적인 것으로 전게의 杉村敏正 「行政の裁量」을 들 수 있다. 또 전게의 室井力 「行政裁量」은 간략한 것이지만, 스기무라(杉村敏正)의 입장과 기본적으로 동일하다.

[260] 미국행정법의 도입, 특히 행정절차법에 관한 사고방식의 도입에 노력한 소노베 이츠오(園部逸夫) 의 업적들은 평가할 만한 가치가 있을 것이다.

고 해도 좋을 것이다.

그리고 또 최근의 「행정재량론」에서조차 행정부가 대부분의 법률안을 작성해 국회에 제안하고 있는 사실, 이 측면에서의 이른바 절대적인 재량에까지 되돌아가서 행정재량론을 전개하고 있는 것은 전혀 없음에 유념해 두자.

3. 행정학에서의 책임론

미국 행정학에서는 그리고 이것을 도입해 온 일본 행정학에서는[261] 「재량」에 대해 본격적으로 논한 적은 거의 없다고 해도 무방하다. 재량 그 자체의 구조와 기능의 분석보다 행정에서 광범위한 재량영역의 존재를 전제했을 때의 행정 「책임」에 초점이 맞춰져 왔다. 미국 행정학에서는 무엇 때문에 행정책임론이 행정재량론을 대체해 왔던 것일까?

미국의 행정책임론은 1935년경부터 전개되어 1940년대를 통해 그 기본적인 틀을 확립하고 있다. 그것은 뉴딜행정과 이것에 이은 전시행정이 통치구조에 초래한 변동을 직접적인 계기로 하고 있다. 보다 구체적으로 말하면 뉴딜기에는 연방의회가 의결한 입법에 대해서 대통령에 의한 거부권 발동의 빈도가 비약적으로 늘었다. 또 새로운 뉴딜입법의 대부분은 행정부에서 입안되고 그것은 실질적으로는 「정부제출법안」과 다르지 않은 형태로 연방의회에 제안되었다. 이것은 연방의회에 의한 입법기능의 독점을 깨고 의원입법의 원칙을 실질적으로 무너뜨려가는 것이었다. 게다가 뉴딜입법에서는 그리고 전시입법에서는 더욱더 법률에 의한 대통령명령(executive order)과 행정기관 준칙(rule)에의 위임이 증가하

---

[261] 「미국 행정학에서는」이라고 했지만, 미국에서 행정책임론을 전개해 온 사람들, 디목, 가우스, 프리드리히, 파이너, 매스, 래드웨이, 페녹, 세이어, 길버트 등 대부분이 자칭 정치학자라는 점에서 보면 정확히는 「미국 정치학에서는」이라고 해야 할지 모르겠다. 그렇지만 미국 정치학과 행정학을 명확히 구별하는 것은 무의미한 점, 행정책임론이 『미국 행정학회지』에서 반복적으로 논의된 주제인 점, 이것을 일본에 도입하고 있는 것이 전적으로 자칭 행정학자인 점을 생각해, 여기서는 편의상 「미국 행정학에서는」이라고 표현해 두기로 했다.

또한 행정책임론을 도입한 일본의 업적으로서는, 辻清明「行政における権力と技術」(『思想』1950년 3월호), 長浜政寿「現代官僚制とデモクラシー」(日本政治学会編『年報政治学·1951년』), 渡辺保男「行政責任確保の推移」(斎藤真編『現代アメリカの内政と外交』[東京大学出版会, 1959년]), 村松岐夫「行政学における責任論の課題」(『法学論叢』제75권 1호), 中村陽一「行政過程における『市民参加』」(『国家学会雑誌』제78권 9·10호), 加藤一明他『行政学入門』(有斐閣, 1966년) 중의 Ⅱ「行政責任論」, 足立忠夫『行政学』(日本評論社, 1971년) 중의 제3부「現代行政学の諸問題-行政責任論を中心として」, 大森弥「行政における機能的責任と『グラス·ルーツ』参加(一)」(『国家学会雑誌』제83권 1·2호)가 있다.

고[262] 혹은 불확정개념을 사용한 입법이 늘어났기 때문에 행정에서 재량영역이 현격히 확대했다. 일반적으로 말하면 긴급사태를 배경으로 사실의 차원에서 행정권능의 상대적 강화가 진행했을 뿐만 아니라 평가의 차원에서도 행정부에 의한 적극적인 정치지도의 필요성이 주장되기 시작했다.

행정부에 의한 정치지도는 「대표성」(representation)의 문제에 관계된다. 여기서 행정부가 주로 대통령을 의미한다면 「대표성」의 문제는 어떤 의미에서 미국에 전통적인 대통령의 「국민 대표성」과 의회의 「지역 대표성」의 균형 문제에 머물 것이다. 하지만 행정부가 대통령의 자유로운 통제권 밖에 있는 독립규제위원회나 직업행정관으로 구성된 관료제를 의미할 때 이것들은 「대표성」을 결여하고 있기 때문에 그 권능의 정통성이 물어지지 않을 수 없다. 그래지어 식으로 말하면 현대국가에서는 「대표」의 기능차원이 「토론수준」에서 「행정수준」으로 이행하는 것인데,[263] 「행정수준」에서의 「대표」는 도대체 어떻게 확보될 수 있을까? 미국 행정학은 행정권능의 강화를 시인하는 입장에서 「대표성」에 대신하는 정통성의 근거를 궁극적으로는 행정의 민의에의 「응답성」(responsiveness)에서 찾으려고 했다. 이것이 「책임」(responsibility)론의 형성으로 이끈 이른바 적극적인 원인이었다고 말할 수 있다.

동시에 행정학의 관심이 재량의 사법심사로 향하지 않았던 이른바 소극적인 원인도 있었던 것처럼 생각된다. 먼저 행정의 사법심사에 대해서는 이미 관습법의 강한 전통이 있었다. 또 일본에서 말하는 행정행위에 해당하는 허인가 등의 대부분이 주나 지방자치단체의 권능이었다. 그리고 연방의 규제행정 대부분은 독립규제위원회에 의한 준칙제정과 심결(審決: adjudication)제도에 위임되어 심결절차의 사법화가 진행되고 있었다. 덧붙여 말하면 행정책임론의 형성기는 마침 미국에서 사법권의 패퇴기에 해당하고 있었다. 더구나 일반행정기관을 대상에 포함하고 또 행정절차 전반의 사법화를 의도한 행정절차법 제정의 움직임은 대통령의 거부에 직면해 그 실현은 1946년까지 기다리지 않으면 안 되었다. 즉, 사법심사의 더 한층 철저는 적어도 당시의 행정학자의 눈에는 긴급한, 정치적으로 실현 가능한, 바람직

---

[262] 일본에서는 대부분의 법률에 대해 먼저 이것을 받은 정령이 제정되고 나아가 그 세목을 성령 등에서 구체화해 가는 것이 일반적인 행태지만, 미국에서는 법률에서 대통령명령에 위임된 것과 직접 각 행정기관의 성령·위원회규칙 같은 것에 위임된 것으로 분화되어 있다. 미국의 행정입법에 대해 생각할 때에 유의해야 할 점일 것이다. 또한 미국의 rule에는 성령적인 것에서 훈령, 행정규칙, 계획적인 것까지 포함되어 있으므로 여기에서는 「준칙」으로 해석해 두기로 했다.

[263] A. de Grazia(1951). *Public and Republic*, Knopf.

한 방책으로는 생각되지 않았고 그것이 「기속과 재량」에의 관심을 약하게 하고 있었다고 생각된다.

그러면 미국 행정학에서 책임론은 어떠한 이론구성을 했던 것일까? 행정책임론의 전모를 정리요약한 길버트에 따르면, 「책임」을 그 통제수단의 관점에서 분류하면 먼저 통제수단에 법적인 뒷받침이 있는지 없는지에 따라 「제도적」(formal) 책임과 「비제도적」(informal) 책임이 있으며, 통제가 행정부의 외부에서 행해지는지 내부에서 행해지는지에 따라 「외재적」(external) 책임과 「내재적」(internal) 책임이 있다고 하면서 이 양축을 조합해 책임의 4가지 유형을 설정하고 있다.[264]

만약에 이 유형 구분에 따라 각 유형의 책임과 그 통제수단과의 대응관계를 보면 외재적 제도적 책임은 입법부에 의한 통제와 사법부에 의한 통제에 대응한다. 외재적 비제도적 책임이란 국민(the public)에 대한 책임이며, 매스컴의 보도, 이익집단의 압력활동, 시민참가 등의 영향력에 대응한다. 그리고 내재적 제도적 책임은 상급기관에 의한 훈령·직무명령 등의 지휘감독, 재무·인사·조직·문서 등의 관리통제, 행정감찰 등에 대응한다. 마지막의 내재적 비제도적 책임이란 행정관에 의한 자기규율의 책임이며, 채용방침이나 연수가 이것을 촉진하는 것은 가능하더라도 그 성질상 이것을 통제하는 수단은 없다.[265]

이렇게 보면 행정의 책임론은 행정의 통제론과 같은 것은 아닌가 하는 의문이 생길 것이다. 이 의문은 반은 맞고 반은 틀린다. 왜냐하면 소위 행정책임론은 오로지 비제도적 책임의 영역에 대해 논하고 있다고 해도 과언이 아니기 때문이다. 즉, 법적으로 뒷받침된 통제수단이 없는 책임영역이기 때문에 어떤 행위를 행정에 강제할 수 있다는 보증이 없는 것은 물론이고, 행정이 실제로 어느 정도 비제도적인 통제에 응답하고 있는지 확인하는 것도, 행정을 통제하려고 하는 비제도적인 노력이 어느 정도 이루어지고 있는지 확인하는 것조차 곤란한 영역이다. 책임론이 통제론과 표리관계에 있으면서 어디까지나 책임론으로서 계속 논해지는 이유는 여기에 있다.

---

[264] C. E. Gilbert(1959). "The Framework of Administrative Responsibility," *The Journal Politics*, Vol.21. 더욱이 길버트는 「제도적」·「비제도적」·「외재적」·「내재적」의 구별에 대해 명확한 정의를 하고 있는 것은 아니다. 길버트 논문의 의도는 오히려 「책임」의 내용, 바꿔 말하면 행정에서 배려해야 할 제 가치의 다양성을 지적하고, 이 다양한 제 가치와 4가지 유형의 책임통제수단과의 상호 관계를 해명하는 것에 있다.

[265] 아다치(足立忠夫)의 전게 『行政学』은 기본적인 틀은 길버트의 정리에 따르면서 이것에 적절한 보정을 가해서 「행정책임론」이라는 표제 하에 행정을 통제하는 수단들에 대해 차례로 고찰을 행한 것이다.

여기서 행정책임론의 원점으로 되돌아가 보자. 책임이란 「자기의 작위·부작위에 대해 타인에게 변명할 수 있는 상태에서 행동하는 것」[266]을 의미하고, 따라서 책임관계에는 「누구의」, 「누구에 대한」, 「무엇에 대해서」 책임인가라는 3가지 요소가 내재하고 있다고 생각되어 왔다. 여기서 「무엇에 대해서」에 관해 행동의 모든 측면이 기속되어 있으면 책임은 책무의 이행·불이행, 지령에 대한 복종·불복종의 문제로 귀착한다. 당면의 지령이 불완전한 때 당면의 지령 이외의 지령—예를 들면 헌법·그 외의 법령·조리법·훈령 등에 내재하고 있는 지령—에 대한 복종·불복종의 문제가 추가된다. 더욱이 지령자의 의도, 지령 의미의 합목적적 해석의 문제가 남는다. 그리고 마지막으로 어떠한 의미에서도 기속되어 있지 않은 순전한 재량영역이 남는다. 법학에서 「기속과 재량」의 논점은 이러한 연속적인 책임영역의 어디에 분계선을 설정할 것인가 였다. 그리고 고전적인 의회제민주주의, 고전적인 관료제원리의 이상은 행정책임을 가능한 한 책임의 이행·불이행에 귀착시키는 것이었다. 즉, 책임을 「법적 책임」(accountability) —프리드리히의 용어는 「대인 책임」(personal responsibility)— 에 수렴시키는 것이었다고 말할 수 있다.

 그런데 지령이 다의적인 것, 불가능한 것, 위법 부당한 것일지도 모른다. 이러한 때 피지령자가 지령자의 기대대로 행동하지 않았다 해도 지령자가 그간의 사정에 대해 사후적으로든 이해하고 승인할 수 있는 한, 기대에 반한 행동을 바로 무책임한 행동이라고는 생각하지 않을 것이다. 그러나 피지령자에 의한 상황판단이 기술적 전문적이고 지령자의 이해능력을 뛰어넘고 있다면 어떻게 될까? 즉, 상황판단에서 피지령자에 「권위」가 있고, 지령자가 그 통제에 자신을 가질 수 없었다면 어떻게 될까? 이때 「누구에 대한」 책임인가가 무의미하게 된다. 적어도 전통적인 입법부·사법부·상급기관에 대한 행정책임이 무의미하게 되고 「법적 책임」의 체계가 붕괴하는 것은 아닐까. 더욱이 지령이 없는 영역에서의 행정책임이란 무엇인가. 새로운 행정책임론은 여기서부터 출발했다.

 프리드리히는 현대행정의 임무는 국민의 의사인 지령이 불명료한 상태에서 오히려 그 전문기능을 발휘하고 사회적 부조화를 해결하기 위한 정책을 적극적으로 입안하는 것에 있다고 생각한다. 그래서 그는 행정의 외재적 기관에의 복종을 강조하는 전통적인 행정책임론에 의문을 던지고, 「법적 책임」을 보완하는 것으로서 새롭게 「기능적 책임」(functional

---

266) C. Friedrich (1960). "The Dilemma of Administrative Responsibility," C. Friedrich (ed.), *Responsibility*, Atherton Press, p.189.

responsibility)과 「시민감정(popular sentiment)에 대한 직접 책임」이라는 2가지 책임개념을 구성했다. 「어떤 정책이 거기에 포함된 기술적 문제에 관련된 축적된 지식의 총화를 충분히 고려하지 않고 채택된 것이 명확하다면 우리는 이러한 정책을 무책임한 정책이라 부를 권리를 가진다. 또 어떤 정책이 커뮤니티의 선호 특히 그 절대다수의 의견을 부당하게 무시해 채택된 것이 명확하다면 이러한 정책을 무책임한 정책이라 부를 권리를 가진다」[267]고 한다.

「기능적 책임」이란 객관적으로 확립된 기술적·과학적 〈표준〉에 따라서 판단·행동하는 책임이다. 따라서 「기능적 책임」을 지고 있는지 아닌지를 판단할 수 있는 것은 같은 전문기술이나 과학적인 지식을 공유하고 있는 동료 외에는 없다. 「기능적 책임」개념의 핵심은 〈표준〉의 객관성이며 문책자의 외재성이다. 원래 객관적 〈표준〉은 교육·훈련 등에 의해 행위자에 내면화되고 책임의식으로 결정(結晶)되었을 때 한층 일상적으로 유효하게 기능할 것이다. 하지만 객관성과 외재성이라는 2가지 요건이 결여되었을 때 그것은 기술적·과학적 〈표준〉에 대한 자발적 충성, 바꿔 말하면 전문직업가로서의 자기규율(=「자율적 책임」)에 다름 아니고, 내면적인 양심에 대한 책임(=「주관적 책임」)과 거의 식별하기 어려운 것이 되어 통제 불가능한 것으로 전화해 버린다. 프리드리히가 말하는 「기능적 책임」은 동료에 의한 문책이 바로 당해 행위의 취소나 징계 등의 제도적 제재와 결부되지 않는다는 의미에서 어디까지나 비제도적 책임에 속하지만, 그것은 타율의 보증 없이는 성립하지 않는 것이다.[268]

그러면 「기능적 책임」의 전제가 되는 전문적인 지식·기술이란 무엇인가. 일단 사실지식과 그 조작·응용에 관한 기술적인 지식이라 할 수 있을 것이다. 그런데 이러한 전문적인 지식·기술의 객관적인 〈표준〉은 동료에 대한 변명의 근거로는 될 수 있어도 그것이 정치적으로 가치중립적이라는 보증은 없고 또 시민에게 설득력 있는 〈표준〉이라는 보증도 없다. 전문적인 지식·기술의 〈표준〉이라는 것은 단순한 지식의 집약이 아니라 전문가집단에 내재하는 특정한 가치판단기준의 집약이기도 하다. 이 〈표준〉이 국민의 의사나 시민감정과 대립한다면 어떻게 될까? 이것이 프리드리히가 말하는 「대인 책임과 기능적 책임의 딜레마」이다.

---

[267] C. Friedrich(1940). "Public Policy and the Nature of Administrative Responsibility," C. Friedrich & E. S. Mason(eds.), Public Policy 1.

[268] 프리드리히의 「기능적 책임」과 그 외의 「자율적 책임」이나 「내재적 책임」과의 근본적인 차이를 명확히 논한 것은 大森弥, 전게 「行政における機能の責任と『グラス·ルーツ』参加(一)」의 하나의 큰 공적일 것이다. 다만 오모리는 「행동규율의 외재성」이나 「행동 『표준』의 외재성·객관성」이라 말하고 있지만(동 논문, p.40), 나는 굳이 〈표준〉의 객관성, 문책자의 외재성」이라 말하고 싶다. 이 점은 「기능적 책임」론의 평가에 관련한다. 나중에 언급하고 싶다.

이 딜레마가 완전히 회피되는 것은 전문가집단의 목표 가치에 대해 공공적인 합의가 성립하고 전문가집단에 대한 신뢰가 지속하고 있을 때 뿐이다. 「전문직업상의 표준에 대한 행정관의 책임은 이러한 표준이 공공의 이익에 합치하는 한에서 이것에 공적 승인을 줄 수 있는」[269] 것이지만, 민주주의에서는 「국민의 의견을 듣는 것 외에 무엇이 공익인지를 결정할 궁극의 방법은 없기」[270] 때문이다. 이러한 행복한 사태를 제외하면 딜레마의 해소책은 전문가 판단의 올바름을 주장해 「기능적 책임」을 우선하든가 아니면 「기능적 책임」이 「대인 책임」(=제도적 책임)에 양보하든가의 양자택일이다.

그러나 절대적 진리를 주장할 수 있을 정도의 객관적인 〈표준〉이 확립된 전문영역이 얼마만큼 있을까? 또 「기능적 책임」개념을 구성한 애초의 출발점이 국민의 의사가 입법부 자신의 입법행위를 통해 명확히 형성되어 있지 않은 것에 있었던 것으로 보아 제도적 책임에의 양보가 회답이 될 수 있을까? 프리드리히가 「시민감정에 대한 직접책임」의 개념을 구성해 행정에서 홍보·광청 활동의 중요성을 주장하고, 또 뉴딜의 농업정책 등에서 현실화하고 있었던 「시민참가」(popular or public participation)에 착목해 행정이 새로운 복잡한 과제를 창조적으로 해결할 때는 이해관계를 가진 시민의 의문·의견·조언·비판·반향 등을 감지할 수 있도록 국민에게 직접 접촉한 독자적인 채널을 확립할 필요를 주장한 것은 이 때문이었다. 프리드리히에게는 「기능적 책임」과 「시민감정에 대한 직접책임」이 상호 서로 보완하는 것으로 유기적으로 구성되어 있는 것이다.[271]

이상으로 프리드리히의 「기능적 책임」론을 중심으로 미국 행정학에서의 책임론 그리고 일본 행정학에 도입된 책임론의 개요를 정리해 봤다. 그래서 이하에서는 앞항의 논술방법을 답습해 먼저 이 책임론의 틀에 따라서 나 자신의 견해를 요약해 두고 싶다.

첫째, 「기능적 책임」의 성립영역은 지극히 한정되어 있다고 생각한다. 이것은 〈표준〉의 객관성과 문책자의 외재성이라는 2가지 요건에 관련하고, 「전문적인 지식·기술」의 모호함과 「동료」=「과학의 동료」(fellowship of science)의 모호함에 관련하고 있다. 여기서는 3가지 문제점으로 나누어 논하자. 먼저 「기능적 책임」을 「기술적 책임」으로 이해해 토목공학기사,

---

[269] J. Gaus(1936). "The Responsibility of Public Administration," J. Gaus, L. O. White & M. E, Dimock (eds.), *The Frontiers of Public Administration*, University of Chicago Press, pp.39-40.
[270] C. Friedrich, "The Dilemma of Administrative Responsibility," *op. cit*., p.196.
[271] 프리드리히에게 있어서 2가지 책임개념의 의미연관을 처음으로 명확히 지적한 것은 이 또한 전게의 오모리 논문이다.

각종의 검사기사, 감시관 등의 「기술자」를 염두에 둔다면, 그들의 영역에 어느 정도 확립된 기술적 〈표준〉이 있는 것은 확실하며, 게다가 그것은 도로구조령이나 건축기준령, 각종 검사법령, 공해규제법령 등 속에 객관화되어 있으며, 〈표준〉은 「기술자」와 국민을 함께 기속하는 〈표준〉으로 되어 있다. 행정의 집행 면에 관한 한 「기능적 책임」은 상당한 정도까지 「제도적 책임」과 중복하고 있다고 말할 수 있다. 남겨져 있는 것은 〈표준〉이 「기술자」의 양심에 부끄럽지 않은 것으로 되어 있는가, 즉 입법과정에서 「기술자」의 의견이 어느 정도 충실히 채택되고 있는가, 또 개별 구체적 사례에 대한 재량기준을 어느 정도 객관화할 수 있는가일 것이다. 이러한 점은 행정에서 사무관과 기관(技官), 일반직과 전문직의 권한분배의 문제에 연결되지만, 「기능적 책임」론은 이 핵심에 깊게 파고 들어가 있지 않다.

다음으로 「기능적 책임」을 「전문직업가의 책임」으로 이해해 법률가, 도시계획가, 케이스워커, 교원 등을 염두에 두어 보자. 전문직업가는 일정한 〈표준〉과 이념의 공유를 바탕으로 하고 있으면서, 이 〈표준〉은 이를테면 〈비기(秘技)〉에 속하고 객관화되어 있지 않은 것이 일반적이다. 그리고 개별구체적인 사례에 대해서 전문직업가의 견해가 대립하는 경우가 많은 것을 생각하면, 그 〈표준〉의 객관화가 어디까지 가능한지 의심스럽다. 만약에 객관화되고 공개되었을 때, 이것이 공적 승인을 받을 수 있을지 없을지는 더더욱 의심스럽다. 정책결정을 「기술자」나 「전문직업가」에 위임해 그 기술적인 틀 속에서 처리하는 것, 가치판단을 기술적 판단의 외피 하에 행하는 것, 이것이야말로 다원적 이익 간의 분쟁을 처리하기 위해 발명된 현대적인 통치기술이다. 그 기만성이 자각되었을 때 다양한 주민운동이 분출한다.

나아가 「기능적 책임」을 「직업행정관의 책임」으로 이해한다면 어떻게 될까. 이때 「전문적 지식·기술」은 행정기술 일반이 되고 이것을 객관화하는 것은 불가능할 뿐만 아니라 문책자의 외재성이 결여된다. 「기능적 책임」 개념을 「직업행정관의 책임」에까지 확대하는 것의 위험성은 「군부의 책임」이라는 극단적인 사례에 대해 한번 생각해 보면 명백할 것이다.

둘째, 새로운 행정책임론은 행정에서 「전문적인 지식·기술」의 역할을 과대하게 평가하고 있다고 생각한다. 미국 행정학은 애초에는 행정을 정치에서 분리 자립시키는 근거로서 조직관리의 기술성을 주장하고, 지금은 정치의 행정화를 정당화하는 근거로서 정책작성의 기술성(사회관리의 기술성)을 설파하고 있으며, 그 〈기술〉 신앙은 일관하고 있다. 그리고 이것은 행정재량확대의 불가피성이나 정당성의 근거를 전문성·기술성에서 찾는 행정법학의 하나의 입장과 궤를 같이하고 있다고 말할 수 있다.

〈표준〉의 객관성과 문책자의 외재성의 요건이 쉽게 성립하지 않는 이상, 전문성·기술성에 대한 책임은 오로지 「자율적 책임」이 된다. 파이너가 프리드리히를 비판하면서 내면적 개인적인 도의감을 강조하는 것의 위험을 주장하고 문책자의 외재성과 제도적인 제재수단의 존재를 요건으로 하는 「법적 책임」의 보장이야말로 민주정치의 진수라고 한 것[272]은, 「기능적 책임」개념의 비판으로서는 빗나간 것이었다 해도 「기능적 책임」개념이 「자율적 책임」개념으로 퇴화하지 않을 수 없다는 현실인식에 서는 한 정당하다.[273]

더욱이 「기능적 책임」개념에 대해 고찰한 논자의 대부분이 지적하고 있는 대로 행정의 전문분화에는 그 나름의 폐해가 있다. 전문가의 지식·기술은 일반적으로 지극히 좁은 분야에 관계되고 게다가 양적으로 측정 가능한 정보를 편중하는 경향이 있으며, 행정상의 종합판단을 이러한 전문가에 맡기는 것은 위험하다. 또 전문가집단은 동족적 결합을 강화해 그 가치판단은 경직화하고 독선적으로 되어 조정을 어렵게 한다. 필요한 것은 행정의 전문성·기술성을 안일하게 전제하고 이것을 아마추어에게는 심사 불능한 것으로 전제해 그 「자율적 책임」을 주장하는 것이 아니라 행정분야마다 그 전문성·기술성이라는 것의 실태를 철저히 음미하는 것은 아닐까? 시민은 행정서비스의 수요자로서 실감하는 절실함, 그 소비자로서 체험한 불편함, 그 피해자로서 받은 고통의 깊이에 대해 독자적인 발언자격을 가지고 이 입장에서 전문가를 심사할 수 있다고 믿지 않는 한, 민주주의는 관리사회화의 중압 아래서 질식할 것이다.

셋째, 「시민감정에 대한 직접책임」의 개념은 당시의 연방행정 문맥 속에서는 이익집단의 행정참가, 행정기관과 이익집단과의 협조를 촉진하고 정당화하는 기능을 수행했다고 말할 수 있다.[274] 행정은 법안의 입안, 준칙의 제정, 재량에 즈음해 이해관계집단을 상대로 사

---

[272] H, Finer(1941). "Administrative Responsibility in Modern Government," *Public Administration Review*, Vol.1.
[273] 또한 이 프리드리히의 비판에 관해 오모리는 앞의 논문 P.60(주37)에서 「이러한 비판은 V. O. Key가 지적한 바와 같이 『책임』의 『전망적(prospective)』인 면에 주목하는 프리드리히의 행정책임관에 대한 파이너의 오해에 기인한 것이었다고 말할 수 있다. 프리드리히는 파이너와 같은 『회고적(retrospective)』인 책임관의 불충분함이나 결함을 지적한 것으로 파이너가 말하는 의회에 대한 행정의 『정치적 책임』을 부정한 것은 아니다」라고 주석을 달고 있다. 그런데 「전망적」인가 「회고적」인가는 법률제정의 전제가 되는 정책형성기능에 대해서만 말할 수 있는 것이며, 행정입법을 포함한 행정과정에서 이 구별은 타당하지 않다. 법률에 내재하는 지령도 판례법에 내재하는 지령도 모두 행정관의 이후 행동에 대해 「전망적」으로 기능하기 때문이다.
[274] 당시의 소위 「시민참가」나 「민중참가」가 무엇이며, 왜 추진되었는가, 당시의 그것과 60년대의 「주민참가」가 어느 정도 연속한 것인지, 단절한 것인지는 별개로 고찰해야 할 논제이다. 여기서는 책임론과의 의미관련에만 착목하고

전에 협의하고 자문하고 정보와 의견을 교환함으로써 비로소 자기의 행동이 가져올 효과를 예측할 수 있다. 그런데 이 행정의「응답성」강조는 개별 구체의 사례에서 행정의 타당성 강조를 의미하고, 행정법학에서 말하는 편의성·합목적성에 대응하고 있지만, 그것은 행정기관과 이익집단의 유착 ― 이익집단의 고객집단화와 행정기관의 이익대표화 ― 을 촉진하는 결과도 되었다. 연방행정 차원에서「시민」참가나「커뮤니티」참가가 어느샌가「이해관계자」참가로 되고 조직화된「이익집단」참가로 변하는 것은 피하기 어렵다 하더라도, 이것이「직접책임」확보의 방책이기 위해서는 이 과정에 대해서도 그 공개성과 준칙의 확립이 불가결한 요건인 것을 나타내고 있다.[275]

넷째, 새로운 행정책임론은 비제도적 책임이라는 새로운 개척 분야에 고집하는 나머지 이것을 제도적 책임과 연관 짓는 노력이 부족하다. 이것은 치명적인 결함이라 할 수 있다. 비제도적 책임은 어떻게 제도적 책임을 보완할 수 있는가.「기능적 책임」과「시민 감정에 대한 직접책임」은 어느 정도 제도화할 수 있는가, 또 어느 정도 제도화해야 하는가. 어느 것도 고찰 부족이다. 길버트의 책임 4가지 유형은 정태적으로 파악돼야 할 것이 아니라 상호 동태적 연동을 분석하기 위한 틀로서 사용되어야 한다.

특히 프리드리히와 파이너의 책임론에 공통으로 내재적 제도적 책임의 영역이 완전한 공백부분을 이루고 있는 것에 유의할 필요가 있다. 본래「관료제」(Permanent Government)에 대한「대통령의 정부」(Presidential Government)의 강화는 수차례에 걸친 행정개혁의 주요 주제였기 때문에 대통령에 대한 책임에 대해 논하는 사람은 적지 않다. 그런데 그들의 고찰이「관료제」의 내부통제에 이르는 예는 적다. 또 통제수단의 면에서도 예산·조직·인사 등의 관리통제와 계획에 관심이 집중하고 있고 행정입법에 관계되는「준칙제정」에 대해서는 논하려고 하지 않는다.[276] 이래서는 책임의 성립요건으로서 〈표준〉의 객관성, 문책자의 외재성,

---

있다.

275) 로위는 뉴딜 이래의「참가민주주의」의 이데올로기는 실은 Interest-Group Liberalism이라 부를만한 것을 형성했다고 하고,「정치적 다원주의」와는 본질적으로 다른「행정적 다원주의」의 폐해를 지적해「법의 지배」와 공개토의의 복권을 주장하고 있다. T. Lowi(1967). "The Public Philosophy: Interest-Group Liberalism," *The American Political Science Review*, Vol.61, No.1.

276) 책임론의 전모를 정리한 길버트의 앞의 논문도 이 점에서는 예외가 아니다. 또 足立忠夫, 앞의 책『行政学』중의 내재적 책임론의 부분에서도 마찬가지이다. 아다치는「행정조직법의 관점에서 본 내부적 통제」를 행정관리론적 행정학에서의 조직관리·인사관리 등의「관리통제」와 등치하고(같은 책, pp.244-254), 행정관리론에 대해서는 소위 POSDCORB의 요소 가운데 planning, organization, staffing, coordinating, budgeting에 비해서 directing,

제도적 제재수단의 존재 등이 확인되어도 논의가 그 이상으로 전개될 리가 없다.

다섯째, 미국 행정학의 행정책임론을 일본에 도입할 때는 이 행정책임론이 형성된 배경을 살펴보고 무비판적으로 비제도적 책임에 경사하지 않도록 경계해야 할 것이다. 일본에서는 그것으로 만사가 해결되는 것은 아니지만 국회에 의한 통제와 재판소에 의한 통제의 강화를 아무리 강조해도 지나침이 없을 것이다.[277]

마지막으로 행정학에서의 책임론의 외곽선, 틀 그 자체의 한계를 확인해 두자. 「책임」의 개념은 판단·행동행위를 기속영역과 재량영역으로 구분하지 않고 이것을 전체로서 통일적으로 파악한 개념이다. 그 때문에 행정관의 판단·행동을 법령과 관련해서 분석하는 데 적합한 개념이 아니었으며, 책임론이 사법심사의 문제를 틀 속에 적절히 집어넣지 못했던 것도 당연하다. 그러나 그 반면에 「책임」개념은 행정부에 의한 입법기능의 영역에 가볍게 날아오르고, 법학에서의 「재량」론의 한계를 돌파했다.

다만, 그 개념구성과 틀의 조잡함이 제도적 책임과 비제도적 책임, 외재적 책임과 내재적 책임 간의 상호관계의 적확한 고찰을 저해하고 있었던 것은 부정할 수 없다. 그것은 〈표준〉의 객관성 혹은 과정의 공개성과 문책자의 외재성이라는 요점을 발견하면서 그 지점에서 정지하고, 행정부의 책임과 개개 행정관의 책임을 구별조차 하지 못했다. 외재적 제도적 책임과 비제도적 책임과를 매개해야 할 내재적 제도적 책임의 영역은 행정법학에서의 재량론

---

reporting에 관한 연구의 뒤처짐을 지적한 다음, directing, reporting을 중간관리자의 전형적 기능으로 파악하고 있다(같은 책, pp.253-254). 「준칙제정」이 planning인지 directing인지는 어찌되었건, 또 directing이 중간관리자의 전형적 기능인지 어떤지는 차치하고, 아다치의 「관리통제」 속에는 행정조직법의 핵심이라고도 할 만한 정령·성령, 그리고 훈령(통달), 지휘 감독 등의 내부통제수단은 전혀 포함되어 있지 않은 것에 주목해 두고 싶다. 이 점에서는 加藤一明他, 앞의 책『行政学入門』이 행정내부에서의 「법적 책임」을 거론해 재량기준의 명확화를 논하고 있는 것은 특필할 만하다.

[277] 「입법부의 행정부에 대한 우월이 민주주의를 보장한다는 전래의 공식이 그 존재가치를 상실하기 시작했기 때문에 바로 새로운 관료제의 대두라는 필연성이 태어났다. …그래서 이러한 성격을 가진 관료제에 대해서 외재적 책임을 요구해 봤자 마치 전신 마비에 빠져 있는 마부에게 말의 조종을 기대하는 것 같이 무의미한 요구로 끝날 뿐이다」(辻 清明「日本官僚制とデモクラシー」[日本政治学会編『年報政治学・一九五一年』岩波書店, p.55])라고까지 말하는 것은 극단적인 논의일 것이다. 다만 쓰지(辻)의 이 기본인식의 기저는 깊고, 쓰지에 의한 로렌츠 폰 슈타인(Lorenz von Stein)의 행정학설의 연구, 「행정이 시민의사의 참가에 의해 형성된 국가의사의 구체적 수행이라고 규정하는 법치행정원리의 형식성을……간파하고,……이러한 형식적 헌정의 실현에서 생겨나는 사회적 모순을 보충하는 의미에서, 거꾸로 행정을 헌정의 우위에 있게 하는 다른 관계를 주장한」(辻清明, 앞의 책『行政学概論』상권, p.32) 슈타인에 대한 적극적 평가에 기인하고 있는 것처럼 생각된다. 쓰지행정학의 원점은 슈타인 행정학과 「근대 의회제에 대한 비판 위에 형성된 현대행정학」(같은 책, p.35)과의 사이에 내적 관련을 인정하는 부분에 있다.

과 마찬가지로 공백 부분으로 남겨졌다.

4. 조직론에서의 재량론

여기에서 계통형 조직(=관료제) 내부에서의 재량 문제, 조직 전체의 재량과 개개 구성원의 재량과의 관계 문제에 눈을 돌릴 필요가 있다. 그래서 사이먼과 마치에 의한 고전적인 정식화를 실마리로 해서[278] 결정작성이론의 계보를 이끈 조직론에서의 재량론에 대해 고찰해 보고 싶다.

이 재량론에서는 재량의 질량은 행동의 프로그램화 정도와 함수관계에 있다고 한다. 구성원 행동의 프로그램화는 행동의 통제와 조정을 가능하게 하기 위해 행동에 예측가능성을 갖게 하려는 것이다. 뒤집어 말하면 행동의 반복성이 높으면 일반적으로 그 프로그램화는 용이하다. 따라서 재량영역이란 프로그램화되어 있지 않은 행동영역 혹은 프로그램의 내용이 충분히 상세하지 않은 행동영역이며, 예측가능성이 없기 때문에 그 통제·조정이 곤란한 행동영역이라는 것이다.

프로그램의 내용은 그것이 업무목표(product specifications)를 규정하고 있는 정도, 작업방법(work activities)을 규정하고 있는 정도, 게다가 작업시간(pacing rule)을 규정하고 있는 정도에서 다양하지만, 프로그램 내용을 정하고 있는 것은 그 행동의 특성과 프로그램화의 목적이라고 생각된다. 즉, 프로그램화의 하나의 목적은 행동의 통제이기 때문에 행동이 검증가능, 측정가능하지 않으면 안 된다. 그래서 작업방법의 검증은 용이하지만 업무의 달성상황을 검증하는 것이 어려울 때, 그러나 작업방법과 업무의 달성상황과의 상관관계가 기술적으로 추정 가능할 때는 프로그램은 작업방법을 규정한 것이 될 것이다. 작업방법의 검증은 어렵지만 업무의 달성상황을 검증하는 것이 용이할 때는 프로그램은 업무목표를 규정한 것이 될 것이다. 또 프로그램화의 다른 하나의 목적이 조정인 점에서 말하면, 행동의 조정이 작업시간에 대해 필요한지, 작업방법 또는 업무의 달성상황에 대해 필요한지에 따라 프로그램 내용의 규정방법이 좌우된다. 예를 들면 컨베이어 시스템의 프로그램은 작업시간

---

[278] J. G. March & H. A. Simon(1958). *Organization*, John Wiley & Sons, Chapter 6.

에 대해서까지 상세하게 규정할 필요가 있다는 식으로 말이다.

그런데 프로그램이 행동의 어떠한 측면을 규정하고 있는가에 관계없이 프로그램에는 「어떠한 경우에」라는 프로그램의 발동요건(program evoking step)과 「어떻게 행동해야 하는가」라는 행동요건(program execution)이 포함되어 있다고 한다. 이 구분은 행정법학에서 요건재량과 법효과재량의 사고방식과 비슷하다고 말할 수 있다. 이 발동요건과 행동요건 양쪽이 충분히 상세할 때는 프로그램에의 복종·불복종의 선택을 재량이라 생각하지 않는 한, 행동에 재량영역은 없게 된다.

그러나 현실에는 프로그램이 그렇게까지 상세한 것은 드물다. 그래서 첫째, 발동요건에 관한 사실인정에 대해 얼마간의 재량영역이 남고, 둘째, 행동요건의 적용을 둘러싼 재량영역이 남지 않을 수 없다. 셋째, 프로그램이 확립되어 있으면서 객관화되어 있지 않은 경우, 즉 제3자가 프로그램과 행동의 대응관계를 점검할 수 없는 경우가 있다. 조직외부에서 받은 교육·훈련에 의한 것이든 집무에 따른 숙달의 결과이든 어떤 사항을 처리하는 프로그램이 행위자의 내면에 존재하는 것 같은 때이다. 이러한 때 그 행동은 예를 들어 프로그램에 따르고 있어도 재량이 된다. 이 점이 앞의 「기능적 책임」과 「자율적 책임」의 분계점이라는 것은 거듭 설명할 필요가 없을 것이다.

넷째의 재량영역은 목적·수단의 인과관계조차 명확하지 않고, 프로그램이 업무의 추상목적밖에 규정하고 있지 않은 경우이다. 이것은 프로그램이 형태를 갖추고 있지 않은 때이다. 이러한 때는 먼저 불확정한 추상목적을 분해해서 조업 가능성(operationality)이 있는 하위목표를 설정하지 않으면 조직의 협동은 성립하지 않는다. 그것은 사실상 프로그램화되어 있지 않은 행동에 대해 새롭게 프로그램을 개발하거나 기존의 프로그램을 수정하거나 하는 행위와 다르지 않게 된다. 그리고 프로그램의 해석과 프로그램의 수정·개발 사이에 명확한 분계선을 긋는 것은 어렵다.[279]

이와 같이 거의 모든 판단·행동에 재량이 수반되기 때문에, 결정작성이론은 그 규범모델을 구성하고 선택을 합리적으로 하려고 시도하고 있다고 말할 수 있다. 그러나 결정작성의

---

[279] 여기서 말하는 「프로그램」을 국민을 대상으로 한 「법령」에 치환해 보면 프로그램의 해석인가 프로그램의 수정·개발인가와 동일한 논점이 미국 행정법학에서는 legislative rule인가 interpretative rule인가로 논해지고, 일본 행정법학에서는 법규의 성질을 가진 위임명령·집행명령인가 법규의 성질을 갖지 않는 행정규칙인가로 논해지고 있다고 말할 수 있다. 그리고 이 분계가 어려운 것은 일본의 행정규칙 중에 실질적으로는 법규의 보충으로서 그 자체로 법규로서의 의미를 가진 것이 있다는 사실에 단적으로 나타나고 있다.

규범모델에 따라 유일한 최선의 선택지를 선택하면 이 선택의 과정에는 재량의 여지는 없는 것일까.

한마디로 결정작성의 규범모델이라 해도 한결같지 않다.[280] 하지만 그것들이 결정작성자에게 공통으로 요청하고 있는 선택의 논리적인 순서는 다음과 같다. 먼저 첫째, 문제해결 수단의 선택을 규정해야 할 가치를 식별하고 이것을 일원적인 가치체계로 구성한다. 둘째, 이러한 가치를 달성할 가능한 모든 수단을 생각해 낸다. 셋째, 이러한 수단을 채택했을 때에 일어날 수 있는 결과를 각각의 수단별로 종합적으로 파악한다. 그리고 넷째, 가치의 달성을 최대화한다고 생각되는 수단을 선택한다는 것이다.

미래의 결과를 완전히 정확하게 예측할 수 있을까? 자연현상·사회현상이 불확정한 현상으로 넘쳐나고 있는 것으로 보아 이것은 도저히 불가능하다. 그래서 통계적 결정이론은 수단과 결과의 인과관계를 확률적으로 측정하는 방법을 제시해 예측의 자의성을 축소하려고 노력하고 있는 것이며, 아무리 합리적으로 사고하더라도 사실전제에 관한 재량까지 소거할 수는 없다. 더구나 조직에서의 행동에 재량영역이 생기는 주된 원인은 선택의 가치전제가 명확히 지시되어 있지 않은 것에 있기 때문에, 결과를 평가하기 위한 일원적인 가치체계를 구성할 수도 없는 것이다. 그리고 현실의 결정작성의 순서는 논리적인 순서와 다르며, 원하는 것이 보는 것을 결정하고 보는 것이 원하는 것을 결정한다. 사실전제에 관한 재량과 가치전제에 관한 재량은 서로 증폭하지 않을 수 없는 것이다.

결정작성의 규범모델에 대해서는 여러 가지 비판이 가해져 왔다. 즉, 그것은 완전정보와 최대한의 인식능력과 효용최대화의 노력을 전제로 해 인간에게 불가능한 것을 요청하고 있기 때문에 규범성을 가질 수 없다고 한다. 그래서 규범모델을 인간에게 가능한 규범모델로 수정하는 것 혹은 현실의 인간행동에 관한 기술(記述)모델에 가깝게 하는 것이 시도되어, 사이먼의 「충족(satisfying)모델」[281]이나 린드블럼의 「다원적 점증주의(disjointed incrementalism)

---

[280] 「결정작성」개념의 틀에 관한 고찰로는 髙畠通敏 「アメリカ近代政治学の基礎概念(一),(二)」(「国家学会雑誌」 제76권 7·8호, 77권 7·8호)가 가장 뛰어나다. 또한 「결정작성」개념에 대해서는 나 자신도 다른 시각에서 고찰한 적이 있으므로 함께 검토해 주길 바란다. 졸고 「政策形成とコミュニケーション」 (内川芳美他編 「講座·現代の社会とコミュニケーション第4巻·情報と政治」 [東京大学出版会, 1974년-본서 제4장에 수록])을 참조.

[281] H. A. Simon(1956). "A Behavioral Model of Rational Choice," H. Simon, *Model of Man*, John Wiley & Sons.

모델」[282] 등이 생겨났다. 이러한 모델이 규범모델로서 유효한지 어떤지는 여기서의 문제가 아니다. 다만, 이러한 모델은 결정작성의 모든 측면에서 재량의 불가피성을 전제로 한 모델이다.

그런데 규범모델에서 완전성·종합성·최대화의 요청을 떼어내 버리면 규범성은 끝없이 희석될 수 있다. 어느 정도 정보를 수집하고 어느 정도 새롭게 창조적인 수단을 구상하고 어느 정도 엄밀한 결과 분석을 하고 어느 정도 많은 가치를 고려하면 좋을지. 이것을 제시할 기준이 모델 자체 속에서 소멸해 버리기 때문이다, 여기에 행정의 「공익원칙」이 맞닥트리는 벽이 있다. 현실의 행정에서는 그것이 이론적으로 아무리 불완전하더라도 조금이라도 합리적으로 보이는 목적·수단의 인과관계에 관한 분석방법을 개발해 가지 않으면 안 된다. 그것은 「공공의 복지」의 유지 증진을 맡게 된 현대행정의 기술적 요청이다. 능률측정, 행정효과 측정, 비용효과분석의 수법들은 이것 때문에 개발된 성과들이다.

그러면 행정의 프로그램화가 완전할 수 없는 이상, 조직의 구성원은 정점에서 저변까지 각자의 재량영역을 가진 결정작성자이다. 그러면 조직론은 개개 구성원의 재량과 조직적 결정과의 관계를 어떻게 정식화하고 있을까?

사이먼과 마치의 조직론에서는 조직결정 작성에서의 「상황의 정의」에 즈음해 복잡한 현실상황이 단순화되고 정의된다는 인식에서 출발하고 있다. 조직에서의 분업은 조직목적의 하위목표에의 분화를 의미하는데, 목표의 분화는 부국(部局) 구성원의 관심의 편향을 초래한다. 관심의 편향이 항상화할 때 하위목표의 자기목적화, 즉 목적의 전이가 생긴다. 그리고 관심의 편향은 부국 구성원 간의 내부 커뮤니케이션으로 한층 증폭된다. 왜냐하면 분업과 관심의 편향은 부국에 유입하는 정보, 부국이 수집하는 정보의 편향을 불러오고 있기 때문이며, 정보의 편향이 관심의 편향을 정당화해 가기 때문이다.

개개 구성원에게는 조직의 다른 구성원으로부터 각종의 가치전제와 사실전제가 송신되어 이것들이 그의 결정작성에서의 「상황」을 구성하고, 또 그의 결정은 다른 구성원 결정작성의 「상황」을 구성해 간다. 조직결정은 다수의 내부적인 결정작성의 집적이므로 이것에 수반되는 재량도 다수의 인간에 의한 부분재량의 집적이다.

특히, 조직결정에서는 결정의 기초가 될 만한 정보를 누가 어떻게 처리하고 요약해서

---

282) C. E. Lindblom & D. Braybrooke(1963). *A Strategy of Decision*, Free Press.

다른 구성원에게 송신하고 있는가가 중요하다. 정보의 수신자가 그 정도(精度)에 대해서 스스로 점검할 만큼의 능력이나 여력을 가지지 않으면 이 정보는 거기서 사실 그 자체로 되고, 이후에는 조직 내에서 주어진 「사실」로서 유통해 간다. 즉, 조직론에서 말하는 「불확정성의 흡수」(uncertainty absorption)가 일어난다. 또 큰 조직에서는 조직행동을 조정하기 위해 기본적인 사실인식을 공유할 필요가 생기고, 이를테면 의식적으로 「공증사실」이라고 할 만한 것을 확정하는 경우도 많다. 이러한 「공증사실」이 조직 안팎에 얼마나 중대한 작용을 끼치는가는 정부에 의해 산정되고 공표되는 경제성장률이나 물가상승률, 혹은 인사원이 산정하고 공표하는 민관급여격차 등의 수치가 사회생활 전반에 주고 있는 효과를 상기하면 명백할 것이다. 각종 예측치의 산정은 종종 소위 가치판단행위보다 훨씬 더 중요한 재량을 포함하고 있다.

행정기관에서도 대외적인 의미를 가진 최종적인 조직결정은 내부적으로는 법령상의 결정권한자와는 다른 전결권자에 의해 결정되고 있는 것도 많고, 또 일본의 품의제에 전형적으로 제도화되어 있는 것처럼 전결권자의 결정은 부하에 의해 작성된 결정안의 승인에 불과한 것이 많다. 형식상의 결정지점과 실질적인 결정지점의 차이 혹은 결재지점과 재량지점의 차이, 이것이 관료제의 기본적인 특질이다.[283]

앞에서 구성원의 내면에만 존재하는 프로그램에 따른 행동은 재량이라고 했다. 그러나 이것은 통제자 입장에서 봤을 때의 것으로, 행동자 자신에게는 재량의 자각이 없을지 모른다. 내면의 프로그램은 외부에서 송신되어 오는 사실전제·가치전제를 프로그램의 발동요건·행동요건으로 한 것으로, 행동은 조건반사에 지나지 않는다고 의식되고 있을 가능성이 있기 때문이다. 여기에 관료제에서 재량과 책임의 분리가 발생하는 기본적인 원인이 있다.

그리고 관료제에서 최대의 재량은 프로그램화가 가능한 때에 이것을 게을리 하고, 확립된 프로그램을 객관화시키지 않고, 상황의 변동에 따라 프로그램을 수정하지 않는다는 「부작위」에 있다고 말할 수 있다. 이리하여 사이먼과 마치의 조직론에서는 프로그램의 개발에

---

[283] 미국에는 「판결하는 자는 심리(청문)하지 않으면 안 된다」라는 사법절차상의 원칙이 있어 이것을 행정심결제도에도 적용하려고 했지만 그 관철은 비현실적이고, 청문관과 결정자가 분리된 institutional decision을 인정하게 되었다. 그런데 이 institutional decision에 대해서는 더욱이 결정자는 청문기록을 읽지 않으면 안 되는가, 심결문을 직접 집필하지 않으면 안 되는가가 다투어져, 이러한 요청도 완화되어 오고 있다(K. C. Davis, *Administrative Law Treatise-1970 Supplement*, op. cit., Chapter 11). 여기에는 관료제에 의한 결정절차의 사법화의 어려움이 여실히 나타나고 있다고 말할 수 있다.

서 계획론으로 전개되어 간다.

이상으로 결정작성이론의 계보를 이끈 조직론에서의 재량론의 구조에 대해 개관해 왔다. 앞의 행정법학에서의 재량론과 행정학에서의 책임론과 대비해서, 이 재량론의 장점과 단점을 정리하면 다음과 같이 말할 수 있을 것이다.

먼저 장점의 첫 번째는 이 재량개념은 모든 계통형 조직(=관료제)에 적용 가능한 보편성을 갖고 있다. 특히, 그것이 프로그램화와 관련해서 정의되고 있는 점 또 그 구성이 프로그램의 개발이라는 논제를 매개로 해서 계획론에 직결하고 있는 점에서 보아도, 그것은 규칙과의 관계에서의 재량뿐만 아니라 계획과의 관계에서의 재량의 문제를 생각하는 데 적합하다. 이 점은 종래의 행정재량론이 공공시설·시민시설의 계획적인 충실·배치라는 서비스행정 국면에서의 재량의 문제를 등한시해 온 측면에서 말해도 중요하다.

두 번째는 관료제의 내부과정에 착목해 조직결정의 재량과 개개 구성원에 의한 부분결정의 재량과의 관계를 고찰하고 있다. 그리고 재량영역을 축소하기 위해서는 프로그램화가 필요하며, 프로그램은 통제와 조정의 수단이기 때문에 검증 가능한 기준에 의할 것을 요구하고, 또 객관화될 필요가 있다는 것을 명확히 하고 있다.

세 번째는 결정작성에서 사실전제와 가치전제를 일단 논리적으로 구별하면서 그 현실행동에서의 교착상황을 통일적으로 파악하고 있다. 그다음에 불확정 현상에 관한 사실인정에 포함되어 있는 재량의 의의를 강조하고 있다. 이 관점은 행정에서 사실행위에 수반하는 재량의 중요성을 시사한 것임과 함께 소위 기술적 재량과 정치적 재량의 불가분 관계, 바꿔 말하면 기술적 재량의 정치성 또는 정치적 재량의 기술성을 시사하고 있다고 말할 수 있다.

하지만 이 재량론에는 행정재량론의 틀로서는 단점도 있다. 그것은 공·사의 관료제에 구별 없이 적용 가능한 보편성을 가진 만큼, 통치과정의 행정재량을 고찰하는 데는 불충분한 부분이 있다. 법률을 기준으로 한 입법부와 사법부에 의한 행정재량의 통제, 혹은 넓게 국민에 의한 행정재량의 통제라는 시점이 틀의 바깥에 두어져 있다. 즉, 외재적 책임의 문제가 완전히 빠져 있다. 사이먼의 조직론은 버나드의 그것을 계승해 조직구성원 속에 협의의 조직인 뿐만 아니라 조직 생산물의 소비자와 조직에의 투자자 등까지 포함하려고 의도하고 있다.[284] 따라서 행정조직에 대해서도 입법부나 국민을 포함한 것으로서 고찰될 수 있지만,

---

[284] H. Simon(1957). *Administrative Behavior*, second edition, The Macmillan Company, p.16, p.113.

그의 조직론이 실제로 고찰하고 있는 것은 역시 협의의 조직일 뿐이다.

5. 준칙의 정립과 공개

행정법학과 행정학은 모두 행정국가에서는 입법부에 의한 행정통제와 사법부에 의한 행정통제에 한계가 있다는 인식을 전제로 해서 그 재량론과 책임론을 구성하고 있다. 행정법학은 한편으로 행정재량의 합리성을 논증하기 위해 행정의 전문성·기술성이나 편의성·합목적성을 이유로「자유재량행위」또는「재량권」의 존재를 주장하면서, 다른 한편으로는 주로 미국 행정법학의 영향 아래서 행정권 확대의 불가피성을 승인하면서도 그 행사를 통제하기 위해 행정절차의 사법화와 사법심사 강화의 필요성을 주장하고 있다. 행정학은 행정부에 의한 입법기능의 수탁이라는 현실을 중시하기 때문에 외재적 제도적 책임의 강조를 시대착오라 생각하여 행정의 전문성·기술성을 전제로 한「기능적 책임」이나「자율적 책임」을 주장하고, 또 행정의 구체적 타당성의 보증을「시민감정에 대한 직접책임」에서 찾고 있다.

그러나 나는 굳이 파이너의 견해에 가담해서 일본에서 외재적 제도적 통제의 강화 필요성을 강조하고 싶다. 비제도적 책임론을 만들어 낸 미국의 현상을 보면, 그 입법부에 의한 행정통제와 사법부에 의한 행정통제는 일본의 그것에 비해서 훨씬 강력하다는 사실을 경시해서는 안 된다. 그 의미에서 행정입법의 확대 이유를 너무 쉽게「기술적인 법의 증가」나「정세변화에 대응한 개폐의 필요」혹은「회기의 제약·의원의 능력」에서 찾는 것[285]은 타당하지 않다. 행정입법의 확대가 입법부에 의한 행정부에의 적극적인 위임에 의한 것인지, 소극적인 자제에 의한 것인지, 혹은 과실에 의한 것인지, 입법부의 정치적 통합기능 파탄의 귀결인 것인지, 그리고 또 정령 등이 어느 정도 법률 이상으로 빈번히 개폐되고 있는지는 실증적으로 또 상세하게 분석되어야 할 문제일 것이다. 그리고 정부제출법안이 기본으로 되어 있는 나라에서는 법률에 규정할 범위의 결정 그 자체가 사실상 행정부의 재량이라는 사실을 잊어서는 안 된다.

그렇게는 말해도 입법부에 의한 행정통제와 사법부에 의한 행정통제를 강화 충실하면 행

---

285) 田中二郎「法律と命令」(田中·原·柳瀨編『行政法講座第一卷·行政法序論』〔有斐閣, 1966년〕p.253), 그리고 杉村敏正, 앞의 논문「行政裁量」pp.73-74, 참조.

정국가가 해소된다고는 생각하지 않는다. 행정입법의 여지, 행정의 재량영역은 여전히 계속 광범위할 것이다. 그래서 행정부에서의 내재적 제도적 통제가 문제로 되지 않으면 안 된다. 그런데 이미 봤듯이 행정법학도 행정학도 이 내재적 제도적 통제에 대해 충분히 고찰하고 있지 않으며, 오히려 현재에는 조직론이 이 문제를 정면으로 다루고 있다. 하지만 프리드리히가 〈표준〉의 객관성을 「기능적 책임」의 성립요건으로 한 인식은 조직론에서 내면의 프로그램에 따른 행동은 재량이라고 한 인식과 공통하고 있으며, 이 인식을 진전시켜 가면 비제도적 책임론은 내재적 제도적 통제와 결부되어 행정부가 스스로 정립하는 준칙에 의한 재량의 통제, 일본의 용어로 말하면 훈령(통달) 등에 의한 재량의 통제라는 문제영역에까지 발전할 수 있었을 것이다.

현재 이 준칙의 정립에 의한 재량의 통제를 가장 중시하고 있는 것은 미국 행정학일 것이다. 미국의 행정절차법은 행정심결 등의 사전·사후 절차를 정하고 있는 데 그치지 않고 준칙제정의 사전절차를 정하고 있다. 그런데 미국의 현황은 행정심결 등 개별 구체의 사례에 관한 행정절차의 사법화가 현저히 발전을 보이고 있는데 비해 준칙제정의 수법이 충분히 활용되고 있지 않다고 생각되고 있다. 그리고 광범한 행정재량을 사전에 통제하고, 국민을 자의적인 행정재량에서 해방할 결정적인 방법을 준칙제정수법의 활용에서 찾고 있다고 말할 수 있다.

그 대표적인 주장자인 데이비스[286]는 준칙제정절차야말로 현대국가의 최대의 발명이라고까지 말한다. 그리고 그는 사실상 재량권능이 있는 곳에는 법률의 명시적인 위임이 없어도 항상 준칙을 정립할 권한이 부수하고 있다고 해석하고, 권한자는 가능한 한 재량기준을 준칙으로서 객관적으로 정립함으로써 재량영역을 「한정」(confining)하고 재량을 「규제」(structuring)하지 않으면 안 된다고 한다. 상급자에 의한 개별적인 지휘·감독, 행정구제절차에 의한 사후적인 심사, 사법심사, 입법부에 의한 조사 혹은 옴부즈맨 제도 등은 재량을 「억제」(checking)하지만, 이것을 충분히 「한정」하고 「규제」하지 않기 때문이다.

데이비스는 행정부는 일반적으로 재량기준을 객관적으로 정립할 수 있을 때도 이것을 태

---

[286] 이하에 소개하는 데이비스의 논지는 K. C. Davis, *Discretionary Justice, op. cit*.에 상세하게 전개되고 있다. 또한 데이비스의 재량론은 이미 園部逸夫『現代行政法の展望』(日本評論社, 1966年)에 소개되어 있다.
또 특히 독립규제위원회에 의한 행정심결과 관련해서 준칙제정의 중요성을 논한 것으로는 H. J. Friendly(1962), *The Federal Administrative Agencies: The Need for Better Definition of Standards*, Harvard University Press가 있다.

만히 하고 있다고 비판하면서, 법률이 추상적인 규정을 두는 하나의 이유가 일어날 수 있는 모든 사태 특히 신규의 사태를 사전에 예측하는 것의 어려움에 있다는 것을 이해하고, 이것에 대해서는 행정부도 또 사전에 그 재량기준을 정립하기 어렵다는 사정을 인정한다. 하지만 그는 준칙은 모든 사태에 대한 재량에 지침이 될 수 있는 포괄적인 기준일 필요는 조금도 없다고 주장한다. 하나의 방법으로는 판례법의 형성과 마찬가지로 행정실례를 공개하고 이것을 집성해서 재량기준을 점차 충실히 해 가는 방법도 있고, 또 하나의 방법으로는 가상사례와 그 처리방법을 객관화하는 방법이 있다고 한다. 이러한 방법에 따르면 행정재량에 어느 정도의 예측 가능성을 부여함과 동시에 예기치 않는 복잡한 사례에 유연하게 대응할 여지가 남는다고 주장한다. 요컨대 그의 제언의 취지는 완전무결한 객관적 재량기준의 정립인가 아니면 재량기준 객관화의 단념인가라는 양자택일이 아니라 그 중간에 재량기준의 점진적인 구체화와 객관화의 길을 개발해야 한다는 점에 있다고 해도 좋다.

데이비스는 이러한 준칙을 그저 행정부가 내부통제수단으로 자발적으로 정립하는 것에 기대를 걸고 있는 것은 아니다. 그는 사법심사에 의한 그 촉진을 제창하고 있다. 전통적인 판례의 태도에 따르면 유의미한 기준설정을 수반하지 않은 법률에 의한 위임은 위헌이라 해 왔다. 하지만 그런데도 유의미한 기준설정 없는 위임은 끊임없이 계속되고 있다고 한다. 그래서 데이비스는 입법부에 대한 기준설정의 요청을 좋다고 평가하면서, 법률이 기준을 설정하지 않았을 때는 행정부가 합리적인 기간 내에 입법부를 대신해서 필요한 기준을 설정하는 것을 허용해야 한다고 한다. 그리고 행정부에의 이러한 요청을 판례법을 통해 점차 확대하고, 합리적으로 판단해서 재량권능의 한정이 가능한 때는 행정부는 항상 이를 위한 기준, 원칙 또는 준칙을 정립해 공개하도록 노력하지 않으면 안 된다는 요청으로까지 높여야 한다고 한다.[287]

재량의 유효한 「규제」수단은 계획·정책방침·준칙의 공개를 통해 행정활동의 목적을 미리 명시시키고, 또 인정사실·결정이유·선례의 공개를 통해 결정근거를 명시시켜 이해관계

---

[287] 이러한 사고방식은 이미 일본의 판례에도 나타나고 있다고 말할 수 있다. 예를 들면 도로운송법 제6조에 근거한 개인택시면허승낙여부결정사건에 관해서 최고재판소는 1963년의 제1심판결(소위 )을 지지하면서 다음과 같이 말했다. 「즉, 위의 제6조는 추상적인 면허기준을 정하고 있는 것에 불과하기 때문에, 내부적으로라도 더욱더 그 취지를 구체화한 심사기준을 설정하고 이것을 공정하고 합리적으로 적용하기 위해, 특히 상기 기준의 내용이 미묘하고 고도의 인정이 필요한 경우에는 상기 기준을 적용하는데 있어 필요한 사항에 대해서 신청인에 대해 그 주장과 증거 제출의 기회를 주지 않으면 안 된다고 해야 한다」(최고재판소 1971년 10월 28일 민집(民集) 25권 7호, p.1037).

자에게 반론의 실마리를 주는 것이라 한다. 그리고 「공개성」(openness)이야말로 자의성의 원천적인 적이며, 부정의와의 싸움에서 자연스런 친구라고 한다. 데이비스에 의한 준칙의 정립과 공개의 요청은 본디 행정절차법이 준칙제정에 대해서 정하고 있는 절차, 즉 준칙안 요지 등의 관보 등재, 의견서 제출기회의 보장, 준칙 시행 전의 공간(公刊) 등의 절차들을 전제하고 있지만, 그의 요청은 동 법의 규정이 요청하고 있는 것보다 넓은 범위에서 준칙의 정립과 공개의 필요성을 주장한 것이다.[288]

이처럼 데이비스에 의거해서 준칙의 정립과 공개의 중요성을 주장하는 것에 대해 일본에서는 다음과 같은 반론이 가해질지도 모른다. 즉, 일본의 행정은 통달행정이라고 불리고 있듯이 오히려 행정부에 의한 준칙의 정립이 과잉이며, 그것이 법령 같은 기능을 과도하게 수행하고 있는 것은 아닌가. 행정실례도 정리되어 공표되고 있으며 오히려 공정(公定)해석으로서 악영향을 주고 있는 것은 아닌가. 일본에서 중요한 것은 개별 구체의 사례에 관한 행정절차의 사법화이지 않은가 하는 비판이다.

일본의 법제에서 가장 정비되지 못한 것이 행정처분 등의 사전절차인 것은 사실이며 그 정비가 필요하다는 것에 대해서는 어떠한 이론(異論)도 없다. 또 일본에서는 행정부에 의한 준칙의 정립이 상대적으로 진보하고 있는 것도 사실이다. 하지만 재량영역의 「한정」과 재량의 「규제」에 필요한 것은 준칙의 정립과 그 공개이다. 그리고 이 「공개성」은 일본에서 확보되어 있지 않다. 더구나 미국 행정절차법에 있는 준칙제정절차에의 국민 참가의 보장은 전혀 없다. 여기서 「준칙」을 광의로 해석해 조직론에서 말하는 프로그램과 마찬가지로 생각하면 계획도 준칙의 일종이다. 따라서 준칙의 정립과 공개, 그 사전절차에의 참가를 주장하는 것은 계획적 행정의 확립과 계획과정에의 시민참가·주민참가를 주장하는 것이기도 하다는 점에 유의하기 바란다.

재량권능에는 항상 재량기준의 정립과 공개가 수반되어야 한다는 원칙을 철저히 해 가기

---

[288] 행정절차법의 준칙제정절차에 관한 규정에는 많은 예외 규정이 있다. 군사외교관계에 관한 것은 물론, 내부관리, 인사, 국유재산에 관한 것이나 융자·보조·부조·계약에 관한 것 등은 전반적으로 적용제외로 되어 있으며, interpretative rule 등은 법률에 특히 규정이 없는 한 공개를 요구받지 않는다.
앞 주의 일본 판례에서도 통달의 공개까지는 요구하고 있지 않다. 하지만 법규로서의 의미를 가진 훈령(통달) 등은 물론, 훈령(통달) 일반에 대해서도 공개가 바람직한 것은 아니가 하고 생각된다. 室井力, 앞의 책『現代行政法の原理』p.108은 같은 취지를 언급하고 있다. 데이비스가 말하는 것처럼 훈령(통달) 등의 공개는 이해관계자와 재판소에 대해서 재량의 남용인지 아닌지를 판단하는 유력한 실마리를 주기 때문이다.

위해서는 관료제 내부에서의 사안결정과정을 객관적으로 명시해 가는 것이 필요할 것이다. 행정불복심사법에는 심사청의 교시 의무화 규정이 있지만, 사안결정과정에서 부분 부분의 재량을 통제하고 사전절차에의 참가를 확대하기 위해서는 「행정관청」 상호 간의 관계를 넘어서 전결권한의 위임관계, 기안자·합의자·결재자 간의 관계까지 명시한 흐름도가 필요하다. 이것 없이는 시민이 사안결정과정에 유효하게 참가하고 그 재량을 유효하게 통제해 가는 것은 불가능할 것이다.

여기까지 오면 행정에서의 준칙의 정립(구체화)과 공개(객관화)가 조직론에 정식화되어 있는 것처럼 그저 단순히 내부통제와 내부조정을 위한 수단에 그치지 않는 것은 분명할 것이다. 그것은 비제도적 통제를 서서히 제도화하고 「기능적 책임」과 「시민감정에 대한 직접책임」을 현실에 작동시키기 위해서도 필요한 것이다. 또 「기능적 책임」에 따른 전문분화의 폐해를 방지하고 「시민참가」에 따른 행정과 이익집단과의 유착의 폐해를 방지하는 것에도 기여한다. 더구나 그것은 입법부에 의한 행정통제를 촉발하고 사법심사에 유력한 실마리를 주게 된다. 내재적 제도적 책임의 충실은 내재적 책임과 외재적 책임을 매개하고 제도적 책임과 비제도적 책임을 매개하게 되는 것이다.

이러한 관점에 서면 행정학과 행정법학에서의 재량연구는 보다 많은 관심을 훈령(통달)과 영조물규칙의 기능에 기울여야 할 것이다. 그것에 의해 소위 「반사적 이익」론을 재검토할 새로운 시각도 생길 것이다. 또 마찬가지로 처무(處務)규정(사안결정규정·문서관리규정)이나 전결규정 등의 내부관리규칙이 가진 외적 효과에 주의를 집중하지 않으면 안 된다. 문서자료 등의 「공개」와 「비밀」의 기준, 그 운용 등은 모두 이러한 내부관리규칙에 정해져 있다고 해도 무방하다.[289] 행정학 원래의 전공영역이 행정관리론이었던 것치고는 내부관리규칙의 연구가 너무나도 뒤처져 있다. 모두에도 언급했듯이 행정학적 고찰이 「기술과 정치의 교착」에 집중해야 한다고 하면 먼저 「기술의 언어」를 이해하는 것이 행정학의 출발점이 될 것이다. 이것은 확실히 쉬운 것은 아니다. 그러나 행정연구자가 이것을 단념하면서 행정기술의 통제를 국민에게 기대할 수 있을까. 「자율적 책임」론의 전개가 행정연구자의 도피처이어서는 안 된다고 생각한다.

---

289) 일례로 도쿄도에서의 문서자료 등의 「공개」와 「비밀」에 관한 규정들, 그 현실의 운용, 그 문제점 등에 대해서는 나 자신도 조사에 참여한 다음의 보고서를 참조 바람. 東京都企画調整局調査部 『東京都における情報管理の現狀と課題』(1973년)의 II「文書資料の管理」.

마지막으로 「준칙의 정립과 공개」의 요청과 「행정의 유연성」의 요청과의 모순에 대해서나 자신의 생각을 언급해 두고 싶다. 첫째, 「행정의 유연성」은 개별 구체 사례에서의 타당성을 위해 필요한 것이기 때문에, 그 타당성을 합리적으로 설명할 수 없는 유연성은 허용되지 않는다고 생각한다. 둘째, 데이비스가 제창하고 있듯이 준칙의 정립에서는 유연성을 완전히 배제해서는 안 될 것이다. 셋째, 개별 구체 사례에서의 타당성을 합리적으로 판단할 수 있는 직위의 사람에게 이것에 필요한 만큼의 재량권능이 남겨져야 할 것이다. 이것은 행정의 세계에서는 주로 지방분권을 의미하게 될 것이다. 다만 이 수임자에 의한 무규율적인 재량은 허용되지 않으며 수임자는 지방의 사정에 따른 재량기준을 정립하고 공개해야 한다.

위의 논점을 일본의 통치구조에 관한 문제로 확대하면 그것은 지방자치단체에 의한 자치입법권의 강화 충실의 제창이 된다. 조례제정권의 범위에 대해서는 법 해석상 다양한 논점이 있지만, 문제의 근원으로 되돌아가면 헌법 제94조가 「법률의 범위 안에서」로 한 점을 지방자치법 제14조가 「법령에 위반하지 않는 한에서」 「제2조 제2항의 사무에 관해서」라고 한정한 것의 타당성이 물어질 것이다. 특히 정령을 조례의 상위에 위치 지우는 것이 타당한 것일까?[290] 오히려 조례는 의회제정법에만 속박되게 하는 것이 지방자치의 본지에 적합할 뿐만 아니라, 행정입법의 확대에 대한 강력한 제동이 되고 국회의 권능을 부활시키는 가장 좋은 방책이 아닐까? 이것은 미시적인 행정재량론에서 다시 거시적인 행정국가론으로 되돌아가 보았을 때의 하나의 문제제기이다.

---

290) 이 논점은 松下圭一「市民参加と法学的考察」(『世界』, 1973년 7월호) 속에서도 대담하게 제기되어 있다. 또한 마쓰시타 논문에는 행정재량이나 행정절차에 관해서 논급한 부분도 많고, 본 논문의 집필에서 받은 자극은 대단히 크다.

제9장
행정책임

1. 머리말

    필자에게 부여된 임무는 「국가기관의 정치책임」에 대해 논하는 것이었지만, 필자의 독단적인 재량으로 논제를 「정부기관의 행정책임」으로 바꾸었다. 이것은 편집자의 지시나 기대에 반하는 것이었는지 모른다. 그래서 먼저 이 점부터 변명해 두는 것이 필자의 책임일 것이다.

    논제 변경의 취지는 다음의 2가지 점에 있다. 첫째, 「국가기관」을 「정부기관」으로 바꿨다. 여기서 말하는 「정부기관」에는 중앙정부인지 지방자치단체인지를 불문하고 하나의 통치기구(Government)를 구성하고 있는 기관 모두, 즉 입법기관, 사법기관, 집정기관, 행정기관 등 모두를 포함하고 있기 때문에 편집자의 염두에 있던 「국가기관」과 이 「정부기관」 사이에 그다지 큰 차이는 없으리라 추정한다. 따라서 이 점에서의 논제 변경은 용어의 바꿔 부르기에 지나지 않을 것이다. 필자는 「국가」라는 개념의 사용을 가능한 피하고 싶었다는, 오로지 그 이유만에 의한 수정이다. 둘째, 「정치책임」을 「행정책임」으로 변경했다. 이 점은 실질적인 논제 변경이라 하지 않을 수 없을 것이다. 정치책임이란 주로 국민의 신탁을 받은 정치기관이나 정치가가 국민에 대해 지는 책임이며, 행정책임이란 주로 정치기관의 위임을 받은 행정기관이나 행정관이 국민에 대해 지는 책임이라고 생각한다. 물론 민주제 하의 행정에서는 국민은 그 대표기관인 정치기관을 매개해서 행정기관을 통제하고, 행정기관은 국민의 대표기관에 책임을 지는 것을 통해서 국민에 대한 책임을 다하는 것이 제도의 기본원리로 되어 있다. 이러한 점에서만 생각하더라도 정치책임과 행정책임이란 연결되고 융합하고 있으며 양자를 명확히 구별하는 것은 어렵다. 그러나 국민과 정치기관과의 신탁관계와 정치기관과 행정기관과의 위임관계 사이에는 질적인 차이가 있으며, 정치책임과 행정책임과는 개념상 일단 구별해 두어야 할 것이다. 덧붙여서 정치책임을 주제로 한다면 인민주권과 국민주권, 대리와 대표라는 정치원리에까지 거슬러 올라가 검토하지 않으면 안 되는데, 이것은 필자의 능력을 훨씬 뛰어넘는 논제이다. 그래서 이 글에서는 「정부기관의 행정책임」이라는 주제로 주로 행정기관이나 행정관의 책임에 대해 검토해 보기로 했다(필자 주: 본서에 수록하면서 표제를 단지 「행정책임」으로 했다).

그런데 검토의 대상을 행정책임으로 좁혀 보아도 이 「책임」이라는 용어의 의미가 너무 다의적이고 모호하다. 그래서 예전에 아다치 다다오(足立忠夫)는 행정책임에 대해 고찰함에 있어 우선은 「용어의 세탁」을 해야 한다고 하면서 『대언해(大言海)』, 『고사성어대사전(故事成語大辭典)』, 『대한화사전(大漢和辭典)』 등을 실마리로 해 중국 고전에서 책임의 자의(字義)를 조사하고 있다.291) 이것에 따르면 첫째, 책임이라는 용어는 제왕과 그 임사자(任事者=관리)와의 관계에서 언급된 것이며, 둘째, 책임의 문제는 제왕이 임사자에게 사무를 위임하는 것에서 발생하고 제왕이 임사자를 제재 또는 처벌하는 것에서 완료하는 것이었다고 한다. 그렇다면 책임이라는 용어는 본디 관료제 조직에서의 위임관계에서 발생한 것이 될 것이다. 그래서 우리도 관료제 조직에서의 책임 문제에서 출발해서 현대에서의 행정책임의 문제상황을 밝혀가도록 하자.

2. 관료제 조직에서의 책임

1) 책임의 순환

아다치는 앞의 「용어의 세탁」에서부터 글을 전개해 본인과 대리인 사이의 위임관계에서

---

291) 足立忠夫 「責任論と行政学」 (辻清明ほか編 『行政学講座』 제1권 [東京大学出版会, 1976년]) pp.226-227).

발생하는 책임의 국면을 4가지로 나누고 그 각각에 대해 구체적으로 논했다. 즉, 위임자에 대한 수임자의 임무적 책임, 지령자에 대한 응답자의 응답적 책임, 문책자에 대한 변명자의 변명적 책임, 제재자에 대한 수난자의 수난적 책임이다. 그리고 이 4가지의 국면은 하나의 순환 사이클을 구성한다고 한다.[292] 이 아다치의 정리는 대단히 뛰어난 것으로 배워야 할 부분이 많다. 하지만 그 설명의 세세한 부분과 용어에는 약간 의구심이 드는 부분도 있어서 아다치의 정리를 기본적으로 계승하면서 필자 나름으로 책임의 국면을 구분해 보고 싶다.

제1의 국면은 본인으로부터 대리인에의 사무의 위임에 따라 발생하는 책임이다. 관료제 조직에서는 조직이 인사에 선행하고 있다. 조직법령에 따라 소장사무의 분과분장이 정해지고 직무의 체계로서 조직이 편성되고 있는 셈이다. 그래서 여기서 말하는 사무의 위임은 당해 사무를 분장하는 지위(직무)에 이것을 담당할 구체적인 개인을 선임하는 인사를 통해서 행해지게 된다. 그래서 위임자에 대한 수임자의 책임은 선임자에 대한 피선임자의 책임으로 되고 있다. 선임된 자에게 담임을 명 받은 직무는 임무로 관념된다. 우리들이 일상 속에서 「책임의 중대성을 통감한다」거나 「직무를 완수한다」 등이라 할 때의 책임이나 직무는 이 임무책임을 가리키고 있다고 말할 수 있다. 제2의 국면은 위임자가 수임자에 대해서 그 직무수행에서 준거해야 할 행위준칙을 정하고 이것을 전달함으로써 발생하는 책임이다. 관료제 조직의 행동준칙은 작용법령이나 절차법령과 같은 법령의 형식으로 정해지고 또 일상의 명령, 지시의 전달을 통해 보완된다. 그리고 수임자 측에는 이러한 법령을 준수하고 명령에 복종할 책임이 발생하게 된다. 이러한 명령자에 대한 복종자의 복종책임은 앞의 임무책임보다 구체적이며 재량의 여지는 좁아져 있다. 우리들이 일상적으로 「책임에 부응한다」 등이라고 할 때 함의하고 있는 것은 이 복종책임에의 응답일 것이다. 수임자가 명령자의 기대에 충분히 응답하고 있다고 명령자가 생각할 때 책임의 문제는 이 제2의 국면으로 완료된다. 하지만 수임자가 복종책임을 성실히 완수한다는 보증은 어디에도 없다. 이리하여 책임의 문제는 제3의 국면으로 이행한다. 위임자는 복종의 조달상황을 확인하기 위해 수임자에게 직무의 수행상황에 대해 보고를 요구하고, 질문하고, 수임자의 행위를 점검하고 이것을 평가하려고 한다. 그래서 수임자 측은 자기의 행위와 그 결과에 대해 명령자가 내린 행위준칙에 비추어 변명하고 해명하지 않으면 안 되게 된다. 이러한 문책자에 대한 답변자의 책임을

---

[292] 상동, pp.227-237.

답변책임이라 부르기로 하자. 「책임을 분명히 한다」라는 표현은 이 문책(問責)과 답책(答責)의 국면에서 나타나는 것일 것이다. 위임자가 수임자의 변명에 납득하면 혹은 납득하지 않더라도 수임자를 비난하고 경고하는 것에 그치면 책임의 문제는 여기서 완료한다. 그런데 위임자가 수임자에 대해서 해임이나 징계면직이라는 제재를 할 때 마지막 제4의 국면이 발생한다. 수임자가 이 제재를 감수하는 책임이 수재(受裁)책임이다. 「책임을 지게 한다」, 「책임을 진다」, 「책임을 지고 그만둔다」라는 표현은 이 수재책임을 나타내고 있다.

본인과 대리인 사이에 성립한 위임과 수임의 관계는 일상적으로는 통제와 응답의 관계로서 반복되고 있다. 책임의 4가지 국면은 위임에서 재위임이나 해임에 이르는 순환 사이클을 이루고 있다. 덧붙여 말하면 예산에 관해서 예산의 의결, 예산의 집행, 결산, 회계검사와 결산의 의결이라는 4가지 국면을 예산순환(budget cycle)이라 부르는데, 입법기관과 집정기관 사이에 확립되어 있는 통제와 응답의 예산순환은 관료제 조직에서의 책임순환 사이클과 거의 완전하게 대응하고 있는 것을 알 것이다.

2) 책임의 중층

그런데 위에서 언급한 책임의 관념에 관한 정리는 제왕과 임사자(관리)의 관계를 본인과 대리인, 위임자와 수임자의 관계로 보는 것에서 출발하면서, 관료제 조직에서 상사와 부하의 관계도 모두 이것과 같은 관계로 볼 수 있다는 암묵의 상정에 서 있다. 이 상정이 맞으면 관료제 조직의 정점에서 말단에 이르기까지 본인·대리인 관계가 차례차례 중층적으로 연쇄하고 있는 것이 되며, 관료제 조직의 어느 단계에서도 부하는 직근의 상사에 대해 책임을 지고 있는 것이 될 것이다. 그런데 실은 이 상정에는 중대한 의문이 있다.

여기서는 관료제 조직의 날줄이 천황 → 대신 → 국장 → 과장 → 계장 → 계원으로 되어 있는 사례를 가정해서 생각해 보자. 그리고 이 사례에서 관제대권(官制大權)이 천황에게 있다면 대신의 직무는 물론, 국장 이하의 직무까지도 천황에 의해 직접 결정되고 있을지 모른다. 또 천황이 통치권의 총람자(總攬者)이면 대신을 비롯해 국장 이하의 권한도 궁극적으로는 천황의 통치권 일부를 분담하고 있는 것으로 될지 모르지만, 대신은 통치권 일부를 천황으로부터 위임받아 독립의 관청으로서 대외적으로 처분권을 행사할 수 있는 데 대해서, 국장 이하는 이 대신권한의 일부에 관한 전결권을 내부적으로 위임받고 있음에 지나지 않을지 모른다. 더욱이 선임권에 대해서도 천황이 임명하는 지위, 대신이 임명하는 지위, 국장이 임명하는 지위와 같이 구분되어 있을지 모른다. 이러한 관료제 조직에서는 어떤 지위에 취임하고 있는 행정관에게 위임자와 선임자가 다르고, 위임자에 대한 책임과 선임자에 대한 책임이 분열하고 있을 가능성이 있다. 적어도 직근의 상사는 위임자도 선임자도 아닐 가능성이 있다. 그렇게 되면, 몇 단계 상위에 있는 위임자, 선임자에 대한 책임(임무책임과 수재책임)과 직근의 상사에 대한 책임(복종책임과 답변책임)이 분리되어 버린다. 행정관은 임무에 충실해야 하는지 아니면 명령에 충실해야 하는지 갈팡질팡하는 사태도 생길 수 있다. 게다가 복종책임에 대해서도 법령에 충실해야 하는지 아니면 상사의 명령에 충실해야 하는지 망설이게 될지 모른다.

이러한 착종한 관계가 설사 없었다고 해도 —현대 관료제 조직에서도 많든 적든 이러한 착종한 관계가 존재하는 것이 일반적이지만— 과장이 국장의 의향과 대신의 의향 사이에 괴리가 있다는 사실을 감지했을 때 과장은 국장의 의향에 복종해야 하는지 아니면 대신의 의향에 복종해야 하는지 갈피를 못 잡게 된다. 관료제 조직에서 책임의 중층성은 본인·대리인 관계의 단순한 모델로는 전부 다 설명할 수 없는 복잡함을 만들어 내고 있다.

3) 책임의 이중성과 대칭성

이 책임의 중층성이라는 어려운 문제는 일단 놓아두기로 하고, 다시 한 번 앞의 본인·대리인 관계 모델로 되돌아가면서 모델을 조금 더 현실에 접근시켜 보자. 본인·대리인 관계 모델에서는 모든 책임을 수임자, 피선임자, 복종자, 답변자, 수재자 측에, 즉 응답자 측, 부하 측에 귀속시키고 있다. 책임은 항상 상사에 대해서 지는 것으로 되어 있다. 이 점에는 전혀 어떠한 문제도 없는 것일까? 그렇다고 단언할 수 없는 것이 있다. 실제로 「사용자책임」이나 「감독책임」이라는 관념이 있으면, 「부하의 실패는 상사의 책임」이라는 관념도 있다. 즉, 본인 측, 통제자 측, 상사 측에 책임을 귀속시키고 있는 용어례가 있는 셈이다. 이처럼 상사의 책임이라는 것에 대해서는 어떻게 이해하면 좋을까?

하나의 해석방법은 상사의 감독책임도 한층 더 그 상위에 있는 자에 대한 책임으로 구성하는 방법이다. 이 구성을 설명하기 위해서는 본인·대리인 관계와 같은 A → B의 양자관계 대신에 A → B → C라는 삼자관계를 관료제 조직의 기본단위로 하는 것이 알기 쉬울지 모른다.[293] 중간관리자 B는 A의 부하이며 자신의 행위에 대해 A에 대해 책임을 지고 있음과 동시에, B가 이 책임을 완수하기 위해서는 부하인 C에 대해 적절한 행위준칙을 제시하고 직장의 규율을 유지해 C의 복종을 조달하는 것이 불가결의 요건이기 때문에, B는 자신의 행위 결과라 해야 할 C의 행위와 그 결과에 대해서도 A에 대해 책임을 지고 있다고 생각하는 것이다. B는 A에 대해서 이중의 책임을 지고 있게 된다. 「사용자책임」같은 경우에 대해서도 관료제 조직이 민사상 불법행위를 범했기 때문에 물어지는 책임이므로 이것도 민사법을 제정한 입법기관에 대한 복종책임이며 사법기관에 대한 수재책임이라고 생각하고, 공권력의 위법한 행위에 따른 「국가배상책임」에 대해서도 마찬가지로 생각하는 것이다. 이러한 해석방법을 취하면 책임은 항상 아래에서 위로 향해 지는 것이라는 관념은 간신히 유지된다.

　그러나 이러한 해석방법에는 약간 무리가 있는 것처럼 생각된다. 앞의 주인·대리인 관계 모델에 입각한 책임의 4가지 국면에서는 다 설명할 수 없는 요소가 혼입하기 시작하고 있다는 것을 알 수 있다. 즉, 행위준칙에 대한 적합·부적합이라기보다도 행위의 결과가 가진 사회적 효과가 초점이 되고 있다. 그리고 이것은 책임의 개념이 관료제 조직의 내부관계에 머물지 않고 관료제 조직과 외부세계와의 외부관계에까지 확대하고 있는 결과이기도 하다. 관료제 조직의 정점을 더 윗 방향으로 개방해서 거기에 외재적인 통제자로서 입법기관, 사법기관의 존재를 인정한다면, 관료제 조직의 저변을 더 아랫 방향으로 개방해서 거기에 관료제 조직의 작용대상이라 해야 할 국민집단의 존재를 인정해, 「사용자책임」, 「감독책임」은 이 국민집단에 대한 책임이라고 생각할 여지도 있게 될 것이다. 이 발상은 책임개념의 구성에 있어 중대한 의미를 가진다. 왜냐하면 위에 대한 책임과 함께 아래에 대한 책임도 존재할 수 있게 되며, B가 C를 적절히 감독할 책임은 A에 대한 책임임과 동시에 C에 대한 책임이기도 하다는 게 될 수 있기 때문이다. 이때 B와 C의 관계는 B → C의 관계임과 동시에 B ← C의 관계이며, 책임관계는 대칭성을 가지게 될 것이다.

---

293) 이 3인 관계의 모델은 Andrew Dunsire(1978), *Control in a Bureaucracy*, Martin Robertson의 시사를 받고 있다.

4) 수동적 책임과 능동적 책임

발상을 여기까지 유연하게 하면 거기에서 더욱 새로운 시야가 열린다. 그것이 수동적 책임과 대조를 이루는 능동적 책임의 문제이다. 그리고 이것은 관료제 조직의 작동에는 쌍방향성이 있다는 사실과 관련하고 있다. 관료제 조직의 구성원은 모두 얼마간의 자율성을 가지고 있으며 상위자의 명령에 하위자가 항상 복종한다는 보증은 없다. 상위자의 권위는 하위자가 이것을 수용하는 한에서 성립하는 것[294]이므로 상위자는 그 명령에 대해서 하위자의 동의를 조달하지 않으면 안 된다. 상위자의 권력이 하위자의 반응에 따라 제약되어 있으며 하위자가 상위자의 행동에 대해서 일정의 기대를 품고 있는 한, 관료제 조직의 단계를 잇는 날실은 상의하달의 경로임과 동시에 하의상달의 경로가 되지 않을 수 없다.

반복하지만 앞의 본인·대리인 관계 모델에 기초한 책임은 모두 상위자에 대한 하위자의 수동적인 책임이었다. 왜냐하면 임무책임은 위에서 주어진 직무를 자신의 임무로 관념했을 때 생기고, 복종책임은 위에서 전달된 명령 등을 자신이 의거해야 할 행동준칙으로 관념했을 때 생기는 것이기 때문이다. 마찬가지로 상위자의 질문을 문책으로 받아들일 때 답변책임이 생기고, 상위자의 제재를 자신에 대한 정당한 평가로서 받아들일 때 수재책임이 생기는 것이었다. 하위자는 항상 상위자의 통제에 수동적으로 응답하는 수동의 존재로 상정되고 있었다. 하지만 B는 A에게 받은 명령 등을 그대로 C에게 전달하는 중개자가 아니다. 법률이 정령으로, 정령이 성령으로, 성령이 훈령으로, 훈령이 다시 내규로 보충되어 가듯이, B는 A에게서 받은 명령 등을 한 단계 더 구체화해서 C에게 전달한다. 왜일까? B는 A에게서 받은 명령 등이 정당한 것인지 아닌지, 실행 가능한 것인지 아닌지, C가 따를 수 있는 것인지 아닌지를 판단한 다음 이것을 C에게 이해 가능한 것, C의 임무에 적합한 것으로 번역하지 않으면 이것에 대해서 C의 복종을 조달할 수 없기 때문이다. 그래서 만약에 A에게서 받은 명령 등이 부당한 것, 부적당한 것, 실행 불가능한 것이라 생각됐을 때 B는 A에 대해 이의를 제기해 명령 등의 수정이나 철회를 요구할 것이다. 그리고 C는 B가 A에 대해서 이렇게 행동할 것을 기대하고 있다. 이처럼 타인에게 기대되고 있는 자신의 역할을 성실히 수행하는 것을 책임이라 관념한다면 B는 C 이하의 의향을 A를 향해 대변할 책임을

---

[294] 버나드의 권위수용설을 전제하고 있다. C. Barnard(1938), *The Functions of the Executive*, Harvard University Press.

지고 있게 된다.

B가 하의를 상달하는 것은 C 이하의 기대일 뿐만 아니라 A의 기대일 수도 있다. 혹은 A는 명령 등을 기안할 때 사전에 B의 판단과 의향을 청취할지도 모른다. 게다가 A가 그 임무를 적절히 수행하기 위해서는 이것에 필요한 정보가 A에게 전달되어 있지 않으면 안 되므로, B에게는 A가 필요로 하는 정보를 일상적으로 자발적인 판단에 따라 상달하는 것이 기대되고 있을 것이다. 이처럼 하위자가 상위자를 자발적인 판단에서 보좌하는 책임을 능동적 책임이라 부르기로 하자. 실제로 관료제 조직에서 보조나 보좌, 보필이라는 개념이 사용될 때는 많든 적든 직무를 분담해서 집행하는 수동적 책임뿐만 아니라 상위자의 임무 수행을 보좌하는 능동적 책임까지 함의되어 있다고 봐야 할 것이다.

5) 관료제 조직의 고전적 모델

이제까지 본인·대리인 관계라는 단순한 모델에서 출발해서 이것에 순차적으로 책임의 중층성, 책임의 이중성이나 대칭성, 그리고 수동적 책임과 능동적 책임의 구별이라는 측면을 추가해서 관료제 조직에서의 책임의 구도를 소묘해 왔다. 행정책임의 문제는 이것을 관료제조직 내부에서의 책임(내재적 책임)에 한정하고 게다가 이것을 그 제도상의 책임(제도적 책임)에 한정해서 파악해도 상당히 복잡한 양상을 드러내고 있다.[295]

그런데 관료제 조직에 관한 고전적 모델에서는 행정관의 책임이란 본인·대리인 관계에 따른 임무책임, 복종책임, 답변책임, 수재책임만을 가리키고 있었다. 관료제 조직에 관한 이론의 세계에서 책임(충성)대상의 분리나 분열, 상사의 부하에 대한 책임, 상사를 보좌하는 능동적 책임이라는 측면이 주목받게 된 것은 현대에 이르러서부터이다. 이것은 무엇 때문일까? 그것은 관료제 조직의 고전적 모델이 절대군주를 정점으로 하는 관료제 조직을 원형으로 삼고 있었기 때문일 것이다. 절대군주제 하의 관료제 조직에서는 군주가 위임자이며, 선

---

[295] 상사의 부하에 대한 책임이나 상사를 보좌할 책임 등까지 제도적 책임으로 간주하는 것에 대해서는 반론도 있을 것이다. 제도적 책임이란 상위기관이나 상위자가 법제화된 권한에 따라서 행하는 통제에 대한 책임이며, 그 이외의 책임은 모두 비제도적 책임으로 봐야 한다는 반론이다. 하지만 이 점은 책임의 제1단계인 「임무」를 어떻게 이해하는가에 달려 있다. 조직법령에 따라서 어떤 지위에 위임된 직무 중에는 상사와의 관계를 적절히 처리하고 또 부하와의 관계를 적절히 처리해서 계통제 질서를 유지하고 이것을 원활히 작동시키는 것도 포함되어 있다고 해석하면, 이러한 책임을 제도적 책임으로 볼 여지도 생길 것이다.

임자이며, 입법자, 명령자이며, 문책자, 제재자였다. 책임(충성)의 대상은 군주 한 사람에게 귀일하고 있었다. 군주의 권위와 권력은 절대적이며 복종은 강제되어 있었다. 관료는 인격적 자유를 가지고 독자적인 감성과 의사를 가진 자율적인 존재로 간주되지 않고 군주의 명령을 집행하는 기계적인 도구처럼 인식되고 있었다.

현대민주제 하의 행정책임론은 관료제 조직에 관한 이러한 고전적 모델이 붕괴된 것에서 시작되는 것이다.

3. 민주제와 행정책임

1) 근대민주제와 행정책임

중국에서 책임의 개념은 본디 관리의 제왕에 대한 책임(행정책임)을 가리키는 것 같았다. 이것에 대해 서구에서의 responsibility의 개념은 근대의 용어 같다. 어떤 논자는 responsibility라는 용어는 19세기에 등장한 것으로 전통의 질서가 붕괴하고 인류가 자연의 질서에서 벗어나 인위의 질서를 구축하게 되었을 때 예전의 obligation 개념을 대신해 형성되어 왔다고 한다.[296] 또 다른 논자는 이것은 시민혁명 후의 18세기 말에 근대민주제 하의 정치기관이 국민에 대해 지는 책임(정치책임)을 가리키는 용어로서 탄생했다고 한다.[297] 그래서 우리도 다음에 근대민주제 하의 행정책임의 구조에 대해 소묘해 보지 않으면 안 된다.

헌법이 제정되어 의회가 개설되고 절대군주제에서 입헌군주제로 이행하면 행정책임의 구도는 크게 변동한다. 군주의 통치권을 구속하는 헌법이 등장함에 따라 군주의 관료는 군주의 명령에 따라야 하는지 헌법을 준수해야 하는지 망설일 가능성이 열렸다. 또 의회가 제정하는 법률과 군주가 제정하는 칙령이 구별되고 행정기관은 의회제정법에 준거해서 행동해야 한다는 법치행정원리가 확립되었기 때문에, 군주의 관료는 법률에 복종해야 하는가,

---

296) Gibson Winter(1966). *Elements for a Social Ethics*, Macmillan을 참조.
297) Richard Mckeon(1957). "The Development and the Significance of the Concept of Responsibility," *Revue international de Philosophie 2*, No.39. 참조.

칙령에 복종해야 하는가 하는 책임의 분열을 경험하게 되었다.

시민혁명을 거쳐 근대민주제로 이행하면 국민주권이 확립되어 국민이 행정기관을 통제하는 궁극의 주체가 되고, 국민이야말로 행정기관이 봉사하고 궁극적으로 책임을 져야 할 대상으로 된다. 하지만 행정기관을 일상적으로 직접 통제하는 것은 국민의 대표기관인 의회이기 때문에, 행정기관의 책임은 궁극적인 통제자인 국민에 대한 책임과 직접적인 통제자인 의회에 대한 책임으로 중층적이 된다. 그것만이 아니다. 근대민주제에서는 권력분립제가 채용되어 입법기관, 사법기관, 집정기관이 분립하고 있어서 책임의 대상이 다원화하기에 이른다. 이 점은 의회와 대통령이 각각 직접 선출의 대표기관이 되는 이원적 대표민주제하에서는 특히 심각한 문제로 된다. 게다가 의회정치 하에서는 정당제가 발달해 국민의 의사는 복수의 정당으로 분화해서 대표되고 집정권(executive power)은 다수 정당이 장악한다. 그래서 의원내각제와 같은 일원적 대표민주제를 채용하고 있는 곳에서도 행정관이 봉사해야 할 대상은 내각, 정권정당(여당), 의회로 중층화하게 된다. 이윽고 행정관은 정권정당의 의사에 충실히 봉사해야 하는 것으로 관념되기에 이르고 정권정당이 행정관의 임면을 자유롭게 하는 정실임용(patronage)이나 엽관제(spoils system)가 확립된다. 여기에서 행정관은 정권정당에 봉사해야 하는지 아니면 소수정당에 대표되어 있는 국민을 포함한 전체로서의 국민에 봉사해야 하는지가 다시 논의되었다.

근대민주제 하의 행정책임의 이러한 구도를 앞의 관료제 조직에서의 행정책임의 그것과 대비해서 그 특질을 요약하면 다음과 같을 것이다. 즉, 첫째, 본인·대리인 관계의 본인에 해당하는 것이 절대군주에서 국민으로 바뀌었기 때문에, 본인·대리인 관계의 날실 연쇄가 군주 → 관료제 조직의 계통제로부터 국민 → 정당 → 의회 → 내각 → 관료제 조직의 계통제로 연장되어 책임의 중층성이 늘어났다. 그리고 이것에 따라 행정관의 행위준칙이 되는 법령도 헌법 → 법률 → 법령 → 성령 → 훈령과 같이 중층화했다. 둘째, 통치의 관념이 정치와 행정 혹은 헌정과 행정으로 분화하고, 이것에 따라 정치기관이 국민에 대해서 지는 정치책임과 행정기관이 정치기관에 대해서 지는 행정책임이 분화했다. 그리고 이것은 행정책임의 주체가 관료제 조직 내부에서의 내재적 책임의 문제에서 관료제 조직의 외부에 있고 이것을 통제하고 있는 정치기관에 대한 외재적 책임으로 이행한 것을 의미한다. 그리고 셋째로 지적해 두어야 할 것은 책임의 궁극적 대상이 일원적 의사를 가진 군주에서 그 일반 의사를 확인하기 어려운 무정형한 국민으로 바뀌고, 정당이 분화하고 삼권이 분립함에 따라 책임의 계통이 다원화한 것이다. 이 책임의 다원화는 앞의 책임의 중층화와는 다른 차원의 문제이다.

2) 현대민주제와 행정책임

공업화와 도시화의 진전, 선거권의 확대, 대중정당의 형성, 대중매체의 발달, 제1차와 제2차 세계대전에서의 총력전의 체험 등을 거쳐 근대민주제는 서서히 현대민주제로 조용한 변모를 이루었다. 야경국가에서 직능국가나 복지국가에로, 혹은 소극국가에서 적극국가에로 라고 표현되듯이 행정기관이 국민에게 제공하는 행정서비스는 양적으로 팽창하고 질적으로 변화했다. 또 입법국가에서 행정국가에로, 의회통치에서 내각통치에로, 내각통치에서 수상통치에로 등으로도 이야기되고 있듯이 권력분립관계에서 집정기관이 점하는 지위가 다른 것에 비해 우월하게 되었다(이것을 일반적으로는 행정권의 우월화라고 한다). 이러한 현대민주제하의 행정책임 구도는 근대민주제하의 그것보다도 한층 더 복잡하게 되어 있다.

현대민주제 하의 행정기관은 국민집단에 대한 거대한 이익배분 기구가 되었다. 정책의 합당·부당, 행정서비스의 좋고 나쁨이 정치권력의 정당성을 유지하는 중요한 요소가 되고, 행정서비스는 정치권력이 국민의 지지를 조달하는 주요한 수단이 되고 있다. 그래서 이 행정서비스의 배분을 둘러싸고 소위「사회집단(이익집단)의 분출」현상이 일어났다. 행정서비스는 국민집단에게 이익을 배분하는 반면에 불이익을 배분하는 것이기도 해서, 한편에서는 행정서비스의 유지 확충을 요구하는 압력단체가 생겨나고 다른 한편에서는 행정서비스의 철회나 감량을 요구하는 저항단체도 생긴다. 어쨌든 행정기관은 행정의 객체, 행정서비스의 이해관계인이라 해야 할 특정의 국민집단과 일상적으로 직접 접촉하고 이것과 교섭하게 되었다. 행정기관과 국민의 관계는 주권자인 전체로서의 국민(the public)과의 관계와 행정의 객체인 국민집단(publics)과의 관계로 분화했다. 정치기관과 행정기관과의 관계에도 변화가 발생했다. 정책의 다면화·대량화와 정책내용의 전문화·기술화의 결과, 입법기관은 점차 소위 정부제출법안에 의존하게 되었다. 그리고 이 정부제출법안의 기안은 행정기관의 임무로 생각되게 되었다. 또 같은 이유에서 입법기관이 제정하는 법률은 제도의 대강을 정하는 것에 그치고 그 세목의 틀 설정은 정령 이하에 맡겨지게 되었다. 이리하여 행정기관의 재량, 게다가 개개 행정관의 재량의 여지가 비약적으로 확대했다. 이것은 행정기관이나 행정관이 정책형성에 깊이 관여하게 되었다는 것을 의미한다. 그래서 행정기관 그 자체가 각각 소장 사무의 확장을 요구하고 혹은 그 축소에 저항하는 정치집단으로 변했다.

공무원제도도 변했다. 현대 공무원제는 일반직 공무원의 임면에 대한 정당정치의 개입을 배제하고 공무원의 정치적 중립성 원칙을 확립했다. 이것이 행정관의 책임에 대해서 가지는 의미는 크다. 일반직 공무원의 임면에 관한 사무를 인사위원회 등의 독립적인 기관에 위임하고, 일반직 공무원의 정치활동·정치헌금을 금지하고, 관직이 정당의 이익 나아가 공무원의 개인적인 이익을 추구하는 장이 되는 것을 방지하고 있는 것은 정치적 중립성 원칙의 소극적인 측면에 불과하다. 정치적 중립성의 원칙은 그 소극적인 측면에서 공무원은 「전체의 봉사자」, 즉 전체로서의 국민에 봉사하는 공복이지 않으면 안 된다는 새로운 공무원 윤리를 확립하고 있다. 또 현대 공무원제는 자격임용제를 채용하고 공무원의 전문능력을 강조하고 있다. 그래서 공무원에 대해서도 전문직업가(profession)의 책임에 준하는 직업적 책임이라고 할 만한 관념을 형성하려는 시도도 생겨났다. 그것만이 아니다. 자격임용제는 종신고용제와 결합해 공무원의 임용과 파면의 쌍방에 대해서 정당정치의 개입을 배제하고 있다. 그리고 현대 공무원제는 이 강고한 신분보장 하에서 학력, 근속연수 등 객관적인 기준에 따른 승급승임제를 채용하고 있는 것이 통례이다. 그 결과 엽관제 아래서와는 정반대로 집정기관은 이 인사에 대해 강한 자율성을 가진 공무원집단으로부터 어떻게 복종과 충성을 조달할 수 있을까 하는 문제가 생겨난다. 집정기관의 바로 밑에 있는 고급공무원에 대해 폭넓게 정치적 임면의 여지를 남기고 있는 나라도 있고 이 여지를 거의 남기고 있지 않은 나라도 있다. 그리고 적어도 일반직 공무원의 계통제에서는 직근의 상사는 부하에 대해 얼마간의 근무평정 권한을 갖고 있더라도 직근의 상사가 부하의 임면권까지 갖고 있는 경우는 거의 없다. 게다가 현대 공무원제에서는 공무원에게 단결권과 교섭권을 보장하고 있는 경우가 많다. 그래서 관리직 층의 인사권이 노동협약에 의해 엄격하게 제약된 경우도 적지 않다. 요컨대 현대 공무원제에서는 강제나 경제적 요인으로 복종을 조달할 여지가 현저히 좁혀져 있다는 것이다.

요약해 보자. 현대민주제 하의 행정책임의 구도를 그 이전의 것과 대비해서 그 특질을 정리하면 다음과 같을 것이다. 먼저 첫째, 비제도적 책임의 발생이다. 행정기관의 외부에 있고 행정기관의 행동에 일정한 기대를 보내고 행정기관에 대해 사실상 통제를 가하려는 이익집단의 분출로 인해 정치과정이 다원화했다. 행정기관은 이러한 외재적이고 비제도적인 국민집단에 대해서도 직접적인 책임을 지게 되었다. 둘째, 능동적 책임의 발생이다. 정책의 작성은 정치기관의 임무, 행정기관의 임무는 정책의 집행이라는 정치·행정 분리의 원칙이 무너지고, 행정기관에게 정책의 자발적인 발의, 기안이 기대되게 되었다. 그리고 이 능동적 책임은 법률로 확보하는 게 곤란하다. 왜냐하면 법률에 따른 규제는 원래 해악의 발생을 소극적으로 예방하는 것에 그 주안이 있으며, 행정기관에 대해 적극적인 방향성을 부여하고 그 자발적인 행동을 촉진하는 것에는 맞지 않은 부분이 있기 때문이다. 이 점에서 유일한 예외를 이루고 있는 것이 예산일 것이다. 예산은 각 세출 항목에 대해서 초과해서는 안 되는 한도를 정하고 있음과 동시에, 세출 항목으로서 계상한 것은 확실히 이행할 것을 의무 지우고 있다. 예산은 세의 과징에 대한 대가로 정부기관이 국민에게 행정서비스의 제공을 공약한 것이다. 참고로 서구에서는 accountability와 responsibility가 대비적으로 사용되는 예가 많다. 이러한 경우 accountability는 행정기관이 정치기관에 대해서 지는 제도적 책임, 그중에서도 책임의 제3의 국면인 답변책임을 가리키는 용어로써 사용되고, responsibility는 외재적 제도적 책임에 다 포섭될 수 없는 책임을 가리키고 있는 경우가 많다. 그래서 일본의 논고에서는 이 accountability를 법적 책임이라고 번역하고 있는 사례가 많다. 하지만 이 accountability는 외재적 제도적 책임 중에서도 원래는 예산집행과 결산의 책임을 기초로 해서 정착한 예산책임이라고 해야 할 개념이었던 것은 아닌가 하고 생각한다. 예산은 행정기관이 수행해야 할 적극적인 임무를 정하고 있는 것이기 때문에, 이것을 성실히 이행할 책임뿐만 아니라 그 결과를 보고하고 이것에 대해 변명할 책임이 부과되어 있다. 따라서 현대 민주제하에서 법률에 따른 규제의 의의가 쇠퇴해 가는 가운데 예산책임의 문제는 점점 그 중요성을 더하고 있다. 그럼 본래 주제로 돌아가서 셋째, 직업윤리의 강조를 들 수 있다. 이것은 앞의 능동적 책임의 요청에 답하기 위해서이기도 하지만 이것이 전부가 아니다. 행정재량의 여지가 확대하고 행정관의 전문화가 진행되고 공무원제에서 인사의 자율성이 강화되고 관료제 조직 내부에서의 내재적 제도적 통제가 제약되어 왔기 때문이기도 하다.[298]

---

[298] 앤드류 던사이어는 상사가 부하의 행동을 실질적인 피드백을 통해 통제하는 문제를 고찰했을 때 상사와 부하의 관계에 대해 4가지 유형을 설정했다. 즉, 부하의 재량영역의 광·협을 세로축으로, 부하가 대처해야 할 상황의 불확실성의 고·저를 가로축으로 해서 1) 재량영역이 좁고 불확실성도 낮은 부하를 규제추종자(rule follower)라 부른다. 2) 재량영역이 넓고 불확실성이 낮은 부하를 심사관(judgment maker), 3) 재량영역이 좁고 불확실성이 높은 부하를 정책조언자(policy advisor), 4)재량영역이 넓고 불확실성도 높은 부하를 문제해결자(problem solver)라고 이름 붙인다. 그리고 제1의 규제추종자에 대해서는 상사는 규제를 정립함으로써 이것을 유효하게 통제할 수 있지만, 심사관에 대해

요컨대 현대민주제하의 행정책임의 문제는 관료제 조직의 고전적 모델에서는 처리할 수 없는 것이 되고 있다.

3) 행정책임 논쟁

프리드리히와 파이너의 유명한 행정책임 논쟁은 위와 같은 현대민주제하의 행정책임을 둘러싼 문제상황을 배경으로 전개된 것이었다.[299] 프리드리히는 현대행정의 임무는 국민의 의사가 불명료한 상태 하에서도 그 전문기능을 발휘해 사회적 부조화를 해결하기 위한 정책을 적극적으로 입안하는 것에 있다고 생각했다.[300] 그래서 그는 행정기관의 정치기관에의 복종을 강조하는 전통적인 행정책임론에 의문을 제기하고, 이 객관적 책임, 제도적 책임을 보완하는 것으로 새롭게 「기능적 책임」(functional responsibility)과 「정치적 책임」(political responsibility)이라는 2개의 책임개념을 구성했다. 「어떤 정책이 거기에 포함된 기술적 문제에 관계되는 축적된 지식의 총화를 충분히 고려하지 않고 채택된 것이 분명하다면 우리는 이러한 정책을 무책임한 정책이라고 부를 권리를 가진다. 또 어떤 정책이 커뮤니티의 선호, 특히 그 절대다수의 의견을 부당하게 무시해 채택된 것이 명백하다면 이러한 정책을 무책임한 정책이라고 부를 권리를 가진다」[301]고 한다.

서는 그렇게는 되지 않는다고 한다. 심사관이라는 부하의 업무가 전문직업적인 기준에 따라서 행해지는 것으로 상사가 이 전문지식을 가지지 못한 경우 등도 있기 때문에, 상사는 부하의 행동 결과의 좋고 나쁨을 판정해서 이 결과에 따라 부하의 재량영역을 수정하는 외에 유효한 통제방법은 없다. 그리고 제3의 정책조언자, 제4의 문제해결자의 경우에는 부하에게 상사와의 공통의 가치, 목적을 공유시켜 부하의 자기규율에 의존하는 수밖에 없다고 한다. A. Dunsire, *op. cit*. 참조.

[299] 이 논쟁에 대해서는 일본에서도 이미 많은 논자들에 의해 소개되고 논평되고 있다. 주요한 것으로는 村松岐夫「行政学における責任論の課題」(『法学論叢』 제75권 1호), 加藤一明他『行政学入門』(有斐閣, 1966년) 중의 II「行政責任論」, 足立忠夫『行政学』(日本評論社, 1971년) 중의 제3부「現代行政学の諸問題-行政責任論を中心として」, 大森彌「行政における機能的責任と『グラス・ルーツ』参加(一)」(『国家学会雑誌』 제83권 1·2호)가 있다.

[300] 프리드리히가 행정책임에 대해 논한 것으로는 다음의 것이 있다. Carl J. Friedrich(1935), "Responsible Government Service under the American Constitution," Monograph No.7 in Carl J. Friedrich et al., *Problems of the American Public Service*, McGraw-Hill. Carl J. Friedrich(1940). "Public policy and the Nature of Administrative Responsibility," Carl J, Friedrich & E. S. Mason(eds.), *Public Policy*, No.1, Carl J. Friedrich(1960). "The Dilemma of Administrative Responsibility," C. J. Friedrich(ed.), *Responsibility*, Atherton Press.

[301] Carl J. Friedrich, "Public policy and the Nature of Administrative Responsibility," *op. cit*.

「기능적 책임」이란 객관적으로 확립된 기술적·과학적인 「표준」에 따라서 판단하고 행동하는 책임이다. 그래서 「기능적 책임」이 실행되고 있는지 아닌지를 판정할 수 있는 것은 같은 전문기술이나 과학적 지식을 공유하고 있는 동료 외에는 없다. 「기능적 책임」 개념의 핵심은 「표준」의 객관성이며 문책자의 외재성이다. 프리드리히가 말하는 「기능적 책임」은 동료에 의한 문책이 바로 해당 행위의 취소나 징계, 자격박탈 등의 제재로 연결되지 않는다는 의미에서 어디까지나 비제도적 책임에 속하지만, 그것은 타율적인 책임인 측면도 내포하고 있다. 한편, 「정치적 책임」이란 시민감정(popular sentiment)에 응답해서 판단하고 행동하는 책임이다. 행정에서의 홍보·공청활동의 의의를 설파하고 시민참가에 착목해 행정이 새로운 복잡한 과제를 창조적으로 해결할 때는 이해관계가 있는 시민의 의문, 의견, 조언, 비판, 반항 등을 사전에 감지할 필요가 있다고 하면서 국민에게 접촉할 독자의 채널을 확립할 것을 제창했다. 이 「정치적 책임」에는 객관적인 행위준칙은 없지만 이해관계인이라는 문책자는 외재하고 있다. 하지만 프리드리히는 「기능적 책임」과 「정치적 책임」을 타율적 책임으로서 확립할 방책을 검토하려고는 하지 않았다. 아니 오히려 그의 관심은 그 최초의 논문 이래 시종일관 행위의 심리내면에 「도덕적, 종교적인 책임감각」을 확립하는 것에 있었으며, 그가 주장하는 「기능적 책임」과 「정치적 책임」은 자기의 양심에 따른 주관적이고 자율적인 책임이었다.[302]

파이너는 프리드리히를 비판하고 행정관의 역할은 민주정치의 다음 3가지 원리에 입각한 것이어야 한다고 했다.[303] 즉, 국민이 정치의 주인공(the mastership of the public or public mastership)이 되기 위해서는 첫째, 정치가와 공무원은 이것이 국민이 바라는 것이라고 그들이 생각한 것을 위해 일하는 것이 아니라, 국민 자신이 바라는 것을 위해 일하지 않으면 안 된다. 둘째, 국민으로부터 선출된 대표기관을 정치제도의 중추에 두지 않으면 안 된다. 그리고 셋째, 국민은 그 바라는 바를 정치기관에 전달할 능력을 가짐과 동시에 정부기관을 국민의 명령에 복종시키는 권력을 갖고 있지 않으면 안 된다고 했다. 요컨대 파이너는 근대민주제의 기본원리를 재확인하고, 특히 행정책임의 최종국면인 제재의 보증을 강조했던 것이다.

---

[302] 프리드리히의 행정책임론 특히 그 기능적 책임론에 대해서는 예전에 필자자신도 논평한 것이 있으므로 이것을 참조 바란다. 졸고 「行政國家における行政裁量」 (渓内謙他編 「現代行政と官僚制」 上卷 [東京大学出版会, 1974년]-본서 제8장에 수록).

[303] Herman Finar(1941). "Administrative Responsibility in Modern Government," *Public Administration Review*, Vol.1.이 논문의 앞에 다음의 것이 있다. "Better Government Personnel," *Political Science Quarterly*, Vol.51, No.4, December, 1936.

하지만 프리드리히도 주관적 책임은 이미 확립되어 있는 객관적 책임을 보완하는 것이라고 말하고 있고 객관적 책임의 의의를 부정하고 있는 것은 아니다. 그리고 파이너도 주관적 책임이나 자율적 책임의 의의를 전면적으로 부정하고 있는 것은 아니다. 단지 양자는 지금 무엇을 어느 것을 강조해야 하는가에 대해 그 판단을 달리하고 있는 것이다. 양자의 견해 기저에는 행정관의 행동에 대한 낙관과 비관, 신뢰와 불신의 차이가 있다고 말할 수 있다. 이것은 논쟁으로 해결할 수 있는 것이 아니다. 그래서 오늘날에도 양자의 후계자라고 할 만한 사람들이 있다. 예를 들면 빅터 톰프슨은 민주적 통제와 관료제적 통제를 강조하는 점에서 파이너의 입장을 계승하고 있다.[304] 이것에 대해 1960년대 후반부터 미국 행정학계에 등장한 소위 「새로운 행정학의 확립을 지향하는 운동」(New Public Administration Movement)에 속하는 논자들은 행정관에게 적극적인 가치지향을 요구하고 행정관이 사회변혁의 기수가 될 것을 기대하고 있으며,[305] 그 논조는 프리드리히의 것과 공통하는 부분이 적지 않다. 논의는 끊이지 않는다.

4. 행정책임의 딜레마

1) 행정책임의 구도

관료제 조직에서의 책임에서 검토를 시작해 근대민주제하의 행정책임, 이어서 현대민주제하의 행정책임을 개관해 왔다. 이 동안에 책임의 개념은 다의적이 되고 점점 다방면으로 확산해 행정책임의 구도는 복잡하게 될 뿐이었다. 이 복잡한 구도의 전체상을 정리하기 위해서는 역시 길버트의 분류에 따라서[306] 법제상의 통제수단에 대응할 책임인지 아닌지를 기준으로 한 제도적 책임과 비제도적 책임의 축과 행정기관 외부에 있는 기관 또는 사람에 의한 통제나 제재에 대응할 책임인지 행정기관 내부에서의 그것인지를 기준으로 한

---

304) Victor Thompson(1975). *Without Sympathy or Enthusiasm: The Problem of Administrative Compassion*, University of Alabama Press.
305) Frank Marini (ed.)(1971). *Toward a New Public Administration: The Minnowbrook Perspective*, Chandler Publishing Company.
306) C.E. Gilbert(1959). "The Framework of Administrative Responsibility," *The Journal of Politics*, Vo.21.

외재적 책임과 내재적 책임의 축, 이 양자를 조합해서 4가지 책임유형을 설정하는 것이 편리할 것이다. 또한 이것들은 개개 행정관의 입장에서 보면 어느 것이나 타인으로부터의 통제나 제재에 응답할 책임이기 때문에 모두 타율적 책임 또는 객관적 책임이다. 이것에 대해서는 행정관이 자신의 내면의 양심에 응답할 자율적 책임이나 주관적 책임의 개념을 설정할 수 있다.

한편 우리는 관료제 조직에서의 책임으로서 먼저 내재적 제도적 책임에 대해 검토하고, 다음에 근대민주제하의 행정책임으로서 법치행정원리를 중심으로 한 외재적 제도적 책임에 대해 검토했다. 더욱이 현대민주제하의 행정책임으로서 비제도적 책임의 발생을 살펴봤다. 즉, 이해관계인의 참가를 포함한 광의의 시민참가는 외재적 비제도적 책임에 연결된다. 그리고 전문가집단의 전문적 기술적인 표준에 근거한 제재와 이것에 대한 응답, 더 일반적으로 행정관집단의 하위문화에 의한 제재와 이것에의 응답 등은 내재적 비제도적 책임이라는 것이 된다(다만, 전문가집단의 표준에 근거한 제재와 응답에 대해서는 문책자, 제재자로 되는 전문가가 행정기관의 외부에 존재하는 경우에는 외재적 비제도적 책임에 속하게 된다). 그리고 마지막에 등장한 프리드리히의「기능적 책임」과「정치적 책임」은 이러한 비제도적 책임의 발생이라는 현실에 촉발되면서도 이러한 종류의 책임감각을 행정관의 심리 속에 내면화할 필요를 주장하고 있는 것으로 자율적 책임의 영역에까지 논급한 것이었다.

이렇게 정리해 보면 행정책임론은 행정통제론과 같은 것은 아닌가 하는 의문이 생길 것이다. 이 의문은 반은 맞고 반은 틀렸다. 왜냐하면 프리드리히에게 계발된 이후의 행정책임론은 오로지 비제도적 책임의 영역, 게다가 자율적 책임의 영역을 행정책임론의 주제로 해오고 있기 때문이다. 이러한 영역은 법적인 뒷받침이 있는 통제수단을 가지지 못한 책임영역이므로, 강제와 제재의 보증이 없을 뿐만 아니라 실제로 어떠한 제재가 가해지고 있는지 그리고 행정관이 이것에 어느 정도 응답하고 있는지 이것을 확인하는 것이 어려운 영역이다. 행정책임론이 행정통제론과 표리의 관계에 있으면서 이것이 어디까지나 책임론으로 논해지는 이유는 이 점에 있다.

필자는 앞의 논문에서[307] 파이너와 마찬가지로 국민에 의한 통제를 확충하고 이것을 통해 행정책임을 추구한다는 입장에서, 현재는 비제도적인 제재에 머무는 것을 제도화해 갈

---

307) 졸고「行政国家における行政裁量」전게-본서 제8장.

필요, 혹은 현재는 관료제 조직 내부의 통제에 맡겨져 있는 것을 공개시키고 이것에 대해 외재적 통제를 가할 가능성을 열어 갈 필요를 주장했다. 이 점에 대한 견해는 지금도 변하지 않는다. 현재 일본에서 과제가 되고 있는 제도들, 예를 들면 행정절차법, 환경평가법, 정치윤리법 등 정치기관에 대해 일정 사항에 관한 정보의 공표를 의무화하는 제도, 회의공개제도, 정보공개제도, 옴부즈맨제도 등은 어느 것이나 국민의 제재에 법적인 뒷받침을 부여하고 관료제 조직을 외부로 향해 개방시키는 방책일 것이다.

그러나 필자는 accountability의 문제를 중시한 나머지 responsibility의 주제를 너무 경시하고 있었는지 모른다.[308] 고찰의 초점을 행정기관의 책임에서 개개 행정관의 책임으로 옮긴다면 자율적 책임의 측면은 빠트릴 수 없는 논제가 되기 때문이다. 개개 행정관에게 책임의 문제란 바로 결단의 문제이다. 개개 행정관의 의사결정에서는 타인으로부터 가해지는 타율적인 통제나 제재는 모두 결정을 구속하는 전제이다. 행정관은 이러한 전제에 구속되면서 재량을 한다. 거기에 얼마간의 재량의 여지가 있기 때문에 책임의 문제가 발생하는 것이다. 그런데 행정관은 타율적인 통제나 제재가 지시하고 있는 행위준칙 모두를 수용한 다음에 그래도 남는 공백영역에 대해서 재량을 하는 것이라고 생각해서는 안 된다. 그러한 상정은 행정관이 실제로 직면하고 있는 결정상황과 다를 것이다. 행정관에게 가해지고 있는 타율적인 통제나 제재는 다원적이며 이것들이 지시하고 있는 행위준칙은 모순하고 있는 것이 오히려 일상 상태일 것이다. 행정관은 이 모순하는 행위준칙 중에서 어느 것을 선택할 것인지 혹은 이러한 행위준칙 각각에 어느 정도의 비중을 부여할 것인지 이것을 결단하고 있는 것이다. 책임문제에는 대부분 늘 「책임의 딜레마」 문제가 따라다닌다. 책임이란 「책임의 딜레마 상황을 극복하는 책임」이라 해도 절대 과언이 아니다. 그리고 이 결단을 자각적으로 행하기 위해서는 행정관은 내면의 양심이 명하는 부분과 타율적인 통제나 제재가 명하는 부분을 정합시키지 않으면 안 되는 것이다.

---

308) 또한 앞의 졸고 「行政国家における行政裁量」 (본서 제8장)에서는 내재적 비제도적 책임과 자율적 책임을 동일시하는 취지의 논술을 하고 있었는데, 여기서는 타율적 책임과 자율적 책임을 일단 구분하고, 책임의 4가지 유형은 내재적 비제도적 책임도 포함해서 모두 타율적 책임에 관한 것으로 정리했다.

2) 행정책임의 딜레마

타율적 책임의 4가지 유형은 각각 효용과 한계를 갖고 있으며 현대민주제하의 행정책임을 확보하기 위해서는 이 4가지 유형 모두를 종합적으로 조합하고 서로 연동시켜 이것을 전체적으로 기능적인 방향으로 작용시키지 않으면 안 될 것이다. 그런데 이것들이 상호 보완적으로 작용하면 이상적이지만 이것들은 종종 서로 상극한다.

예를 들면 상사가 헌법에 반하다고 생각되는 명령을 했을 때 부하는 외재적 제도적 책임과 내재적 제도적 책임과의 긴장에 휩싸인다. 부하가 수뢰행위를 범하고 있는 사실을 발견했다. 그럼 이것을 내밀하게 원만히 처리하는 데 그칠 것인가, 형사책임까지 물어야 하는가, 형사책임까지 물으면 이것은 표면화되고 조직의 사회적 신용을 훼손하게 된다. 또 부하의 가족에 미칠 사회적 제재가 너무 엄격하다. 하지만 이것을 표면화하지 않으면 뇌물증여 측의 행위를 불문에 부치게 된다. 여기서도 상사는 외재적 제도적 책임과 내재적 제도적 책임과의 상극을 체험한다. 정책실시의 국면에서 이해관계인과 절충을 하고 있는데, 법률을 기계적으로 해석 적용한다면 이 개별구체적인 사례에 관한 한 구체적 정의에 현저하게 반하는 것으로 판명되었을 때 법을 왜곡해서 구체적 정의를 실현할 것인가, 법을 관철해서 이해관계인의 격렬한 항의와 이것에 이은 소송에 대응할 것인가. 행정관은 여기서는 외재적 제도적 책임과 외재적 비제도적 책임과의 상극에 직면하게 된다. 개발프로젝트에 반대하는 사람들에게 성실히 대응하기 위해서는 아직도 몇 번이나 더 교섭을 계속해야 하지만 그렇게 하면 예산책임을 완수할 수 없다고 할 때도 마찬가지이다. 과장이 부장에게 불려가서 너희 과의 모씨는 직무면제의 절차도 밟지 않고 근무시간 중에 조합 활동에 종사하고 있지 않은가, 그런 것을 허용해서는 안 된다고 지시 받았다고 하자. 이 정도의 조합 활동은 이 직장에서는 종전부터 방임되고 있었다. 그래서 과장이 부장의 지시대로 조치를 취하면 해당 직원이 반항할 뿐만 아니라 과내의 조합원 대부분이 분노하고 나아가서는 조합이 이것에 대해 항의활동을 벌일 것이다. 그러면 과장은 부장의 지시에 어떻게 대처해야 하는가. 여기서는 과장은 내재적 제도적 책임과 내재적 비제도적 책임과의 틈새에 서 있게 될 것이다.

행정책임의 딜레마는 책임의 4가지 유형 상호 간에서만 일어나는 것이 아니다. 더 세밀하게 보면 각 책임유형의 내부에서도 발생한다.

예를 들면 최고재판소 판결이 의원 정수가 불균형하다고 판단해 그 시정을 권고했다고 하자. 공직선거법을 소관하는 행정기관은 바로 동 법의 개정안을 기안하고 국회 상정을 위해 노력해야 할까? 아니면 국회나 여당에 개정의 기운이 생겨날 때까지 대기하고 있어야 좋을까? 중앙정부가 국제공항의 입지를 결정해서 용지매수를 시작하고 있다. 지역의 기초자치단체는 이 계획에 반대결의를 하고 있고 광역의회도 반대결의를 하고 있다. 지사도 예전부터 이것에 반대하는 의사표시를 하고 있었다. 그런 상황에서 토지수용에 대해 대집행사무의 집행이 필요하게 되었다. 그러면 지사는 「중앙정부의 기관」이라는 역할에서 이 기관위임사무의 집행을 수행해야 할까, 아니면 「지방자치단체의 장」이라는 역할에서 이것을 거부해야 할까? 이것들은 외재적 제도적 책임 간의 모순이다. 국장의 의향과 시장의 의향 사이에 차이가 있을 때 과장은 어느 의향에 복종해야 하는가. 상사의 기대와 부하의 기대가 상반하고 있을 때 중간관리자는 어느 편을 들어야 하는가. 타국(局)이나 타 부처의 기대와 자국(局)의 기대에 끼여서 총무과는 이것을 어떻게 중재해야 할까, 이것들은 모두 내재적 제도적 책임 간의 조정이나 지양을 필요로 하는 사례이다. 업계를 감독하고 있는 행정기관은 소비자의 기대에 부응해야 하는가, 업계의 기대에 부응해야 하는가. 그리고 신규참여업자를 장려하고 진흥해야 하는가, 기존업자의 기득권익을 보호해야 하는가. 또 대기업의 입장에 서야 하는가, 중소기업의 입장에 서야 하는가. 이것들은 행정기관이 국민집단과 접촉할 때 생기는 외재적 비제도적 책임 간의 상극 문제이다.

　이상으로 여기에 「행정책임의 딜레마」로 예시한 것은 모두 행정관으로서의 역할의 딜레마이다. 그런데 「행정관의 딜레마」는 이 「행정책임의 딜레마」가 전부가 아니다. 개개 행정관은 행정관임과 동시에 전문가협회의 회원이며 공무원조합의 조합원이며 교회의 신도일 수도 있다. 그래서 행정관으로서의 역할과 그 외의 사회적 역할과의 상극에 고민하고, 게다가 사회적 역할과 사적 이익과의 상극에도 고민하는 것이다. 사적 이익이 공적 역할에 우선하면 부정행위에 빠진다. 거꾸로 공적 책임감이 극도로 높아지면 직을 건 행동도 결단한다. 「행정관의 딜레마」에 대처하는 방식은 궁극적으로는 개개 행정관의 신조체계에 의존하는 것이다.

3) 조직과 개인

　행정관이 직면하는 딜레마 중에서도 특히 심각한 것은 직근의 상사로부터 전달된 행위준칙이 자신의 신조체계와 현저히 상반하고 있을 때일 것이다. 이 행정관이 자율성이 결여된 유약한 인격이면 자신의 신조체계를 수정하든지 굴복하든지 해서 이 행위준칙에 복종하겠지만, 이 행정관이 자율적인 강한 인격일 때는 이 행위준칙의 철회나 수정을 요청할 방책을 모색할 것이다. 이때 자신의 신조체계가 더 권위가 높은 행위준칙과 합치하고 있다고 확신하면 적극적인 행동에 옮길 것이다. 예를 들면 이 행위준칙이 법령을 위반하고 있을 때나 더 상위의 상사의 의향에 반하고 있을 때, 전문적 기술적 표준에 반하고 있을 때, 국민집단의 기대에 현저히 반하고 있을 때, 명백히 공익에 반하고 있을 때 등이다. 이때 행정관은 직근의 상사에 이의를 신청해서 그 재고를 촉구할지 모른다. 하지만 이것이 무익하고 좋은 방책이 아니라고 판단했을 때 혹은 이의를 신청했지만 받아들여지지 않았을 때는 더 상위의 상사에게 직소해서 사정을 호소할지 모른다. 혹은 그에 합당한 기관에 공공연하게 고발 또는 익명의 내부고발을 할지 모른다. 이러한 방책이 모두 무익하고 상책이 아니라고 판단하면 결근하거나 태업하거나 또는 행위준칙을 무시하거나 해서 자신의 책임만은 회피하려고 시도할지 모른다. 이것으로는 근본적인 해결이 되지 않는다고 판단하면 전임(轉任)을 신청하거나 사직할 것이다. 그리고 사직하게 되면 사직 이유를 공개할지 안 할지 선택하게 될 것이다.

이와 같은 사태에서 행정관은 어떤 방책을 선택할까? 그리고 그 결과는 어떻게 될까? 이것은 해당 관료제 조직이 아래로부터의 이의신청을 용인하는 민주적인 것인지 아니면 이것을 억제하는 권위적인 것인지에도 따를 것이다. 또 행정관의 이러한 행동에 대한 여론의 평가에도 의할 것이다. 어떤 연구에 따르면 정부가 취한 정책이 자신의 신념에 반하기 때문에 사직의 길을 선택한 정부 고관들이 그 사직 시에 취한 행동을 조사해 보면 영국과 미국 간에 상당한 차이가 있다고 한다.[309] 미국의 사례에서는 사직 시에 진짜 이유를 공표한 사람이 매우 적지만 영국의 경우에는 약 절반이 되고 있다. 또 영국의 경우에는 이러한 사직자라도 훗날 정부의 고위직에 복귀하고 있는 사람이 적지 않다고 한다. 또 다른 연구에 따르면 미국에서는 내부고발을 한 것으로 관료제 조직으로부터 엄격한 보복을 받은 사례가 적지 않다고 한다.[310] 그리고 내부고발을 한 사실을 비밀로 하고 익명의 내부고발을 촉구하면 고발자가

---

[309] Edward Weisband & Thomas E. Frank(1975). *Resignation in Protest: Political and Ethical Choices between Loyalty to Team and Loyalty to Conscience in American Public Life*, Grossman Publishers.
[310] Terry L. Cooper(1982). *The Responsible Administrator: An Approach to Ethics for the Administrative*

상당수에 이를 수 있다는 것은 비밀을 보증한 회계검사원 부정행위조사위원회의 접수실적이나 카터정권이 공무원제도개혁의 일환으로 설치한 특별상담실의 접수상황 등을 보면 이미 실증되고 있다.

관료제 조직은 팀워크를 특히 중시하고 구성원에게 소속조직에의 충성을 요구한다. 팀워크를 깨는 인간은 배척된다. 더구나 외부에서 소속조직을 비판하고 이것을 훼손하는 인간은 배신자, 반역자로 간주된다. 이것은 관료제 조직의 상층에 이를수록 현저하다. 일상 업무에 종사하는 관료제 조직의 하층에서는 통제와 응답의 피드백이 작동하기 때문에 구성원 측에 소속조직에의 충성심이 없어도 업무는 그럭저럭 돌아간다. 오히려 이 차원에서는 소장사무 본래의 목적을 되돌아보려고 하지 않고 집무기준의 준수만을 절대시하는 형식주의(ritualism)나, 혹은 소속조직의 목적에도 수단에도 동조하려고 하지 않고 근무를 단순히 생활의 일용한 양식을 얻기 위한 필요악으로밖에 생각하지 않는 퇴피주의(retreatism) 등 전형적인 관료주의적 행동이 만연한다.[311] 하지만 관료제 조직의 상층은 던사이어의 분류개념을 사용해 말하면[312] 정책조언자나 문제해결자의 팀워크이기 때문에 「이념의 공유」가 책임확보의 거의 유일한 수단이 되고 있어서 그만큼 강한 자발적인 충성이 기대되고 있다. 소속조직에서 부여한 행위준칙이 자신의 신조체계와 상반한다고 생각하는 인간은 그것이 개인적인 신조와의 상반이 아니라 자신의 임무와의 상반이며, 임무책임이 복종책임에 우선한다는 취지를 주장하지 않으면 안 된다. 바꿔 말하면 복종책임의 부인은 더 고차원의 보다 포괄적인 소속조직에의 충성, 더 상위의 통제자에의 충성, 조직의 더 근원적인 목적에의 충성에 근거한 것이라는 것을 논증하지 않으면 안 된다. 그렇게 하지 않은 한 직근의 상사나 직접적인 소속조직에 대한 반역을 정당한 행위라고 인정받을 수 있는 여지는 없다.[313]

그런데 현대에서 더욱 심각한 문제는 개인이 자아를 버리고 소속조직에 완전히 동화해서

Role, Kennikat Press.
311) 조직구성원의 행동을 조직목적에 대한 태도와 조직이 실제로 사용하고 있는 제도적 수단에 대한 태도라는 2가지 축에서 분류해 가는 시점은 로버트 머튼이 제시한 것이지만, 미셸 크로지에, 앤드류 던사이어 등에 의해 다양한 형태로 응용되고 있다. Robert K. Merton(1940). "Bureaucratic Structure and Personality," *Social Forces* XVIII, republished in R. K. Merton(1957). *Social Theory and Social Structure*, The Free Press, Michel Crozier(1964). *The Bureaucratic Phenomenon*, The University of Chicago Press, Andrew Dunsire, *op. cit.*
312) 주 298)을 참조.
313) 이 충성과 반역의 관계에 대해서는 丸山眞男「忠誠と反逆」(『近代日本思想史講座』 6 [筑摩書房, 1960])에서 배운 것이 많았다.

조직인이 되어 버리는 사태이다. 소속조직의, 그것도 직접적인 소속조직의 행위준칙이 자신의 신조체계 전부가 되어 버린 사태이다. 이러한 현상이 심해지면 직근 상사의 명령은 모두 일말의 의심도 없이 수용하고 이것을 효율적으로 실행하는 것이 자기평가의 유일한 기준이 되기에 이른다. 이러한 사태 하에서는 타율적인 행위준칙과 자율적인 책임과의 괴리는 생기지도 않고 「책임의 딜레마」는 해소되어 버린다. 유태인 학살의 죄를 단죄 받은 나치 전범들의 사례는 이러한 종류의 완전동화가 초래한 극한상황을 보여주고 있다. 뉘른베르크 재판은 상사의 명령에 대한 복종을 면책사유로 인정하지 않고 명령의 실행자에 대해서도 개인책임을 물었다. 복종책임보다 임무책임을 상위에 두고 임무책임보다 인류보편의 윤리를 상위에 두고서 개개 구성원의 자율적 책임까지 묻지 않으면 관료제 조직의 폭주를 유효하게 억제할 수 없는 사태가 실제로 생긴다는 것이다.

5. 맺음말

행정책임의 문제는 관료제 조직에서의 책임문제에서 시작되어 현대에 이르러 다시 이 원점으로 회귀하고 있는 것처럼 생각된다. 근대민주제가 확립한 행정기관에 대한 민주적 통제 수단의 경우에도 이것이 전달하는 행위준칙에 대해서 관료제 조직이 마음으로부터 동의하고 이것을 자신의 행위준칙으로 내면화하지 않으면 소기의 효과를 올릴 수 없다. 민주적 통제와 관료제 조직이 고집하고 있는 행동원리와의 사이에 괴리가 있는 한, 규제와 탈법행위의 악순환이 쌓여 갈 뿐이다. 또 자율적 책임을 아무리 강조해 봐도 관료제 조직에 이것을 용인하고 촉진해 갈 조직조건이 없는 한, 그것은 발현할 수가 없을 것이다. 관료제 조직 작동상황의 해명이 시급해 지는 이유이다.

제10장
자치

1. 자율과 자기 통치

자치에는 개인의 자치, 집단의 자치, 공동사회의 자치가 있으며, 각각 문제상황을 달리하는 측면이 있지만 자치에 공통하는 것은 자율(autonomy)과 자기 통치(self-government)의 결합이다.

개인이 타자의 통제에 구속되지 않고 자신의 규범, 준칙, 목적이라는 규준을 정립하고 자신의 의사가 자신의 행위를 규율할 여지가 있을 때, 거기에 개인의 자율 또는 자치가 있다고 한다. 이 규준을 정립하는 기능을 가리켜 입법권이라 부른다면 자치는 무엇보다도 먼저 자주입법권을 기본 요건으로 한다. 타인의 명령을 단순히 집행하는 행위는 자치가 아니다. 재량권능이 없는 곳에 자치는 없다. 그다음에 자치는 자기 의사가 자기의 행동을 통제하는 능력, 의사를 행위로 구현하는 능력을 요건으로 한다. 의사와 행위를 포함한 행위시스템이 전체적으로 타인의 개입 없이 자급자족하는 자기제어능력을 갖추고 있지 않으면 안 된다. 여기서 의사에 의한 행위의 통제를 의사에 의한 행위의 지배로 바꿔 부르는 것도 불가능하지 않지만, 지배는 인간관계를 전제로 했을 때 타인에 의한 통제만을 가리키는 것으로 해 두고 싶다. 개인의 자율을 이처럼 이해하면 그것은 소위 「권력으로부터의 자유」와 거의 같은 뜻이다. 그리고 집단과 공동사회를 개인과 유사한 독립적인 의사와 행위를 가진 행위시스템으로 보는 유추가 이루어진다면 집단과 공동사회에 대해서도 개인의 자율과 같은 의미 내용에서 집단의 자율, 공동사회의 자율을 말할 수 있다.

그런데 집단과 공동사회의 자치는 외부세계와의 관계에서의 자율로써 완결하지 않는다. 그 내부에서의 자기통치가 해결해야 할 커다란 과제로 된다. 집단은 얼마간의 자율성을 가진 개인의 집합이다. 집단이 형성될 때 거기에는 개개인으로는 해결할 수 없는 공공적 과제가 발생할 것이다. 바꿔 말하면 집단에서는 개개인의 자율에 맡겨진 사적 영역과 집단생활의 공공적 영역과의 분화가 생길 것이다. 그래서 집단에는 개인의 경우에는 볼 수 없는 새로운 2가지 과제가 등장한다. 즉, 먼저 사적 영역과 공공적 영역의 경계를 정하고 개인의 자율과 집단의 자율을 조정할 규준을 정립하지 않으면 안 된다. 그 다음에 공공적 영역 그 자체를 규율할 규준을 정립하지 않으면 안 된다.

그러면 이러한 규준은 어떻게 정립할 것인가. 한 사람의 지도자가 정립하는 독재제(군주제)도 있고, 소수의 장로가 정립하는 과두제(귀족제)도, 구성원 전원이 정립하는 민주제도 있을 수 있다. 이 국면에서 민주제가 채용되어 집단생활의 규준정립이 구성원의 참가와 동의로 이루어지고 집단의 공공의사가 개인의사의 합성이라고 관념되고 있을 때, 거기에 집단의 자기 통치 또는 자치가 있다고 한다. 이 자기 통치에서는 앞의 개인의 자율과 달리 자주입법권에 대해서 복수 의사의 통합이, 자기제어능력에 대해서는 복수 행위의 조정이 이루어지지 않으면 안 된다. 집단에서는 전원일치의 입법과 자발적인 협동행동이 약속되어 있지 않다. 자발적 결사(voluntary association)라 불리는 집단의 경우에는 집단에의 가입에 대해 자발성이 전제되고 구성원은 집단규준의 대강에 대해 미리 동의하고 있다고 상정될 수 있기 때문에 전원일치의 입법과 자발적인 협동행동에 가까운 상태가 확보될지 모른다. 그러나 자발적 결사에서조차 완전한 전원일치는 우선 일어날 수 없다. 집단은 항상 이해대립을 내포하고 있다. 더구나 공동사회는 집단들이 연립하고 있는 포괄적인 지연사회이며, 그것은 서로 대립하는 이해를 통합하고 조정하기 위해 형성되어 있는 것이 일반적이다. 그렇다면 집단의 자기 통치, 공동사회의 자기 통치에서는 의사의 통합이나 행위의 조정이라 하더라도 거기에 지배의 계기를 내포하지 않을 수 없다. 자기 통치는 지배·피지배 관계의 성립을 전제로 하면서 피지배자가 동시에 지배자인 것처럼 지배자와 피지배자를 동일화하려는 정치원리이다. 자기 통치를 이렇게 이해하면 그것은 민주주의와 거의 같은 뜻이다.

한편 자율과 자기 통치라는 자치의 2가지 유형을 살펴보았는데, 양자는 불즉불리(不即不離)의 관계에 있다. 이것은 집단의 자치에 대한 설명에서 이미 명백하다고 말할 수 있지만,

조금 더 설명을 보충해 두자.

먼저, 자율부터 생각해 보자. 개인, 집단, 공동사회의 자율이 안정적이기 위해서는 무언가의 제도적 보장이 필요하다. 즉, 첫째, 일정한 넓이와 두께, 범위와 정도를 가진 자율적 영역을 경계 짓는 객관적인 룰이 확립되어 자율적 영역을 침범할 수 있는 타자의 행위가 제약되지 않으면 안 된다. 둘째, 자율적 영역의 범위를 둘러싸고 분쟁이 생겼을 때 이것을 상기한 룰에 따라 재정(裁定)할 시스템이 확립되지 않으면 안 된다. 그리고 셋째, 타자로부터 룰을 일탈한 부당한 침범이 이루어졌을 때는 이것을 배제할 권리가 확립되지 않으면 안 된다. 그러면 이 자율적 영역을 경계 짓는 객관적인 룰을 정립하는 것은 누구인가. 만약에 그것이 타자일 때, 특히 자율을 침해할 가능성이 가장 높은 권력주체 그 자체일 때 자율은 안정하지 않는다. 자율적 영역은 타자의 자의에 따라 변동해 버리기 때문이다. 그래서 개인, 집단, 공동사회가 진정으로 자율적인 주체이기 위해서는, 개인, 집단, 공동사회가 더 포괄적인 집단 또는 공동사회의 구성원으로서 자신의 자율을 유지하기 위한 제도적 보장의 형성과 운용에 참가하고 이 과정을 통제할 권능을 갖고 있지 않으면 안 되게 된다. 이렇게 자율은 자기 통치의 뒷받침을 요청한다.

다음에 자기 통치의 측면에서 본다면 모든 민주주의이론이 자율적 개인을 기초로 구성되어 온 것에서도 자명하듯이 구성원의 자율이 없는 자기 통치는 생각할 수 없다. 자기 통치는 자율의 기초를 요청하고 있다. 자율과 자기 통치는 소위 「권력에의 자유」를 매개로 결합되어 상승적인 효과를 발휘할 때 비로소 성숙한 유효한 자치가 된다.

2. 완전 자치와 완전 통치

자율이나 「권력으로부터의 자유」는 항상 외적 권력과의 대항을 의식하고 있다. 이것과 마찬가지로 자치는 항상 지배, 통치(=타자통치)와의 대항관계를 전제로 한 상대적인 개념이다. 자치를 지향하는 힘과 통치를 지향하는 힘이 균형 하는 상태는 무한의 다양성을 가지며, 자치의 실현은 그 강약이라는 정도의 문제로 귀착해 버린다. 그런데 자치가 상대개념이기 때문에 이론상은 자치가 관철한 상태와 통치가 관철한 상태를 상정할 수 있다. 그리고 이것을 완전 자치와 완전 통치라 부르는 것도 허용될 것이다.

그래서 완전 자치를 자치, 완전 통치를 통치나 지배로 명명하고, 이 대극적인 순수 극한 형태를 연결하는 선분 위에 현실의 다양한 정치형태를 위치 지우려는 시도도 나타난다. 비근한 예를 한두 가지 들면 아베(阿部)·아리가(有賀)·사이토(斎藤)가 그 공저 『정치』에서 전개하고 있는 「자치와 통치」의 논의,[314] 그리고 가미시마(神島)가 그 저서 『정치를 보는 눈』 속에서 제시하고 있는 「자치의 원리와 지배의 원리」 논의[315]가 이것이다. 그리고 그 어느 것에서나 완전 자치는 자기결정이나 공동결정에의 참가를 의미하는 것이며, 거기서의 공공적 질서는 모두 자율적 주체 간의 조정이나 예정조화에 의존하지 않을 수 없기 때문에 완전 자치는 아나키즘의 위험을 내포하는 것이 시사되어 있다.

완전 자치는 이론상의 허구이지 현실적인 정치형태가 아니다. 그러나 완전 자치에 대해 언급될 때는 이것에 가장 근사한 정치형태로서 루소의 『사회계약론』에 유래하는 「떡갈나무 아래의 민주주의」를 예시하는 것이 일반적으로 되어 있다. 역사상 현존한 정치형태에서 말하면 스위스의 게마인데(Gemeinde)에 보이는 주민총회이며 혹은 건국시기 미국의 뉴잉글랜드 지방에 보였던 타운미팅이다. 어느 것이나 그것들은 다분히 외부세계로부터 독립해 존재할 수 있었던 소규모 공동사회의 직접민주정치였다. 자치의 원형이 소규모 공동사회의 직접민주정치에서 찾아진 것은 자치 관념의 발전과 성숙의 관점에서 보면 불행한 사태였을지 모른다. 그것은 첫째, 자치의 원형이 공동사회의 자치에서 찾아졌기 때문에 개인의 자치, 집단의 자치가 망각되고, 자치의 논제가 공동사회의 자치=지방자치에 한정되어 온 경향이 있기 때문이다. 또 둘째, 자치의 원형이 소규모 공동사회의 직접민주정치에서 구해졌기 때문에 현대의 대규모 사회에 적용할 수 있는 것은 대표제민주주의 뿐이며, 이 대규모 사회에 자치의 발전을 요구하는 것은 시대착오적이라는 논조도 없다고는 할 수 없기 때문이다.

그러나 근대 이후 자치의 문제는 고립적인 자치의 문제가 아니었다. 그것은 항상 개인의 자치를 기초로 해서 그 위에 집단의 자치, 공동사회의 자치를 중층적으로 쌓아올린 자치의 연립구조라는 전체적인 구조의 문제였다고 봐야 할 것이다. 그리고 이것은 가장 현대적인 과제이기도 할 것이다.

완전 자치의 대극에 있는 완전 통치에 가장 근사한 정치형태가 있다면 그것은 파시즘의 정치형태인데, 파시즘은 근대적인 대중조작 수단을 구사해서 대중의 내심의 자율까지 파괴

---

314) 阿部斉·有賀弘·斎藤真 『政治-個人と統合』 (UP選書) (東京大学出版会, 1967년), pp.10-17.
315) 神島二郎 『政治をみる眼』 (NHKブックス)(日本放送出版協会, 1979년), pp.129-135.

했다. 그것은 정치권력의 정통성 근거를 대중의 갈채에 찾으면서 모든 것을 정치화해서 보여줌으로써 개인의 자율을 둘러싼 현대적인 문제상황, 즉 민주주의의 확대를 통해 성립한 대중민주주의 아래서 개인의 자율이 오히려 공동화해 버리는 위험을 신랄하게 보여 주었다.

3. 주권과 자치

역사적으로 보면 근대적인 자치의 개념은 왕권이 귀족, 교회, 도시 등의 중세적 세력, 즉 왕권과 신민 사이에 개재하고 있던 소위「중간권력」과의 항쟁에서 그들의 특권을 박탈하고 그것들을 새로운 주권국가의 집권적인 지배에 복종하는 부분단체로 재편성해 갔던 과정에서, 무오류이고 불가분한 절대적인 주권 개념과의 상대적인 관계에서 구성되었다. 주권국가 아래서도 존속이 허용된 이러한 중간단체의 자치권은 주권의 일방적인 의사에 의한 수권 또는 양보로서 이론화되었다. 따라서 19세기 중엽에 독일에서 편찬된『국가사전』제2권의「아우토노미」항에는 다음과 같이 기록되어 있다.[316]

「타인의 지시에 복종하지 않고 자기에게 복종하는 자의 작위·부작위를 자기에게 부여한 법률에 따라 규율하는 국가 자신의 권리에 대해서는 무제약의 자립성을 의미하는 주권이라는 말을 사용하는 것이 보통이기 때문에, 아우토노미라는 말의 본래의 영역은 국가전체의, 국가에 종속하고 국가로부터 상대적으로 자립적인 것에 지나지 않은 각 부문, 또는 국민 각 개인에게 인정되는 제한된 자립성과 자치적 입법권에 있다.」

물론 왕권과「중간권력」의 항쟁과 타협의 모습은 나라에 따라 다르며, 이것이 지방자치의 다양한 유형을 창출하게 되었는데 이것은 후술하기로 하자. 그 후 자치의 역사는 이렇게 주권국가 아래서 재편성된 집단이나 공동사회가 자기 통치의 측면을 강화하면서 자치권에 대해 객관적인 룰의 정립(법치행정)을 요청하고 게다가 헌법상의 제도적 보장을 요구함으로써, 자치권을 왕권=집행권의 자의로부터 주권에 의한 보장으로까지 높여 가는 과정이었다.

이처럼 근대적인 자치의 개념은 자율의 개념에서 형성되고 게다가 개인의 자율보다는 집단이나 공동사회의 자율을 둘러싸고 형성되었다. 그런 만큼 그것은 권리성이 부족한 개념

---

316) P. A. Pfizer(1846). "Autonomie," Carl von Rotteck und Carl Welcker, *Das Staats-Lexikon*, Neue durchaus verbesserte und vermehrte Auflage, Bd. 2.

이었다고 말할 수 있다. 이에 대해 개인의 자치는 자연법에 근거한 자연적 권리의 문제, 자유권의 문제로서 논해지는 것이 많았던 만큼, 주권을 제약하는 원리로서 더 확실한 것이었다. 그러나 개인의 자치에 대해서도 자율의 개념이 사용되지 않았던 것은 아니다. 특히 오늘날 소위 사법영역에서의 시민의 권리, 자본주의사회의 경제활동을 뒷받침하는 시민의 자유에 대해서는 자율의 개념을 사용하는 것이 적지 않았다. 독일법학에서 오늘날에도 사인의 의사에 따른 법적 관계 형성의 자유를 의미하는 말로서 「사적 자치」(Privatautonomie)의 개념이 사용되고, 이 「사적 자치」의 내용으로 계약의 자유, 소유권의 자유, 상속(유언)의 자유 혹은 단체설립의 자유 등이 거론되는 것은 이러한 역사의 계승이다. 19세기 중엽에 『로마법의 정신』을 쓴 예링은 로마법(사법)의 특징을 아우토노미에서 찾아내어 다음과 같이 논하고 있다.[317]

「실정법의 가장 기본적인 대립점의 하나는 공동체의 목적과 임무를 위해 입법이 작용하는 양태이다. 즉, 입법은 주로 공동체의 목표와 임무를 실현하기 위한 전제조건만을 만들어 내어 가능한 한 간접적인 원조를 주는 데 그치고, 본래의 업무를 폴크(개인, 단체, 자치단체 그 외)의 자유로운 활동에 맡기어 이 자유로운 활동이 전 체계의 참된 구동력이 되도록 하는 방식을 취하는 것이 있다. 이것을 나는 자유의 체계라 명명한다. 이것과 대척적인 것이 입법부와 행정부가 중요한 업무를 자기의 손에 장악하고 법률과 강제를 통해 적극적으로 앞의 목표 실현을 도모하려고 하는 체계이며, 나는 이것을 강제의 체계 또는 부자유의 체계라 이름 붙인다.」

여기서 예링은 「근대국민 중에서는 특히 영국이 제1의 체계를, 프랑스가 제2의 체계를 대표한다」고 주에서 적시하고, 다음과 같이 계속 이어간다.

「이 창조적 활동을 전개하는 것이 인간 최고의 권리이며, 윤리적 자기 교육의 불가결한 수단이다. 이 창조적 활동은 자유를 전제로 하며, 따라서 또 자유의 남용 ―나쁜 것, 목적에 반하는 것, 이해하기 어려운 것을 선택하는 것― 이 있을 수 있다는 것을 전제로 한다. 어쩌면 우리들의 창조물이라 간주되는 것은 인격이 자유롭게 만들어 낸 것뿐이기 때문에, 인간을 좋은 것, 이성적인 것으로 강제하는 것은 인간이 그것과는 반대의 것을 선택할 가능성을

---

[317] Rudolph von Jhering91891). *Geist des römischen Rechts den verschienen Stufen seiner Entwicklung*, 5. Aufl., Ⅰ. Theil, S. 123 f. S. 131. 단 이것은 村上淳一「倫理的自立としての私的自治」(『法学協会雑誌』제97권 제7호, 1980년)에서의 재인용이며, 번역문은 무라카미(村上)의 것이다.

막는 것에 그치지 않고, 좋은 것을 자기 자신의 욕구에 따라 행할 가능성도 빼앗기 때문에 인간의 본성에 반하는 죄인 것이다.」

예링은 사법의 영역에서의 개인의 자율에서 출발하면서 자율 일반이「자유의 체계」에 대해서 가지는 의의를 완전히 파악하고 있었다고 말할 수 있다.

그런데「사적 자치」라 총칭되는 자본주의적 자유는 나중에 사회주의에 의해 도전받고 혹은 사회권의 관념에 따라 제약되어 간다. 그런데 여기서 간과해서는 안 되는 것이 있다. 그것은 후진적이고 집권적인 독일 제 국가에서조차 고유의 사법이나 민사법은 공동사회의 관습법, 판례법, 법조(法曹)법에 기초되어야 하며 입법 권력의 활동범위 밖에 두어져야 한다는 것, 예를 들어 입법 권력에 복종하더라도 자의적인 입법은 허용되지 않는 것이라 생각되었다.「사적 자치」는 폴크의 자립, 사법권의 독립과 결부되어 있었다. 이것은 앵글로 색슨의 관습법과「법의 지배」에 대응하는 것으로 다 같이 주권의 억제를 의미하는 제도였다. 주권 개념을 전제로 하는 한, 자치권은 개인의 자치에 한정되지 않고 집단이나 공동사회의 자치에 대해서도 사법권의 독립을 통해 보장되지 않으면 안 된다.

그런데 자본주의적 자유가 시민사회를 지탱하는 개인자치의 제1의 기초였다고 하면, 그 제2의 기초는 양심의 자유, 신교의 자유, 언론의 자유, 결사의 자유 등 정신의 자유에 관련된 자연권이었다. 그리고 이 인권은 인류보편의 원리로서 흔들림 없이 현대에까지 계승되고 있다. 인권은 서구사회에서는 국가와 교회, 왕권과 교권과의 장년에 걸친 항쟁 속에서 종교개혁에 따른 유혈 종교전쟁의 희생을 지불하고 확립된 것이다. 그 때문에 인권사상은 집단자치의 개념에도 독특한 의미를 부여하게 되었다. 교회(kirche)에 대한 교파(sekte)의 집단유형개념이 생겨났다. 특히 앵글로 색슨에서는 자발적 결사의 개념이 형성되었다.

광의의 자발적 결사는 1) 구성원의 공통 이익을 추구하는 목적 집단일 것, 2) 집단가입이 구성원의 자발적 의사에 따를 것, 3) 국가로부터 자립적인 존재일 것을 요건으로 하는 집단이다. 더 협의의 정의에는, 4) 집단결성의 주요한 목적이 비경제적인 활동에 있을 것, 5) 구성원의 대부분이 무보수의 자원봉사자일 것이라는 요건이 더해진다.[318] 따라서 자발적 결사는 많든 적든 자기 통치, 민주주의에 의한 집단운영을 전제로 하지 않을 수 없는 집

---

318) David L. Sills(1959). "Voluntary Associations: Instruments and Objects of Change," *Human Organization*, Vol.18, No.1 ; David L. Sills(1957). *The Volunteers: Means and Ends in a National Organization*, Free Press.

단인 것이다. 더욱 중요한 것은 자발적 결사가 「국가로부터의 자립」을 빠트릴 수 없는 요건으로 하고 있다는 것이다. 자발적 결사의 개념이 가장 협의로 정의될 때 그것이 법인화(incorporation)하고 있지 않은 집단이 되는 것은 이 때문이다. 법인(corporation)은 국가가 인지하고 규제하는 국가의 창조물인 데 대해, 자발적 결사는 국가의 인지, 규제를 받지 않는 철두철미 자율적인 개인의 창조물로 인식된다. 사실 영국의 역사에는 자발적 결사가 법인화하지 않고 자발적 결사인 채로 법인과 유사한 경제활동, 재산의 취득·운용·처분을 할 수 있도록 하기 위해 「신탁」(trust)의 법이론이 다용된 시대도 있었을 정도이다. 오늘날에는 형식적인 법인격의 유무에서 실질적인 차이를 찾아낼 의의는 적지만, 자발적 결사는 어디까지나 실질적으로 정치권력과 무관계로 결성되어 자립하고 있는 집단을 가리킨다. 이러한 의미에서의 자발적 결사의 관념 혹은 볼런터리즘(voluntarism)의 관념은 「자유교회」(free church)운동의 역사를 빼고서는 생각하기 어려운 성격의 것이다. 그리고 자발적 결사에서의 자율과 자기 통치와의 결합에서 순정의 집단 자치가 성립한다.

4. 지방자치의 유형

  行政学の基礎概念

자치라는 말이 가장 일반적으로 정착한 것은 공동사회의 자치, 즉 「지방자치」(local government)에 대해서이다. 지방자치는 많은 나라에서 분권화 개혁과 집권화 개혁과의 계기(繼起)를 거쳐 발전하고 있는데, 이 계기는 국민국가의 정치를 둘러싼 민주화와 반동화의 흐름에 대부분 대응하고 있었다. 지방자치의 발전은 민주주의의 발전과 병행하고 있었다. 그리고 현대국가는 거의 예외 없이 얼마간의 지방자치를 유지하고 있다.

지방자치의 형태는 나라마다 지극히 다종다양하지만, 이 다양성을 감히 단순화해서 유형화하면 영국을 모국으로 해 남아연방을 제외한 영연방국과 미합중국에 파급한 앵글로 색슨형의 지방자치와 프랑스를 모국으로 해 독일, 이탈리아, 스페인, 남아메리카 국가들에 파급한 대륙형의 지방자치로 나눠질 것이다.

전자는 국민국가의 형성 이전부터 존재하고 있던 지방공동사회의 자치가 국민국가의 형성과정에서도 그 자율성을 계속 유지해 이것이 주권의 절대화를 사실상 제약한 나라들의 지방자치이다. 여기서는 자치권을 지방공동사회의 고유권으로 보는 고유설의 관념이 강하다. 이에 대해 후자는 국민국가의 형성과정에서 중세 이래의 「중간권력」이 해체되고 새로운 집권국가가 그 지배기구로서 지방자치를 창설한 나라들의 지방자치이다. 그리고 여기서는 자치권은 중앙정부의 수권에 유래한다고 보는 전래설의 관념이 지배적이다.

영국에는 중세 이래로 자치시(burgh), 카운티(county), 교구(parish), 타운(town)이라는 다양한 지방공동사회가 존재했다.

자치시는 왕이나 봉건제후가 내린 헌장에 의해 특권을 향유하고 있던 자치도시이다. 카운티는 가장 넓게 일반적으로 존재한 전통적인 지방공동사회의 단위이며 중앙정부의 지방기구로도 활용되었다. 치안판사 등 카운티의 고위 관리자는 한때 중앙정부의 임명직이었지만, 튜더 왕조시기에는 이미 선출직으로 바뀌었다. 교구는 교회구이고 타운은 중앙정부의 통제가 미치지 않는 자생적인 지방공동사회였다. 1832년의 제1차 선거법개정 3년 후에 최초의 도시단체법이 제정되어 자치시 자치형태의 획일화가 진행되었다. 이 무렵부터 구빈위원회를 비롯해 공중위생위원회, 교육위원회 등 특정 목적을 위한 중앙정부의 지방행정기구가 남설되는 시대가 계속된다. 그리고 19세기말이 되자 이러한 지방행정기구의 기능이 점차 자치단체에 통합되고 이 움직임에 병행해서 카운티에도 자치시와 동일한 카운슬(council)이 설치되어 갔다. 1884년의 제3차 선거법개정 4년 후에 제정된 지방자치법은 모든 카운티에 카운슬을 설치하고, 1894년의 지방자치법은 디스트릭(district)과 교구에도 카운슬을 설치했다. 영국의 자치단체는 전통적인 지방공동사회를 기반으로 점차 발전해 왔기 때문에 어느 정도 획일화가 이루어졌다고는 해도 여전히 그 규모도 종류도 다양하다. 또 자치단체를 통할하는 대표기관이 입법권과 집행권을 통합한 카운슬이며, 카운슬의 위원회가 행정 각 부문을 감독하고 있는 것에 그 특징이 있다.

미합중국의 지방단체에는 카운티와 자치단체(시티, 타운, 타운십 등)가 있다. 카운티는 거의 모든 주의 전 지역에 빈틈없이 설치된 주의 지방기구이지만, 보안관 그 외 카운티의 관리자는 애초부터 각각 직접 선출되고 있었다. 이에 대해 자치단체는 각 주의 전 지역에 빠짐없이 설립되어 있는 것은 아니다. 자치단체에는 식민지 총독을 통해서 대영제국 국왕으로부터 헌장을 부여받고 있던 시티와 자생적인 타운이나 타운십 등이 있었다. 이것들이 독립 후 자치단체가 되었지만, 여기서 헌장의 성격이 일변했다. 즉, 예전에는 국왕과 도시 간의 계약이라 생각되던 헌장은 주법으로 간주되고, 헌장은 주 의회의 일방적 의사로 임의로 변경할 수 있게 되었다. 사실 각 주는 시티의 헌장을 속속 개정해 시티를 폐쇄법인에서 개방법인으로 바꾸고 보통평등선거를 실현해 갔다. 또 독립 후의 자치단체의 정치형태에 연방과 주의 정부행태를 모방하여 권력의 분립과 억제균형의 원리를 도입해 시장과 시의회를 분리했다. 그런데 19세기 후반에 이르면 자치단체에는 일당지배의 보스정치가 횡행하고 주 의회는 특별법으로 자치단체의 자치권을 침해하는 현상이 현저하게 되어 「시정의 암흑시대」가 도래했다. 그래서 19세기 말부터 20세기 초기에 걸쳐 각지에 시정개혁 운동이 발흥한다. 개혁은 먼저 주 헌법의 개정을 통해 주 헌법상에 특별법금지조항과 자치권보장조항을 명기하는 것에서부터 시작해, 머지않아 선택헌장제도 게다가 자치헌장제도(Home Rule Charter System)까지 보장하게 되었다. 영국과 비교해서 말하면 미국 자치단체의 특색은 이원적 대표기관을 설치해 시장의 권한을 강화한 것, 위원회제와 시의회 시지배인제(city manager system) 등 다양한 정치형태를 창출한 것, 상당히 폭넓게 직접입법제도를 도입한 것, 그리고 자치권을 둘러싼 재판이 많고 자치분쟁의 해결이 사법권에 맡겨져 있는 것 등에 있다.

중세의 프랑스에는 봉건제후와의 계약을 통해 특권을 누리고 있던 자치도시도 있었다. 그런데 왕권에 의한 중앙집권이 진행됨에 따라 이러한 자치도시의 모습은 희미해져 갔다. 루이 14세와 재상 리슐리(Richelieu)는 프로빈스(province)에 지방감독관을 배치하고 지방공동사회를 완전한 통제 하에 두었다. 1789년의 국민의회는 프로빈스를 폐지하고 86개의 현을 설치해서 이것을 관선지사에게 통할시켰다. 이때 다양한 자치단체는 획일적인 코뮌(commune)으로 재편성되고 이 코뮌은 자립적인 합의제 집행기관이 통할하게 되었다. 그러나 코뮌의 합의제 집행기관과 중앙정부 사이에 분쟁이 빈발했기 때문에 나폴레옹은 코뮌의 통할 기관을 독임제로 하고 또 이것을 관선으로 바꿨다. 그 후 현과 코뮌에 의회를 설치하는 등 약간의 민주화가 기해졌지만, 프랑스의 현은 오늘날에도 중앙정부의 지방기구이며 관선지사는 코뮌의 장과 의회에 대해서 강력한 후견적 감독권을 유보하고 있다. 코뮌은 자치단체임과 동시에 중앙정부의 말단행정단위이기도 하다. 코뮌의 장은 자치단체의 장임과 동시에 중앙정부의 기관으로서 중앙정부와 현으로부터의 위임사무를 집행하는 책임을 지고 있다.

중세 독일에는 한자동맹(Hansebund) 등에 소속하는 수많은 자치도시가 존재했지만, 이것들은 30년 전쟁으로 피폐해지고 더욱이 과두제적인 문벌 간의 내분과 길드의 대두로 약체화하고 있었다. 슈타인(Stein)의 개혁에 의한 1808년 프로이센 자치법은 폐쇄적인 자치도시 법인과 길드의 선거를 폐지하고, 시민의 평등선거에 의한 지방의회를 설치해 집행권의 장은 지방의회에 의한 간접선거로 했다(대도시의 시장은 지방의회가 추천하는 후보자 중에서 국왕이 임명했다). 그 후 1830년에 잇따른 반동화, 1848년에 계속된 민주화 등의 우여곡절을 거쳤지만, 1853년 자치법에서는 평등선거를 폐지하고 3등급 선거제를 채용했다. 또 의회에 대한 시장의 권능을 강화함과 동시에 중앙정부의 감독권을 다시 강화했다. 그리고 이 지방자치제도는 바이마르공화국시대에도 기본적으로 변경되지 않았다. 다만 프랑스와 대비해서 말하면 연방제국가 독일의 자치단체의 종류는 다양하다. 또 방(邦)의 지방행정기관의 관할구역은 몇 층을 이루고 있고 게다가 방의 각 성의 지방행정기관이 다원적으로 분립하고 있었다.

이처럼 앵글로 색슨형의 지방자치에는 자치입법권을 수반한 분권(decentralization)이라는 성격이 강한 데 대해, 대륙형의 지방자치에는 중앙정부사무의 집행을 분산(deconcentration)한다는 성격이 짙다. 자치권의 범위 면에서도 전자에는 경찰과 교육을 자치단체에 위임하고 있는 데 대해 후자에서는 이것들을 중앙정부나 방에 유보하고 있다. 중앙정부가 자치단체를 통제하는 방법 면에서는 전자가 입법·사법통제를 중심으로 하는 데 대해 후자는 내무성 등을 통한 행정통제를 중심으로 하고 있다. 다만 전자가 자치단체의 사무권한에 대해서 제한열거주의를 채용하고 있는 데 대해, 후자에서는 자치단체 고유의 사무권한에 대해서 폭넓은 권한의 추정을 부여하고 포괄수권주의를 채용하고 있는 점이 흥미롭다. 전자에서는 중앙정부와 자치단체를 엄격하게 구별하는 만큼 자치권의 범위를 명확히 한다. 그래서 자치권에 속하지 않는 사무에 대해서는 이것을 집행하기 위한 중앙정부(또는 주)의 지방행정기관이 창설되지 않을 수 없고, 기초적인 지방공동사회에서도 중앙정부의 지방행정기관과 자치단체가 병존하는 형태가 되기 쉽다. 이에 대해서 후자에서는 자치단체를 동시에 중앙정부(또는 방)의 하부기관으로 활용하고 있기 때문에 자치단체를 지역종합행정의 주체로 하려는 지향이 강하다고 할 수 있을 것이다.

태평양전쟁패전까지의 일본 지방자치제도는 대륙형, 그중에서도 프랑스형의 그것이었다. 전후개혁에서는 내무성이 해체되고 광역단체인 도도부현이 완전자치단체로 바뀌고 단체장·의회의 이원적 대표기관의 직접선출제가 채용된 것 등 앵글로 색슨형, 그중에서도 미국형의 특질이 가미되었다. 하지만 선택헌장제도나 자치헌장제도가 도입된 것은 아니며 행정통제가 입법·사법통제로 바뀐 것도 아니다. 또 기관위임제도를 계승하고 있는 것(일본의 기관위임사무제도는 1999년에 폐지되었다), 자치권의 범위에 대해 포괄수권주의를 채택하고 있는 것, 자치단체를 지역종합행정의 주체로서 계속 유지하려고 하는 것 등은 대륙형의 기본적인 특질의 계승을 나타내고 있다.

5. 직접입법제와 직능대표제

 行政学の基礎概念

지방자치는 국민국가의 민주정치와 마찬가지로 대표제민주주의에 기초한 자기 통치이다. 그런데 20세기 초반의 4반세기가 되면「대표제민주주의의 위기」가 언급되고,[319] 이것에 대신할 민주주의의 형태가 구상되어 시행되기에 이르렀다. 직접입법제와 직능대표제 그리고 소비에트 제도가 이것이다.

직접입법제(Direct Legislation)란 레퍼렌덤(referendum: 국민투표)과 이니셔티브(initiative: 국민발안)의 제도를 가리킨다.[320] 이 제도는 19세기에는 스위스의 연방, 주, 자치단체에만 존재했는데, 이것이 20세기 초반에 미합중국의 주와 자치단체에 도입되었다. 그리고 제1차 세계대전 후에는 민족자결의 수단으로 플레비시트(plebiscite: 인민투표)가 활용되었다. 더욱이 바이마르헌법이 이것을 도입함에 따라 이 제도는 제1차 세계대전과 제2차 세계대전 사이에 독일의 방, 자치단체에 침투하고 인접하는 서구국가들에도 전파해 갔다. 직접입법제의 구체적인 방식은 다양하기 때문에 직접입법제와 대표제민주주의와의 상호관계를 일률적으로 말하는 것은 적절치 않다. 하지만 어떠한 방식에 의하든 직접입법제는 주권자인 유권자가 입법의 시비에 관한 최종판단을 스스로 직접 표결하는 제도, 주권자인 유권자의 자결(self-determination)의 제도이다. 이 제도가 먼저 스위스와 미합중국에서 발전해 온 사실에서도 암시되듯이 그것은「떡갈나무 아래의 민주주의」, 즉 직접민주정치를 그리워하는 심리와 깊게 결부되어 있다. 그런데 소규모 사회의 직접민주정치와 현대의 중규모 또는 대규모 사회에 적용된 직접입법제와는 완전히 이질적인 제도이다. 직접민주정치와 달리 직접입법제에는 토론과 심의를 통한 의견의 조정과 통합, 합의와 타협의 영역을 확대할 계기가 결여하고 있기 때문이다. 거기서는 다수에 의한 소수의 지배가 억제됨 없이 적나라하게 노출한다. 그것만이 아니다. 직접입법제는 의원내각제의 작동원리와 조화하기 어려운 점, 게다가 현대적 독재의 기초를 만드는 절호의 무기로도 될 수 있다는 점이 실증되어 제2차 세계대전 후

---

319) 辻清明「社会集団の政治機能」(「近代国家論」제2권 수록[弘文堂, 1950년]).
320) 레퍼렌덤, 이니셔티브에 리콜(recall: 공직자해직청구제도), 프라이머리(primary: 예비선거제도)까지 더해져 이것들을 직접민주제라 부르는 것도 있지만, 직접민주제라는 말은 직접민주정치와 혼동을 일으키기 때문에 적절하다고는 할 수 없다. 또 프라이머리는 선거권 전단(前段)의 보강이며, 리콜은 선거권 후단의 보강으로 어느 것이나 대표제민주주의를 보강하는 제도인 것에 대해서, 레퍼렌덤과 이니셔티브는 대표제민주주의와 원리적으로 대립하는 제도이므로 이것을 동렬로 취급하는 것도 적당하지 않을 것이다.

에는 다시 스위스와 미합중국 양국에 거의 국한되었다.

직능대표제의 발상은 노동조합과 산업별 업계조직의 발전이라는 사회동향을 배경으로 하고 있었다. 그것은 대표제민주주의에서의 대표의 기초를 개인에서 집단으로 바꾸고 지역대표에서 직능대표로 변경하려고 한 것이었다. 제1차 세계대전과 제2차 세계대전 사이 이후에는 직능대표로 구성하는 경제의회를 제2의 의회적 존재로서 설치하는 것이 독일, 프랑스 등에서 시도되었다. 그리고 이탈리아의 파시즘은 이 직능대표제에 따른 정치체제를 완성했다. 직능대표제의 기술적인 난점은 모든 유권자를 어느 직능단체로 정연하게 구분하는 것의 어려움, 즉 선거구 구성의 곤란에 있다. 또 직능대표제의 시행으로 밝혀진 정치적 난점은 직능대표 간의 이해대립이 오히려 첨예화하고 지역대표제 이상으로 합의와 타협의 형성이 곤란하다는 것이다. 더욱 중요한 것은 지역대표원리에 입각한 국민국가의 대표제민주주의가 예외 없이 지방자치의 연립구조를 개인과 국민국가를 연결하는 중간매개장치로 하고 있다는 사실과 대비해서, 직능대표제민주주의의 정치체제에서는 직능대표의 선거구가 되는 각 직능집단에서 유효한 집단의 자치가 성립할 수 있을까 이다. 역사는 현재 그 현실성을 실증하고는 있지 않다. 이리하여 직능대표제도 또 사라져 갔다.

6. 다원적 정치이론

직능대표제는 확실히 실패로 끝났다. 하지만 집단의 자치에의 관심은 강해질지언정 약해지지는 않았다. 관리국가화한 현대 선진국에서는 경제정책의 대강이 중앙정부와 경제계와 노동계의 3자로 구성되는 공식·비공식의 정상회의에서 결정되고 있는 상황이다. 게다가 이 「사회계약」이라 불리는 합의와 타협의 과정은 그것이 공식적이든 비공식적이든 의회정치의 유효한 통제가 미치지 않는 곳에서 진행한다. 국민은 이 「대결정」(大決定)을, 혹은 균형체제의 교착에서 생기는 「대비결정」(大非決定)을 어떻게 통제할 수 있을까. 산업민주주의(industrial democracy)나 산업의 자치(self-government in industry) 이념은 끊임없이 계속 살아있다. 더 일반화해서 말하면 대중 속에 매몰하는 개개인과 정치권력과의 심리적 거리는 너무나도 크다. 개인이 개인으로 머물 때 그것은 정치적으로 무력하게 보인다. 개인은 집단으로 결집했을 때 비로소 정치적으로 유효한 자율적 주체가 될 수 있는 것은 아닐까? 개개인이 형성하는 사회관계가 기능적으로 분화하고 개개인이 소속하는 집단이 다원화하고 있다면 집단의 자치도 또한 모든 집단에서 다원적 중층적으로 실현되지 않으면 안 된다.

이러한 현실세계의 과제에 이론의 세계로 접근한 것이 20세기 초기 영국에서 개화한 다원적 정치이론이었다.[321] 그 대표적 이론가 래스키(Laski)는 생디칼리슴(syndicalisme)의 사상을 계승해 노동조합을 집단의 중핵적 존재로 보고 또 노동조합에 의한 생산과정의 자주관리를 다원적 국가의 기본전략으로 보고 있었지만, 노동조합과 집단을 동일하게 두고 있었던 것은 아니다. 당시의 사회적 배경에는 교회문제도 민족문제도 있었다. 래스키에게 집단의 관념은 영국에 전통적인 결사(association)의 관념 일반이었다. 결사는 특정 목적을 추구하는 집단이므로 개인의 전인격적인 자기실현은 어떠한 단일의 결사에서도 충족되지는 않는다. 따라서 래스키에게 공동사회(community)는 다원적인 결사의 연립구조(federalism)가 된다. 그리고 개인의 자유, 개인의 주체성은 다원적인 결사에의 자발적 참여를 통해 회복되고, 개인의 자기실현은 이러한 다원적인 결사가 공동사회의 정치과정에 적극적으로 참여해 가는 것을 통해 달성된다고 생각되었다. 이러한 래스키의 이론구성은 이윽고 그 논리적 극한에까지 철저해져 갔다. 즉, 국민국가의 정치기구는 공동사회를 정치적으로 통합해 갈 목적으로만 설치된, 그 의미에서 특정 목적을 위해 결성된 하나의 결사에 지나지 않고 공동사회 그 자체가 아니라는 것이다. 그래서 무오류, 불가분, 절대적인 주권의 개념이 부정되어 주권은 다원적인 결사의 연립구조 속에 확산해 가게 되었다.

그런데 1926년 총파업의 실패, 대공황의 도래, 파시즘의 대두 등을 거치면서 래스키는 다원적 정치이론의 파산을 스스로 고백하기에 이른다. 그러나 래스키는 그 후에도 민주주의의 장래에 대해 말하거나 관료제화에 대한 대항책에 대해 언급할 때는 항상 지방자치의 충실과 산업민주주의의 추진을 계속 주장하고 있다. 개인의 자치를 가능케 하는 사회조건의 형성, 유효한 중간단체의 창조는 현대적인 과제이다. 래스키는 일찍이 「사회입법은 국가 후견주의(paternalism)에의 불치의 습관을 형성한다. 후견주의는 그것이 아무리 광범위한 동의 위에 형성되어도 민주적인 체제에의 가장 교묘한 형태를 지닌 독물이 된다」[322]라고 말했는데, 복지국가에서의 대중의 수익자화, 정치적 주체성의 공동화는 당시에도 상당히 심각

---

321) 다원적 이론에 대해서는 松下圭一「『巨大社会』における集団理論」(同著『現代政治の条件』 수록[中央公論社, 1959년] 참조.
322) H. J. Laski(1921). *Foundations of Sovereignty and other essays*, Harcourt Brace, p.43.

 ・제10장・ 자치

한 과제이다.

7. 관료제와 자치

다원적 정치이론에 남겨진 논점이 있다면 그것은 먼저 공동사회의 자치의 문제일 것이다. 토크빌에 의한 미국 민주주의의 관찰보고를 기다릴 것도 없이 자발적 결사의 자치는 활력 있는 지방자치의 기초이다. 그런데 집단의 자치는 공동사회의 자치에 있어 학교이기는 하지만 실사회일 수는 없다. 집단 특히 자발적 결사는 공통의 관심과 이익을 기초로 하고 있지만, 공동사회는 다원적인 집단을 포함하고 다원적인 이해를 내포하고 있다. 래스키는 이론상은 공동사회에서 다원적인 결사의 경쟁상태에 예정조화를 상정하고 있지만, 현실의 공동사회의 자치는 서로 대립하는 집단이익을 정치적으로 통합하는 과제를 안고 있다. 이 공동사회의 자치 그 자체의 차원에서 개인이 정치적 무력감을 극복할 수 있는 조건, 개인이 자기 자신 속에서 다원화하고 모순하고 있는 관심과 이익을 타자와의 공공적인 관계 속에서 재검토하고 자신을 통치할 수 있는 조건을 탐구하지 않으면 안 된다. 이때 기초자치단체의 적정규모가 다시 물어진다. 1960년대 이후 선진국에 나타난 「참가와 분권」의 동향에는 기초자치단체와 주민의 중간에 주구(住區)나 커뮤니티의 자치단위를 설정하는 구상이 거의 공통적으로 나타난다. 대표제민주주의를 활성화할 방책으로 다시 시민참가가 강조되고 있는 사실은 기초자치단체와 주민과의 심리적 거리마저 상당히 벌어져 있다는 것을 보여주고 있다.

다원적 정치이론에 남겨진 또 하나의 논점은 관료제와 자치의 문제일 것이다. 집단의 자치를 매개로 개인의 주체성을 회복한다 해도 현대에서는 집단이 관료제화하고 있다. 관공서와 기업의 관료제 조직은 물론 종교단체도 노동조직도 정당도 각각의 단위조직 속에 관료제화 현상을 가짐과 동시에, 이러한 단위조직은 전국적인 연합조직 아래에 편제화되어 있다. 관료제화한 단체와 단체의 교섭 또는 「공동결정」은 구상하기 쉽다. 그런데 관료제 조직 내부의 자치를 구상하는 것은 지극히 곤란하다. 관료제 조직은 집단유형 중에서 자발적 결사의 대극에 있으며, 그것은 구성원의 개인적인 동기를 벗어난 조직목적을 정립하고 있기 때문이다. 원래는 구성원의 공통 이익을 위해 결성한 것이라도 조직의 존속과 발전을 자기목적으로 하게 된 것이 관료제화한 조직이기 때문이다. 소위 「자주관리」나 「직원참가」의 어려움은 여기에 있다. 조합민주주의, 당내 민주주의는 관료제 조직의 자치와 자발적 결사의 자치와의 중간지점에 위치한다.

그러나 이렇게 이야기하는 것은 관료제 조직의 구성원은 「기계의 톱니바퀴」라는 것이 아니다. 버나드 이후 현대 조직이론은 일원적인 명령복종의 계통형 조직과 완전히 다른 관료제 조직상을 이론구성하고 있다.[323] 관료제 조직에서도 상위자의 권위는 하위자의 수용에 유래하고, 조직 내의 권력관계는 권한체계를 벗어나 종횡무진 형성되고 있으며, 단위조직과 구성원은 광범위한 자율적 영역을 갖고 있다고 한다. 요컨대 관료제 조직은 그 외견만큼 「위에서 아래로」 권위주의적으로 구성된 일원적인 집단이 아니라 실은 「아래에서 위로」 민주주의적으로 쌓아올린 복합적인 집단이며, 구성원이 정책을 좌우할 여지는 넓다는 것이다. 이것은 확실히 일면의 진실이다. 그런데 이 의미에서의 분업에 기초한 자율적 영역에 대해 구성원이 자발성과 주체성을 발휘하는 것은 소장사무와 소장권한의 확대를 도모하려는 종적 할거주의를 증폭할 뿐인 것으로 될 수 있다. 여기서 논의되고 있는 관료제 조직의 자치가 조직 전체의 자치인 이상, 그것은 각자가 분장하는 직무·직책의 시점을 넘어, 각자가 소속하는 조직의 시점을 넘은 참가와 그 통합이지 않으면 안 된다. 이것은 구성원에게 관료제 조직 내에서의 입장과 자기를 동일화하지 않고 관료제조직을 객관적으로 고찰해 그 조직 목적의 옳고 그름을 묻는 자세를 요청한다. 그러기 위해서는 적어도 관료제 조직 내에 다양한 자발적 결사가 군생하고 게다가 이탈(=이직)의 자유를 실질적으로 보장할 노동시장조건이 성립하지 않으면 안 될 것이다. 이러한 조건들이 만약에 갖추어졌다 해도 관료제 조직의 자치는 관료제 조직을 그 나름대로 효율적인 집단이게 하는 분업원리와 첨예한 긴장관계에 설 것이다. 그 때문에 관료제 조직의 자치는 그 자체로서의 자기완결성, 자율성을 가질 수 없다.

관료제 조직의 자치는 관료제조직을 설치하고 이것을 통할하고 있는 주체로부터의 외재적인 통제와 연동했을 때 비로소 기능한다. 관공서의 관료제 조직에 근거해서 말하면 대표제민주주의에 의한 민주적 통제와 관료제 조직의 자치와의 기능적인 결합이다.

여기서 시점을 관료제 조직의 내부에서 외부로 옮기면 관료제화를 억제하고 관료제 조직

---

[323] C. J. Barnard(1938). *The Functions of the Executive*, Harvard University Press. 田杉競監訳 『経営者の役割』 (ダイヤモンド社, 1956년).

을 통제하는데 유효한 조건은 다음과 같을 것이다. 첫째, 관료제 조직에 소속하지 않는 개인, 관료제 조직에 구속되지 않는 생활시간의 확대이다. 둘째, 관료제 조직의 구성원과 그 외부에 생활하고 있는 사람과의 지적능력 격차의 축소이다. 셋째, 관료제 조직에 의한 정보의 독점이나 은닉의 저지이다.

그러나 관료제 조직 통제의 기본방책은 관료제 조직의 분할일 것이다. 이것을 관공서의 관료제 조직에 입각해서 말하면 중앙정부와 자치단체의 분립, 광역자치단체와 기초자치단체의 분립이라는 지방자치의 강화가 된다. 그리고 자치단체의 자치권을 강화하는 것은 공동사회의 정치적 통합의 과제를 한층 더 분절하는 것이 되며, 기업, 노동조합을 비롯한 다양한 사회집단의 관료제 조직의 분절, 분권화를 촉진하는 효과를 가질 것이다.

참고 문헌

松下圭一『現代政治の条件』(中央公論社, 1959년).

松下圭一『市民自治の憲法理論』(岩波書店, 1975년).

宮田光雄『現代日本の民主主義』(岩波新書) (岩波書店, 1969년).

辻清明『日本の地方自治』(岩波新書) (岩波書店, 1979년).

蝋山政道『英国地方行政の研究』(国土社, 1949년).

弓家七郎『アメリカの地方自治制度』(政治教育協会, 1948년).

河村又介『直接民主政治』(日本評論社, 1934년).

大野力『管理と運動』(東洋経済新報社, 1974).

H. J. Laski(1921). Foundations of Sovereignty and other essays, Harcourt Brace.

H. J. Laski(1925). A Grammar of Politics, Allen & Unwin.

G. D. H. Cole(1920). Self-Government in Industry, 2ed., Bell.

A. D. Tocqueville(1961). Democracy in America, 1835→ Paperback, Vintage.

W. A. Robson(1954). The Development of Local Government, 3ed., Allen & Unwin.

제11장
정부간 관계의 개념

1. 들어가며

「정부간 관계」라는 말은 새로운 용어이다. 이 말에는 그럴듯한 정의다운 것도 없고 그 개념내용은 아직 명확하지 않다. 필자 자신도 근년에는 강의나 논고 속에서 이 말을 사용하고 있지만,[324] 이 개념 그 자체가 가진 의미에 대해서 깊숙이 파고 들어 논한 적은 없다.

그런데 이번에 뜻밖에도 「지방의 시대의 발전을 위해서: 위기에 직면해 새로운 『지방의 활력』을 요구한다」라는 제언[325]을 하면서 이 제언자집단의 명칭을 「『정부간 관계』연구집단」으로 하게 되었기에, 이 기회에 이 개념의 유래, 구성, 의의에 대해 개인적 의견을 정리해 두고 싶다.

2. 개념의 유래

「정부간 관계」라는 용어가 사용되게 된 원래의 시작은 intergovernmental relation의 번역어에서였다. 그리고 이 intergovernmental relations이라는 영어가 자주 사용되게 된

---
324) 졸고 「地方制度改革と国政改革」(『地方分権の可能性』(ジュリスト增刊総合特集 제19호) [有斐閣, 1980년]).
325) 졸고 「新々中央集権と自治体の選択」(『世界』 1983년 6월호) 참조.

것은 미합중국 연방정부에 Advisory Commission on Intergovernmental Relations가 창설된 이후일 것이다.

　미국에서는 19세기말부터 주(州) 간의 통상, 철도운송, 도로건설 등의 조정에 연방이 개입하는 정도가 깊어졌다. 이때 「국제」(international)에 준하는 용어로서 「주제」(州際: interstate)라는 말이 정착했다. 합중국은 연방이며 주가 주권국가였기 때문에 「주제」는 실질적으로도 「국제」에 준하는 것이라 관념될 여지가 있었다. 「정부제」(政府際: intergovernmental)라는 말은 이 「주제」라는 용어예를 선례로 해서 창출되었다고 생각된다. 19세기까지 미국에서는 연방은 관세, 주는 간접소비세, 지방은 재산세를 세입의 기본으로 하고 있었다. 그런데 20세기 초기에 소득세제도가 확립되어 이것이 연방의 주요세원이 된 이래 조세수입 전체에 점하는 연방세의 비율이 점증하고 연방에서 주, 지방으로 보조금을 배분하는 제도가 탄생했다. 특히 뉴딜과 제2차 세계대전을 경과한 시점에서 조세수입 전체에 차지하는 연방세의 비율은 급격히 상승하고 보조금행정도 그만큼 팽창해 갔다. 그것만이 아니었다. 뉴딜기에는 공공사업관계의 연방보조금이 주를 경유하지 않고 연방에서 지방으로 직접 교부되기 시작했다. 또 주에 대한 보조금의 대부분은 일정한 산정방식에 기초해 주 사이에 배분되고 있었던 것에 대해서, 지방에 직접 교부되는 보조금의 대부분은 한건(一件)산정방식으로 되어 있었다. 이에 대해 주의 반발도 있었다. 그래서 1950년대 아이젠하워정권 아래서 연방·주·지방 간의 관계를 재검토하기 위해 앞의 「정부제」관계자문위원회가 창설되었다. 그리고 이 위원회는 이미 형성되어 있던 「정부제」관계를 「협력적 연방제」(collaborative federalism)라 부르고 기본적으로 그 발전을 시인하는 보고를 했다.[326]

　여기서 「정부제」라는 용어의 탄생에 대해 주목해 두지 않으면 안 되는 2가지가 있다. 그 하나는 「국제」와 「주제」가 어느 것이나 나라와 나라, 주와 주라는 동일 차원 간의 관계를 가리키고 있는 것에 대해서, 「정부제」는 연방과 주와 지방이라는 다른 차원 간의 관계를 가리키고 있다는 것이다. 이러한 통례라면 수직적인 관계로 간주되는 관계가 미국에서는 「국제」, 「주제」에 준하는 수평적인 관계로서 관념되었다. 이것은 「협력적 연방제」라는 말에도 나타나 있다. 다른 하나는 「주제」가 주에의 연방의 개입을 배경으로 탄생한 것과 마찬가지로 「정부제」도 지방에의 연방의 개입을 배경으로 탄생하고 있다는 것이다. 즉,

---

[326] 졸고 「福祉国家と管理国家―ニューディールの遺産」(斎藤真編 『総合研究アメリカ・③ 民主政と権力』 [研究社, 1976년]).

intergovernmental relations이라는 개념은 연방·주·지방이라는 다른 차원의 정부가 제각기 자율적인 정부단위라는 것을 전제로 하면서, 이러한 정부 간에 협력적인 상호의존관계를 형성해 가지 않으면 안 된다는 사고방식을 표현하고 있다.

3. 개념의 구성 行政学の基礎概念

「정부간 관계」의 개념은 이 intergovernmental relations의 개념을 기본적으로 계승하면서 구성되어야 한다. 그것에는 먼저 자치단체를 지방정부로 보는 관념을 확립하지 않으면 안 된다. 일본의 자치단체는 자치단체임과 동시에 기관위임사무제도에 의해 중앙정부의 하부기관이기도 하다. 또 일본에서는 행정의 사무 사업은 가능한 한 자치단체를 통해서 집행하고 자치단체를 지역종합행정의 주체로 하려고 하고 있다. 이러한 점에서 일본에서 중앙·광역·기초의 관계는 미국의 intergovernmental relations 이상으로 농밀하다. 그러나 그것은 「협력적인 상호의존관계」는 아니다.

1) 「정부」란 무엇인가

첫째, 「정부」란 중앙정부만을 가리키는 것은 아니다. 중앙정부가 전국의 정부(national government)이고 중앙의 정부(central government)이라면 자치단체는 지방의 정부(local government)이다.

둘째, 「정부」(government)란 정부기구를 의미할 뿐만 아니라 이 정부기구를 운영하는 통치를 의미한다. 그리고 민주제 아래서 통치는 국민의 자기 통치(self-government)를 의미한다.

셋째, 자치단체가 「정부」라 부를 만한 자율적인 정치단위인 이상, 지방행정은 지방정치에 종사해야 할 시녀이다. 또 자치단체의 독자행정이 개성 넘치기 위해서는 자치입법권이 광범위하지 않으면 안 된다. 바꿔 말하면 지방자치를 「지방행정」과 동일시하는 관념과 용어를 철저히 불식할 필요가 있다.

이상의 3가지 점은 1965년경에 「지방정부」 개념이 제기된 때 이미 합의되어 있던 것이다. 「정부간 관계」개념을 구성하는 데 있어 새삼 다짐을 위해 특별히 언급해 두고 싶은 것이 있다.

즉, 넷째, 「정부」란 입법·사법·행정의 삼권의 총체라는 것이다. 일본에서는 「정부」라 하면 내각과 중앙 각 성을 가리키는 용어예가 많다. 그래서 자치단체를 「지방정부」라 바꿔 불러도 「정부」란 단체장 권능의 운용만을 가리키는 것 같은 인상을 줄 수 있다. 그런데 자치단체의 「정부」에는 지방의회는 물론이고 단체장과 의회 양쪽으로부터 반독립적인 행정위원회, 감사위원 등까지 모두 포함하고 있다.

이 자명한 사실을 다시 확인해 두는 것은 「정부간 관계」론에 새로운 면을 개척하는 데 중요하다. 지금까지 「중앙과 지방의 관계」라는 틀에서 논해져 온 것은 모두 중앙정부의 각 성과 자치단체의 관계밖에는 없었다. 국회와 자치단체의 관계를 정면에서 논한 것은 적다. 그런데 중앙정부가 자치단체를 통제하더라도 입법통제를 중심으로 할 것인지 행정통제를 중심으로 할 것인지가 앵글로 색슨형의 지방자치와 대륙형의 지방자치 간의 하나의 중요한 상이점이었던 것을 상기해야 한다. 입법통제중심으로 가는 나라에서는 그것에 걸맞게 직무집행명령소송(mandamus proceeding)이라는 사법절차가 중요하게 된다.

자치단체의 국정참가를 구상할 때도 자치단체가 내각· 중앙 각 성의 계획·입법·예산과정에 참가할 방책뿐만 아니라 국회의 입법과정에 직접 참가할 방책이 구상되어 마땅하다.

또 자치단체의 정부기구 형태가 정부간 관계에 영향을 주고 있는 측면에도 더 주의를 기울여도 좋을 듯이 생각된다. 일본의 자치단체처럼 수장제를 채택할 것인지, 영국의 자치단체처럼 카운슬제를 채용할 것인지, 아니면 미국의 자치단체 일부에 보이는 것처럼 카운슬·매니저제도나 위원회제도를 채택할 것인지, 이것에 따라 정부간 관계가 변할 수 있다. 미국에서 연방이나 주의 통제가 자치단체의 세부에까지 미칠 수 없는 하나의 원인은 자치단체 정부기구의 다양성에 있다. 그리고 수장제는 기관위임제도와 정합적인 관계에 있다고 생각한다.[327]

교육위원회, 공안위원회, 인사(공평)위원회, 감사위원의 제도는 획일적이지 않으면 안 되는 것일까? 혹은 환경평가조례에서는 심사기관이, 그리고 정보공개조례에서는 구제기관이 문제가 되는데 이러한 최종적인 심사권이나 심결권을 가진 행정위원회를 조례로 창설하는 것을 인정해서는 안 되는 것일까? 이것은 자치단체와 사법권과의 관계를 조금이나마 바꾸게 된다. 마찬가지로 인사위원회와 인사원의 관계, 감사와 회계검사원의 관계에 대해서도

---

[327] 졸고 「国と地方の新しい関係をもとめて」(『自治体学研究』 제4호, 1980년 봄).

재고할 만하다.

2) 「정부간」이란 무엇인가

「정부간」이란 어느 정부와 어느 정부 사이를 가리키는 것일까? 2층구조인가 3층구조인가, 3층구조인가 4층구조인가처럼 다른 차원의 정부간 관계를 가리키는 것이 통례일 것이다. 그러나 「정부간 관계」개념을 구성할 때는 아래의 2가지 점에 대해 대상범위를 넓히는 것이 바람직하다.

첫째, 같은 차원의 정부간 관계는 다른 차원의 정부간 관계와 밀접 불가분의 관련을 가지는 것을 인식해서 같은 차원의 정부간 관계도 「정부간 관계」론의 대상이라 생각해야 한다. 기초자치단체를 넘는 혹은 광역자치단체를 넘는 「광역행정」의 방안에는 합병방식, 개별공동처리방식, 연합방식, 권한역이양방식이 있다고 할 수 있는데, 연합방식을 취하면 새로운 차원의 정부가 탄생하게 되고 권한역이양방식을 채택하면 다른 차원의 정부간 관계가 변동한 것이 된다. 또 합병방식이 대규모로 진행하면 그것은 한층 더 광역의 정부의 개편구상에 연결되기 쉽다. 선진국에서의 Metropolitan Government, Regional Government의 논의, 일본의 광역기초자치단체권, 도주제의 논의는 이러한 종류의 문제이다. 또 도제(都制)와 정령지정도시(政令指定都市)제도는 현·시(縣·市)의 변칙적인 관계이며 제1차적으로는 다른 차원의 정부간 관계이지만, 이것은 특별구와 도 아래 기초자치단체의 관계를 바꾸고 정령지정도시와 그 외 기초자치단체의 관계를 변경하는 것이다. 이러한 의미에서 「정부간 관계」론은 기초자치단체의 구역, 규모, 권능이 어떻게 존재해야 하느냐는 부분에서 출발하지 않으면 안 된다.

둘째, 「정부간 관계」론은 정규의 정부 상호관계를 논하는 것만으로는 결코 충분하다고는 말할 수 없다. 오늘날에는 유엔, ILO, WHO, OECD 등등의 조약, 결의, 권고 혹은 선진국 서미트(Summit) 등등의 국제회의에서의 합의 등이 직접간접으로 지방자치의 운용에 영향을 주고 있다. 이것과는 거꾸로 기초자치단체보다 협역의 커뮤니티 차원에 Neighborhood Government를 창설하려고 하는 논의도 있다. 실제로 일본에는 이러한 차원에 부락회·정촌회가 존재하며 이것이 준공공단체적인 성격을 가지고 기초자치단체와 밀접한 관계를 유지하고 있다. 그래서 「정부간 관계」론은 넓게는 국제정부에 준하는 국제기구를 시야에 넣고, 좁게는 근린정부에 준하는 지역자치조직을 검토대상에 포함해야 할 것이다.

3) 「정부간 관계」란 무엇인가

정부간 관계를 파악하는 개념으로 지금까지도 「지방제도」, 「중앙·지방관계」 등이 있었다. 「정부간 관계」개념을 제기하는 것을 통해 환기하려고 하는 발상의 전환은 무엇인가, 이것이 문제이다.

첫째, 「정부간 관계」개념이 intergovernmental relations의 개념을 계승하고 있는 이상, 이것이 창출하려는 「정부간 관계」는 「대등한 정부 간의 협력적인 상호의존관계」이다. 이 「대등한 정부 간의 협력적인 상호의존관계」가 성립하기 위해서는 정부 간의 커뮤니케이션이 쌍방향이지 않으면 안 된다. 현재 일본의 정부간 관계는 중앙정부의 의사가 일방적으로 하강해 오는 통제 또는 관치형이다. 이것을 쌍방향의 커뮤니케이션으로 바꾸기 위해서는 국민의 의사가 커뮤니티차원에서 통합되어 이것이 기초자치단체를 거쳐 순차 상승해 가는 조정형 또는 자치형의 경로를 설정하지 않으면 안 된다. 각각의 정부에 자율성을 인정하는 이상, 「정부간 관계」의 과제는 「통제」가 아니라 「조정」이며, 조정의 방책은 「통달」이 아니라 「협의」나 「교섭」이다. 자치단체의 선도적인 시책이 중앙정부의 시책으로 채택되어 가는 것만으로는 부족하다. 기초자치단체가 광역자치단체의 정책과정에 참가하고 자치단체가 국정에 참가해 가기 위해 자치단체 측에 그 의사를 조정하고 통합해 가는 메커니즘을 확립하지 않으면 안 된다.

둘째, 정부 간 업무의 분담은 「사무」배분의 문제가 아니라 「권한」배분의 문제라고 생각해야 한다. 「정부간 관계」개념은 각 차원의 정부가 자급자족적으로 분립 할거하는 상태를 창출하려고 하는 것이 아니다. 정부간 관계는 점점 농밀하게 되고 정부 간 조정의 필요는 증대할 것이라 상정하고 있다. 업무의 분담도 외교·국방은 중앙정부의 전관, 청소·수도는 기초자치단체의 전관이라는 형태로는 되지 않는다. 모든 업무에 대해 각 차원의 정부가 그 나름의 관계를 가진 형태가 된다. 문제는 어느 업무의 어떠한 측면에 대해 누가 결정하는가이다. 이것은 「사무」개념에서 처리할 수 있는 것이 아니라 「권한」개념에서 처리해야 한다. 기능분담론에서 말하는 「기능」의 개념은 너무 모호할 것이다.

셋째, 지금부터 일본의 정부간 관계는 정부 간 세원배분과 재정조정방식을 초점으로 변동해 갈 것이다. 그리고 이것에는 정원관리, 급여관리방식이 관련되어 갈 것이다. 일본의 정부간 관계를 규율하고 있는 것은 헌법과 지방자치법만이 아니다. 지방세법, 지방재정법, 공직선거법, 지방공무원법 등에 규율되고 있는 측면이 많다. 따라서 금후의「정부간 관계」론은 특히 재정론과 행정론, 관리론과 행정론의 통합에 노력하지 않으면 안 된다.

4. 개념의 의의

　굳이 새로운 용어를 사용하려는 이유는 사물을 인식하는 인식상징으로서 또 사물을 평가하고 행동을 환기할 조직상징으로서 기존의 용어로는 적확하게 표현할 수 없는「무엇인가」를 표현하려는 것이다. 그렇지만 용어의 사용자 자신은 이「무엇인가」를 명확히 자각하기가 어렵다. 그래서 필자는「정부간 관계」라는 새로운 개념을 제기하는 것을 통해 무엇에 도전하고, 무엇을 불식하고, 무엇을 정착시키려고 하고 있는지, 이것을 다소 명확히 하려고 노력해 왔다.

　그러나 이런 정도의 설명으로는 뭔가 생각한 바를 모두 나타내지 못한 어떤 답답함이 남는다. 그래서 마지막으로 조금 각도를 바꾸어 지금 이 시기에 왜「정부간 관계」개념을 제기하느냐에 대해 보충해 두고 싶다.

　전후개혁기에는 모든 제도가 변혁되고 지방자치제도에 대해서도 새로운 구상이 더 자유롭게 제기되어 있었다. 그런데 소위 역코스기의 반동을 거친 이래 커다란「지방제도개혁」은 일어나지 않았다. 전후 제도는 안정기에 들어갔다. 제도가 안정되는 것은 어떤 의미에서 환영해야 한다. 자치단체는 제도의 개폐에 위협받지 않게 되었기 때문에 제도 운용의 개선에 전념하고 다양한 창의적 고안을 할 여유가 생겨났다. 지역민주주의론에 이어 자치단체혁신론이 나타나고 시민참가론이 대두해 자치의 자기 통치의 측면에 대해 충실이 기해진 것도 제도의 안정 덕분이었다.[328] 그러나 지방자치가 일정한 성장을 보이던 때, 한편에서는 전후 중앙집권이나 신중앙집권이라는 현상이 제도의 대변혁을 수반하지 않고 착실히 진행하고 있었다. 그렇기 때문에「지방의 시대」는「참가와 분권의 시대」라 주장되고 참가를 기반으로 한 분권의 추진이 요청되었다.

　그런데 제2차 임시행정조사회의 행·재정 개혁은 이「참가와 분권의 시대」를 추진하지 못

---

328) 졸고「過疎と過密の政治行政」(日本政治学会編「五五年体制の形成と崩壊」(年報政治学一九七七) [岩波書店, 1979년]).

했다. 더욱 중대한 것은 자치단체 측에 이러한 행·재정 개혁을 요구해 갈 기력과 행동이 보이지 않았다. 오히려 자치단체가 걱정하고 있었던 것은 지방재원의 압축뿐이었던 것처럼 보였다. 왜 이러한 사태가 되었던 것일까. 기성정당을 비롯해 중앙의 각 성, 지방6단체, 자치단체노동조합, 그리고 개개 자치단체 모두가 현행 지방자치제도에 제각기 기득이익을 가지게 되어 기득이익의 균형상태가 성립하고 있는 것은 아닐까? 이미 자유로운 개혁구상은 논의대상이 될 수 없는 폐색상황이 나타나고 있는 것은 아닐까?

지방재원이 압축되어도 서비스 양이 축소할 뿐이며 그것 자체는 지방자치의 위기가 아니다. 외부로부터의 자율, 내부에서의 자기 통치라는 지방자치의 질이 유지되고 있는 한 지방자치는 건재하다.[329] 여기서 다시 한 번 지방자치의 질의 향상이라는 관점에 서서 전후의 집권과 분권의 체험을 토대로 대담하고 또 면밀한 개혁을 자유롭게 구상해 가야 하는 것은 아닐까.「정부간 관계」개념은 그 때문에 제기되고 있는 것이다. 기대되고 있는 효과는 3가지이다.

첫째, 착종한 정부간 관계를 다시 한 번 종합적으로 재파악하고 제도 상호 간의 연동, 파급의 관계를 정확하게 분석하는 것이다. 특히 국제화시대에 대응한 새로운 재정조정제도를 구상하고 그 외의 정부간 관계를 이것과 정합하도록 바꾸는 것이 급선무일 것이다.

둘째, 지방제도조사회 등에서「지방제도개혁」으로 거론되어 온 논점에 구애받지 않고 원점으로 되돌아가 다각적인 개혁을 구상하는 것이다. 특히 자치단체의 조직형태에 대해 다양화의 여지를 여는 것, 자치단체의 국정참가에 대해 다각적인 방책을 구상하는 것이 전략 포인트가 될 것이다.

셋째, 이것이 가장 중요한 점인데, 개혁의 대상을 자치단체차원에서 중앙정부차원에까지 확대하는 것이다.「정부간 관계」론은 지방자치를 옹호하고 발전시키기 위한 것만이 아니다. 그것은 자치단체가 자신을 혁신함과 동시에 중앙정부를 포함한 국민사회의 정치구조 전체에 대해서 그 재편구상을 제기하기 위한 개념이다.

지금 명백한 것은 지방자치의 옹호와 발전을 중앙정부기관의 노력에 기대하는 시대는 지나갔다는 것이다. 자치단체 자신의 노력을 통해 국정을 변혁하는 시대이다.

---

[329] 졸고「自治」(日本政治学会編『政治学の基礎概念』(年報政治学一九七九) [岩波書店, 1981년]―본서 제10장).

제12장
집권과 분권

1. 상대비교로서의 집권·분권

　이 글에서 논하려고 하는 집권·분권이란 국민국가의 정부체계를 구성하는 정부 간에서의 집권·분권이며, 중앙정부, 광역자치단체, 기초자치단체간의 관계를 그 전형으로 한다. 정부차원이 다단계화하면 중앙정부, 지방(region), 광역자치단체, 기초자치단체, 커뮤니티의 관계가 될 것이다. 그 의미에서는 지방자치제도상의 집권·분권이라 해도 좋지만 연방제에서의 연방과 주의 관계를 전혀 고려하지 않는 것은 아니다. 왜냐하면 한마디로 연방제라 해도 주권(州權)의 보유 정도에는 큰 차이가 있으며, 연방으로의 집권화가 진행하고 있는 연방제에서의 주의 지위는 단일주권국가에서 자치권이 강한 지방(region)과 큰 차이가 없기 때문이다. 이것을 더 일반화해서 말하면 연방제란 국민국가의 중앙정부와 그 직하의 지방정부와의 관계가 가장 분권적으로 구성되어 있는 형태의 지방자치제도라고 말할 수 없는 것도 아니다. 그러나 이 글에서는 단일주권국가의 정부체계에서의 집권·분권의 문제를 고찰의 중심에 두고 있으므로 연방제에 부수하는 특수문제에 대해서는 논하지 않는다. 또한 이 글에서 단지 집권·분권이라 하고 이것을 중앙집권·지방분권이라 하지 않는 것은 여기서 검토할 집권·분권이 중앙과 지방 간의 집권·분권에 머물지 않고 광역적인 지방정부와 협역적인 지방정부 간의 집권·분권을 포함하고 있기 때문이다.
　그런데 이 글에서 말하는 집권·분권은 독립적인 정부 간의 관계 —지역주민의 민의를 정통하게 대표하는 정치기관을 갖춘 독립적인 통치단체 간의 관계— 에 관한 개념이기 때문에, 중앙정부의 각 성·청과 그 지방행정기관 사이의 권한분배 문제는 그것이 앞에 언급한 의미에서의 집권·분권에 관련하는 한에서 논급하는데 머문다. 이러한 하나의 조직 내부에서의 지역적인 권한분배의 문제에 대해서는 이것을 집중·분산이라 부르기로 하고 집권·분권과는 개념상으로도 구별해 두고 싶다. 더구나 전결권의 하위 이양이라는 조직 내 문제는 여기서 말하는 바의 집권·분권과는 무관하다.[330]

집권·분권의 문제는 지방자치제도의 문제이기 때문에 그것은 근대국가가 성립하는 시점에서부터 발생하고 있는 오래된 문제이다. 왕권이 지방에 할거 하고 있던 봉건 제 세력을 타도해서 통일적인 국민국가를 형성해 가는 과정에서 생긴 문제이다. 그 결과로 성립한 지방자치제도의 형태는 각각의 나라에서 왕권과 지방세력과의 긴장관계를 반영해서 나라마다 다양하게 되었지만,[331] 그 당시의 주제가 중앙으로의 집권에 있었던 것은 각 나라에 공통했다. 하지만 그럼에도 지방에 자치권을 일절 인정하지 않고 통치권을 완전히 중앙정부에 일원화한 나라는 전혀 없었다. 국민국가의 통일을 위협할 우려가 없는 한에서 지방의 자치는 승인되고 여기에 얼마간의 자치권을 갖춘 지방정부가 존속 또는 신설되었던 것이었다. 절대적인 극한적인 중앙집권체제라는 것은 이론상은 상정할 수 있더라도 역사상 실재한 적은

---

[330] 집권·분권개념의 다의성이나 혼란상황은 무엇도 일본만의 현상이 아니다. 예를 들면 영어권에서도 centralization and decentralization, concentration and deconcentration, devolution, delegation, autonomy라는 서로 혼동하기 쉬운 용어가 있으며 게다가 그 가려 쓰는 방식은 논자마다 다르다. R. A. W. Rhodes는 decentralization을 상위개념으로 해 이것을 devolution과 delegation으로 분해하는 용어법을 사용하는데(R. A. W. Rhodes(1985). "Intergovernmental Relations in the United Kingdom," Y. Mény & V. Wright(eds.), *Centre-Periphery Relations in Western Europe*, George Allen & Unwin), 이 용어법에 따르면 이 글에서 말하는 분권은 devolution에 해당한다. 그런데 devolution에는 반대개념이 없는 것이 불편하다. 이 글에서 말하는 분권·집권은 centralization과 decentralization을 로즈보다도 한정된 의미에서 사용하고 있는 것으로 이해해 주기 바란다.
그리고 여기서 말하는 집중·분산은 영어의 concentration과 deconcentration에 거의 대응하고 있는 것으로 생각해 주기 바란다. 그러나 조직 내부에서의 지역적인 권한분배의 관계에 대해서도 centralization과 decentralization을 사용하고 있는 예도 존재하는 것에 유의해 두기 바란다. 예를 들면 H. Simon(1954). *Centralization vs. Decentralizations in Organization the Controller's Department*, Controllers, Institute 등을 참조 바람.

[331] 졸고 「自治」(日本政治学会編 「政治学の基礎概念」(年報政治学―九七九) [岩波書店, 1981년]― 본서 제10장) 참조. 중앙집권적인 정치체제를 확립한 나라는 중앙집권적인 지향을 가지고, 지방분권적인 정치체제를 확립한 나라는 지방분권적인 지향을 가진다고 단정할 수는 없다. 국민국가의 영역 내에 포섭된 주변권력이 확산화의 지향을 보이고 이것에 강력한 규율을 잡지 않으면 국민국가의 통일을 유지할 수 없다고 중앙권력이 판단한 나라일수록 중앙집권적인 정치체제를 확립하고, 중앙권력과 지방권력의 대립이 완만하고 국민국가의 통일이 비교적 쉬웠던 나라일수록 지방분권적인 정치체제를 확립했다고 말할 수 있는 측면도 있기 때문이다.

없는 것이다. 그리고 절대적 극한적인 지방분권체제, 바꿔 말하면 중앙정부가 사실상 부재한 정치체제라는 것은 주권개념을 근간으로 하는 국민국가에서는 이론상으로도 상정할 수 없다. 생각할 수 있는 가장 분권적인 정치체제는 주권(州權)의 유보가 강한 연방제일 것이다. 이러한 의미에서 집권·분권은 애초부터 정도의 문제였다.332)

집권·분권이 정도의 문제라는 것은 이것이 상대비교의 문제라는 것이지만, 이 상대비교로서 논의의 대상이 되는 것은 이하의 3가지, 즉 시계열 비교, 체제 간 비교, 그리고 평가자의 기대와 그가 관찰한 현실과의 비교이다.

먼저 시계열 비교이다. 이것은 그 때때로의 제도개혁이 지금까지의 상태에 비춰 봤을 때 집권화의 방향으로 가고 있는가 아니면 분권화의 방향으로 향하고 있는가라는 비교이다. 집권·분권이란 여기서는 집권화와 분권화라는 역방향으로 작동하는 대항적인 힘의 방향을 의미하고 있을 것이다. 그러나 집권·분권의 개념이 비교의 도구로서 유효하기 위해서는 개념정의상 더욱 명확히 해야 하는 논점이 한두 개 존재한다. 즉, 첫째는 집권화와 분권화란 반드시 양자택일의 현상으로 볼것인지 아니면 집권화와 분권화의 동시진행이라는 사태도 상정할 것인지, 둘째는 집권화와 분권화란 제로섬의 관계에 있다고 볼 것인지 어떤지 라는 논점이다.

한두 가지 예를 들어 생각해 보자. 1960년대 미국에서 연방정부는 「빈곤과의 투쟁」의 일환으로 커뮤니티 활동사업을 창설했다. 이 사업은 연방보조금이 주나 시를 경유하지 않고 ―따라서 주·시의 의향에 좌우되지 않고― 한 건 심사방식으로 커뮤니티차원의 주민참가기관에 교부되는 것이었다. 그래서 이러한 사업의 창설은 연방에의 집권화임과 동시에 커뮤니티에의 분권화라고 평가할 수도 있는데, 이러한 용어법은 개념 모순이 되는지 어떤지. 여기서 이러한 의미에서의 집권화와 분권화의 동시진행이 있을 수 있다고 가정해 봤을 때, 그것은 한편으로 주·시의 권능의 일부가 연방과 커뮤니티로 분해되어 수탈되었다는 사태를 반드시 수반하고 있지 않으면 안 되는지. 아니면 주·시의 권능에는 어떠한 변동도 없는 채로 연방에의 집권화와 커뮤니티에의 분권화가 생길 수 있는지. 어느 해석도―뒤집어 말하면 어느 쪽의 개념정의도―가능할 것이다.

다른 하나의 예로 지금 일본에서 현안이 되는 기관위임사무에 관계되는 직무집행소송제

---

332) 이 점은 일찍이 나가하마(長浜)가 많은 학자의 설을 소개하고 상세하게 논한 부분이다. 長浜政寿『中央集権と地方分権』<法学理論篇50>[法律学体系二部](日本評論新社, 1953년)참조.

도의 개혁안을 살펴보자. 정부의 개혁안에서는 사전의 재판절차 없이 대행할 수 있도록 변경함과 동시에 자치단체의 장을 파면할 수 없도록 바꾸려고 하고 있는데, 이 개혁안은 집권화를 지향하고 있을까, 분권화를 지향하고 있을까? 재판 없는 대행을 허용하는 점에서는 집권화이고 단체장의 파면제도를 폐지하는 점에서는 분권화이지만, 양자의 종합적인 평가로는 집권화에 기울어져 있다는 것이 될까?[333]

제도개혁안은 많은 경우에 복합적인 개혁안이며 종합적인 평가를 요청하고 있다. 또 어느 시대의 어느 정권에 의한 개혁은 복수의 제도개혁으로 구성되어 있는 것이 일반적이다. 그래서 또 시대의 조류가 집권화를 향하고 있는가, 분권화를 지향하고 있는가 라는 좀 더 종합적인 평가도 이루어지게 된다. 하지만 이러한 평가에서 사용되는 집권화·분권화의 개념을 엄밀히 정의하고, 그 정의를 조작 가능한 것으로 하고 또 그 측정 척도를 확립하는 것은 실제로는 대단히 곤란한 작업이다.

그런데 논의의 대상이 되는 두 번째의 상대비교는 체제 간 비교였다. 이 경우의 집권·분권은 집권화·분권화라는 동향의 문제가 아니다. 어느 것이 더 집권적인가, 어느 것이 더 분권적인가라는 체제 간의 병렬적인 비교이다. 국내에 다양한 지방자치제도가 존재하는 나라에서는 이 다양한 제도 간의 비교도 이루어지지만, 더 일반적으로 논의되고 있는 것은 다른 나라 간의 비교이다. 예를 들면 미국은 영국보다도 분권적인 나라, 서독은 오스트리아보다 분권적이지만 스위스는 그 서독보다도 더 분권적이라는 서술형식으로 나타난다. 그런데 이 체제 간 비교는 앞의 시계열 비교보다도 훨씬 더 어려운 평가라 하지 않을 수 없다. 왜냐하면 체제는 제도개혁의 우여곡절의 집적을 거쳐 형성되었을 뿐만 아니라 지방자치제도는 다종다양한 요소의 복잡한 조합으로 구성되어 있어서 그 평가의 종합성이 현저히 높기 때문이다. 비교대상이 되는 체제가 이질적인 것일수록 그 사이의 비교는 어렵게 된다고 말할 수 있다. 예를 들면 프랑스와 영국을 비교했을 때 프랑스가 집권적이고 영국이 분권적이라는 것은 대부분 정설로 되어 있지만, 이 정설에 대해서조차 이론(異論)이 없는 것은 아니다. 정부간 관계의 어떠한 측면을 중시하는가에 따라 평가는 달라질 수 있다.

세 번째의 상대비교는 평가자의 기대와 그가 관찰한 현실과의 비교였다. 이 평가는 자국 제도의 고찰에서 이루어지는 것이 일반적이다. 다만 평가자가 기대하는 이상적인 제도구상

---

[333] 직무집행소송제도의 개혁안에는 이것 외에도 수많은 논점이 포함되어 있는 것은 말할 필요도 없다. 여기서는 하나의 예로 논점을 단순화하고 있다.

이 명시되어 있는 것은 드물다. 그래서 이 독자적인 이상형 대신에 자국의 과거 제도를 차선의 것으로 하거나 타국의 제도를 차선의 것으로 하는 것도 적지 않다. 이러한 경우에 그것은 앞의 시계열 비교와 체제 간 비교의 문제와 같게 된다. 따라서 이 세 번째의 상대비교로서 독립적으로 거론하지 않으면 안 되는 것은 다음과 같은 평가작업이다. 즉, 제도의 작동상황을 관찰해서 과잉집권의 결과로 이러이러한 폐해가 발생하고 있다는 관찰결과를 보고하고 제도의 분권화를 제언하거나, 그 거꾸로 과잉분권의 결과로 이러이러한 폐해가 발생하고 있다는 소감을 말하고 제도의 집권화를 권고하는 것이다. 과잉집권을 믿는 분권화의 논자는 체제의 집권적인 측면에 관심을 기울이고, 과잉분권을 믿는 집권화의 논자는 체제의 분권적 측면을 곧잘 관찰의 대상으로 하는 경향을 보인다. 이처럼 이 세 번째 상대비교에서는 평가자의 평가기준에 비추어 현실이 평가되고 있지만, 평가자의 평가기준은 모호하게 되어 있는 것이 일반적이다. 현행제도 아래서 관찰된 폐해와 제도개혁에 따른 그 완화·해소의 기대와의 대비가 암묵의 전제가 되어 있는 경우도 있지만, 평가자가 지방자치에 대해 가지는 가치관의 차이를 반영하고 있는 경우가 많다고 해야 할 것이다. 민주주의, 자유, 평등, 복지, 문화, 혹은 유효성, 능률성, 경제성이라는 가치와 지방자치와의 관련을 어떻게 보고 있는가 라는 지방자치에 대한 가치부여, 의의부여와 직결하고 있으며, 논쟁으로 객관적인 판정을 내리는 것은 어렵다.

그런데 집권·분권의 문제는 오래된 논제임과 동시에 너무나도 현대적인 논제이기도 하다. 현대선진국에서 대부분 공통으로 논의되고 있는 문제로 다음의 3가지가 있다. 첫째, 복지국가 하에서의 정부간 관계의 변용이다. 즉, 지방정부의 사무와 조직의 팽창, 정부체계에서 차지하는 지방정부의 비중 상승, 중앙정부와 지방정부의 융합과 착종한 상호의존관계의 성립 등이 나타나 종래의 집권·분권 개념을 단순히 적용하기 어렵게 되었다. 둘째, 연방제를 채택하고 있지 않은 나라들에서 중앙정부와 광역자치단체 사이에 새롭게 지방(region)정부를 창설하는 움직임이 있다. 그리고 이 움직임과 밀접하게 관련하고 있는 것으로 민족, 언어, 종교, 문화를 달리하는 국내 소수파 민족에 의한 지역적인 민족주의운동의 태두가 보인다. 영국에서의 스코틀랜드, 웨일스의 문제, 캐나다에서의 퀘벡주의 문제, 벨기에서의 플라망과 왈롱의 대립, 프랑스에서의 바스크 지방, 브르타뉴, 코르시카, 알자스 등의 문제, 스페인에서의 바스크 지방, 가르시아, 카탈루냐 등의 문제들이 있다. 이러한 지역적인 민족주의운동의 요구는 독자적인 언어문화의 보존·부흥에서 시작되어 지역진흥의 촉진, 광범위한 분권화, 게다가 분리 독립에까지 이른다.[334] 현대 선진국은 그 국민국가의 형성기와 마찬가지로 다시 한 번 국민국가의 정치적 통일과 관련해서 집권·분권의 문제를 되묻고 있다. 셋째, 기초자치단체보다 협역의 커뮤니티나 근린지구단위에 새로운 자치단위를 창설하는 「분권과 참가」의 움직임이다. 이것은 미국, 영국, 프랑스, 이탈리아 등에 보인다.

이러한 새로운 현상에 대응해서 집권·분권에 관한 연구방법에도 변화가 나타나고 있다. 앞의 첫째와 셋째 현상에 대응하는 것으로 먼저 지역정치(커뮤니티 폴리틱스)에 관한 정치학적 사회학적인 연구가 발흥했다. 다음에 정부간 관계에 관한 비교정치학적인 연구가 융성하고 있다. 종래의 법제도론과 달리 지방자치제도를 행정제도로 파악하지 않고 자치단체의 수장, 국회의원, 정당조직을 매개한 지방정치와 국정과의 관련에도 착안함과 동시에, 지방정부가 그 연합조직 등을 매개로 국정에 대해 전개하고 있는 압력활동에도 관심을 돌리게 되었다. 이러한 연구동향 속에서 생겨 난 「상호의존모델」은 정부간 관계에 관한 가장 현대적인 분석틀일 것이다. 이것에 대해 앞의 둘째 현상에 대응한 것으로는 「중앙·주변관계」(Centre-Periphery Relations)의 분석틀이 있다. 상호의존모델과 같은 연구가 현대국가의 일상적인 작동에 관심을 기울이는 것에 대해서, 이 중앙·주변관계모델은 소위 현대국가가 이상한 정치적 긴장을 맞이한 사태에 관심을 돌리고 있다고 할 수 있다. 그러나 집권·분권의 문제를 다시 한 번 원점으로 돌아가서 정치현상으로 파악하려는 점에 양자는 공통하고 있다.

이 글에서는 복지국가 하에서의 정부간 관계의 변용이라는 현대적인 현상을 적확하게 설명할 수 있는 분석틀을 확립하는 것을 의도하면서, 우선의 작업으로 집권·분권이라는 기본개념을 둘러싼 혼란상황을 조금이나마 정리해 보려고 한 것이다. 다만 필자의 당면 관심은 시계열 비교와 체제 간 비교에 유용한 도구를 준비하는 것 바꿔 말하면 집권·분권을 둘러싼 사실인식에 도움이 될 틀을 구축하는 데 있기 때문에, 이 글에서는 집권·분권이나 지방자치의 가치평가 문제에는 논급하지 않는다. 따라서 다음의 각 절에서는 먼저 전통적인 법제도론에서의 집권·분권개념의 고찰에서 시작해 서서히 분석틀을 복잡하게 하고, 마지막에 상호의존모델에 관한 고찰에 도달한다는 순서를 밟고 싶다. 이렇게 함으로써 법제도론의 틀

---

334) Y. Mény & V. Wright(eds.), op. cit.에 수록되어있는 다음의 논문을 참조 바람. H. Berrington, "Centre-Periphery Conflict and British Politics," ; J. Loughlin, "Regionalism and Ethnic Nationalism in France," ; C. D. Lopez, "Centre-Periphery Structures in Spain," ; A. Mughan, "Belgium: All Periphery and No Centre?,".

과 정부간 관계론 틀과의 접점을 명확히 함과 동시에 양쪽의 의의와 한계를 확인할 수 있을 것이라 생각한다.

2. 전통적인 집권·분권 개념의 판정 축

전통적인 법제도론에서 사용해 온 집권·분권 개념의 난점 중 하나는 이러한 개념에 조작 가능한 정의를 부여하고 집권도·분권도를 측정할 척도를 확립할 수 없었던 점에 있었다.[335] 그래서 전통적인 법제도론의 관점에서 벗어나 지방정부의 세출구조를 분석해 그 획일성·다양성을 가지고 집권도·분권도의 지표로 삼거나, 혹은 설문조사를 통해서 지방정부관계자의 인지구조를 분석해 이것으로 정부 간의 영향력 관계를 측정하거나 했다. 그런데 이러한 새로운 분석방법에도 많은 의문점이 남지 않을 수 없다.

집권도·분권도를 측정하는 것은 확실히 매우 어려운 작업이다. 그런데 집권·분권을 정성적으로 판정할 축을 정리하는 것은 어느 정도 가능할 것이다. 앞에서 어떤 체제를 집권적·분권적이라 평가하는 작업은 종합적인 작업이라 하고, 또 지방자치제도는 다양한 요소의 복잡한 조합이라고도 했다. 지방자치제도를 구성하는 이 요소들을 분해해 각 요소가 어떠한 형태로 어느 정도까지 집권·분권에 관계하고 있는지를 검토하는 것은 집권·분권의 판정 축을 확립하는 데 도움이 될 것이라 생각한다. 그래서 아래에서는 지방자치를 구성하는 요소를 10항목으로 나누어 집권·분권과의 관계를 검토해 가기로 한다.

1) 폐치분합

먼저 광역자치단체·기초자치단체라는 지방정부의 종별이 연방제 하의 주처럼 헌법상의 제도보장을 부여받고 있는지 아닌지, 특정 지방정부의 폐치분합이 중앙정부의 의사만으로 이루어질 수 있는지 어떤지, 중앙정부의 의사로 할 수 있더라도 법률에 따르지 않으면 안 되

---

[335] 이 점은 J. W. Fesler(1965). "Approaches to the Understanding of Decentralization," *The Journal of Politics*, Vol.27, No.4, 그리고 B. C. Smith(1985). *Decentralization*, George Allen & Unwin, Chapter 5가 지적하고 있는 부분이다.

는지 행정명령으로도 가능한지, 지방정부의 의사에 따른 경우라 하더라도 주민투표에 의한 가결이 요건으로 되어 있는지 아닌지, 지방의회의 의결이 있으면 충분한 때도 이 의결에 특별다수결을 요구하는지 등등, 지방정부의 지위에 대해서는 법제상으로도 다종다양한 방식이 존재하는데, 중앙정부의 —특히 그 행정부의— 의사에 따라 지방정부의 폐치분합을 추진하는 것이 어려우면 어려울수록 지방정부의 잠재적인 권력은 강하게 된다고 말할 수 있다.

법제상은 중앙정부의 의사를 관철할 수 있어도 지방정부를 유지하는 지역주민의 전통, 공동의식, 공동이익이 강하고 중앙정부도 이것을 무시할 수 없을 때는 마찬가지의 효과가 생긴다. 이 점에서 중요한 것은 중세 이후의 기초자치단체가 그대로 근대국가의 행정상의 기초자치단체로서 지속하고 있는지, 아니면 자연촌과 행정촌이 분리되었는지 이다. 또 그 후 현재에 이르기까지 기초자치단체의 합병, 광역자치단체의 합병이라는 지방정부의 대규모적인 재편성계획이 어느 정도 빈도로 행해졌는지가 중요하다. 이 문제는 어느 것이 원인이고 어느 것이 결과인가라는 논의를 불러올 수 있는데, 지방정부의 구역이 오랜 세월에 걸쳐 안정하고 있을수록 그것은 중앙정부의 의사로도 움직이기 어려운 것이라고 관념된다. 이에 대해, 가까운 과거에 대규모적인 재편성을 체험하고 있는 나라에서는 지방정부의 종별과 구역을 포함해서 정부체계는 중앙정부의 정책문제라고 생각하게 된다. 프랑스, 스위스, 이탈리아 등에서는 기초자치단체의 합병이 진행되지 않고 옛날 그대로의 다수의 소규모 기초자치단체가 잔존하고 있는 것은 이러한 나라들에서의 로컬리즘의 강함을 나타내고 있다. 이에 대해, 1972년 지방정부재편성법에서 대규모 재편성을 경험한 영국의 지방정부는 그 지위가 현저히 취약한 상태로 되어 있었다고 말할 수 있다. 그리고 그것이 GCL과 메트로폴리탄·카운티의 폐지라는 대처정권에 의한 대개혁을 추진하기 쉽게 했다고 봐야 할 것이다.

2) 민의대표기관의 성격

지방정부의 최고기관인 의회, 단체장 등이 선거제인지 임명제인지, 선거제이면 직접선거제인지 간접선거제인지, 임명제라면 추천임명제인지 관선인지, 관선이더라도 지역민 중에서의 선임인지 중앙정부 관료 중에서의 선임인지 라는 문제이다. 지방정부의 최고기관과 주민과의 관계가 민주적이고 직접적일수록, 바꿔 말하면 대표기관의 정치적 정통성이 강하면 강할수록 지방정부는 민의를 정통으로 대표하는 것으로서 정치력을 가지게 된다. 분권화의 진행이 바로 국민국가의 민주화로 이어지는지 어떤지에 대해서는 논의의 여지가 있다 해도 지방정부의 민주화는 필연적으로 분권화에 연결된다고 말할 수 있다. 또 이 점을 논증하는 것은 어렵지만 독임제의 집행기관을 가진 구조가 영국의 카운슬이나 미국의 위원회제도, 의회·시지배인제도와 같이 합의제의 집행기관을 가진 구조보다도 지방의 의사를 일원적으로 통합해서 대표할 수 있다는 점에서 상위정부에 대해 더 강한 정치력을 가지고 있다고 생각된다.

3) 자주재원의 징수권

먼저 지방정부의 자주재원의 구성이 지방세 중심으로 되어 있는지 아니면 사용료, 수수료, 재산수입 중심으로 되어 있는지가 물어진다. 지방세 중심이라 해도 이 지방세가 독립세 중심인지 부가세가 상당한 비중을 차지하는지, 독립세가 중심으로 되어 있더라도 그 과세권에 어느 정도의 제한이 가해지고 있는지가 중요한 논점이 된다. 과세할 수 있는 세의 종목이 한정되어 있는지, 새로운 세의 창설 여지가 있는지, 세의 종목이 경제성장이나 인플레에 대해서 탄력적인 성질을 가진 것인지 아닌지, 어느 것이든 세율설정에 완전한 자유가 있는지, 최고세율이 설정되어 있을 뿐인지, 아니면 표준세율의 채용이 사실상 강제되어 있는지, 과세대상의 평가방법에 재량의 여지가 어느 정도 있는지, 기채에 어느 정도의 제약이 설정되어 있는지. 이 자주재정권의 방식을 집권·분권과 결부시켜 종합적으로 평가하기는 쉽지 않다. 일반론으로는 독립적인 지방세의 종목, 평가, 세율설정에 자유도가 크면 클수록 분권적인 방식이라 말할 수 있지만, 지방정부에 인정되어 있는 세목이 재산세 등의 비탄력적인 것을 중심으로 하는 나라에서는 세율설정이 아무리 자유롭더라도 필요한 업무를 수행하는 데 충분한 자주재원을 확보하는 것이 어렵게 되어, 업무의 범위를 한정하든지 의존재원에 기댈 수밖에 없게 될지 모른다. 그런데 세목, 평가, 세율이라는 면에 자유가 거의 없는 지방정부는 예를 들어 지방세 수입이 절대적으로도 상대적으로도 크고 대부분의 사무를 수행할 수 있다고 해도 자주재원의 규모와 효과를 자주적으로 조작하는 권능을 갖고 있지 않다는 점에서 분권적인 지방정부라고는 말하기 어렵다. 의존재원의 문제에 대해서는 항을 바꿔서 검토하기로 하자.

4) 인사권

지방정부에 근무하는 직원을 모두 독자적으로 고용할 권능을 가지는지, 아니면 태평양전쟁 이전 일본의 관선지사 이하 광역자치단체의 고위 간부가 내무성 관료였다거나 전후 일본에도 남아있던 지방사무관제도와 같이 신분이 국가공무원인 자 또는 상위정부로부터의 배속직원을 포함하고 있는지 어떤지, 지방정부의 직위에 대해 어느 정도까지 법률상의 필치(必置)기관이 정해져 있는지, 직원의 정원에 대한 규제가 있는지, 급여, 상여, 퇴직금 등 직원의 근무조건을 독자적으로 결정할 수 있는지 아니면 국가공무원에 준하는 것이 강제되어 있는지, 직원조합과의 노사교섭은 개별 지방정부단위에서 행해지는지 아니면 영국과 같이 중앙에서 집합적으로 행해지는지 등등. 지방자치를 지방자치답게 하기 위한 최저한의 구성요소에 대해 논할 때도 이 자주인사권이 논급되는 것은 드물다. 그러나 현대선진국의 지방정부 업무에는 점차 노동집약적 성격의 업무가 증가하고 있으며 인건비 문제는 재정적으로도 중요한 문제가 되고 있다. 게다가 지방자치와 노동조합의 관계는 지방자치와 정당정치의 관계 못지않게 중요하며 다른 나라 간 비교에서는 빠트릴 수 없는 측면이다.

5) 수권방식과 중앙통제방식

그러면 지방정부가 관할하는 사무·권한을 둘러싼 문제로 옮기기로 하자. 지방정부 사무·권한의 구분 방식은 나라에 따라 다르기 때문에 이 점에 대해 통일적인 기준을 세워 비교하는 것은 대단히 곤란하지만, 여기서는 일본에서 말하는 바의 고유사무(공공사무, 행정사무)를 중심으로 생각하고 단체위임사무, 기관위임사무에 속하는 사무·권한을 둘러싼 문제점은 다른 항에서 다루기로 한다.

일반론으로 말하면 지방정부 고유사무의 사무·권한 범위가 넓을수록 분권적이라 할 수 있다. 이 점에서 영국, 미국 등 앵글로 색슨계의 나라에서는 경찰과 교육이 고유사무적으로 행해져 온 것에 대해(영국에 전형적으로 보이듯이 예전에는 기초자치단체의 사무·권한이었던 것이 광역자치단체의 그것으로 집권화되었다는 변화가 있지만), 프랑스 등 대륙계의 나라들에서는 이러한 것들이 중앙정부의 사무·권한으로 되어 왔던 것에서 말하면 앵글로 색슨계는 분권적, 대륙계는 집권적이라 할 수 있다.

하지만 고유사무의 범위가 앵글로 색슨계와 대륙계 중 어느 쪽이 넓은지는 그렇게 간단히 단정할 수 없다. 왜냐하면 주지하는 바와 같이 수권방식과 중앙통제방식에 기본적인 차이가 있기 때문이다. 먼저 앵글로 색슨계에서는 제한열거방식으로 사무·권한을 수권하고 있는 데 대해 대륙계에서는 포괄수권방식 또는 개괄예시방식으로 수권하고 있다. 그래서 대륙계 나라의 지방정부는 상위정부에 유보·선점되어 있는 사무·권한에 저촉하지 않는 한 지방적 필요에 따라 어떠한 과제에도 임할 수 있게 되어 있다. 따라서 일반론으로는 포괄수권방식이 분권적이고, 제한열거방식이 집권적이라 말할 수 있을지 모른다. 하지만 이 점은 포괄수권방식으로 되어 있기 때문에 지방정부가 대응할 수 있는 업무에 얼마만큼 중요한 것이 포함되어 있는지에도 의할 것이고, 지방정부의 재정력, 조직력이 약체이면 수권이 아무리 포괄적이라도 그것은 잠재적인 권능이며 현실에 실현되는 것은 적을지 모른다.

그것만이 아니다. 수권에는 통제가 따르고 있기 때문에 수권이 크더라도 이것에 대한 중앙통제가 세세하고 엄격하면 지방정부의 자치권은 크다고 말할 수 없게 된다. 앵글로 색슨계에서는 입법적 통제와 사법적 통제가 중심이며 행정적 통제가 그렇게 발달하고 있지 않은 데 대해, 대륙계에서는 내무성을 내정의 총괄관청으로 하는 행정적 통제의 구조가 발달하고 있다. 그리고 통설에 따르면 통제방식으로는 입법·사법적 통제가 분권적이며 행정적 통제가 집권적이라 생각되고 있다. 그렇다면 앞의 수권방식과 이 통제방식을 종합해서 어느 것이 집권적인 것이 될까? 이 평가는 어렵다.

6) 구역의 규모

앞의 1)에 거론한 폐치분합과 깊게 관계되는 것으로 구역의 규모라는 문제가 있다. 지방정부의 구역이 크면 클수록 지방정부의 행·재정력이 높아지고 그만큼 광역적인 사무·권한도 자신의 구역 내에서 처리할 수 있기 때문에, 더 많은 업무를 담당할 수 있게 된다는 의미에서 지방정부의 구역, 특히 기초적인 지방정부의 구역은 넓으면 넓을수록 분권적이라 할 수 있을지 모른다. 이것은 어느 나라에서나 대도시의 지방정부일수록 높은 자치능력을 갖추고 분권화를 요구하는 추진세력이 되고 있는 점, 또 소규모 약소 기초자치단체의 존재가 중앙정부에 의한 개입의 필요성을 주장하는 논거로 되고 있는 점 등에서도 증명되고 있다고 말할 수 있을지 모른다. 그러나 이미 폐치분합의 항에서 고찰했듯이 지방정부의 구역확대 조치가 중앙정부의 정책으로 전국적으로 추진될 때는 지방정부와 자연발생적인 지역사회와의 합치상태를 무너뜨리고 지방정부의 지위를 취약하게 해 버린다는 또 하나의 측면이 있다. 또 기초적인 지방정부의 수가 많을 때는 중앙정부의 의향은 전국 도처에까지 침투할 수 없지만, 구역확대로 지방정부의 총 숫자가 감소함에 따라 중앙정부 통제의 효율이 높아질 가능성도 있다. 구역의 규모 문제는 집권·분권에 이중적 의미가 있다고 봐야 할 것이다.

7) 정부체계의 구조

정부체계를 구성하는 정부의 계층이 많으면 많을수록 중앙정부와 기초적인 지방정부 사이에 개재하는 지방정부가 완충장치로 기능하게 되고, 기초적인 지방정부에 대한 중앙정부의 중앙통제 유효성은 감소할 가능성이 있다. 그 한에서 다단계의 정부체계는 분권화에 기여할 수 있다. 하지만 기초적인 지방정부에게는 복수의 상위정부를 가진 게 되고 이러한 상위정부에 의한 통제가 이중감독, 삼중감독의 폐해를 낳을 여지도 있다. 정부체계의 작동이 어느 쪽으로 기우는지는 중간에 개재하는 정부의 성격과 자세에 좌우되는 부분이 크다. 따라서 정부체계의 계층구조 문제도 또한 집권·분권에는 이중적 의미이다.

정부체계에서 계층구조 이상으로 중요한 것이 정부체계를 구성하는 정부의 다양성 정도일 것이다. 지방(region), 광역, 기초라는 각 단계의 정부가 관할하는 사무·권한에서도, 대표기관의 구조에서도, 나아가 그 구역, 규모, 행·재정력에서도 동일한 것 같은 획일적인 나라에서는 중앙정부에 의한 정부체계의 관리가 쉬울 것이다. 그 반대로 지방(region)별로 자치권의 범위가 다르게 되어 있거나 지방정부 대표기관의 구조형태가 다양하거나 기초자치단체차원에서도 그 구역·규모에 따라 다양한 종별로 분류되어 있거나 하는 다양성이 높은 나라에서는 정부체계의 관리는 복잡한 작업이 된다. 중앙정부가 이미 다양화해 버린 지방정부에 대해 세목에 걸쳐 획일적인 통제를 가하는 것은 어렵게 된다. 이러한 의미에서 지방정부의 다양화는 분권화에 기여한다고 할 수 있다.

8) 중앙정부의 사무·권한의 위임

이미 언급했듯이 지방정부가 관할하는 사무·권한의 구분 방식은 나라에 따라 다르지만,

사무·권한의 성질상 이것을 중앙정부의 사무·권한으로 규정하면서 그 집행을 지방정부에 위임하는 방식은 정도의 차이는 있더라도 어느 나라에나 존재한다. 일본에서 말하는 소위 단체위임사무와 기관위임사무가 이것에 해당하는데, 이 항에서 다루는 것은 이러한 위임사무를 둘러싼 문제이다.

위임사무는 바로 집행사무의 위임이며 권한의 위임이라고는 생각되지 않는 것이 많다. 그리고 또 앞의 고유사무 수권에 대한 중앙통제의 경우 이상으로 집행의 방식에 대해 세세한 지시와 통제가 가해지고 있는 것이 일반적이다. 오히려 그 때문에 고유사무와 위임사무의 구별이 생기고 있다. 따라서 지방정부에게는 위임사무의 증대는 사무량의 증대로 될 뿐, 자치권의 확대로는 이어지지 않는다고 생각된다. 그런데 사태는 그렇게 단순하지 않다. 위임사무 중에는 예를 들면 호적사무, 주민등록사무 등과 같이 사실상 전혀 재량의 여지가 없는 사무도 있지만, 모든 위임사무가 그런 것은 아니다. 생활보호비 지급의 경우라면 신청자의 수급자격을 인정하는 사실인정의 측면에서 실무자에게는 상당한 재량의 여지가 남아 있다. 그렇다는 것은 지방정부는 이 실무자의 행동을 통제함으로써 지급의 범위를 의도적으로 조작하는 것도 가능하다는 것이다. 이것이 보육행정이 되면 보육소를 어느 정도의 속도로 얼마만큼의 밀도로 배치할 것인지 등등은 지방정부의 재량사항이 된다. 요컨대 위임사무에는 얼마간의 집행권한이 부수하고 있는 것이 일반적이며 그 한에서 위임사무의 증대는 지방정부 권한의 총량 확대로 이어지고 있다. 게다가 어떤 사무가 지방정부에 위임되면 이것을 이미 지방정부가 관할하고 있는 그 외의 사무·권한과 관련지어 종합적으로 운용하는 것이 가능하게 된다. 이것은 지방정부의 권능에도 서비스를 받는 주민에게도 큰 의의가 있다. 따라서 중앙정부가 사무의 집행을 지방정부에 위임하는 조치는 중앙정부가 해당 사무를 자신의 지방행정기관을 통해 직접 집행하는 조치에 비하면 더 분권적이다.

하지만 위임사무의 경우에는 사무량이 증대하는 것 치고는 이것에 비례해서 권한이 확대하지는 않는다. 또 위임사무를 집행하는 경비의 총액이 중앙정부로부터 보장되지 않는 한, 위임사무의 증대는 그렇지 않으면 고유사무에 충당할 수 있었던 재원이 잠식되어 가게 된다. 그래서 위임사무의 처리가 증가하면 증가할수록 지방정부는 의존재원에 더 강하게 의존하지 않으면 안 되게 된다. 더욱이 위임사무가 증가하고 지방정부에 대한 중앙통제가 농밀해짐에 따라 지방정부는 중앙정부의 대리인이라는 관념을 정착시켜 버릴 우려도 강하다. 이 위임사무가 기관위임사무의 형태를 취할 때 그 가능성은 한층 더 높다고 하지 않을 수 없다.

요컨대 위임사무의 구조는 중앙정부와 지방정부를 융합시키는 것이며 양자의 상호독립성을 모호하게 하고 양자를 상호의존의 관계에 있게 하는 것이다.

9) 의존재원의 비중과 성격

앞에서 논한 바와 같이 중앙정부와 지방정부의 융합이 확대하면 중앙에서 지방정부로 지방교부세교부금, 보조금, 부담금 등을 교부하는 조치가 불가피해진다. 그것은 대부분 지방정부에 자주재원이 불충분하기 때문임과 동시에 지방세의 세원이 지역적으로 편재하고 있어서 지방정부의 재정력에 현저한 격차가 존재하기 때문이다. 이러한 의존재원의 증대를 피하려면 지방정부가 관할하는 사무·권한의 범위를 자주재원으로 대응 가능한 범위 내로 한정하지 않으면 안 된다. 그리고 또 지방정부 간의 재정력 격차를 시인하고 이것에 기인하는 서비스 수준의 격차를 각오하지 않으면 안 된다.

일반적으로는 지방정부의 세입에 차지하는 의존재원 비율의 고·저를 집권도의 척도로 하는 경향이 있지만 이것은 반드시 적당하지 않다. 의존재원의 규모·비중보다도 그 배분의 방법이 중요하다. 적어도 지방교부세교부금처럼 용도를 지정하지 않은 일반재원인지, 보조금처럼 용도의 지정이 있는 특정재원인지의 구분이 필요하다.

일반적으로 일반재원이 지방정부의 자율성을 위협할 가능성이 적고 특정재원이 그 가능성이 크다고 생각되기 때문이다. 그러나 지방교부세교부금 같은 것일지라도 그 산정방식에 따라서는 보조금 등과 유사한 효과를 발휘할 수 있다. 또 그 산정과 배분이 어느 정도 규칙화되어 매년 배분액이 어느 정도 예측 가능하느냐에 따라 지방정부에 주는 영향은 다르다. 더 말하면 이 일반재원의 배분이 자주재원의 징세 노력과 연결되어 있거나 세출의 총량 억제와 결부되어 있는 등 이것이 제재수단으로 기능할 여지가 어느 정도 포함되어 있느냐에 따라 이것이 집권·분권에 가지는 의미는 결정적으로 달라진다. 영국에서는 보조금 등의 비중은 비교적 낮지만, 대처정권은 일반재원적인 교부금의 배분을 조작하는 것을 통해 지방정부의 세출정책에 강력한 통제를 가했다.

의존재원의 문제는 앞의 위임사무 문제와 마찬가지로 그것이 집권·분권에 가지는 의미는 일의적이지 않다. 어느 경우에도 그것이 집권·분권에 대해 가지는 의미를 일반화해서 논하는 것에는 한계가 있다. 소위 「통달행정」이나 「보조금행정」의 메커니즘이 나라에 따라 어느 정도 다른지 상세히 검토해 보지 않으면 유의미한 나라 간 비교가 되지 않는다.

10) 정당정치

마지막으로 국민국가의 정당정치가 집권·분권에 가지는 효과에 대해 검토해 두고 싶다. 먼저 지방정부 그 자체의 정당화가 지방자치에 가지는 효과에 대해서는 상당히 이전부터 논해져 왔다. 한편으로 지방정부의 정당화는 지방정부도 또한 정치의 장이라는 것을 분명히 하고 쟁점의 명확화에 기여한다는 평가가 있는 데 대해, 다른 한편으로는 지방정부의 정당화는 필연적으로 지방정부를 국정에 연동시키게 되고 또 지방선거도 지방적인 쟁점이 아니라 전국적인 쟁점을 둘러싸고 경쟁하게 되어 지방정부의 독립성을 약화시킨다는 평가도 있다.

국정차원의 야당세력이 지방정부의 정권을 장악하는 사태가 집권·분권에 가지는 효과도 한결같지 않다. 지방정부의 정권을 장악한 야당세력은 지방정부에 잠재하는 권능을 최대한으로 활용해서 자당의 정책을 실현하려고 노력함으로써 분권화를 촉진하는 점도 있지만, 이것이 중앙정부와의 사이에 격렬한 대립상황을 만들어 냈을 때는 중앙정부는 이것을 기회로 집권화를 추진하게도 된다.

정당조직의 집권·분권과 정부체계의 집권·분권과의 관련도 중요한 연구과제이다. 미국의 연방제를 연방제에 걸맞게 기능시키고 있는 것은 미국 정당조직의 분권성이라는 설도 있다. 또 캐나다의 연방제는 헌법상은 집권적인 연방제로 되어 있지만 정당조직이 분권적임에 따라 실제로는 분권적인 연방제로 되어 있음에 대해, 소련은 그 거꾸로 되어 있다고도 한다.[336] 영국에 대해 이야기하면 기포드의 연구가 제시하고 있는 것처럼 국정과 지방정치의 결부방식에 대한 태도가 보수당과 노동당이 다르다.[337] 프랑스, 이탈리아의 경우도 공산당과 그 외 정당이 다를 수 있다.

---

[336] W. H. Riker(1964). "Federalism," F. I. Greenstein & N. W. Polsby(eds.), *Handbook of Political Science*, Vol.5, Addison-Wesley ; I. D. Duchacek(1970). *Comparative Federalism*, Rinehart & Winston.

[337] J. Gyford(1980), "Political Parties and Central-Local Relation," G. W. Jones(ed.), *New Approaches to the Study of Central-Local Government Relationships*, SSRC.

마지막에 남은 문제는 지역선출의 국회의원이 지방정부의 의향을 중앙정부에 전달하고 이것을 실현할 매개 경로로서 어느 정도의 역할을 하고 있느냐는 것이다. 국정과 지방정치와의 연동은 국정이 지방정치에 침투하고 지방정치가 전국화하는 방향으로 작용할 뿐만 아니라 지방정치가 국정에 침투해서 국정을 지방화시키는 방향으로도 작용할 수 있는 것은 당연하겠지만, 이 국정의 지방화가 생기는 정도는 국회의원의 선거구제가 소선거구제인지 아닌지, 프랑스와 같이 시장과 광역의회 의원과 국회의원의 겸임을 인정하고 있는지 아닌지라는 선거제도의 차이에도 좌우됨과 동시에, 그 나라의 정치구조에 어느 정도까지 후견주의(clientelism)적인 측면이 있느냐에도 따를 것이다. 그리고 또 그 나라 행·재정구조의 집권·분권의 정도, 중앙정부와 지방정부의 융합 정도에도 의할 것이다. 이 점에서도 또 어느 것이 원인이고 어느 것이 결과인지 판정은 쉽지 않다.

이상으로 지방자치제도를 구성하는 요소를 10항목으로 나누어 집권·분권과의 관계를 검토해 왔는데, 여기서 마지막으로 지적해 두고 싶은 것은 다음과 같다. 즉, 복지국가 하에서 생기고 있는 정부간 관계의 변용이란 8) 위임사무의 증대, 9) 의존재원의 증대, 그리고 10) 국정과 지방정치와의 관련의 심화이다. 이것을 한마디로 요약하면 중앙정부와 지방정부의 융합이다. 그리고 이러한 정부간 관계의 변용을 원활히 추진하기 위해서는 6) 구역의 규모와 7) 정부체계의 구조까지 변혁할 필요가 있다고 판정된다. 이리하여 지방제도개혁이 국정상의 중요한 쟁점의 하나가 되지만, 전통적인 집권·분권 개념에만 의거해서 이러한 현대적인 상황을 설명할 수는 없게 되었다. 새로운 개념을 부가한 분석틀이 요청되고 있다.

3. 집권·분권과 분리·융합: 아마가와(天川) 모델의 수용과 전개

앞에서 검토한 전통적인 법제도론에서의 집권·분권 개념에는 다음과 같은 특징이 있었다. 첫째, 집권·분권의 대상이 되는 것은 제도상의 권한이며 사실상의 권능이 아니다. 그리고 제도상의 권한은 언제라도 활용할 수 있는 잠재적인 자원으로 이것이 현실에 어느 정도 활용되고 있는지는 다른 문제이다. 둘째, 집권·분권을 집권화·분권화로 파악할 때도 그것은 제도개혁의 결과로 제도상의 권한이라는 법적 자원이 어느 정부로 이전했는가를 문제 삼고 있는 것이며, 제도개혁 그 자체의 정치과정을 문제 삼고 있는 것은 아니다. 따라서 집권·분권의 주체로는 중앙정부밖에 상정되어 있지 않다. 중앙정부에 대해 분권화를 요구하고 압력을 가하는 주체, 중앙정부로의 집권에 저항하는 주체가 상정되어 있지 않다. 셋째, 일상의 제도운용에서도 수직적인 정부체계를 위에서부터 아래로 흐르는 한 방향의 커뮤니케이션밖에 상정되어 있지 않다. 사무·권한이 일단 지방정부에 수권 또는 위임되었다면 그 후에는 그것이 그 지방에서 활용될 뿐이며, 이 자치권 행사의 결과가 국정에 파급되어 오는 것을 예정하고 있지 않다. 오히려 그러한 사태는 바람직하지 않은 것으로 생각되고 있었다. 중앙정부와 지방정부는 확연히 분리되어 각각이 자율적 영역을 확립해야 한다고 생각되고 있었다고 할 수 있다. 분명히 지방정부가 월권행위, 위법행위를 할 가능성은 상정되어 있었다. 그래서 수권이나 위임에는 중앙통제가 부수하고 있었다. 하지만 지방정부의 사무·권한의 행사를 둘러싸고 중앙정부와 지방정부 사이에 농밀한 쌍방향의 커뮤니케이션이 성립한다는 사태를 상정하고 있지 않다. 더구나 중앙정부가 국정의 운용에서 지방정부에 의존하고 지방정부가 교섭상대로서 등장하는 사태를 상정하고 있지 않다는 것이다. 그리고 넷째, 집권·분권의 주체는 중앙정부, 객체는 지방정부이며, 주체·객체 모두 한 덩어리의 존재로 파악되고 있다. 그러나 실제로 중앙정부는 다원적으로 분립하는 기관들로 구성되어 있으며, 그 중의 어느 기관이 집권·분권의 주체가 되느냐에 따라 집권·분권의 의미와 효과에 차이가 생길 수 있다. 또 지방정부도 몇 천, 몇 만의 주체로 구성되어 있을 뿐만 아니라 그 중에 종별도 있기 때문에 어떤 종류의 지방정부를 객체로 한 집권·분권이냐에 따라 집권·분권의 의미·효과가 다르다. 따라서 현실의 제도개혁은 다원적인 주체 간의 역동적인 상황이 되고 있다.

　지방자치에 관한 비교정치학적인 연구는 종래 법제도론의 집권·분권 개념이 갖고 있던 앞에 언급한 특징 모두에 불만을 품고, 집권·분권 대신에 정부간 관계의 개념을 사용해 이 정부간 관계의 기본구조를 상호의존에서 찾으려고 하고 있다. 여기서는 집권·분권은 제도상의 권한 문제가 아니게 되고, 사실상의 권능 게다가 사실상의 영향력까지 포함한 정치권력·행정권력의 지역적 분포의 문제로 바뀌어 간다.

　그러나 집권·분권을 제도상의 권한 문제로 파악하고 이것을 잠재적인 법적 자원의 분배 문제로 생각하는 법제도론의 집권·분권 개념에는 여전히 버리기 힘든 가치가 있는 것처럼 생각된다. 적어도 이 개념을 포기하고 제도개혁안을 평가하거나 혹은 제도개혁안을 구상하는 것은 어려울 것이다. 그래서 종래의 집권·분권 개념을 유지하면서 이것에 별개의 개념을 추가해 어디까지나 제도론의 틀 내에 머물면서 조금 더 입체적인 분석틀을 구축해 보고 싶다.

이러한 작업을 시작하는 데 있어 유효한 실마리를 주고 있는 것이 아마가와(天川)가 최근 제창한 분석틀이다.[338]

아마가와는 중앙정부와 지방단체의 관계를 2가지 축을 이용해서 정리할 것을 제안한다. 즉, 제1의 축은 〈집권〉-〈분권〉의 축이며, 제2의 축은 〈분리〉-〈융합〉의 축이다. 중앙·지방관계는 이 양축의 조합에 의해 위치 지워진다고 한다. 그러면 〈집권〉-〈분권〉, 〈분리〉-〈융합〉이란 무엇인가. 〈집권〉이란 지방에 관한 의사결정을 중앙정부가 직접 행하는 것이며, 지역의 주민과 그 대표기관에 허용하는 자율적(또는 자주적)인 의사결정의 범위를 좁게 한정하려는 것이다. 〈분권〉이란 그 반대로 지역주민과 그 대표기관의 자율적 의사결정의 범위를 확대하는 것이라 한다. 다음으로 〈분리〉란 지방단체 구역 내에 관한 것이라도 중앙정부의 기능은 중앙정부의 기관이 독자적으로 분담하는 구조이며, 〈융합〉이란 그 반대로 중앙정부의 기능일지라도 지방단체 구역 내에 관한 것이면 지방단체가 그 고유한 행정기능과 합쳐서 이것을 분담하는 구조라고 한다.

그런데 〈집권〉-〈분권〉, 〈분리〉-〈융합〉이라는 양축을 조합하면 중앙·지방관계로서 〈집권·분리〉, 〈집권·융합〉, 〈분권·분리〉, 〈분권·융합〉이라는 4가지 형태를 설정할 수 있다. 여기서 아마가와는 이것을 시계열 비교에 응용해 메이지헌법 시기의 중앙·지방관계는 부현(광역단체)과 내무성을 중심으로 구성된 〈집권·융합〉형이었지만, 이 제도도 시대를 거치면서 〈분권〉과 〈분리〉의 경향을 병존시키게 되고 이것을 어떻게 재편성할 것인가를 둘러싸고 다양한 제도개혁구상이 나타났다고 한다. 그리고 전후개혁에서는 부현이 완전자치단체로 바뀌고 내무성이 폐지되었기 때문에 기본적으로는 〈분권·융합〉형으로 이행했다고 한다. 다만 메이지헌법 시기의 〈융합〉이 〈강한 융합〉이었던 것에 대해, 전후의 〈융합〉은 〈분리〉의 요소를 다분히 포함한 〈약한 융합〉이라고 한다. 4가지 형태는 시대의 조류를 개괄적으로 나타내기 위해서만 사용되고 있는 것이 아니다. 그 때때로의 제도개혁안이 현 상황과 비교해서 어느 방향을 지향하고 있는가를 나타내는 것으로도 활용되고 있다. 예를 들면 1949년 지방자치청의 설치는 〈분권·융합〉형 방향에서의 조직재편이며, 1950년 샤프권고는 〈분권·분

---

[338] 天川晃「変革の構想―導州制の文脈」(大森彌・佐藤誠三郎編『日本の地方政府』[東京大学出版会, 1986년]).

리〉형으로의 재편구상이었다고 한다. 또 1956년의 지방자치법개정은 〈집권·융합〉형으로의 복귀를 지향한 것이었다고 한다.

4가지 형태나 방향은 제도개혁을 둘러싼 정치과정의 분석에도 응용되어 제도개혁의 추진 또는 저항의 주체와 결합한다. 즉, 중앙정부의 각 성청은 〈집권·분리〉를 지향하고, 내무성(자치성)은 〈집권·융합〉을, 광역자치단체는 〈분권·융합〉을, 그리고 기초자치단체(특히 대도시)는 〈분권·분리〉를 지향한다고 한다. 전전·전후를 통해 반복해서 등장한 도주제론은 이러한 4개 행위주체의 기본배치 하에서 전개된 합종연횡의 관료정치의 결과, 항상 폐안으로 끝났다. 그것은 이 관료정치의 문맥에 비추어 보면 현행의 〈융합〉형인 부현(광역자치단체)제도의 폐지는 말할 것도 없고 〈분리〉형인 지방청의 도입도 각각의 주체에게 얻는 것은 적고 잃을 것은 많은 게임이었기 때문이라고 한다.

아마가와 모델의 공헌은 다음의 3가지 점에 있다. 즉, 첫째, 집권·분권의 축에 분리·융합의 축을 추가함과 동시에, 일본의 정부간 관계에서는 집권·분권의 문제 이상으로 이 분리·융합의 문제가 시종 대단히 중요한 쟁점이었다는 사실을 논증해 보였다는 점이다. 둘째, 집권화·분권화, 분리화·융합화를 행위주체의 배치와 결부시켜 정치과정분석에도 유용한 도구를 제공한 점이다. 그리고 셋째, 중앙과 지방을 각각 한 덩어리의 주체로 다루지 않았다는 점이다.

아마가와 모델은 지금까지 필자가 일본의 정부간 관계에 대해 품고 있던 구도와 합치하는 부분이 많다. 필자는 예전에 이렇게 언급한 적이 있다.[339] 메이지헌법 시기의 지방제도는 대륙형, 그 중에서도 프랑스형에 가장 가까운 형이었다. 전후개혁에서는 앵글로 색슨형, 그 중에서도 미국형의 요소들이 도입되어 민주화와 분권화가 추진되었지만 대륙형으로서의 기본적 성격은 지금도 여전히 계승되고 있다고. 아마가와가 현대일본의 지방자치제도 구조는 전전에 비하면 〈분리〉를 허용하고 있다고는 해도 어디까지나 〈융합〉형을 기본으로 하고, 〈분권〉형으로 전환했다고는 해도 지방단체가 가질 수 있는 다양화의 가능성을 구속하고 있는 구조라고 말하고 있는 것은 필자와 같은 취지일 것이다. 필자는 또 제17차 지방제도조사회답신의 배경에 대해 논평한 논고에서[340] 일본의 중앙정부·지방자치단체 관계를 검토할 때는 기관위임사무제도, 보조금행정, 지방사무관제도, 필치기관제도 등 중앙 각 성·

---

[339] 西尾, 앞의 주 331) 「自治」.
[340] 西尾勝, 「国と地方の新しい関係をもとめて」 『季刊自治体学研究』 4호 (1980년).

청 소관의 개별행정과 지방자치의 관계를 둘러싼 문제, 지방세제도, 지방교부세제도, 지방채제도, 정원제도, 급여제도, 감찰·감사제도 등 중앙과 자치단체 사이의 세·재원과 인적 자원의 배분관계를 둘러싼 문제, 그리고 광역자치단체인 부현과 기초자치단체인 시정촌의 관계, 단체장과 의회의 관계 등 지방자치제도의 기본적 틀을 둘러싼 문제라는 3가지 문제로 나누어 볼 필요가 있다고 언급했다. 그리고 이 첫 번째 문제는 자치단체의 지지를 배경으로 자치성이 중앙 각 성·청과 절충하는 것, 두 번째 문제는 마찬가지로 자치성이 대장성, 행정관리청(현시점에서라면 총무성), 회계검사원, 인사원이라는 중앙정부차원의 총괄관청과 절충하는 것, 또 세 번째 문제는 자치성과 자치단체 사이에서 절충이 이루어지는 것이라고 해설한 적이 있다. 이러한 분석틀도 또 아마가와 모델과 친근성을 가졌다고 말할 수 있다.

하지만 아마가와 모델에는 약간의 의문이 없는 것은 아니다. 첫째, 집권·분권의 정의에 다소 분명치 않은 점이 있다. 지역주민과 그 대표기관의 자율적 의사결정의 범위라고 말하고 있으므로 적어도 고유사무에 관한 수권의 범위 그리고 자주재정권의 범위를 포함하고 있겠지만, 분권화의 예로 들고 있는 것은 주로 대표기관 구성의 민주화와 그 권한확대이다. 둘째, 이 집권·분권의 개념과 분리·융합 개념과의 관계에 조금 석연치 않은 점이 있다. 아마가와 모델에서는 고유사무에 관한 권한 등이 분권이라 생각되고 위임사무에 대해서는 분리·융합의 축에서 처리되고 있다는 것이 필자의 이해인데, 만약 그렇다고 하면 위임사무에 관한 권한은 일단 중앙정부에 집권이 되고 그 위에 이것을 중앙정부의 기관에서 집행할 것인지(분리) 아니면 지방정부에 위임할 것인지(융합)의 선택이 이루어지게 될 것이다. 이때 분리·융합은 집권을 전제한 집권의 하위개념으로 되는 것은 아닐까. 그렇다면 그것으로 괜찮지만 —이라기보다 이러한 정의가 대륙형과 앵글로 색슨형의 차이가 명료하게 되고 나라 간 비교에 유효한 분석틀이 된다고 필자는 생각하지만—, 그 경우에 문제가 되는 것은 〈분권·융합〉형이란 어떠한 체제일까라는 것이다. 분권이 기본으로 되어 있는 이상, 지방정부가 관할하는 사무 대부분이 고유사무로 수권되어 있고 위임사무의 비중이 낮은 체제이지 않으면 안 된다. 그렇다면 기관위임사무만으로도(단체위임사무는 따로 하더라도) 광역자치단체 사무의 7~8할, 기초자치단체 사무의 5할에 달하고 있는 현재 일본의 경우에는 〈분권·융합〉형이라고는 도저히 말하기 어렵고 여전히 〈집권·융합〉형이라고 해야 할 것이다. 메이지 헌법 시기의 〈집권·융합〉형에 비하면 분명히 분권화하고 있지만 그래도 아직 〈분권·융합〉형으로 전환했다고는 할 수 없는 것은 아닌가.

셋째, 아마가와는 〈분권·분리〉형을 지향하는 행위주체로 기초자치단체(특히 대도시)를 배치하고 있는데, 이것은 올바른 이해일까. 아마가와는 예전의 특별시제도 운동을 염두에 두고 있으며 또 대도시에는 부현(광역자치단체)제도의 폐지도 불사한다는 태도가 있었던 것에 착안하고 있다. 그리고 1957년 제4차 지방제도조사회에 등장한 「지방」제 안에서는 현행 부현의 사무를 적극 시정촌(기초자치단체)에 이양함과 함께 「지방」의 구역을 관할구역으로 하는 「지방부」를 설치하고 이것을 중앙정부의 종합지방행정기관으로 하는 것이 제안되어 있었는데, 이「지방청」으로의 융합은 전전·전후의 부현에의 융합에 비하면 더 정도가 약한 것으로 오히려 분리형에 가깝다는 판단을 내리고 있다. 이러한 인식에 기초해서 시정촌(특히 대도시)은 「〈분리〉를 불사하는」 행위주체로 위치 지워지고 있다. 하지만 「지방청」이 실현되었을 때 생기는 분리는 「지방」차원이나 부현차원에서의 분리이지 시정촌차원에서의 분리는 아닐 것이다. 시정촌차원에서 분리를 허용한다는 것은 종래 시정촌에 위임되어 있던 사무 일부가 집권이 되고 이것이 중앙정부나 부현의 기관에 의해 처리되는 것을 의미하는데, 일본의 시정촌이 이러한 개혁을 불사한다고 명백하게 표명한 적이 있었을까. 일본에서는 〈분권·분리〉형을 명확히 지향하는 세력이 거의 존재하지 않았기 때문에 〈융합〉형의 기본이 무너지지 않고 계속되고 있는 것이라고 필자는 생각한다.[341]

그래서 상기와 같은 약간의 의문점을 염두에 두면서 기본적으로는 아마가와 모델을 수용해 이것을 더 전개해 보려고 한다. 먼저, 집권·분권에 대해서는 필자가 이해한 한에서 아마가와의 정의를 계승하고 싶다. 그 위에 집권·분권과 분리·융합을 보완하는 개념으로 새롭게 집중·분산과 분립·통합의 개념을 추가하고 싶다.

중앙정부의 사무·권한으로 중앙정부에 집권되어 있는(이 경우에는 지방정부에 분권되지 않고 중앙정부에 유보되어 있다고 하는 것이 적절할지 모르지만) 사무·권한에 대해서는 이것을 어느 구역 단위에서 집행하는 것이 적당한가가 판단되어 지방차원, 부현차원, 시정촌차원 등으로 분산된다. 즉, 집중·분산이란 어떤 정부의 사무·권한의 집행(행정서비스의 생산과 공급)이 어느

---

341) 한 가지 더 의문점을 추가해 두고 싶다. 그것은 분리·융합의 축을 지방세제도, 지방교부세 제도, 보조금제도 등 재정 면에 적용한다면 어떻게 되느냐는 것이다. 다카기(高木)는 아마 아마가와모델 용어법의 시사를 받아서 예를 들면 부현세가 국세부가세에서 독립세로 된 것을 가리켜 국세와 지방세의 분리·독립이라 부르고 있는데(高木鉦作「戰後体制の形成―中央政府と地方政府」 앞의 주 338)「日本の地方政府」), 이러한 용어법이 어디까지 아마가와 모델의 용어법과 합치하는 것인지 정리법이 떠오르지 않지만 이 점에서의 용어법의 확립은 중요할 것이다. 후술하는 필자의 용어법에 따르면 사무·권한의 집중·분산과 재원의 집중·분산과의 상호 관련의 문제가 된다.

차원의 구역에서 행해지느냐는 개념이다. 더 광역차원의 기관에 유보된 것, 더 광역차원으로 끌어 올린 것을 집중이라 부르고, 보다 협역차원에 위임하는 것을 분산이라 부른다. 사무·권한이 중앙정부의 각 성에 유보되어 있으면 있을수록 집중도가 높고, 사무·권한이 시정촌차원에 위임되어 있을수록 분산도가 높은 게 된다.

그런데 전국차원, 「지방」차원에 유보하는 것이 적당하다고 판단된 사무·권한은 중앙 각 성과 그 「지방」단위의 지방행정기관에서 처리할 수밖에 없지만(일본의 현행 정부체계에 비춰서 말하면), 부현차원, 시정촌차원에서 집행하는 것이 적당한 것에 대해서는 이것을 중앙정부의 지방행정기관을 설치해서 행할 것인지, 부현, 시정촌이라는 지방정부에 위임할 것인지에 대한 선택이 있다. 이것이 분리·융합의 문제이다. 이것은 위임할 것인지 위임하지 않을 것인지라는 양자택일의 개념 같은 인상을 줄지 모르지만, 어느 정도의 집행사무가 직접 집행되는지 위임되는지라는 점에서 어느 정도 정량화가 가능한 개념이다.

마지막의 분립·통합은 분리의 경우에도 융합의 경우에도 생길 수 있는 문제로 담당기관의 다원성을 나타내는 개념이다. 먼저 중앙정부의 사무·권한에 대해 말하면 중앙 각 성차원에서는 몇 개의 성·청이 분립하고 있는지, 몇 개의 특수법인이 분립하고 있는지. 「내정의 총무성」인 내무성의 해체는 성·청의 분립화를 의미했다. 동일한 분립문제는 「지방」, 부현, 시정촌차원의 지방행정기관에도 존재한다. 메이지헌법 시기의 정부체계에서는 중앙 각 성·청은 원칙적으로 지방행정기관을 설치하지 않고 분산하는 사무는 부현지사를 통해 행하게 되어 있었기 때문에, 부현차원에서 중앙정부의 기관은 통합되고 또한 융합되어 있었다고 할 수 있다. 이 원칙이 점차 무너져서 전후는 중앙 각 성·청의 지방행정기관이 수많이 설치되었는데, 이 현상은 분리화가 진행됨과 동시에 분립화도 진행되었다는 것을 말한다. 앞의 「지방청」안 등은 「지방」차원에서 중앙정부 지방행정기관의 통합화를 지향함과 동시에 융합화를 지향한 구상이었던 게 된다.

분립·통합의 문제는 지방정부에 대해서도 생긴다. 먼저 시정촌합병, 부현합병 등이 논의되듯이 지방정부를 어느 정도 분립시킬 것인지 통합할 것인지라는 문제가 있다. 더욱이 분립·통합의 문제는 각각의 지방정부 내부구조에서도 존재한다. 교육위원회, 공안위원회, 농업위원회 등은 행정위원회라는 형식을 취하면서 단체장 관할조직에서 법제도상 분립한 것이다. 이러한 기관은 정치적 중립성 요청이라는 취지에서 분립하고 있지만 그 반면에서는 문부성, 경찰청, 농림수산성과 직결하고 그 계통조직이 되는 경향이 강하다. 법제도상은 단체장 관할조직에 통합되어 있는 부·국도 중앙정부 각 성·청과의 인사교류, 필치기관제도, 일상의 밀접한 커뮤니케이션을 통해 분립화의 경향을 보인다. 소위 종적할거주의의 문제이다. 도도부현에 대해 정해져 있는 부수(部數)제의 법정화는 광역자치단체 내 각 부가 중앙정부 각 성·청에 대응한 형태로 분립해 가는 경향을 억제하기 위해 취해진 조치라는 것은 주지된 사실이다. 어떤 사무가 지방정부에 융합되어도 이것을 다른 사무와 통합하는 과제는 남는다.

　이처럼 집중·분산의 축을 추가함으로써 집권·분권의 축과 분리·융합 축과의 관련을 더 명쾌하게 할 수 있고 또 분리·융합이 어느 차원에서의 그것인가를 구분해서 논할 수가 있다. 더욱이 분립·통합 축의 도입에 따라 분리·융합의 선택이 이루어지는 배경사정을 선명하게 할 수 있음과 동시에, 중앙정부의 사무를 지방정부에 위임했을 때(융합한 때) 중앙정부의 각 성·청과 지방정부 각 부·국 사이에 종적인 계통조직이 형성되기 쉬운 사정도 명백하게 된다. 이 문제는 최근 미·유럽국가의 연구에서는 정책공동체(policy communities)로서 논해지고 있는데, 이 정책공동체의 형성에 따른 분립화 경향에 대항해서 이것을 억제하려는 지향을 가진 것이 중앙정부차원에서는 내무성(자치성), 대장성 등의 총괄기관이며 지방정부차원에서는 단체장과 기획·총무부문이다. 정책공동체가 정부체계를 종적으로 관통하는 전국적인 조직화이라면 동일차원의 지방정부를 횡단으로 결합하고 있는 것이 일본의 지방6단체와 같은 전국적인 자치단체연합조직이다. 그리고 이 전국적인 자치단체연합조직은 지방정부의 의원, 단체장, 기획·총무부문의 이해 관심을 대표하고 있는 것이 일반적이다. 요컨대 집권·분권, 집중·분산, 분리·융합, 분립·통합의 4가지 축에 비추어 복합적으로 분석함으로써 현대선진국의 정부간 관계의 상대비교에 유효성을 더 확대하리라 생각한다. 또 제도개혁의 정치과정, 일상적인 제도운용의 행정과정을 분석할 틀도 한층 더 정교하고 세밀하게 되리라 생각한다.

　그런데 집권·분권의 축에 분리·융합의 축을 추가한 아마가와 모델이 대륙형의 특징을 계승하고 있는 일본의 토양에서 고안되었다는 사실에는 깊은 의미가 있다. 대륙형의 정부체계에서는 지방정부는 원래 자치단체임과 동시에 중앙정부의 행정구역이며 중앙정부의 종합지방행정기관이었다. 그것은 아마가와 모델에서 말하는 바의 〈집권·융합〉형이었다. 그리고 이 〈집권·융합〉형은 법제도론상의 집권·분권 개념을 깔끔하게 적용해 가기 어려운 형태였다. 법제도론상의 집권·분권 개념은 오히려 〈분권·분리〉형의 지방정부를 갖고 있던 앵글로 색슨형의 정부체계에 적합한 것이었다. 이 앵글로 색슨형의 정부체계에서는 〈분권·분리〉형을 기본으로 하면서도 그 아래에서 집권화와 융합화가 진행하고 있으며, 한편 대륙형의 정부체계에서는 〈집권·융합〉형을 기본으로 하면서도 그 아래서 분권화와 분리화가 진행하고 있는 것이 현대선진국의 상황이다. 2가지 형의 간극 차이는 축소하고 있다. 그러한 상황에서 주로 앵글로 색슨계의 연구자로부터 제기된 분석틀이 상호의존 모델이다.

4. 복지국가의 정부간 관계와 상호의존모델

현대선진국에 보이는 특징, 그것도 제2차 세계대전 후에 유난히 현저한 동향의 하나가 행정기능의 확대·팽창이었다. 이것은 정부체계의 모든 차원에서 일어난 현상이며 기존 권한의 집권·분권이라는 제로섬의 문제가 아니었다. 그런데 이 정부기능의 전반적인 확대·팽창에 따라 발생한 또 하나의 동향이 있다. 그것은 정부체계에서 지방정부가 차지하는 상대적 비중의 상승이다. 이 점은 모든 정부직원 중에서 지방정부직원이 차지하는 비중에서 보아도, 모든 정부세출에서 지방정부의 세출이 점하는 비중에서 보아도 명백한 사실이다. 그 정도는 나라에 따라 다르지만 그러한 경향은 모든 나라에 공통하고 있다.

현대선진국에서는 신중앙집권이 진행하고 있다고 하지만 다른 한편에서는 지방정부의 팽창이 병행하고 있다. 왜 그럴까? 그 원인은 현대국가가 복지국가로 되어 가는 과정에서 확대·팽창한 행정기능의 성질에 있다고 생각된다. 어떤 행정기능이 중앙정부의 관할로 되었을 때 거기에 집중·분산의 선택이 생기게 되는데, 이 선택을 규정하는 요인은 단순화해서 말하면 당해 행정기능 대상 수의 다·과와 이 행정기능의 가장 일선에 종사하고 있는 실무자가 가진 재량 여지의 광·협이다.[342] 그리고 이 점은 규제행정이든 급부행정이든 공통하고 있다.

먼저 행정기능의 대상이 되는 인구, 사업소 등이 많으면 이것을 중앙정부 각 성차원에서 집행하는 것은 곤란하게 되며 이것을 어느 구역차원으로 분산하지 않으면 안 된다. 그리고 이 대상 수가 많으면 많을수록 분산도가 높아지고 행정기능을 생산하고 공급하는 일선기

---

342) 이 점은 리처드 로즈의 시사를 받고 있다. Richard Rose, "From Government at the Centre to Nationwide Government," Y. Mény & V. Wright(eds.), *op. cit.*

관의 차원은 시정촌차원으로 혹은 더 협역단위로 하강해 가게 된다. 대상의 지역분포에 대응해서 전국적인 네트워크가 형성되는 것이다. 대상의 수가 많을 뿐만 아니라 이 행정기능의 집행에서 대상과 실무자의 직접 접촉이 필요하면 필요할수록 분산도는 높아진다. 대상과 기관의 근접성이 요구되기 때문이다. 사법, 외교, 국방 등과 달리 우편, 전신전화, 철도, 전력·가스, 노동기준의 감독, 직업소개, 주택공급, 교육, 보건위생, 사회보장 등 현대국가의 새로운 행정기능에는 지방 분산을 필요로 하는 것이 많았기 때문에, 중앙정부의 지방행정기관 또는 지방정부의 확대·팽창은 불가피했다.

그러면 지방 분산이 불가피한 행정기능을 중앙정부의 지방행정기관을 통해 직접 집행할 것인지 아니면 지방정부에 위임할 것인지라는 분리·융합의 선택을 규정하는 요인은 무엇일까? 여기에 현장실무자가 가진 재량 여지의 광·협이라는 문제가 관련해 온다. 현대국가를 복지국가답게 하는 행정기능, 즉 사회복지, 의료, 보건위생, 교육 등 —보험연금, 주택은 다르지만— 은 대인서비스일 뿐만 아니라 대상자의 사정이 천차만별이다. 그리고 이러한 대상자에 접하는 케이스워크(caseworker), 의사, 교사는 전문직업가나 이것에 준하는 것이라 생각되고 있고 이러한 제1선 직원에게는 재량의 여지가 넓다. 이러한 행정기능에 대해서도 중앙정부는 정책목표로서 국민적 최소기준(national minimum)을 상세하게 정해서 현장실무자의 행동이 이 기준에 합치하고 있는지 어떤지를 검출하는 시스템을 고안하고 실무자에 대한 통제수단을 개발해 전국 획일적인 집행에 힘쓸지 모른다. 하지만 이러한 시스템을 만들더라도 제1선 직원의 행동을 감시하고 통제하는 기관을 분산하지 않을 수 없다. 우편, 전신전화, 철도, 전력·가스와 같이 업무의 세부까지 전부 표준화해서 지방행정기관의 업무를 완전히 창구업무로 해 버리는 것은 불가능하며, 지방행정기관에 일정범위 재량의 여지를 허용하지 않을 수 없다.

한편 제1선 직원의 행동에 재량의 여지가 있고 따라서 이것을 통제할 기관에도 재량의 여지가 있다는 것은 이 통제기관의 통제방식에 따라 제1선 직원의 행동이 어느 정도까지 방향 지워진다는 것이다. 그래서 이러한 중요한 통제권능의 행사를 중앙정부의 지방행정기관이라는 관료기구에 맡겨두는 것이 타당하냐는 의문도 생기고, 이 통제권능에 대해 민주적 통제를 해야 한다는 주장도 나온다. 그러면 이 통제권능을 동일차원에 존재하고 이미 민주적 통제의 방식을 갖추고 있는 지방정부에 맡기는 것이 간편하다는 사고방식이 생겨난다. 혹은 이러한 재량의 여지는 지역의 개별적인 사정에 따라 행사되어야 한다는 더 적극적인 이유에서도 지방정부에 위임해야 한다고 주장된다.

더욱 중요한 관점은 어떤 행정기능이 다른 행정기능과 어떻게 관련하고 있는가이다. 행정기능 간에 유기적인 관련이 있을수록 이러한 행정기능은 동일한 정부나 기관에서 종합적으로 조정되면서 집행되는 것이 바람직하다. 이 문제에 유래하는 것이 분립·통합의 문제이다. 그리고 복지국가에 특징적인 행정기능은 대인서비스이고 소득재분배를 목적으로 하고 있고 종종 동일계층, 동일인을 대상으로 하는 것이 많기 때문에 행정기능 간 종합조정의 필요가 대체로 높다. 이러한 관점에서도 이미 많은 행정기능을 관할하고 있는 지방정부에 위임하는 것이 좋다는 판단이 생겨날 수 있다. 그렇지만 행정기능 간의 관련 방식은 나라에 따라 다르다. 예를 들면 건강보험제도와 국공립병원을 건설하고 운영하는 의료행정과는 밀접히 관련하고 있지만, 이것을 영국의 사회보험의료청처럼 통합하는 방법도 있고 전국 획일적으로 운용할 수 있는 보험행정과 그렇지 않은 의료행정으로 분립시키는 방법도 있다. 후자의 방식에 따르면 보험행정은 지방정부에서 분리되고 의료행정은 지방정부에 융합될 수도 있다. 생활보호행정에 관해서도 요보호세대를 인정하고 이것에 최저생활비를 지급하는 사무와 의료부조, 주택부조 등의 현물급부를 행하고 취로의 지도·알선을 하는 사무를 동일기관의 소장사무로 할 것인지 여부에 따라 분립·통합이 변하고 분리·융합에 영향을 미치게 된다.

지금까지는 대인서비스를 중심으로 살펴봤지만, 하천, 항만, 도로, 공원이라는 공공시설의 개량 정비 혹은 학교, 유치원·보육소, 노인 홈, 도서관·박물관, 병원이라는 공익시설의 건설 운영의 분야가 되면 지역마다 기존의 시설 정도에 차이가 있을 뿐만 아니라 그 정비의 긴급도에 차이가 있다. 그래서 그 중에서 우선순위를 어떻게 판단하는지가 중요하게 되고, 이 관점에서 지방정부에 맡기는 것이 합리적이라는 사고방식도 생겨난다.

복지국가의 행정기능은 이러한 다양한 관점에서 지방에 분산되어 감과 함께 지방정부에 융합되어 지방정부의 확대·팽창을 초래하고 있다는 것이다. 현대선진국에서는 행정기능의 전문분화에 대응해서 행정기관을 분립시켜 가려는 움직임이 있는 한편 이것을 통합해 가지 않으면 안 된다는 요청도 강하며, 후자의 요청이 강하게 작동할수록 지방정부로의 융합이 진행된다. 다만 확대하는 행정기능을 어떠한 방식으로 지방정부에 맡길 것인가라는 점에서 〈집권·융합〉형을 출발점으로 하는 대륙형과 〈분권·분리〉형을 출발점으로 하는 앵글로 색슨형에는 차이가 있다. 대륙형에서는 이미 살펴보았던 메커니즘에 따라서 행정기능이 중앙정부의 사무로 된 다음에 그 집행을 지방정부에 위임하는 방식을 채용하기 쉬운 데 대해, 본래 경찰, 교육을 고유사무로 수권하고 있던 앵글로 색슨형에서는 새로운 행정기능도 중앙정부의 사무로 집권하지 않고 처음부터 고유사무로 지방정부에 수권하는 경향이 있다. 즉, 집권한 다음의 분산·융합인가, 아니면 분권인가의 차이이다. 다만 고유사무로 분권했다고 해서 이것에 중앙통제가 수반하고 있지 않은 것은 아니고 앵글로 색슨형에서도 점차 행정적 통제방식을 발달시켜 오고 있기 때문에, 앵글로 색슨형은 대륙형보다 중앙통제가 약하고 지방정부의 재량의 여지가 크다고 단언할 수는 없다. 그러나 그러한 차이는 여전히 잔존하고 있다고 생각된다.

고유사무로 수권했는지 중앙정부의 사무를 위임했는지 간에 대부분 사무를 지방정부에 맡겨버린 결과, 중앙정부는 국민사회의 생활관리기능 대부분을 지방정부에 의존하게 되었다. 그 반면에 지방정부는 이 생활관리의 책무를 수행하는 데 필요한 재원의 대부분을 중앙정부에 의존하는 결과가 되었다. 중앙정부는 정책실시를 지방정부에 의존하고 지방은 재원을 중앙정부에 의존하는 이것이 상호의존모델이 전제하고 있는 기본구조이다. 중앙과 지방정부가 상호의존관계에 있다는 것은 서로 상대방의 협력을 얻지 않으면 자기의 정책을 충분히 달성하기가 어렵다는 것이며, 서로 상대방에 대해 영향력이 있으며 또 대항력도 있다라는 것을 상호의존모델은 전제한다. 그래서 R. A. W. 로즈는 정부간 관계에 조직간 관계의 분석틀을 준용해 중앙정부와 지방정부가 각각 보유하는 자원에 대해서 논하고, 이어서 이러한 자원을 동원해서 쌍방이 취할 수 있는 전략전술을 분류해 양자 간의 게임 룰을 해설하고 있다. 그리고 자원에 대해서 이것을 법적 자원(=제도상의 권한), 금전적 자원(=재원), 정치적 자원(=대표기능에 의한 정치적 정통성), 정보자원(=정보의 수집처리능력), 조직자원(=정책실시능력)으로 분류하고, 이러한 자원은 중앙정부와 지방정부 쌍방이 나눠 갖고 있는데 굳이 말하면 중앙정부는 법적 자원, 금전적 자원에서 우위에 서 있는 데 대해 지방정부는 정보자원과 조직자원의 측면에서 우위에 서 있다고 한다.[343] 정부간 관계의 분석틀이 여기까지 넓어지면 전통적인 집권·분권은 이미 분석의 초점일 수 없다. 이 분석틀에서 초점이 되는 것은 실제로 기능하고 있는 영향력의 관계이다. 집권·분권의 문제는 이 종합적인 영향력이 정부 간에 어떻게 분포하고 있는가라는 문제로 대체된다. 중앙정부의 영향력이 강하게 되면 집권화, 지

---

343) R. A. W. Rhodes, "Intergovernmental Relations in the United Kingdom," *op. cit*.

방정부의 영향력이 강해지면 분권화라는 게 된다.

　이러한 상호의존모델이 지방자치의 연구에 새로운 면을 개척한 것은 의심할 수 없다. 그것은 법제도론의 관심이 미치지 않는 다양한 측면에 빛을 비추고 있다. 특히 지방정부는 중앙정부에 대해 영향력, 대항력을 가지고 절대 중앙정부의 뜻대로는 되지 않는 존재가 될 때 비로소 정치적 독립성을 획득한 게 된다는 관점은 지방자치에 대한 새로운 시점이다. 그렇지만 지방자치의 연구가 오로지 상호의존모델에 의거하게 된다면 거기에도 새로운 폐해가 예상된다. 그래서 상호의존모델의 활용에서 유의해야 할 약간의 사항을 지적하고 본 장을 끝맺고 싶다.

　첫째, 법제도론의 집권·분권 개념의 의의는 절대 경시해서는 안 된다는 것이다. 분명히 법제도상의 권한은 잠재적인 자원에 머물고 그것이 현실에서 전면적으로 행사된다고는 할 수 없다. 아무리 분권화가 진행되어도 그것만으로 지방정부가 자율적으로 운영된다는 보장은 없다(이 점은 집권화에 대해서도 마찬가지이다). 그 의미에서 법제도상의 분권은 지방정부의 자율적 운영에 충분조건은 아니다. 하지만 그것은 필요조건이다. 앞의 자원 분류에 비추어 보면 집권·분권은 법적 자원에만 관계된 것이 아니다. 그것은 금전적 자원에도 정치적 자원에도 관련하고 있다.

　둘째, 상호의존모델은 현대선진국의 정부간 관계에 보편적으로 적용 가능한 모델로 제기되고 있지만, 〈분권·분리〉형을 원형으로 하면서 집권화와 융합화를 추진해 온 나라들의 정부간 관계가 상정되고 있는 것처럼 느껴진다. 대륙형의 정부간 관계에 비하면 중앙정부와 지방정부 사이에 일상적인 접촉이 적고 양자가 상호 독립적으로 운영되고 있어서 조직 간 관계의 분석틀을 준용하려는 발상이 생겨난 것은 아닐까? 그렇기 때문에 중앙정부와 지방정부가 취할 수 있는 전략전술의 유형으로 묵살이나 대결 등이라는 것까지 등장할 수 있는 것은 아닐까? 〈집권·융합〉형을 원형으로 하면서 분권화와 분리화를 추진하고 있는 나라들의 정부간 관계는 굳이 말하면 조직 내 관계에 가까운 것은 아닐까? 조직 내 관계라고 해서 오로지 상명하복의 수직적인 통제관계가 성립하고 있는 것은 아니다. 조직 내에서도 영향력은 아래에서 위로도 작용하고 있으며 위는 아래의 협력을 확보하는 데 애를 먹고 있는 것은 조직론의 상식이다. 그렇다기보다 조직 내적인 관계에 있기 때문에 이러한 나라들의 정부 간에는 하의상달도 훨씬 원활히 이루어지고 있을 것이다. 따라서 이 조직 내 관계의 틀 안에서도 지방정부 측에 독자의 정책체계를 확립해서 그 실현에 노력하려고 하는 강한 의

사와 조직능력이 있으면 상당 정도의 주체성을 발휘하는 것이 가능할 것이다. 그러나 이 조직 내 관계의 질서를 일탈하는 것은 극도로 곤란할 것이다. 요컨대 상호의존모델은 나라별 상호의존관계의 형태 차이를 비교할 수 있는 분석틀일 필요가 있다고 말하고 싶다.[344]

셋째, 중앙정부와 지방정부가 상호의존의 관계에 있다는 것은 바로 그 나라의 정치체제가 충분히 분권적이라는 것을 의미하는 것은 아니며, 중앙과 지방정부가 그 권능, 영향력에서 대등한 관계에 있다는 것을 의미하는 것도 아니다. 중앙정부는 지방정부에 대해 적어도 잠재적으로는 생사여탈의 권한을 보유하고 있는 것이 일반적이다. 게다가 상호의존의 관계 아래서 중앙과 지방정부 사이의 권력관계는 매일 변동하고 있을 것이다. 전통적인 집권·분권의 문제와 달리 이 권력관계는 제도개혁뿐만 아니라 일상적인 제도운용의 방식에도 좌우되고, 게다가 여론, 사회풍조라는 여러 가지 비제도적인 요소의 변화에도 영향을 받는다. 따라서 상호의존모델 하에서도 전통적인 집권·분권 개념과는 다른 의미에서 집권화·분권화의 문제는 존재한다. 이 점은 상호의존모델의 분석틀을 정교하게 한 로즈 자신이 1970년 이후 영국의 정부간 관계에 관해서 그것이 당초의 교섭(Bargaining)에서부터 포섭(Incorporation), 지시(Direction), 통제(Control)로 시기적으로 변천해 왔다고 분석하고 있는 것에서도 명백하다.[345] 요컨대 여기서 지적해 두고 싶은 것은 상호의존모델을 시계열 비교에도 도움이 될 수 있도록 하기 위해서는 로즈가 시도하고 있듯이 상호의존관계의 변화를 적확하게 나타낼 수 있는 개념을 준비하지 않으면 안 된다는 것이다.

넷째, 정부 간의 상호의존과 지방정부 책임과의 관련에 대해 언급해 두고 싶다. 지방정부가 재원 면에서 중앙정부에 의존하게 되었다는 것은 지방교부세교부금 유사한 것과 보조금 등이 증대했다는 것이다. 이 의존관계 하에서는 지방정부는 주민의 세 부담을 늘리지 않고 이러한 의존재원을 얻을 수 있는 최대한도까지 행정기능을 확대할 수 있다. 즉, 지방정부는 자신의 재정능력 범위 내에서 재정수지의 균형을 이뤄야 하는 책임에서 벗어나고 있

---

344) D. 애쉬포드는 영국과 프랑스의 정부간 관계 제도개혁사에 관해 비교연구를 행하고 〈집권·융합〉형의 전형이라 할 프랑스의 정부간 관계가 복지국가에 적합한 상호의존의 관계로 되고 있다고 주장하고 있는데, 그가 프랑스에 대해 그려낸 상호의존관계는 R. A. W. 로즈가 묘사한 상호의존관계와는 완전히 이질적이다. 상호의존의 개념이 여기까지 보편화된다면 상호의존의 형태를 유형화하는 것은 한층 불가결한 작업이 될 것이다. D. Ashford(1982). *British Dogmatism and French Pragmatism: Central-Local Policy-Making in the Welfare State*, George Allen & Unwin.

345) R. A. W. Rhodes, *op. cit.*

다. 보조금 등에서는 이것을 능숙하게 가능한 많이 획득해 오는 것이 지방정부관계자의 역량인 것처럼 간주된다. 일찍이 영국의 레이필드위원회(Layfield Committee)는 지방정부의 세입에 차지하는 레이트지원교부금(Rate Support Grants)의 비중이 높고 지방세 수입의 비중이 저하해 가는 경향을 지방자치의 위기라 인식하고, 지방세를 강화해서 레이트지원교부금의 대폭적인 축소를 지향하는 개혁안을 답신했다. 그리고 이 위원회에 참가한 존스(Jones)교수는 그 후에도 지방정부의 자치책임의 중요성을 계속 주장하고 있다.[346] 이 제언은 납세자의 자치라는 사고방식이 특히 강하고 지방세 세율설정의 자유 없이 지방자치는 없다고 관념되는 영국 아니고서는 할 수 없는 제언이다. 그리고 그것은 실현의 가능성이 없는 제언이라고 봐야 할 것이지만, 중앙과 지방정부의 상호의존관계가 이 정도까지 정착하고 있을 때 오히려 이러한 제언이 이루어졌다는 것에 주목하지 않으면 안 된다. 중앙과 지방정부의 상호의존관계를 현대선진국에서는 불가피한 것이라고 속단하지 말아야 하고, 적어도 그것을 가지고 안이하게 지방정부의 역량 향상과 동일시해서는 안 된다. 상호의존관계의 성립은 보는 방식에 따라서는 지방자치의 원리와 첨예하게 저촉하는 사태이다.

마지막으로 상호의존과 정책실시의 관계에 대해 부언하고 이 장을 마치기로 하자. 중앙정부와 지방정부가 상호의존관계에 있다고 해서 이 관계가 항상 양호하게 작동하고 있다고는 할 수 없다. 양자는 상호의존의 관계에 있기 때문에 서로 상대방의 자발적인 협력이 없으면 아무 것도 양호하게 작동하지 않는다. 특히 대처정권하의 영국 상황에 보이듯이 중앙과 지방정부 사이에 대결상황이 생겼을 때 중앙정부는 지방정부의 저항을 억압하기 위해 중앙통제를 강화해 갈 수 있겠지만, 그렇더라도 여전히 중앙정부가 의도하는 정책은 조금도 의도한 대로의 성과를 만들어 내지 못하는 결과가 될 수 있다. 상호의존관계는 중앙정부와 지방정부 쌍방에게 정책실시의 효과를 불확실하게 하는 형태일지 모른다.

상호의존모델은 복지국가의 정부간 관계 동향을 배경으로 이 새로운 시대의 정부간 관계 동향을 적확하게 고찰하기 위해 전통적인 집권·분권 개념을 벗어나 더 넓은 시야에 입각한 분석틀로 제시되어 왔다. 그러나 이것이 상대비교의 도구로서 유효하기 위해서는 아

---

[346] Report of the Layfield Committee(1976). *Local Government Finance*, Cmnd. 6453. HMSO ; G. W. Jones, "Central-Local Government Relations ; Grants, Local Responsibility and Minimum Standards," D. Butler & A. H. Halsey(eds.)(1978). *Policy and Politics*, Macmillan ; G. W. Jones(1977). *Responsibility and Government*, Inaugural Lecture, London School of Economics.

직 극복하지 않으면 안 되는 많은 과제가 있다. 그리고 이러한 과제는 전통적인 집권·분권 개념을 유효한 분석개념으로 재편성하려고 할 때 직면하는 과제와 완전히 동일한 것이라 생각된다.

후기

　이 책은 내가 과거 20여 년 동안에 써 둔 논문 중에서 행정학의 기초개념에 대해 고찰한 것을 뽑아서 이것들을 거의 원형 그대로 수록한 논문집이다. 각 논문의 원제목, 게재서지, 간행연도 등은 뒤에 있는 일람표에 적시해 두었다. 이것을 보면 알 수 있듯이 이 책에 수록한 논문 대부분은 원래 강좌, 학회연보, 기념논문집에 발표한 것으로 어느 것이나 학계의 동료를 주된 독자로 예정해서 쓴 것이다. 그 예외는 「행정과 관리」(제3장)와 「정부간 관계의 개념」(제11장)의 2편이다. 전자는 어느 국제심포지엄에서 발표한 것이고 후자는 어느 작은 잡지에 기고한 것이기에 단편이며 논술도 간략하다. 그러나 그런 만큼 발표당시부터 그렇게 많은 사람들의 눈에 띄지 않았다는 점 그리고 지금에는 이것에 접하는 것이 한층 더 어렵게 되었다는 점을 고려해서 여기에 합쳐서 수록해 두기로 했다.

　내가 이러한 개념들의 고찰 작업에 착수하고 이것에 몰두하게 된 것은 상당히 우연의 소산이었다고 생각한다. 내가 연구생활을 미국의 대도시행정 연구에서 시작한 동기 중에는 선배들처럼 미국 행정학을 공무원제도개혁과 관련해서 파악하는 것이 아니라, 그 또 하나의 연원이었던 시정개혁운동과 관련해서 재인식해 보려고 하는 의도가 있었다. 따라서 나의 연구관심은 처음부터 미국 행정학을 어떻게 인식해야 하느냐는 이론문제에 향해 있었다고 말할 수 있다. 그리고 또 대도시행정에 관해 연구하는 동안 나의 이론적 관심이 점차 행정에서의 계획기능에 향해졌던 것도 사실이다. 그 한에서는 내가 이러한 작업의 첫걸음으로 내디딘 것이 「행정과 계획」(제6장)의 집필이었던 것도 절대 우연이라 할 수 없다. 그러나 솔직히 당시의 나에게는 또 그 후에도 이러한 작업을 계속해 갈 마음 따위 전혀 없었다.

그런데 그 후 은사 쓰지 기요아키(辻淸明) 선생의 환갑기념논문집 간행에 즈음해서 당시의 나로서는 있는 용기를 전부 다 쏟아 부어「행정재량」(제8장)이라는 큰 테마에 착수해 보려고 결의했다. 이것이 그 후의 작업에 탄력을 붙이는 결과가 되었을지 모른다. 이어서「정책의 작성과 형성」(제5장)을 집필했다. 때마침 그 직후부터 행정학강좌의 편집이라는 커다란 기획이 움직이기 시작하고, 편집위원대표인 은사에게서「행정과 조직」(제2장)과「효율과 능률」(제7장)이라는 2가지 주제를 분담해서 집필할 것을 지시받았다. 이 책의 골격을 이루고 있는 것은 이러한 논문들이다. 어느 것이나 제반 사정에 따라 타율적인 요청으로 작성한 것이며 나의 30대 시기에 집중적으로 집필된 것이다. 그 후에는 이러한 고찰을 계속하는 것에도 그 나름의 독자적인 의의가 있는 것은 아닌가 하고 내발적으로 생각하게 되어 기회를 잡아서 이러한 작업을 계속해 가게 되었다. 일본행정학회에서의 연구보고 원고에 대폭 가필한「행정수요의 개념」(제4장)을 비롯해「행정책임」(제9장) 등이 그 성과이다. 그러나『행정학의 기초개념』이라는 제목으로 논문집을 펴내자고 생각하기 시작한 것은 일본정치학회연보『정치학의 기초개념』에「자치」(제10장)를 기고한 이후부터이다.

『행정학의 기초개념』이라 이름 붙인 이상 당연히 다루지 않으면 안 된다고 생각되는 개념들이 잇달아 떠오른다. 예를 들면「행정」,「정책」,「예산」,「관방」,「총무나 서무」,「인사」,「문서」,「훈령통달」,「내규」,「업무나 사무」,「기술」,「감사」등등이다. 이 중에서 적어도「행정」과「정책」의 양 개념에 대해서는 새로 쓴 논문을 추가하는 것이 불가결하다고 생각되었다. 그 이후「행정」개념에 대해 정리를 하기 위해 내 나름의 사고를 거듭해 왔다. 그런데 이것이 의외로 진척되지 않아 오랜 세월을 헛되이 보내는 결과가 되어 버렸다. 드디어 나 자신의 능력에 대해 포기하고 더 이상 이 무익한 사색을 계속하는 것을 단념하면서 새로 쓴 것이 권두의「행정의 개념」(제1장)이다. 정말 변변찮은 논문으로 부끄럽고 창피한 마음이다. 이러한 논문이라도 그것이 일본 행정학계에서의 정치·행정논의의 혼미를 타개하는데 조금이라도 도움이 된다면, 또 인접학문의 사람들에게 행정학 특유의 문제관심의 소재를 보이는데 조금이나마 기여할 수 있다면 뜻밖의 행복이라 하지 않을 수 없다. 비록 그 정도까지 되지 않더라도 이것이 이 책의 권두논문의 역할을 하고 독자를 그 다음 장들로 이끄는 길안내가 되었으면 하고 바라고 있다. 이 개념에 다시 한 번 도전해 조금 더 의의 있는 고찰을 더하기 위해서는 지금까지 걸어온 사색의 길에서 일단 완전히 벗어나 전혀 다른 방향에서 우회해 오지 않으면 안 될 것 같다.

그런데 나는 애초에는 무자각이었다 해도 왜 이러한 작업에 이렇게까지 계속 집착해 왔을까? 스스로 돌이켜 생각해 보면 그것은 행정학의 「학으로서의 자립」을 지향한 내 나름의 준비였다. 현대정부의 업무는 인간사회에 관계되는 삼라만상에 걸쳐 있다. 따라서 「업무로서의 행정」은 모든 지식과 기술을 구사한 활동이 되고 있다. 그 지식은 자연과학, 사회과학, 인문과학의 전 분야에 이르고 있고, 그 기술도 공학, 사회공학을 비롯해 의학, 약학, 농학, 법학, 경제학, 교육학, 심리학 등등의 광범한 분야에서 조달되고 있다. 더욱이 응용경제학, 농정(農政)학, 임정(林政)학, 교통계획학, 도시계획학 등과 같이 오로지 정부의 정책에 관해 연구하는 정책학도 있고, 교육행정학, 위생행정학, 보건관리학 등과 같이 전적으로 개별 행정업무에 대해 연구하는 학문마저 성립하고 있다. 업무로서의 행정에 관해 연구하려면 대상 업무를 떠받치는 이러한 학문에 대해 완전히 무지해서는 안 된다. 이처럼 개별 행정업무가 여러 학문을 동원한 다종다양한 활동이기 때문에 이것을 연구대상으로 하는 행정학도 또한 여러 학문을 넓고 얇게 포괄한 잡학이 되지 않을 수 없다.

물론 행정학은 이러한 개별 행정업무의 각각에 대해 전문적으로 연구하는 학문이 아니다. 오히려 행정학은 이러한 개별 행정업무를 통할하는 「관리로서의 행정」 혹은 「집정으로서의 행정」에 대해 연구하는 것을 그 주제로 하여 탄생하고 육성되어 왔다. 그러나 관리로서의 행정이라 해도 그것은 행정학이 그 연구대상을 독점하고 있는 영역이 아니다. 사회학, 조직학, 관리학은 공·사의 구별을 불문하고 대규모 조직에 공통하는 관리현상을 그 연구대상으로 삼고 있다. 더구나 경영학조차 그 연구대상을 행정의 영역에까지 확장해 온다. 또 집정으로서의 행정은 본디 공법학, 정치학, 재정학 연구대상의 일환이었다. 그리고 오늘날에서는 더욱이 정책학이 이 영역에 참여해 오고 있다. 행정학은 그 연구대상의 독자성을 근거로 해서 「학으로서의 자립」을 주장하는 길이 봉쇄되어 있는 것이다. 따라서 행정학은 동일하게 「행정」을 연구대상으로 하고 있어도 이것을 연구하는 시점, 시좌, 방법이라는 점에서 인접학문과는 다른 부분이 있다는 점에 그 독자적인 존재이유를 찾지 않으면 안 되게 되었다. 하지만 미국 행정학은 바로 이 점에서도 아직 그 자신(自信)을 확립하지 못하고 있는 모양이다. 행정학은 인접학문의 다종다양한 방법을 각각의 국면에 따라 지조 없이 섭취하고 차용하고 있을 뿐인 「제학(諸學)의 혼성」인가, 좋게 말해 이것들을 적절하게 결합한 「학제적인 잡학」에 불과한 것은 아닌가 하는 자성이나 자기비판이 나타나고 있다. 이것이 미국 행정학계에서 「자기상실의 위기」(crisis of identity)라 불려온 현상이다.

　행정학이 자기의 독자성을 그 연구대상에서가 아니라 그 연구방법에서 찾지 않으면 안 되는 것은 일본에서도 마찬가지이다. 그러나 일본의 행정학계에는 「자기상실의 위기」를 우려하지 않으면 안 되는 사태는 적어도 현재까지는 전혀 생기고 있지 않다. 일본의 행정학은 행인지 불행인지 아직 그 정도까지 확대 발전하고 있지 않은 것이다. 행정대학원에서 행정 전문직업가를 교육하는 정통 교의라는 뜻을 잠칭할 필요도 없다. 오히려 관리학·조직학 등의 인접학문을 적극적으로 차용해서 「관리로서의 행정」에 대해 본격적으로 연구한 업적이 너무 부족함을 한탄하지 않으면 안 되는 상황이다. 정책학의 관점을 도입한 연구라 해도 겨우 막 시작되었을 뿐이다. 오히려 일본의 행정학자는 인접학문의 성과를 섭취하는 것에 대해 너무 금욕적이라고 해야 할지 모르겠다.

　일본의 행정학은 정치학의 새로운 한 부문이 될 것으로 기대되면서 창설되어 아직도 그 자리에 안주해 그 경계 밖으로 웅비하려는 야심은 갖고 있지 않은 것처럼 보인다. 바로 이웃인 공법학·재정학과의 교제조차 소원하다. 이러한 상황에 비춰 보면 일본의 행정학이 「학으로서의 자립」을 달성하기 위해 우선 필요한 것은 창설 시의 원래의 기대에 부응해서 정치학의 한 부문으로서의 독자성을 하루 빨리 확립하는 것일 것이다. 그러기 위해서는 「행정」 중에서 종래의 「정치」개념에 합치한 현상을 찾아내는 것만으로는 부족할 것이다. 그러면 종래의 정치학이 그 연구대상을 행정의 영역에까지 확대한 것에 지나지 않기 때문이다. 행정학이 「행정을 대상으로 한 정치학」이상으로 「행정을 대상으로 한 행정학」이 되기 위해서는 지금까지 정치현상으로 파악해 온 것, 종래의 정치학이 익숙하게 다루고 있던 현상과는 전혀 다른 행정 독자의 현상을 찾아내어 식별하고, 이것을 정치학적으로 고찰해 가는 것이 필요한 것은 아닐까. 나는 이렇게 생각해서 행정 독자의 현상을 파악하는 데 유효한 개념장치를 다듬는 것에 노력해 온 셈이다. 이 책의 각 장에서 다룬 개념에는 원래는 정치학상의 개념이었던 것도 있고, 또 공법학상의 개념 혹은 관리학상의 개념이었던 것도 있다. 이러한 인접학문의 기존 개념을 차용하면서 이것들을 새로운 행정학에도 유효한 개념장치로 재구성하는 것, 이것이 나의 일관된 의도였다. 이 책 각 장의 고찰이 과연 이것에 조금이라도 성공하고 있는지 아니면 내내 무익한 개념장난을 하고 있는지는 독자의 판단에 맡길 수밖에 없다.

　여기서 나는 개념의 재구성이라 했다. 그것은 솔직히 새로운 개념을 창조하려고 시도한 것은 전혀 아니었다. 또 각각의 개념에 유일하게 올바른 혹은 유일하게 바람직한 배타적인 정의를 내리려고 한 것도 아니었다. 다만 기존 개념의 다양한 용어법에 대해서 정리하고 각각의 용어법이 어떠한 국면을 설명하는데 편리한지를 명확히 하려고 했을 뿐이다. 따라서 그것은 개념용법에 대한 구획정리라고 해야 할 작업으로 한 마지기의 토지조차 새롭게 개간하고 있지 않는 것이 될지 모르겠다. 그러나 조금 변명을 하자면 구획정리로 새롭게 형성된 각각의 구역에 지번(명칭)을 붙인다는 점에서는 많은 새로운 개념용법을 제안하고 있다. 이 구획에 대한 명명의 적합여부는 차치하고 내가 시도한 구획의 정리 그 자체가 학계에서의 논의의 정리에 도움이 되었으면 하고 염원할 따름이다.

한편 이 책에 수록한 논문 중에서도 비교적 빠른 시기에 작성한 논문들은 「행정과 계획」(제6장)을 제외하고 어느 것이나 행정학에 독자적 시점의 확립을 지향하면서도 인접학문과의 교류를 촉진하도록 개념의 재구성을 시도한 것이거나, 혹은 행정의 이론을 조금 더 행정의 실태에 대응한 것으로 재편성해 가기 위해 개념의 재구성을 시도한 것이었다. 그것들은 좋게 말하면 보편적인 이론의 구축을 지향한 것이지만, 나쁘게 말하면 무국적의 이론구축을 지향하고 있었다고 말할 수 있다. 거기서는 일본의 행정에 보이는 특징을 식별하는 것은 당면의 의도가 아니었기 때문에 국제비교의 시점은 들어가 있지 않았다. 이에 대해 「자치」(제10장), 「정부간 관계의 개념」(제11장), 「집권과 분권」(제12장), 그리고 「행정의 개념」(제1장)과 같은 최근의 논문에는 정도의 차이는 있지만 다시 국제비교의 시점이 들어와 있는 것을 느꼈을 것이다.

이것은 요즘 나의 문제관심의 추이를 나타내고 있다. 40대에 접어든 이후 최근 10여 년 동안은 일본의 행정실태를 좀 더 정확하게 파악하는 것에 전력해 왔다. 이것은 연구에서 원시적 축적과정을 다시 하고 있는 것 같은 것으로 요사이 나는 완전히 과작(寡作), 연필(連筆)의 사람이 되어 버렸다. 일본 행정의 특징을 적확하게 정리한 논문을 써 보고 싶다, 또 이것을 반영한 일본 국산의 행정이론을 구축해 보고 싶다는 당치 않은 생각을 하면서 어디서부터 시작해야 할지 전망조차 서 있지 않은 형편이다. 어쨌든 이러한 문제관심의 추이 속에서 종래와 같은 스타일로 개념의 고찰작업을 계속할 때도 국제비교에 도움이 되도록 재구성을 하고 싶다는 기분이 거의 무의식중에 작동하게 되었다. 이 책의 간행을 계기로 해서 어떻게든 새로운 연구의 단서를 잡고 싶다, 이것이 현재 나의 절실한 마음이다. 오랜 시간 현안이었던 이 책의 간행에 간신히 도달한 해방감에서 자신도 모르게 실없는 말을 늘어놓아 버렸다. 관용을 바라는 바이다.

마지막으로 사과와 감사의 말씀을 드리고 싶다. 이 책의 간행을 약속하고 일단 그 편집에 착수했으면서 그 뒤에 작업을 중단해 간행을 무한정 늦춰버린 책임은 모두 나에게 있다. 이러한 이유로 동경대학출판회와 인쇄회사에 끼친 손해와 민폐는 헤아릴 수 없다. 마음깊이 진심으로 사과를 드린다. 근간예고를 보고 발주했음에도 그때마다 얼버무림을 당하는 괴로운 경험을 한 구독자분들께도 이 자리를 빌려 사과를 드리고 싶다. 이 책의 간행에 있어 나약해지기 쉬운 나를 시종일관 따뜻하게 격려해 주신 많은 분들에게 큰 심려를 끼쳐드렸다. 정말 부끄럽기 짝이 없다. 그 중에서도 이 책의 편집을 담당해 주신 다케나카 히데토시(竹中英俊)님에게는 감사의 말씀도 드리지 못하겠다. 아마 마음속에 분노의 불길이 타오르고 있었던 때도 있었을 텐데, 이것을 억누르고 오로지 참고 기다려 태만한 나를 드디어 여기까지 끌고 와 주신 그의 열의와 집념이 없었다면 이 책의 간행은 더욱 늦어졌을 것이다.

맨 마지막으로 게재논문을 이 책에 재록하는 것을 흔쾌히 허락해 주신 관계 학회와 출판사에 대해 감사를 드린다. 또 이 책은 스에노부(末延)재단으로부터 간행조성을 받는 영광을 입었다. 이 간행조성으로 간행부수가 한정된 이러한 학술서의 정가를 인하하고 구독자의 폭을 조금이라도 넓히려고 배려해 주신 동 재단의 사업에 경의를 표함과 동시에 심심한 감사의 뜻을 표하고 싶다.

 참고 문헌

출처 일람

제1장 「行政の概念」새로 씀.

제2장 原題「組織理論と行政理論」(辻清明他編『行政学講座』제1권 [東京大学出版会, 1976년]).

제3장 原題「管理技術の発展と行政」(『行政管理研究』제6호, 1979년).

제4장 原題「行政需要概念の再構成」(日本行政学会編·年報行政研究 제12호『社会変動と行政対応』[ぎょうせい, 1976년]).

제5장 原題「政策形成とコミュニケーション」(内川芳美編『講座 現代の社会とコミュニケーション』제4권 [東京大学出版会, 1975년]).

제6장 原題「行政と計画-その問題状況と素描」(日本行政学会編·年報行政研究 제9호『行政計画の理論と実際』[勁草書房, 1972년]).

제7장 「効率と能率」(辻清明他編『行政学講座』제3권 [東京大学出版会, 1976년]).

제8장 原題「行政国家における行政裁量」(阿利莫二編『現代行政と官僚制』상권 [東京大学出版会, 1974년]).

제9장 原題「政府機関の行政責任」(岩波講座『基本法学·責任』[岩波書店, 1984년]).

제10장 「自治」(日本政治学会編·年報政治学 一九七九『政治学の基礎概念』[岩波書店, 1981년]).

제11장 原題「『政府間関係』の概念·構成·意義」(『季刊自治体学研究』제17호, 1983년).

제12장 「集権と分権」(国家学会編『国家と市民』제2권 [有斐閣, 1987년]).

찾아보기

ㄱ

가신단(家臣團)	23
개방계	71
거래	159
결정작성	150, 152, 155
계속기업(going concern)	37
계획	167, 168, 169, 172, 173, 174, 175, 178, 180, 181, 182, 185, 188, 189, 197, 206, 211, 218
고전적 조직이론	65, 68, 69, 70
골렘비우스키	84
공개성	292
공공계획	186, 187
공공의 이익	162, 163
공무원제의 개혁	35
공헌	75
과학적 관리법	67, 68
관료제	20, 22, 33, 77
관료제 내 게임	88
관료제모델	90
관료제화	72
관리가능성(manageability)	104
관리기술	98, 99, 106
관리평가	261
관리화	166
관방학(Kameralismus)	23
교섭	159, 160
교섭모델	90, 92
국민소득배증계획	176
군주권	23, 24
굿나우(Frank Goodnow)	48
권력	81, 157, 158
권력분립제	29
권위	79, 85, 157, 158, 160
권한	79, 157
규제	291, 292
그랑제꼴(Grandes écoles)	47
근대민주제	26, 34
기능화의 원리	68
기획의 유형	184

ㄴ

나가하마 마사토시(長浜政寿)	63
뉴스타트(Richard Neustadt)	48
능동적 책임	301
능률	221, 222, 224, 226
능률성	240, 259

ㄷ

다운즈	128, 130, 131, 132
단위조직	78
대외적 균형	76
대차	159
대행 민주주의(vicarious democracy)	104
대화행정	164
데이비스	290, 291
도매네(Staats domäne)	23

ㄹ

로야마 마사미치(蝋山正道)	62
로야마(蝋山政道)	112
랜즈버거	87, 90
레갈리엔(Regalien)	23
로렌츠 폰 슈타인(Lorenz von Stein)	41

ㅁ

마쓰시타(松下圭一)	148
미노베 다츠키치(美濃部達吉)	266
목표에 의한 관리	250
몽테스키외	16
무관심권	79
문민우월(Civilian Supremacy)	27
문민통제(Civilian Control)	27
미국 행정학의 계보	63

ㅂ

버나드	157
베데(Bede)	23
복지국가(welfare state)	101

찾아보기

복합조직	78
부분적 최적화	155
부·현 계획	212
분권화	104
분리의 규범	37, 60
비용편익분석	245

ㅅ

사사키 소이치(佐夕木惣一)	266
쓰지 기요아키(辻淸明)	62
사업계획	201
사이먼	157
삼권분립제도	16, 17
상비군	27
생산성과 질	256
선도	160
성격지표	174
소극설	17
솔즈베리	132, 133, 134, 140
수동적 책임	301
수요	117, 118, 119, 132
수요의 제어	125
수용권	80, 104
슈트라우스	92
시정의 집정장관(Chief Executive)	53
신고전적 조직이론	65, 69, 70

ㅇ

아다치 다다오(足立忠夫)	296
야마구치 지로(山口二郎)	60
요시토미(吉富重夫)	112
이데 요시노리(井出嘉憲)	64
이마사토 시게루(今里滋)	62
애플비(Paul Appleby)	49
엽관제(Spoils System)	29, 34
예산편성	199
완전 자치	320, 321
완전 통치	320, 321
왈도(Dwight Waldo)	49
월리스(Henry Wallace)	49
위시정권(Régite de Vichy)	30
위원회제도(Commission System)	52
위임사무	355, 356
윌슨(Woodrow Wilson)	48
유기체적 행정학	64
유효성	238, 239, 259
의법성	45
의원내각제	28
의회정치	28
인간관계론(human relations theory)	100
입헌군주제	25, 26

ㅈ

자기 상실의 위기(crisis of identity)	64
재량론	265, 268, 272, 283
적극설	17
적응계획	179
적응적 흡수	77
절대군주제	22, 23, 36, 46
정당정치	357
정당정치가	38
정보화사회	165, 166
정부	337, 338
정부간 관계	335, 337, 339, 340
정부계획	168, 170, 186
정부제	336
정실임용(Patronage)	27, 28, 34
정책요구	127
정책의 시녀	113
정책의 편익	129
정책의 평가	138
정책입안과정	42
정책입안국면	40
정책작성	151, 158
정책지지	127
정책형성	151, 154, 155, 156, 158, 161, 162, 166
정치의 행정화	20
정치·행정 분단론	48, 49, 50, 51, 55, 60, 65, 66, 100
정치·행정 융합론	48, 50, 51, 54, 65, 66
정치·행정 이원론	49
제1의 용어법	16
제1차 임시행정조사회	56
제2의 용어법	18, 21
제2차 임시행정조사회	56
제3의 용어법	22
제로베이스예산(ZBB)	103
조사회운동	224
조정	161
조정계획	204
조직이론	65, 67, 72, 93, 94

중간조정기구 93	프리드리히 308, 309	현대민주제 30, 31, 32, 39
지방자치 325, 328	ㅎ	현대조직이론 65, 70, 73, 86, 94
직능대표제 329, 330	흠정(欽定)헌법 25	현대행정학 48
직능영역 190	행정가능성(administrability)의 한계 103	협동의 규범 36, 50
직선제 43	행정계획 170, 191, 192, 193, 195, 203	협동체계 74, 86, 157
직접입법제 329	행정관 37, 38, 39, 40, 44, 45, 46	형성 96
집권·분권 344, 345, 347, 349, 357, 358, 359	행정관료제 30, 31, 35, 36, 41	호손 공장의 실험 69
집정부 51	행정관리론 65, 66, 100	효용평가수법 144
ㅊ	행정기술 98, 106	후버위원회 57, 58
책임론 273, 275, 281, 282	행정기준 190	N
체계모델 90, 91, 92	행정수요 119, 120, 121, 127, 131	NNW 145, 146, 147
ㅌ	행정수요개념 107, 108, 110, 112, 115, 116, 122, 147, 148	P
테일러시스템 67	행정수요의 성격묘사 108	PFP 202, 203
토의 159	행정수요의 측정 134	POSDCoRB 86
통제의 규범 50	행정의 강화 49	PPB 102, 245, 249, 253, 260
통치권 23	행정의 개념 15, 21	PPB(S) 102
투입과 산출 249	행정의 자율영역 36	PPBS 201, 202, 245, 250
투표용지단축운동(Short Ballot Movement) 66	행정의 적극화 114	
ㅍ	행정이론 65, 70, 72, 93, 94	
파이너 308, 309	행정책임의 딜레마 310, 313, 314	
판단 245	행정학 13, 14	
편성 86, 96	행정 needs 119, 120, 121, 127, 131, 134, 135, 138, 148, 235, 249	
편향 128, 129	현대공무원제 34	
평가 245		
폐쇄계 71		
폐쇄성 45		
폰디 90, 91		
표준 280, 281, 290		

저자 소개

니시오 마사루(西尾 勝)

1938년 동경도 출생
1961년 동경대학 법학부 졸업
1974년 동경대학 법학부 교수
1992년 동경대학 법학부 학장
1999년 국제기독교대학 교수
2006년 공익재단법인 고토·야스다 기념 동경도시연구소 이사장
2014년 지방공공단체 정보시스템기구 이사장
일본 행정학회 이사장, 일본 정치학회 이사장, 일본 자치학회 회장, 일본학사원 회원,
지방분권추진위원회 위원, 지방분권개혁추진위원회 위원(위원장 대리),
제30차 지방제도조사회 회장, 「새로운 일본을 만드는 국민회의」 공동대표

[주요 저서]
『権力と参加――現代アメリカの都市行政』(東京大学出版会, 1975年)
『行政学』(放送大学教育振興会, 1988年)
『行政学の基礎概念』(東京大学出版会, 1990年)
『行政の活動』(放送大学教育振興会, 1992年)
『行政学』(有斐閣, 1993年 / 新版, 2001年)
『地方分権推進委員会勧告とこれからの地方自治』(北海道町村会, 1997年)
『未完の分権改革――霞が関官僚と格闘した1300日』(岩波書店, 1999年)
『行政の活動』(有斐閣, 2000年)
『地方分権改革』(東京大学出版会, 2007年)
『地方分権改革の道筋 : 自由度の拡大と所掌事務の拡大』(公人の友社, 2007年)
『自治·分権再考 地方自治を志す人たちへ』(ぎょうせい, 2013年)

역자 소개

강 광 수

부산대학교 정치외교학과 학사
부산대학교 대학원 정치외교학과 석사
일본 동경대학 법학정치학연구과 석사
일본 동경대학 법학정치학연구과 박사
연구 분야: 행정학, 지방자치론
전) 일본 행정관리연구센터 연구원
전) 일본 이와테현립대학 종합정책학부 준교수
현) 영남대학교 행정학과 교수